本书获得国家社会科学基金教育学重点课题"中国特色、世界水平的一流本科教育建设标准与建设机制研究"（AIA190014）资助

中国本科教育教学
研究丛书

# 中国高校线上教学
# 研究报告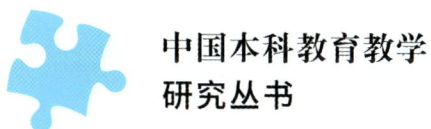

主　编　邬大光
副主编　薛成龙

厦门大学出版社
国家一级出版社
全国百佳图书出版单位

**图书在版编目(CIP)数据**

中国高校线上教学研究报告.2020 / 邬大光主编；薛成龙副主编. -- 厦门：厦门大学出版社，2024.8
（中国本科教育教学研究丛书）
ISBN 978-7-5615-9204-5

Ⅰ.①中… Ⅱ.①邬… ②薛… Ⅲ.①高等学校-网络教学-研究报告-中国-2020 Ⅳ.①G642

中国国家版本馆CIP数据核字(2023)第234428号

责任编辑　曾妍妍
美术编辑　蒋卓群
技术编辑　朱　楷

出版发行　厦门大学出版社
社　　址　厦门市软件园二期望海路39号
邮政编码　361008
总　　机　0592-2181111　0592-2181406(传真)
营销中心　0592-2184458　0592-2181365
网　　址　http://www.xmupress.com
邮　　箱　xmup@xmupress.com
印　　刷　厦门集大印刷有限公司

开本　720 mm×1 000 mm　1/16
印张　34
插页　2
字数　655 千字
版次　2024 年 8 月第 1 版
印次　2024 年 8 月第 1 次印刷
定价　168.00 元

本书如有印装质量问题请直接寄承印厂调换

厦门大学出版社
微信二维码

厦门大学出版社
微博二维码

# 序

# 在线教学的力量

邬大光

2020年初,突发的新冠肺炎疫情给我国高校教学秩序带来了前所未有的挑战。为响应教育部"停课不停学"的号召,全国37家在线课程平台和技术平台率先面向全国高校免费开放慕课、虚拟仿真实验等在线课程,并提供在线学习解决方案和技术支持,带动了110余家社会和高校平台的主动参与。几乎"一夜之间",线上教学开始在全国高校大规模、大范围地深度展开,并快速"渗透"到每一所高校、每一个教师、每一个大学生、每一个教务秘书和教学管理系统……加速了互联网和教育技术在我国高等教育领域的应用进程。如此"盛况"远远超出人们的想象,这在我国高等教育历史上尚属首次,也是世界高等教育史上罕见的创举和全球范围内的首次实验。这是对我国高等教育治理体系与治理能力的一次考验,也是对我国高等教育信息化建设的一次"考试",更是对之前悄然进行的课堂革命的一次检阅。

相较于一些欧美国家,我国信息技术起步较晚。自21世纪以来,在政策鼓励、资金支持、市场运作等条件下,互联网、人工智能、大数据、云计算等都加速发展,技术层面已经实现了跨越式突破,与教学的结合正在由起步、应用过渡到融合、创新阶段。可以说,得益于前期信息技术的重视和积累,高等学校才有能力在毫无防备的外部压力下采取应急举措。然而,此次大规模全新体验也暴露了信息技术不成熟和教学主体不适应等诸多问题。

为全面了解2020年新冠疫情期间我国高校的线上教学情况,厦门大学教师发展中心率先成立了课题组,迅速组织了30余位师生,收集并分析了全国12个省(市)共57所高校(22所"双一流"建设高校和35所地方院校)开学第一周的在线教学质量报告。2020年3月伊始,课题组和全国高等学校质量保障机构联盟(CIQA)联合组织开展了"疫情防控期间中国高校线上教学调查"。3月底和4月初,在对全国334所高校、13997名教师和256504名学生,19个主要教学平台进行专项调查的基础上,课题组先后发布了《全国高校线上教学状况和质量分析报告——来自86所各类高校的调查综合报告》《疫情

I

期间高校教师线上教学调查报告》《疫情期间大学生线上教学调查报告》《疫情期间高校教学管理人员线上教学调查报告》，四份调查报告基本呈现了疫情暴发之初我国高校的线上教学全景，为各级教育管理部门和高校了解线上教学情况及改进提供了第一手资料。与此相呼应，课题组还重点分析了福建省70所高校、山东省78所高校在超星平台在线教学的数据统计报告，通过网络调查及电话访谈方式，获得了62所高校954位教师的反馈意见、建议和体验。作为"疫情防控期间中国高校线上教学调查"的补充，两份调查，相互印证，互相补充，力求客观、准确展现疫情防控初期我国高校线上教学的全貌。

在上述调查报告基础上，课题组进一步深度挖掘问卷调查数据，采用量化分析与质性研究相结合的方式，撰写了40余篇学术论文，并在《教育研究》《高等教育研究》《教育展研究》《华东师范大学学报（教育科学版）》等多家期刊发表。同时，为了全面展示疫情防控期间中国高校在线教学的实际状况，课题组进一步以调查数据为基础，应用相关统计方法，从学生、教师、管理者三者不同视角，深入了解他们对于线上教学的实际感知和体验，分析他们对于在线教学的态度、评价和改进意见，探讨影响感知体验背后的主观和客观因素，以期为后续在线教学改进提供参考。基于以上研究成果，课题组将已发表的相关学术论文辑录成集，形成《高校大规模线上教学的理论探索与实证研究》一书，共收录2020年到2021年发表的20篇文章，重点围绕高校在线教学一线的师生、技术支持等教学管理人员而展开。同时将系统定量分析的研究成果汇总成《中国高校线上教学研究报告》一书，以期向大家完整展示新冠疫情暴发初期我国高等教育线上教学的全貌。

从实证研究看，两本书围绕着环境支持、教学评价、学习成效、满意度和持续使用意愿等，针对学校的地区、性质、层次与类别、具体下沉到纯硬科学、纯软科学、应用硬科学和应用软科学等不同类别的学科，聚焦不同群体特征的教师（包括性别、年龄、教龄、职称、疫情之前线上教学经历）和学生（包括性别、年级、学生平台技术掌握熟练程度）采用不同在线教育平台获得的差异化体验与效果，多维度、多层次探讨此次大规模在线教学的优势与挑战，并对其未来进行展望。

从研究结论看，出现频次最多的或理论分析聚焦的关键词莫过于"差异"，及其背后折射出的更值得深思的共性问题。所谓的差异，我们发现有些差异体现的是"差别"，因人而异，无优劣好坏之分。比如师生对某个在线学习平台的使用依赖，只是基于校情、学情和个人习惯等，对不同教学资源的取舍问题。有的差异体现出来的则是"差距"，如在以学生为中心等教育观念、教师角色转变和学校的教育规划与管理等方面，我们与国外还存在不小的差距。以教育技术与课堂教学的融合为例,历史地比较,尽管我们利用智慧教室进行"翻转课堂"教学已有8年多时间,回溯我国高校教育技术演进路径更是有着40余年的历史,但让我们感到吃惊的是,调查发现八成左右的教师在疫情发生之前没有开展过在线教学,一半以上的学生在疫情前没有在线学习经历。因教育技术素养的匮乏,约60%的学生认为在线教学局限于教师单一课堂讲授,而实际上确实有半数以上教师习惯于使用直播或录播授课的教学形式。与教师形成鲜明对比的是,竟然有近六成的学生认为其具有较高的在线学习技术熟悉度,这种反差足以产生喜剧效果。

究其原因,抛开个人层面,主要还归结于高校对现代教育技术的两次"错过",使得教育技术与高校课堂教学的融合不仅起步晚,步伐也慢,线上教育理念变革的速度远低于技术革新的速度。早在2000年7月,现代教育技术第一次大范围进入高校,教育部公布了首批31所高校建设网络教育学院的通知,但主要是以继续教育和在职教育为主,并未对在校大学生的教学范式产生重大影响,这是第一次错过。第二次错过则是互联网时代以来,相比教育技术进入高校招生、学籍、就业、财务等高校管理的时间,教育技术在教学领域的进展也缓慢得多。

从横向国际比较来看,与美国相比,中美之间的差异则是差距。我国高校大约在2014年下半年开始建设智慧教室,迄今利用智慧教室进行"翻转课堂"教学也只有8年多的时间。当我们还停留在"传统"智慧教室时,美国的智慧教室已经升级换代,甚至毫不夸张地说,国外关于在线教学领域已经武装到"牙齿",实现了从理念、机制体制,再到软硬件等器物层面的跨越。而我们在借鉴国际经验时,要么空有其"形"而无"神",不仅在线课程设计质量标准发展不完善,在线课程的输入、实施和输出环节与美国仍存在一定的差距;要么过于关注细枝末节,舍本逐末,教学平台的开发技术仅限于线上上课、考勤、交作业和考试等基本功能和需求的满足,"含金量"还很低,不能满足高阶的需求。这是教育理念落地中国大地的实践偏差。分析这些差距形成原因,有的根源在教育内部,有的则是教育或者高校之外的问题。有的是公平问题,比如中西部高校与东部地区高校在线上技术服务支持上存在明显的"数字鸿沟"。有的则是效率问题等。但不可否认的是,理论的贫乏、技术的滞后往往导致实践的集体无意识,实践的偏差,甚至误入"歧途"。

通过纵向的历史考察和横向的国际比较,回到此次大规模在线教学本身,透过这些差异及其背后折射的问题,我们不得不深入思考,当现代教育技术进入我国大学约有30余年时间,利用PPT组织教学约有20余年时间,利用网上教学约有近20年的时间里,为何我们体会更深的是差距?我们到底错过了什么？理念或认识上存在哪些误区使我们一再错过或滞后？未来我们如何走出误区，具体实践中又该进行怎样的取舍？

在线教学是一种以联网技术为基础、通过信息技术实现人机和人际跨境交流和远距交互的异地同步教学形态。为此，我们高度重视硬件的建设，并形成了长期以来"重硬件轻软件"的错觉。我们发现，在疫情这面镜子面前，在软件被忽视的同时，硬件重视不到位且还有偏差。关于硬件与软件的划分，暂且不提人是硬件还是软件。对在线教学而言，所谓硬件，它不仅仅是简单的网络维护问题，而是全方位对教学技术手段的引入和支持。教学技术使用的不普及，在一定程度上阻碍了我国高校组织教学水平的提升，以至于让我们怀疑对在线教育是不是一直存在误解。在现代教育技术在高等教育的运用从版本1.0到4.0以大数据、人工智能等应用为代表的智慧教育的进阶中，尤其是当MOOC出现时，我们忽视了教育技术发展对教师数字素养的要求，也使身为数字"土著"的当代大学生远未成为数字公民，这是认识的偏差，我们有必要重新认识教育技术的价值，并重视教育技术的长期和"常态"力量。但是，线上教学不是线下教学的网络翻版和简单机械照搬，或者将传统课堂教学披上一件现代信息技术和网络环境的外衣，它有着更深层次、更多维度的内涵，规定性、开放性、多元性、灵活性、差异性和建构性才是其"神"之所在。真正意义上的在线教育，相比硬件和软件的重要性，人的作用更为重要。比如，学生要学会"自适应学习"，从被动接受知识变为主动探索发现知识；教师角色要实现从知识传播者变成一个知识的组织者和学生学习的观察者的转变等。可以说，与线下教学相比，在线教学同样是涉及到教学大纲设计、备课、授课、考核、评价、反馈等教学模式和教学环节的"一揽子"工程，是直指学校课堂教学结构的革命性变革与创新。

对于"仓促上马"的大规模在线教学而言，调查问卷反映的不仅是认知上的差距、短板和不足，更是实践上的偏差。在以世界一流大学建设、高等教育现代化为战略目标的大背景下，不得不说，先前我们对教育技术的认识站位并不高，理解也略显狭隘。当麻省理工等世界一流大学在基于社会责任和追求世界领导力（leadership）而积极推进慕课时，我国内地高校的校内线上资源建设往往以"立项""报奖"为目的，教学资源只限于有，建而不用，或者不落地于用，目的与手段本末倒置。此外在政策引导、资源建设导向上旗帜也并不鲜明。以代表我国最高水平的高等教育国家级教学成果奖评审为例，进入21世纪以来，在5次高等教育国家级教学成果奖评审中，五届获奖总数为2469项，然而包含"教育技术"的获奖项目一共15项，包含"混合式教学"的获奖项目一共3项，包含"互联网＋"的获奖项目一共5项，共计23项，占五届项目总数的

0.87%。这也使得高校在疫情期间开展大规模在线教学时,不得不舍近求远,过度依赖的市场化资源,因质量参差不齐而直接影响到在校教学的质量与效率。

我国此次大规模线上教学还暴露出教学平台分散、教育资源明显不足、教育技术支持人员不足、线上教学支撑和保障能力不足等问题。与美国高校使用在线教学平台相对集中相比,疫情初期,我国大部分高校除搭建本校在线教学平台之外,还积极使用教育部推荐的22个在线教学平台。在线教学平台多样且分散,虽避免了高负荷运作带来的运行崩溃,但因涵盖的教学资源和功能不一,以至于没有哪个平台可以一枝独秀,得到大多数教师的认同。同时,"使用平台太多,经常来回切换"也严重影响学生的学习体验与效果。此外在教学环节,教育主管部门主导的线上教学资源建设与市场化教学平台还处于彼此割裂分离状态。一份基于57所高校的问卷调查也证实了这一点:高校教师教学方式直播+在线互动、录播+在线互动的使用比例高达80%以上。近年来,我国线上资源建设一直是以政府主导、高校主体、社会力量参与的方式进行。虽然有国家级精品课和网络精品课建设等项目,学校也有自建平台,但利用率并不高,调查发现,完全使用学校自建平台的教师仅占10.6%。因此,未来如何升级、改造和整合现有校内外教学平台,政府主导还是市场主导,具体模式选择还需计划与市场的平衡取舍,政府应在引导、鼓励社会企业参与到高校教学平台建设的同时发挥主导作用,为高校提供更加强大稳定的在线教学支撑服务平台。

尽管众多研究都认为线上教学不只是应急教学,具有广阔的发展空间和前景,并预测"线上+线下"相结合的模式将成为一种新常态。但是对于线上和线下各自占多少比例才是合适的?在线教学是被视为传统课堂教学的备选方案,还是将与课堂教学完全平行、对等的教学模式?截至目前我们对在线教学的理解还远未达成共识,至于教学惯性使然下的实际使用情况如何,研究似乎还存在断层,甚至本书中的数据也仅是揭示了此次在线教学初期阶段,或者说起步和"磨合"阶段的"特征"和相对客观真实的写照,被"应急"遮蔽的一系列深层次问题暴露得还不充分。

课题组对于线上教育的研究绝不应拘泥于时代背景而停留于此,在线教育的未来取决于我们的共识与行动。

首先,关于未来在线教学的体系构建,它取决于我们在一个什么样的时代背景、什么样的维度或层次来思考和探讨线上教学问题,具体是在全球化视野中的大学,一流大学建设中的大学,高等教育现代化进程中的大学,还是指向未来的大学等框架内来思考人的现代化,教育信息技术的现代化……只有在基于世界范围内教育模式大变革、高等教育现代化和高等教育强国建设等宏观视野下,去深入探讨,积极谋划,只有人的现代化,才有理念的现代化,进而软硬件的现代化。

其次,基于国情和我国高等教育发展阶段的未来在线教育体系构建,鉴于我国高等教育资源区域不均衡、高校办学资源不足等短板,在未来中国高等教育现代化进程中,我们应充分结合我国制度优越性与现代教育技术的后发优势,政府主导,高校主体,市场参与,全面构建一体化的在线教学资源平台和教学支持平台,利用线上教学宏观上改变我国高等教育格局,中观上推动课堂革命与教学改革,微观上促进人才培养模式变革,提高人才培养质量,为推动我国高等教育变轨超车,构建终身学习体系贡献自己的力量。

再次,是持续推动教学改革和课堂革命。教学改革是高等教育改革的深水区,教学方式方法改革更是深水区的重要组成部分,教育技术正在深刻地改变高等教育的管理方式和教学模式。尽管未来线上教学究竟在多大程度改变常态下的教学活动还是一个未知数,但它不妨碍给我们提供一个视角来反思我们教学模式变革。对此,我们思考问题的原点还应该是"以学生发展为中心"。"以学生为中心"绝不是底线思维,满足最基本的教学需求。在发达国家,其大学学习空间的设计已经融入了以学生学习为中心的理念,且教育理念往往先于或蕴藏于建筑设计,建筑从某种意义上已经成为凝固的教育观念。同时我们还要避免实践层面"以学生为中心"概念内涵的泛化,走向另一个极端,尤其是在移动设备广泛使用的情况下,对于技术的误用、错用和滥用。在理念上已达成共识的大前提下,以此为出发点,一切有利于实现学生发展的新兴教学模式都应该加以探讨和尝试,并将关注重点从教师教什么,如何教,转到学生学到什么,学习体验及效果如何。

大规模线上教学是一个时效性、实践性非常强的话题,反映了当下信息化教学的普及化状态,把握这一重要研究机遇,从理论层面可以提出具有普遍指导意义的原则、观点,从实践层面则为确定各个优化环节提供证据支持。在后疫情时代下,教学模式已然不可能回到"原点",总结此次经验,对推进未来线上教学与传统教学建立有机结合点,更好服务人才培养具有深远意义。以此次大范围、大规模线上教学为契机,重新审视在线教学环境下教师教学设计、教学组织、讲课方式和学生的学习方式等,持续推动课堂革命,步步为营,层层推进,共绘未来在线教学的新图景,"引领"我国高等教育发展。

2024 年 8 月 30 日

# 目 录

**第一章　大学生对线上教学的评价** ⋯⋯⋯⋯⋯⋯⋯⋯⋯⋯⋯⋯⋯⋯⋯⋯ 001
　第一节　不同区域高校大学生对线上学习环境及支持的评价⋯⋯⋯⋯ 001
　第二节　不同类型高校大学生对线上学习环境及支持的评价⋯⋯⋯⋯ 008
　第三节　不同学科大学生对线上学习环境及支持的评价⋯⋯⋯⋯⋯⋯ 013

**第二章　大学生对线上教学的体验** ⋯⋯⋯⋯⋯⋯⋯⋯⋯⋯⋯⋯⋯⋯⋯⋯ 020
　第一节　大学生对线上教学满意度的评价⋯⋯⋯⋯⋯⋯⋯⋯⋯⋯⋯⋯ 020
　第二节　大学生对线上教学优劣的评价⋯⋯⋯⋯⋯⋯⋯⋯⋯⋯⋯⋯⋯ 034

**第三章　大学生对线上教学影响因素及问题的认知** ⋯⋯⋯⋯⋯⋯⋯⋯ 049
　第一节　大学生对线上教学效果的评价及影响因素的认知⋯⋯⋯⋯⋯ 049
　第二节　大学生对线上教学问题的认知⋯⋯⋯⋯⋯⋯⋯⋯⋯⋯⋯⋯⋯ 077

**第四章　大学生对线上教学的改进意见** ⋯⋯⋯⋯⋯⋯⋯⋯⋯⋯⋯⋯⋯⋯ 088
　第一节　疫情过后大学生对于线上教学的态度分析⋯⋯⋯⋯⋯⋯⋯⋯ 088
　第二节　大学生对未来线上学习的改进期待⋯⋯⋯⋯⋯⋯⋯⋯⋯⋯⋯ 100

**第五章　高校教师对线上教学的评价** ⋯⋯⋯⋯⋯⋯⋯⋯⋯⋯⋯⋯⋯⋯⋯ 113
　第一节　不同区域高校教师对线上教学环境及支持的评价⋯⋯⋯⋯⋯ 113
　第二节　不同类型教师主体对线上教学环境及支持的评价⋯⋯⋯⋯⋯ 134
　第三节　不同类型平台对教师线上教学的支持程度⋯⋯⋯⋯⋯⋯⋯⋯ 169

**第六章　高校教师线上教学体验** ⋯⋯⋯⋯⋯⋯⋯⋯⋯⋯⋯⋯⋯⋯⋯⋯⋯ 221
　第一节　教师对线上教学能力自我评价⋯⋯⋯⋯⋯⋯⋯⋯⋯⋯⋯⋯⋯ 221
　第二节　教师对线上教学效果评价⋯⋯⋯⋯⋯⋯⋯⋯⋯⋯⋯⋯⋯⋯⋯ 236
　第三节　影响教师线上教学效果的因素分析⋯⋯⋯⋯⋯⋯⋯⋯⋯⋯⋯ 251

第七章　高校教师线上教学面临的问题与挑战 ······ 314
　第一节　教师线上教学存在的主要问题 ······ 314
　第二节　教师线上教学面临的主要困难 ······ 331
　第三节　教师线上教学面临的主要挑战 ······ 343
　第四节　疫情后教师对线上教学的态度 ······ 353

第八章　高校教师线上教学现状、影响因素及未来挑战
　　　　——基于高校管理者的视角 ······ 375
　第一节　高校线上教学现状分析 ······ 375
　第二节　线上教学模式的适应性及影响因素分析 ······ 413
　第三节　线上教学面临的问题、挑战与应对 ······ 432

附　录 ······ 463
　附录1　疫情防控期间高校教师线上教学调查报告 ······ 464
　附录2　疫情防控期间大学生线上学习调查报告 ······ 489
　附录3　疫情防控期间高校线上教学教务管理人员调查报告 ······ 512

编后记 ······ 532

# 第一章

# 大学生对线上教学的评价

2020年初,面对突如其来的疫情,全国各高校在教育部"停课不停教、停课不停学"的号召下,迅速调整教学安排并从"线下教学"转向"线上教学"。面对这一变化,大学生能否适应这一教学模式,其对线上教学的感知和体验如何?不同区域高校、不同类型高校、不同学科的大学生对线上教学环境及支持的体验如何?是否存在差异?这些对于今后高校加强对线上教学环境及支持、改进技术服务保障方式无疑有着重要意义。

## 第一节 不同区域高校大学生对线上学习环境及支持的评价

### 一、研究问题

本节研究将重点探讨面对线上教学的新变化,不同区域高校大学生对线上教学环境及支持的评价和感知是否存在差异。如果有差异,其研究的价值和启示有哪些?

### 二、研究方法

(一)样本

本节样本来自厦门大学教师发展中心对全国334所高校开展的《线上教学调查问卷(学生卷)》问卷调查,共收集256504份样本,其中剔除4575份无效样本,保留疫情之前或疫情防控期间使用过线上教学的有效样本251929

份。其中,男生占44.1%,女生占55.9%,年级分布为大一39.7%、大二31%、大三23%、大四4.9%、大五(五年制)0.2%、研究生0.3%和专科生0.9%,学校区域分布为东部41.9%、中部43.1%、西部14.8%和其他0.3%,[1]学校类别分布为公办学校78.3%、民办学校21.4%和其他0.3%,学校类型分布为研究型大学1.7%、一般本科高校92.4%、高职院校5.1%和其他院校0.8%。

(二)变量定义

1.因变量

研究分析的因变量包括线上教学服务保障、大学生线上教学背景两方面的指标。其中,线上教学服务保障主要指平台网速等硬件保障和技术服务等软件保障。线上教学背景主要指大学生所选课程类型、疫情之前和疫情防控期间使用线上教学情况。

2.自变量

研究分析的自变量为高校所在的区域。研究根据高校所在省市将高校划分为东部、中部和西部三类,分别赋值为1、2和3。

(三)研究工具与方法

研究采用统计工具SPSS对《线上教学调查问卷(学生卷)》的"线上教学环境及支持"板块的相关调研数据进行统计分析。首先,运用克龙巴赫 $\alpha$ 系数(Cronbach's alpha coefficient,简称 $\alpha$ 系数)来估计问卷一致性信度,结果表明"平台技术服务"和"线上教学的服务保障"问卷总体的 $\alpha$ 系数是0.927和0.923,说明问卷信度良好,测量工具的一致性和稳定性较高。其次,使用探索性因子正交方差最大法进行主成分分析,以检验问卷的结构效度。结果显示,"平台技术服务"和"线上教学的服务保障"的KMO系数值为0.920和0.888(大于0.6),Bartlett球形检验均达到显著($p<0.001$),证明数据适合进行因子分析。

## 三、研究结果

研究从纵向和横向两个维度进行。纵向维度包括不同区域高校在平台网速等硬件保障和技术服务等软件保障的差异研究,横向维度包括不同区域高校在课程类型、疫情之前和疫情防控期间线上学习的差异研究。

---

[1] 各部所占比例之和为100.1%,此为四舍五入所致,全书同不另注。其他类占比较小,不作深入分析。

### (一)不同区域高校大学生线上教学服务保障研究

因变量"线上教学服务保障"包括"平台网速等硬件保障"和"技术服务等软件保障"两组因变量。其中,"平台网速等硬件保障"变量包含"网络速度流畅度""平台运行稳定度""画面音频清晰度""师生互动即时度""文件传输顺畅度""工具使用便捷度""总体评价"等7个子变量;"技术服务等软件保障"变量包含"网络条件对线上学习的支持""各类教学平台对线上学习的支持""电子图书资源对线上学习的支持""为学生提供教学平台使用培训""为学生提供线上学习方法培训""学校政策对于线上学习的支持(如学分认定、学业评价标准等)"等6个子变量。

对这些线上学习的软硬件保障选项的好与差的评价,采用李克特5级量表,答题者从"非常好""好""一般""不好""非常不好"(分别赋值为5、4、3、2、1,此外,"不知道"选项赋值为0)5个选项中加以选择。鉴于因变量"线上教学服务保障"中两组变量的数据指标居多,且考虑设置指标时彼此的相关性,加之进行因子分析时仅降维出一个因子,通过求出这两组"线上教学服务保障"变量的均值(统计分析时,排除了"不知道"的答案),考察不同区域高校大学生对"平台网速等硬件保障"和"技术服务等软件保障"的评价。

表1-1-1显示,从参与调查学生所在学校区域来看,东部高校的大学生对平台网速等硬件保障和技术服务等软件保障方面的评价均值高于中部和西部高校学生。西部评价最高的是技术服务等软件保障,东部评价最低的是平台网速等硬件保障,但两个项目分值大致相当。两个服务保障因素中,无论参与调查学生所在高校处于哪一区域,其对技术服务等软件保障的评价均高于对平台网速等硬件保障的评价。

表1-1-1 不同区域高校大学生对线上教学服务保障评价的描述性分析

| 学校区域 | $M$(SD) | |
| --- | --- | --- |
|  | 平台网速等硬件保障 | 技术服务等软件保障 |
| 东部 | 3.60(0.69) | 3.70(0.72) |
| 中部 | 3.55(0.69) | 3.66(0.72) |
| 西部 | 3.49(0.69) | 3.60(0.70) |
| 全样本 | 3.56(0.69) | 3.67(0.72) |

注:M为平均值,SD为标准差,以下同。

对不同区域高校大学生线上教学服务保障评价做单因素方差齐性检验,结论是,各组的方差在0.05水平上,没有显著性差异。表1-1-2显示,平台网速等硬件保障和技术服务等软件保障在不同区域高校之间存在显著差异。具体来看,就平台网速等硬件保障变量($p<0.05$)而言,东部和中部高校之间、东部和西部高校之间、中部和西部高校之间均存在显著差异;就技术服务等软件保障变量($p<0.05$)而言,东部和中部高校之间、东部和西部高校之间、中部和西部高校之间均存在显著差异。

表 1-1-2　不同区域高校大学生对线上教学服务保障评价单因素方差分析

| 学校区域 | | 技术保障 | |
|---|---|---|---|
| | | 平台网速等硬件保障 | 技术服务等软件保障 |
| $F$ | | 373.118*** | 267.520*** |
| 东部 | 中部 | 0.000*** | 0.000*** |
| | 西部 | 0.000*** | 0.000*** |
| 中部 | 东部 | 0.000*** | 0.000*** |
| | 西部 | 0.000*** | 0.000*** |
| 西部 | 东部 | 0.000*** | 0.000*** |
| | 中部 | 0.000*** | 0.000*** |

注:*** 表示 $p<0.001$。

### (二)不同区域高校大学生线上教学背景研究

1.不同区域高校大学生疫情之前线上学习情况分析

经过对参与调查大学生脱敏、归类统计后,得到不同区域高校大学生在疫情之前参与线上学习情况汇总(见表1-1-3)。

表 1-1-3　不同区域高校大学生疫情之前线上学习情况汇总表

| 学校区域 | 疫情之前是否参加线上学习 | |
|---|---|---|
| | 是 | 否 |
| 东部 | 50009 | 59078 |
| 中部 | 49968 | 54304 |
| 西部 | 16071 | 21813 |

对不同区域高校大学生疫情之前是否参加线上学习的被调查者数据进行独立性卡方检验,皮尔逊卡方检验的卡方值为 347.407,显著值 $p<0.05$,即认

为学校区域与疫情之前线上学习情况是不独立的,两变量之间存在着关联。学校区域、疫情之前线上学习情况之间的 Phi 相关系数为 0.037,对应的 $p<0.05$,拒绝原假设,即学校区域与疫情之前线上学习情况两个变量存在显著的相关性。

2.不同区域高校大学生疫情防控期间线上学习情况分析

经过对参与调查大学生脱敏、归类统计后,得到学校区域与疫情防控期间线上学习情况汇总(见表 1-1-4)。

表 1-1-4　不同区域高校疫情防控期间线上学习情况汇总表

| 学校区域 | 疫情防控期间是否参加线上学习 | |
| --- | --- | --- |
| | 是 | 否 |
| 东部 | 108336 | 751 |
| 中部 | 103546 | 726 |
| 西部 | 37209 | 675 |

对不同区域学校疫情防控期间线上学习情况进行独立性卡方检验,皮尔逊卡方检验的卡方值为 449.725,显著值 $p<0.05$,应拒绝原假设,即认为学校区域与疫情防控期间线上学习情况是不独立的,两变量之间存在着关联。学校区域、疫情防控期间线上学习情况之间的 Phi 相关系数为 0.042,对应的 $p<0.05$,拒绝原假设,即学校区域与疫情防控期间线上学习情况两个变量存在显著的相关性。

3.不同区域高校大学生线上学习课程类型差异研究

表 1-1-5 总结了专业必修课、专业选修课、公共必修课和公共选修课在不同学校区域上的得分情况。

表 1-1-5　不同区域高校大学生线上学习课程类型描述性分析

| 学校区域 | $M(SD)$ | | | |
| --- | --- | --- | --- | --- |
| | 专业必修课 | 专业选修课 | 公共必修课 | 公共选修课 |
| 东部 | 0.95(0.21) | 0.66(0.48) | 0.70(0.46) | 0.59(0.49) |
| 中部 | 0.93(0.26) | 0.62(0.48) | 0.71(0.45) | 0.57(0.50) |
| 西部 | 0.92(0.27) | 0.62(0.49) | 0.63(0.48) | 0.54(0.50) |
| 全样本 | 0.94(0.24) | 0.64(0.48) | 0.70(0.46) | 0.58(0.50) |

表 1-1-5 显示,从课程类型看,使用线上教学的课程中,最多的是专业必修课,然后依次是公共必修课、专业选修课和公共选修。从不同区域比较看,东部区域高校专业必修课、专业选修课和公共选修课中使用线上教学的课程均多于中部和西部高校。

对不同区域高校大学生线上学习课程类型做方差齐性检验,结果显示各组方差在 0.05 水平上存在显著性差异,即方差不齐,故不假定等方差进行多重检验。表 1-1-6 显示,不同课程类型在不同学校区域之间存在显著差异。具体而言,就专业必修课变量($p<0.05$)而言,东部和中部高校之间、东部和西部高校之间、中部和西部高校之间均存在显著差异;就专业选修课变量($p<0.05$),东部和中部高校之间、东部和西部高校之间存在显著差异,中部和西部高校之间没有显著差异;就公共必修课变量($p<0.05$)而言,东部和中部高校之间、东部和西部高校之间、中部和西部高校之间均存在显著差异;就公共选修课变量($p<0.05$)而言,东部和中部高校之间、东部和西部高校之间、中部和西部高校之间同样存在显著差异。

表 1-1-6 不同区域高校大学生线上学习课程类型方差分析

| 学校区域 | | 课程类型 | | | |
|---|---|---|---|---|---|
| | | 专业必修课 | 专业选修课 | 公共必修课 | 公共选修课 |
| $F$ | | 464.957*** | 148.260*** | 434.824*** | 145.426*** |
| 东部 | 中部 | 0.000*** | 0.000*** | 0.000*** | 0.000*** |
| | 西部 | 0.000*** | 0.000*** | 0.000*** | 0.000*** |
| 中部 | 东部 | 0.000*** | 0.000*** | 0.000*** | 0.000*** |
| | 西部 | 0.001** | 0.290 | 0.000*** | 0.000*** |
| 西部 | 东部 | 0.000*** | 0.000*** | 0.000*** | 0.000*** |
| | 中部 | 0.001** | 0.290 | 0.000*** | 0.000*** |

注:** 表示 $p<0.01$,*** 表示 $p<0.001$。

## 四、结果讨论

(一)主要的研究发现

1.疫情防控期间大学生线上学习参与度急剧上升

从时间维度看,疫情之前没有使用过线上教学的情况略多于使用过的,但到了疫情防控期间,超过九成被调查大学生表示参与了线上学习。这说明,突发疫情加速了我国高校师生开展线上教学的进程,极大地提升了大学生线上学习的参与度。

2.大学生对线上学习软硬件保障的评价良好

大学生对线上学习软硬件保障的评价分均值处于"一般"至"好"区间,说明我国的高校教学网络在疫情肆虐的特殊时期,仍能给予大学生线上学习的基本支持和保障,得到良好的评价。但软硬件的支持与服务质量存在差异,大学生对线上教学的技术服务等软件保障的评价高于对平台网速等硬件保障的评价。

3.大学生线上修习的课程类型存在明显差异

从线上课程类型维度看,线上教学的课程中必修课多于选修课,专业课又多于公共课。这说明高校在应对突发疫情时仍是抓住和保障了教学的基本要求,但对拓展性的选修课程的支持与服务则有待于在常态化环境中加强。

4.不同区域大学生对线上教学服务保障的评价差异显著

从总体上看,不同区域高校大学生对技术服务等软件保障的评价均值高于对平台网速等硬件保障的评价均值。从平台网速等硬件保障来看,高校大学生对平台网速等硬件保障的评价均值由高到低依次是东部高校、中部高校和西部高校;从技术服务等软件保障来看,高校大学生对技术服务等软件保障的评价均值由高到低依次是东部高校、中部高校和西部高校。

(二)启示

基于上述研究发现,研究可探讨的启示如下:

1.客观分析区域差异,为线上学习建设提供数据支撑

可能由于自然资源、技术水平、政府政策等缺乏均衡性,不同区域高校大学生对线上学习环境及支持的评价存在显著差异。对不同区域高校大学生线上学习环境及支持的差异进行分析,有助于找出形成差异的深层次原因,补齐不同区域高校线上学习的短板,协调不同区域高校各方面的发展,并为今后网络教育环境的建设提供可靠的数据支撑。

2.为不同区域高校分工协作及竞争合作提供前提

不同区域高校大学生对线上环境及支持的评价选择存在差异,才产生了高校区域发展的比较优势,东、中部高校相对于西部高校会产生一系列直接或间接的影响,为西部高校发展和赶超提供了强大动力和前进方向。

3.为线下、线上学习的高校区域差异比较提供依据

线上学习环境及支持的区域差异是否比线下学习的区域差异小?高校可根据以往线下学习经验,结合研究线上学习环境及支持的区域差异的结果得

出线下、线上学习环境及支持的区域差异大小,并以此作为疫情之后选择教学模式的依据。

## 第二节  不同类型高校大学生对线上学习环境及支持的评价

### 一、研究问题

本节将重点研究不同类型高校大学生对线上学习环境及支持的评价,以及不同评价之间是否存在显著差异,这些差异的价值和启示有哪些。

### 二、研究方法

(一)样本

本节样本同本章首节。

(二)变量定义

1.因变量

研究分析的因变量包括"线上教学服务保障"和"线上教学背景"两个指标。其中,"线上教学服务保障"主要指调查问卷中的平台网速等硬件保障和技术服务等软件保障,"线上教学背景"主要指学生所选课程类型、疫情之前和疫情防控期间线上教学使用情况。

2.自变量

研究分析的自变量为高校所属的类型,根据高校综合实力将参与调查高校划分为研究型大学、一般本科高校和高职院校三类,分别赋值为1、2和3。

(三)研究工具与方法

研究采用统计工具 SPSS 对《线上教学调查问卷(学生卷)》的"线上教学环境及支持"板块的相关调研数据进行统计分析,分析结果如本章第一节第二部分"研究方法"所示,证明数据适合进行因子分析。

### 三、研究结果

研究从两个维度进行:其一,研究不同类型高校在平台网速等硬件保障和技术服务等软件保障方面的差异;其二,研究不同类型高校在课程类型、疫情之前和疫情防控期间线上学习的差异。

### (一)不同类型高校大学生线上教学服务保障研究

因变量"线上教学服务保障"包括"平台网速等硬件保障""技术服务等软件保障"两组因变量,每组的具体子变量与第一节"研究结果"的第一部分相同。因变量的选项设置采用李克特5级量表,答题者从"非常好""好""一般""不好""非常不好"(分别赋值为5、4、3、2、1,此外,"不知道"选项赋值为0)5个选项中加以选择。鉴于因变量"线上教学服务保障"中两组变量的数据指标居多,且考虑设置指标时彼此的相关性,加之进行因子分析有且仅降维出一个因子,求出这两组"线上教学服务保障"变量的均值(统计分析时,排除了"不知道"的答案),探讨不同类型高校大学生对"平台网速等硬件保障"和"技术服务等软件保障"的评价。

表1-2-1显示,无论参与调查学生属于哪一高校类型,学生对于技术服务等软件保障的评价均高于对平台网速等硬件保障的评价。从参与调查学生所在高校类型来看,研究型大学学生对平台网速等硬件保障和技术服务等软件保障方面的评价高于一般本科高校和高职院校,且高职院校的评价最低。

表1-2-1 不同类型高校大学生对线上教学服务保障评价的描述性分析

| 学校类型 | $M$(SD) | |
| --- | --- | --- |
| | 平台网速等硬件保障 | 技术服务等软件保障 |
| 研究型大学 | 3.63(0.66) | 3.73(0.69) |
| 一般本科高校 | 3.57(0.69) | 3.67(0.71) |
| 高职院校 | 3.44(0.74) | 3.55(0.76) |
| 全样本 | 3.56(0.69) | 3.67(0.72) |

对不同类型高校线上教学保障做单因素方差齐性检验,结果显示各组方差在0.05水平上存在显著性差异,故不假定等方差进行多重检验。表1-2-2显示,平台网速等硬件保障和技术服务等软件保障在不同学校类型之间存在显著差异。具体来看,就平台网速等硬件保障变量($p<0.05$)而言,不同类型高校之间均存在显著差异;就技术服务等软件保障变量($p<0.05$)而言,不同类型高校之间也均存在显著差异。

表 1-2-2　不同类型高校大学生对线上教学服务保障评价的单因素方差分析

| 学校类型 | | 技术保障 | |
| --- | --- | --- | --- |
| | | 平台网速等硬件保障 | 技术服务等软件保障 |
| $F$ | | 217.583*** | 201.745*** |
| 研究型大学 | 一般本科高校 | 0.000*** | 0.000*** |
| | 高职院校 | 0.000*** | 0.000*** |
| 一般本科高校 | 研究型大学 | 0.000*** | 0.000*** |
| | 高职院校 | 0.000*** | 0.000*** |
| 高职院校 | 研究型大学 | 0.000*** | 0.000*** |
| | 一般本科高校 | 0.000*** | 0.000*** |

注：*** 表示 $p<0.001$。

### （二）不同类型高校大学生线上教学背景研究

**1.不同类型高校大学生疫情之前线上学习情况分析**

经过对参与调查大学生脱敏、归类统计后,得到不同类型高校大学生疫情之前线上学习情况汇总(见表 1-2-3)。

表 1-2-3　不同类型高校大学生疫情之前线上学习情况汇总表

| 学校类型 | 疫情之前是否参加线上学习 | |
| --- | --- | --- |
| | 是 | 否 |
| 研究型大学 | 2112 | 2491 |
| 一般本科高校 | 108334 | 124190 |
| 高职院校 | 5337 | 7450 |

对不同类型高校大学生疫情之前线上学习情况进行独立性卡方检验,皮尔逊卡方检验的卡方值为 115.165,显著值 $p<0.05$,即认为学校类型与疫情之前线上学习情况两变量之间存在着关联。学校类型、疫情之前线上学习情况之间的 Phi 相关系数为 0.021,对应的 $p<0.05$,即认为学校类型与疫情之前线上学习情况两个变量存在显著的相关性。

**2.不同类型高校大学生疫情防控期间线上学习情况分析**

经过对参与调查大学生脱敏、归类统计后,得到不同类型高校大学生疫情防控期间线上学习情况汇总(见表 1-2-4)。

表 1-2-4　不同类型高校大学生疫情防控期间线上学习情况汇总表

| 学校类型 | 疫情防控期间是否参加线上学习 | |
| --- | --- | --- |
|  | 是 | 否 |
| 研究型大学 | 4583 | 20 |
| 一般本科高校 | 230417 | 2107 |
| 高职院校 | 12762 | 25 |

对学校类型、疫情防控期间线上学习情况进行独立性卡方检验，皮尔逊卡方检验的卡方值为 81.696，显著值 $p<0.05$，即认为学校类型与疫情防控期间线上学习情况是不独立的，两变量之间存在着关联。学校类型、疫情防控期间线上学习情况之间的 Phi 相关系数为 0.018，对应的 $p<0.05$，即学校类型与疫情防控期间线上学习情况两个变量存在显著的相关性。

3.不同类型高校大学生线上学习课程类型差异研究

表 1-2-5 总结了专业必修课、专业选修课、公共必修课和公共选修课在不同学校类型的得分情况。

表 1-2-5　不同类型高校大学生线上学习课程类型描述性分析

| 学校类型 | $M(SD)$ | | | |
| --- | --- | --- | --- | --- |
|  | 专业必修课 | 专业选修课 | 公共必修课 | 公共选修课 |
| 研究型大学 | 0.96(0.20) | 0.73(0.44) | 0.77(0.42) | 0.73(0.44) |
| 一般本科高校 | 0.94(0.25) | 0.64(0.48) | 0.69(0.46) | 0.57(0.49) |
| 高职院校 | 0.98(0.15) | 0.63(0.48) | 0.70(0.46) | 0.61(0.49) |
| 全样本 | 0.94(0.24) | 0.64(0.48) | 0.70(0.46) | 0.58(0.49) |

表 1-2-5 显示，就课程类型而言，专业必修课使用线上教学最多，且与专业选修课、公共必修课和公共选修课的差距较大，其次依次是公共必修课、专业选修课和公共选修课。从学校类型来看，研究型大学学生使用线上教学学习专业选修课、公共必修课和公共选修课的人数多于一般本科高校和高职院校，且一般本科高校学生使用线上教学学习专业必修课、公共必修课和公共选修课的人数最少，高职院校学生使用线上教学学习专业选修课的人数最少。

表 1-2-6　不同类型高校大学生线上学习课程类型方差分析

| 学校类型 | | 课程类型 | | | |
|---|---|---|---|---|---|
| | | 专业必修课 | 专业选修课 | 公共必修课 | 公共选修课 |
| $F$ | | 195.170*** | 85.171*** | 55.934*** | 265.536*** |
| 研究型大学 | 一般本科高校 | 0.000*** | 0.000*** | 0.000*** | 0.000*** |
| | 高职 | 0.000*** | 0.000*** | 0.000*** | 0.000*** |
| 一般本科高校 | 研究型大学 | 0.000*** | 0.000*** | 0.000*** | 0.000*** |
| | 高职 | 0.000*** | 0.521 | 0.044* | 0.000*** |
| 高职院校 | 研究型大学 | 0.000*** | 0.000*** | 0.000*** | 0.000*** |
| | 一般本科高校 | 0.000*** | 0.521 | 0.044* | 0.000*** |

注：* 表示 $p<0.05$，*** 表示 $p<0.001$。

对不同类型高校大学生线上学习课程类型做方差齐性检验，结果显示各组方差在 0.05 水平上存在显著性差异。表 1-2-6 显示，不同课程类型在不同学校类型之间存在显著差异。具体来看，就专业必修课变量（$p<0.05$）而言，不同类型学校之间均存在显著差异；就专业选修课变量（$p<0.05$）而言，除一般本科高校和高职院校之间没有显著差异外，其他不同类型高校之间均存在显著差异；就公共必修课变量（$p<0.05$）而言，不同类型高校之间均存在显著差异；就公共选修课变量（$p<0.05$）而言，不同类型高校之间也存在显著差异。

## 四、结果讨论

### （一）主要的研究发现

**1.不同类型高校大学生对线上教学服务保障的评价差异显著**

从平台网速等硬件保障来看，大学生对平台网速等硬件保障的满意程度按学校类型划分，由高到低依次是研究型大学学生、一般本科高校学生和高职院校学生；从技术服务等软件保障来看，大学生对技术服务等软件保障的满意程度按由高到低依次是研究型大学学生、一般本科高校学生和高职院校学生；不同类型高校大学生对技术服务等软件保障的满意度均高于对平台网速等硬件保障的满意度。

**2.不同类型高校大学生线上学习课程类型差异显著**

从专业必修课来看，大学生线上学习专业必修课人数，按由高到低依次是高职院校学生、研究型大学学生和一般本科高校学生；从专业选修课来看，依次是研究型大学学生、一般本科高校学生和高职院校学生;从公共必修课来看,依次是研究型大学学生、高职院校学生和一般本科高校学生;从公共选修课来看,依次是研究型大学学生、高职院校学生和一般本科高校学生。

(二)启示

基于上述研究发现,研究可探讨的启示如下:

1.为不同类型高校应用信息技术开展教学改革孕育良机

根据不同类型高校线上学习环境及支持存在的显著差异,不同类型高校应充分认识到此次尝试线上教学的积极意义,将此次的线上教学改革尝试有机嵌入学校教育教学改革的系统工程之中,深入分析线上教学的优势与弊端,全面系统总结经验与不足,为实现信息技术和教育教学深入融合奠定基础。

2.为不同类型高校分工协作及竞争合作提供前提

正是由于不同类型高校大学生对线上学习环境及支持的评价选择存在显著差异,才产生了不同类型高校发展的比较优势,研究型大学、一般本科高校相对于高职院校会产生一系列直接或间接的影响,为高职院校发展和赶超提供了强大动力和前进方向。

3.为后续线下、线上学习的高校类型差异比较提供依据

线上学习环境及支持的高校类型差异是否比线下学习的类型差异小?今后可根据不同类型高校线下学习体验,结合线上学习环境及支持的高校类型差异研究结果继续开展不同类型高校线下、线上学习环境及支持的差异分析。

## 第三节 不同学科大学生对线上学习环境及支持的评价

### 一、研究问题

本节将重点研究不同学科大学生对线上学习环境及支持的感知和评价,以及这些不同感知和评价是否存在显著差异,研究存在的价值和启示有哪些。

### 二、研究方法

(一)样本

本节样本同本章首节。

## (二)变量定义

### 1.因变量

研究分析的因变量包括线上教学服务保障和线上教学背景。其中,线上教学服务保障主要指平台网速等硬件保障和技术服务等软件保障,线上教学背景主要指学生所选课程类型、疫情之前和疫情防控期间线上教学使用情况。

### 2.自变量

研究分析的自变量为学生所在的学科类型。调查问卷将学生所在学科分为12类。为简化分析,研究将学科归并为人文学科、社会学科、理工科和农医艺学科四大类,并分别赋值为1、2、3和4。其中,问卷中的哲学、文学和历史学归为人文学科,经济学、法学、教育学和管理学归为社会学科,理学和工学归为理工科,农学、医学和艺术学归为农医艺学科。

## (三)研究工具与方法

研究采用统计工具 SPSS 对《线上教学调查问卷(学生卷)》的"线上教学环境及支持"板块的相关调研数据进行统计分析。

# 三、研究结果

研究通过问卷调查的结果分析不同学科大学生在平台网速等硬件保障和技术服务等软件保障的差异,以及不同学科大学生在课程类型、疫情之前和疫情防控期间线上学习的差异。

## (一)不同学科类型大学生线上教学服务保障研究

因变量"线上教学服务保障"包括"平台网速等硬件保障"和"技术服务等软件保障"两组因变量。因变量"线上教学服务保障"中两组因变量的选项设置采用李克特5级量表,答题者从"非常好""好""一般""不好""非常不好"(分别赋值为5、4、3、2、1,其中"不知道"选项赋值为0)5个选项中加以选择。鉴于因变量"线上教学服务保障"中两组变量的数据指标居多,且考虑设置指标时彼此的相关性,故通过求出这两组"线上教学服务保障"变量的均值(统计分析时,排除了"不知道"的答案)探讨不同学科类型大学生对线上教学服务保障的评价。

表1-3-1显示,从参与调查学生所在学科类型来看,农医艺学科学生对平台网速等硬件保障和技术服务等软件保障方面的评价均高于人文学科、社会学科和理工科,且人文学科对两类保障的评价均最低。无论参与调查学生属于哪一学科类型,其对技术服务等软件保障的评价均高于对平台网速等硬件保障的评价,且差异明显。

表 1-3-1  不同学科类型大学生对线上教学服务保障评价的描述性分析

| 学科类型 | M(SD) 平台网速等硬件保障 | M(SD) 技术服务等软件保障 |
| --- | --- | --- |
| 人文学科 | 3.55(0.64) | 3.65(0.67) |
| 社会学科 | 3.57(0.67) | 3.67(0.70) |
| 理工科 | 3.56(0.71) | 3.67(0.73) |
| 农医艺学科 | 3.58(0.73) | 3.68(0.75) |
| 全样本 | 3.56(0.69) | 3.67(0.72) |

对不同学科类型线上教学服务保障做单因素方差齐性检验,结果显示各组方差在 0.05 水平上存在显著性差异。表 1-3-2 显示,平台网速等硬件保障和技术服务等软件保障在不同学科之间存在显著差异。具体来看,就平台网速等硬件保障变量($p<0.05$)而言,人文学科和社会学科之间、人文学科和农医艺学科之间、社会学科和理工科之间、理工科和农医艺学科之间均存在显著差异,但人文学科和理工科之间没有显著差异,社会学科和农医艺学科之间没有显著差异;就技术服务等软件保障变量($p<0.05$)而言,人文学科和社会学科之间、人文学科和理工科之间、人文学科和农医艺学科之间、社会学科和农医艺学科之间、理工科和农医艺学科之间均存在显著差异,但社会学科和理工科之间没有显著差异。

表 1-3-2  不同学科类型大学生对线上教学服务保障评价单因素方差分析

| 学科类型 | | 平台网速等硬件保障 | 技术服务等软件保障 |
| --- | --- | --- | --- |
| | F | 12.532*** | 14.966*** |
| 人文学科 | 社会学科 | 0.000*** | 0.000*** |
| | 理工科 | 0.212 | 0.000*** |
| | 农医艺学科 | 0.000*** | 0.000*** |
| 社会学科 | 人文学科 | 0.000*** | 0.000*** |
| | 理工科 | 0.008** | 0.999 |
| | 农医艺学科 | 0.185 | 0.000*** |

续表

| 学科类型 | | 平台网速等硬件保障 | 技术服务等软件保障 |
|---|---|---|---|
| 理工科 | 人文学科 | 0.212 | 0.000*** |
| | 社会学科 | 0.008** | 0.999 |
| | 农医艺学科 | 0.000*** | 0.000*** |
| 农医艺学科 | 人文学科 | 0.000*** | 0.000*** |
| | 社会学科 | 0.185 | 0.000*** |
| | 理工科 | 0.000*** | 0.000*** |

注：** 表示 $p<0.01$，*** 表示 $p<0.001$。

## （二）不同学科类型线上教学背景研究

### 1. 不同学科类型大学生疫情之前线上学习情况分析

经过对参与调查大学生脱敏、归类统计后，得到不同学科类型大学生疫情之前线上学习情况汇总（见表1-3-3）。

表 1-3-3　不同学科类型大学生疫情之前线上学习情况汇总表

| 学科类型 | 疫情之前是否参加线上学习 | |
|---|---|---|
| | 是 | 否 |
| 人文学科 | 11204 | 15233 |
| 社会学科 | 36796 | 41769 |
| 理工科 | 48609 | 55601 |
| 农医艺学科 | 19811 | 22906 |

对不同学科类型大学生疫情之前线上学习情况进行独立性卡方检验，皮尔逊卡方检验的卡方值为176.790，显著值 $p<0.05$，可知学科类型与疫情之前线上学习情况是不独立的，两变量之间存在着关联。学科类型、疫情之前线上学习情况之间的 Phi 相关系数为0.026，对应的 $p<0.05$，拒绝原假设，即学科类型与疫情之前线上学习情况两个变量存在显著的相关性。

### 2. 不同学科类型大学生疫情防控期间线上学习情况分析

经过对参与调查大学生脱敏、归类统计后，得到不同学科类型大学生疫情防控期间线上学习情况汇总（见表1-3-4）。

表 1-3-4　不同学科类型大学生疫情防控期间线上学习情况汇总表

| 学科类型 | 疫情防控期间是否参加线上学习 | |
| --- | --- | --- |
| | 是 | 否 |
| 人文学科 | 26275 | 162 |
| 社会学科 | 77577 | 988 |
| 理工科 | 103475 | 735 |
| 农医艺学科 | 42437 | 280 |

对不同学科类型大学生疫情防控期间线上学习情况进行独立性卡方检验,皮尔逊卡方检验的卡方值为 214.953,显著值 $p<0.05$,即认为学科类型与疫情防控期间线上学习情况是不独立的,两变量之间存在着关联。学科类型、疫情防控期间线上学习情况之间的 Phi 相关系数为 0.029,对应的 $p<0.05$,拒绝原假设,即学科类型与疫情防控期间线上学习情况两个变量存在显著的相关性。

3.不同学科类型大学生线上学习课程类型差异研究

表 1-3-5 总结了专业必修课、专业选修课、公共必修课和公共选修课在不同学科类型中的得分情况。

表 1-3-5 显示,从课程类型情况来看,专业必修课使用线上教学最多,且与专业选修课、公共必修课和公共选修课的差距较大,而后依次是公共必修课、专业选修课和公共选修课。从学生所属学科类型来看,人文学科的专业必修课、专业选修课和公共必修课使用线上教学的情况均多于社会学科、理工科和农医艺学科。理工科专业必修课、公共必修课和公共选修课,以及农医艺学科专业选修课使用线上教学的情况相对最少。

表 1-3-5　不同学科类型大学生线上学习课程类型描述性分析

| 学科类型 | $M(SD)$ | | | |
| --- | --- | --- | --- | --- |
| | 专业必修课 | 专业选修课 | 公共必修课 | 公共选修课 |
| 人文学科 | 0.96(0.20) | 0.70(0.46) | 0.73(0.44) | 0.57(0.49) |
| 社会学科 | 0.94(0.24) | 0.66(0.47) | 0.69(0.46) | 0.58(0.49) |
| 理工科 | 0.93(0.26) | 0.62(0.48) | 0.69(0.46) | 0.57(0.49) |
| 农医艺学科 | 0.95(0.23) | 0.60(0.49) | 0.70(0.46) | 0.58(0.49) |
| 全样本 | 0.94(0.24) | 0.64(0.48) | 0.70(0.46) | 0.57(0.49) |

对不同学科类型大学生线上学习课程类型做方差分析,结果显示各组方差在 0.05 水平上存在显著性差异。表 1-3-6 显示,不同课程类型在不同学科类型之间存在显著差异。具体来看,就专业必修课变量($p<0.05$)而言,不同学科之间均存在显著差异;就专业选修课变量($p<0.05$),不同学科之间也均存在显著差异;就公共必修课变量($p<0.05$)而言,除社会学科和理工科之间没有显著差异之外,其他各学科之间都存在显著差异;就公共选修课变量($p<0.05$)而言,各学科之间没有显著差异。

表 1-3-6 不同学科类型大学生线上学习课程类型方差分析

| 学科类型 | | 课程类型 | | | |
| --- | --- | --- | --- | --- | --- |
| | | 专业必修课 | 专业选修课 | 公共必修课 | 公共选修课 |
| | $F$ | 144.588*** | 350.885*** | 76.275*** | 0.937 |
| 人文学科 | 社会学科 | 0.000*** | 0.000*** | 0.000*** | 0.532 |
| | 理工科 | 0.000*** | 0.000*** | 0.000*** | 0.938 |
| | 农医艺学科 | 0.000*** | 0.000*** | 0.000*** | 0.643 |
| 社会学科 | 人文学科 | 0.000*** | 0.000*** | 0.000*** | 0.532 |
| | 理工科 | 0.000*** | 0.000*** | 0.421 | 0.636 |
| | 农医艺学科 | 0.000*** | 0.000*** | 0.017* | 1.000 |
| 理工科 | 人文学科 | 0.000*** | 0.000*** | 0.000*** | 0.938 |
| | 社会学科 | 0.000*** | 0.000*** | 0.421 | 0.636 |
| | 农医艺学科 | 0.000*** | 0.000*** | 0.000*** | 0.802 |
| 农医艺学科 | 人文学科 | 0.000*** | 0.000*** | 0.000*** | 0.643 |
| | 社会学科 | 0.000*** | 0.000*** | 0.017* | 1.000 |
| | 理工科 | 0.000*** | 0.000*** | 0.000*** | 0.802 |

注:* 表示 $p<0.05$,*** 表示 $p<0.001$。

## 四、讨论与结论

(一)主要的研究发现

1.不同学科类型大学生对线上教学服务保障的评价差异显著

从平台网速等硬件保障来看,参与调查的大学生对平台网速等硬件保障的满意程度按学科类型划分由高到低依次是农医艺学科、社会学科、理工科和人文学科;从技术服务等软件保障来看,参与调查的大学生对技术服务等软件保障的满意程度按学科划分由高到低依次是农医艺学科、社会学科、理工科和人文学科;不同学科类型参与调查的大学生对技术服务等软件保障的满意度均高于对平台网速等硬件保障的满意度。

2.不同学科类型大学生对不同课程类型使用线上教学情况差异显著

从专业必修课来看,大学生对线上学习评价均值依次是人文学科、农医艺学科、社会学科和理工科;从专业选修课来看,大学生对线上学习均值依次是人文学科、社会学科、理工科和农医艺学科;从公共必修课来看,大学生对线上学习均值依次是人文学科、农医艺学科、社会学科和理工科;从公共选修课来看,大学生对线上学习均值依次是社会学科、农医艺学科、人文学科和理工科。

(二)启示

基于上述数据分析发现,研究可探讨的启示如下:

1.进一步探索提升不同学科类型课程线上学习的效率与效益

研究报告结果,反映了不同学科类型大学生对不同课程类型的线上教学服务保障的评价存在差异,这为后续进一步探索如何满足不同学科类型学生的线上学习需求,如何提升不同学科类型大学生线上学习的效率与效益提供参考。

2.为后续不同学科类型线下、线上教学服务保障的差异比较提供依据

不同学科类型线上学习环境及支持的差异是否比线下学习的学科类型差异小?今后可根据不同学科类型线下学习体验,结合线上学习环境及支持的学科类型差异研究结果继续开展不同类型高校线下、线上学习环境及支持的差异分析研究。

# 第二章

# 大学生对线上教学的体验

疫情防控期间,各高校积极响应教育部"停课不停教、停课不停学"的倡议,通过线上模式开展了各种课程教学,保证了正常的教学秩序。本章将从不同区域高校、不同类型高校、不同类别高校、不同年级、不同性别、不同熟悉程度和不同学科的高校大学生对于线上教学效果的满意度,探讨大学生对于不同线上教学模式,以及线上教学优劣的认识评价,从而为学校和教师探索更好的线上教学模式提供参考。

## 第一节 大学生对线上教学满意度的评价

### 一、研究问题

本节将重点研究基于不同背景的大学生群体对不同线上教学模式的满意度评价,分析影响学生线上教学满意度的因素。研究从纵向和横向两个维度对大学生线上教学满意度评价进行分析。纵向维度包括学生对于不同教学模式的满意度;横向维度包括不同区域高校、不同类型高校、不同类别高校、不同年级、不同性别、不同熟悉程度和不同学科等七类大学生主体对线上教学效果的满意度。

### 二、研究方法

(一)样本

本节样本同样来自厦门大学教师发展中心对全国 334 所高校开展的《线

上教学调查问卷(学生卷)》问卷调查,根据本节研究需要,清洗后筛选有效问卷 209099 份。其中男生占 44.1%,女生占 55.9%,年级分布为大一 39.7%、大二 31%、大三 23%、大四 4.9%、大五(五年制)0.2%、研究生 0.3% 和专科生 0.9%,学校区域分布为东部 41.9%、中部 43.0%、西部 14.8% 和其他 0.3%,学校类别分布为公办学校 78.3%、民办学校 21.4% 和其他 0.3%,学校类型分布为研究型大学 1.7%、一般本科高校 92.4%、高职院校 5.1% 和其他院校 0.8%,专业分布为文科 50.9%、理科 13.9%、医科 4.5% 和工科 30.7%。

(二)变量选择及定义

研究采用的是课题组编制的"线上教学的主要教学模式""线上教学的主要教学环节""线上教学效果总体评价"量表以及与学生个体特征有关的变量。

其中:"线上教学的主要教学模式"包括直播、录播、MOOC、文字+音频、线上互动研讨和提供材料供学生自学等 6 个变量;"线上教学的主要教学环节"包括课堂讲授、实验演示、课堂研讨、课堂提问、课堂小测验、布置作业、课后答疑辅导和教师提供材料学生自主学习等 8 个变量;"线上教学效果总体评价"包括课堂直播效果、课堂录播效果、文字音频效果、与老师课内外的交流互动、课程配套电子教学资源、网络提交作业、教师反馈作业、同学间互助讨论、使用网上各种学习工具和对线上教学的总体满意度等 10 个变量。

与学生个体特征有关的类别变量包括学校区域、学校类型、学校类别、学生年级、学生性别、学科归类和学生对教学平台使用的熟悉程度,研究对类别变量进行重新编码。学校区域变量中,东部=1,中部=2,西部=3,其他=4;高校类型变量中,按学校类别分类,公办学校=1,民办学校=2,其他=3,按学校类型分类,研究型大学=1,一般本科高校=2,高职院校=3,其他院校=4;学生年级变量中,大一=1,大二=2,大三=3,大四=4,大五(五年制)=5,研究生=6,专科生=7;学生性别变量中,男=1,女=2;学科归类变量中,文科=1,理科=2,医科=3,工科=4;熟悉程度变量中,很不熟练=1,不熟练=2,一般=3,熟练=4,很熟练=5。

(三)研究工具与分析方法

研究使用统计学工具 SPSS 对高校大学生线上教学的满意度情况进行分析。

本节研究假设为:教学模式与学生线上教学满意度呈正相关,即教学模式越灵活,互动越频繁,教学环节越丰富,学生线上教学满意度越高;依据学生个体特征考查学生对线上教学效果的满意度,即认为不同个体特征的学生线上教学效果满意度存在差异。之后,使用 SPSS 工具对数据进行处理和分析:首先采用聚类分析,刻画学生画像;其次通过描述性分析,根据平均值描述数据,对比同一特征变量下学生线上教学效果满意度的差异;再次利用单因素方差分析($p=0^{***}$,$0<p<0.01^{**}$,$p<0.05^{*}$),比较不同特征大学生对线上教学效果的满意度是否具有显著差异。

## 三、研究结果

### (一)学生对于不同教学模式的满意度

对量表"线上教学的主要教学模式"和量表"线上教学的主要教学环节"进行探索性因子分析,通过主成分分析最大方差法后确定量表的相应因子如下。

教学模式量表包括直播、录播、MOOC、文字+音频、线上互动研讨和提供材料供学生自学,共6道题目,采用李克特5级量表计分(1=从不用、2=不太经常、3=一般、4=频繁、5=非常频繁)。因子一被命名为"授课模式",可以采用"录播""MOOC""文字+音频""提供材料供学生自学"这四种模式。因子二被命名为"互动模式",一种是线上互动研讨,另一种是在直播时互动。

教学环节量表包括课堂讲授、实验演示、课堂研讨、课堂提问、课堂小测验、布置作业、课后答疑辅导和教师提供材料学生自主学习,共8道题目,采用李克特5级量表计分(1=从不用、2=不太经常、3=一般、4=频繁、5=非常频繁)。因子一被命名为"授课环节",包括课堂讲授、实验演示、课堂研讨、课堂提问、课后答疑辅导,因子二被命名为"考核环节"包括提供材料供学生自学、课堂小测验和布置作业。

针对"授课模式""互动模式""授课环节""考核环节""线上教学体验总满意度"5个因子为变量进行探索性K-means聚类分析,得到聚类结果(见表2-1-1)。

表 2-1-1　线上教学体验学生的特征值统计

| 分类(个案数) | 授课模式 | 互动模式 | 授课环节 | 考核环节 | 线上教学体验总满意度 |
|---|---|---|---|---|---|
| 1(40775) | 3.41 | 3.66 | 3.38 | 3.87 | 2.64 |
| 2(80897) | 2.94 | 3.16 | 3.05 | 3.22 | 3.35 |
| 3(1291) | 3.72 | 4.17 | 4.06 | 4.16 | 4.29 |
| 总计(209099) | 3.36 | 3.68 | 3.54 | 3.74 | 3.61 |

首先我们定义各均值的含义,明显低于总体均值项定义为低,介于总体均值±10%区间项定义为一般,高于总体均值10%以上为高。根据分类结果关联每类学生的背景因素分析每一类学生的画像。

第一类学生的线上教学体验总满意度低,授课模式、互动模式、授课环节和考核环节体验差,其中考核环节过于频繁。这类学生中女生多于男生,医科和理科学生比例高于其他两类学生,本科生占比高,其中大一学生占比最高,大多数来自中部和西部的公办一般本科院校,对教学平台的使用熟练度低。

第二类学生的线上教学体验总满意度一般,尽管授课模式、互动模式、授课环节和考核环节频率低于总体均值,但是授课环节和考核环节频率大致相当。这类学生中女生略多于男生,文科生和工科生比例高,工科占比是三类学生中最高的,本科生为主体,大一占比最高,大多数来自东部和中部的公办一般本科院校,对教学平台的使用熟练度较高。

第三类学生的线上教学体验总满意度高,授课模式、互动模式、授课环节和考核环节频率均高于总体均值。这类学生中女生多于男生,文科生和工科生比例高,本科生依旧是主体,且大一学生比例最高,大多数来自东部和中部的一般本科院校,民办的比例高于其他两类,对教学平台的使用熟练度很高。

(二)学生对于线上教学效果的满意度

1.不同区域高校大学生对线上教学效果满意度

(1)描述性分析

从全国不同区域高校大学生对线上教学效果总体评价均值可以看出(见图2-1-1),东部区域高校的大学生对线上教学的总体满意度最高,中部区域次之,西部区域最差,各区域高校大学生对各种教学方式的满意度均达到了3.5以上,尤其是在教师反馈作业方面满意度最高。具体而言,东部与中部区域高校的大学生对各种教学模式的满意度相当,且等于或略高于均值,而西部区域高校大学生对教学效果的满意度基本呈现出低于全国平均水平的态势。

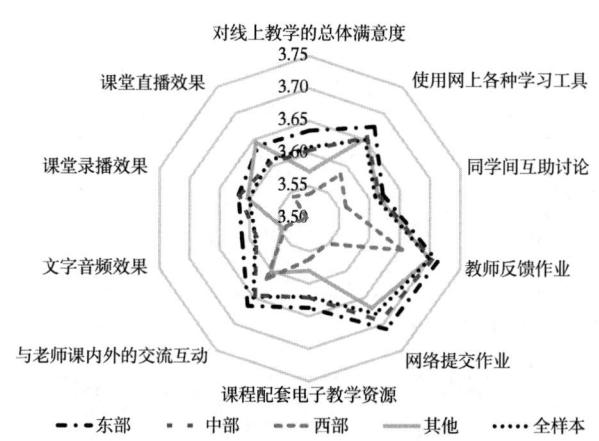

图 2-1-1　不同区域高校大学生对线上教学效果总体评价均值雷达图

(2)差异性分析

从不同区域高校大学生对线上教学效果总体评价的单因素方差分析结果可以看出,对线上教学的各种评价在不同区域高校间存在显著差异,可以从以下三个方面进行分析:

第一是授课模式,针对录播和文字音频的效果,事后比较表明中部/东部、西部/东部、中部/西部差异明显,其他区域间无显著差异;针对课堂录播效果,中、东部无差异,与西部相比差异明显。

第二是教学互动,师生互动在中部/东部、西部/东部、中部/西部差异明显,其他区域间无显著差异,生生互动则是中、西部/东部、中部/西部差异明显。

第三是教学环节,对课程资源和工具各区域之间的趋势相同,即中部/东部、西部/东部、中部/西部差异明显,其他区域间无显著差异,而针对学生网络提交作业和教师反馈作业,西部与其他区域有显著性差异。

2.不同类型高校大学生对线上教学效果满意度

(1)描述性分析

从全国不同类型高校大学生对线上教学效果总体评价均值可以看出(见图2-1-2),院校大学生对其他类型线上教学的总体满意度最高,研究型大学次之,高职院校最差。

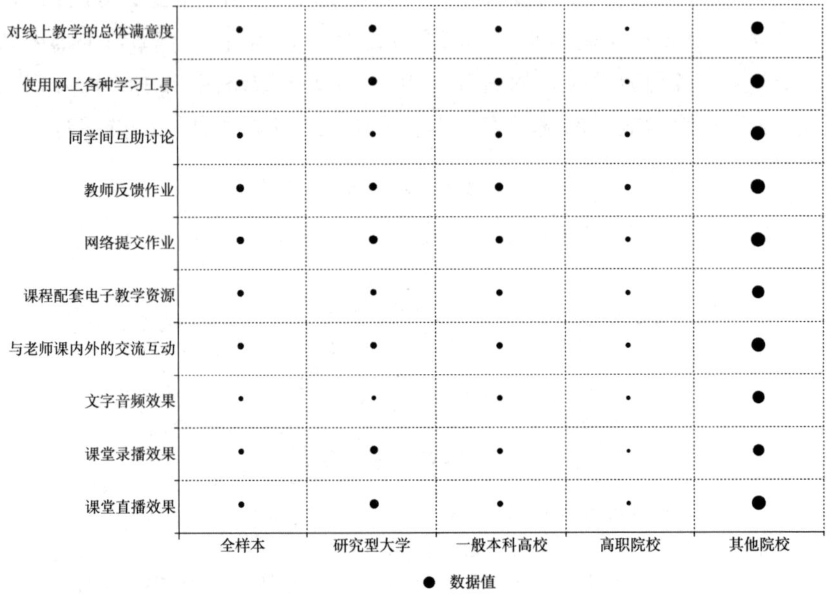

图 2-1-2　不同类型高校大学生对线上教学效果总体评价均值散点图

(2)差异性分析

从不同类型高校线上教学效果总体评价的单因素方差分析结果得到,对线上教学的各种评价在不同类型高校间存在显著差异。对课堂直播效果的评价($p<0.05$)、课堂录播效果的评价($p<0.05$)、网络提交作业的评价($p<0.05$)、使用网上各种学习工具的评价($p<0.05$)和对线上教学的总体满意度($p<0.05$)而言,事后比较表明其中所有类型高校间均差异明显;对文字音频效果的评价($p<0.05$)而言,事后比较表明其中除研究型大学和高职院校间无显著差异外,其他类型院校间差异明显;对与老师课内外的交流互动的评价($p<0.05$)、课程配套电子教学资源的评价($p<0.05$)和教师反馈作业的评价($p<0.05$)而言,事后比较表明其中除研究型大学和一般本科高校间无显著差异外,其他类型院校间差异明显;对同学间互助讨论的评价($p<0.05$)而言,事后比较表明其中研究型大学/其他院校、一般本科高校/高职院校、高职院校/其他院校间差异显著,其余高校间无显著差异。

可见,对线上教学的各种评价在不同类型高校间存在显著差异,其中,高职学生对线上教学的评价与其他所有类型高校学生差异都很大,研究型大学学生对线上教学的评价与其他类型高校学生差异都很大。

3. 不同类别高校大学生对线上教学效果满意度

(1)描述性分析

从不同类别高校大学生对线上教学效果总体评价均值可以看出(见图2-1-3),民办高校大学生对线上教学的总体满意度最高,公办高校次之,其他类别高校又次之。各类别高校大学生对于各种教学方式的满意度均达到了3.5以上,尤其是在教师反馈作业方面满意度最高。具体而言,民办高校大学生在教师反馈作业、课程资源和师生互动方面的满意度明显高于公办高校。

(2)差异性分析

从不同类别高校大学生对线上教学效果总体评价的单因素方差分析结果可以得到,学生对线上教学的评价在公办高校和民办高校之间差异显著。事后比较表明,差异主要体现在对课堂直播效果的评价($p<0.05$)、文字音频效果的评价($p<0.05$)、与老师课内外的交流互动的评价($p<0.05$)、课程配套电子教学资源的评价($p<0.05$)、网络提交作业的评价($p<0.05$)、教师反馈作业的评价($p<0.05$)、同学间互助讨论的评价($p<0.05$)、使用网上各种学习工具的评价($p<0.05$)和线上教学的总体满意度($p<0.05$)。公办高校和民办高校之间对课堂录播效果的评价没有显著差异($p>0.05$)。

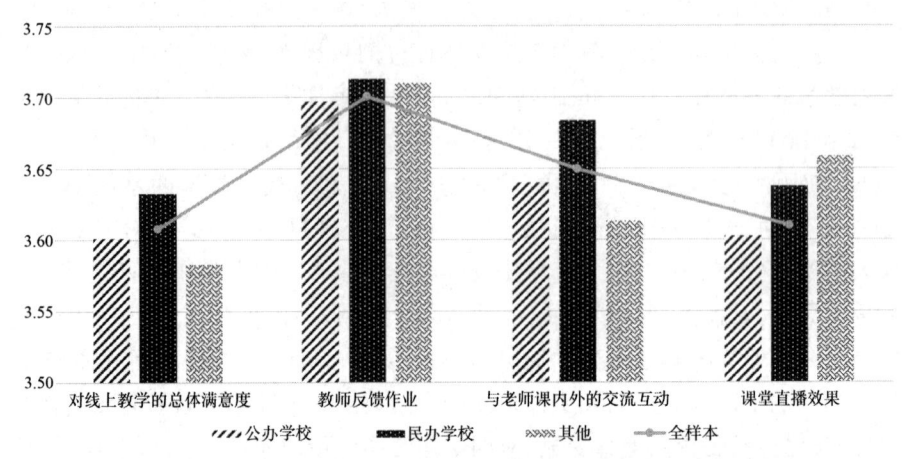

图 2-1-3 不同类别高校大学生对线上教学效果总体评价均值组合图

**4. 不同年级大学生对线上教学效果满意度**

(1) 描述性分析

从不同年级大学生对线上教学效果总体评价均值可以看出(见图 2-1-4),研究生对线上教学的总体满意度最高,大四学生次之,大五学生又次之,各年级大学生对各种教学方式的满意度均达到了 3.5 以上,尤其是在教师反馈作业方面均值最高。具体而言,研究生对各种线上教学效果的满意度均明显高于其他阶段的学生。在本科阶段,大四学生满意度明显高于其他年级。

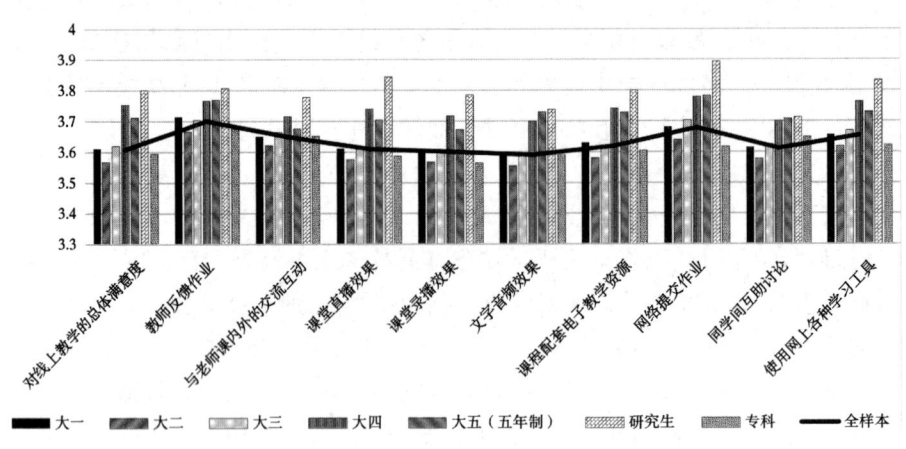

图 2-1-4 不同年级大学生对线上教学效果组合图

(2)差异性分析

从不同年级大学生对线上教学效果总体评价的单因素方差分析结果可以看到，对线上教学的各种评价在不同年级学生群体间存在显著差异。

针对课堂直播效果的评价（$p<0.05$），事后比较表明：大一/大二、大一/大四、大一/研究生、大二/大三、大二/大四、大二/大五、大二/研究生、大三/大四、大三/研究生、大四/专科生、研究生/专科生之间差异明显，其他年级间无显著差异。

针对课堂录播效果的评价（$p<0.05$），事后比较表明：大一/大二、大一/大四、大一/研究生、大二/大三、大二/大四、大二/大五、大二/研究生、大三/大四、大三/大五、大三/研究生、大四/专科生、研究生/专科生之间差异明显，其他年级间无显著差异。

针对文字音频效果的评价（$p<0.05$），事后比较表明：大一/大二、大一/大四、大一/大五、大一/研究生、大二/大三、大二/大四、大二/大五、大二/研究生、大三/大四、大三/研究生、大四/专科生、大五/专科生、研究生/专科生之间差异明显，其他年级间无显著差异。

针对与老师课内外的交流互动的评价（$p<0.05$），事后比较表明：大一/大二、大一/大四、大一/研究生、大二/大三、大二/大四、大二/研究生、大三/大四、大四/专科生之间差异明显，其他年级间无显著差异。

针对课程配套电子教学资源的评价（$p<0.05$），事后比较表明：大一/大二、大一/大四、大一/研究生、大二/大三、大二/大四、大二/大五、大二/研究生、大三/大四、大三/研究生、大四/专科生、大五/专科生之间差异明显，其他年级间无显著差异。

针对网络提交作业的评价（$p<0.05$），事后比较表明：大一/大二、大一/大三、大一/大四、大一/研究生、大一/专科生、大二/大三、大二/大四、大二/大五、大二/研究生、大三/大四、大三/研究生、大四/研究生、大四/专科生、大五/专科生之间差异明显，其他年级间无显著差异。

针对教师反馈作业的评价（$p<0.05$），事后比较表明：大一/大二、大一/大四、大二/大三、大二/大四、大二/研究生、大三/大四、大四/专科生、研究生/专科生之间差异明显，其他年级间无显著差异。

针对同学间互助讨论的评价（$p<0.05$），事后比较表明：大一/大二、大一/大四、大二/大三、大二/大四、大二/大五、大二/研究生、大二/专科生、大三/大四之间差异明显，其他年级间无显著差异。

针对使用网上各种学习工具的评价（$p<0.05$），事后比较表明：大一/大二、大一/大四、大一/研究生、大二/大三、大二/大四、大二/研究生、大三/

四、大三/研究生、大四/专科生、研究生/专科生之间差异明显,其他年级间无显著差异。

针对对线上教学的总体满意度($p<0.05$),事后比较表明:大一/大二、大一/大四、大一/研究生、大二/大三、大二/大四、大二/大五、大二/研究生、大三/大四、大三/研究生、大四/专科生、研究生/专科生之间差异明显,其他年级间无显著差异。

其中,各年级学生对文字音频效果和网络提交作业的满意度差异最大。而大二、大四年级分别与其他年级,对线上教学效果的评价差异最大。

5.不同性别大学生对线上教学效果满意度

(1)描述性分析

从不同性别大学生对线上教学效果总体评价均值可以看出(见图2-1-5),女性大学生对线上教学的总体满意度高于男性。

| 项目 | 男(均值) | 女(均值) |
| --- | --- | --- |
| 对线上教学的总体满意度 | 3.59 | 3.62 |
| 使用网上各种学习工具 | 3.63 | 3.67 |
| 同学间互助讨论 | 3.59 | 3.63 |
| 教师反馈作业 | 3.68 | 3.72 |
| 网络提交作业 | 3.65 | 3.7 |
| 课程配套电子教学资源 | 3.6 | 3.64 |
| 与老师课内外的交流互动 | 3.63 | 3.67 |
| 文字音频效果 | 3.56 | 3.61 |
| 课堂录播效果 | 3.57 | 3.62 |
| 课堂直播效果 | 3.6 | 3.62 |

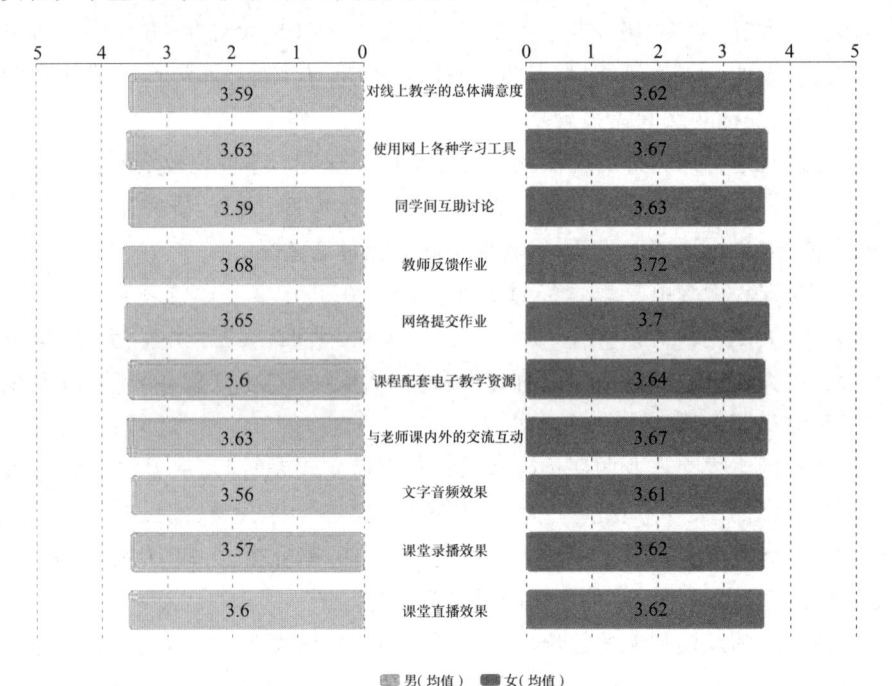

图2-1-5 不同性别大学生对线上教学效果总体评价均值双向柱状图

(2)差异性分析

从不同性别大学生对线上教学效果总体评价的单因素方差分析结果可以看出,对线上教学的各种评价在不同性别大学生群体间存在显著差异,主要体现在对课堂直播效果、课堂录播效果、文字音频效果、与老师课内外的交流互动、课程配套电子教学资源、网络提交作业、教师反馈作业、同学间互助讨论、使用网上各种学习工具和对线上教学的总体满意度方面。

6.对教学平台使用熟悉程度不同的大学生对线上教学效果的满意度

(1)描述性分析

从对教学平台使用熟悉度不同的大学生对线上教学效果总体评价均值可以看出(见图2-1-6),对平台使用熟悉度高的学生满意度高,且对各种教学方式的满意度高于均值。

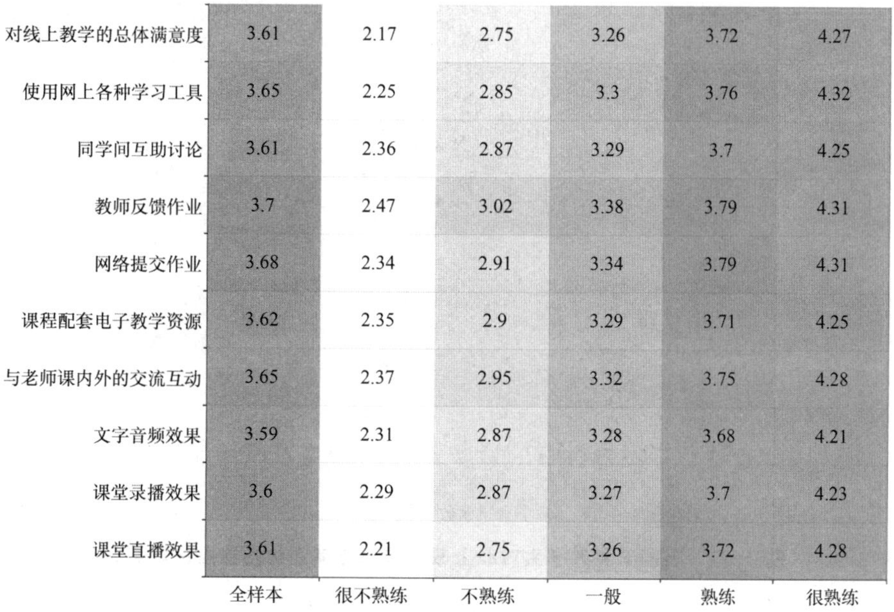

| | 全样本 | 很不熟练 | 不熟练 | 一般 | 熟练 | 很熟练 |
|---|---|---|---|---|---|---|
| 对线上教学的总体满意度 | 3.61 | 2.17 | 2.75 | 3.26 | 3.72 | 4.27 |
| 使用网上各种学习工具 | 3.65 | 2.25 | 2.85 | 3.3 | 3.76 | 4.32 |
| 同学间互助讨论 | 3.61 | 2.36 | 2.87 | 3.29 | 3.7 | 4.25 |
| 教师反馈作业 | 3.7 | 2.47 | 3.02 | 3.38 | 3.79 | 4.31 |
| 网络提交作业 | 3.68 | 2.34 | 2.91 | 3.34 | 3.79 | 4.31 |
| 课程配套电子教学资源 | 3.62 | 2.35 | 2.9 | 3.29 | 3.71 | 4.25 |
| 与老师课内外的交流互动 | 3.65 | 2.37 | 2.95 | 3.32 | 3.75 | 4.28 |
| 文字音频效果 | 3.59 | 2.31 | 2.87 | 3.28 | 3.68 | 4.21 |
| 课堂录播效果 | 3.6 | 2.29 | 2.87 | 3.27 | 3.7 | 4.23 |
| 课堂直播效果 | 3.61 | 2.21 | 2.75 | 3.26 | 3.72 | 4.28 |

图 2-1-6 不同熟悉程度大学生对线上教学效果热力图

(2)差异性分析

从不同熟悉程度的大学生对与线上教学效果的单因素方差分析结果得到,对线上教学的各种评价在不同熟悉程度学生群体间均存在显著差异。

7.不同学科大学生对线上教学效果的满意度

(1)描述性分析

从不同学科大学生线上教学效果总体评价均值可以看出(见图2-1-7),理科、工科、医科大学生对线上教学效果的满意度倾向为(由高到低排序):教师反馈作业＞网络提交作业＞与老师课内外的交流互动、使用网上各种学习工具＞课程配套电子教学资源＞课堂直播效果、同学间互助讨论、对线上教学的总体满意度＞课堂录播效果＞文字音频效果。而文科大学生对线上教学效果的满意度倾向为(由高到低排序):教师反馈作业＞网络提交作业＞与老师课内外的交流互动＞使用网上各种学习工具＞课程配套电子教学资源、同学间互助讨论＞文字音频效果、对线上教学的总体满意度＞课堂直播效果＞课堂录播效果。

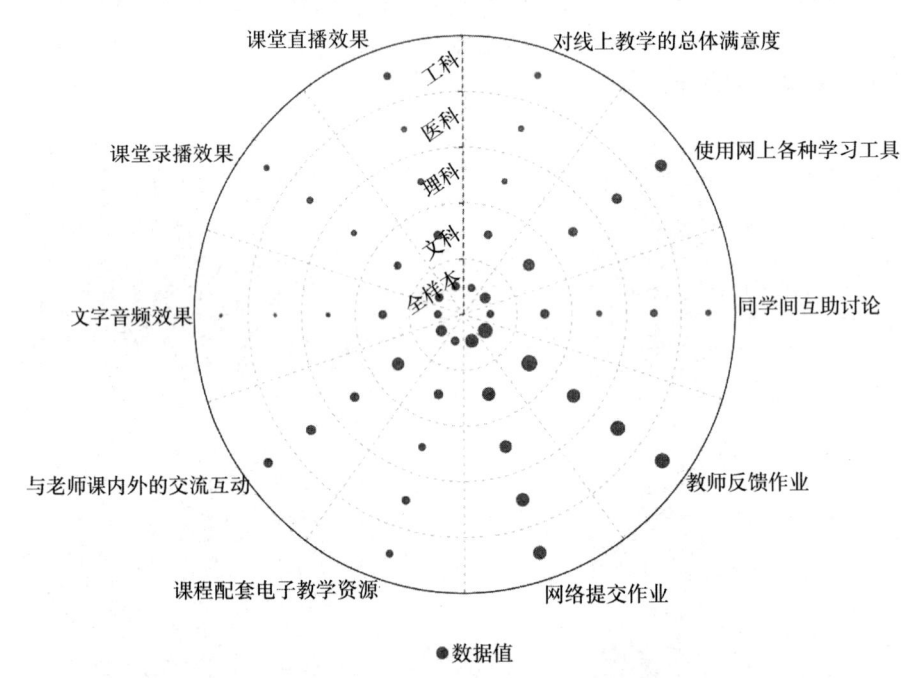

图2-1-7　不同学科大学生对线上教学效果总体评价均值坐标散点图

(2)差异性分析

从不同学科大学生对线上教学效果总体评价的单因素方差分析结果可以看出,学生对线上教学的各种评价在不同学科间存在显著差异,其中:针对课堂直播效果的评价($p<0.05$),事后比较表明,文科/理科、文科/医科差异明显,其他学科间无显著差异;针对课堂录播效果的评价($p<0.05$),事后比较表明,文科/理科、文科/工科差异明显,其他学科间无显著差异;针对文字音频效果的评价($p<0.05$),事后比较表明,文科/理科、文科/医科、文科/工科差异明显,其他学科间无显著差异;针对与老师课内外的交流互动的评价($p<0.05$),事后比较表明,文科/理科、文科/医科、文科/工科差异明显,其他学科间无显著差异;针对课程配套电子教学资源的评价($p<0.05$),事后比较表明,文科/理科、文科/工科差异明显,其他学科间无显著差异;针对网络提交作业的评价($p>0.05$)无显著差异;针对教师反馈作业的评价($p<0.05$),事后比较表明,

文科/理科、文科/工科差异明显,其他学科间无显著差异;针对同学间互助讨论的评价($p<0.05$),事后比较表明,文科/理科、文科/医科、文科/工科差异明显,其他学科间无显著差异;针对使用网上各种学习工具的评价($p<0.05$),事后比较表明,文科/理科、理科/工科差异明显,其他学科间无显著差异;针对线上教学的总体满意度($p<0.05$),事后比较表明,文科/理科、文科/医科、文科/工科差异明显,其他学科间无显著差异。

可见,不同学科大学生对线上教学的各种评价间存在显著差异。文科学生与其他三科学生对于线上教学的评价均存在明显差异。

### 四、结果讨论

#### (一)主要的研究发现

**1.纵向维度**

从聚类分析的结果看出:教学模式和互动模式越灵活,以及授课环节和考核环节的设置越合理,大学生线上教学满意度就越好。从客观因素来看,以上结果从侧面显示了目前线上教育资源和教育投入的不平衡问题,以及线上教学模式多样性和教学平台统一性的不一致问题。从主观因素来看,高校教师对教学平台的选择,男女性别对平台技术、网络速度等的不同需求,以及文理工医科课程性质和实践环节的差异性,也成为影响大学生线上教学满意度的重要因素。其中,大学生的线上教学满意度受考核环节的影响最大,该环节包括教师提供学习材料自主学习、课堂小测验和课后布置作业,教师在进行线上教学的过程中,对考核环节的设计尤为重要,既要起到检验教学效果的作用,又不能过于频繁。其次是互动模式的影响,教师以何种授课模式上课也会影响学生的学习满意度,互动性越强的教学模式,学生线上教学满意度越好。授课环节的影响力低于考核环节和互动模式,教师在课堂讲授时需要清晰合理地讲授知识内容,在课前做好有效的教学设计,在课后积极地进行教学研讨与反思。实验演示对理科、工科、医科更为重要,学生对课堂的满意度会直接影响他们对知识的掌握。课堂研讨和提问及课后答疑辅导的设计是为课堂上更好的互动做准备。

**2.横向维度**

不同区域学校、类型学校、类别学校、年级、性别、学科和熟悉程度的大学生对线上教学效果的满意度存在差异。从学校区域来看,东部区域高校学生对线上教学效果的满意度最高,中部区域次之,西部区域最差。东部和西部、中部和西部高校大学生对于线上教学的评价差异最大。从学校类型来看,研究型大学学生对线上教学效果的满意度最高，一般本科高校次之，高职院校最低。高职院校学生与其他所有类型高校学生对于线上教学的评价差异都很大，研究型大学学生与其他类型高校学生对于线上教学的评价差异都很大。从学校类别来看，民办学校学生对线上教学效果的满意度高于公办高校大学生，且二者差异显著。从年级来看，不同年级大学生对线上教学的总体满意度由高到低依次为：研究生、大四、大五（五年制）、大三、大一和大二，研究生对线上教学的总体满意度最高，大二年级学生对线上教学的总体满意度最低。大二、大四年级学生和其他年级学生对线上教学效果的满意度差异最大。从性别来看，女生对线上教学效果的满意度整体高于男生，且二者之间存在显著差异。从学科来看，文科学生对线上教学效果的满意度最高，然后依次是理科和医科、工科；并且文科学生与其他三科学生对于线上教学效果满意度均存在明显差异。从熟悉程度来看，线上教学的各种评价在不同熟悉程度学生群体间均存在显著差异。

结合《疫情防控期间大学生线上学习调查报告》可知，学生对线上教学的总体满意度均值为3.53，属于中间偏上水平。按照各项得分高低排序，对教师反馈作业满意度最高，然后依次是网络提交作业、与老师课内外的交流互动、使用网上各种学习工具、课堂直播、课程配套电子教学资源和同学间互助讨论，而学生对文字音频效果和课堂录播效果认可度相对较低。不同学校区域、学校类型、学校类别、年级、性别、学科和熟悉程度的高校大学生对于线上教学效果的满意度分布情况，与总体情况基本吻合。

（二）研究结果讨论

从学校区域来看，东、中、西部区域高校学生对线上教学的满意度之间存在差异，可能从侧面显示了线上教育资源的不平衡问题。从学校类型来看，研究型大学、一般本科高校和高职院校学生之间对线上教学的满意度存在差异，可能从侧面表明不同类型学校所拥有的教育资源和所得到的教育投入之间存在不平衡。从学校类别来看，民办学校与公办学校学生之间差异显著，可能是因为民办学校教学模式相对单一、教学平台相对统一，所以教学满意度较高；而公办学校教师自主性强，在平台使用和教学模式方面更具有多样性，学生满意度较低。从年级来看，大二年级学生可能因学习课程多、任务重，但课程使用多个平台，因而满意度较低，且大大低于其他年级。大四年级学生课程量相对较小，任务量较少，因而满意度较高。从性别来看，女生对于技术使用的敏感性略低于男生，男生对平台技术、网络速度等要求更高，因此女生相对男生在线上教学满意度方面更容易得到满足。从学科来看，文科学生课程性质相对单一，主要为理论课程，而其他学科学生（尤其是工科学生）有诸多实验操作课程更多要依靠实际动手操作实验,但很难通过线上教学实现,因此文科学生满意度略高于其他学科学生。从熟悉程度来看,对网络教学平台越熟悉,自身的体验就越好,满意度也就越高。

(三)研究价值与启示

从现有的线上教学情况来看,目前还只是线上教学的狭义阶段,即线上课堂。在广义的概念之下,线上教学应当是未来的一种教育趋势和教育模式,教师主动提供有效学习材料,学生全身心投入自学反思,外部硬件保障和内部教学动力双管齐下,在师生共同体的相互促进下,学生学有所获,教师教有所学,二者形成良性互动,最终在保障教育质量的前提下实现教学相长。疫情防控期间掀起的大规模线上教学热潮仍然停留于应激状态,但真正实现全方位、立体化的线上教育模式,恐怕还有较长的一段路要走,这不仅涉及外部硬件设施、教师和学生群体,更需要在制度设计和宏观规划方面下足功夫。

针对目前线上教学存在的主要问题,研究提出以下三点改善建议:

1.完善课程平台建设,加强线上学习技术保障

平台使用种类繁多,课程信息相对分散,线上教学技术保障缺位,是影响大学生线上学习体验的客观性因素。平台建设和网络设施建设是保障线上学习的首要条件之一。从教学平台数量来看,教师目前使用教学平台数量非常多,涉及范围非常广,呈分散状态。从学生对教学模式的评价来看,学生评价较高的教学模式多集中在作业提交和反馈、使用学习工具等较为浅显的层次。完善课程平台建设,不仅要规范线上教学平台使用,减少教师平台使用的随意性和盲目性,并且要打通学生课程平台和学习通道,减少使用诸多平台所带来的"软件绑架",还要加强师生互动路径的思考与设计,提升学生线上学习体验。

2.回归"以本为本"理念,夯实教师信息技术素养

教师复制性地将传统课堂搬到线上,惯性地秉持传统的教学观念和教学设计,是影响大学生线上学习体验的主导性因素。教师是线上教学的主体之一,教师教学平台的选择和使用、教学理念的更新和进步,以及教育技术的水平和素养都直接关系着学生线上学习体验的好坏。从教学模式来看,学生对于互动性较强的直播和线上互动研讨等教学模式更为满意,而对于录播、MOOC等单一的、以教师输出为主的教学模式则体验较差。因此,教师要主动提升自身的信息技术素养,提高网络教学设备使用的熟练程度,积极融入线上教学改革大趋势;要践行"以学生为中心"理念,结合所在学科和课程性质,注重采用探究式线上教学模式,鼓励学生主动学习、深度参与,实现教学内容

与形式相统一;要加强师生互动和交流,充分利用网络的便捷性与及时性,对学生的学习情况进行及时评价与反馈,从而有效激发学生学习兴趣,提升线上教学效果。

3.改变传统学习方式,注重养成良好学习习惯

学生线上学习自制力比较缺乏,尚未养成良好学习习惯,是影响大学生线上学习体验的决定性因素。疫情驱动下的教学"革命",给大学生的学习带来了更多的机遇与挑战。线上学习平台的增加,线上学习内容的丰富,以及线上学习形式的多样化,意味着学生在进行自主学习时有更多的自主选择空间,学生可以依据自身兴趣和专长选择适合自己的学习内容,但如何提高辨别能力,提升自主学习能力,便是学生面临着的问题所在。学生应当提高辨别能力,选择优质课程资源作为学习材料,努力拓宽知识面、提高综合素质;应当改变被动式听课的学习惯性,主动适应线上学习要求,积极加入课堂互动;应当注重养成良好的学习习惯,加强线下自主学习,带着疑问走进线上课堂,培养勤于思考和敢于质疑的精神,做线上课堂的主人。

(四)不足与改进方向

研究对线上教学模式和线上教学效果满意度的研究仍存在一些不足,待以质性访谈或其他数据加以补充。首先,采用单因素方差分析方式进行分析,只得出了两两之间的差异是否显著的结论,而对于二者的因果关系还有待进一步探究;其次,线上教学效果满意度理论建构应包含几个维度或者层面,还需后续进一步结合现有理论进行凝练;再次,聚类分析由于因子变量不多,所得出的三个类型之间区分度不大,还需充分补充和完善问卷,增加因子变量,进行新的探索;最后,各区域、类型、类别、年级、性别、学科和熟悉程度学生的满意度之间存在差异,但差异背后的深层次原因还有待进一步挖掘。

# 第二节 大学生对线上教学优劣的评价

## 一、研究问题

本节将重点研究如下问题:高校大学生对线上教学的正面观感和线上学习成效评价如何?这些正面观感是否因区域、类型、学科和课程的不同而存在差异?如果存在差异,该差异性认知是否会对其学习效果评价产生影响?线

上教学又如何扬优避劣以提升大学生的学习成效和满意度？

## 二、研究方法

（一）研究假设

研究旨在探析不同类型高校大学生对疫情防控期间线上教学活动的优劣势和效果的认知评价特征，重点揭示不同类型大学生对线上教学活动的正面观感，并深入分析这种正面观感对于大学生的线上学习成效是否产生影响。基于这一目的，研究提出如下总假设和系列子假设。

总假设：大学生对于线上教学的正面观感与线上学习成效评价之间有显著性关系。子假设1：不同区域学校大学生对线上教学的正面观感与线上学习成效评价有关系。子假设2：不同类型学校大学生对线上教学的正面观感与线上学习成效评价有关系。子假设3：不同学科大学生对线上教学的正面观感与线上学习成效评价有关系。子假设4：不同课程大学生对线上教学的正面观感与线上学习成效评价有关系。

（二）研究工具

研究所用工具为厦门大学教师发展中心开展的《线上教学调查问卷（学生卷）》，该问卷主体包含四个部分：(1)学生基本信息；(2)线上教学环境及支持；(3)线上教学体验；(4)线上教学改进。研究在问卷中所涉及内容主要分为两个部分：一是基本信息，包括性别、年龄等人口统计学特征信息，以及使用线上教学的课程类型、课程性质等线上学习背景信息；二是被调查者对线上教学优缺点、效果的认知与评价。

（三）样本分析

本节样本同样来自厦门大学教师发展中心对全国334所高校开展的《线上教学调查问卷（学生卷）》的问卷调查，共收集问卷251929份。根据本节研究需要，清洗后筛选有效问卷238670份，问卷的有效率约为94.74%。从性别构成来看，男女生占比分别为43.1%和56.9%；从年龄结构来看，学生在15～24岁、25～34岁、35～44岁的占比分别为99.1%、0.8%和0.1%；从学校区域来看，位于东部、中部、西部和其他区域的学生占比分别为43.3%、41.7%、14.7%、0.3%；从年级来看，占比分别为大一39.1%、大二31.2%、大三23.9%、大四4.3%、大五0.2%、研究生0.3%、专科1.0%；从学校类型来看，研究型大学、一般本科高校、高职院校、其他占比分别为1.8%、92.4%、5%、0.8%；从学校类别来看，公办学校、民办学校和其他占比分别为77.5%、22.2%和0.3%；在学科类型方面，人文社科类学生占比为51.9%，理工农医类学生占48.1%；

在课程类型方面,线上学习课程为专业必修课的学生比例为94.2%,仅5.8%为非专业必修课;从疫情前是否具有线上学习经历来看,有45.9%的学生之前参加过线上学习,而一半以上的学生没有相关经历。

(四)变量选择及定义

研究的变量划分为自变量、中介变量、因变量三类。

1.自变量

研究的自变量分别为学生所在的学校区域、学校类型、学科类型和课程性质。

2.中介变量

研究中的中介变量为大学生对线上教学活动的正面观感总分,由五个维度组成,分别是便利性、共享性、交互性、自主性和参与度,它们分别由不同的题目组合而成,其中得分越高说明学生对该维度的正面观感越高。具体而言:

(1)便利性由"突破时空限制,可以随时随地学习""可以反复回放,便于知识复习巩固""网络交流不如线上交流直接,浪费时间""学生过分依赖回放功能,认为听不明白还可以重学,课堂学习效率下降"四题组成。

(2)共享性以"可以让名师名课充分共享"一题的得分为测量指标。

(3)交互性由"方便学生之间交流与协作""教师无法即时了解学生的学习状态""教师无法及时了解学生知识掌握情况""教师无法第一时间反馈学生关注的问题""缺乏老师现场指导和督促,课堂纪律松弛"五题组成。

(4)自主性由"有助于学生自主学习能力培养""学生可以按需选择学习内容,提高学习效率"两题组成,两题计算得分为测量指标。

(5)参与度由"可以让学生充分表达关注的问题"一题的得分为测量指标。

3.因变量

在研究中,以大学生对线上教学的效果评价作为因变量,其涉及的题目是"与传统线下学习相比,您认为线上学习的效果如何?"

(五)研究程序与方法

本节研究主要分为三大步骤,首先通过单因素分析对不同性别、年龄、学校区域、学校类型、学科类型、课程类型的大学生对线上教学活动的正面观感进行探讨,然后用Bootstrap中介效应检验探索不同学校区域、学校类型、学科、课程大学生线上教学正面观感及成效评价三者之间的关系,最后在数据结果基础上做出研究推论。

## 三、研究结果

### (一)不同类型大学生对线上教学活动的正面观感

表 2-2-1　不同性别各分量表及总分的均数和标准差($\bar{X}\pm SD$)

| 性别 | 便利性 | 共享性 | 交互性 | 自主性 | 参与度 | 总分 |
|---|---|---|---|---|---|---|
| 男 ($n=102803$) | 12.93±2.615 | 3.79±0.890 | 13.70±3.684 | 7.34±1.799 | 3.61±0.951 | 41.36±7.332 |
| 女 ($n=135867$) | 13.45±2.619 | 3.91±0.784 | 14.10±3.643 | 7.47±1.633 | 3.68±0.858 | 42.61±7.421 |
| $F$ | 2350.304 | 1321.845 | 702.797 | 367.101 | 392.286 | 1702.765 |
| $p$ | 0.000 | 0.000 | 0.000 | 0.000 | 0.000 | 0.000 |

由表 2-2-1 可见:从不同性别大学生对线上教学活动的正面观感来看,在显著性 $p<0.01$ 情况下,女生在便利性、共享性、交互性、自主性、参与度和总分上得分均比男生高。

表 2-2-2　不同年龄各分量表及总分的均值和标准差($\bar{X}\pm SD$)

| 年龄 | 便利性 | 共享性 | 交互性 | 自主性 | 参与度 | 总分 |
|---|---|---|---|---|---|---|
| 15～24 岁 ($n=236494$) | 13.23±2.630 | 3.86±0.833 | 13.93±3.666 | 7.41±1.707 | 3.65±0.900 | 42.07±7.413 |
| 25～34 岁 ($n=1983$) | 13.12±2.577 | 3.89±0.862 | 13.70±3.571 | 7.51±1.721 | 3.73±0.912 | 41.95±7.000 |
| 35～44 岁 ($n=193$) | 12.79±2.479 | 3.53±1.267 | 14.43±4.135 | 7.16±2.176 | 3.60±1.173 | 41.50±6.511 |
| $F$ | 4.339 | 16.458 | 5.716 | 5.678 | 8.338 | 0.852 |
| $p$ | 0.013 | 0.000 | 0.003 | 0.003 | 0.000 | 0.426 |
| 组间比较 | NS | 1>3 | 1>2 | 1<2 | 1<2 | NS |

注:15～24 岁、25～34 岁、35～44 岁分别为 1、2、3 组。

由表 2-2-2 可见:从不同年龄大学生对线上教学活动的正面观感来看,在 $p<0.05$ 情况下,15～24 岁大学生在便利性和总分上得分较高,说明其对线上教学活动的便利程度和整体正面观感较高。25～34 岁大学生在共享性、自主性、参与度上得分较高,说明其对线上教学活动的知识共享性、学生自主性及参与程度的正面观感较高。35～44 岁大学生在交互性上得分较高,说明其对线上教学互动的正面观感较高。五个维度的总体得分在三个年龄组之间的差异无显著性。

表 2-2-3　不同区域学校各分量表及总分的均值和标准差($\bar{X}\pm SD$)

| 学校区域 | 便利性 | 共享性 | 交互性 | 自主性 | 参与度 | 总分 |
|---|---|---|---|---|---|---|
| 东部<br>($n=103254$) | 13.35±2.653 | 3.87±0.835 | 14.01±3.697 | 7.45±1.711 | 3.66±0.903 | 42.34±7.473 |
| 中部<br>($n=99707$) | 13.20±2.597 | 3.87±0.829 | 13.90±3.660 | 7.44±1.699 | 3.65±0.902 | 42.07±7.345 |
| 西部<br>($n=35104$) | 12.95±2.634 | 3.78±0.834 | 13.77±3.580 | 7.21±1.704 | 3.59±0.881 | 41.30±7.353 |
| 其他<br>($n=605$) | 13.01±2.528 | 3.76±0.990 | 13.84±3.768 | 7.35±1.894 | 3.61±1.013 | 41.56±7.080 |
| $F$ | 203.948 | 122.227 | 41.840 | 186.468 | 61.775 | 172.782 |
| $p$ | 0.000 | 0.000 | 0.000 | 0.000 | 0.000 | 0.000 |
| 组间比较 | 1>2,3,4 | 1>3,4 | 1>2,3 | 1>3 | 1>2,3 | 1>2,3,4 |

注：东部、中部、西部和其他分别为 1、2、3 和 4 组。

由表 2-2-3 可见：从不同区域学校大学生对线上教学活动的正面观感来看，在 $p<0.05$ 的情况下，东部高校的学生在便利性、共享性、交互性、自主性、参与度和总分上得分均最高，说明其对线上教学活动的五个维度和整体正面观感较高。西部高校的学生在交互性、自主性和参与度得分较高，总分得分最低，说明西部高校的学生对线上教学活动的交互性、自主性和参与度正面观感较高，但是综合来看其对于线上教学活动的整体正面观感较低。五个维度的总体得分在四类区域高校之间的差异有显著性。

表 2-2-4　不同类型学校各分量表及总分的均值和标准差($\bar{X}\pm SD$)

| 学校类型 | 便利性 | 共享性 | 交互性 | 自主性 | 参与度 | 总分 |
|---|---|---|---|---|---|---|
| 研究型大学<br>($n=4254$) | 13.67±2.803 | 3.92±0.886 | 13.61±3.903 | 7.60±1.766 | 3.60±0.988 | 42.40±8.106 |
| 一般本科高校<br>($n=220490$) | 13.24±2.636 | 3.86±0.832 | 13.93±3.673 | 7.42±1.708 | 3.65±0.901 | 42.10±7.431 |
| 高职院校<br>($n=12115$) | 12.68±2.293 | 3.69±0.815 | 13.93±3.300 | 7.17±1.652 | 3.59±0.846 | 41.06±6.385 |
| 其他<br>($n=1811$) | 14.01±2.911 | 4.06±0.861 | 14.73±4.346 | 7.97±1.730 | 3.93±0.922 | 44.70±8.367 |
| $F$ | 273.960 | 217.402 | 39.527 | 162.985 | 78.872 | 155.996 |
| $p$ | 0.000 | 0.000 | 0.000 | 0.000 | 0.000 | 0.000 |
| 组间比较 | 4>1>2,3 | 4>1>2,3 | 1<2,3,4 | 4>1>2,3 | 3<1<2,4 | 4>1>2,3 |

注：研究型大学、一般本科高校、高职院校和其他分别为 1、2、3 和 4 组。

由表 2-2-4 可见:从不同学校类型的大学生对线上教学活动的正面观感来看,在 $p<0.01$ 的情况下,研究型大学的学生在交互性上得分最低,说明其对线上教学活动的互动性正面观感较低。高职院校学生在便利性、共享性和自主性、参与度和总分得分上最低,说明其对线上教学活动的便利性、共享性、自主性、参与度及整体的正面观感低。从不同学校类型来看,一般本科高校学生在便利性、共享性、自主性、参与度和总分得分都处于中等水平,而交互性得分高于研究型大学学生。五个维度的总体得分在四类学校类型之间的差异有显著性。

表 2-2-5　不同学科各分量表及总分的均值和标准差($\bar{X}\pm SD$)

| 学科类型 | 便利性 | 共享性 | 交互性 | 自主性 | 参与度 | 总分 |
|---|---|---|---|---|---|---|
| 人文社科<br>($n=123799$) | 13.28±2.614 | 3.86±0.825 | 14.03±3.639 | 7.39±1.697 | 3.67±0.881 | 42.23±7.362 |
| 理工农医<br>($n=135867$) | 13.16±2.645 | 3.85±0.845 | 13.83±3.692 | 7.43±1.719 | 3.63±0.920 | 41.90±7.456 |
| $F$ | 130.373 | 13.966 | 179.855 | 33.678 | 109.396 | 121.905 |
| $p$ | 0.000 | 0.000 | 0.000 | 0.000 | 0.000 | 0.000 |

由表 2-2-5 可见:从不同学科的大学生对线上教学活动的正面观感来看,在 $p<0.01$ 的情况下,人文社科类的学生在便利性、共享性、交互性、参与度和总分上得分均较高,因此相较于理工农医类的学生而言,人文社科类学生对线上教学活动的正面观感较高。

表 2-2-6　不同课程类型各分量表及总分的均值和标准差($\bar{X}\pm SD$)

| 课程类型 | 便利性 | 共享性 | 交互性 | 自主性 | 参与度 | 总分 |
|---|---|---|---|---|---|---|
| 非专业必修课<br>($n=13725$) | 13.15±2.466 | 3.86±0.828 | 13.76±3.507 | 7.45±1.668 | 3.66±0.888 | 41.88±6.863 |
| 专业必修课<br>($n=224945$) | 13.23±2.639 | 3.86±0.834 | 13.94±3.675 | 7.41±1.710 | 3.65±0.901 | 42.08±7.441 |
| $F$ | 12.954 | 0.368 | 32.194 | 7.235 | 3.329 | 10.079 |
| $p$ | 0.000 | 0.544 | 0.000 | 0.007 | 0.068 | 0.001 |

由表 2-2-6 可见:从不同课程类型的大学生对线上教学活动的正面观感来看,在 $p<0.01$ 的情况下,参与线上学习的非专业必修课程的学生在便利性、交互性和总分上得分低于专业必修课程的学生,自主性得分高于专业必修课程的学生,说明学习非专业必修课程的学生相对于专业必修课程的学生而言,对线上教学的便利性、交互性和总体的正面观感较低,而对线上教学的自主性的正面观感较高。

## (二)不同类型大学生的线上教学活动观感与其学习成效评价的关系

采用 Hayes 编制的 SPSS 中的 model4,并根据其提出的多分类自变量模型进行 Bootstrap 中介效应检验,形成以其他区域为参照编码的三个虚拟变量。在控制学科类型、学校类型和课程类型的情况下对学校区域与成效评价关系进行中介效应检验,形成表 2-2-7 和表 2-2-8,其中学校区域类型(中部 vs 东部,西部 vs 东部,其他 vs 东部)为自变量。学校区域对成效评价的影响的直接效应及其正面观感总分的整体和为相对中介效应,从整体中介分析来看,整体中介效应 $F(3,238663)=94.517, p<0.01$,说明 3 个相对总效应不全为 0,整体直接检验的 $F(3,238662)=22.629, p<0.01$,表明 3 个直接效应不全为 0。从相对中介效应分析看,相对中介分析的分析结果是以东部高校的学生为参照水平,中部高校学生相对其而言,95% 的 Bootstrap 的置信区间为 [−0.020,−0.013],上下限不包括 0,则说明中介效应显著。西部高校学生相对东部高校学生而言,95% 的 Bootstrap 的置信区间为 [−0.067,−0.056],上下限不包括 0,则说明中介效应显著。其他区域高校的学生相对东部高校学生而言,95% 的 Bootstrap 的置信区间为 [−0.060,0.008],上下限包括 0,说明中介效应不显著。研究证明子假设 1 部分成立,即不同学校区域的大学生对于线上教学活动的正面观感与其学习成效评价具有显著性关系。

表 2-2-7 学校区域与大学生对线上学习成效评价关系:中介效应分析

| 回归方程($n=238670$) | | 拟合指标 | | | 系数显著性 | |
| --- | --- | --- | --- | --- | --- | --- |
| 结果变量 | 预测变量 | $R$ | $R^2$ | $F$(df) | $B$ | $t$ |
| 正面观感总分 | | 0.054 | 0.003 | 115.814** | | |
| | 中部 | | | | −0.284 | −8.574** |
| | 西部 | | | | −1.078 | −23.514** |
| | 其他 | | | | −0.452 | −1.426 |
| | 学校类型 | | | | −0.178 | −3.455** |
| | 学科类型 | | | | −0.379 | −12.468** |
| | 课程类型 | | | | −0.125 | 1.911 |
| 成效评价 | | 0.048 | 0.002 | 90.156**(6) | | |
| | 中部 | | | | −0.023 | −4.961** |
| | 西部 | | | | −0.108 | −16.734** |
| | 其他 | | | | 0.048 | 1.070 |
| | 学校类型 | | | | 0.080 | 11.0873** |
| | 学科类型 | | | | −0.031 | −7.2010** |
| | 课程类型 | | | | −0.082 | −8.988** |

续表

| 回归方程($n=238670$) | | 拟合指标 | | | 系数显著性 | |
|---|---|---|---|---|---|---|
| 结果变量 | 预测变量 | $R$ | $R^2$ | $F$(df) | $B$ | $t$ |
| 成效评价 | | 0.047 | 0.166 | 6764.470**(7) | | |
| | 中部 | | | | −0.007 | −1.631 |
| | 西部 | | | | −0.047 | −7.887** |
| | 其他 | | | | 0.074 | 1.801** |
| | 正面观感总分 | | | | 0.057 | 216.112** |
| | 学校类型 | | | | 0.091 | 13.652** |
| | 学科类型 | | | | −0.009 | −2.368* |
| | 课程类型 | | | | −0.090 | −10.674** |

注：* 表示 $p<0.05$，** 表示 $p<0.01$，对照组为东部。

表 2-2-8　总效应、直接效应及中介效应分解表

| 项目 | 效应值 | Boot 标准误 | Boot CI 下限 | Boot CI 上限 |
|---|---|---|---|---|
| 总效应 | | | | |
| 中部 | −0.023 | 0.005 | −0.032 | −0.014 |
| 西部 | −0.108 | 0.006 | −0.120 | −0.095 |
| 其他 | 0.048 | 0.048 | −0.046 | 0.142 |
| 直接效应 | | | | |
| 中部 | −0.007 | 0.004 | −0.015 | 0.001 |
| 西部 | −0.047 | 0.006 | −0.058 | −0.035 |
| 其他 | 0.074 | 0.047 | −0.018 | 0.165 |
| 学校区域的中介效应 | | | | |
| 中部—正面观感—成效评价 | −0.016 | 0.002 | −0.020 | −0.013 |
| 西部—正面观感—成效评价 | −0.061 | 0.003 | −0.067 | −0.056 |
| 其他—正面观感—成效评价 | −0.026 | 0.017 | −0.060 | 0.008 |

注：Boot 标准误、Boot CI 上限、Boot CI 下限，分别指通过百分位 Bootstrap 法估计的间接效应的标准误差、95％置信区间的上限和下限。

在控制学科类型、学校区域和课程类型的情况下对学校类型与成效评价关系进行中介效应检验，形成表 2-2-9 和表 2-2-10。其中学校类型（一般本科高校 vs 研究型大学，高职院校 vs 研究型大学，其他 vs 研究型大学）为自变量，学校类型对成效评价影响的直接效应及其正面观感总分的整体和为相对中介效应，从整体中介分析来看，整体中介效应 $F(3,238663)=153.779$，$p<0.01$，说明 3 个相对总效应不全为 0，整体直接检验的 $F(3,238662)=94.086$，

$p<0.01$,表明 2 个直接效应不全为 0。从相对中介效应分析看,相对中介分析的分析结果是以研究型大学为参照水平,一般本科高校相对其而言 95% 的 Bootstrap 的置信区间为[-0.023,0.005],上下限包括 0,则说明中介效应不显著。高职院校相对研究型大学学生而言,95% 的 Bootstrap 的置信区间为[-0.103,-0.072],上下限不包括 0,则说明中介效应显著。其他类型高校的学生相对研究型大学学生而言,95% 的 Bootstrap 的置信区间为[0.172,0.225],上下限不包括 0,则说明中介效应显著。说明子假设 2 部分成立,即不同类型学校的学生对于线上教学活动的正面观感与其学习成效评价具有显著性关系。

表 2-2-9 学校类型与大学生对线上学习成效评价关系:中介效应分析

| 回归方程($n=238670$) | | 拟合指标 | | | 系数显著性 | |
|---|---|---|---|---|---|---|
| 结果变量 | 预测变量 | $R$ | $R^2$ | $F(df)$ | $B$ | $t$ |
| 正面观感总分 | | 0.077 | 0.006 | $235.063^{**}_{(6)}$ | | |
| | 一般本科高校 | | | | -0.152 | -1.320 |
| | 高职院校 | | | | -1.538 | $-11.667^{**}$ |
| | 其他 | | | | 3.485 | $16.450^{**}$ |
| | 学校区域 | | | | -0.632 | $-28.653^{**}$ |
| | 学科类型 | | | | -0.340 | $-11.171^{**}$ |
| | 课程类型 | | | | 0.197 | $3.027^{*}$ |
| 成效评价 | | 0.057 | 0.003 | $130.813^{**}_{(6)}$ | | |
| | 一般本科高校 | | | | 0.132 | $8.168^{**}$ |
| | 高职院校 | | | | 0.101 | $5.414^{**}$ |
| | 其他 | | | | 0.626 | $20.993^{**}$ |
| | 学校区域 | | | | -0.059 | $-19.133^{**}$ |
| | 学科类型 | | | | -0.026 | $-6.078^{**}$ |
| | 课程类型 | | | | -0.076 | $-8.307^{**}$ |
| 成效评价 | | 0.407 | 0.166 | $6769.230^{**}_{(7)}$ | | |
| | 一般本科高校 | | | | 0.141 | $9.510^{**}$ |
| | 高职院校 | | | | 0.188 | $11.060^{**}$ |
| | 其他 | | | | 0.428 | $15.679^{**}$ |
| | 正面观感总分 | | | | 0.057 | $215.516^{**}$ |
| | 学校区域 | | | | -0.024 | $-8.258^{**}$ |
| | 学科类型 | | | | -0.007 | -1.715 |
| | 课程类型 | | | | -0.087 | $-10.415^{**}$ |

注:* 表示 $p<0.05$,** 表示 $p<0.01$,对照组为研究型大学。

表 2-2-10 总效应、直接效应及中介效应分解表

| 项目 | 效应值 | Boot 标准误 | Boot CI 下限 | Boot CI 上限 |
| --- | --- | --- | --- | --- |
| 总效应 | | | | |
| 一般本科高校 | 0.132 | 0.017 | 0.080 | 0.145 |
| 高职院校 | 0.101 | 0.019 | 0.080 | 0.155 |
| 其他 | 0.626 | 0.030 | 0.454 | 0.573 |
| 直接效应 | | | | |
| 一般本科高校 | 0.141 | 0.015 | 0.112 | 0.169 |
| 高职院校 | 0.188 | 0.017 | 0.155 | 0.220 |
| 其他 | 0.428 | 0.029 | 0.369 | 0.485 |
| 中介效应 | | | | |
| 一般本科高校—正面观感—成效评价 | −0.009 | 0.007 | −0.023 | 0.005 |
| 高职院校—正面观感—成效评价 | −0.087 | 0.008 | −0.103 | −0.072 |
| 其他—正面观感—成效评价 | 0.198 | 0.013 | 0.172 | 0.225 |

注:Boot 标准误、Boot CI 上限、Boot CI 下限,分别指通过百分位 Bootstrap 法估计的间接效应的标准误差、95%置信区间的上限和下限。

在控制学校区域、学校类型和课程类型的情况下对学科类型与成效评价关系进行中介效应检验。表 2-2-11 和表 2-2-12 表明,学科类型(理工农医 vs 人文社科)对成效评价的预测作用显著,其中 $B=-0.029, t=-6.872, p<0.01$;当放入中介变量之后,学科类型显著性减弱,仍然有预测功能。学科类型(理工农医 vs 人文社科)对正面观感总分预测作用,正面观感总分对成效评价的正向预测作用也较为显著。此外,学科类型对成效评价的影响的直接效应及其正面观感总分的中介效应,其 95%的 Bootstrap 的置信区间的上、下限不包括 0,说明学科类型(理工农医 vs 人文社科)不仅能够直接预测成效评价,而且也可以通过正面观感总分的中介作用预测成效评价。其中直接效应占比为 28.91%,中介效应占比为 71.08%。说明假设 3 成立,不同学科类型的学生对于线上教学活动的正面观感与其学习成效评价具有显著性关系。

表 2-2-11 学科类型与大学生对于线上学习成效评价关系:中介效应分析

| 回归方程($n=238670$) | | 拟合指标 | | | 系数显著性 | |
|---|---|---|---|---|---|---|
| 结果变量 | 预测变量 | $R$ | $R^2$ | $F(df)$ | $B$ | $t$ |
| 正面观感总分 | | 0.051 | 0.003 | 156.255$^{**}_{(4)}$ | | |
| | 学科类型 | | | | −0.367 | −12.075** |
| | 学校区域 | | | | −0.467 | −21.991** |
| | 学校类型 | | | | −0.164 | −3.368** |
| | 课程类型 | | | | 0.109 | 1.679 |
| 成效评价 | | 0.045 | 0.002 | 119.752$^{**}_{(4)}$ | | |
| | 学科类型 | | | | −0.029 | −6.872** |
| | 学校区域 | | | | −0.045 | −14.889** |
| | 学校类型 | | | | 0.086 | 12.485** |
| | 课程类型 | | | | −0.084 | −9.180** |
| 成效评价 | | 0.407 | 0.166 | 9464.327$^{**}_{(5)}$ | | |
| | 学科类型 | | | | −0.009 | −2.170* |
| | 正面观感总分 | | | | 0.057 | 216.215** |
| | 学校区域 | | | | −0.018 | −6.543** |
| | 学校类型 | | | | 0.095 | 15.144** |
| | 课程类型 | | | | −0.090 | −10.782** |

注：* 表示 $p<0.05$，** 表示 $p<0.01$，对照组为人文社科。

表 2-2-12 学科类型的总效应、直接效应及中介效应分解表

| 项目 | 效应值 | Boot 标准误 | Boot CI 下限 | Boot CI 上限 | 相对效应值 |
|---|---|---|---|---|---|
| 总效应 | −0.029 | 0.004 | −0.038 | −0.021 | |
| 直接效应 | −0.009 | 0.004 | −0.016 | −0.001 | 28.91% |
| 学科类型的中介效应 | −0.021 | 0.002 | −0.024 | −0.018 | 71.08% |

注：Boot 标准误、Boot CI 上限、Boot CI 下限，分别指通过百分位 Bootstrap 法估计的间接效应的标准误差、95%置信区间的上限和下限。

在控制学校区域、学校类型和学科类型的情况下对课程类型与成效评价关系之间进行中介效应检验(见表 2-2-13 和表 2-2-14)，研究表明课程类型(专业必修课 vs 非专业必修课)对成效评价的预测作用显著，其中 $B=-0.084$，$t=-9.180$，$p<0.01$；当放入中介变量之后，课程类型仍具显著性。课程类型(专业必修课 vs 非专业必修课)对正面观感总分有预测作用，正面观感总分对成

效评价有正向预测作用。但是在进一步检验中采用 Bootstrap 中介效应的过程中,95% 的 Bootstrap 的置信区间的上、下限包括 0。说明中介效应不明显,子假设 4 不成立,即不同课程类型的学生对于线上教学活动的正面观感与其对线上学习的成效评价无明显关系。

表 2-2-13 课程类型与大学生对于线上学习成效评价关系:中介效应分析

| 回归方程($n=238670$) | | 拟合指标 | | | 系数显著性 | |
|---|---|---|---|---|---|---|
| 结果变量 | 预测变量 | $R$ | $R^2$ | $F(df)$ | $B$ | $t$ |
| 正面观感总分 | | 0.051 | 0.003 | 156.255$^{**}_{(4)}$ | | |
| | 课程类型 | | | | 0.109 | 1.679 |
| | 学校区域 | | | | −0.467 | −21.991** |
| | 学校类型 | | | | −0.164 | −3.368** |
| | 学科类型 | | | | −0.367 | −12.075** |
| 成效评价 | | 0.0448 | 0.002 | 119.752$^{**}_{(4)}$ | | |
| | 课程类型 | | | | −0.084 | −9.180** |
| | 学校区域 | | | | −0.045 | −14.889** |
| | 学校类型 | | | | 0.086 | 12.485** |
| | 学科类型 | | | | −0.029 | −6.872** |
| 成效评价 | | 0.4068 | 0.1655 | 9464.327$^{**}_{(5)}$ | | |
| | 课程类型 | | | | −0.090 | −10.782** |
| | 正面观感总分 | | | | 0.057 | 216.215** |
| | 学校区域 | | | | −0.018 | −6.543** |
| | 学校类型 | | | | 0.095 | 15.144** |
| | 学科类型 | | | | −0.009 | −2.170* |

注:* 表示 $p<0.05$,** 表示 $p<0.01$,对照组为非专业必修课。

表 2-2-14 总效应、直接效应及中介效应分解表

| 项目 | 效应值 | Boot 标准误 | Boot CI 下限 | Boot CI 上限 | 相对效应值 |
|---|---|---|---|---|---|
| 总效应 | −0.084 | 0.009 | −0.102 | −0.066 | 掩蔽效应或抑制效应 |
| 直接效应 | −0.090 | 0.008 | −0.106 | −0.074 | |
| 课程类型的中介效应 | 0.006 | 0.004 | −0.0004 | 0.013 | |

注:Boot 标准误、Boot CI 上限、Boot CI 下限,分别指通过百分位 Bootstrap 法估计的间接效应的标准误差、95% 置信区间的上限和下限。

## 四、结果讨论

通常而言,高校大学生的学习方式主要包括接受学习和发现学习两类。接受学习着重强调知识的可获取性,即学生能在较短的时间内获取大量知识,加以内化后纳入到已有知识结构中。线上教学的便利性和共享性优势是接受学习得以实现的重要条件。发现学习则偏重于强调学习者参与到教学过程中,通过讨论、探究等方式获取新知识。大学生对线上教学中的交互性、自主性和参与度的评价在一定程度上反映其发现学习的实现程度。

(一)主要的研究发现

第一,相较于男生而言,女生对线上教学活动的正面观感更高,说明线上教学有助于女生进行接受学习和发现学习。

第二,15~24岁学生对线上教学活动的便利性和整体观感较高,25~34岁学生对线上教学活动的共享性、自主性和参与度观感较高,35~44岁学生对线上教学活动的互动性观感较高。说明线上教学对于不同年龄和年级的大学生来说,其满足程度不同。对于多数在读本科生来说,线上教学能够满足其接受学习的需求,但发现学习不足;对于高年级学生尤其是研究生而言,线上教学能够满足其发现学习需求,但对于新知识的有效补给不足。

第三,不同区域高校的学生对线上教学的正面观感具有差异性。东部高校学生对线上教学活动的整体观感最高,西部高校学生整体观感最低,说明东部高校的线上教学更能满足大学生不同学习方式的需求。以东部高校学生为参照,中西部高校学生对线上教学正面观感的差异会影响其对学习成效的评价。

第四,不同类型高校的学生对线上教学的正面观感具有差异性。除其他学校类型外,研究型大学的学生对线上教学活动的整体观感最高,高职院校学生整体观感最低,说明研究型大学的线上教学活动能够较大程度满足学生接受学习和发现学习的需要。以研究型大学的学生为参照,高职院校学生对于线上教学正面观感的差异会影响其对学习成效的评价。

第五,不同学科的学生对线上教学的正面观感具有差异性。人文社科类的学生对线上教学活动的整体正面观感高于理工农医类学生,不同学科学生对于线上教学活动的正面观感差异会影响其对学习成效的评价。

从宏观层面看,研究揭示了不同区域高校学生即东、中、西部高校学生对线上教学的正面观感呈现依次降低的级差特征。从中观层面看,研究型大学、一般本科高校、高职院校学生的观感呈依次降低的级差特征。这在一定程度上反映了以往高等教育资源不均衡,反映了不同区域、不同类型高校在资金、设备、技术、培训等多方面的差异。从微观层面看,不同性别、年龄、学科的大学生对线上教学的正面观感有差异,提示各高校针对学生差异结构进行"一校一策"线上教学的重要性。譬如,女生对线上教学活动的整体观感比男生高,这也可能是因为多数女生在课堂教学中表现内敛,不愿在面对面的教学环境中凸显自己,而线上教学中,其因避免了被师生过度关注的尴尬而具有更高的心理舒适度,学习环境的转变使其比男生具有更高满意度。这需要任课教师在线上教学活动中给予男女生不同的教学辅导。

(二)研究结果讨论

研究认为,根据不同类型大学生的实际需求,持续优化和完善不同区域高校、不同类型高校、不同学科的线上教学资源、技术、师资和课程,提升大学生对线上教学活动的整体观感,方可有效提升其线上学习成效,进而提高大学生的学习满意度与学习质量。

一是以学生为中心开展线上教学活动。高校教师有必要通过在课前、课中、课后全程扮演引导者角色来帮助学生建构自己的知识体系,协助学生实现知识的创新。具体策略是建立一套完善的线上学习模式:教师要在课前为学生提供丰富的学习资料及开放性的讨论主题供其预习与思考;课中教师只需讲授核心知识点,而对学生知识掌握与应用能力的考察将通过讨论、小组活动、汇报等形式来实现,这些成果需要放在一个可供所有师生查看、提建议的线上平台;课后每一位学生都需要在不断的讨论中提交自己的作业、改进自己的学习成果,以此实现知识体系的自我建构与创新。这个互动循环的过程,能较好地将知识获取、能力培养、知识创新有机结合起来,能够实现学生线上环境的深层次学习、自适应学习与多元能力培养,也是对线上教学便利性、共享性、交互性、自主性、参与度等优势的有机融合。

二是以适切性原则开展线上教学管理。线上教学活动的领导者和组织者需要认识到学生的性别、年龄、学科差异对其线上学习活动的影响,根据不同学生的群体特征进行教学管理方式的改进。比如,鼓励女生线上学习中积极发言,以弥补其在课堂学习中的"沉默",鼓励25岁以下的本科生积极参与互动,鼓励理工农医学科实操类课程演示,改革师生评价模式,注重对师生互动环节的考察,对教师进行软件操作培训使其熟练使用线上资源等。充分发挥专业教研室、网络信息中心、教务处、教师发展中心等多部门的合作优势,根据不同群体学生的需要开展教学管理工作,对学生的线上学习给予技术、师资与政策支持。

三是以均衡性原则进行全局谋划。不同区域和类型的高校学生对线上教学活动的评价具有明显差异，这些差异所体现的是不同区域、不同类型高校所拥有的资源（政策、资金、硬件等）多寡的差异。这就要求国家要充分发挥统筹兼顾能力，通过政策支持、资源配置扶持等方式缩小高校开展线上教学的软硬件条件差距，如对西部高校、高职院校进行专项拨款完善配套设施，鼓励高校间开展教学合作、共享优质资源等，从而在国家层面保障教育公平的实现。

# 第三章

# 大学生对线上教学影响因素及问题的认知

在疫情防控期间,学生对线上学习效果的感知是评价线上教学效果的最重要依据。本章将继续从学生视角探讨不同大学生主体对线上学习效果的评价及影响因素,以及线上教学存在主要问题,以期为后续线上教学改进提供依据。

## 第一节 大学生对线上教学效果的评价及影响因素的认知

### 一、研究问题

本节将通过大学生对线上教学影响因素及线上学习效果的评价来分析线上教学技术的影响因素及教学效果。主要包括:一是对疫情影响下高校大学生对线上学习效果、线上教学的优缺点及影响因素进行总体评价;二是对大学生群体(性别、年级、所在学校区域、学科、课程及线上学习经历等)的线上教学效果进行差异性分析;三是对大学生线上学习效果与其影响因素进行相关性分析,并进一步对不同背景大学生的线上学习效果进行异质性分析。

### 二、研究方法

(一)样本

本节样本同样来自厦门大学教师发展中心对全国334所高校开展的《线上教学调查问卷(学生卷)》问卷调查,共包含251929份样本。根据本节研究需要,研究对原始样本进行数据处理,得到有效样本数为108699份。样本基本信息如下：

1.性别分布。样本对象共计108699位在校大学生，其中男生43609人，占比约40.1%，女生65090人，占比约59.9%。

2.出生年份。样本对象中，出生年份分布在1980—2005年之间，并且主要集中在1995—2002年这一区间。依据不同年龄段样本对象的人数从高到低，占比前三的年龄段依次为：2000年出生的学生共计33804人，约占总样本量的31.1%；1999年出生的学生26494人，约占总样本量的24.4%；2001年出生的学生23171人，占比约为21.3%。

3.年级分布。调查样本中大学生所在年级由低到高，对应的样本人数依次减少。其中，大一年级学生共计41777人，占比约为39%；大二年级学生共计33741人，占比约为31%；大三年级学生共计26320人，占比约为24.2%。由于低年级课业相对更多，为此，指定上述三个年级为研究的主要样本对象年级。

4.所在学校。调查样本中大学生所在学校主要分布在东部和中部，西部高校的学生相对较少。其中，在东部高校就读的学生共计47831人，占比约为44%；在中部高校就读的学生共计44481人，占比约为40.9%；而样本中实际在西部高校就读的学生人数为16124人，占比约为14.8%。就学校的类别而言，就读于公办院校的学生共有87307人，约占总样本人数的80.3%；就读于民办院校的学生共有21132人，约占总样本人数的19.4%

5.所在学科。调查样本中大学生所在学科主要为工学、管理学、理学、文学、艺术学、经济学、教育学等共计12个学科。其中，就读于工学的学生最多，共计33861人，占比约为31.2%；其次为管理学，就读人数共计14759人，占比约为13.6%；而历史学和哲学两个学科的学生相对较少，占比分别约为0.4%和0.5%。

(二)变量定义

1.线上教学和线下教学的效果比较

为了避免学生对线上教学效果评价回答出现矛盾，研究将"比传统线下学习效果好""比传统线下学习效果差""相差不大"三种观点设为互斥项。例如，选择"赞成"或"非常赞成""比传统线下学习效果好"选项的同时，意味不能选择"赞成"或"非常赞成""比传统线下学习效果差"和"相差不大"的选项。根据这样的处理方式，研究将选择"赞成"和"非常赞成"的都统一归为"赞成"，将选择"一般""不太赞成""不赞成"统一归类为"不赞成"。将三类评价效果设为三个虚拟变量，分别是"比传统线下教学效果好"(对"赞成"赋值1，对"不赞成"赋值为0)，"比传统线下教学效果差"和"相差不大"。该变量在数据处理后的有效样本数为108699份，把其他自相矛盾的样本设置为缺失值。

2.线上教学的优缺点描述

研究根据相关性分析和回归分析需要,对该题选项数据进行了处理,即把关于"线上教学优缺点"分项都设置为虚拟变量,其中对"赞成"和"非常赞成"赋值为1,"不太赞成"和"不赞成"赋值为0,"不知道"和"一般"设为缺失值。这是因为"一般"不管是归为赞成还是不赞成都失之偏颇,事实上选择"一般"相当于没有明确观点,故可处理为缺失值,在描述分析中暂不做处理。

3.影响线上教学效果的最主要因素

研究在相关分析和回归分析时,将每一个主要因素分项都设置为虚拟变量,其中对"赞成"和"非常赞成"赋值为1,"不太赞成"和"不赞成"赋值为0,将"不知道"和"一般"设为缺失值。但是在描述分析中暂不做处理。

4.控制变量的定义

为方便计量分析,研究将学科类型中设置的哲学、经济学等12个学科门类归纳处理为文科和理科两类,并设为虚拟变量(文科设为1,理科设为0)。其中文科类学科包括哲学、经济学、法学、教育学、文学、历史学、管理学和艺术学8个,理科类学科包含理学、工学、农学和医学4个,将年级设为1~7由低到高的等级序列,即对专科赋值1,大一赋值2,大二赋值3,大三赋值4,大四赋值5,大五赋值6,研究生赋值7。将性别设为虚拟变量,男生赋值为1,女生赋值为0。

(三)研究工具与材料

1.研究工具

研究采用SPSS软件对样本进行信效度检验、基本的描述性统计分析、差异性分析及皮尔森(Pearson)相关系数测度。

2.信效度检验

研究对学生问卷所涉及的基础信息和量表9"线上教学优缺点"、量表10"线上学习的效果"、量表11"影响线上学习效果的最主要因素"三题进行信效度检验。首先,采用$\alpha$系数对问卷的信度进行检验。通过对样本的原始变量进行信度检验,可知样本的$\alpha$系数为0.808,而对包含新变量的样本进行信度检验,得到样本的$\alpha$系数为0.916。这说明研究使用的问卷样本数据具有良好的信度。其次,采用因子分析方法检验问卷的结构效度,测得问卷的KMO值为0.939,Bartlett球形度检验的近似卡方值为2970357.210,自由度为1485,显著性概率为0,这表明问卷的各变量之间具有相关性,问卷结构效度良好。

(四)分析方法

本节研究将结合变量特征、研究目的和内容,采用统计分析和对比分析两种分析方法。

1.统计分析

(1)描述性分析:通过计算样本对象基本信息及关键变量的最大值、最小值、均值、标准差、频数及其对应的百分比,了解样本的基本情况和特征。

(2)差异性分析:通过采用 $t$ 检验和 $F$ 检验,分析线上教学对不同特征的学生的学习效果是否具有显著性差异。

(3)相关性分析:通过分析线上教学的优缺点、影响线上学习效果的最主要因素与线上学习效果之间的相关系数及其显著性,探索不同因素与线上学习效果的相关关系。

2.对比分析

在上述统计分析的基础上,研究将基于样本观测者的基本信息,从区域、高校类型、学生年级、学生性别等方面进行异质性分析,通过对比得到不同区域、不同高校类型、不同年级、不同性别大学生的线上教学效果与关键因素之间的相关关系。

## 三、研究结果

### (一)大学生线上学习效果与主要因素的描述性分析

1.线上教学优缺点的描述性统计

首先,从对线上教学优缺点描述的整体情况看,该问题的前 7 个分项是线上教学的正向优点评价,后 6 个分项为反向缺点评价。对平均值排序后(见表3-1-1)发现,正向优点评价中"可以反复回放,便于知识复习巩固"和"可以让名师名课充分共享"两项评价的平均值最高,分别达到 3.95 和 3.91;反向缺点评价中"教师无法及时了解学生知识掌握情况"和"教师无法即时了解学生的学习状态"两项评价的平均值最高,分别是 3.45 和 3.44。其中,"方便学生之间交流与协作"虽然属于正向评价,但其平均值为 3.44,这说明线上教学期间大学生之间交流存在较大障碍。整体来看,线上教学的优点主要是教育技术和优质教育资源层面,而缺点主要来自师生交流互动层面,特别是教师对大学生学习情况的了解。

表 3-1-1 线上教学优缺点的描述统计

| 变量 | 最小值 | 最大值 | 平均值 | 标准差 | 方差 |
| --- | --- | --- | --- | --- | --- |
| 可以反复回放,便于知识复习巩固 | 0 | 5 | 3.95 | 0.931 | 0.868 |
| 可以让名师名课充分共享 | 0 | 5 | 3.91 | 0.92 | 0.847 |
| 有助于学生自主学习能力培养 | 0 | 5 | 3.74 | 1.012 | 1.025 |

续表

| 变量 | 最小值 | 最大值 | 平均值 | 标准差 | 方差 |
|---|---|---|---|---|---|
| 突破时空限制,可以随时随地学习 | 0 | 5 | 3.73 | 1.023 | 1.046 |
| 学生可以按需选择学习内容,提高学习效率 | 0 | 5 | 3.65 | 1.076 | 1.157 |
| 可以让学生充分表达关注的问题 | 0 | 5 | 3.61 | 1.025 | 1.05 |
| 教师无法及时了解学生知识掌握情况 | 0 | 5 | 3.45 | 1.09 | 1.188 |
| 方便学生之间交流与协作 | 0 | 5 | 3.44 | 1.106 | 1.222 |
| 教师无法即时了解学生的学习状态 | 0 | 5 | 3.44 | 1.084 | 1.175 |
| 缺乏老师现场指导和督促,课堂纪律松弛 | 0 | 5 | 3.3 | 1.179 | 1.391 |
| 教师无法第一时间反馈学生关注的问题 | 0 | 5 | 3.28 | 1.12 | 1.254 |
| 网络交流不如线下交流直接,浪费时间 | 0 | 5 | 3.13 | 1.223 | 1.495 |
| 学生过分依赖回放功能,认为听不明白还可以重学,课堂学习效率下降 | 0 | 5 | 3.12 | 1.205 | 1.453 |

注:线上教学优缺点中各变量对应的标度为0为不知道,1为不赞成,2为不太赞成,3为一般,4为赞成,5为非常赞成;在影响线上教学学习效果的因素中各主要因素对应的标度为0为不知道,1为不重要,2为不太重要,3为一般,4为重要,5为非常重要。

其次,从线上教学优缺点描述的具体回答情况看,前7个正向问题回答分别是:(1)突破时空限制,可以随时随地学习。分别有43.6%和19.1%的学生表示赞成和非常赞成,共有62.7%。(2)可以反复回放,便于知识复习巩固。分别有47.0%和23.9%的学生表示赞成和非常赞成,共有70.9%。(3)可以让名师名课充分共享。分别有46.4%和22.2%的学生表示赞成和非常赞成,共有68.6%。(4)可以让学生充分表达关注的问题。分别有39.0%和17.5%的学生表示赞成和非常赞成,共有56.5%。(5)方便学生之间交流与协作。分别有34.9%和16.3%的学生表示赞成和非常赞成,共有51.2%。(6)有助于学生自主学习能力培养。分别有43.8%和19.3%的学生表示赞成和非常赞成,共有63.1%。(7)学生可以按需选择学习内容,提高学习效率。分别有40.8%和18.8%的学生表示赞成和非常赞成,共有59.6%(见表3-1-2)。显然,在这些正向回答中,学生对线上教学优点给予积极评价,但对学生互动评价仅有一半。

表 3-1-2 线上教学优缺点的描述分析

| 变量 | 不知道/% | 不赞成/% | 不太赞成/% | 一般/% | 赞成/% | 非常赞成/% |
|---|---|---|---|---|---|---|
| 突破时空限制,可以随时随地学习 | 0.4 | 2.2 | 5.9 | 28.9 | 43.6 | 19.1 |

续表

| 变量 | 不知道/% | 不赞成/% | 不太赞成/% | 一般/% | 赞成/% | 非常赞成/% |
|---|---|---|---|---|---|---|
| 可以反复回放,便于知识复习巩固 | 0.5 | 1.5 | 3.1 | 24.0 | 47.0 | 23.9 |
| 可以让名师名课充分共享 | 0.6 | 1.4 | 2.8 | 26.7 | 46.4 | 22.2 |
| 可以让学生充分表达关注的问题 | 0.5 | 2.2 | 5.7 | 35.1 | 39.0 | 17.5 |
| 方便学生之间交流与协作 | 0.5 | 3.4 | 8.3 | 36.6 | 34.9 | 16.3 |
| 有助于学生自主学习能力培养 | 0.5 | 2.3 | 4.7 | 29.5 | 43.8 | 19.3 |
| 学生可以按需选择学习内容,提高学习效率 | 0.5 | 2.8 | 5.9 | 31.3 | 40.8 | 18.8 |
| 教师无法即时了解学生的学习状态 | 1.0 | 4.1 | 8.9 | 36.2 | 37.2 | 12.6 |
| 教师无法及时了解学生知识掌握情况 | 1.0 | 4.2 | 8.8 | 36.5 | 36.8 | 12.7 |
| 教师无法第一时间反馈学生关注的问题 | 1.0 | 5.2 | 11.6 | 38.8 | 32.1 | 11.3 |
| 缺乏老师现场指导和督促,课堂纪律松弛 | 1.2 | 6.0 | 11.3 | 37.6 | 31.4 | 12.5 |
| 网络交流不如线下交流直接,浪费时间 | 0.9 | 7.7 | 16.1 | 39.0 | 24.8 | 11.6 |
| 学生过分依赖回放功能,课堂学习效率下降 | 1.3 | 7.2 | 14.9 | 38.3 | 27.7 | 10.7 |

后6个反向问题回答分别是:(1)教师无法即时了解学生的学习状态。分别有37.2%和12.6%的学生表示赞成和非常赞成,共有49.8%。(2)教师无法及时了解学生知识掌握情况。分别有36.8%和12.7%的学生表示赞成和非常赞成,共有49.5%;(3)教师无法第一时间反馈学生关注的问题。分别有32.1%和11.3%的学生表示赞成和非常赞成,共有43.4%。(4)缺乏老师现场指导和督促,课堂纪律松弛。分别有31.4%和12.5%的学生表示赞成和非常

赞成，共有43.9%。(5)网络交流不如线下交流直接，浪费时间。分别有24.8%和11.6%的学生表示赞成和非常赞成，共有36.4%。(6)学生过分依赖回放功能，认为听不明白还可以重学，课堂学习效率下降。分别有27.7%和10.7%的学生表示赞成和非常赞成，共有38.4%（见表3-1-2）。整体来看，学生对6个反向问题的赞成评价均未达到一半。

最后，对正反两部分问题进行综合比较来看，有以下三点认识：第一，学生对线上教学的7个优点的平均赞成比例为61.8%，而赞成线上教学6个缺点的平均比例为43.6%，可见高校学生对线上教学的整体评价较为正面，表现出较高的认可度。第二，有关线上教学的同一问题可能会存在认知上的冲突，如：线上教学的回放功能，既有助于学生反复观看，但也会造成学生的过分依赖；又如：线上教学的自主性问题，学生认为线上教学既可以培养学生的自主学习能力，又认为线上教学缺乏老师的现场指导和督促，自主学习与统一管理成为矛盾。第三，学生和教师的角色定位差别，导致优缺点评价存在偏向，其中反向问题主要是从学生的视角看教师，从一定程度上反映出学生对教师线上教学水平的评价。

2.线上学习效果与主要因素的描述性统计

首先，从线上教学效果影响因素的整体情况看，通过平均值排序后发现由高到低前4位是"学生自主学习能力""良好线上学习行为习惯（如按时上课、学习自律能力等）""教师的教学策略及讲授（演示）方法""学生积极参与"，分别为4.39、4.38、4.29和4.28。学生对是否"配备一定数量的课程助教"的评价最低，仅为3.68（见表3-1-3）。显然，学生对线上教学效果的影响因素认识主要集中在学生学习行为和教师教学行为两个方面。从某种程度而言，学生对线上教学的评价认识指向了教学的核心问题，即人的发展和交往问题，而非一般意义上的技术操作等问题。同时，可能由于学生对教师教学准备等工作的认识程度不高，故其对配备助教问题评价较低。

表3-1-3 线上教学影响因素的描述统计

| 变量 | 最小值 | 最大值 | 平均值 | 标准差 | 方差 |
| --- | --- | --- | --- | --- | --- |
| 学生自主学习能力 | 0 | 5 | 4.39 | 0.747 | 0.558 |
| 良好线上学习行为习惯（如按时上课、学习自律能力等） | 0 | 5 | 4.38 | 0.753 | 0.567 |
| 教师的教学策略及讲授（演示）方法 | 0 | 5 | 4.29 | 0.762 | 0.581 |
| 学生积极参与 | 0 | 5 | 4.28 | 0.782 | 0.612 |
| 教学平台功能及稳定性 | 0 | 5 | 4.27 | 0.828 | 0.685 |

续表

| 变量 | 最小值 | 最大值 | 平均值 | 标准差 | 方差 |
| --- | --- | --- | --- | --- | --- |
| 教师对教学的态度及精力投入 | 0 | 5 | 4.27 | 0.764 | 0.584 |
| 学生的学习空间及终端设备支持 | 0 | 5 | 4.26 | 0.79 | 0.625 |
| 选择适合线上教学的课程内容 | 0 | 5 | 4.25 | 0.796 | 0.633 |
| 线上技术服务支持 | 0 | 5 | 4.22 | 0.837 | 0.7 |
| 学校对线上教学的政策支持 | 0 | 5 | 4.22 | 0.813 | 0.662 |
| 提供课程配套电子教学资源 | 0 | 5 | 4.2 | 0.831 | 0.691 |
| 网络速度及稳定性 | 0 | 5 | 4.18 | 0.881 | 0.776 |
| 选择适当的评价方式方法 | 0 | 5 | 4.16 | 0.829 | 0.687 |
| 教师对教学平台和工具的熟悉程度 | 0 | 5 | 4.14 | 0.822 | 0.676 |
| 教师的教学空间及设备支持 | 0 | 5 | 4.12 | 0.836 | 0.7 |
| 学生对教学平台和工具的熟悉程度 | 0 | 5 | 4.11 | 0.822 | 0.675 |
| 掌控和维持好课堂教学秩序 | 0 | 5 | 4.07 | 0.874 | 0.763 |
| 配备一定数量的课程助教 | 0 | 5 | 3.68 | 1.102 | 1.213 |

注:线上教学优缺点中各变量对应的标度为0为不知道,1为不赞成,2为不太赞成,3为一般,4为赞成,5为非常赞成;在影响线上教学学习效果的因素中各主要因素对应的标度为0为不知道,1为不重要,2为不太重要,3为一般,4为重要,5为非常重要。

其次,研究将学生的18个单项问题回答归类为6个部分。(1)网络资源:学生赞成和非常赞成网络速度、教学平台、技术服务和教学资源对线上教学效果的影响都超过70%;(2)教学设计:学生赞成和非常赞成课程内容、教学投入、教学策略和评价方法对线上教学效果的影响同样超过70%,其中教师教学投入和策略将近达到八成;(3)教学管理:学生赞成和非常赞成教学秩序和配备助教对线上教学效果的影响分别为69%和55.9%;(4)教学胜任:学生赞成和非常赞成教学平台熟悉度和设备支持度对线上教学效果的影响分别为72.3%和71.3%;(5)学生适应:学生赞成和非常赞成教学平台熟悉度、参与度、自主学习能力、学习行为习惯和设备支持度对线上教学效果的影响在75%左右,其中自主学习能力和学习行为习惯被学生看作是最主要的影响因素;(6)学校支持:学生赞成和非常赞成学校政策支持对线上教学效果的影响为75.1%(见表3-1-4)。总体来看,学生主要关注对其自身学习获得相关因素,对教师影响因素缺乏认识。

表 3-1-4　影响线上学习效果的主要因素

| 变量 | | 不知道/% | 不赞成/% | 不太赞成/% | 一般/% | 赞成/% | 非常赞成/% |
|---|---|---|---|---|---|---|---|
| 网络资源 | 网络速度及稳定性 | 0.5 | 0.7 | 2.4 | 25.8 | 35.4 | 35.1 |
| | 教学平台功能及稳定性 | 0.5 | 0.7 | 1.9 | 23.7 | 36.1 | 37.1 |
| | 线上技术服务支持 | 0.6 | 0.6 | 1.8 | 24.7 | 37.3 | 35.1 |
| | 提供课程配套电子教学资源 | 0.6 | 0.6 | 1.9 | 25.1 | 38.4 | 33.5 |
| 教学设计 | 选择适合线上教学的课程内容 | 0.6 | 0.6 | 1.6 | 23.2 | 39.6 | 34.5 |
| | 教师对教学的态度及精力投入 | 0.5 | 0.5 | 1.4 | 21.7 | 41.8 | 34.1 |
| | 教师的教学策略及讲授（演示）方法 | 0.6 | 0.5 | 1.4 | 21.4 | 40.8 | 35.3 |
| | 选择适当的评价方式方法 | 0.7 | 0.6 | 1.7 | 25.2 | 41.1 | 30.7 |
| 教学管理 | 掌控和维持好课堂教学秩序 | 0.6 | 0.7 | 2.5 | 27.2 | 40.1 | 28.9 |
| | 配备一定数量的课程助教 | 1.0 | 1.9 | 7.5 | 33.7 | 32.9 | 23.0 |
| 教师胜任 | 教师对教学平台和工具的熟悉程度 | 0.6 | 0.6 | 1.9 | 24.6 | 42.6 | 29.7 |
| | 教师的教学空间及设备支持 | 0.7 | 0.6 | 2.0 | 25.4 | 42.1 | 29.2 |

续表

| 变量 | | 不知道/% | 不赞成/% | 不太赞成/% | 一般/% | 赞成/% | 非常赞成/% |
|---|---|---|---|---|---|---|---|
| 学生适应 | 学生对教学平台和工具的熟悉程度 | 0.6 | 0.6 | 2.0 | 25.6 | 42.9 | 28.3 |
| | 学生积极参与 | 0.6 | 0.5 | 1.5 | 21.0 | 40.8 | 35.7 |
| | 学生自主学习能力 | 0.5 | 0.5 | 1.2 | 19.0 | 38.0 | 40.9 |
| | 良好线上学习行为习惯（如按时上课、学生自律能力等） | 0.5 | 0.4 | 1.3 | 19.2 | 37.8 | 40.8 |
| | 学生的学习空间及终端设备支持 | 0.6 | 0.5 | 1.6 | 21.6 | 40.7 | 35.1 |
| 学校支持 | 学校对线上教学的政策支持 | 0.7 | 0.5 | 1.5 | 22.2 | 41.9 | 33.2 |

最后，通过对线上学习效果的影响因素描述分析发现：第一，所有因素都有超过一半的人赞成和非常赞成，甚至多数题目都在70%以上，说明所列因素基本符合学生的主观预期；第二，在这6个维度的比较上，教师胜任的赞成比例相对来说是最低的，研究认为这可能与学生对教师工作的认知程度有关；第三，从学生对自身学习认知看，其自主、自律等学习能力是影响学生线上学习的最主要因素。

3.线上学习效果的描述性统计分析

首先，根据线上与线下教学效果的比较，问卷题目设置将二者之间的效果比较分为三个效果分项，并在此基础上选择从"非常赞成"到"不知道"6个选项。研究发现：(1)认为线上教学比传统线下教学学习效果好的评价方面，有45.5%的学生选择一般，有20.2%和9.1%的学生选择赞成和非常赞成；(2)认为线上教学比传统线下学习效果差的评价方面，有26.5%的学生选择赞成，10.3%的学生非常赞成，而更多的学生选择一般，占比43.8%；(3)认为线上和线下相差不大的评价方面，认为一般的超过一半，赞成和非常赞成的学生分别有13.7%和5.0%（见表3-1-5）。但是，这种统计方式可能出现自相矛盾的情况。比如：有学生很可能会在比传统线下学习效果好和比传统线下学习效果差两方面都选择赞成（含非常赞成）类别，造成自相矛盾。

表 3-1-5 线上教学相较于线下教学的效果评价

| 变量 | 不知道/% | 不赞成/% | 不太赞成/% | 一般/% | 赞成/% | 非常赞成/% |
| --- | --- | --- | --- | --- | --- | --- |
| 比传统线下学习效果好 | 0.9 | 9.3 | 15.0 | 45.5 | 20.2 | 9.1 |
| 比传统线下学习效果差 | 1.3 | 6.3 | 12.0 | 43.8 | 26.5 | 10.3 |
| 相差不大 | 3.5 | 11.3 | 15.6 | 50.9 | 13.7 | 5.0 |

为了避免类似情况的发生,研究将这三类效果设置为互斥的选项,数据处理方式已在前文变量定义中提到。由表 3-1-6 可知,在原始学习效果变量中,"比传统线下学习效果好"、"比传统线下学习效果差"和学习效果"相差不大",三个变量的样本平均值均在 3(一般)左右,不具有明显的赞成或不赞成倾向,而重新定义学习效果变量并在此基础上对样本进行清洗和筛选后得到的样本中,其对应的"赞成比线下教学效果好""赞成比线下教学效果差"及认为两者之间学习"效果相差不大"的样本平均值分别为 0.34、0.54 和 0.12,其中前两个变量具有明显的赞成倾向。从表 3-1-7 看到,"赞成比线下教学效果差"的比例较高,为 53.6%,"赞成比线下教学效果好"的比例为 34.5%,而只有很少比例的学生(12%)认为线上线下二者"效果相差不大"。

表 3-1-6 大学生线上学习效果的描述性统计表

| 指标 | | 原始学习效果变量 | | | 新定义学习效果变量 | | |
| --- | --- | --- | --- | --- | --- | --- | --- |
| | | 效果好 | 效果差 | 没有变化 | 效果好 | 效果差 | 没有变化 |
| 个案数 | 有效 | 251929 | 251929 | 251929 | 108699 | 108699 | 108699 |
| | 缺失 | 0 | 0 | 0 | 0 | 0 | 0 |
| 平均值 | | 3.02 | 3.19 | 2.75 | 0.34 | 0.54 | 0.12 |
| 平均值标准误差 | | 0.002 | 0.002 | 0.002 | 0.001 | 0.002 | 0.001 |
| 中位数 | | 3 | 3 | 3 | 0 | 1 | 0 |
| 众数 | | 3 | 3 | 3 | 0 | 1 | 0 |
| 标准差 | | 1.082 | 1.061 | 1.093 | 0.475 | 0.499 | 0.324 |
| 方差 | | 1.17 | 1.126 | 1.196 | 0.226 | 0.249 | 0.105 |
| 范围 | | 5 | 5 | 5 | 1 | 1 | 1 |
| 最小值 | | 0 | 0 | 0 | 0 | 0 | 0 |
| 最大值 | | 5 | 5 | 5 | 1 | 1 | 1 |

注:在样本原始学习效果变量中,0 为不知道,1 为不赞成,2 为不太赞成,3 为一般,4 为赞成,5 为非常赞成;在新定义的学习效果变量中,0 为不赞成,1 为赞成。

表 3-1-7　线上教学相较于线下教学的效果评价

| 与传统线下学习相比,您认为线上学习的效果是 | 频率 | 百分比 | 累计百分比 |
|---|---|---|---|
| 赞成比传统线下学习效果好 | 37455 | 34.5 | 34.5 |
| 赞成比传统线下学习效果差 | 58244 | 53.6 | 88.1 |
| 相差不大 | 13000 | 12 | 100 |
| 总计 | 108699 | 100 | |

(二)大学生线上学习效果的差异性分析

研究通过运用独立性样本 $t$ 检验、ANOVA 方差分析等非参数检验方法,检测在疫情防控期间,学生线上学习效果在性别、年级、学校所在区域、学校所属类别和性质,以及疫情之前是否有使用过线上学习等因素来进行差异性分析。

1.学生性别与线上学习效果差异分析

为了解学生线上学习的性别差异,进行独立性样本 $t$ 检验。从表 3-1-8 中看到,男女生在"赞成比传统线下学习效果差"和"相差不大"两方面存在明显的差异,而就"赞成比传统线下学习效果好"这一评价选项不具有明显的差异。

表 3-1-8　不同性别学生线上学习效果的差异分析表

| 学习效果 | 性别 | $n$ | 平均值 | 标准差 | $t$ | $p$ |
|---|---|---|---|---|---|---|
| 赞成比传统线下学习效果好 | 男 | 43609 | 0.34 | 0.474 | −1.858 | 0.063 |
|  | 女 | 65090 | 0.35 | 0.476 |  |  |
| 赞成比传统线下学习效果差 | 男 | 43609 | 0.55 | 0.498 | 5.414*** | 0.000 |
|  | 女 | 65090 | 0.53 | 0.499 |  |  |
| 相差不大 | 男 | 43609 | 0.11 | 0.316 | −5.643*** | 0.000 |
|  | 女 | 65090 | 0.12 | 0.330 |  |  |

注:* 表示 $p<0.05$,** 表示 $p<0.01$,*** 表示 $p<0.001$。

2.学生年级与线上学习效果差异分析

针对不同年级学生的线上学习效果,采用 ANOVA 方差分析法进行差异性比较分析。从表 3-1-9 可知,不论是专科生、本科生,抑或是研究生,不同年级学生的线上学习效果具有显著的差异。不同年级学生选择"赞成比传统线下学习效果好""赞成比传统线下学习效果差""相差不大"三方面存在明显的差异。

表 3-1-9　不同年级学生线上学习效果的差异分析表

| 学习效果 | 年级 | n | 平均值 | 标准差 | F | p |
| --- | --- | --- | --- | --- | --- | --- |
| 赞成比传统线下学习效果差 | 大一 | 41777 | 0.55 | 0.498 | | |
| | 大二 | 33741 | 0.54 | 0.499 | | |
| | 大三 | 26320 | 0.53 | 0.499 | | |
| | 大四 | 4684 | 0.46 | 0.499 | 29.118*** | 0 |
| | 大五（五年制） | 194 | 0.47 | 0.5 | | |
| | 研究生 | 320 | 0.47 | 0.5 | | |
| | 专科 | 807 | 0.59 | 0.492 | | |
| 赞成比传统线下学习效果好 | 大一 | 41777 | 0.33 | 0.471 | | |
| | 大二 | 33741 | 0.35 | 0.476 | | |
| | 大三 | 26320 | 0.35 | 0.477 | | |
| | 大四 | 4684 | 0.41 | 0.493 | 78.912*** | 0 |
| | 大五（五年制） | 194 | 0.4 | 0.491 | | |
| | 研究生 | 320 | 0.43 | 0.496 | | |
| | 专科 | 807 | 0.29 | 0.455 | | |
| 相差不大 | 大一 | 41777 | 0.12 | 0.327 | | |
| | 大二 | 33741 | 0.12 | 0.321 | | |
| | 大三 | 26320 | 0.12 | 0.325 | | |
| | 大四 | 4684 | 0.12 | 0.328 | 78.912*** | 0.001 |
| | 大五（五年制） | 194 | 0.13 | 0.342 | | |
| | 研究生 | 320 | 0.1 | 0.3 | | |
| | 专科 | 807 | 0.12 | 0.321 | | |

注：* 表示 $p<0.05$，** 表示 $p<0.01$，*** 表示 $p<0.001$。

3.学生所在学校区域与线上学习效果差异分析

针对不同区域学校学生的线上学习效果采用 ANOVA 方差分析法进行差异性比较分析。从表 3-1-10 看出，不论是学生所在学校是位于东部、中部还是西部，不同年级学生对线上学习效果的评价具有显著的差异，在"赞成比传统线下学习效果好""赞成比传统线下学习效果差""相差不大"三方面存在明显差异。

表 3-1-10  不同区域学校的学生线上教学效果的差异分析表

| 学习效果 | 区域 | n | 平均值 | 标准差 | F | p |
| --- | --- | --- | --- | --- | --- | --- |
| 赞成比传统线下学习效果差 | 东部 | 47831 | 0.51 | 0.5 | 384.421*** | 0 |
| | 中部 | 44481 | 0.55 | 0.498 | | |
| | 西部 | 16124 | 0.58 | 0.493 | | |
| | 其他 | 263 | 0.41 | 0.493 | | |
| 赞成比传统线下学习效果好 | 东部 | 47831 | 0.36 | 0.481 | 294.669*** | 0 |
| | 中部 | 44481 | 0.34 | 0.473 | | |
| | 西部 | 16124 | 0.31 | 0.461 | | |
| | 其他 | 263 | 0.44 | 0.497 | | |
| 相差不大 | 东部 | 47831 | 0.13 | 0.334 | 76.199*** | 0 |
| | 中部 | 44481 | 0.11 | 0.318 | | |
| | 西部 | 16124 | 0.11 | 0.314 | | |
| | 其他 | 263 | 0.15 | 0.36 | | |

注：* 表示 $p<0.05$，** 表示 $p<0.01$，*** 表示 $p<0.001$。

4.学生所在学校类型与线上学习效果差异分析

针对不同类型学校的学生线上学习效果采用 ANOVA 方差分析法进行差异性比较分析。从表 3-1-11 看出，不论是何种程度的线上教学效果，其对应的 F 值均显著。由此说明，不同类型学校在"赞成比传统线下学习效果好""赞成比传统线下学习效果差""相差不大"三方面线上教学效果呈现显著差异影响。

表 3-1-11  不同类型学校的学生线上学习效果的差异分析表

| 学习效果 | 学校类型 | n | 平均值 | 标准差 | F | p |
| --- | --- | --- | --- | --- | --- | --- |
| 赞成比传统线下学习效果差 | 研究型大学 | 2766 | 0.52 | 0.5 | 1029.38*** | 0 |
| | 一般本科高校 | 100752 | 0.54 | 0.499 | | |
| | 高职院校 | 4279 | 0.61 | 0.488 | | |
| | 其他 | 902 | 0.31 | 0.464 | | |
| 赞成比传统线下学习效果好 | 研究型大学 | 2766 | 0.33 | 0.469 | 150.33*** | 0 |
| | 一般本科高校 | 100752 | 0.35 | 0.476 | | |
| | 高职院校 | 4279 | 0.28 | 0.451 | | |
| | 其他 | 902 | 0.57 | 0.495 | | |

续表

| 学习效果 | 学校类型 | n | 平均值 | 标准差 | F | p |
|---|---|---|---|---|---|---|
| 相差不大 | 研究型大学 | 2766 | 0.16 | 0.362 | 49.41*** | 0 |
|  | 一般本科高校 | 100752 | 0.12 | 0.324 |  |  |
|  | 高职 | 4279 | 0.11 | 0.31 |  |  |
|  | 其他 | 902 | 0.11 | 0.318 |  |  |

注：* 表示 $p<0.05$，** 表示 $p<0.01$，*** 表示 $p<0.001$。

5.学生所在学校类别与线上学习效果差异分析

针对不同类别学校的学生线上学习效果采用 ANOVA 方差分析法进行差异性比较分析。从表 3-1-12 看出，不论是何种程度的线上教学效果，其对应的 F 值均显著。这说明公办院校、民办院校及其他高校在"赞成比传统线下学习效果好""赞成比传统线下学习效果差""相差不大"三方面均存在明显的差异。

表 3-1-12　不同类别学校的学生线上学习效果的差异分析表

| 学习效果 | 类别 | n | 平均值 | 标准差 | F | p |
|---|---|---|---|---|---|---|
| 赞成比传统线下学习效果差 | 公办 | 87307 | 0.54 | 0.498 | 46.026*** | 0 |
|  | 民办 | 21132 | 0.52 | 0.5 |  |  |
|  | 其他 | 260 | 0.41 | 0.493 |  |  |
| 赞成比传统线下学习效果好 | 公办 | 87307 | 0.34 | 0.474 | 28.925*** | 0 |
|  | 民办 | 21132 | 0.35 | 0.478 |  |  |
|  | 其他 | 260 | 0.44 | 0.497 |  |  |
| 相差不大 | 公办 | 87307 | 0.12 | 0.323 | 17.415*** | 0 |
|  | 民办 | 21132 | 0.12 | 0.33 |  |  |
|  | 其他 | 260 | 0.15 | 0.358 |  |  |

注：* 表示 $p<0.05$，** 表示 $p<0.01$，*** 表示 $p<0.001$。

6.不同学科学生与线上学习效果差异分析

针对不同学科的学生线上学习效果采用 ANOVA 方差分析法进行差异性比较分析。从表 3-1-13 看出，不同学科学生线上学习效果的差异，与上文结果类似，测算得到 F 值均显著，说明学生的线上学习效果在不同学科背景的学生之间在"赞成比传统线下学习效果好""赞成比传统线下学习效果差""相差不大"三方面均呈现明显的差异。

表 3-1-13　不同学科的学生线上学习效果的差异分析表

| 学习效果 | 学科 | $n$ | 平均值 | 标准差 | $F$ | $p$ |
| --- | --- | --- | --- | --- | --- | --- |
| 赞成比传统线下学习效果差 | 哲学 | 382 | 0.55 | 0.498 | 113.872*** | 0.000 |
| | 经济学 | 9046 | 0.54 | 0.499 | | |
| | 法学 | 3267 | 0.49 | 0.5 | | |
| | 教育学 | 6597 | 0.57 | 0.495 | | |
| | 文学 | 11194 | 0.53 | 0.499 | | |
| | 历史学 | 533 | 0.57 | 0.496 | | |
| | 理学 | 12450 | 0.54 | 0.498 | | |
| | 工学 | 33861 | 0.54 | 0.498 | | |
| | 农学 | 2001 | 0.57 | 0.495 | | |
| | 医学 | 4965 | 0.61 | 0.488 | | |
| | 管理学 | 14759 | 0.53 | 0.499 | | |
| | 艺术学 | 9644 | 0.47 | 0.499 | | |
| 赞成比传统线下学习效果好 | 哲学 | 382 | 0.3 | 0.457 | 100.014*** | 0.000 |
| | 经济学 | 9046 | 0.35 | 0.476 | | |
| | 法学 | 3267 | 0.39 | 0.489 | | |
| | 教育学 | 6597 | 0.32 | 0.465 | | |
| | 文学 | 11194 | 0.33 | 0.472 | | |
| | 历史学 | 533 | 0.29 | 0.456 | | |
| | 理学 | 12450 | 0.34 | 0.475 | | |
| | 工学 | 33861 | 0.34 | 0.475 | | |
| | 农学 | 2001 | 0.32 | 0.468 | | |
| | 医学 | 4965 | 0.28 | 0.45 | | |
| | 管理学 | 14759 | 0.35 | 0.477 | | |
| | 艺术学 | 9644 | 0.39 | 0.489 | | |

续表

| 学习效果 | 学科 | n | 平均值 | 标准差 | F | p |
|---|---|---|---|---|---|---|
| 相差不大 | 哲学 | 382 | 0.15 | 0.362 | 26.171*** | 0.000 |
| | 经济学 | 9046 | 0.12 | 0.321 | | |
| | 法学 | 3267 | 0.12 | 0.324 | | |
| | 教育学 | 6597 | 0.12 | 0.319 | | |
| | 文学 | 11194 | 0.13 | 0.341 | | |
| | 历史学 | 533 | 0.14 | 0.346 | | |
| | 理学 | 12450 | 0.11 | 0.318 | | |
| | 工学 | 33861 | 0.12 | 0.319 | | |
| | 农学 | 2001 | 0.11 | 0.308 | | |
| | 医学 | 4965 | 0.11 | 0.31 | | |
| | 管理学 | 14759 | 0.12 | 0.326 | | |
| | 艺术学 | 9644 | 0.14 | 0.342 | | |

注：* 表示 $p<0.05$，** 表示 $p<0.01$，*** 表示 $p<0.001$。

7.学生是否有线上学习经历与线上教学效果差异分析

针对学生在疫情前后线上教学经历对线上学习效果影响，采用 ANOVA 方差分析法进行差异性比较分析。从表 3-1-14 可以看出，不同线上学习经历与其线上学习效果的差异。与前面结果类似，采用独立性样本 $t$ 检验，其测算得到的 $t$ 值均显著，说明在学生学习效果方面，具有线上学习经历的学生与不具有线上学习经历的学生之间均存在明显的差异。

表 3-1-14　不同线上学习经历的学生线上学习效果的差异分析表

| 学习效果 | 线上学习经历 | n | 平均值 | 标准差 | t | p |
|---|---|---|---|---|---|---|
| 赞成比传统线下学习效果好 | 是 | 49827 | 0.40 | 0.489 | 32.816*** | 0.000 |
| | 否 | 58872 | 0.30 | 0.459 | | |
| 赞成比传统线下学习效果差 | 是 | 49827 | 0.48 | 0.499 | −35.906*** | 0.000 |
| | 否 | 58872 | 0.59 | 0.493 | | |
| 相差不大 | 是 | 49827 | 0.13 | 0.333 | 6.819*** | 0.000 |
| | 否 | 58872 | 0.11 | 0.317 | | |

注：* 表示 $p<0.05$，** 表示 $p<0.01$，*** 表示 $p<0.001$。

### (三)大学生线上学习效果的相关性分析

**1.线上学习效果和主要因素的相关性分析**

鉴于线上和线下学习效果评价中,"相差不大"评价意义不大。因此,研究只考虑"赞成比传统线下效果好"(以下简称"好效果")以及"赞成比传统线下效果差"(以下简称"差效果")两个效果变量,并都处理为虚拟变量。同时,将表 3-1-4 中的各影响因素分别设为虚拟变量(变量定义方式详见变量定义部分)。

首先,从第(1)列研究结果发现,"网络资源"的 4 个主要因素和"好效果"之间均显著正相关;"教师胜任"中 2 个主要因素——对教学平台和设备的熟练度也均与"好效果"显著正相关;"学校支持"对线上教学"好效果"呈现出显著正相关;在"学生适应"类别中,除了学生对教学平台和工具的熟悉程度与"好效果"显著正相关外,其他学习适应类变量均不与"好效果"有显著相关性;在"教学管理"方面,配备一定数量的课程助教与"好效果"显著正相关,而掌控和维持好课堂教学秩序跟"好效果"反而是显著负相关(见表 3-1-15)。

其次,第(2)列的结果跟第(1)列的结果几乎相反,但又不完全相反,这主要是由于"好效果"和"差效果"并非完全互斥的,这里研究未考虑"相差不大"的效果变量。比如:"教学设计"中的前 3 个因素均和"差效果"显著正相关,此外,在表 3-1-4 中,认同比例较高的学生适应因素反而导致显著的"差效果"。一个可能的解释是,学生越认同自主能力对线上教学有效果,越是更可能缺乏这种能力的表现,而缺乏自学能力和良好行为习惯的人自然有更差的线上学习效果。

表 3-1-15 线上学习效果和主要因素的相关性分析

| | 主要因素 | 比传统线下学习效果好 (1) | 比传统线下学习效果差 (2) |
|---|---|---|---|
| 网络资源 | 网络速度及稳定性 | 0.0530* | −0.0561* |
| | 教学平台功能及稳定性 | 0.0230* | −0.0166* |
| | 线上技术服务支持 | 0.0252* | −0.0183* |
| | 提供课程配套电子教学资源 | 0.0171* | −0.0058 |
| 教学设计 | 选择适合线上教学的课程内容 | 0.0022 | 0.0128* |
| | 教师对教学的态度及精力投入 | −0.0035 | 0.0197* |
| | 教师的教学策略及讲授(演示)方法 | −0.0032 | 0.0207* |
| | 选择适当的评价方式方法 | 0.008 | 0.0042 |

续表

| 主要因素 | | 比传统线下学习效果好 (1) | 比传统线下学习效果差 (2) |
|---|---|---|---|
| 教学管理 | 掌控和维持好课堂教学秩序 | −0.0135* | 0.0257* |
| | 配备一定数量的课程助教 | 0.0193* | 0.0068 |
| 教师胜任 | 教师对教学平台和工具的熟悉程度 | 0.0162* | −0.0027 |
| | 教师的教学空间及设备支持 | 0.0124* | 0.0007 |
| 学生适应 | 学生对教学平台和工具的熟悉程度 | 0.0152* | −0.0037 |
| | 学生积极参与 | −0.0065 | 0.0189* |
| | 学生自主学习能力 | −0.0037 | 0.0163* |
| | 良好线上学习行为习惯（如按时上课、学生自律能力等） | −0.0014 | 0.0113* |
| | 学生的学习空间及终端设备支持 | 0.0039 | 0.0094* |
| 学校支持 | 学校对线上教学的政策支持 | 0.0276* | −0.0152* |

注：*代表在1%水平下显著。

2.异质性分析

(1)不同区域高校大学生

就不同区域高校的线上教学效果和主要因素的相关性分析来看，东部、中部与总体样本的相关性基本一致。但是西部高校却只有网速及稳定性及学校政策支持两个因素与"好效果"是显著正相关的。这可能与西部高校线上教学的"技术门槛"有关，当网络速度和学校政策支持未被解决的话，那就根本无法体会到教学设计、教学管理、教师胜任和学生适应等深层次影响因素。而"差效果"的相关性分析结果也值得思考，东部区域高校在"教学设计"类因素上很少有与"差效果"显著正相关的结果，但是在"学生适应"类中的学习积极参与、自主学习能力和学习行为习惯等因素显示与"差效果"显著正相关。但是西部与东部高校恰恰相反。这可能说明东西部存在较大的数字鸿沟，使西部高校学生认为教师的线上教学设计效果会更差，但这也激发西部高校学生学习的主动性。因此，不同区域和线上教学效果的相关性差异体现了教育资源在横向的不平衡(见表3-1-16)。

表 3-1-16 线上教学效果和主要因素的相关性分析(按不同区域高校分类)

| 主要因素 | | 比传统线下学习效果好 | | | 比传统线下学习效果差 | | |
|---|---|---|---|---|---|---|---|
| | | 东部 | 中部 | 西部 | 东部 | 中部 | 西部 |
| 网络资源 | 网络速度及稳定性 | 0.0533* | 0.0623* | 0.0255* | −0.0590* | −0.0633* | −0.0300* |
| | 教学平台功能及稳定性 | 0.0328* | 0.0237* | −0.0042 | −0.0270* | −0.0156* | 0.0066 |
| | 线上技术服务支持 | 0.0304* | 0.0307* | −0.0038 | −0.0251* | −0.0228* | 0.0095 |
| | 提供课程配套电子教学资源 | 0.0262* | 0.0143* | 0.0003 | −0.0139* | −0.0081 | 0.0216 |
| 教学设计 | 选择适合线上教学的课程内容 | 0.0105 | 0.001 | −0.018 | 0.0071 | 0.0112 | 0.0294* |
| | 教师对教学的态度及精力投入 | 0.0064 | −0.0093 | −0.0153 | 0.01 | 0.0225* | 0.0385* |
| | 教师的教学策略及讲授(演示)方法 | 0.003 | −0.0029 | −0.0213 | 0.0169* | 0.0187* | 0.0337* |
| | 选择适当的评价方式方法 | 0.0127 | 0.0111 | −0.0102 | 0.0003 | 0.0004 | 0.0218 |
| 教学管理 | 掌控和维持好课堂教学秩序 | −0.0148* | −0.0104 | −0.0133 | 0.0268* | 0.0213* | 0.0251* |
| | 配备一定数量的课程助教 | 0.0243* | 0.0216* | 0.0084 | 0.0076 | −0.0033 | 0.0181 |
| 教师胜任 | 教师对教学平台和工具的熟悉程度 | 0.0221* | 0.0147* | 0.0025 | −0.0123 | 0.0013 | 0.0132 |
| | 教师的教学空间及设备支持 | 0.011 | 0.0183* | 0.0052 | −0.0037 | −0.0014 | 0.0144 |
| 学生适应 | 学生对教学平台和工具的熟悉程度 | 0.0173* | 0.0176* | 0.0071 | −0.0109 | −0.0035 | 0.012 |
| | 学生积极参与 | −0.0115 | 0.0029 | −0.016 | 0.0202* | 0.0128 | 0.0303* |
| | 学生自主学习能力 | −0.0018 | −0.0051 | −0.0044 | 0.0171* | 0.0125 | 0.0197 |
| | 良好线上学习行为习惯(如按时上课、学生自律能力等) | −0.0051 | 0.0052 | −0.0074 | 0.0138* | 0.0069 | 0.0112 |
| | 学生的学习空间及终端设备支持 | 0.0049 | 0.009 | −0.012 | 0.0081 | 0.0039 | 0.0260* |
| 学校支持 | 学校对线上教学的政策支持 | 0.0274* | 0.0312* | 0.0221* | −0.0170* | −0.0185* | −0.0058 |

注:*代表在1%水平下显著。

(2)不同类型高校大学生

就不同类型高校学生线上教学效果和主要因素的相关性分析来看,一般本科高校与总体样本的相关性基本一致,研究型大学仅在网速及稳定性方面与"好效果"是显著正相关,高职院校却没有任何因素与"好效果"是显著正相关。而"差效果"的相关性分析也基本呈现这种态势,即一般本科高校与总体样本和"差效果"的相关性一致,研究型大学和高职院校很少有因素和"差效果"显著相关。研究认为这可能主要与分组样本量的差异有关,进行相关分析的研究型大学和高职院校分别有 2766 所和 4279 所,而一般本科高校有 100752 所,占绝对比例(见表 3-1-17)。

表 3-1-17 线下教学效果和主要因素的相关性分析(按高校类型分类)

| | 主要因素 | 比传统线下学习效果好 ||| 比传统线下学习效果差 |||
|---|---|---|---|---|---|---|---|
| | | 研究型大学 | 一般本科高校 | 高职院校 | 研究型大学 | 一般本科高校 | 高职院校 |
| 网络资源 | 网络速度及稳定性 | 0.0724* | 0.0540* | −0.0001 | −0.0786* | −0.0571* | −0.0111 |
| | 教学平台功能及稳定性 | 0.0315 | 0.0249* | −0.0238 | −0.0424 | −0.0190* | 0.0576* |
| | 线上技术服务支持 | 0.0343 | 0.0268* | −0.0304 | −0.0459 | −0.0199* | 0.0449* |
| | 提供课程配套电子教学资源 | 0.0237 | 0.0180* | −0.0214 | −0.0265 | −0.0063 | 0.0225 |
| 教学设计 | 选择适合线上教学的课程内容 | 0.0085 | 0.0033 | −0.0293 | 0.0096 | 0.0117* | 0.0313 |
| | 教师对教学的态度及精力投入 | 0.0074 | −0.0023 | −0.0365 | −0.0007 | 0.0192* | 0.0402 |
| | 教师的教学策略及讲授(演示)方法 | −0.0258 | −0.0026 | −0.0086 | 0.0346 | 0.0201* | 0.0315 |
| | 选择适当的评价方式方法 | 0.0225 | 0.0085 | −0.0189 | −0.0245 | 0.0042 | 0.0297 |
| 教学管理 | 掌控和维持好课堂教学秩序 | −0.0359 | −0.0131* | −0.0147 | 0.0498 | 0.0243* | 0.0269 |
| | 配备一定数量的课程助教 | 0.0243 | 0.0200* | 0.0135 | −0.0245 | 0.0071 | −0.0072 |
| 教师胜任 | 教师对教学平台和工具的熟悉程度 | 0.0169 | 0.0167* | −0.0052 | −0.0139 | −0.003 | 0.0217 |
| | 教师的教学空间及设备支持 | 0.008 | 0.0130* | 0.0006 | −0.0159 | 0.0006 | 0.0133 |
| 学生适应 | 学生对教学平台和工具的熟悉程度 | 0.0307 | 0.0145* | 0.0207 | −0.0447 | −0.0029 | 0.0012 |
| | 学生积极参与 | 0.0016 | −0.0068 | −0.0217 | −0.0031 | 0.0192* | 0.0419 |
| | 学生自主学习能力 | −0.0064 | −0.0041 | −0.0073 | 0.0409 | 0.0158* | 0.0183 |
| | 良好线上学习行为习惯(如按时上课、学生自律能力等) | −0.0102 | −0.0004 | −0.0313 | 0.0039 | 0.0103* | 0.039 |
| | 学生的学习空间及终端设备支持 | 0.0124 | 0.0044 | −0.0254 | −0.0213 | 0.0096* | 0.0314 |

069

续表

| 主要因素 | | 比传统线下学习效果好 ||| 比传统线下学习效果差 |||
|---|---|---|---|---|---|---|---|
| | | 研究型大学 | 一般本科高校 | 高职院校 | 研究型大学 | 一般本科高校 | 高职院校 |
| 学校支持 | 学校对线上教学的政策支持 | 0.0117 | 0.0297* | −0.0074 | −0.0365 | −0.0162* | 0.0079 |

注：*代表在1%水平下显著。

(3)不同年级大学生

就不同年级大学生的线上教学效果和主要因素的相关性分析来看，随着学生年级的升高，对线上教学产生"好效果"和"差效果"的因素都越来越少，这可能是由于随着年级的升高，课程也越来越少，而参与线上课程也会越来越少。所以，课程比较多的专科和大一学生几乎与总样本具有一致的相关性（见表3-1-18、表3-1-19）。

**表3-1-18　线上教学效果和主要因素的相关性分析（按年级分类）**

| 主要因素 | | 比传统线下学习效果好 |||||||
|---|---|---|---|---|---|---|---|---|
| | | 专科 | 大一 | 大二 | 大三 | 大四 | 大五（五年制） | 研究生 |
| 网络资源 | 网络速度及稳定性 | 0.0531* | 0.0490* | 0.0571* | 0.0524* | 0.0599 | 0.1452* | 0.0465 |
| | 教学平台功能及稳定性 | 0.0223* | 0.0260* | 0.0180* | 0.0329 | −0.0753 | 0.0641 | 0.0454 |
| | 线上技术服务支持 | 0.0244* | 0.0267* | 0.0220* | 0.0331 | 0.0632 | 0.0919 | 0.0542 |
| | 提供课程配套电子教学资源 | 0.0150* | 0.0219* | 0.0152 | 0.0067 | −0.0705 | 0.0609 | 0.0705 |
| 教学设计 | 选择适合线上教学的课程内容 | 0.0029 | −0.0003 | 0.0037 | 0.0138 | −0.0323 | −0.0217 | −0.0162 |
| | 教师对教学的态度及精力投入 | −0.0075 | 0.0059 | −0.0147 | 0.0107 | 0.1102 | 0.0014 | 0.0478 |
| | 教师的教学策略及讲授（演示）方法 | −0.0091 | 0.0086 | −0.0134 | 0.0119 | −0.0008 | −0.0439 | 0.0369 |
| | 选择适当的评价方式方法 | 0.0107 | 0.0041 | 0.0023 | 0.036 | 0.1178 | 0.0676 | 0.0512 |
| 教学管理 | 掌控和维持好课堂教学秩序 | −0.0054 | −0.0138 | −0.0230* | −0.0105 | 0.0269 | −0.0472 | −0.0271 |
| | 配备一定数量的课程助教 | 0.0254* | 0.0073 | 0.0256* | 0.0470* | −0.0132 | −0.0163 | 0.013 |

续表

| 主要因素 | | 比传统线下学习效果好 | | | | | | |
|---|---|---|---|---|---|---|---|---|
| | | 专科 | 大一 | 大二 | 大三 | 大四 | 大五（五年制） | 研究生 |
| 教师胜任 | 教师对教学平台和工具的熟悉程度 | 0.0140* | 0.0222* | 0.0116 | 0.0202 | 0.0718 | 0.0214 | 0.0251 |
| | 教师的教学空间及设备支持 | 0.0118 | 0.0132 | 0.0087 | 0.0285 | 0.0905 | 0.0761 | 0.0431 |
| 学生适应 | 学生对教学平台和工具的熟悉程度 | 0.0157* | 0.0164* | 0.0133 | 0.0186 | 0.0087 | 0.0289 | 0.0229 |
| | 学生积极参与 | −0.0105 | 0.0005 | −0.012 | 0.0041 | −0.0082 | 0.0225 | −0.0164 |
| | 学生自主学习能力 | −0.0067 | −0.0004 | −0.0043 | −0.0029 | −0.0438 | 0.0067 | 0.0628 |
| | 良好线上学习行为习惯（如按时上课、学生自律能力等） | −0.0001 | −0.0042 | −0.0014 | 0.0139 | 0.0138 | 0.0102 | 0.0124 |
| | 学生的学习空间及终端设备支持 | 0.0022 | 0.0017 | 0.0072 | 0.0283 | −0.0356 | −0.031 | 0.0229 |
| 学校支持 | 学校对线上教学的政策支持 | 0.0236* | 0.0277* | 0.0322* | 0.0307 | −0.0125 | 0.0965 | 0.0511 |

注：* 代表在 1% 水平下显著。

表 3-1-19　线上教学效果和主要因素的相关性分析（按年级分类）

| 主要因素 | | 比传统线下学习效果差 | | | | | | |
|---|---|---|---|---|---|---|---|---|
| | | 专科 | 大一 | 大二 | 大三 | 大四 | 大五（五年制） | 研究生 |
| 网络资源 | 网络速度及稳定性 | −0.0628* | −0.0479* | −0.0558* | −0.0554* | −0.0136 | −0.1116 | −0.0643 |
| | 教学平台功能及稳定性 | −0.0243* | −0.0163* | −0.0061 | −0.0196 | 0.0953 | −0.0518 | 0.009 |
| | 线上技术服务支持 | −0.0275* | −0.0127 | −0.0121 | −0.0164 | −0.0827 | −0.0237 | −0.0255 |
| | 提供课程配套电子教学资源 | −0.0079 | −0.0066 | −0.0055 | 0.006 | 0.0974 | −0.0072 | −0.0371 |

续表

| 主要因素 | | 比传统线下学习效果差 | | | | | | |
|---|---|---|---|---|---|---|---|---|
| | | 专科 | 大一 | 大二 | 大三 | 大四 | 大五（五年制） | 研究生 |
| 教学设计 | 选择适合线上教学的课程内容 | 0.0082 | 0.0155* | 0.0103 | 0.0282 | 0.0744 | 0.0349 | 0.0168 |
| | 教师对教学的态度及精力投入 | 0.0173* | 0.0108 | 0.0316* | 0.0242 | 0.042 | 0.0176 | 0.0227 |
| | 教师的教学策略及讲授（演示）方法 | 0.0244* | 0.0132 | 0.0234* | 0.0146 | 0.1634 | 0.0809 | 0.0223 |
| | 选择适当的评价方式方法 | −0.0008 | 0.008 | 0.0077 | −0.0093 | 0.0108 | −0.0063 | −0.0189 |
| 教学管理 | 掌控和维持好课堂教学秩序 | 0.0147* | 0.0241* | 0.0361* | 0.0337 | 0.1175 | 0.1365* | 0.0617 |
| | 配备一定数量的课程助教 | −0.0017 | 0.0169* | 0.0079 | −0.0171 | 0.0474 | 0.0466 | −0.0242 |
| 教师胜任 | 教师对教学平台和工具的熟悉程度 | −0.0079 | −0.0089 | 0.0073 | 0.015 | 0.1555 | −0.0017 | −0.0132 |
| | 教师的教学空间及设备支持 | −0.0016 | 0.0004 | 0.0034 | 0.005 | 0.0022 | −0.0061 | −0.0298 |
| 学生适应 | 学生对教学平台和工具的熟悉程度 | −0.0061 | −0.0064 | −0.0012 | −0.0023 | 0.1088 | 0.0063 | 0.015 |
| | 学生积极参与 | 0.0175* | 0.0126 | 0.0244* | 0.0272 | 0.1044 | 0.0114 | 0.054 |
| | 学生自主学习能力 | 0.0131 | 0.0143 | 0.0163 | 0.0327 | 0.1791 | 0.0323 | −0.0254 |
| | 良好线上学习行为习惯（如按时上课、学生自律能力等） | 0.0091 | 0.0146 | 0.0065 | 0.0036 | 0.0429 | 0.0622 | 0.0409 |
| | 学生的学习空间及终端设备支持 | 0.0053 | 0.0128 | 0.0072 | −0.0017 | 0.0711 | 0.0799 | 0.0294 |
| 学校支持 | 学校对线上教学的政策支持 | −0.0172* | −0.0147 | −0.0133 | −0.015 | 0.1339 | −0.1305* | −0.0022 |

注：*代表在1%水平下显著。

(4)不同性别大学生

就不同性别大学生的线上教学效果和主要因素的相关性分析来看,总体上性别在两者相关性分析的差别不大,只有几个因素存在略微差别。比如:男生认为配备一定数量的课程助教能有很好的线上教学效果,但女生的这一认识和"好效果"没有相关性。这可能是由于助教的作用主要是辅助教师监督课堂秩序的,男生的自制力相较于女生差一点,助教对男生的作用也会比较大。而在主要因素和"差效果"的相关性分析上,女生由于网络技术更加欠缺,可能会表现出更加依赖教学平台功能、稳定性及线上技术服务支持等因素(见表3-1-20)。

**表3-1-20 线上教学效果和主要因素的相关性分析(按性别分类)**

| | 主要因素 | 比传统线下学习效果好 女生 | 比传统线下学习效果好 男生 | 比传统线下学习效果差 女生 | 比传统线下学习效果差 男生 |
|---|---|---|---|---|---|
| 网络资源 | 网络速度及稳定性 | 0.0477* | 0.0601* | −0.0538* | −0.0579* |
| | 教学平台功能及稳定性 | 0.0259* | 0.0197* | −0.0250* | −0.0051 |
| | 线上技术服务支持 | 0.0301* | 0.0201* | −0.0272* | −0.0066 |
| | 提供课程配套电子教学资源 | 0.0149* | 0.0196* | −0.0084 | −0.0006 |
| 教学设计 | 选择适合线上教学的课程内容 | −0.0011 | 0.0053 | 0.0095 | 0.0190* |
| | 教师对教学的态度及精力投入 | −0.0001 | −0.0076 | 0.0106 | 0.0323* |
| | 教师的教学策略及讲授(演示)方法 | −0.0079 | 0.0009 | 0.0119 | 0.0328* |
| | 选择适当的评价方式方法 | 0.005 | 0.0112 | 0.0011 | 0.0103 |
| 教学管理 | 掌控和维持好课堂教学秩序 | −0.0228* | −0.0029 | 0.0286* | 0.0251* |
| | 配备一定数量的课程助教 | 0.0037 | 0.0431* | 0.0218* | −0.0166* |
| 教师胜任 | 教师对教学平台和工具的熟悉程度 | 0.0120* | 0.0212* | −0.0058 | 0.0028 |
| | 教师的教学空间及设备支持 | 0.0103 | 0.0149* | −0.0002 | 0.0038 |
| 学生适应 | 学生对教学平台和工具的熟悉程度 | 0.0120* | 0.0194* | −0.0085 | 0.0035 |
| | 学生积极参与 | −0.0112* | −0.0023 | 0.0146* | 0.0263* |
| | 学生自主学习能力 | −0.0057 | −0.0026 | 0.0166* | 0.0191* |
| | 良好线上学习行为习惯(如按时上课、学生自律能力等) | −0.0085 | 0.0046 | 0.0112* | 0.0147* |
| | 学生的学习空间及终端设备支持 | 0.0027 | 0.0051 | 0.0061 | 0.0155* |
| 学校支持 | 学校对线上教学的政策支持 | 0.0212* | 0.0351* | −0.0166* | −0.0122 |

注:*代表在1%水平下显著。

## 四、结果讨论

### （一）主要的研究发现

**1.从整体上来看，线上教学的资源优势突出，但学生认为线上学习效果不如线下学习效果好，特别关注自主学习和互动学习**

从描述性分析看，(1)线上教学的优点主要源于教育技术和优质教育资源层面，而缺点主要来自师生交流互动层面，特别是教师对学生学习情况的了解、网络交流和依赖回放问题凸显；(2)就线上学习效果看，"赞成比线下教学效果差"的比例较高，为53.6%，"赞成比线下教学效果好"的比例为34.5%，而只有很少比例的学生(12%)认为线上线下二者效果相差不大；(3)从线上教学效果影响因素的整体情况看，平均值排序前四位是："学生自主学习能力""良好线上学习行为习惯（如按时上课、学生自律能力等）""教师的教学策略及讲授（演示）方法""学生积极参与"。从某种程度而言，学生对线上教学的评价认识指向了教学的核心问题，即师生交往问题，而非一般意义上的技术操作等物化问题。通过对线上教学效果的影响因素描述分析发现：第一，所有因素都有超过一半的人赞成和非常赞成，甚至多数题目的回答都在70%以上，说明所列因素基本符合学生的主观预期；第二，在这6个维度的比较上，教师胜任的赞成比例相对来说是最低的，研究认为这与学生对教师工作的认知程度有关；第三，从学生对自身学习认知看，其自主、自律等学习能力是影响学生线上教学的最主要因素。

**2.从整体教学效果看，不同背景学生特征对线上教学效果存在显著差异，教学资源和设备支持与教学效果显著正相关，学生区域和院校差异对教学效果影响较大**

从差异性分析来看，学生的性别、年级、学校类型、学校类别及线上学习经历等都会对教学效果产生明显的差异。从相关性分析看，网络资源、教师对平台和设备的熟悉度、学习支持、配备助教等与"好效果"显著正相关；从异质性分析看，东部、中部与总体样本的相关性基本一致。但是西部高校却只有网速、稳定性及学校政策支持两个因素与"好效果"是显著正相关的。这可能与西部高校线上教学的"技术门槛"有关。而就不同类别高校学生线上教学效果和主要因素的相关性分析来看，一般本科高校与总体样本的相关性基本一致，研究型大学仅在网速及稳定性方面与"好效果"是显著正相关，高职院校却没有任何因素与"好效果"是显著正相关。

## (二)研究结果讨论

教育信息化是教育现代化发展的重要内涵和显著特征,也是信息化社会的时代要求。当前中国高校线上教学总体发展仍不成熟,在质量和模式构建方面还存在一些瓶颈和难题。而在突如其来的新冠疫情给大学带来巨大冲击的同时,利用网络平台、"停课不停学"的线上教育作为应对此次疫情的应急之举,也给大学教育带来了新的发展机会。研究所关注的教学互动是设计线上学习最重要的要素,[1]其直接关乎线上学习效果和质量。[2] 因此,教学互动对学生线上学习效果具有重要的影响。综合前述分析,结合现实背景与要求,我们可将教学互动对学生学习效果的影响关系划分为三个阶段:

第一阶段为现代化教育背景下的线上教育起步阶段。在这一时期,由于中国互联网的迅速发展及国内网民规模的不断扩大,线上教育成为教育领域的蓝海,远程教育、网校、教育类门户网站等多种形式的线上教育出现,并被职业教育、课外培训机构等利用与发展。这一阶段的线上教育更多是传统线下教育内容的线上呈现,其主要目的是解决教师与学生之间的物理空间距离,因而,在这一阶段教学互动对线上学习效果的影响主要体现在学习者与操作界面之间的互动(人机互动)层面。

第二阶段是非常规教育背景下的线上教育普及阶段。在这一时期,突发事件的出现使得线上教育在全国范围内普及,成为特殊时期的主要教学模式,并逐渐成为现代化教学中的一种重要的学习方式和学习习惯。而伴随着"互联网+教育"的不断推进,线上教育平台的互动性也不断被强调与优化,线上教育互动式授课成为线上教学的主要方式,也推动了线上教学从操作交互向更高层次的信息交互发展。因而,线上教学形式不断丰富,呈现出人机互动、生生互动和师生互动等多样化教学互动形式,并缩短了学习者与教师、学习者与学习者之间的教学心理距离,从而有助于学生线上学习效果的提升。

第三阶段是新常态教育背景下的线上教育高质量发展阶段。在这一时期,推进内涵式高质量发展,实现线上教育与线下教育有机互动,是该时期新常态下教育发展的大趋势。此时,线上教育普及阶段所暴露出的线上教学缺点与问题,将在这一阶段不断调整、优化与完善,线上教育平台和线上教育教学互动的体验感显著提升,线上教育的智慧化、个性化和多元化特征日益明

---

[1] WOO Y, REEVES T C. Meaningful interaction in web-based learning: a social constructivist interpretation[J]. Internet and higher education, 2007, 10(1): 15-25.

[2] TRENTIN G. The quality-interactivity relationship in distance education[J]. Educational technology, 2000, 40(1): 17-27.

显。因而,这一时期线上教学互动将会由操作交互和信息交互升级并进入到更高层次的概念交互维度,并依靠更先进的技术支持、更流畅的线上体验、更丰富的线上资源、更优质的线上内容等,提升线上学习效果,推动线上教育高质量发展。

(三)对策建议

1.升级平台技术,优化线上教学互动体验

人机互动作为教学交互的基础和低层次教学交互向更高层次教学交互转换的重要条件,对线上学习效果具有显著的促进作用,并会促进师生互动、生生互动等高层次教学交互形式的发展。为此,有必要从技术视角,升级平台核心技术、改善平台操作界面、提升平台运行流畅度、增强平台承载能力、丰富平台应用功能,进一步推进线上教学平台的智慧化、多样化和个性化发展,从而优化线上教学互动体验,实现线上学习效果提升。

2.开展师生培训,强化线上教学专业技能

师生对教学平台与工具的熟悉程度及线上教学经历对学生线上学习效果具有显著的正向影响。同时,通过前述分析可知目前大部分的师生对线上教学平台和工具的熟悉度不足,尤其对一部分教学经验丰富但线上教学操作不熟悉的资深教师而言,线上教学使其课堂教学受限,学生线上学习效果降低。为此,有必要从师生专业技能提升视角,加强师生线上教学培训、提升教师信息化水平和熟练运用线上教学各类工具的能力及线上教学专业技术水平,并进一步培养学生的自控能力和自我学习意识,从而保障线上教学质量、实现线上学习效果提升。

3.保证互动质量,提升线上教育学习效果

与传统教学方式相比,线上学习可通过人机互动、师生互动、生生互动等多种互动形式,对课程内容展开学习、交流、讨论与协作,进而影响学生的线上学习效果。而由于线上互动涉及的人数众多,并且互动时间点与传统课堂相比更灵活,如何保证线上教育互动是有意义的交互是线上教学需要解决的重要问题。因而,有必要从教学互动关系视角,加强平台互动应用、提高学生课堂参与度和临场感、提升师生教学反馈有效性、培养学生学习自主性和独立思考能力,进而保证教学互动质量,提升线上教学效果。

4.关注弱势群体,保障线上学习隐形公平

基于上述异质性分析,我们可以发现,在一定程度上,线上教学保障了显性公平,使学生在疫情下的非常规教育中"停课不停学"。但学生背景的差异性,使其在性别、学科及学校区域方面产生了隐形的公平问题,而这些问题往往是人们所被忽视的。譬如:文科女生相较于理科男生会存在一定的技术障碍,甚至会产生"学习安全感"问题。因此,非常规教育下线上教学给学校、家庭和社会都带来一次认知上的冲击,线上教育中出现的"新弱势群体"亟须得到各界的关注,对特殊群体学生的学习心理应进行积极干预和引导,加强同伴学习交流和家校合作教育,加大数字校园建设,继续提升线上教育的公共产品属性。

# 第二节 大学生对线上教学问题的认知

## 一、研究问题

本节将重点进行以下三个问题的研究:(1)学生对当前线上教学面临主要问题的认知是什么?(2)不同背景(区域、类型、年级、性别)的学生主体关于线上学习面临的主要问题认知是否存在差异?(3)基于学生的视角,中国大学线上教学如何改进?

## 二、研究方法

本节样本同样来自厦门大学教师发展中心对全国 334 所高校开展的《线上教学调查问卷(学生卷)》问卷调查,共收集 256504 份样本。根据本节研究需要,剔除无效样本,保留有效样本 260813 份。研究选择的变量包括"基本信息"中的所在学校区域、不同类型学校、不同年级大学生、不同性别大学生 4 个背景变量和"网络速度及稳定性差"等 18 个统计变量。

研究采用统计工具 SPSS 对《线上教学调查问卷(学生卷)》"线上学习存在的最主要问题"板块的相关调研数据进行统计分析。首先,运用 α 系数来检验问卷的内部一致性信度,结果表明改进策略问卷总体的信度系数是 0.956,说明问卷信度良好,测量工具的一致性和稳定性较高。其次,使用探索性因子正交方差最大法进行主成分分析,以检验问卷的结构效度。结果显示,KMO 值为 0.957,大于 0.6,Bartlett 球形检验达到显著($p<0.001$),适合进行因子分析。最后提取出"教师""学生""技术"三个因子,并对三个因子原始题项进行原始分累加后求取平均值,以便对不同背景学生主体开展 $t$ 检验、单因素方差分析、秩和检验等。

## 三、研究结果

(一)不同区域高校大学生线上学习面临的问题

在描述性分析中,主要统计了"个案数""标准差""平均数"三个指标,与东部和中部相比,西部所获得的样本量相对较少。由表 3-2-1 可见,三个因子中,在三个区域中,线上学习面临的问题(均值从高到低)都是技术因子、学生因子、教师因子。西部高校的学生在三个因子上的均值高于中部,中部高于东部。

表 3-2-1　不同区域高校线上学习面临的问题

| 学校区域 | | 教师(因子1) | 学生(因子2) | 技术(因子3) |
|---|---|---|---|---|
| 东部 | 平均值 | 2.32 | 3.13 | 3.47 |
| | 标准差 | 0.74 | 0.97 | 0.90 |
| | 个案数 | 96594 | 96594 | 96594 |
| 中部 | 平均值 | 2.38 | 3.20 | 3.53 |
| | 标准差 | 0.72 | 0.95 | 0.87 |
| | 个案数 | 101504 | 101504 | 101504 |
| 西部 | 平均值 | 2.39 | 3.22 | 3.56 |
| | 标准差 | 0.71 | 0.93 | 0.86 |
| | 个案数 | 35600 | 35600 | 35600 |
| 总计 | 平均值 | 2.36 | 3.17 | 3.51 |
| | 标准差 | 0.73 | 0.96 | 0.88 |
| | 个案数 | 233698 | 233698 | 233698 |

在推断性分析中,由于自变量有三个(东部、中部、西部),故采用单因素方差分析,首先建立检验假设,确定检验水准。

$H0:\mu1=\mu2$,即东部、中部和西部高校线上学习面临问题的影响相同。

$H1:\mu1\neq\mu2$,即东部、中部和西部高校线上学习面临问题的影响不同(包括 $\mu1>\mu2$ 或 $\mu1<\mu2$)。

$$\alpha=0.05$$

运用单因素分差分析检查不同区域高校线上教学学习面临问题是否存在显著差异,在进行单因素方差分析检验前,在单因素同质性测试中,用莱文检验方差齐性,得出教师、学生、技术三个因子的显著性分别为 0.000、0.000、

0.000,均<0.05,证明方差不齐,但最大方差与最小方差之比小于3,分析结果相对稳定,故仍使用单因素方差分析(见表3-2-2),在教师、学生、技术三个因子上 $F$ 值分别为198.735、148.981、159.842,且 $p=0.000$,表明不同区域间高校存在显著性差异。

表3-2-2 不同区域高校线上学习面临问题的影响因子

| | 学校区域 | 个案数 | $\bar{x}\pm s$ | $F$ | $p$ |
|---|---|---|---|---|---|
| 教师<br>(因子1) | 东部 | 96594 | 2.32±0.74 | | |
| | 中部 | 101504 | 2.38±0.72 | 198.735 | <0.01 |
| | 西部 | 35600 | 2.39±0.71 | | |
| 学生<br>(因子2) | 东部 | 96594 | 3.13±0.97 | | |
| | 中部 | 101504 | 3.20±0.95 | 148.981 | <0.01 |
| | 西部 | 35600 | 3.22±0.93 | | |
| 技术<br>(因子3) | 东部 | 96594 | 3.47±0.90 | | |
| | 中部 | 101504 | 3.53±0.87 | 159.842 | <0.01 |
| | 西部 | 35600 | 3.56±0.86 | | |

为进一步了解不同区域高校对线上教学学习面临问题的影响差异,采用了沃勒-邓肯多重比较进行两两比较。由表3-2-3在教师因子上,中西部差异并不显著($p>0.05$),而东部与中部、东部与西部存在显著性差异($p<0.05$)。在学生因子上,东部与中部、东部与西部、中部与西部均存在显著性差异($p<0.05$)。在技术因子上,东部与中部、东部与西部、中部与西部均存在显著性差异($p<0.05$)。

表3-2-3 不同区域高校线上学习面临问题的影响因子差异

| 学校区域 | 教师(因子1) | 学生(因子2) | 技术(因子3) |
|---|---|---|---|
| 东部 | 2.32±0.74b | 3.13±0.97c | 3.47±0.90c |
| 中部 | 2.38±0.72a | 3.20±0.95b | 3.53±0.87b |
| 西部 | 2.39±0.71a | 3.22±0.93a | 3.56±0.86a |

(二)不同类型高校大学生线上学习面临的问题

在对不同类型高校(研究型大学和一般本科院校)大学生线上学习面临问题的描述性分析中,主要统计了"个案数""标准差""平均数"三个指标,由表3-2-4可见:三个因子中,在两类高校中,态度从高(不赞成)到低(非常赞成)均是技术因子、学生因子、教师因子。而一般本科高校在教师、学生、技术三个因子上的均值都高于研究型大学。

表 3-2-4  不同类型高校线上学习面临的问题

| 学校类型 | | 教师(因子1) | 学生(因子2) | 技术(因子3) |
|---|---|---|---|---|
| 研究型大学 | 平均值 | 2.20 | 3.13 | 3.43 |
| | 标准差 | 0.74 | 0.97 | 0.90 |
| | 个案数 | 4465 | 4465 | 4465 |
| 一般本科高校 | 平均值 | 2.36 | 3.17 | 3.51 |
| | 标准差 | 0.73 | 0.96 | 0.88 |
| | 个案数 | 229233 | 229233 | 229233 |
| 总计 | 平均值 | 2.36 | 3.17 | 3.51 |
| | 标准差 | 0.73 | 0.96 | 0.88 |
| | 个案数 | 233698 | 233698 | 233698 |

在推断性统计分析中,由于自变量有两个(研究型大学、一般本科高校),故采用独立样本 $t$ 检验,首先建立检验假设,确定检验水准。

$H0:\mu1=\mu2$,即研究型大学与一般本科高校线上学习面临的问题影响相同。

$H1:\mu1\neq\mu2$,即研究型大学与一般本科高校线上学习面临的问题影响不同(包括 $\mu1>\mu2$ 或 $\mu1<\mu2$)。

$$\alpha=0.05$$

之后进行正态性检验,根据柯尔莫戈洛夫－斯米诺夫检验,研究型大学与一般本科高校显著性均小于 0.05,不满足正态分布,但由于样本数量足够大,故仍采用独立样本 $t$ 检验,结果显示,$p<0.05$,研究型大学与一般本科高校在教师、学生、技术三个因子上均存在显著性的差异(见表 3-2-5)。

表 3-2-5  不同类型高校线上学习面临问题的影响因子差异

| 指标 | $M\pm SD$ | | $t$ | $p$ |
|---|---|---|---|---|
| | 研究型大学 | 一般本科高校 | | |
| 教师(因子1) | 2.2±0.74 | 2.36±0.73 | −14.13 | 0.000 |
| 学生(因子2) | 3.13±0.97 | 3.17±0.96 | −2.98 | 0.003 |
| 技术(因子3) | 3.43±0.90 | 3.51±0.88 | −5.923 | 0.000 |

同样,在对不同类别高校(公办和民办)大学生线上学习面临问题的描述性分析中,同样统计了"个案数""标准差""平均数"三个指标,结果显示(见表

3-2-6):三个因子中,在两类高校中,态度从高(不赞成)到低(非常赞成)均是技术因子、学生因子、教师因子。在教师因子上,民办高校均值高于公办高校,在学生因子上,民办高校低于公办高校,在技术因子上,民办高校与公办高校均值相同。

表 3-2-6  不同类别高校线上学习面临的问题

| 学校类别 | | 教师(因子1) | 学生(因子2) | 技术(因子3) |
| --- | --- | --- | --- | --- |
| 公办高校 | 平均值 | 2.35 | 3.19 | 3.51 |
| | 标准差 | 0.72 | 0.95 | 0.88 |
| | 个案数 | 177890 | 177890 | 177890 |
| 民办高校 | 平均值 | 2.37 | 3.13 | 3.51 |
| | 标准差 | 0.75 | 0.98 | 0.90 |
| | 个案数 | 55808 | 55808 | 55808 |
| 总计 | 平均值 | 2.36 | 3.17 | 3.51 |
| | 标准差 | 0.73 | 0.96 | 0.88 |
| | 个案数 | 233698 | 233698 | 233698 |

在推断性统计分析中,由于自变量有两个(公办高校、民办高校),故采用独立样本 $t$ 检验,首先建立检验假设,确定检验水准。

$H0:\mu1=\mu2$,即公办高校与民办高校线上学习面临的问题影响相同。

$H1:\mu1\neq\mu2$,即公办高校与民办高校线上学习面临的问题影响不同(包括 $\mu1>\mu2$ 或 $\mu1<\mu2$)。

$$\alpha=0.05$$

之后进行正态性检验,根据柯尔莫戈洛夫-斯米诺夫检验,公办高校与民办高校显著性均小于0.05,不满足正态分布,但由于样本数量足够大,故仍采用独立样本 $t$ 检验,结果显示(见表 3-2-7),在教师、学生、技术三个因子上,$F$ 统计量的 Sig.[①] 值分别为 0.000、0.21、0.000,否认方差相等的假设,认为方差不齐。从表中可以看出公办高校和民办高校在教师、学生因子上存在显著性差异,但是在技术因子上($p>0.05$)并没有存在显著性差异。

---

① Sig. 表示显著性,全书同,不另注。

表 3-2-7 不同类别高校线上学习面临问题的影响因子差异

| 指标 | M±SD 公办高校 | M±SD 民办高校 | t | p |
| --- | --- | --- | --- | --- |
| 教师(因子1) | 2.35±0.72 | 2.37±0.75 | −5.622 | 0.000 |
| 学生(因子2) | 3.19±0.95 | 3.13±0.98 | 13.416 | 0.000 |
| 技术(因子3) | 3.51±0.88 | 3.51±0.90 | −.032 | 0.074 |

### (三)不同年级高校大学生线上学习面临的问题

在描述性分析中,主要统计"个案数""标准差""平均数"三个指标,结果显示(见表 3-2-8):三个因子中,五个年级学生对于线上学习面临的问题(均值从高到低)都是技术因子、学生因子、教师因子。在教师因子与学生因子上,从大一到大五(五年制),均值呈现逐渐递增,但是在技术因子上,大二、大三的大学生均值高于大一、大四与大五年级。

表 3-2-8 不同年级高校大学生线上学习面临的问题

| 年级 | | 教师(因子1) | 学生(因子2) | 技术(因子3) |
| --- | --- | --- | --- | --- |
| 大一 | 平均值 | 2.32 | 3.15 | 3.47 |
| | 标准差 | 0.73 | 0.95 | 0.89 |
| | 个案数 | 89866 | 89866 | 89866 |
| 大二 | 平均值 | 2.37 | 3.18 | 3.54 |
| | 标准差 | 0.72 | 0.95 | 0.87 |
| | 个案数 | 72400 | 72400 | 72400 |
| 大三 | 平均值 | 2.38 | 3.19 | 3.54 |
| | 标准差 | 0.73 | 0.96 | 0.87 |
| | 个案数 | 58924 | 58924 | 58924 |
| 大四 | 平均值 | 2.44 | 3.26 | 3.47 |
| | 标准差 | 0.80 | 1.04 | 0.99 |
| | 个案数 | 12103 | 12103 | 12103 |
| 大五(五年制) | 平均值 | 2.45 | 3.26 | 3.50 |
| | 标准差 | 0.76 | 1.03 | 0.98 |
| | 个案数 | 405 | 405 | 405 |
| 总计 | 平均值 | 2.36 | 3.17 | 3.51 |
| | 标准差 | 0.73 | 0.96 | 0.88 |
| | 个案数 | 233698 | 233698 | 233698 |

在推断性分析中,由于自变量有五个(大一至大五),故采用单因素方差分析,首先建立检验假设,确定检验水准。

$H0:\mu1=\mu2$,即不同年级高校大学生线上学习面临的问题影响相同。

$H1:\mu1\neq\mu2$,即不同年级高校大学生线上学习面临的问题影响不同(包括 $\mu1>\mu2$ 或 $\mu1<\mu2$)。

$$\alpha=0.05$$

运用单因素分差分析检验不同年级大学生线上学习面临问题是否存在显著差异。在进行单因素方差分析检验前,用莱文检验方差齐性,得出教师、学生、技术三个因子的显著性分别为 0.000、0.000、0.000,均<0.05,证明方差不齐,但最大方差与最小方差之比小于 3,分析结果相对稳定,故仍使用单因素方差分析,结果显示(见表 3-2-9):在教师、学生、技术三个因子上 $F$ 值分别为 105.269、40.033、78.775,且 $p=0.000$,表明不同年级大学生在三个因子上存在显著性差异。

表 3-2-9  不同年级高校大学生线上学习面临问题的影响因子差异

| | 年级 | 中位数 | $\bar{x}\pm s$ | $F$ | $p$ |
| --- | --- | --- | --- | --- | --- |
| 教师<br>(因子1) | 大一 | 2.33 | 2.32±0.73 | 105.269 | <0.01 |
| | 大二 | 2.33 | 2.37±0.72 | | |
| | 大三 | 2.33 | 2.38±0.73 | | |
| | 大四 | 2.33 | 2.44±0.80 | | |
| | 大五 | 2.33 | 2.45±0.76 | | |
| 学生<br>(因子2) | 大一 | 3.00 | 3.15±0.95 | 40.033 | <0.01 |
| | 大二 | 3.00 | 3.18±0.95 | | |
| | 大三 | 3.00 | 3.19±0.96 | | |
| | 大四 | 3.20 | 3.26±1.04 | | |
| | 大五 | 3.20 | 3.26±1.03 | | |
| 技术<br>(因子3) | 大一 | 3.40 | 3.47±0.89 | 78.775 | <0.01 |
| | 大二 | 3.60 | 3.54±0.87 | | |
| | 大三 | 3.60 | 3.54±0.87 | | |
| | 大四 | 3.60 | 3.47±0.99 | | |
| | 大五 | 3.60 | 3.50±0.98 | | |

为进一步分析不同年级大学生线上学习面临问题的影响的差异,采用了克鲁斯卡尔-沃利斯检验,其原因在于因变量为等级变量,且存在多个分组,

不同年级的研究对象的数据都是独立的。

检验假设为：

$H0:\mu1=\mu2$，不同年级大学生线上学习面临问题的影响总体分布相同。

$H1:\mu1\neq\mu2$，不同年级大学生线上学习面临问题的影响总体分布不相同（包括 $\mu1>\mu2$ 或 $\mu1<\mu2$）。

$$\alpha=0.05$$

通过克鲁斯卡尔-沃利斯检验，由于 $p=0.000$，所以不同年级大学生在教师因子、学生因子、技术因子上具有差异性。通过 Bonferroni（邦弗伦尼）多重比较分析校正显著性水平的事后两两比较发现（见表3-2-10）：在教师因子中，大一/大二、大一/大三、大一/大四、大一/大五、大二/大四、大三/大四对线上学习面临问题的评价存在显著性差异。在学生因子中，大一/大二、大一/大三、大一/大四、大一/大五、大二/大四、大三/大四、大二/大三对线上学习面临问题的评价存在显著性差异。在技术因子中，大一/大二、大一/大三、大一/大四、大二/大四、大三/大四对线上学习面临问题的评价存在显著性差异，其他组之间没有显著性差异。

表3-2-10 不同年级高校大学生线上学习面临问题的影响差异

| 量表 | 全样本 H/($p$) | 大一/二 $p$ | 大一/三 $p$ | 大一/四 $p$ | 大一/五 $p$ | 大二/四 $p$ | 大三/四 $p$ | 大二/三 $p$ |
|---|---|---|---|---|---|---|---|---|
| 教师 | 651.717/0.000 | *** | *** | *** | ** | *** | *** | 0.159 |
| 学生 | 295.210/0.000 | *** | *** | *** | ** | *** | *** | ** |
| 技术 | 329.071/0.000 | *** | *** | ** | 1.000 | *** | *** | 1.000 |

注：* 表示 $p<0.05$，** 表示 $p<0.01$，*** 表示 $p<0.001$。

**（四）不同性别高校大学生对线上学习面临的问题**

在对不同性别高校大学生线上学习面临问题的描述性分析中，研究主要统计"个案数""标准差""平均值"三个指标。结果显示：在男、女两个性别中，线上学习面临问题（均值从高到低）均是技术因子、学生因子、教师因子（见表3-2-11），在教师与学生因子上，男生的均分高于女生，在技术因子上，男女均值为3.51，但是在标准差上男生为0.93高于女生0.85，说明男性群体内部在技术因子上，差异性高于女性群体。

表 3-2-11　不同性别高校大学生线上学习面临的问题

| 性别 | | 教师(因子1) | 学生(因子2) | 技术(因子3) |
|---|---|---|---|---|
| 男 | 平均值 | 2.42 | 3.21 | 3.51 |
| | 标准差 | 0.75 | 0.99 | 0.93 |
| | 个案数 | 99100 | 99100 | 99100 |
| 女 | 平均值 | 2.31 | 3.15 | 3.51 |
| | 标准差 | 0.70 | 0.93 | 0.85 |
| | 个案数 | 134598 | 134598 | 134598 |
| 总计 | 平均值 | 2.36 | 3.17 | 3.51 |
| | 标准差 | 0.73 | 0.96 | 0.88 |
| | 个案数 | 233698 | 233698 | 233698 |

在推断性统计分析中,由于自变量有两个(男性、女性),故采用独立样本 $t$ 检验,首先建立检验假设,确定检验水准。

$H0:\mu1=\mu2$,即男生与女生线上学习面临的问题影响相同。

$H1:\mu1\neq\mu2$,即男生与女生线上学习面临的问题影响不同(包括 $\mu1>\mu2$ 或 $\mu1<\mu2$)。

$$\alpha=0.05$$

之后进行正态性检验,根据柯尔莫戈洛夫-斯米诺夫检验,显著性均小于0.05,不满足正态分布,但由于样本数量足够大,故仍采用独立样本 $t$ 检验,结果显示,在教师、学生、技术三个因子上,$p$ 值均为 0.000,否认方差相等的假设,认为方差不齐。从表 3-2-12 看出,男生和女生在教师、学生、技术因子上均存在显著性差异。

表 3-2-12　不同性别高校大学生线上学习面临问题的影响因子差异

| 指标 | $M\pm SD$ 男 | $M\pm SD$ 女 | $t$ | $p$ |
|---|---|---|---|---|
| 教师(因子1) | 2.42±0.75 | 2.31±0.70 | 57.560 | 0.000 |
| 学生(因子2) | 3.21±0.99 | 3.15±0.93 | 15.283 | 0.000 |
| 技术(因子3) | 3.51±0.93 | 3.51±0.85 | 1.977 | 0.048 |

## 四、结果讨论

（一）主要的研究发现

1.线上学习主要存在教师、学生和技术三方面的问题

问卷调查显示，大学生目前线上学习上主要面临来自教师、学生和技术三方面的问题。其中影响最大的是来自"技术"方面的问题，包括网络速度、教学平台功能、线上技术服务支持等方面的问题。其次是来自"学生"方面的问题，包括学生未养成良好线上学习的习惯、学生自主学习能力弱、学生参与度不足、学生的学习空间及终端设备支持不够等问题。而来自"教师"的问题，影响相对弱于"技术"与"学生"的问题，包括教师对教学的态度及精力投入不足、教师对教学平台使用不熟悉、课堂教学秩序不好把控、教学评价方式不合理、教学策略及教学方法不适应线上教学、教学空间及设备支持不足等问题。

2.不同背景的大学生关于线上学习面临最主要的问题上存有显著差异

研究选取了来自不同区域、类型高校的不同年级、性别的高校大学生主体进行分析，结果表明，不同大学生主体在"教师""学生""技术"问题上均有显著性差异。具体来看：

在来自不同区域高校大学生的比较方面，来自西部高校的大学生相对于来自中部和东部高校的大学生，面对更多来自教师、学生和技术的挑战，来自西部与中部高校的大学生在教学问题上没有显著差异，但是来自东部与中部、西部的大学生在教师、技术、学习问题上差异明显。

在来自不同类型和类别高校大学生的比较方面，来自一般本科高校的大学生相对于来自研究型大学的大学生，面对更多来自教师、学生和技术的挑战。来自民办高校的大学生面对更多来自教师的挑战，而公办高校的大学生更多面对来自学生的挑战，两类高校共同面对来自技术挑战。

在来自不同年级高校大学生的比较方面，来自大五（五年制）的学生，相较于其他年级的大学生，更多面对教师方面的问题，大四和大五（五年制）的学生，更多面对学生方面的问题，而大二和大三的学生，更多面对技术方面的问题。大一与大二、大三、大四年级的大学生在教师、学生、技术问题上的差异明显，大一与大五、大三与大四年级的大学生在教师、学生问题上差异明显，大二与大三年级的大学生在学生问题上差异明显。在来自不同性别高校大学生的比较方面，男性相较于女性，面对更多来自教师和学生的问题，男性与女性大学生线上学习面临的三大类问题上差异明显。

(二)未来线上学习的改进策略

基于上述研究发现,本节从技术、学生、教师三个层面探讨未来线上学习的改进策略。

1.技术战略的确立:加大教育资源供给

当前,中国大学生线上学习存在的最主要问题在于技术问题。这主要是因为在开展线上教学时,高校缺乏自主的线上教育平台,所以多使用企业所开发的软件,不同的高校基于实际需求选择多种软件相结合的方式进行线上教学。虽然这些平台的涌现,说明线上教育行业迅速发展,但是它们在优质教育资源的供给上仍尚未做好准备,甚至在满足学生技术性的需求方面也仍未做到,这显示出整体而言我国线上教育资源匮乏。基于这一不足,建议在国家层面上确立技术创新的战略,鼓励企业和有条件的高校加大线上教育资源的研发,不断探寻和满足多样化的需求。

2.学生参与度的提高:促进深层学习

从理论上来看,线上教育应该是一种基于需求学习的新方式。但是当前学生在全程参与和有效参与教学的过程仍存有问题,学生仍是处于被动的信息接收者,学生对线上教学的整体参与度并不足。调查发现,学生的差异性与多样性特征日益明显,不同区域、类型高校的不同年级、性别大学生线上教学所面临的主要问题上存在差异。因此,为解决"学生"方面所面临的问题,需要真正实现"教师为中心"向"学生为中心"的转变。对于学生而言,应充分利用线上教育的资源,充分参与教学的活动当中并进行深层次的学习。对于教师而言,要帮助学生获得学习的反馈,并且通过学生的反馈而调整自身的教学活动。

3.教师角色的转变:改进传统教学方式

不言而喻,全部"线上教学"会随着疫情的结束将会有所改变,但是从长远来看,教学将会不断和技术慢慢融合。对于线上教学而言,传统的教学方式必然不能满足受教育者的教育需求,调查结果显示,学生认为在教学投入、教学策略、教学评价、教学空间等上均存在问题,这意味着教师需要改变他们传统的教学方式,并采用新的技能来有效地吸引学习者。但是对于大多数教师而言,教学方式的改进需要一个循序渐进的过程,为了帮助教师改进传统的教学方式,学校首先应促进教师在主观上增强改进教学方式的动力,对自己现有的教学方式进行思考与反思。其次,学校还应为教师提供教学改革方面必要的培训与帮助,提供各种工具和平台,包括软件和硬件技术的培训,以及相关研讨会的学习机会,充分满足教师的教学支持需求。

# 第四章

# 大学生对线上教学的改进意见

学生对于线上教学的体验及改进意见直接影响线上教学能否持续健康发展。本章在前文研究的基础上,将重点聚焦在不同主体大学生对于线上教学的态度,以及下一步线上教学的改进意见。同时深入研究影响大学生态度的因素,分析影响因素的作用机制,为当下及未来线上教学的改进提供参考。

## 第一节 疫情过后大学生对于线上教学的态度分析

### 一、研究问题

本节将重点研究三个方面问题:一是大学生整体对线上教学的态度如何?二是从性别、年级、学校区域、专业、学校类型、学校类别等六个变量来分析不同大学生主体对于疫情之后线上教学的态度。三是分析影响大学生线上教学态度的主要因素是什么,进而深入分析线上教学现存的主要问题与大学生态度的相互关系。

### 二、研究方法

(一)研究样本

本节样本同样来自厦门大学教师发展中心对全国 334 所高校开展的《线上教学调查问卷(学生卷)》,共回收问卷 251929 份,根据本节研究需要,剔除无效样本,最终有效问卷为 231036 份。样本具体分布如下:女生 131733 人,占比约

57%;男生99303人,占比约43%;公办学校学生占比约为68%,民办学校学生占比约为32%;研究型大学学生占比约为2.7%,一般本科高校学生占比约为92.3%,高职院校学生占比约为5%;样本中98%的学生年龄处于18～24岁之间。

(二)变量定义

研究选取与研究主题相关的两个分量表,研究材料主要包含个人基本信息、线上教学存在的最主要问题量表和线上教学的态度量表。其中个人基本信息包括性别、出生年月、年级、专业、学校区域、学校类型、学校类别等。两个分量表的题目都采用0="不知道"、1="不赞成"、2="不太赞成"、3="一般"、4="赞成"、5="非常赞成"六个等级,分别对应0～6分,分数越高代表赞成度越高。鉴于0="不知道"该答案具有不确定性的干扰作用,因此研究时将选择了该答案的样本排除在外再进行数据分析。研究运用SPSS检验量表的信效度水平,得出$\alpha=0.972$,KMO值为0.982,Bartlett球形检验$p=0.000<0.05$,表明该量表的整体性信效度水平较高。

"线上教学存在的最主要问题量表"包含18道题。对该量表进行主成分分析及斜交旋转的结果表明,最主要问题可分为三个因子:因子一主要包含网络平台功能完善性不足、技术服务保障不到位、电子教学资源不足等问题,因此因子一命名为"网络平台服务问题";因子二主要包含教师对教学的态度及精力投入不够、教学评价方式不适合、教师对平台和工具的应用不熟练等问题,因此因子二命名为"教师教学问题";因子三主要包含学生参与度不够、自主学习能力弱、学习自律性差等问题,因此因子三命名为"学生自身问题"。因子分数越高表示学生支持度越高。学校的支持服务问题由于只有一道题目并不能算作一个因子,因此只作为讨论时的参考。对"线上教学存在的最主要问题"量表进行探索性与验证性因子分析,检验分量表的信效度水平三个因子共解释了73.56%的方差,$\alpha=0.956$,KMO值为0.957,量表信效度非常理想。

线上教学的态度量表包含三道题目,旨在了解大学生对线上教学的态度。三道题目分别代表三种态度:采用"线上+线下"混合式教学、不采用线上教学和继续采用线上教学。

(三)研究工具与分析方法

研究主要运用SPSS对量表进行信效度检验、因子分析、方差分析、相关分析、回归分析。首先对大学生面对线上教学的整体态度情况作初步描述性统计,然后分析不同大学生主体的态度差异,分别从性别、年级、专业、学校类型、学校类别五个维度进行单因素方差分析;接着运用双因素方差分析来研究态度在性别、年级、专业、学校类型之间是否存在交互作用;最后分析子量表之间的相关程度并通过回归分析来探讨影响大学生态度的主要因素,并对比这些影响在不同类型高校的异同。

## 三、研究结果

研究分两部分进行数据处理,第一部分从横向维度探讨不同大学生主体对于疫情之后线上教学的态度差异,分别从整体样本、不同性别、不同年级、不同区域、不同专业、不同学校类型、不同学校类别来进行多变量 ANOVA 分析,探究不同大学生主体对线上教学的态度是否存在实质性差异;第二部分从纵向维度深入分析影响大学生的态度因素,以"线上教学的最主要问题"量表中的因子作为自变量,以"不采用线上教学"作为因变量,进行相关分析和回归分析,探究两者之间的深层关系。

1.大学生整体对于线上教学的态度描述性统计

如图 4-1-1 所示,若将全体大学生作为一个整体来看,根据大学生对疫情之后线上教学的态度均值比较,可知大学生的态度倾向性依次是:采用"线上+线下"混合式教学(3.49)>不采用线上教学(3.22)>继续采用线上教学(3.1)。从详细的百分比图 4-1-2 中可以看出,支持(含"接受"和"非常接受")"采用'线上+线下'混合式教学"的占比 54%,支持"继续采用线上教学"的占比38.3%,支持"不采用线上教学"的占比 35%。"采用'线上+线下'混合式教学"是大学生心目中的最佳选择。

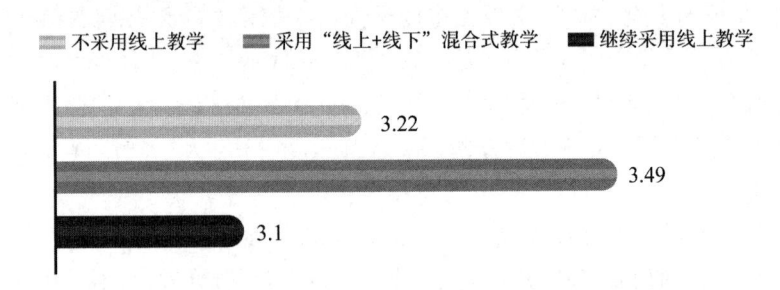

图 4-1-1 疫情过后大学生对线上教学的三种态度均值的比较

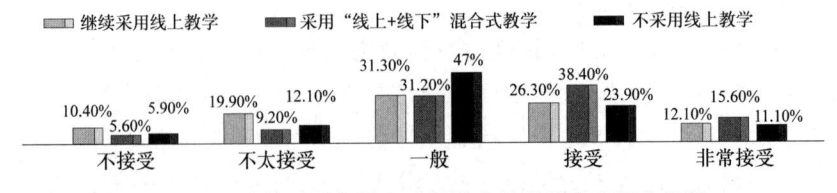

图 4-1-2 疫情过后大学生对于线上教学的态度百分比图

2.疫情之后大学生对线上教学态度的性别差异

如图4-1-3所示,从性别角度来探讨疫情之后大学生对线上教学态度的差异。以性别为自变量,三种线上教学态度分别为因变量进行单因素ANOVA分析。

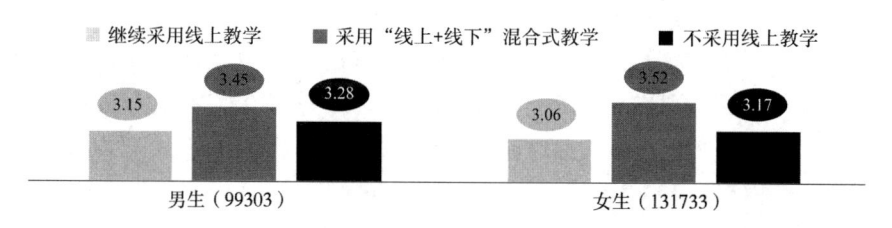

图 4-1-3 疫情之后大学生对线上教学态度的性别差异(均值)

第一,就男生和女生对线上教学的总体态度倾向而言,数据显示他们对疫情之后线上教学的态度倾向性一致,其程度强弱依次是:采用"线上+线下"混合式教学＞不采用线上教学＞继续采用线上教学。

第二,分析线上教学态度性别差异的显著性。根据统计结果,女生采用"线上+线下"混合式教学的均值为3.52,高于男生的均值3.45,ANOVA分析显示不同性别的大学生对"采用'线上+线下'混合式教学"的态度差异显著$[F(1,231036)=689.52, p=0.000]$;而其余两项男生的均值高于女生,男生对"不采用线上教学"的态度均值为3.28,女生的态度均值为3.17,ANOVA分析显示不同性别的大学生对"不采用线上教学"的态度差异显著$[F(1,231036)=343.87, p=0.000]$;"继续采用线上教学"男生的均值为3.15,女生的均值为3.06,ANOVA分析显示不同性别的大学生对"继续采用线上教学"的态度差异显著$[F(1,231036)=241.39, p=0.000]$。

3.疫情之后大学生对线上教学态度的年级差异

将年级作为自变量,线上教学的三种态度分别作为因变量进行单因素ANOVA分析,其结果如图4-1-4所示。

第一,就所有年级大学生而言,大学生对疫情之后线上教学的态度最倾向于"采用'线上+线下'混合式教学",但对于"不采用线上教学"和"继续采用线上教学"两种态度,其支持度略有差异,专科、大一、大二、大三的大学生,对疫情之后不采用线上教学支持度更高,而大四、大五(五年制)和研究生对疫情之后继续采用线上教学支持度更高。

第二,根据大学生对"采用'线上+线下'混合式教学"的态度均值,不同年级的支持程度依次为:大四(3.67)＞研究生(3.64)＞大五(五年制)(3.63)＞大一(3.52)＞大三(3.48)＞大二(3.45)＞专科(3.34),ANOVA分析显示不同年级的大学生对"采用'线上+线下'混合式教学"的态度差异显著[$F(6, 231036)=100.7, p=0.000$]；根据大学生对"不采用线上教学"的态度均值，其支持程度依次为：专科(3.29)＞大五(五年制)(3.26)＞大二、大三、大四(3.24)＞研究生(3.2)＞大一(3.18)，ANOVA分析显示不同年级的大学生对"不采用线上教学"的态度差异显著[$F(6,231036)=51.32, p=0.000$]；根据大学生对"继续采用线上教学"的态度均值，其支持程度依次为：大四(3.34)＞大五(五年制)(3.27)＞研究生(3.26)＞大三(3.1)＞大一(3.09)＞大二(3.07)＞专科(3.03)，ANOVA分析显示不同年级的大学生对继续采用线上教学的态度差异显著[$F(6,231036)=94.60, p=0.000$]。

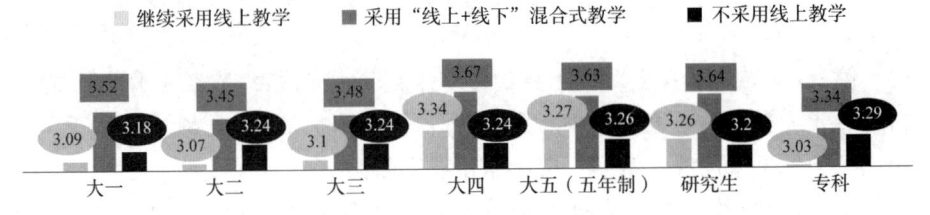

图4-1-4　疫情之后大学生对线上教学态度的年级差异(均值)

**4.疫情之后大学生对线上教学态度的区域差异**

图4-1-5显示：不同区域大学生对疫情之后线上教学的态度差异。线上教学的三种态度为因变量进行单因素ANOVA分析的结果如下所述。

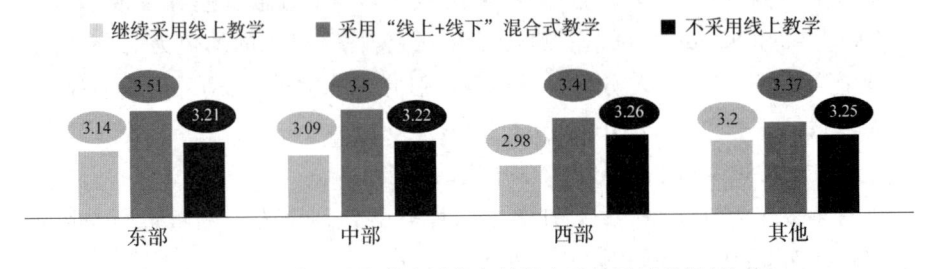

图4-1-5　疫情之后大学生对线上教学态度的区域差异(均值)

可以看到，东西中部区域每个区域的大学生对疫情之后线上教学的态度倾向性一致，其程度强弱都是：采用"线上+线下"混合式教学＞不采用线上教学＞继续采用线上教学。

此外，在东部、西部、中部及其他这四类区域中，按态度均值排序，大学生对"采用'线上+线下'混合式教学"的支持程度强弱依次为：东部(3.51)＞中部(3.5)＞西部(3.41)＞其他(3.37)，ANOVA分析显示不同区域的大学生对"采用'线上+线下'混合式教学"的态度差异显著[$F(3,231036)=$

$87.50, p=0.000]$;大学生对"不采用线上教学"的支持程度强弱依次为:西部(3.26)>其他(3.25)>中部(3.22)>东部(3.21),ANOVA 分析显示不同区域的大学生对"不采用线上教学"的态度差异显著$[F(3,231036)=20.32, p=0.000]$;大学生对"继续采用线上教学"的支持程度强弱依次为:其他(3.2)>东部(3.14)>中部(3.09)>西部(2.98),ANOVA 分析显示不同区域的大学生对"继续采用线上教学"的态度差异显著$[F(3,231036)=165.94, p=0.000]$。

5.疫情之后大学生对线上教学态度的学科差异

图 4-1-6 显示,不同专业大学生对疫情之后线上教学的态度差异。以所学专业作为自变量,线上教学的三种态度为因变量进行单因素 ANOVA 分析的结果如下:在 12 种专业中,大学生对线上教学三种态度的倾向性都一致。其程度强弱都是:采用"线上+线下"混合式教学>不采用线上教学>继续采用线上教学。

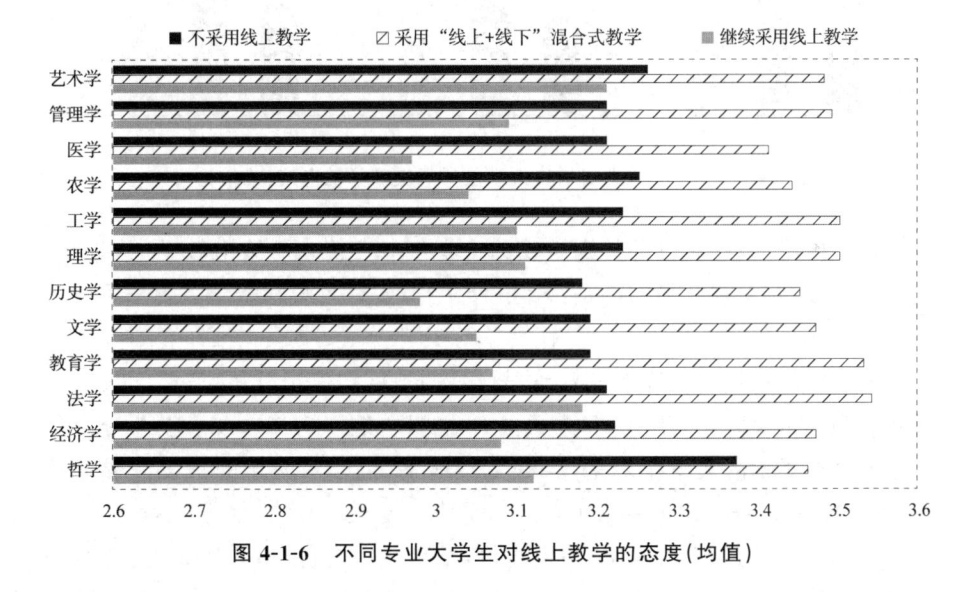

图 4-1-6 不同专业大学生对线上教学的态度(均值)

数据显示相对于其他学科,医学学科学生对疫情之后"采用'线上+线下'混合式教学"支持度最低,均值为 3.41;法学(3.54)和教育学(3.53)的学生支持度最高;ANOVA 分析显示不同学科的大学生对"采用'线上+线下'混合式教学"的态度差异显著$[F(11,231036)=7.826, p=0.000]$。

医学(2.97)、历史学(2.98)及文学(3.05)学科的学生对疫情之后"继续采用线上教学"的支持度最低,而艺术学(3.21)、法学(3.18)的学生支持度最高;ANOVA 分析显示不同学科的大学生对"继续采用线上教学"的态度差异显著$[F(11,231036)=42.45,p=0.000]$。

哲学学科的学生对疫情之后"不采用线上教学"的支持度显著高于其他学科,其均值为3.37,其余学科的均值都在3.19左右;ANOVA分析显示不同的大学生对"不采用线上教学"的态度差异显著$[F(11,231036)=11.32,p=0.000]$。

6.疫情之后大学生对线上教学的学校类别差异

以学校为自变量(公办、民办及其他类别),将线上教学的三种态度为因变量进行单因素ANOVA分析,图4-1-7显示不同类别学校大学生对疫情之后线上教学的态度差异。

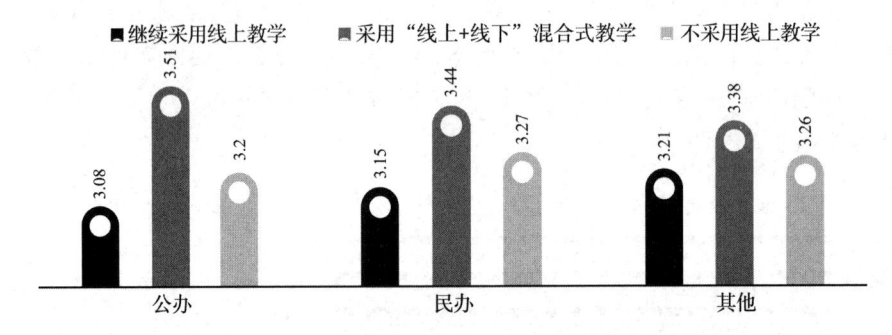

图4-1-7 不同类别学校大学生对线上教学的态度(均值)

从图中可以看到,三种类别学校的大学生对疫情之后线上教学的态度倾向性是一致的,其程度强弱都是:采用"线上+线下"混合式教学＞不采用线上教学＞继续采用线上教学。

根据"采用'线上+线下'混合式教学"的态度均值来分析,三类学校支持的程度强弱依次为:公办(3.51)＞民办(3.44)＞其他(3.38),ANOVA分析显示不同学校类别的大学生对采用"线上+线下"混合式教学的态度差异显著$[F(2,231036)=85.92,p=0.000]$。

根据"不采用线上教学"的态度均值,结果显示支持"不采用线上教学"的程度强弱依次为:民办(3.27)＞其他(3.26)＞公办(3.2),ANOVA分析显示不同类别学校的大学生对"不采用线上教学"的态度差异显著$[F(2,231036)=97.8,p=0.000]$。同样,支持"继续采用线上教学"的程度强弱依次为:其他(3.21)＞民办(3.15)＞公办(3.08),ANOVA分析显示不同学校类别的大学生对继续采用线上教学的态度差异显著$[F(2,231036)=75.46,p=0.000]$。

7.疫情之后大学生对线上教学的学校类型差异

图4-1-8展示了不同类型学校的大学生对线上教学的态度差异。学校类

型分为四类,其中一般本科学校大学生人数占比最多,样本量达 213321 人,研究型大学大学生有 4176 人,高职院校学生 11732 人,其他类型学校的学生 1807 人。根据四类学校的大学生对线上教学态度的均值,发现研究型大学、一般本科学校及其他类型学校的大学生对线上教学的态度倾向性一致。按其程度强弱依次为:采用"线上+线下"混合式教学>不采用线上教学>继续采用线上教学。而高职学生对线上教学的态度完全相反,其倾向程度为:继续采用线上教学>不采用线上教学>采用"线上+线下"混合式教学。

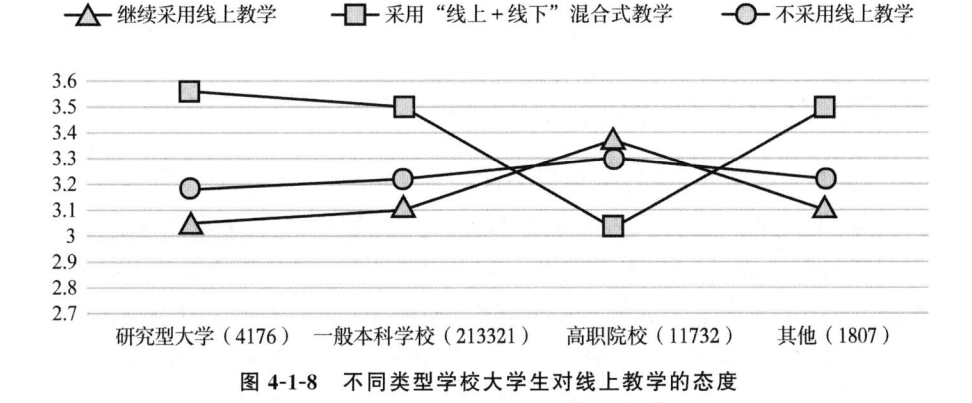

图 4-1-8 不同类型学校大学生对线上教学的态度

根据详细数据,高职院校学生对"采用'线上+线下'混合式教学"的态度均值显著低于其余高校对应的态度均值,按其支持强弱程度排序为:研究型大学(3.56)>一般本科学校(3.5)>其他(3.49)>高职院校(3.03)。ANOVA 分析显示不同学校类型的大学生对"采用'线上+线下'混合式教学"的态度差异显著$[F(3,231036)=104.37, p=0.000]$;其次,高职院校学生对"继续采用线上教学"的态度均值显著高于其他学校,按其支持强弱程度排序为:高职院校(3.37)>一般本科学校、其他(3.1)>研究型大学(3.05),ANOVA 分析显示不同学校类型的大学生对"继续采用线上教学"的态度差异显著$[F(3,231036)=96.15, p=0.000]$;根据不同学校类型的大学生对"不采用线上教学"的态度均值,其支持程度依次为:高职院校(3.3)>其他、一般本科学校(3.22)>研究型大学(3.18),ANOVA 分析显示不同性质学校的大学生对"不采用线上教学"的态度差异显著$[F(3,231036)=30.47, p=0.000]$。

8."线上教学最主要问题"与大学生"不采用线上教学"的相关分析

由表 4-1-1 可知,网络平台服务问题、教师教学问题、学生自身问题与"不采用线上教学"相关性分别为 0.209**,0.291**,0.274**,学生自身问题与教师教学问题的相关性最高,为 0.792**,网络平台服务问题与教师教学问题、学生自身问题相关性分别为 0.653**，0.573**。全部变量之间存在显著的正相关关系（$p<0.01$）。

表 4-1-1　相关分析结果

| 因子 | 1 | 2 | 3 | 4 |
|---|---|---|---|---|
| 网络平台服务问题 | | | | |
| 教师教学问题 | 0.653** | | | |
| 学生自身问题 | 0.573** | 0.792** | . | |
| 不采用线上教学 | 0.209** | 0.291** | 0.274** | |

注：**.相关性在 0.01 以上显著（双尾），* 表示 $p<0.05$；** 表示 $p<0.01$。

9.大学生态度的影响因素回归分析

将学生自身问题、网络平台服务问题和教师教学问题作为自变量，疫情过后"不采用线上教学"作为因变量进行回归分析，通过回归分析来确定线上教学最主要问题与大学生对线上教学态度之间的关系，各变量的回归数据（见表 4-1-2）结果显示，$R^2=0.23$，表明三个因子对大学生态度变化的解释度不够高。其原因可能是由于样本量很大，影响态度变化的因素非常庞杂，而该量表每个因子包含的题项较少。回归方程对 $\hat{Y}$ 分数方差的贡献达到显著，回归方程 $\hat{Y}=0.191$ 教师教学问题$+0.156$ 学生自身问题$+0.038$ 网络平台服务问题$+1.943$。标准回归方程 $\hat{Z}y=0.164$ 教师教学问题$+0.134$ 学生自身问题$+0.031$网络平台服务问题。根据标准回归系数，教师教学问题对大学生"不采用线上教学"态度的影响最大（系数为 0.164）。

表 4-1-2　大学生线上教学态度的影响因素回归分析结果

| 模型 | 非标准化系数 B | 非标准化系数 标准错误 | 标准化系数 Beta | $t$ | 显著性 |
|---|---|---|---|---|---|
| （常数） | 1.943 | 0.009 | | 218.741 | 0.000 |
| 学生自身问题 | 0.156 | 0.004 | 0.134 | 41.921 | 0.000 |
| 网络平台服务问题 | 0.038 | 0.003 | 0.031 | 12.062 | 0.000 |
| 教师教学问题 | 0.191 | 0.004 | 0.164 | 48.146 | 0.000 |

因变量：不采用线上教学

## 四、结果讨论

(一)研究主要发现

1.大学生对"采用'线上+线下'混合式教学"的支持度最高

大学生对疫情之后采用"线上+线下"混合式教学的支持度最高,其次是"不采用线上教学",最后是"继续采用线上教学"。研究结果表明,大规模的线上教学的确让学生在疫情防控期间体验到了一定的便利与自由,但线上教学现存的一些问题使得他们对线上教学的态度不够积极。

2.不同大学生主体对线上教学的态度存在显著差异

(1)性别差异。男生与女生对疫情之后"采用'线上+线下'混合式教学"的支持度都比较高,但对于是否赞成"继续采用线上教学",男生的态度比较中立,女生的态度更为消极。

(2)年级差异。不同年级的大学生都非常赞成疫情之后"采用'线上+线下'混合式教学"。对于是否赞成"继续采用线上教学",高年级[大四、大五(五年制)、研究生]大学生的态度更倾向于继续采用线上教学,而专科、大一、大二及大三大学生的态度倾向于不采用线上教学。

(3)区域差异。纵观全国,东、中、西部等区域的大学生对疫情之后"采用'线上+线下'混合式教学"支持度最高,其次是"不采用线上教学",最后是"继续采用线上教学"。而西部区域的大学生对"继续采用线上教学"的态度最消极。

(4)学科差异。所有学科的大学生对疫情之后"采用'线上+线下'混合式教学"支持度最高,其次是"不采用线上教学",最后是"继续采用线上教学"。其中,医学、哲学、历史学和文学学科的学生对疫情之后"继续采用线上教学"的支持度显著低于"不采用线上教学",而艺术学、法学学科的学生对"继续采用线上教学"的支持度相对较高。

(5)学校类别差异。公办、民办及其他学校的大学生对疫情之后"采用'线上+线下'混合式教学"支持度最高,其次是"不采用线上教学",最后是"继续采用线上教学",与大学生总体倾向性一致。关于"继续采用线上教学"的支持度,公办学校的大学生支持度显著低于其余两种学校。

(6)学校类型差异。研究型大学、一般本科学校及其他类型学校的大学生对线上教学的态度倾向性与大学生总体倾向性一致,按支持程度排序为:采用"线上+线下"混合式教学>不采用线上教学>继续采用线上教学;而高职院校学生完全相反,最支持继续采用线上教学,其次是不采用线上教学,最后是采用"线上＋线下"混合式教学。其中,研究型大学的学生对于"继续采用线上教学"和"不采用线上教学"的支持度显著低于一般本科学校。另外,根据研究结果,高职院校学生对线上教学的态度倾向于"继续采用线上教学",其态度均值高于理论均值3分,反而对"线上＋线下"混合式教学持怀疑态度。可见,高职院校的学生对线上教学的满意度较高,与其余学校形成显著差异。具体的原因有待深入挖掘,避免盲目地进行教学模式改革。

3.教师教学问题是大学生支持"不采用线上教学"的主要影响因素

研究结果显示,线上教学最主要问题包含网络平台服务问题、教师教学问题及学生自身问题等方面。其中,教师教学问题对大学生面对线上教学的态度影响最大,其次是学生自身问题,最后是网络平台服务问题。

(二)研究启示

1.混合式教学将是未来的主要趋势,但需要考虑不同学习主体的适应性。

混合式教学模式(Blending Learning)结合了线上教学与线下教学的优势,提高教学效率的同时老师又能有效地管理课堂、增加师生互动,无疑是大学生们最为肯定的一种教学方式。但在应用时,需要考虑不同学习主体对于混合式教学的不同观感。就性别差异而言,应该承认性别差异并非为了扩大差异,而应积极地研究男女学习方式、期望和态度的差异,努力改进并形成男女都完全适应的教学方式。就年级而言,低年级大学生在面对密集的网课和作业时,没有时间消化所学知识,疲于应付各门课程加之长时间面对电脑产生视觉疲劳,容易导致形式化学习。因此,低年级大学生的课程安排、作业布置需充分考虑到学生的实际适应情况,促进学生深度学习。就区域而言,西部区域高校的网络基础设施如家庭网络环境及网络建设相对较弱,部分学生由于家在西部偏远农村信号不好、电子设备性能不好或手机流量不足无法正常联网导致上课存在一定困难。因此,学校不能一刀切地进行线上教学,应提前了解学生网络设备支持情况,对条件困难的学生给予一定的帮助。

2.改进教师教学将是线上教学可持续发展的又一重要因素

教师作为线上教学效果的决定性因素之一,在很多方面影响着大学生的线上学习体验。根据量表内容及以往研究,发现教师线上教学主要存在以下四个方面的问题。第一,教师的态度及精力投入不够。部分教师没有花足够的精力去选择适合线上授课的内容,消极面对网课,通过播放视频及布置大量作业督导学生自学的方式来教学,导致学生兴趣缺乏。第二,教师的教学策略不适应线上教学。部分教师上课单纯念PPT或是用死板的教法进行授课,没有投入足够的精力去备课,导致多数学生形式化地打卡签到听课。第三,课堂教学秩序不佳。由于教师在家教学,其外部环境的噪声会间接吸引学生的注意力引起课堂躁动;且学生在家没有约束,未能很好地端正学习态度,导致课堂毫无秩序可言。第四,教师对教学平台和工具的不熟练。中年以上的教师平时接触网络平台较少,上课之前未做好充分的准备和培训工作,导致上课缺乏有效互动,有效教学时间不足,影响课堂教学效果。基于以上不足,改进教师教学,推动教师教学与信息技术深度融合将是未来线上教学又一迫切的任务。

3.教学对象学生方面是线上教学必须考虑的重要因素

学生作为线上教学的主要服务对象,任何细微的因素都有可能导致学习效果的下降。第一,由于性别、区域、专业及学科差异,不同的大学生主体对线上教学的体验感有很大区别。由于客观条件的限制,当前的线上教学未能充分顾及男生、女生的学习风格差异及专业差异,部分专业的教学内容必须线上与线下相结合才能真正达到深度学习。第二,大学生的课程参与度较低。部分学生未能真正参与课堂,上课睡觉、打游戏现象普遍存在;部分学生的自主性较差,未能养成自律的学习习惯,在没有良好的学习氛围的环境下,很多学生都是一边上网,一边干着其他不相关的事情。第三,学生的生理因素不支持长时间线上教学,大部分学生反映长时间面对屏幕,容易导致眼睛酸涩疼痛,视力下降。第四,学生的学习空间及终端设备支持不够。部分学生位于偏僻农村,网络服务欠佳,且每位教师教学平台不同,电子设备性能不足,影响线上教学体验。

4.网络平台服务问题是线上教学顺利开展的必要条件。

自线上教学开展以来,关于网络平台服务出现的问题首先是卡顿及故障现象频繁出现,学生在签到打卡及提交作业过程中软件多次出现崩溃现象;其次,网络平台交互性不足。多数教师与学生互动的方式仅有点名和提问,且提问时需要连麦,连麦的延迟性及外部环境噪声导致课堂秩序较为混乱,应多运用平台讨论区、微信群、读书交流分享会、学习笔记分享、智慧教学工具等辅助学习。再次,平台课程配套电子教学资源不足,且部分教学内容不适合线上教学。线上资源的形式有微课预习和复习视频、PPT课件、习题库、学生的优秀学习笔记和作业、演示实验等,微课视频并非越多越好,而是应该选择难度较低且易于学生自学的内容,培养学生的积极性,提高其自主学习能力。

# 第二节 大学生对未来线上学习的改进期待

## 一、研究问题

基于上节大学生关于线上学习满意度及存在问题的研究,本节将重点研究以下三个问题:其一,学生最希望未来线上教学(或"线上+线下"混合式教学)改进的是什么?其二,不同背景的学生主体对线上教学改进策略选择是否存在着比较上的差异?其三,中国线上教学(混合式教学)之路径如何选择?

## 二、研究方法

(一)样本

本节样本同本章首节。

(二)研究工具与方法

研究采用统计工具 SPSS 对厦门大学教师发展中心的《线上教学调查问卷(学生卷)》"线上教学的改进"板块的相关调研数据进行统计分析。首先,运用 $\alpha$ 系数来估计问卷的内部一致性信度,结果表明改进策略问卷总体的信度系数是 0.971,说明问卷信度良好,测量工具的一致性和稳定性较高。其次,使用探索性因子正交方差最大法进行主成分分析,以检验问卷的结构效度。结果显示,KMO 系数值为 0.973(大于 0.6),Bartlett 球形检验达到显著($p<0.001$),证明数据适合进行因子分析。最后提取出改进因子后对不同背景学生主体开展单因素方差分析。

## 三、研究结果

研究报告从纵、横两个维度分析了改进策略的因子及不同背景学生主体在改进策略选择上的差异性表现。

(一)改进策略因子的确定

为了使研究报告简化,研究采用主成分分析法对调查数据进行降维处理,将 18 个变量综合为 4 个因子,并分别给予不同的因子名称。4 个因子的特征值都大于1,解释总变异量的81.54%。对4个因子进行可靠性分析和探索性因子分析(见表4-2-1)。

表 4-2-1　4 个改进因子维度信效度值

| 改进因子 | 因子名称 | 题项数量 | KMO 值 | Bartlett 球形检验概率值 | α 系数 |
| --- | --- | --- | --- | --- | --- |
| 1 | 网络平台和技术 | 3 | 0.746 | 0.000 | 0.924 |
| 2 | 教师教学 | 5 | 0.859 | 0.000 | 0.893 |
| 3 | 学校教学支持 | 7 | 0.923 | 0.000 | 0.931 |
| 4 | 学生学习 | 3 | 0.745 | 0.000 | 0.913 |

结合 KMO 值、Bartlett 球形检验概率值、α 值和实际意义,将指标分为网络平台和技术因子、教师教学因子、学校教学支持因子、学生学习因子。其中网络平台与技术因子包括了网络平台功能、线上技术服务等3个题项,这个维度的题项 KMO=0.746(在0.7~0.8之间),展现出很好的因子结构效度,α 值为0.927,符合统计要求;教师教学因子包括教学内容、教学策略、教学方法等5个题项。这个维度的题项 KMO=0.859(在0.8~0.9之间),展现出较好的因子结构效度,α 值为0.893,符合统计要求。学校教学支持因子包括学校政策的支持、配备助教、课程配套资源建设等7个题项。这个维度的题项 KMO=0.923(达到0.9以上),展现出非常好的因子结构效度,α 值为0.932,符合统计要求。学生学习因子包括学生自主学习能力、学习态度、学生课程参与度3个题项。经过验证性因子分析,这个维度的题项 KMO=0.745(在0.7~0.8之间),展现出很好的因子结构效度,α 值为0.916,符合统计要求。问卷题项的选项设置采用李克特5级量表,答题者从"不赞成""不太赞成""一般""赞成""非常赞成"5个选项加以选择。

将每个因子涉及的题项进行平均分统计后得到4个改进因子均值(标准差)。结果显示,网络平台和技术因子为4.02(0.83)、教师教学因子为3.85(0.8)、学校教学支持因子3.82(0.79)、学生学习因子3.92(0.84)。从数据可以看出,所有改进因子分均超过3,说明学生对4个改进策略的赞成程度较高。其中,学生首先最希望改进的是网络平台和技术这一硬件环境;其次是希望自己能够有良好线上学习行为习惯(如按时上课、学习自律能力等),提高自主学习能力并参与到课堂教学中;再次是教师教学因子,最后是学校教学支持因子。学生作为线上教学的亲身体验者,这段特殊时期的线上学习虽然实现了"停课不停学",但在学习过程中也遇到和发现了很多自身及外在的问题,基于此,对未来线上教学的改进方面,一定是他们的期望选择。

(二)不同背景大学生主体对于线上学习改进策略的选择

通过学生对改进策略的评价不仅可以了解学生对改进策略的赞成程度,还能从学生的客观背景探究选择的差异性。由此研究将进一步比较不同性别、年级、学科、学校类型、学校区域等不同背景学生主体的选择。

1.不同性别大学生比较

4个改进因子在不同性别大学生间存在显著性差异(表 4-2-2、图 4-2-1)。男女生对网络平台和技术因子、教师教学因子、学校教学支持因子、学生学习因子($p<0.05$),均存在女高、男低的显著性差异。不同性别的大学生希望改进的因子(均值从高往低)分别是网络平台和技术因子、学生学习因子、教师教学因子、学校教学支持因子。更进一步看出,女生态度最低的一个改进因子都高于男生态度较高的前两个因子的均值。

表 4-2-2 不同性别改进因子描述性及单因素方差分析

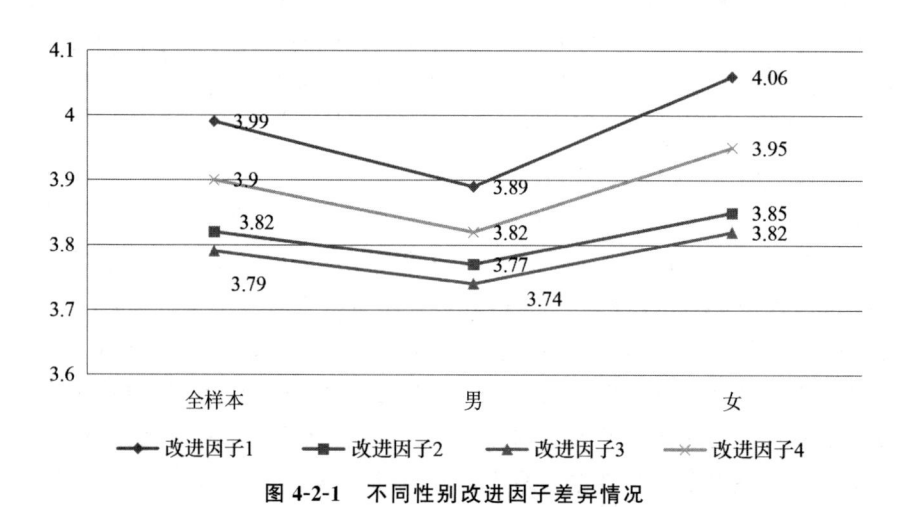

| 量表 | M(SD) 全样本 | M(SD) 男 | M(SD) 女 | F |
|---|---|---|---|---|
| 改进因子1 | 3.99(0.9) | 3.89(0.97) | 4.06(0.84) | 2238.691*** |
| 改进因子2 | 3.82(0.86) | 3.77(0.93) | 3.85(0.8) | 611.813*** |
| 改进因子3 | 3.79(0.84) | 3.74(0.91) | 3.82(0.79) | 535.416*** |
| 改进因子4 | 3.9(0.89) | 3.82(0.96) | 3.95(0.83) | 1204.704*** |

注:* 表示 $p<0.05$,** 表示 $p<0.01$,*** 表示 $p<0.001$。

图 4-2-1 不同性别改进因子差异情况

2.不同年级大学生比较

表 4-2-3、图 4-2-2 显示,从全体学生来看,专科学生在网络平台和技术因子、教师教学因子、学校教学支持因子、学生学习因子四个方面均低于其他年级;从本科及以上学生来看,大二学生在教师教学因子、学校教学支持因子、学生学习因子三个方面低于其他年级学生、研究生在学生学习因子反高于网络平台技术服务;大四、大五(五年制)学生在网络平台及技术因子低其他年级学生。4 个改进因子中,态度从高往低是网络平台及技术服务因子、学生学习因子、教师教学因子、学校教学支持因子。不同年级改进因子单因素方差分析详细情况见表 4-2-4。

表 4-2-3 不同年级改进因子描述性分析

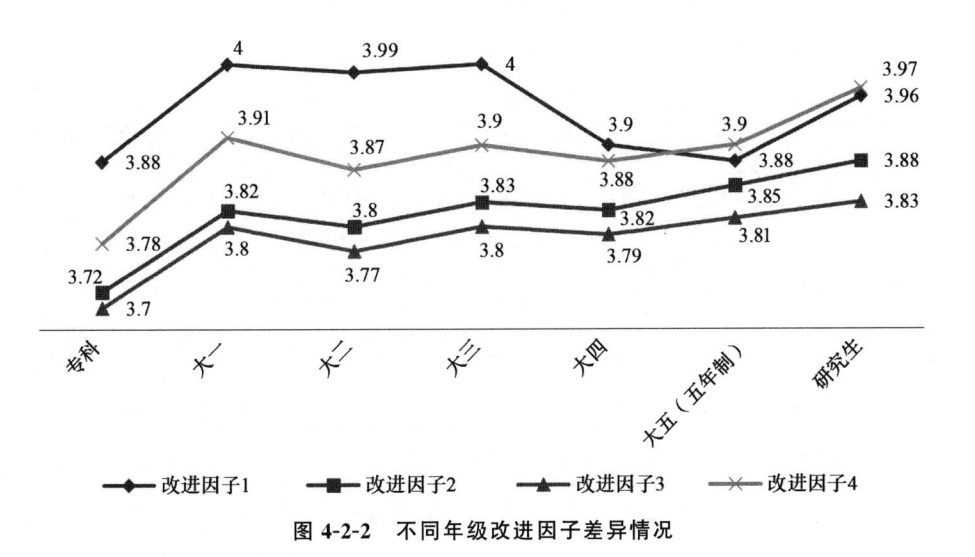

| 年级 | M(SD) | | | |
| --- | --- | --- | --- | --- |
|  | 改进因子1 | 改进因子2 | 改进因子3 | 改进因子4 |
| 专科 | 3.88(0.96) | 3.72(0.92) | 3.7(0.9) | 3.78(0.93) |
| 大一 | 4(0.89) | 3.82(0.85) | 3.8(0.83) | 3.91(0.88) |
| 大二 | 3.99(0.9) | 3.8(0.86) | 3.77(0.84) | 3.87(0.89) |
| 大三 | 4(0.9) | 3.83(0.85) | 3.8(0.83) | 3.9(0.88) |
| 大四 | 3.9(0.99) | 3.82(0.96) | 3.79(0.94) | 3.88(0.99) |
| 大五(五年制) | 3.88(1.08) | 3.85(1.01) | 3.81(1.01) | 3.9(1.04) |
| 研究生 | 3.96(0.99) | 3.88(0.95) | 3.83(0.92) | 3.97(0.97) |
| 全样本 | 3.99(0.9) | 3.82(0.86) | 3.79(0.84) | 3.9(0.89) |

图 4-2-2 不同年级改进因子差异情况

表 4-2-4  不同年级改进因子单因素方差分析

| 改进因子 | | 改进因子 1 | 改进因子 2 | 改进因子 3 | 改进因子 4 |
|---|---|---|---|---|---|
| | $F$ | 31.05*** | 13.43*** | 14.08*** | 24.224*** |
| 大一 | 大二 | 0.289 | 0.000*** | 0.000*** | 0.000*** |
| | 大三 | 0.997 | 0.368 | 1.000 | 0.026* |
| | 大四 | 0.000*** | 1.000 | 0.943 | 0.001** |
| | 大五（五年制） | 0.296 | 1.000 | 1.000 | 1.000 |
| | 研究生 | 1.000 | 0.940 | 1.000 | 0.949 |
| | 专科 | 0.000*** | 0.000*** | 0.000*** | 0.000*** |
| 大二 | 大一 | 0.289 | 0.000*** | 0.000*** | 0.000*** |
| | 大三 | 0.026* | 0.000*** | 0.000*** | 0.000*** |
| | 大四 | 0.000*** | 0.752 | 0.819 | 1.000 |
| | 大五（五年制） | 0.470 | 1.000 | 1.000 | 1.000 |
| | 研究生 | 1.000 | 0.563 | 0.812 | 0.171 |
| | 专科 | 0.000*** | 0.000*** | 0.007** | 0.000*** |
| 大三 | 大一 | 0.997 | 0.368 | 1.000 | 0.026* |
| | 大二 | 0.026* | 0.000*** | 0.000*** | 0.000*** |
| | 大四 | 0.000*** | 0.982 | 0.998 | 0.249 |
| | 大五（五年制） | 0.226 | 1.000 | 1.000 | 1.000 |
| | 研究生 | 0.998 | 0.994 | 1.000 | 0.705 |
| | 专科 | 0.000*** | 0.000*** | 0.000*** | 0.000*** |
| 大四 | 大一 | 0.000*** | 1.000 | 0.943 | 0.001** |
| | 大二 | 0.000*** | 0.752 | 0.819 | 1.000 |
| | 大三 | 0.000*** | 0.982 | 0.998 | 0.249 |
| | 大五（五年制） | 1.000 | 1.000 | 1.000 | 1.000 |
| | 研究生 | 0.912 | 0.930 | 0.990 | 0.236 |
| | 专科 | 1.000 | 0.000*** | 0.001** | 0.000*** |

续表

| 改进因子 | | 改进因子1 | 改进因子2 | 改进因子3 | 改进因子4 |
|---|---|---|---|---|---|
| 大五 | 大一 | 0.296 | 1.000 | 1.000 | 1.000 |
| | 大二 | 0.470 | 1.000 | 1.000 | 1.000 |
| | 大三 | 0.226 | 1.000 | 1.000 | 1.000 |
| | 大四 | 1.000 | 1.000 | 1.000 | 1.000 |
| | 研究生 | 0.992 | 1.000 | 1.000 | 0.991 |
| | 专科 | 1.000 | 0.121 | 0.507 | 0.270 |
| 研究生 | 大一 | 1.000 | 0.940 | 1.000 | 0.949 |
| | 大二 | 1.000 | 0.563 | 0.812 | 0.171 |
| | 大三 | 0.998 | 0.994 | 1.000 | 0.705 |
| | 大四 | 0.912 | 0.930 | 0.990 | 0.236 |
| | 大五（五年制） | 0.992 | 1.000 | 1.000 | 0.991 |
| | 专科 | 0.787 | 0.001** | 0.023* | 0.000*** |
| 专科 | 大一 | 0.000*** | 0.000*** | 0.000*** | 0.000*** |
| | 大二 | 0.000*** | 0.000*** | 0.007** | 0.000*** |
| | 大三 | 0.000*** | 0.000*** | 0.000*** | 0.000*** |
| | 大四 | 1.000 | 0.000*** | 0.001** | 0.000*** |
| | 大五（五年制） | 1.000 | 0.121 | 0.507 | 0.270 |
| | 研究生 | 0.787 | 0.001** | 0.023* | 0.000*** |

注：* 表示 $p<0.05$，** 表示 $p<0.01$，*** 表示 $p<0.001$。

改进因子在不同年级大学生之间存在显著差异。具体来看，网络平台和技术因子（$p<0.05$），事后比较表明其中大一、大二、大三和大四、专科存在显著性差异；大二和大三存在显著性差异；其他年级之间无显著差异。

教师教学和学校教学因子（$p<0.05$），大一、大三和大二、专科之间存在显著性差异；大二和大一、大三、专科之间存在显著性差异；大四、研究生和专科存在显著性差异。

学生学习因子（$p<0.05$），大一和大二、大三、大四、专科存在显著性差异；大二和大一、大三、专科存在显著性差异；大三和大一、大二、专科存在显著性差异；大四和大一、专科存在显著性差异；研究生和专科存在显著性差异；其他年级之间不存在显著性差异。

### 3.不同学科大学生比较

将13个学科门类进行归类后统计,其中对网络平台及技术因子的平均分最高,其次学生学习,其次是教师教学,最后是学校支持服务方面。在5个学科中,4个改进因子均值较低的是理科和农医艺学科,其次是工科和社会学科,最高的是人文学科(表4-2-5、图4-2-3)。不同学科改进因子单因素方差分析详细情况见表4-2-6。

表 4-2-5　不同学科改进因子描述性分析

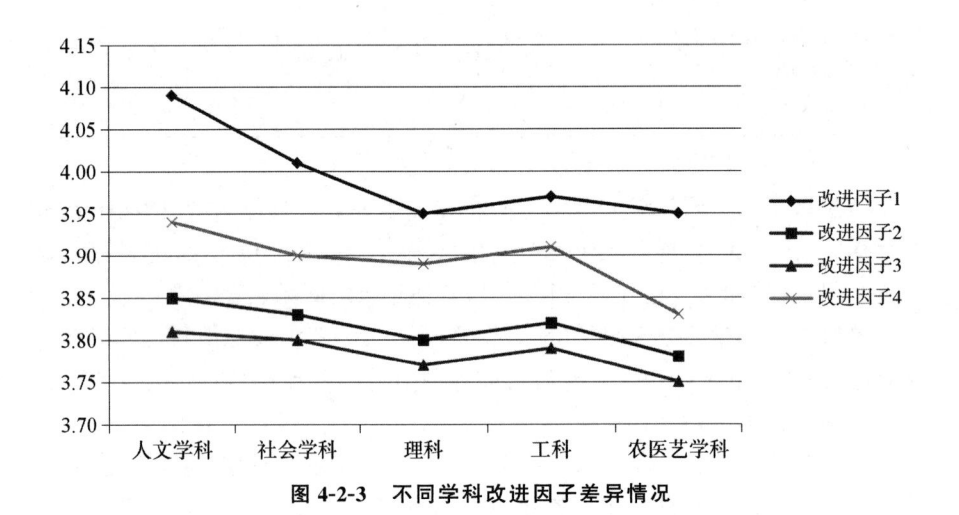

| 年级 | 改进因子1 | 改进因子2 | 改进因子3 | 改进因子4 |
|---|---|---|---|---|
| | | $M$(SD) | | |
| 全样本 | 3.99(0.9) | 3.82(0.86) | 3.79(0.84) | 3.9(0.89) |
| 人文学科 | 4.09(0.87) | 3.85(0.84) | 3.81(0.82) | 3.94(0.86) |
| 社会学科 | 4.01(0.88) | 3.83(0.84) | 3.8(0.82) | 3.9(0.87) |
| 理科 | 3.95(0.9) | 3.8(0.86) | 3.77(0.84) | 3.89(0.88) |
| 工科 | 3.97(0.92) | 3.82(0.87) | 3.79(0.86) | 3.91(0.9) |
| 农医艺学科 | 3.95(0.94) | 3.78(0.91) | 3.75(0.89) | 3.83(0.93) |

图 4-2-3　不同学科改进因子差异情况

表 4-2-6　不同学科改进因子单因素方差分析

| 改进因子 | | 改进因子1 | 改进因子2 | 改进因子3 | 改进因子4 |
|---|---|---|---|---|---|
| | $F$ | 137.93*** | 40.4*** | 34.84*** | 75.8*** |
| 人文学科 | 社会学科 | 0.000*** | 0.034* | 0.139 | 0.000*** |
| | 理科 | 0.000*** | 0.000*** | 0.000*** | 0.000*** |
| | 工科 | 0.000*** | 0.002** | 0.003** | 0.000*** |
| | 农医艺学科 | 0.000*** | 0.000*** | 0.000*** | 0.000*** |
| 社会学科 | 人文学科 | 0.000*** | 0.034* | 0.139 | 0.000*** |
| | 理科 | 0.000*** | 0.000*** | 0.000*** | 0.130 |
| | 工科 | 0.000*** | 0.954 | 0.601 | 0.819 |
| | 农医艺学科 | 0.000*** | 0.000*** | 0.000*** | 0.000*** |
| 理科 | 人文学科 | 0.000*** | 0.000*** | 0.000*** | 0.000*** |
| | 社会学科 | 0.000*** | 0.000*** | 0.000*** | 0.130 |
| | 工科 | 0.018* | 0.001** | 0.013* | 0.005** |
| | 农医艺学科 | 0.975 | 0.002** | 0.002** | 0.000*** |
| 工科 | 人文学科 | 0.000*** | 0.002** | 0.003** | 0.000*** |
| | 社会学科 | 0.000*** | 0.954 | 0.601 | 0.819 |
| | 理科 | 0.018** | 0.001** | 0.013* | 0.005** |
| | 农医艺学科 | 0.256 | 0.000*** | 0.000*** | 0.000*** |
| 农医艺学科 | 人文学科 | 0.000*** | 0.000*** | 0.000*** | 0.000*** |
| | 社会学科 | 0.000*** | 0.000*** | 0.000*** | 0.000*** |
| | 理科 | 0.975 | 0.002** | 0.002** | 0.000*** |
| | 工科 | 0.256 | 0.000*** | 0.000*** | 0.000*** |

注：* 表示 $p<0.05$，** 表示 $p<0.01$，*** 表示 $p<0.001$。

表 4-2-6 显示，改进因子在不同学科大学生之间均存在显著差异。就网络平台和技术因子（$p<0.05$）而言，事后比较表明其中人文学科和社会学科与其他四个学科之间存在显著性差异；理科与人文学科、社会学科、工科之间存在显著性差异，与农医艺学科之间没有显著性差异；工科和人文学科、社会学科、理科之间存在显著性差异，与农医艺学科之间没有显著性差异。

教师教学因子（$p<0.05$），除了社会学科和工科不存在显著性差异之外，其他学科之间均存在显著性差异。

学校教学支持因子（$p<0.05$），除了人文和社会学科、社会学科和工科不存在显著性差异，其他学科之间均存在显著性差异。

学生学习因子($p<0.05$),社会学科和理科、工科之间不存在显著性差异,其他学科之间均存在显著性差异。

4.不同类型高校大学生

将高校类型分为研究型大学、一般本科高校、高职院校。高职院校与其他两个类型院校相比,4个改进因子上的平均分均最低;一般本科高校、高职对网络平台及技术因子的平均分最高,其次学生学习,再次是教师教学,最后才是学校支持服务方面(表4-2-7、图4-2-4)。而研究型大学对学生学习改进因子和网络平台及技术因子的得分一样。

表 4-2-7　不同类型高校改进因子描述性分析

| 学校区域 | 改进因子1 | 改进因子2 | 改进因子3 | 改进因子4 |
|---|---|---|---|---|
| | \multicolumn{4}{c}{$M$(SD)} |
| 全样本 | 3.99(0.9) | 3.82(0.86) | 3.79(0.84) | 3.89(0.89) |
| 研究型大学 | 4.08(0.9) | 3.9(0.84) | 3.88(0.83) | 4.08(0.87) |
| 一般本科高校 | 3.99(0.9) | 3.82(0.86) | 3.79(0.84) | 3.9(0.89) |
| 高职院校 | 3.86(0.94) | 3.69(0.89) | 3.68(0.87) | 3.73(0.91) |

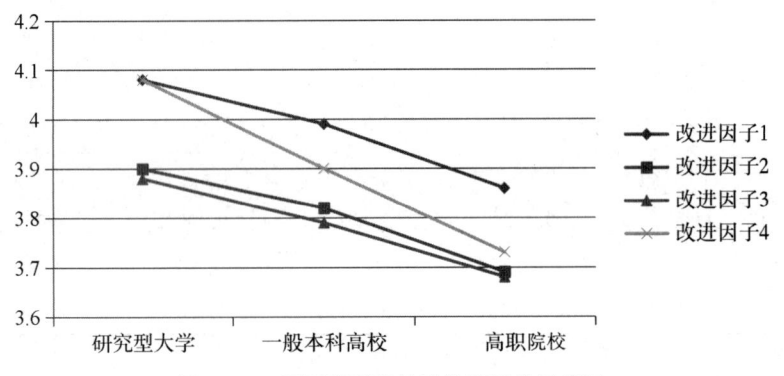

图 4-2-4　不同类型高校改进因子差异情况

4个改进因子在不同类型高校大学生之间存在显著差异,且两两之间存在显著性差异(表4-2-8)。

表 4-2-8　不同类型高校改进因子单因素方差分析

| 改进因子 | | 改进因子1 | 改进因子2 | 改进因子3 | 改进因子4 |
|---|---|---|---|---|---|
| | $F$ | 153.431*** | 159.319*** | 143.386*** | 311.884*** |
| 研究型大学 | 一般本科高校 | 0.000*** | 0.000*** | 0.000*** | 0.000*** |
| | 高职院校 | 0.000*** | 0.000*** | 0.000*** | 0.000*** |

续表

| | 改进因子 | 改进因子1 | 改进因子2 | 改进因子3 | 改进因子4 |
|---|---|---|---|---|---|
| 一般本科高校 | 研究型大学 | 0.000*** | 0.000*** | 0.000*** | 0.000*** |
| | 高职院校 | 0.000*** | 0.000*** | 0.000*** | 0.000*** |
| 高职院校 | 研究型大学 | 0.000*** | 0.000*** | 0.000*** | 0.000*** |
| | 一般本科高校 | 0.000*** | 0.000*** | 0.000*** | 0.000*** |

注：* 表示 $p<0.05$，** 表示 $p<0.01$，*** 表示 $p<0.001$。

5.不同区域高校大学生比较

将高校所在区域分为东部、中部、西部。三个区域高校在4个改进因子的评价从高到低分别是网络平台和技术、学生学习、教师教学及学校教学支持因子。西部区域在网络平台和技术因子高于东部和中部区域；中部区域在教师教学、学校教学支持因子、学生学习三个因子高于东部和西部区域（表4-2-9、图4-2-5）。表4-2-10为不同区域改进因子单因素方差分析。

表 4-2-9　不同区域高校改进因子描述性分析

| 学校区域 | $M$(SD) | | | |
|---|---|---|---|---|
| | 改进因子1 | 改进因子2 | 改进因子3 | 改进因子4 |
| 全样本 | 3.99(0.9) | 3.82(0.86) | 3.79(0.84) | 3.9(0.89) |
| 东部 | 3.99(0.91) | 3.81(0.87) | 3.78(0.85) | 3.89(0.9) |
| 中部 | 3.98(0.9) | 3.83(0.86) | 3.8(0.84) | 3.9(0.89) |
| 西部 | 4(0.9) | 3.82(0.85) | 3.79(0.83) | 3.88(0.88) |

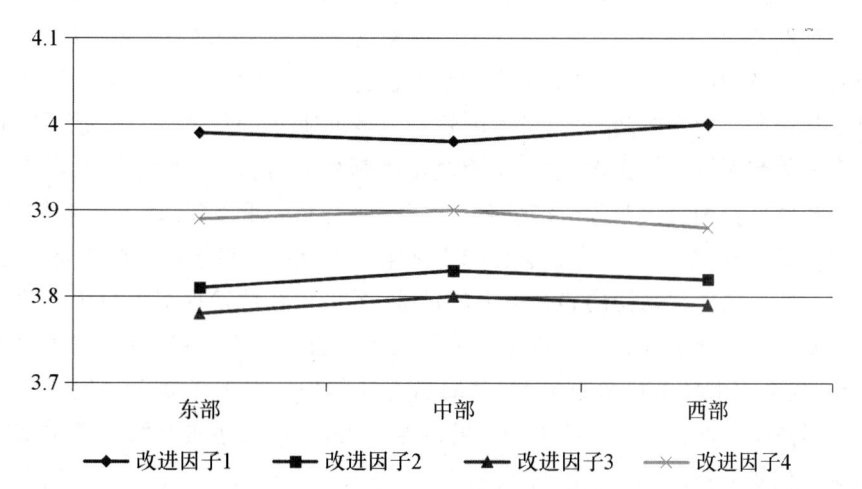

图 4-2-5　不同区域高校改进因子差异情况

表 4-2-10　不同区域改进因子单因素方差分析

| 改进因子 | | 改进因子1 | 改进因子2 | 改进因子3 | 改进因子4 |
|---|---|---|---|---|---|
| $F$ | | 5.642** | 7.959*** | 8.865*** | 6.608** |
| 东部 | 中部 | 0.460 | 0.000*** | 0.000*** | 0.114 |
| | 西部 | 0.031* | 0.580 | 0.427 | 0.081 |
| 中部 | 东部 | 0.460 | 0.000*** | 0.000*** | 0.114 |
| | 西部 | 0.002** | 0.142 | 0.163 | 0.001** |
| 西部 | 东部 | 0.031* | 0.580 | 0.427 | 0.081 |
| | 中部 | 0.002** | 0.142 | 0.163 | 0.001** |

注：* 表示 $p<0.05$，** 表示 $p<0.01$，*** 表示 $p<0.001$。

4个改进因子在不同区域高校大学生之间存在显著差异。具体地，网络平台和技术因子（$p<0.05$），事后比较表明东部、中部和西部之间存在显著性差异。教师教学因子和学校教学支持因子（$p<0.05$），东部与中部存在显著性差异。学生学习因子（$p<0.05$），中部与西部存在显著性差异。

## 四、结果讨论

### （一）主要研究发现

**1.未来线上教学改进策略**

首先，从描述性统计分析来看，大学生对未来线上教学改进最迫切是在网络平台和技术服务。这是保证线上学习的硬件条件，也是促进学生线上学习的外部驱动力。其次，学生学习因子是继网络平台和技术之后最希望改进的。当硬件设备都已经跟上之后，学生才会将注意力放在学习上。线上学习本身打破传统的空间和时间，只有学生能够自主意识到学习的重要性，主动投入到学习才能有所收获。再次，学生希望改进教师教学，包括教学策略、教学方法以及教学精力的投入等等。疫情防控期间，所有教师秉承"停课不停教与学"的宗旨，为的就是保证学生在家也能正常学习。但对那些电脑不熟悉、没有线上教学经验的老师来说的确是很大的挑战，学生更容易发现很多与传统线下教学不一样的教学问题。这些说明了我国线上教学处于初级阶段，完善教学平台、提高线上教学技术服务、网速的稳定性是保证线上教学最为迫切的任务。提高学生的自主学习能力和良好的学习态度，是促进提升线上教学质量的又一重要任务。

**2.不同大学生主体对未来线上教学改进策略有显著差异**

（1）不同性别比较方面。男生、女生在4个改进因子的态度上存在女高、男低的显著性差异。可以看出大学生中女生比男生线上学习态度方面更加积极。(2)不同年级比较方面。大一、大三、大四、大五(五年制)、研究生在4个改进因子的态度上高于大二和专科。(3)不同学科比较方面。人文和社会学科在四个改进因子高于工科、理科、农医艺学科;工科在学生学习因子略高于社会学科。(4)不同类型高校方面。研究型大学对4个改进因子的评价高于一般本科高校和高职院校。急速变化的世界格局之下,高校可以并且必须为全球的利益指导着未来,而研究型大学无疑比以往任何时候都更加全球化和线上化,带领着其他类型的高校走向世界。由此,对线上教学的硬件、软件改进方面都有较高的期待。(5)不同区域高校方面。西部与东部、中部的网络平台和技术因子存在显著性差异,硬件设施建设主要受经济的影响,西部区域高校的大学生最希望的还是先改进网络平台及技术的质量,保证线上教学的正常运行。东部与中部区域高校在教师教学因子和学校教学支持因子存在显著性差异,中部区域高校相比东部,更希望改进这两个因子。中部和西部区域高校在学生学习因子存在显著性差异,中部区域相比西部更希望改进这个因子。

(二)未来线上学习的路径选择

1.国家层面:加大对网络教育平台建设的支持和监管力度

疫情突袭之下,各类教育平台的异军突起。除了教育部推荐的37个平台之外,还有数不清的APP小程序,令人眼花缭乱。尽管大量的网络教育平台为师生居家教学提供了便利,但网络教育平台质量存在良莠不齐的现象。为此,一方面需要国家层面迅速出台更加有利的政策以支持鼓励网络教育平台及教育技术服务部门等发展。另一方面,需要新的市场监管政策,通过市场监管,实现优胜劣汰,保证为高校师生提供质量更高的教育平台服务。而从学生对改进因子选择来看,最希望改进的也是网络教育平台和技术服务,这说明中国的线上教育还是处于初级阶段,特别需要在硬件的支持方面下功夫。尤其加强西部欠发达区域高校的网络设施建设,保证线上教学的基本正常进行。

2.学校层面:提升学生自主学习能力是改进线上教学的重要基点

从学生对未来线上教学(包括采用"线上+线下"混合式教学)的改进态度来看,学生希望提高自主学习能力、提高课堂参与、改善学习态度,学生的选择正说明他们想成为"学习的主人翁"。由此,结合描述性统计和单因素方差分析,学校层面应做好以下工作:一方面,从性别、年级不同背景的学生来看,男生、大二、专科这些类型的大学生在学习自主性这方面的改进态度相比其他类型的较低。因此,学校应做好相应的鼓励工作,使这些学生能够端正自己的学习态度,引导学生正确定位,了解自己,做好学习规划,推动学生成长发展。另一方面,学校还应重视学生探究性、自主学习的诉求,提供良好的线上学习环境,促进线上学习参与,从而提高他们的自主学习能力。

3.教师层面:创新线上教学实践是教师的必然选择

教师是教学活动的主导者,其教学精力投入、教学内容、教学方式、教学手段决定了学生知识和能力的发展水平。基于线上教学的时代性和迫切性,教师需要接纳、使用并创新线上教学实践。这次突发的疫情倒逼着所有教师都接纳了这一新模式,但疫情过后,这一新模式是否会持续下去,仍然是个未知数,特别是在新的教育模式下,课堂打破了传统的固定时空界限,这对教学活动产生了革命性的变化。研究数据显示,学生对教师教学的改进是继网络平台和技术、学生学习因子之后的最赞成改进的。可以看出,学生对教师线上教学是非常期待的,未来的线上教学教师是不能缺位的。这就要求教师需要花更多的精力去钻研、去实践,形成更多优秀的线上精品课程资源供学生学习。

# 第五章

# 高校教师对线上教学的评价

本章在前述学生对线上教学的感知及意见的基础上,将把研究重点聚焦在教师对于线上教学环境、技术支持和服务保障的感知评价。通过深入分析不同区域高校,不同年龄、教龄,不同性别、职称,不同学科类型,以及承担不同课程类型等不同主体教师对于当前线上教学环境、技术支持和服务保障的感知,进一步深入分析教师群体对于线上教学学习环境、技术支持和服务保障的感知及体验,进而为疫情后高校线上教学改革提供借鉴和参考。

## 第一节　不同区域高校教师对线上教学环境及支持的评价

### 一、研究问题

本节将重点研究四个方面问题:(1)不同区域高校教师选择及使用线上教学的平台情况;(2)不同区域高校教师对线上教学平台各项功能是否满足需求的感知及评价;(3)不同区域教师对线上教学技术支持的感知及评价;(4)不同区域高校教师对线上教学服务保障的感知及评价。

### 二、研究方法

(一)样本

本节样本来自厦门大学教师发展中心对全国334所高校开展的《线上教学调查问卷(教师卷)》,根据本节研究需要,删除了48个无效样本,研究样本总数为 13647 个。

(二)变量定义

1.教师特征相关变量

包括性别、年龄、教龄、职称、所在学校区域,其中所在区域分为东部、中部、西部及其他,分别以 A、B、C、D 指代。

2.教师对线上教学环境极其支持的变量

(1)教学平台类型:学校自建教学平台、校外教学平台、混合使用校内外平台、未使用平台。

(2)一门课程最多使用平台数量。

(3)校外教学平台选择情况或经常使用的校外教学平台:问卷共列出 19 种常见的线上教学平台供受访教师选择,由教师依据自身教学情况选出最经常使用的 3 个教学平台得到结果。研究选取频次前六位的教学平台进行分析。

(4)教学平台各项功能满意度评价包括 10 个指标:在线备课、课堂考勤管理、课堂讲授、在线课堂讨论、在线实验演示、在线教育测试及评分、在线布置批改作业、在线课后辅导答疑、提交或传输课程资料,以及通过电子数据分析学生学习行为。

(5)教学平台技术支持的满意度评价包括 6 个指标:网络速度流畅度、平台运行稳定度、画面音频清晰度、师生互动即时度、文件传输顺畅度及工具使用便捷度。教学平台技术支持设了 1 个总体评价指标。

(6)线上服务保障的满意度评价包括 8 个指标:网络条件对线上教学的支持(如网络速度、稳定性等)、各类平台对线上教学的支持服务、电子图书资源对线上教学的支持、学校技术队伍对线上教学的支持、学校对线上教学的技术使用培训支持、学校对线上教学的教学方法培训支持、学校政策对于线上教学的支持(如质量评价标准、工作量评定以及奖励等)、各级领导对线上教学的支持。另外,还设了一个总体评价指标。为后续研究方便,本章将上述 8 个指标简化为:网络条件支持、教学平台支持、电子资源支持、技术队伍支持、技术使用培训支持、教学方法培训支持、学校政策支持、各级领导支持。

(三)研究工具及分析方法

研究使用的统计软件是 SPSS,同时辅之以 Excel 作图工具,采用描述性分析与推论性分析相结合的分析方法对获得的样本进行相应的数据统计和分析。

## 三、研究结果

### （一）不同区域高校教师线上教学平台类型的选择情况

目前，高校教师所使用的教学平台按照设置主体划分可以分为两种，一种是学校自建的教学平台，一种是校外教育机构建立的教学平台。依据教师对线上教学平台类型的使用情况可以划分为三类，一类是单独使用学校自建的教学平台，一类是单独使用校外的教学平台，还有一类是同时使用两类教学平台即混合式教学平台。本研究调查结果显示，不同区域（东中西及其他地区）高校教师对在线教学平台的选择情况为：在东部地区，有7.0%的教师选择使用学校自建教学平台，有53.7%的教师选择使用校外教学平台，有38.6%的教师选择混合使用校内外平台，有0.7%的教师未使用任何一种在线教学平台；在中部地区，有6.2%的教师选择使用学校自建教学平台，有49.7%的教师选择使用校外教学平台，有42.8%的教师选择混合使用校内外平台，有1.3%的教师未使用任何一种在线教学平台；在西部地区，有5.0%的教师选择使用学校自建教学平台，有49.4%的教师选择使用校外教学平台，有44.1%的教师选择混合使用校内外平台，有1.5%的教师未使用任何一种在线教学平台；在其他地区，有15.0%的教师选择使用学校自建教学平台，有53.3%的教师选择使用校外教学平台，有31.7%的教师选择混合使用校内外平台。具体参见图5-1-1。

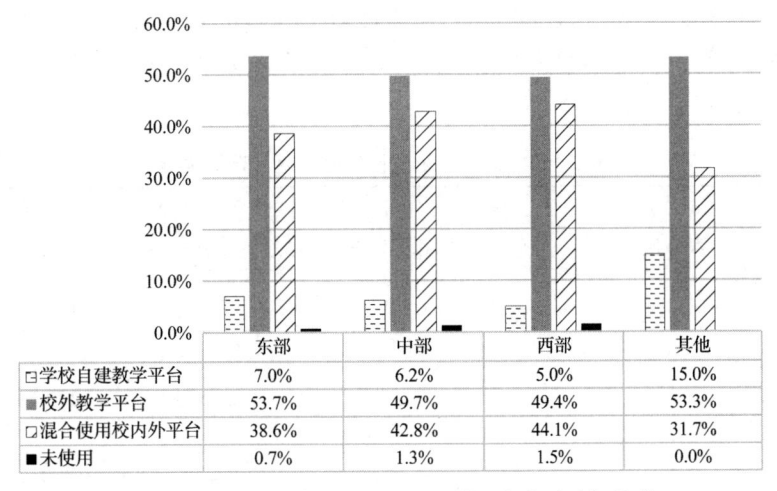

| | 东部 | 中部 | 西部 | 其他 |
|---|---|---|---|---|
| 学校自建教学平台 | 7.0% | 6.2% | 5.0% | 15.0% |
| 校外教学平台 | 53.7% | 49.7% | 49.4% | 53.3% |
| 混合使用校内外平台 | 38.6% | 42.8% | 44.1% | 31.7% |
| 未使用 | 0.7% | 1.3% | 1.5% | 0.0% |

图5-1-1　不同区域高校教师线上教学平台类型选择的情况

说明：本题项统计时剔除了同时选择多个选项的样本，最终获得有效样本12358个。

## (二)不同区域高校教师线上教学校外平台的选择情况

在东部区域,"学习通/超星尔雅"占比为34.3%,"QQ直播"占比为28.8%,"中国大学MOOC平台/爱课程"占比为28.0%,"腾讯会议"占比为26.8%,"微信或企业微信"占比为24.6%,"腾讯课堂"占比为22.3%,"雨课堂/学堂在线"占比为17.5%,"钉钉"占比为14.3%,"智慧树"占比为8.1%,"zoom"占比为2.2%,其他教学平台占比都低于1%。

在中部区域,"学习通/超星尔雅"占比为56.0%,"中国大学MOOC平台/爱课程"占比为31.5%,"QQ直播"占比为30.7%,"微信或企业微信"占比为29.3%,"钉钉"占比为24.1%,"腾讯会议"占比为17.4%,"腾讯课堂"占比为17.4%,"雨课堂/学堂在线"占比为6.3%,"智慧树"占比为5.6%,其他教学平台占比都低于1%。

在西部区域,"腾讯课堂"占比为29.4%,"中国大学MOOC平台/爱课程"占比为27.4%,"学习通/超星尔雅"占比为25.5%,"微信或企业微信"占比为25.1%,"腾讯会议"占比为21.3%,"zoom"占比为21.1%,"QQ直播"占比为20.7%,"雨课堂/学堂在线"占比为17.1%,"钉钉"占比为15.3%,"畅课"占比为14.8%,"智慧树"占比为6.7%,其他教学平台占比都低于1%。

在其他区域高校,"微信或企业微信"占比为34.8%,"腾讯课堂"占比为28.8%,"学习通/超星尔雅"占比为27.3%,"中国大学MOOC平台/爱课程"占比为25.8%,"腾讯会议"占比为24.2%,"QQ直播"占比为24.2%,"雨课堂/学堂在线"占比为21.2%,"钉钉"占比为13.6%,"zoom"占比为9.1%,"畅课"占比为6.1%,"网教通/101PPT/Edumodo"占比为1.5%,"智慧树"占比为1.5%,其他教学平台占比都低于1%(见表5-1-1)。

表5-1-1 全国各区域校外教学平台选择情况

| 平台 | 东部 百分比 | 排序 | 中部 百分比 | 排序 | 西部 百分比 | 排序 | 其他 百分比 | 排序 | 全国 百分比 | 排序 |
|---|---|---|---|---|---|---|---|---|---|---|
| 学习通/超星尔雅 | 34.3% | 1 | 56.0% | 1 | 25.5% | 3 | 27.3% | 3 | 41.1% | 1 |
| 中国大学MOOC平台/爱课程 | 28.0% | 3 | 31.5% | 2 | 27.4% | 2 | 25.8% | 4 | 29.2% | 2 |
| QQ直播 | 28.8% | 2 | 30.7% | 3 | 20.7% | 7 | 24.2% | 6 | 28.2% | 3 |
| 微信 | 24.6% | 5 | 29.3% | 4 | 25.1% | 4 | 34.8% | 1 | 26.5% | 4 |
| 腾讯会议 | 26.8% | 4 | 17.4% | 7 | 21.3% | 5 | 24.2% | 5 | 22.4% | 5 |
| 腾讯课堂 | 22.3% | 6 | 17.4% | 6 | 29.4% | 1 | 28.8% | 2 | 21.6% | 6 |

续表

| 平台 | 东部 百分比 | 东部 排序 | 中部 百分比 | 中部 排序 | 西部 百分比 | 西部 排序 | 其他 百分比 | 其他 排序 | 全国 百分比 | 全国 排序 |
|---|---|---|---|---|---|---|---|---|---|---|
| 钉钉 | 14.3% | 8 | 24.1% | 5 | 15.3% | 9 | 13.6% | 8 | 18.2% | 7 |
| 雨课堂/学堂在线 | 17.5% | 7 | 6.3% | 8 | 17.1% | 8 | 21.2% | 7 | 13.3% | 8 |
| 智慧树 | 8.1% | 9 | 5.6% | 9 | 6.7% | 11 | 1.5% | 12 | 6.9% | 9 |
| zoom | 2.2% | 10 | 0.9% | 10 | 21.1% | 6 | 9.1% | 9 | 4.6% | 10 |
| 畅课 | 0.0% | 18 | 0.0% | 16 | 14.8% | 10 | 6.1% | 10 | 2.3% | 11 |
| 实验空间 | 0.6% | 11 | 0.6% | 11 | 0.4% | 12 | 0.0% | 13 | 0.6% | 12 |
| 网教通/101PPT/Edumodo | 0.2% | 13 | 0.2% | 12 | 0.1% | 14 | 1.5% | 11 | 0.2% | 13 |
| 飞书 | 0.1% | 15 | 0.0% | 15 | 0.0% | 18 | 0.0% | 15 | 0.1% | 14 |
| UMU | 0.3% | 12 | 0.0% | 17 | 0.0% | 15 | 0.0% | 16 | 0.1% | 15 |
| Welink | 0.2% | 14 | 0.0% | 18 | 0.0% | 19 | 0.0% | 17 | 0.1% | 16 |
| CCTALK | 0.1% | 16 | 0.1% | 13 | 0.2% | 13 | 0.0% | 18 | 0.1% | 17 |
| 讯飞听见 | 0.0% | 17 | 0.0% | 14 | 0.0% | 17 | 0.0% | 14 | 0.0% | 18 |
| Skype | 0.0% | 19 | 0.0% | 19 | 0.0% | 16 | 0.0% | 19 | 0.0% | 19 |

### (三)全国各区域教师一门课程使用教学平台数量分布情况

不同区域高校教师线上教学时,一门课程同时使用的教学平台数量分布情况如下。

在东部区域高校,一门课使用1个教学平台的比例为19.8%,使用2个教学平台的比例为55.3%,使用3个教学平台的比例为21.7%,使用4个教学平台的比例为2.4%,其他情况占比都小于1%。

在中部区域高校,一门课只使用1个教学平台的比例为14.1%,使用2个教学平台的比例为53.9%,使用3个教学平台的比例为27.4%,使用4个教学平台的比例为3.8%,其他情况占比都小于1%。

在西部区域高校,一门课只使用1个教学平台的比例为15.3%,使用2个教学平台的比例为53.8%,使用3个教学平台的比例为26.0%,使用4个教学平台的比例为3.7%,其他情况占比都小于1%。

在其他区域高校,一门课只使用1个教学平台的比例为13.6%,使用2个教学平台的比例为40.9%,使用3个教学平台的比例为36.3%,使用4个教学平台的比例为7.7%,其他情况占比都小于1%(见表5-1-2)。

表 5-1-2　各区域高校教师一门课程使用教学平台数量分布情况

| 教学平台数量 | 东部(A) | 中部(B) | 西部(C) | 其他(D) | 全国 |
|---|---|---|---|---|---|
| 1 | 19.8% | 14.1% | 15.3% | 13.6% | 17.1% |
| 2 | 55.3% | 53.9% | 53.8% | 40.9% | 54.4% |
| 3 | 21.7% | 27.4% | 26.0% | 36.3% | 24.6% |
| 4 | 2.4% | 3.8% | 3.7% | 7.7% | 3.1% |
| 5 | 0.5% | 0.7% | 0.8% |  | 0.6% |
| 6 | 0.2% | 0.1% | 0.4% |  | 0.2% |
| 7 | 0.0% | 0.0% |  |  | 0.0% |
| 8 | 0.0% | 0.0% | 0.0% | 1.5% | 0.0% |
| 9 | 0.0% |  |  |  | 0.0% |
| 10 | 0.1% |  | 0.0% |  | 0.0% |

（表头：学校地区）

### （四）不同区域高校教师对线上教学平台功能的满意度评价

根据教学平台满意度评价的 10 个指标（在线备课、课堂考勤管理、课堂讲授、在线课堂讨论、在线实验演示、在线教育测试及评分、在线布置批改作业、在线课后辅导答疑、提交或传输课程资料，以及通过电子数据分析学生学习行为），研究试图通过计算"各项功能满意指数"，对各指标进行排序，以此来测量不同区域高校教师对线上教学平台各项功能的满意程度。

其中，满意指数的赋值标准为，"不知道＝0，完全不能满足＝1，不能满足＝2，一般＝3，满足＝4，完全满足＝5"，"各项功能满意指数"根据下列公式计算得出：

$$各项功能满意指数 = \sum_{i=1}^{6} a_i x_i / 6 \qquad (6\text{-}1\text{-}1)$$

其中，$a_i$ 表示在由"不知道"到"完全满足"的 6 个重要性等级中，第 $i$ 个等级的加权系数，当 $i$ 等于 1、2、3、4、5、6 时，$a_i$ 分别对应等于 0、1、2、3、4、5；$x_i$ 表示由"不知道"到"完全满足"的 6 个重要性等级中，对某个指标回答其满意度为第 $i$ 个等级的个案数占有效个案数的百分比。研究发现：

在东部区域高校，教师对教学平台最为满意的 3 个功能依次为"提交或传输课程资料""课堂考勤管理""课堂讲授"，其后依次为"在线布置批改作业""在线课后辅导答疑""在线备课""通过电子数据分析学生学习行为""在线教育测试及评分""在线课堂讨论""在线实验演示"。

在中部区域高校，教师对教学平台最为满意的 3 个功能依次为"课堂考勤管理""提交或传输课程资料""在线布置批改作业"，其后依次为"在线课后辅导答疑""课堂讲授""在线备课""通过电子数据分析学生学习行为""在线教育测试及评分""在线课堂讨论""在线实验演示"。

在西部区域高校,教师对教学平台最为满意的3个功能依次为"课堂考勤管理""提交或传输课程资料""课堂讲授",其后依次为"在线布置批改作业""在线课后辅导答疑""在线备课""在线教育测试及评分""通过电子数据分析学生学习行为""在线课堂讨论""在线实验演示"。

在其他区域高校,教师对教学平台最为满意的3个功能依次为"课堂考勤管理""提交或传输课程资料""课堂讲授",其后依次为"在线课后辅导答疑""在线备课""在线布置批改作业""在线课堂讨论""通过电子数据分析学生学习行为""在线教育测试及评分""在线实验演示"。可见,线上教学平台的"课堂考勤管理"和"提交或传输课程资料"是各区域高校教师最为满意的功能(见表5-1-3)。

表 5-1-3 不同区域高校教师对教学平台各项功能评价

| 平台功能 | 地区 | 不知道 | 完全不能满足 | 不能满足 | 一般 | 满足 | 完全满足 | 卡方值 | p 值 | 满意指数 | 排序 |
|---|---|---|---|---|---|---|---|---|---|---|---|
| 在线备课 | 东部 | 0.9% | 0.6% | 5.0% | 26.5% | 51.7% | 15.3% | 31.26 | 0.008 | 0.622 | 6 |
|  | 中部 | 0.7% | 0.5% | 4.6% | 28.3% | 50.6% | 15.3% |  |  | 0.623 | 6 |
|  | 西部 | 0.7% | 1.1% | 6.1% | 29.5% | 49.8% | 12.9% |  |  | 0.609 | 6 |
|  | 其他 | 1.5% |  | 6.1% | 33.3% | 43.9% | 15.2% |  |  | 0.606 | 5 |
| 课堂考勤管理 | 东部 | 0.2% | 0.3% | 3.1% | 19.2% | 48.4% | 28.8% | 79.23 | 0.000 | 0.670 | 2 |
|  | 中部 | 0.3% | 0.2% | 2.4% | 15.9% | 49.8% | 31.4% |  |  | 0.682 | 1 |
|  | 西部 | 0.3% | 0.4% | 4.6% | 20.9% | 47.6% | 26.1% |  |  | 0.655 | 1 |
|  | 其他 | 1.5% | 1.5% | 3.0% | 19.7% | 50.0% | 24.2% |  |  | 0.646 | 1 |
| 课堂讲授 | 东部 | 0.2% | 0.3% | 3.0% | 23.1% | 56.3% | 17.0% | 28.89 | 0.017 | 0.643 | 3 |
|  | 中部 | 0.2% | 0.3% | 2.7% | 23.8% | 57.0% | 16.1% |  |  | 0.643 | 5 |
|  | 西部 | 0.1% | 0.5% | 3.8% | 24.9% | 54.5% | 16.2% |  |  | 0.636 | 3 |
|  | 其他 | 1.5% | 1.5% | 1.5% | 33.3% | 47.0% | 15.2% |  |  | 0.614 | 3 |
| 在线课堂讨论 | 东部 | 0.6% | 0.8% | 8.3% | 37.8% | 41.0% | 11.5% | 75.52 | 0.000 | 0.587 | 9 |
|  | 中部 | 0.3% | 0.7% | 6.6% | 36.5% | 43.4% | 12.5% |  |  | 0.599 | 9 |
|  | 西部 | 0.1% | 1.4% | 10.7% | 39.3% | 37.8% | 10.5% |  |  | 0.574 | 9 |
|  | 其他 |  | 1.5% | 9.1% | 39.4% | 36.4% | 13.6% |  |  | 0.586 | 7 |

续表

| 平台功能 | 地区 | 满意程度 不知道 | 完全不能满足 | 不能满足 | 一般 | 满足 | 完全满足 | 卡方值 | p值 | 满意指数 | 排序 |
|---|---|---|---|---|---|---|---|---|---|---|---|
| 在线实验演示 | 东部 | 23.3% | 1.9% | 13.7% | 29.4% | 25.5% | 6.1% | 25.76 | 0.041 | 0.417 | 10 |
| | 中部 | 24.8% | 1.7% | 12.5% | 29.9% | 24.3% | 6.6% | | | 0.411 | 10 |
| | 西部 | 23.1% | 2.1% | 14.5% | 30.7% | 23.8% | 5.8% | | | 0.412 | 10 |
| | 其他 | 10.6% | | 12.1% | 37.9% | 34.8% | 4.5% | | | 0.499 | 10 |
| 在线教育测试及评分 | 东部 | 3.8% | 0.5% | 5.1% | 29.5% | 48.8% | 12.4% | 26.90 | 0.030 | 0.594 | 8 |
| | 中部 | 3.3% | 0.5% | 4.3% | 30.1% | 47.9% | 13.8% | | | 0.600 | 8 |
| | 西部 | 3.8% | 0.8% | 6.1% | 30.1% | 47.0% | 12.2% | | | 0.587 | 7 |
| | 其他 | 3.0% | | 7.6% | 39.4% | 39.4% | 10.6% | | | 0.573 | 9 |
| 在线布置批改作业 | 东部 | 1.4% | 0.5% | 4.1% | 22.8% | 51.6% | 19.5% | 53.98 | 0.000 | 0.635 | 4 |
| | 中部 | 0.8% | 0.3% | 3.3% | 20.6% | 53.4% | 21.6% | | | 0.651 | 3 |
| | 西部 | 1.4% | 0.5% | 5.0% | 23.3% | 50.7% | 18.9% | | | 0.630 | 4 |
| | 其他 | | 1.5% | 6.1% | 34.8% | 43.9% | 13.6% | | | 0.603 | 6 |
| 在线课后辅导答疑 | 东部 | 1.1% | 0.3% | 3.0% | 26.2% | 53.2% | 16.3% | 66.55 | 0.000 | 0.632 | 5 |
| | 中部 | 0.5% | 0.2% | 2.2% | 23.8% | 55.7% | 17.5% | | | 0.644 | 4 |
| | 西部 | 0.9% | 0.6% | 3.9% | 27.9% | 52.2% | 14.5% | | | 0.622 | 5 |
| | 其他 | 1.5% | | 4.5% | 34.8% | 42.4% | 16.7% | | | 0.611 | 4 |
| 提交或传输课程资料 | 东部 | 0.5% | 0.2% | 2.1% | 16.2% | 55.7% | 25.3% | 108.66 | 0.000 | 0.671 | 1 |
| | 中部 | 0.3% | 0.2% | 1.4% | 14.4% | 56.5% | 27.3% | | | 0.681 | 2 |
| | 西部 | 0.9% | 0.5% | 3.2% | 19.4% | 54.3% | 21.7% | | | 0.651 | 2 |
| | 其他 | | | 4.5% | 34.8% | 37.9% | 22.7% | | | 0.631 | 2 |
| 通过电子数据分析学生学习行为 | 东部 | 2.5% | 1.0% | 5.5% | 30.4% | 46.1% | 14.6% | 63.23 | 0.000 | 0.601 | 7 |
| | 中部 | 1.9% | 0.5% | 4.7% | 29.0% | 47.5% | 16.5% | | | 0.616 | 7 |
| | 西部 | 2.9% | 0.9% | 7.2% | 32.7% | 43.3% | 13.1% | | | 0.587 | 8 |
| | 其他 | 3.0% | 1.5% | 7.6% | 36.4% | 37.9% | 13.6% | | | 0.576 | 8 |

从不同区域高校线上教学各项功能评价的差异比较看,在"在线备课"指标中,东部区域和中部区域高校教师的满意度均显著高于西部区域;在"课堂

考勤管理"指标中,东部区域教师的满意度显著高于西部区域,中部区域教师的满意度显著高于东部区域和西部区域;在"在线课堂讨论"指标上,东部区域教师的满意度显著高于西部区域,中部区域教师的满意度显著高于东部区域和西部区域;在"在线布置批改作业"指标上,中部区域教师的满意度显著高于东部区域和西部区域;在"在线课后辅导答疑"指标上,东部区域教师的满意度显著高于西部区域,中部区域教师的满意度显著高于东部区域和西部区域;在"提交或传输课程资料"指标上,东部区域教师的满意度显著高于西部区域,中部区域教师的满意度显著高于东部区域和西部区域;在"通过电子数据分析学生学习行为"指标上,东部区域教师的满意度显著高于西部区域,中部区域教师的满意度显著高于东部区域和西部区域。而在"课堂讲授"和"在线实验演示"指标上,不同区域教师的满意度均不存在显著差异(见表 5-1-4 和表 5-1-5)。

表 5-1-4　不同区域高校教师对教学平台各项功能评价的差异比较

| 平台功能 | 区域 | 个案数 | 平均值 | 标准差 |
| --- | --- | --- | --- | --- |
| 在线备课 | 东部 | 6412 | 3.73 | 0.863 |
| | 中部 | 5100 | 3.73 | 0.84 |
| | 西部 | 2069 | 3.65 | 0.87 |
| | 其他 | 66 | 3.64 | 0.92 |
| 课堂考勤管理 | 东部 | 6412 | 4.02 | 0.82 |
| | 中部 | 5100 | 4.09 | 0.79 |
| | 西部 | 2069 | 3.93 | 0.86 |
| | 其他 | 66 | 3.88 | 0.97 |
| 课堂讲授 | 东部 | 6412 | 3.86 | 0.75 |
| | 中部 | 5100 | 3.85 | 0.73 |
| | 西部 | 2069 | 3.82 | 0.77 |
| | 其他 | 66 | 3.68 | 0.91 |
| 在线课堂讨论 | 东部 | 6412 | 3.52 | 0.87 |
| | 中部 | 5100 | 3.59 | 0.84 |
| | 西部 | 2069 | 3.45 | 0.88 |
| | 其他 | 66 | 3.52 | 0.90 |

续表

| 平台功能 | 区域 | 个案数 | 平均值 | 标准差 |
| --- | --- | --- | --- | --- |
| 在线实验演示 | 东部 | 6412 | 2.50 | 1.60 |
|  | 中部 | 5100 | 2.47 | 1.63 |
|  | 西部 | 2069 | 2.48 | 1.58 |
|  | 其他 | 66 | 3.00 | 1.28 |
| 在线教育测试及评价 | 东部 | 6412 | 3.56 | 1.04 |
|  | 中部 | 5100 | 3.60 | 1.02 |
|  | 西部 | 2069 | 3.52 | 1.06 |
|  | 其他 | 66 | 3.44 | 0.99 |
| 在线布置批改作业 | 东部 | 6412 | 3.81 | 0.91 |
|  | 中部 | 5100 | 3.90 | 0.84 |
|  | 西部 | 2069 | 3.78 | 0.93 |
|  | 其他 | 66 | 3.62 | 0.86 |
| 在线课后辅导答疑 | 东部 | 6412 | 3.79 | 0.84 |
|  | 中部 | 5100 | 3.87 | 0.76 |
|  | 西部 | 2069 | 3.73 | 0.84 |
|  | 其他 | 66 | 3.67 | 0.92 |
| 提交或传输课程资料 | 东部 | 6412 | 4.02 | 0.77 |
|  | 中部 | 5100 | 4.08 | 0.73 |
|  | 西部 | 2069 | 3.91 | 0.85 |
|  | 其他 | 66 | 3.79 | 0.85 |
| 通过电子数据分析学生学习行为 | 东部 | 6412 | 3.60 | 1.00 |
|  | 中部 | 5100 | 3.69 | 0.95 |
|  | 西部 | 2069 | 3.52 | 1.03 |
|  | 其他 | 66 | 3.45 | 1.07 |

表 5-1-5　不同区域高校教师在平台各项功能评价比较的方差分析摘要表

| 平台功能 |  | 平方和 | 自由度 | 均方 | F | 事后比较 |
| --- | --- | --- | --- | --- | --- | --- |
| 在线备课 | 组间 | 12.498 | 3 | 4.166 | 5.677* | A＞C |
|  | 组内 | 10011.818 | 13643 | 0.734 |  | B＞C |
|  | 总计 | 10024.316 | 13646 |  |  |  |

续表

| 平台功能 | | 平方和 | 自由度 | 均方 | F | 事后比较 |
|---|---|---|---|---|---|---|
| 课堂考勤管理 | 组间 | 40.873 | 3 | 13.624 | 20.482*** | A>C |
| | 组内 | 9074.929 | 13643 | 0.665 | | B>A |
| | 总计 | 9115.802 | 13646 | | | B>C |
| 课堂讲授 | 组间 | 4.921 | 3 | 1.640 | 2.947* | |
| | 组内 | 7593.491 | 13643 | 0.557 | | |
| | 总计 | 7598.412 | 13646 | | | |
| 在线课堂讨论 | 组间 | 34.421 | 3 | 11.474 | 15.421*** | B>A |
| | 组内 | 10151.094 | 13643 | 0.744 | | A>C |
| | 总计 | 10185.515 | 13646 | | | B>C |
| 在线实验演示 | 组间 | 20.369 | 3 | 6.790 | 2.623 | |
| | 组内 | 35309.632 | 13643 | 2.588 | | |
| | 总计 | 35330.001 | 13646 | | | |
| 在线教育测试及评价 | 组间 | 11.678 | 3 | 3.893 | 3.642* | B>A |
| | 组内 | 14582.566 | 13643 | 1.069 | | B>C |
| | 总计 | 14594.243 | 13646 | | | |
| 在线布置批改作业 | 组间 | 34.154 | 3 | 11.385 | 14.541*** | B>A |
| | 组内 | 10681.431 | 13643 | 0.783 | | B>C |
| | 总计 | 10715.586 | 13646 | | | |
| 在线课后辅导答疑 | 组间 | 33.099 | 3 | 11.033 | 16.782*** | B>A |
| | 组内 | 8969.119 | 13643 | 0.657 | | A>C |
| | 总计 | 9002.218 | 13646 | | | B>C |
| 提交或传输课程资料 | 组间 | 51.285 | 3 | 17.095 | 29.013*** | B>A |
| | 组内 | 8038.792 | 13643 | 0.589 | | A>C |
| | 总计 | 8090.077 | 13646 | | | B>C |
| 通过电子数据分析学生学习行为 | 组间 | 50.743 | 3 | 16.914 | 17.484*** | B>A |
| | 组内 | 13198.562 | 13643 | 0.967 | | A>C |
| | 总计 | 13249.304 | 13646 | | | B>C |

注：* 表示 $p<0.05$，*** 表示 $p<0.001$。

### （五）不同区域高校教师对线上平台教学技术支持的满意度评价

根据线上教学技术支持满意度评价6个指标(画面音频清晰度、工具使用便捷度、文件传输顺畅度、平台运行稳定度、网络速度流畅度和师生互动即时度),研究通过计算"技术支持满意指数",对各指标进行排序。

其中,满意指数的赋值标准为,"不知道＝0,非常不好＝1,不好＝2,一般＝3,好＝4,非常好＝5","技术支持满意指数"根据下列公式计算得出:

$$技术支持满意指数 = \sum_{i=1}^{6} b_i x_i / 6 \tag{6-1-2}$$

其中,$b_i$表示在由"不知道"到"非常好"的6个重要性等级中,第$i$个等级的加权系数,当$i$等于1、2、3、4、5、6时,$b_i$分别对应等于0、1、2、3、4、5;$x_i$表示由"不知道"到"非常好"的6个重要性等级中,对某个指标回答其满意度为第$i$个等级的个案数占有效个案数的百分比。研究发现:

在东区区域高校,教师对线上教学技术支持最为满意的3个指标依次为:"画面音频清晰度""工具使用便捷度""文件传输顺畅度",其后依次为"平台运行稳定度""网络速度流畅度""师生互动即时度"。

在中部区域高校,教师对线上教学技术支持最为满意的三个指标依次为:"工具使用便捷度""画面音频清晰度""文件传输顺畅度",其后依次为"平台运行稳定度""网络速度流畅度""师生互动即时度"。

在西部区域高校,教师对线上教学技术支持最为满意的三个指标依次为:"工具使用便捷度""画面音频清晰度""平台运行稳定度",其后依次为"文件传输顺畅度""网络速度流畅度""师生互动即时度"。

在其他区域高校,教师对线上教学对教学平台各项功能最为满意的三个功能依次为:"文件传输顺畅度""画面音频清晰度""工具使用便捷度",其后依次为"平台运行稳定度""网络速度流畅度""师生互动即时度"(见表5-1-6)。

表 5-1-6　不同区域高校教师教学技术支持的满意指数及排序

| 平台技术支持 | 区域 | 不知道 | 非常不好 | 不好 | 一般 | 好 | 非常好 | 卡方值 | $p$值 | 满意指数 | 排序 |
|---|---|---|---|---|---|---|---|---|---|---|---|
| 网络速度流畅度 | 东部 | 0.1% | 0.8% | 3.9% | 31.9% | 53.6% | 9.6% | 99.339 | 0.000 | 0.611 | 5 |
| | 中部 | 0.1% | 0.6% | 3.8% | 37.0% | 49.9% | 8.6% | | | 0.603 | 5 |
| | 西部 | 0.1% | 1.8% | 5.8% | 38.1% | 46.8% | 7.3% | | | 0.586 | 5 |
| | 其他 | | | 7.6% | 36.4% | 47.0% | 9.1% | | | 0.596 | 5 |

续表

| 平台技术支持 | 区域 | 不知道 | 非常不好 | 不好 | 一般 | 好 | 非常好 | 卡方值 | p值 | 满意指数 | 排序 |
|---|---|---|---|---|---|---|---|---|---|---|---|
| 平台运行稳定度 | 东部 | 0.2% | 0.5% | 3.7% | 31.6% | 54.1% | 9.9% | 69.342 | 0.000 | 0.614 | 4 |
| | 中部 | 0.1% | 0.5% | 2.9% | 35.9% | 51.4% | 9.3% | | | 0.610 | 4 |
| | 西部 | 0.0% | 1.2% | 5.0% | 36.0% | 49.7% | 8.0% | | | 0.597 | 3 |
| | 其他 | | 1.5% | 3.0% | 36.4% | 51.5% | 7.6% | | | 0.601 | 4 |
| 画面音频清晰度 | 东部 | 0.6% | 0.3% | 1.8% | 25.4% | 60.7% | 11.2% | 62.664 | 0.000 | 0.631 | 1 |
| | 中部 | 0.4% | 0.4% | 2.1% | 27.8% | 58.0% | 11.3% | | | 0.628 | 2 |
| | 西部 | 0.7% | 0.8% | 2.8% | 30.7% | 55.7% | 9.2% | | | 0.613 | 2 |
| | 其他 | | 3.0% | 1.5% | 30.3% | 56.1% | 9.1% | | | 0.611 | 2 |
| 师生互动即时度 | 东部 | 0.7% | 1.0% | 6.6% | 39.2% | 44.2% | 8.4% | 58.851 | 0.000 | 0.584 | 6 |
| | 中部 | 0.2% | 1.0% | 6.5% | 41.5% | 42.4% | 8.5% | | | 0.584 | 6 |
| | 西部 | 0.3% | 1.7% | 8.4% | 40.1% | 43.2% | 6.3% | | | 0.572 | 6 |
| | 其他 | | | 7.6% | 40.9% | 43.9% | 7.6% | | | 0.586 | 6 |
| 文件传输顺畅度 | 东部 | 0.6% | 0.5% | 2.9% | 27.0% | 56.6% | 12.5% | 192.223 | 0.000 | 0.626 | 3 |
| | 中部 | 0.3% | 0.5% | 2.4% | 29.7% | 54.4% | 12.7% | | | 0.626 | 3 |
| | 西部 | 0.8% | 1.9% | 5.4% | 35.0% | 48.8% | 8.1% | | | 0.589 | 4 |
| | 其他 | | | 3.0% | 34.8% | 53.0% | 9.1% | | | 0.614 | 1 |
| 工具使用便捷度 | 东部 | 0.2% | 0.5% | 2.2% | 27.6% | 57.7% | 11.7% | 36.959 | 0.001 | 0.629 | 2 |
| | 中部 | 0.3% | 0.2% | 1.8% | 28.7% | 57.7% | 11.3% | | | 0.629 | 1 |
| | 西部 | 0.2% | 0.5% | 2.8% | 31.3% | 55.6% | 9.5% | | | 0.617 | 1 |
| | 其他 | | | 3.0% | 40.9% | 42.4% | 13.6% | | | 0.611 | 3 |

通过进一步检验分析,不同区域高校教师对线上教学技术支持满意度存在一定的差异。在"网络速度流畅度"指标中,东部区域教师的满意度显著高于中部区域和西部区域,中部区域教师的满意度显著高于西部区域;在"平台运行稳定度""画面音频清晰度""师生互动即时度""文件传输顺畅度"和"工具使用便捷度"指标中,情况基本一致,都表现为东部区域和中部区域教师的满意度均显著高于西部区域(见表5-1-7和表5-1-8)。

表 5-1-7　不同区域高校教师在教学技术支持评价的差异比较

| 平台技术支持 | 区域 | 个案数 | 平均值 | 标准差 |
| --- | --- | --- | --- | --- |
| 网络速度流畅度 | 东部 | 6412 | 3.67 | 0.747 |
|  | 中部 | 5100 | 3.62 | 0.730 |
|  | 西部 | 2069 | 3.52 | 0.797 |
|  | 其他 | 66 | 3.58 | 0.766 |
|  | 总计 | 13647 | 3.63 | 0.750 |
| 平台运行稳定度 | 东部 | 6412 | 3.69 | 0.735 |
|  | 中部 | 5100 | 3.66 | 0.714 |
|  | 西部 | 2069 | 3.58 | 0.763 |
|  | 其他 | 66 | 3.61 | 0.742 |
|  | 总计 | 13647 | 3.66 | 0.732 |
| 画面音频清晰度 | 东部 | 6412 | 3.79 | 0.718 |
|  | 中部 | 5100 | 3.77 | 0.721 |
|  | 西部 | 2069 | 3.68 | 0.772 |
|  | 其他 | 66 | 3.67 | 0.791 |
|  | 总计 | 13647 | 3.76 | 0.729 |
| 师生互动即时度 | 东部 | 6412 | 3.50 | 0.831 |
|  | 中部 | 5100 | 3.50 | 0.793 |
|  | 西部 | 2069 | 3.43 | 0.823 |
|  | 其他 | 66 | 3.52 | 0.749 |
|  | 总计 | 13647 | 3.49 | 0.816 |
| 文件传输顺畅度（包括教师提交课程材料和学生提交作业等） | 东部 | 6412 | 3.76 | 0.770 |
|  | 中部 | 5100 | 3.76 | 0.739 |
|  | 西部 | 2069 | 3.53 | 0.851 |
|  | 其他 | 66 | 3.68 | 0.683 |
|  | 总计 | 13647 | 3.72 | 0.776 |
| 工具使用便捷度 | 东部 | 6412 | 3.77 | 0.715 |
|  | 中部 | 5100 | 3.77 | 0.693 |
|  | 西部 | 2069 | 3.70 | 0.715 |
|  | 其他 | 66 | 3.67 | 0.751 |
|  | 总计 | 13647 | 3.76 | 0.707 |

表 5-1-8　不同区域高校教师教学技术支持比较的方差分析摘要表

| 平台技术支持 | 区域 | 平方和 | 自由度 | 均方 | F | 事后比较 |
| --- | --- | --- | --- | --- | --- | --- |
| 网络速度流畅度 | 组间 | 36.965 | 3 | 12.322 | 21.994*** | A>B |
|  | 组内 | 7643.137 | 13643 | 0.560 |  | A>C |
|  | 总计 | 7680.103 | 13646 |  |  | B>C |
| 平台运行稳定度 | 组间 | 17.029 | 3 | 5.676 | 10.602*** | A>C |
|  | 组内 | 7304.466 | 13643 | 0.535 |  | B>C |
|  | 总计 | 7321.494 | 13646 |  |  |  |
| 画面音频清晰度 | 组间 | 20.524 | 3 | 6.841 | 12.922*** | A>C |
|  | 组内 | 7222.778 | 13643 | 0.529 |  | B>C |
|  | 总计 | 7243.301 | 13646 |  |  |  |
| 师生互动即时度 | 组间 | 9.122 | 3 | 3.041 | 4.574* | A>C |
|  | 组内 | 9070.001 | 13643 | 0.665 |  | B>C |
|  | 总计 | 9079.123 | 13646 |  |  |  |
| 文件传输顺畅度 | 组间 | 87.676 | 3 | 29.225 | 49.098*** | A>C |
|  | 组内 | 8120.857 | 13643 | 0.595 |  | B>C |
|  | 总计 | 8208.533 | 13646 |  |  |  |
| 工具使用便捷度 | 组间 | 9.559 | 3 | 3.186 | 6.379*** | A>C |
|  | 组内 | 6814.792 | 13643 | 0.500 |  | B>C |
|  | 总计 | 6824.351 | 13646 |  |  |  |

注：* 表示 $p<0.05$，*** 表示 $p<0.001$。

### (六)不同区域高校教师对线上教学服务保障的满意度分析

根据线上教学服务保障的满意评价8个指标(网络条件支持、教学平台支持、电子资源支持、技术队伍支持、技术使用培训支持、教学方法培训支持、学校政策支持及各级领导支持)，研究通过计算"服务保障满意指数"，对各指标进行排序，以此来测量不同区域高校教师对线上教学服务的满意程度。

其中，满意指数的赋值标准为，"不知道＝0,非常不好＝1,不好＝2,一般＝3,好＝4,非常好＝5","服务保障满意指数"根据下列公式计算得出：

$$服务保障满意指数 = \sum_{i=1}^{6}c_i x_i/6 \qquad (6-1-3)$$

其中，$c_i$ 表示在由"不知道"到"非常好"的6个重要性等级中，第 i 个等级的加权系数，当 i 等于1、2、3、4、5、6 时，$c_i$ 分别对应等于0、1、2、3、4、5；$x_i$ 表示由"不知道"到"非常好"的6个重要性等级中，对某个指标回答其满意度为

第 $i$ 个等级的个案数占有效个案数的百分比。研究发现：

在东部区域高校，教师对线上教学服务保障最为满意3个指标是"各级领导对线上教学的支持""技术使用培训支持""教学方法培训支持"，其后依次是"技术队伍支持""各类教学平台支持""网络条件支持""学校政策支持""电子资源支持"。

在中部区域高校，教师线上教学服务保障最为满意3个指标是"各级领导支持""技术使用培训支持""教学方法培训支持"，其后依次是"技术队伍支持""各类教学平台支持""学校政策支持""网络条件支持""电子资源支持"。

在西部区域高校，教师线上教学服务保障最为满意3个指标是"各级领导支持""技术使用培训支持""教学方法培训支持"，其后依次是"技术队伍支持""教学平台支持""学校政策支持""网络条件支持""电子资源支持"。

在其他区域高校，教师线上教学服务保障最为满意3个指标是"各级领导支持""教学方法培训支持""技术使用培训支持"，其后依次是"教学平台支持""网络条件支持""电子资源支持""技术队伍支持""学校政策支持"（见表5-1-9）。

表 5-1-9 不同区域高校线上教学服务保障的满意指数及排序

| 服务保障 | 区域 | 不知道 | 非常不好 | 不好 | 一般 | 好 | 非常好 | 卡方值 | $p$ 值 | 满意指数 | 排序 |
|---|---|---|---|---|---|---|---|---|---|---|---|
| 网络条件支持 | 东部 | 0.3% | 0.7% | 3.8% | 31.4% | 54.0% | 9.9% | 114.49 | 0.000 | 0.613 | 6 |
| | 中部 | 0.1% | 0.7% | 4.0% | 35.7% | 50.1% | 9.3% | | | 0.605 | 7 |
| | 西部 | 0.1% | 1.4% | 6.8% | 37.8% | 47.2% | 6.7% | | | 0.584 | 7 |
| | 其他 | | | 6.1% | 42.4% | 39.4% | 12.1% | | | 0.596 | 5 |
| 教学平台支持 | 东部 | 0.7% | 0.2% | 1.6% | 24.8% | 60.9% | 11.7% | 88.41 | 0.000 | 0.633 | 5 |
| | 中部 | 0.7% | 0.2% | 1.0% | 24.6% | 61.1% | 12.5% | | | 0.638 | 5 |
| | 西部 | 0.8% | 0.5% | 2.4% | 30.9% | 57.5% | 7.9% | | | 0.613 | 5 |
| | 其他 | 1.5% | | 1.5% | 34.8% | 50.0% | 12.1% | | | 0.614 | 4 |
| 电子资源支持 | 东部 | 3.5% | 1.4% | 6.2% | 37.0% | 43.0% | 9.0% | 35.88 | 0.002 | 0.57 | 8 |
| | 中部 | 2.6% | 0.9% | 5.6% | 36.3% | 44.6% | 10.0% | | | 0.582 | 8 |
| | 西部 | 2.9% | 1.6% | 6.8% | 38.4% | 42.2% | 8.0% | | | 0.567 | 8 |
| | 其他 | 3.0% | | 7.6% | 33.3% | 39.4% | 16.7% | | | 0.593 | 6 |

续表

| 服务保障 | 区域 | 不知道 | 非常不好 | 不好 | 一般 | 好 | 非常好 | 卡方值 | p值 | 满意指数 | 排序 |
|---|---|---|---|---|---|---|---|---|---|---|---|
| 技术队伍支持 | 东部 | 1.9% | 0.5% | 1.9% | 21.5% | 53.9% | 20.1% | 124.5 | 0.000 | 0.642 | 4 |
| | 中部 | 1.5% | 0.5% | 1.7% | 21.5% | 53.7% | 21.1% | | | 0.648 | 4 |
| | 西部 | 1.4% | 1.4% | 3.8% | 25.4% | 53.7% | 14.2% | | | 0.618 | 4 |
| | 其他 | 4.5% | 1.5% | 7.6% | 24.2% | 45.5% | 16.7% | | | 0.591 | 7 |
| 技术使用培训支持 | 东部 | 0.7% | 0.5% | 1.4% | 18.6% | 55.6% | 23.2% | 92.92 | 0.000 | 0.663 | 2 |
| | 中部 | 0.6% | 0.3% | 1.3% | 18.7% | 55.5% | 23.6% | | | 0.665 | 2 |
| | 西部 | 0.4% | 1.1% | 2.7% | 22.5% | 55.8% | 17.5% | | | 0.641 | 2 |
| | 其他 | 1.5% | 1.5% | 6.1% | 21.2% | 53.0% | 16.7% | | | 0.621 | 3 |
| 教学方法培训支持 | 东部 | 0.7% | 0.4% | 1.5% | 19.5% | 54.4% | 23.5% | 106.74 | 0.000 | 0.661 | 3 |
| | 中部 | 0.6% | 0.3% | 1.2% | 19.6% | 54.5% | 23.8% | | | 0.664 | 3 |
| | 西部 | 0.4% | 0.8% | 3.3% | 23.5% | 53.9% | 18.0% | | | 0.639 | 3 |
| | 其他 | | | 7.6% | 22.7% | 51.5% | 18.2% | | | 0.634 | 2 |
| 学校政策支持 | 东部 | 6.0% | 0.7% | 2.9% | 23.3% | 48.3% | 18.8% | 121.72 | 0.000 | 0.606 | 7 |
| | 中部 | 4.7% | 0.7% | 2.8% | 23.2% | 49.3% | 19.3% | | | 0.616 | 6 |
| | 西部 | 4.3% | 1.9% | 4.1% | 29.7% | 46.5% | 13.4% | | | 0.588 | 6 |
| | 其他 | 9.1% | 1.5% | 9.1% | 24.2% | 40.9% | 15.2% | | | 0.553 | 8 |
| 各级领导支持 | 东部 | 2.0% | 0.2% | 0.8% | 14.0% | 55.7% | 27.3% | 80.11 | 0.000 | 0.671 | 1 |
| | 中部 | 1.8% | 0.3% | 1.0% | 14.2% | 54.5% | 28.3% | | | 0.674 | 1 |
| | 西部 | 1.6% | 0.6% | 1.5% | 17.9% | 57.1% | 21.3% | | | 0.653 | 1 |
| | 其他 | 1.5% | 1.5% | 4.5% | 19.7% | 51.5% | 21.2% | | | 0.636 | 1 |

通过进一步检验分析，在"网络条件支持"指标上，东部区域教师的满意度显著高于中部区域和西部区域，中部区域教师的满意度显著高于西部区域；在"教学平台支持""学校技术队伍支持""技术使用培训支持""教学方法培训支持""学校政策支持""各级领导支持"这六个指标情况基本一致，都表现为东部区域和中部区域教师的满意度显著高于西部区域；在"电子资源支持"指标中，中部区域教师的满意度显著高于东部和西部区域（见表5-1-10和表5-1-11）。

表 5-1-10  不同区域高校教师对教学服务保障评价的差异比较

| 服务保障 | 区域 | 个案数 | 平均值 | 标准差 |
| --- | --- | --- | --- | --- |
| 网络条件支持 | 东部 | 6412 | 3.68 | 0.751 |
|  | 中部 | 5100 | 3.63 | 0.747 |
|  | 西部 | 2069 | 3.51 | 0.788 |
|  | 其他 | 66 | 3.58 | 0.786 |
|  | 总计 | 13647 | 3.63 | 0.757 |
| 教学平台支持 | 东部 | 6412 | 3.80 | 0.725 |
|  | 中部 | 5100 | 3.83 | 0.711 |
|  | 西部 | 2069 | 3.68 | 0.744 |
|  | 其他 | 66 | 3.68 | 0.826 |
|  | 总计 | 13647 | 3.79 | 0.725 |
| 电子资源支持 | 东部 | 6412 | 3.42 | 1.021 |
|  | 中部 | 5100 | 3.49 | 0.963 |
|  | 西部 | 2069 | 3.40 | 0.987 |
|  | 其他 | 66 | 3.56 | 1.054 |
|  | 总计 | 13647 | 3.44 | 0.996 |
| 技术队伍支持 | 东部 | 6412 | 3.85 | 0.913 |
|  | 中部 | 5100 | 3.89 | 0.875 |
|  | 西部 | 2069 | 3.71 | 0.909 |
|  | 其他 | 66 | 3.55 | 1.179 |
|  | 总计 | 13647 | 3.84 | 0.902 |
| 技术使用培训支持 | 东部 | 6412 | 3.98 | 0.789 |
|  | 中部 | 5100 | 3.99 | 0.771 |
|  | 西部 | 2069 | 3.85 | 0.808 |
|  | 其他 | 66 | 3.73 | 0.969 |
|  | 总计 | 13647 | 3.96 | 0.788 |
| 教学方法培训支持 | 东部 | 6412 | 3.97 | 0.805 |
|  | 中部 | 5100 | 3.99 | 0.778 |
|  | 西部 | 2069 | 3.84 | 0.815 |
|  | 其他 | 66 | 3.80 | 0.827 |
|  | 总计 | 13647 | 3.95 | 0.798 |

续表

| 服务保障 | 区域 | 个案数 | 平均值 | 标准差 |
|---|---|---|---|---|
| 学校政策支持 | 东部 | 6412 | 3.64 | 1.194 |
|  | 中部 | 5100 | 3.70 | 1.124 |
|  | 西部 | 2069 | 3.53 | 1.111 |
|  | 其他 | 66 | 3.32 | 1.383 |
|  | 总计 | 13647 | 3.64 | 1.158 |
| 各级领导支持 | 东部 | 6412 | 4.03 | 0.890 |
|  | 中部 | 5100 | 4.04 | 0.877 |
|  | 西部 | 2069 | 3.92 | 0.870 |
|  | 其他 | 66 | 3.82 | 0.975 |
|  | 总计 | 13647 | 4.02 | 0.883 |

表 5-1-11　不同区域高校教师对教学服务保障评价差异比较的方差分析摘要表

| 服务保障 |  | 平方和 | 自由度 | 均方 | F | 事后比较 |
|---|---|---|---|---|---|---|
| 网络条件支持 | 组间 | 47.761 | 3 | 15.920 | 27.919*** | A＞B |
|  | 组内 | 7779.800 | 13643 | 0.570 |  | A＞C |
|  | 总计 | 7827.561 | 13646 |  |  | B＞C |
| 教学平台支持 | 组间 | 35.426 | 3 | 11.809 | 22.588*** | A＞C |
|  | 组内 | 7132.552 | 13643 | 0.523 |  | B＞C |
|  | 总计 | 7167.979 | 13646 |  |  |  |
| 电子资源支持 | 组间 | 22.518 | 3 | 7.506 | 7.581*** | B＞A |
|  | 组内 | 13508.180 | 13643 | 0.990 |  | B＞C |
|  | 总计 | 13530.699 | 13646 |  |  |  |
| 技术队伍支持 | 组间 | 53.217 | 3 | 17.739 | 21.894*** | A＞C |
|  | 组内 | 11054.009 | 13643 | 0.810 |  | B＞C |
|  | 总计 | 11107.225 | 13646 |  |  |  |
| 技术使用培训支持 | 组间 | 37.443 | 3 | 12.481 | 20.189*** | A＞C |
|  | 组内 | 8434.129 | 13643 | 0.618 |  | B＞C |
|  | 总计 | 8471.572 | 13646 |  |  |  |
| 教学方法培训支持 | 组间 | 35.955 | 3 | 11.985 | 18.882*** | A＞C |
|  | 组内 | 8659.843 | 13643 | 0.635 |  | B＞C |
|  | 总计 | 8695.798 | 13646 |  |  |  |

续表

| 服务保障 | | 平方和 | 自由度 | 均方 | $F$ | 事后比较 |
|---|---|---|---|---|---|---|
| 学校政策支持 | 组间 | 49.590 | 3 | 16.530 | 12.352*** | A>C |
| | 组内 | 18256.981 | 13643 | 1.338 | | B>C |
| | 总计 | 18306.571 | 13646 | | | |
| 各级领导支持 | 组间 | 25.985 | 3 | 8.662 | 11.122*** | A>C |
| | 组内 | 10625.305 | 13643 | 0.779 | | B>C |
| | 总计 | 10651.290 | 13646 | | | |

注：*** 表示 $p<0.001$。

## 四、结果讨论

### （一）研究主要发现

1.高校教师对教学平台的类型选择情况比较集中。线上教学过程中，不同区域高校教师对教学平台的选择基本一致，都是以选择"校外教学平台"为主，比例在 50% 左右。不同区域的教师单纯"使用学校自建教学平台"的比例仅占 10% 左右。可见，高校教师对于校外教学平台的认可度是比较高的。

2.不同区域高校教师对校外教学平台的选择情况基本一致。被选中率较高的教学平台集中于当前互联网中知名的校外教学平台，如"学习通/超星尔雅""中国大学 MOOC 平台/爱课程""腾讯课堂"等。区别仅在于各校外教学平台在不同区域中的分布有所区别，在东西部区域中，各校外教学平台的占比比较分散，而在中部区域"学习通/超星尔雅"具有绝对优势。

3.线上教学一门课使用的平台数量以 2 个平台为主要选项。线上教学中，教师通常需要同时借助课程平台和通信平台进行授课。因此，选择 2 个平台的情况最为普遍。其中，通信平台的选择，往往与教师日常使用习惯密切相关，具有地域性分布特点，这就解释了在不同区域校外平台选择中，通信平台的占比在不同区域存在差异。如在东部区域，"微信或企业微信"的占比较高，在中部区域，"微信或企业微信"和"钉钉"的占比较高，在西部区域"微信或企业微信"和"zoom"的占比较高。

4.不同区域高校教师对线上教学平台各项功能满意度排序基本一致。在四个区域中各项功能满意度排序前两位的都是线上教学平台的"课堂考勤管理"和"提交或传输课程资料"功能。但是，不同区域各项功能满意指数存在差异，其中，中部区域的满意指数最高，西部区域的满意指数最低。

5.不同区域高校教师对线上教学技术支持的满意度排序基本一致。在四个区域中对技术支持最为满意的前三位是"画面音频清晰度""工具使用便捷度""文件传输顺畅度"。但是,不同区域各项技术支持满意指数存在差异,其中东部区域和中部区域的满意指数均高于西部区域。

6.不同区域高校教师对线上教学服务保障的满意度排序也基本一致。在四个区域中对线上教学服务保障最满意的前三位是"各级领导支持""技术使用培训支持""教学方法培训支持"。但是,不同区域线上教学服务保障的满意指数存在差异,其中东部区域和中部区域的满意指数均高于西部区域。

从上述各项功能满意度、技术支持的满意度和线上教学服务保障的满意度这三个指标都反映出,在不同区域,尤其是西部区域与东、中部区域相比,线上教学存在事实技术差距。

(二)研究启示

1.就教学平台的类型选择情况看,尽管从20世纪90年代开始,国家就大力推进各种远程教育工程、精品课程等数字化校园、线上教学平台、信息化教学资源库等方面的建设,但事实上,已开发的网络化资源、线上课程或者精品课程并没有得到有效应用。从本次调查看,学校自建的教学平台被选中率仅在10%左右能够得到体现。国内大部分高校在各种硬件和软件、线上教学平台搭建等方面已经有较大的投入,但是使用率不高。此外,搭建线上教学平台也应该有所分工。高水平大学可以大力开发平台,凭借自己的优质教育资源在市场中占据产业链高端。特色高校一方面可以使用他人优质的教学平台开展教学工作,另一方面可以根据特色学科专业,搭建相应的特色化的教学平台,形成在教学平台发展中分层分类发展模式。

2.就教学平台的搭配情况看,"双平台"模式是当前线上教学的主要模式。课程平台和通信平台搭配使用,通过课程平台提供课程的基本信息、学习资源及开展课程活动(如课前预习、作业、测试、课后答疑等),通过通信平台进行即时对话,利用"双平台"模式把课前、课中和课后环节有机地串联起来。然而,从发展趋势而言,不论哪种网络教学平台,都需要适应用户需求并不断加以改进。如对学生而言,教学平台应根据学生的学习特点作出相应的改进;对教师而言,教学平台要满足教师个性化的课程建设需求;对学习环境而言,教学平台要满足环境充分的交互作用的需求。特别是在人工智能、大数据分析等技术手段不断成熟的背景下,应构建一个重视用户体验、适应个性化要求及满足交互需求的教学平台。

# 第二节 不同类型教师主体对线上教学环境及支持的评价

## 一、研究问题

本节将重点研究基于不同性别、不同年龄(教龄)段、不同学科、不同学校类别、不同类型等人口变量特征的教师主体对线上教学环境及技术支持满意度评价,分析影响教师对线上教学环境及技术支持满意度的因素。

## 二、研究方法

(一)研究样本

本节样本同本章首节。

(二)变量定义

高校教师线上教学环境及支持变量定义为:线上教学平台使用情况、一门课程最多使用教学平台数、使用校外教学平台情况、教师对线上教学平台功能满意度评价、对教学平台技术支持的满意度评价及对线上教学服务保障的满意度评价(见表5-2-1)。

表 5-2-1 变量定义

| 变量 | 定义 |
| --- | --- |
| 性别 | 男、女 |
| 年龄 | 20～29 岁、30～35 岁、36～40 岁、41～45 岁、46～50 岁、51～55 岁、56 岁及以上 |
| 教龄 | 1～5 年、6～10 年、11～15 年、16～20 年、21～25 年、26～30 年、31 年及以上 |
| 职称 | 正高、副高、中级、初级 |
| 学校区域 | 东部、中部、西部 |
| 学校类别 | 公办、民办 |
| 学科 | 人文学科、社会科学、自然学科 |

续表

| 变量 | 定义 |
| --- | --- |
| 课程类型 | 专业必修课、专业选修课、公共必修课、公共选修课 |
| 学校类型 | 研究型大学、一般本科高校、高职院校 |
| 使用教学平台类型 | 学校自建教学平台、校外教学平台、混合使用校内外教学平台、未使用平台 |
| 一门课程最多使用平台数量 | 1~10 |
| 常用校外教学平台 | 中国大学MOOC、学习通等 |
| 教学平台功能满意度 | 完全不能满足、不能满足、一般、满足、完全能满足 |
| 教学平台技术支持满意度 | 非常不好、不好、一般、好、非常好 |
| 线上教学服务保障满意度 | 非常不好、不好、一般、好、非常好 |

（三）研究工具及分析方法

本节研究以 SPSS 为主要研究工具，辅之以 Excel 作图工具来展现类型差异；在分析方法的使用上，以定量研究为主，在定量研究中将描述性分析与推论性分析相结合，同时对数据分析结果进行原因剖析。

## 三、描述性分析

（一）性别差异

1.不同性别教师的线上教学平台使用情况有所差异

其一，对于高校教师线上教学平台使用情况而言，高校男教师使用"学校自建教学平台""校外教学平台""混合使用校内外平台""未使用平台"的人数分别为 776、3235、2487、87，高校女教师使用"学校自建教学平台""校外教学平台""混合使用校内外平台""未使用平台"的人数分别为 945、3994、3679、74（如图 5-2-1）；其二，高校男教师与女教师使用校外教学平台和混合使用校内外平台占比分别达到 86.91%、88.28%，说明疫情防控期间高校教师主要以校外及混合使用平台为主，学校自建教学平台使用较少；其三，通过对 4 个变量"学校自建教学平台""校外教学平台""混合使用校内外平台""未使用平台"进行独立样本 $t$ 检验之后发现，在使用学校自建教学平台中，高校男女教师性别差异不显著（$t=1.609, p=0.108$），而在"校外教学平台"（$t=3.661, p=0.000$）、"混合使用校内外平台"（$t=-6.328, p=0.000$）使用及"未使用平台"（$t=2.693, p=0.007$）中高校男女教师呈现显著性差异。

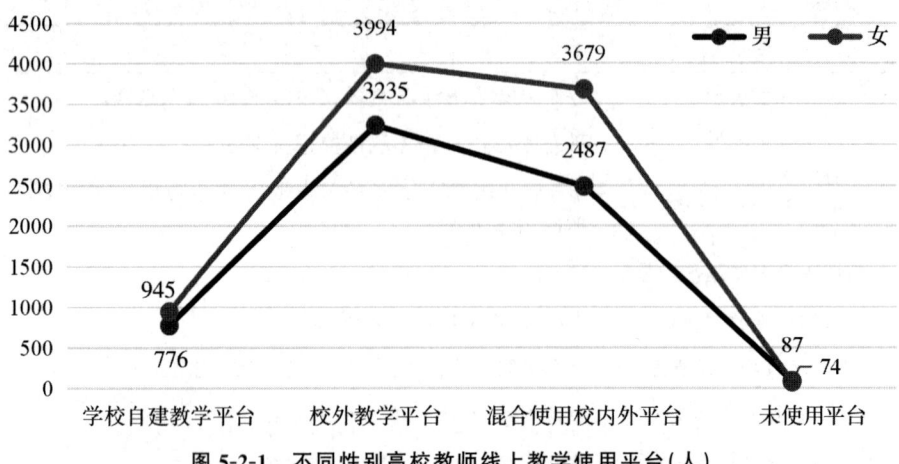

图 5-2-1　不同性别高校教师线上教学使用平台(人)

**2. 一门课程最多使用线上教学平台情况因性别不同而体现出差异**

高校教师在教学一门课程时大多数使用2个或3个教学平台(图5-2-2显示),其中男教师使用平台数量最多的依次为2个或1个,占76.29%;女教师使用平台数量最多的依次为2个或3个,占81.68%。经检验之后发现高校教师在一门课程中使用教学平台的数量随性别不同呈现显著差异($t=-11.924, p=0.000$)。

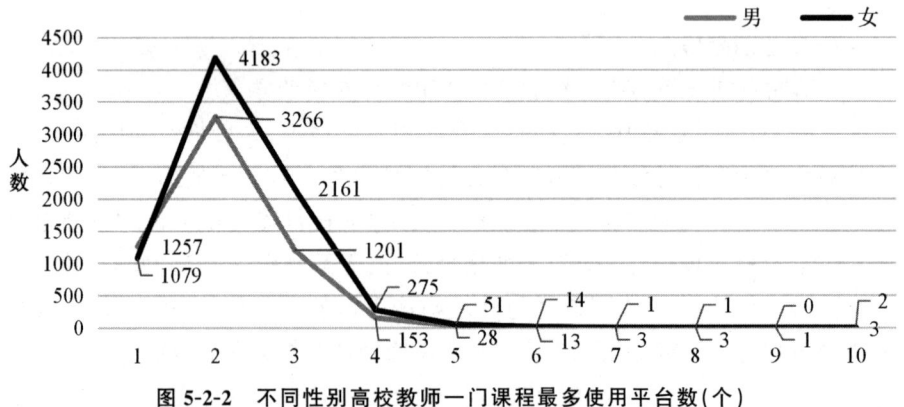

图 5-2-2　不同性别高校教师一门课程最多使用平台数(个)

**3. 不同性别教师使用校外线上教学平台的情况有所不同**

从不同性别教师使用教学平台情况(图5-2-3)分析可知:

其一,在调查问卷中列出19个线上常用教学平台,高校教师线上教学集中使用学习通/超星尔雅、中国大学MOOC平台及QQ直播三大平台。

其二,高校教师在使用中国大学MOOC平台/爱课程($t=-3.559, p=$

0.000)、网教通/101PPT/Edumodo($t=3.458$, $p=0.001$)、智慧树($t=-2.681$, $p=0.007$)、zoom($t=-7.067$, $p=0.000$)、学习通/超星尔雅($t=-4.759$, $p=0.000$)、畅课($t=-5.050$, $p=0.000$)平台中性别差异显著,而在使用其他平台如微信或企业微信($t=-1.305$, $p=0.192$)、国家虚拟仿真实验教学综合平台($t=-0.369$, $p=0.711$)、讯飞听见($t=1.000$, $p=0.317$)、飞书($t=1.044$, $p=0.297$)、雨课堂/学堂在线($t=-0.722$, $p=0.471$)、UMU($t=-1.065$, $p=0.287$)、钉钉($t=-0.859$, $p=0.391$)、Welink($t=0.209$, $p=0.835$)、腾讯课堂($t=0.284$, $p=0.776$)、CCTALK($t=-1.389$, $p=0.165$)、腾讯会议($t=0.427$, $p=0.670$)、Skype($t=1.182$, $p=0.237$)、QQ直播($t=-1.362$, $p=0.173$)中性别差异不显著。

其三,调查问卷中列出了"其他"项,在对高校教师使用其他教学平台进行文本分析后发现,高校教师使用的其他教学平台有问卷星、QQ群、Bilibili、职教云、高校邦、优慕课、中北大学教学管理平台、掌上高校等。

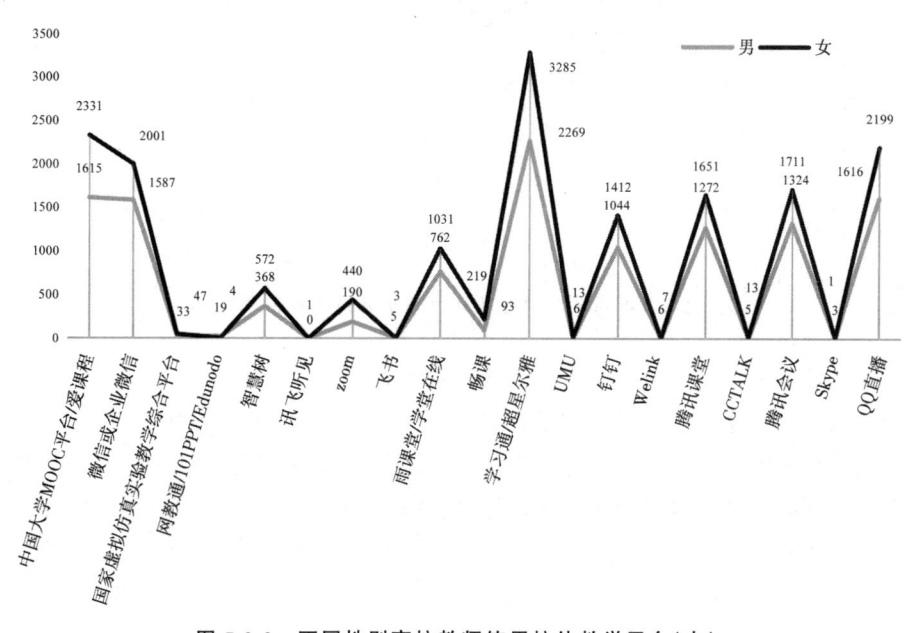

图 5-2-3 不同性别高校教师使用校外教学平台(人)

4.不同性别教师对线上教学平台功能的满意度评价有所差异

通过对比男女教师对教学平台功能的满意度评价(见图 5-2-4)可知:

其一,不论是男教师还是女教师皆认为线上教学平台"提供或传输课程资料"功能的满意度最高,占比分别为 83.13%、78.51%,而对线上教学平台"线上实验演示"功能的满意度最低,占比分别为 31.27%、31.24%。

其二,经样本 $t$ 检验后发现,高校教师线上教学平台的"线上备课($t=-2.287,p=0.022$)、课堂考勤管理($t=-5.656,p=0.000$)、线上课堂讨论($t=-3.171,p=0.002$)、线上实验演示($t=7.320,p=0.000$)、线上教育测试及评价($t=-3.481,p=0.001$)、线上布置批改作业($t=-7.067,p=0.000$)、线上课后辅导答疑($t=-6.556,p=0.000$)、提交或传输课程资料($t=-7.542,p=0.000$)、通过电子数据分析学生学习行为($t=-5.592,p=0.000$)"功能上男女性别差异显著,而在教学平台的"课堂讲授($t=-0.835,p=0.404$)"功能上男女性别差异不显著。

不同性别高校教师线上教学平台功能满足度(%)

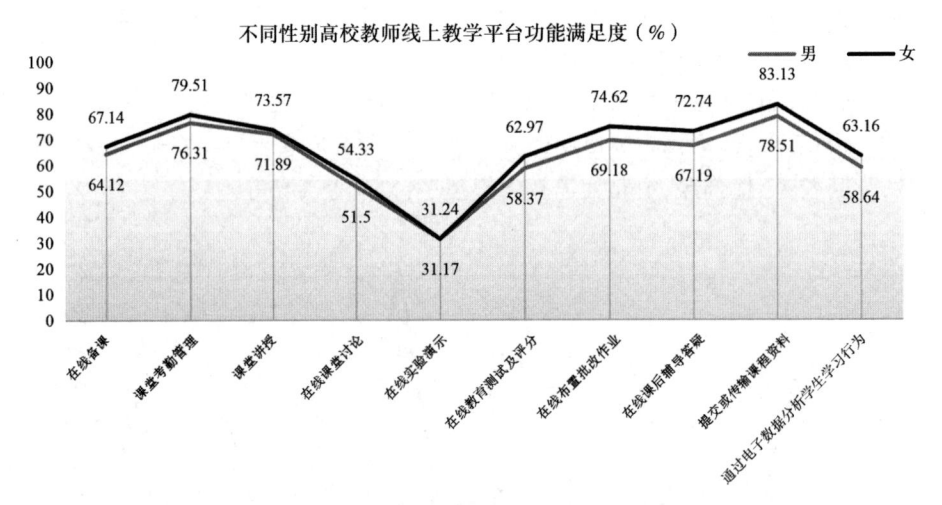

图 5-2-4　不同性别高校教师对教学平台功能满意度(%)

**5.不同性别教师对线上教学技术支持的满意度评价有所差异**

图 5-2-5 是基于不同性别的教师对线上教学技术支持满意度分析,由图可知,教师对线上教学技术支持的满意度有高有低,女教师对线上教学技术支持平台的满意度均高于高校男教师,男教师对师生互动即时度的满意度评价最低;通过 $t$ 检验分析发现高校教师在网络速度流畅度($t=-3.410,p=0.001$)、画面音频清晰度($t=-5.488,p=0.000$)、师生互动即时度($t=-5.008,p=0.000$)、工具使用便捷度($t=-6.370,p=0.000$)、总体评价($t=-6.431,p=0.000$)上的满意度呈现出性别的显著差异,而在平台运行稳定度($t=-0.869,p=0.385$)、文件传输顺畅度($t=-1.113,p=0.266$)的满意度上性别差异不显著。

**6.不同性别教师对线上教学服务保障的满意度评价存在差异**

教师对电子资源支持及网络条件支持的满意度最低,而对各级领导支持满意度最高,达 84.15%、79.45%(如图 5-2-6);通过 $t$ 检验发现,教师对线上

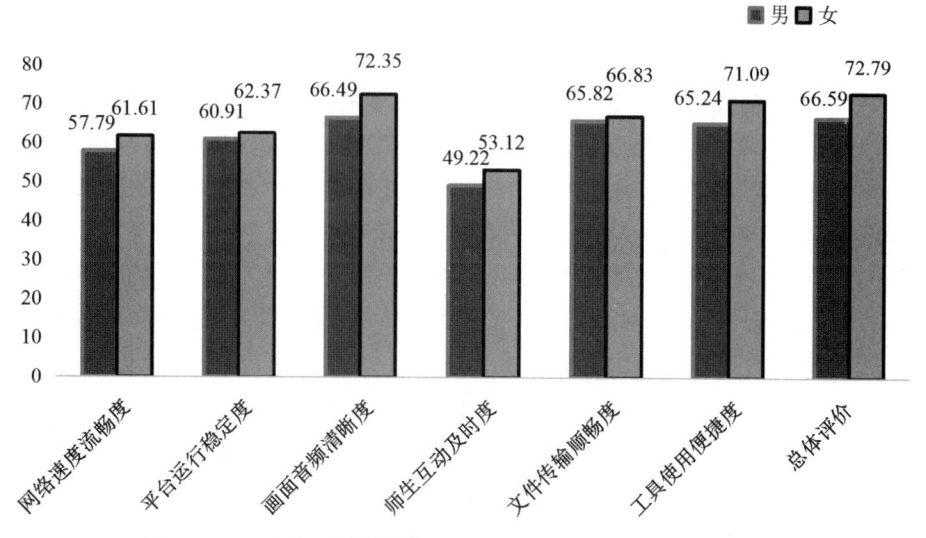

图 5-2-5 不同性别高校教师对线上教学技术支持的满意度(%)

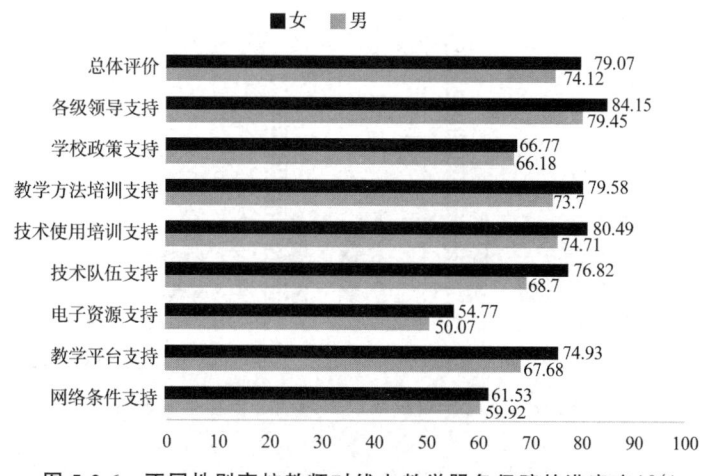

图 5-2-6 不同性别高校教师对线上教学服务保障的满意度(%)

教学服务保障中"教学平台支持($t=-9.045,p=0.000$)、电子资源支持($t=-4.712,p=0.000$)、技术队伍支持($t=-10.042,p=0.000$)、技术使用培训支持($t=-8.617,p=0.000$)、教学方法培训支持($t=-8.293,p=0.000$)、学校政策支持($t=2.543,p=0.011$)、各级领导支持($t=-5.203,p=0.000$)、总体评价($t=-5.613,p=0.000$)"的满意度性别差异显著,而对于"网络条件支持($t=-1.550,p=0.121$)"的满意度男女性别差异不显著。

## (二)年龄差异

**1.不同年龄段教师线上教学平台使用情况有所不同**

其一,教师线上教学平台使用中,不论是学校自建还是校外,或是混合使用校内外平台,平台使用数量最多的为 36~40 岁的教师群体,次之为 41~45 岁教师群体(如图 5-2-7);其二,20~29 岁教师在三大类型平台上的使用率依次为 13.16%、43.66%、42.49%,30~35 岁教师对三大类型平台的使用率分别为 9.16%、50.44%、39.59%,36~40 岁教师对三大类型平台的使用率为 10.47%、48.38%、40.01%,41~45 岁教师对三大类型平台的使用率分别为 11.51%、45.67%、41.59%,46~50 岁教师对三大类型平台的使用率为 11.71%、46.62%、40.58%,51~55 岁教师对三大类型平台的使用率为 12.80%、44.65%、41.32%,56 岁及以上高校教师对三大类型平台的使用率为 15.48%、47.61%、35.73%,可以看出不论教师处于哪个年龄段,其使用最多的仍是校外教学平台。

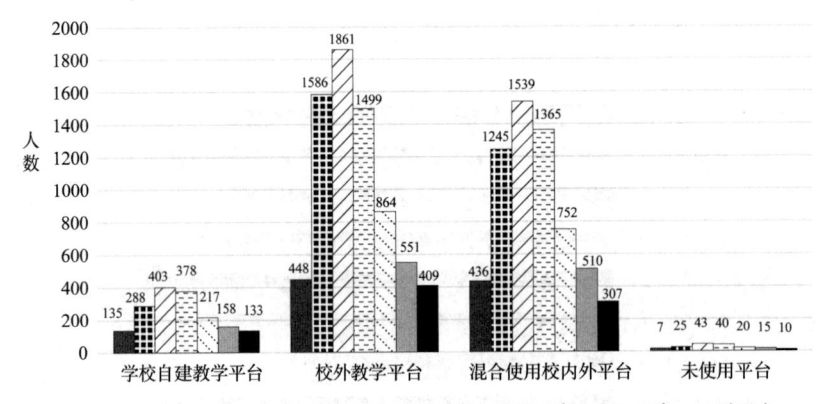

**图 5-2-7 不同年龄段高校教师线上教学平台使用**

**2.不同年龄段教师一门课程最多使用教学平台情况体现出差异**

各个年龄段的高校教师大多数在一门课程中最多倾向于使用 2 个或 3 个教学平台。其中,在一门课程当中最多使用 2 个平台的是 36~40 岁(占 25.77%)、41~45 岁(占 22.00%)、30~35 岁(占 21.49%)年龄段的高校教师群体。

**3.不同年龄段教师使用校外教学平台情况有所差异**

图 5-2-8 显示不同年龄教师使用校外教学平台情况。第一,在调查中所列出的校外平台中各个年龄段高校教师主要使用的有中国大学 MOOC 平台、微信、学习通、QQ 直播、腾讯会议 5 个;36~40 岁的高校教师成为使用这

四个校外平台的群体;第二,在使用学习通教学平台的教师群体中,30~35岁、36~40岁及41~45岁大致相当,说明学习通的受众群体范围较大;第三,56岁及以上的高校教师在所列平台的使用率较少,在其他的校外平台使用中,亦呈现56岁及以上的高校教师使用率较少。

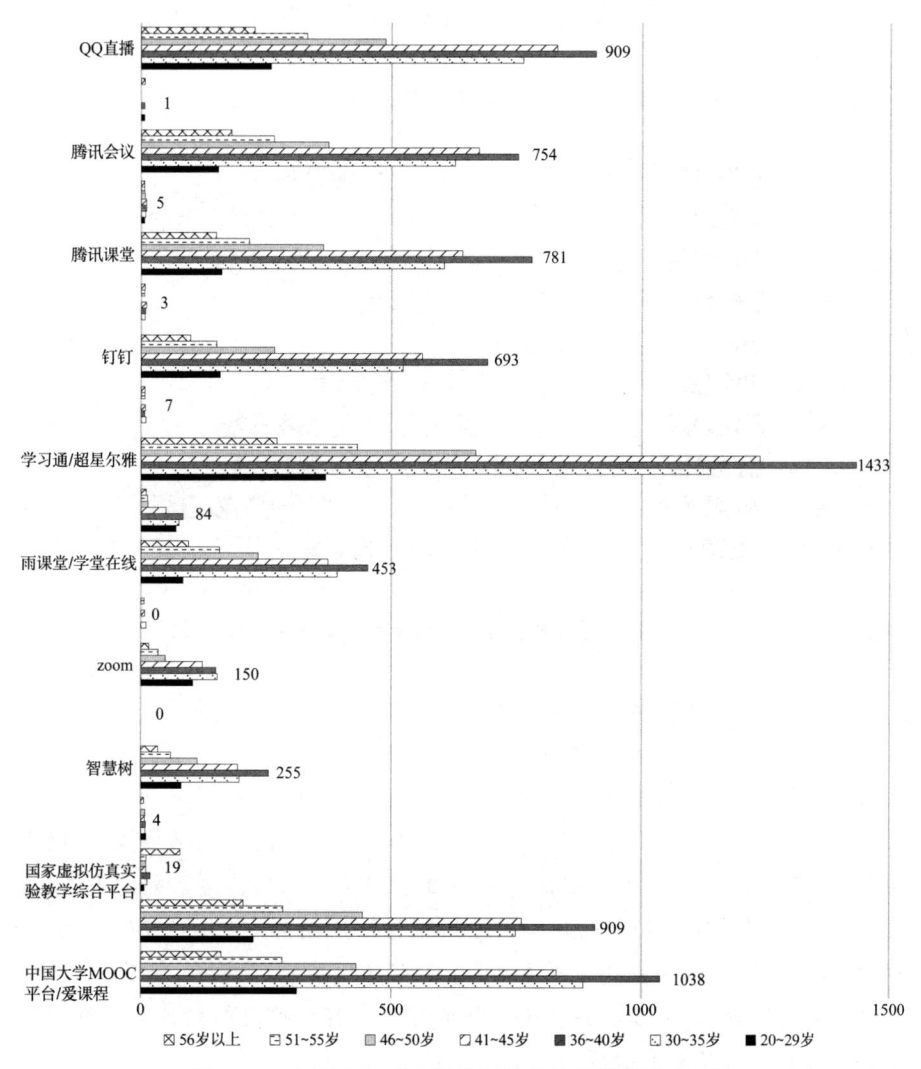

图 5-2-8　不同年龄段高校教师使用校外教学平台(人)

**4.不同年龄段教师对线上教学平台功能的满意度评价不同**

图 5-2-9 显示不同年龄段高校教师对线上教学功能的满意度。其一,线上教学平台的各个功能对于不同年龄段的教师其满意度不同,提交或传输课程资料的功能对高校教师的教学要求满意度最高,均在73%以上,而线上实

验演示功能的满意度最低,均在50%以下;其二,各个年龄段的高校教师对线上教学平台各个功能的满意度各有差异,在线备课、课堂讲授、在线实验演示、在线教育测试及评价、在线布置批改作业、在线课后辅导答疑、提交或传输课程资料、通过电子数据分析学生学习行为功能中满意度前三的是20~29岁、30~35岁、36~40岁高校教师群体,而课堂考勤管理功能满意度前三为20~29岁、36~40岁、41~45岁高校教师群体,线上课堂讨论功能满意度前三的为20~29岁、36~40岁、30~35岁高校教师群体。

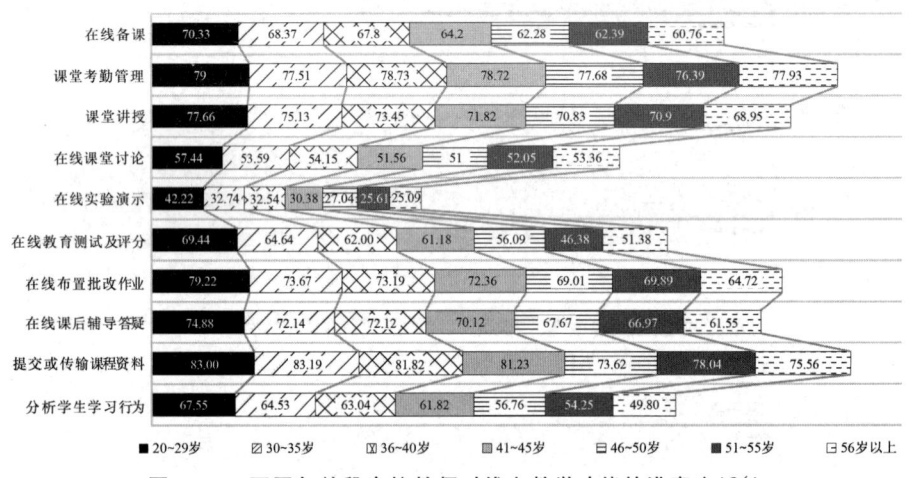

| 功能 | 20~29岁 | 30~35岁 | 36~40岁 | 41~45岁 | 46~50岁 | 51~55岁 | 56岁以上 |
|---|---|---|---|---|---|---|---|
| 在线备课 | 70.33 | 68.37 | 67.8 | 64.2 | 62.28 | 62.39 | 60.76 |
| 课堂考勤管理 | 79 | 77.51 | 78.73 | 78.72 | 77.68 | 76.39 | 77.93 |
| 课堂讲授 | 77.66 | 75.13 | 73.45 | 71.82 | 70.83 | 70.9 | 68.95 |
| 在线课堂讨论 | 57.44 | 53.59 | 54.15 | 51.56 | 51 | 52.05 | 53.36 |
| 在线实验演示 | 42.22 | 32.74 | 32.54 | 30.38 | 27.04 | 25.61 | 25.09 |
| 在线教育测试及评分 | 69.44 | 64.64 | 62.00 | 61.18 | 56.09 | 46.38 | 51.38 |
| 在线布置批改作业 | 79.22 | 73.67 | 73.19 | 72.36 | 69.01 | 69.89 | 64.72 |
| 在线课后辅导答疑 | 74.88 | 72.14 | 72.12 | 70.12 | 67.67 | 66.97 | 61.55 |
| 提交或传输课程资料 | 83.00 | 83.19 | 81.82 | 81.23 | 73.62 | 78.04 | 75.56 |
| 分析学生学习行为 | 67.55 | 64.53 | 63.04 | 61.82 | 56.76 | 54.25 | 49.80 |

图 5-2-9 不同年龄段高校教师对线上教学功能的满意度(%)

5.不同年龄段教师对线上教学技术支持的满意度评价不同

图 5-2-10 显示,高校教师对线上教学技术支持的总体满意度均在60%以上,但有差异。其中满意度最高的是20~29岁的高校教师群体(占73.88%),次之为30~35岁(占72.90%)、36~40岁(占71.40%)高校教师群体;在网络速度流畅度(占64.12%)、平台运行稳定度(占63.31%)、画面音频清晰度(占72.83%)、文件传输顺畅度(占68.89%)、工具使用便捷度(占73.51%)上,满意度最高的是30~35岁高校教师群体,而在师生互动即时度(占58%)的满意度上最高的为20~29岁的高校教师群体。所有年龄段的高校教师都对师生互动即时度的满意度最低。

6.不同年龄段教师对线上教学服务保障的满意度评价有所差异

图 5-2-11 显示,不同年龄段高校教师对线上教学服务保障的总体满意度在68%~83%之间。其中,满意度最高的是20~29岁的高校教师群体,而56岁及以上的高校教师对线上教学服务保障的满意度最低;网络条件支持的满意度最高是30~35岁高校教师群体,而其他各种支持(包括教学平台支持、电

| 网络速度流畅度 | 62.66 | 64.12 | 60.06 | 58.42 | 58.52 | 56.17 | 55.08 |
| --- | --- | --- | --- | --- | --- | --- | --- |
| 平台运行稳定度 | 59.55 | 63.31 | 62.03 | 61.18 | 62.03 | 60.75 | 60.1 |
| 画面音频清晰度 | 72.11 | 72.83 | 70.22 | 69.4 | 67.61 | 67.7 | 63.67 |
| 师生互动即时度 | 58 | 52.68 | 51.09 | 49.83 | 50.51 | 49.67 | 50.99 |
| 文件传输顺畅度 | 64.88 | 68.89 | 66.82 | 66.79 | 64.82 | 63.12 | 63.4 |
| 工具使用便捷度 | 72.44 | 73.51 | 70.54 | 68.69 | 63.79 | 60.93 | 57.46 |
| 总体评价 | 73.88 | 72.90 | 71.40 | 69.57 | 67.01 | 65.87 | 64.33 |

■ 20~29岁　□ 30~35岁　⊠ 36~40岁　■ 41~45岁　☰ 46~50岁　▨ 51~55岁　▱ 56岁及以上

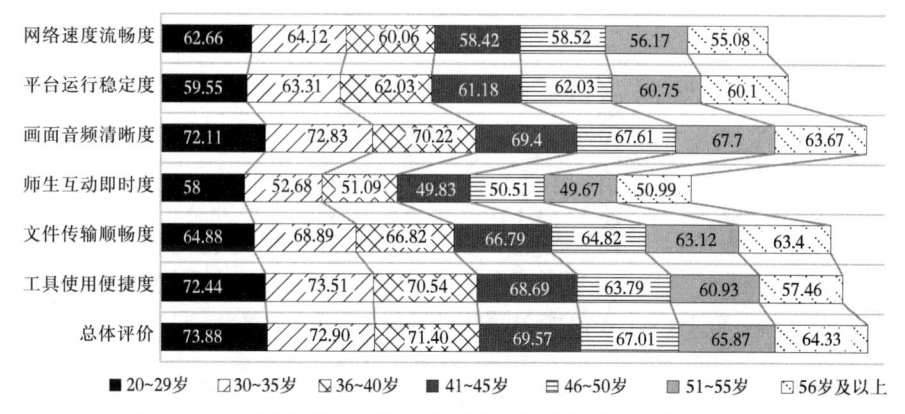

图 5-2-10　不同年龄段高校教师对线上教学技术支持满意度(%)

子资源支持、技术队伍支持、技术使用培训支持、教学方法培训支持、学校政策支持、各级领导支持)的满意度最高均为 20~29 岁高校教师群体。

| 网络条件支持 | 63.22 | 65.02 | 61.25 | 58.63 | 57.79 | 57.63 | 56.01 |
| --- | --- | --- | --- | --- | --- | --- | --- |
| 教学平台支持 | 77.11 | 76.7 | 72.24 | 71.07 | 68.34 | 66.88 | 62.48 |
| 电子资源支持 | 63.33 | 56.62 | 53.51 | 51.66 | 49.66 | 45.19 | 43.46 |
| 技术队伍支持 | 80.44 | 77.09 | 74.09 | 73.24 | 69.98 | 67.06 | 63.4 |
| 技术使用培训支持 | 82.55 | 80.99 | 79.34 | 78.45 | 74.89 | 73.28 | 67.1 |
| 教学方法培训支持 | 82.77 | 80.4 | 78.27 | 77.26 | 73.31 | 71.27 | 67.5 |
| 学校政策支持 | 75.55 | 72.31 | 66.64 | 64.68 | 62.58 | 59.74 | 58.52 |
| 各级领导支持 | 88.33 | 86.75 | 83.29 | 80.82 | 78.83 | 76.30 | 72.39 |
| 总体评价 | 82.22 | 81.83 | 77.81 | 76.13 | 72.83 | 71.08 | 68.82 |

■ 20~29岁　□ 30~5岁　⊠ 36~40岁　■ 41~45岁　☰ 46~50岁　▨ 51~55岁　▱ 56岁及以上

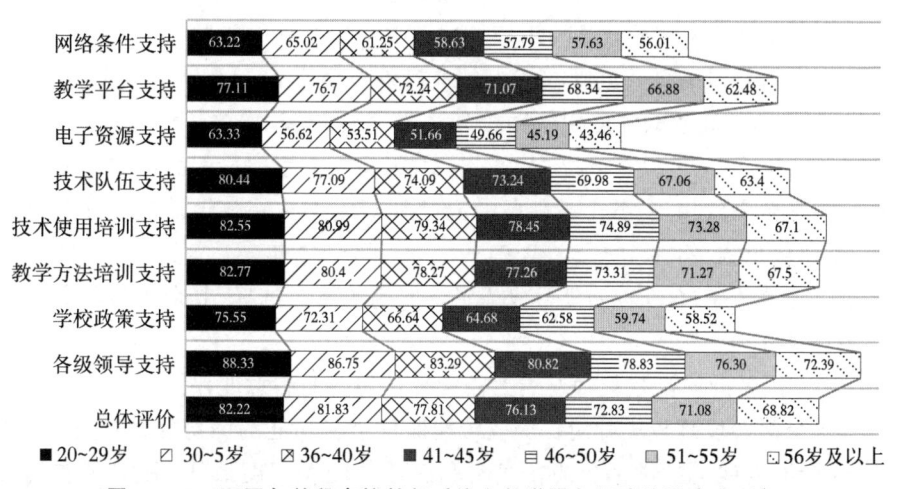

图 5-2-11　不同年龄段高校教师对线上教学服务保障的满意度(%)

(三)教龄差异

1.不同教龄段教师线上教学平台使用情况有所不同

校外教学平台和混合使用校内外平台是所有教龄段高校教师最主要的选择,但不同教龄的高校教师线上教学平台使用上有所差异(如图 5-2-12)。其中,具有 1~5 年教龄的高校教师成为使用校外教学平台及混合校内外平台的主力群体,次之为 11~15 年教龄的高校教师群体,其余依次排序为具有 6~10 年、16~20 年、21~25 年、31 年及以上、26~30 年教龄的教师群体。

■1~5年 ☒6~10年 ▨11~15年 ■16~20年 ▥21~25年 ▤26~30年 ▨31年及以上

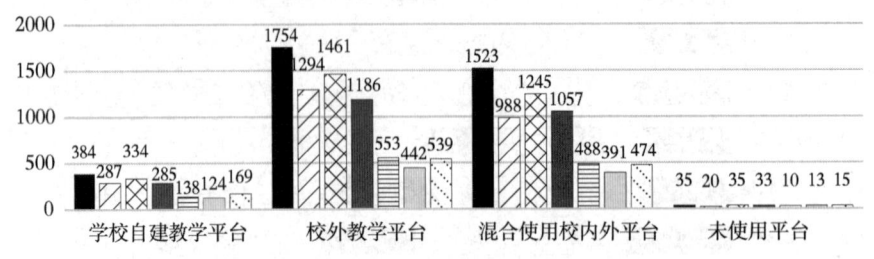

图 5-2-12　不同教龄段高校教师线上教学平台使用(人)

2.不同教龄段教师一门课程最多使用教学平台数量有所差异

各个不同年龄段的高校教师在一门课程中最多使用教学平台数为2个，次之为3个；具有1～5年教龄的高校教师在一门课程教学中集中于使用2个及以下的教学平台，相对而言具有21～25年教龄、26～30年教龄、31年及以上教龄的高校教师在一门课程中最多使用平台数之间的差异不大。

3.不同教龄段高校教师使用校外教学平台情况有所差异

各个教龄段的高校教师在使用各个校外教学平台上差异不明显，皆呈现1～5年教龄的高校教师使用各种校外教学平台最多，次之6～10年、11～15年及16～20年，21～25年、26～30年、31年及以上教龄段的高校教师使用校外教学平台大致相当；各个教龄段的高校教师使用校外教学平台时首选为学习通/超星尔雅，但在16～20年、21～25年、26～30年、31年及以上教龄段的高校教师群体中，QQ直播平台成为平台使用的第二选择，其余年龄段高校的第二选择则为中国大学MOOC平台/爱课程(如图5-2-13)。

4.不同教龄段高校教师对线上教学平台功能的满意度评价不同

各个教龄段高校教师对提交或传输课程资料功能的满意度最高，在80％上下浮动，对线上教学平台的在线实验演示功能满意度最低，在31％左右波动；就在线课堂讨论功能而言，31年及以上教龄的高校教师满意度最高达56.25％，最低满意度的群体是26～30年教龄的高校教师；对通过电子数据分析学生学习行为功能满意度最高的是1～5年教龄的教师群体，最低群体为21～25年教龄的高校教师；在线教学的其他功能在不同教龄段的高校教师之间虽有差异但不明显(如图5-2-14)。

5.不同教龄段高校教师对线上教学技术支持的满意度评价有所差异

在总体评价上，具有1～5年教龄的高校教师对线上教学技术支持的满意度最高(73.4％)，26～30年教龄的教师对线上教学技术支持的满意度最低(65.2％)；具有1～5年教龄的高校教师对工具使用便捷度(72.8％)、文件传

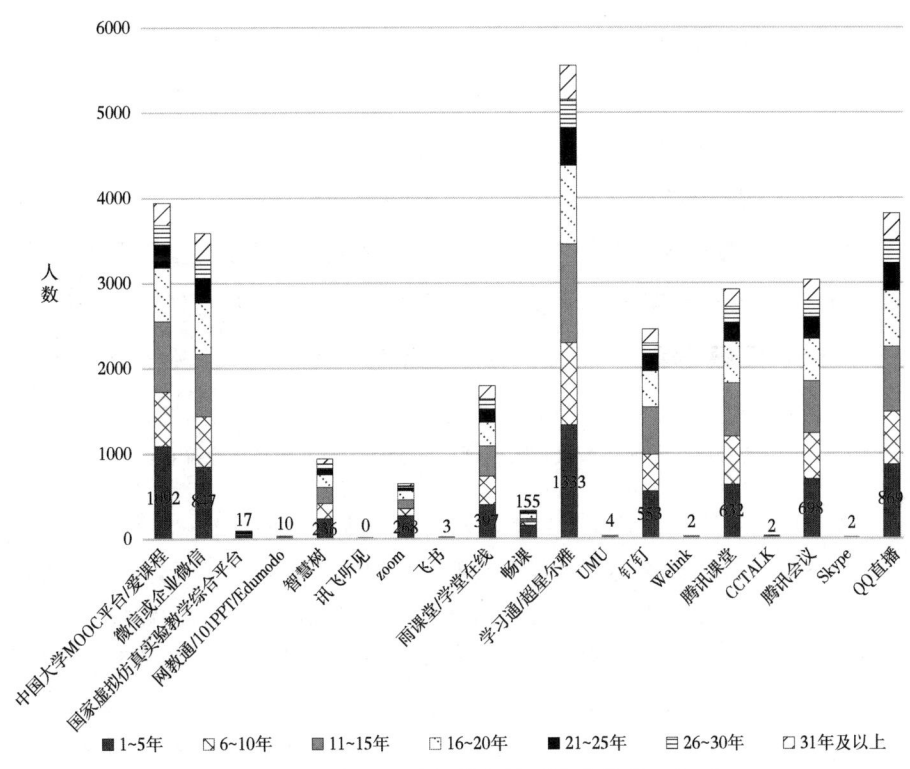

图 5-2-13 不同教龄段高校教师使用校外教学平台(人)

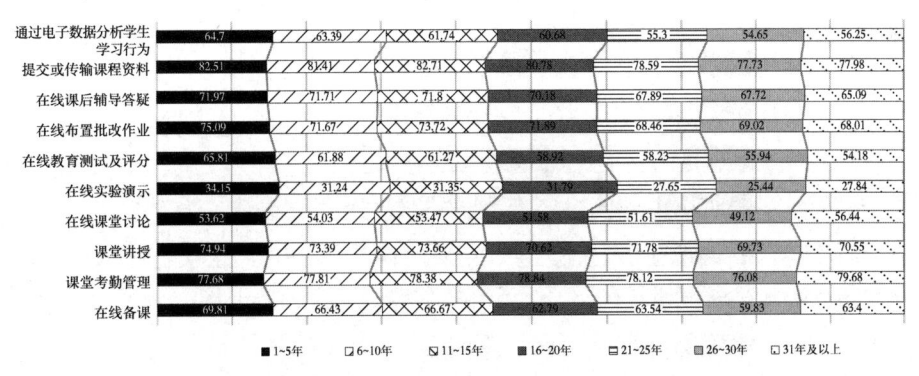

图 5-2-14 不同教龄段高校教师对线上教学平台功能的满意度(%)

输顺畅度(67.9%)、师生互动即时度(53.7%)、画面音质清晰度(72.6%)、网络速度流畅度(63.5%)的满意度均高于其他教龄段的高校教师,而在平台运行稳定度(63.1%)上具有11～15年教龄的高校教师满意度高于其他教龄段高校教师(如图5-2-15)。

145

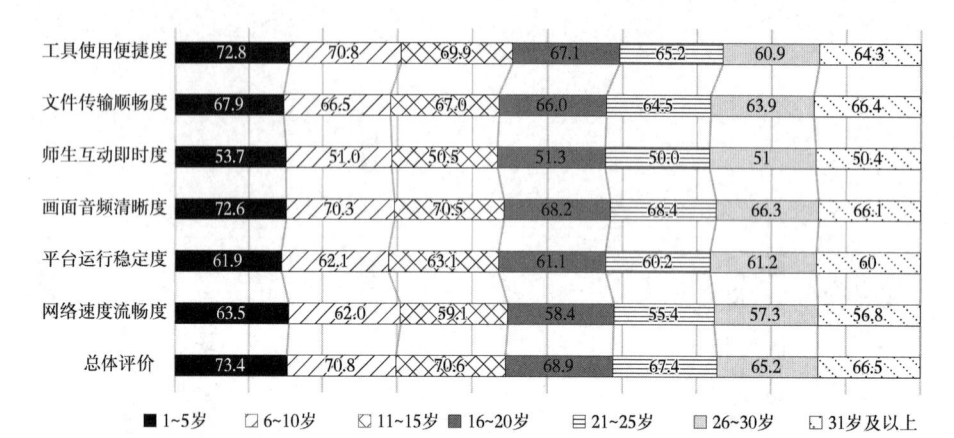

图 5-2-15　不同教龄段高校教师对线上教学技术支持满意度(%)

**6.不同教龄段教师对线上教学服务保障的满意度评价体现出差异**

不论是总体满意度还是对各个服务保障的满意度而言,1～5 年教龄的高校教师群体满意度最高,其他教龄段总体评价或各个服务保障的评价有差异。31年及以上教龄的高校教师对网络条件支持(57.7%)、技术队伍支持(66.7%)、技术使用培训支持(72.3%)的满意度最低,而 26～30 年教龄的高校教师对教学平台支持(65.8%)、电子资源支持(46.2%)、各级领导支持(76.7%)、学校政策支持(60.1%)、教学方法培训支持(72.2%)的满意度最低(如图 5-2-16)。

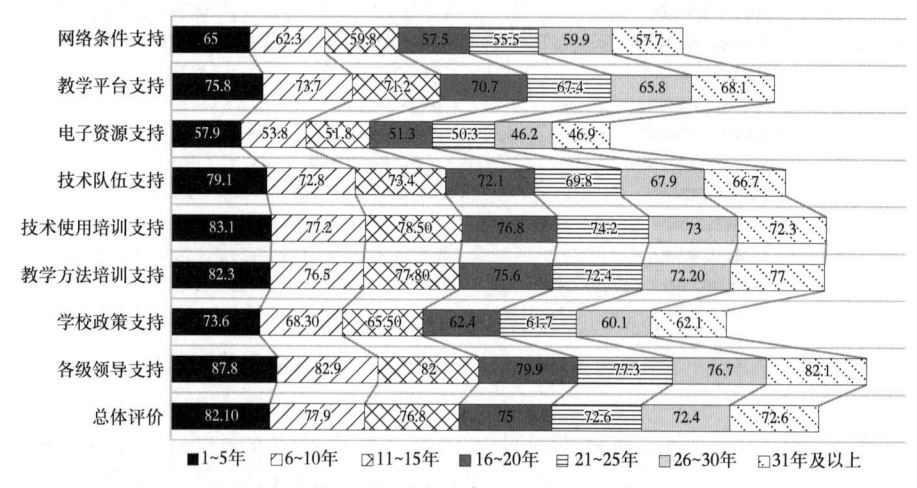

图 5-2-16　不同教龄段高校教师对线上教学服务保障的满意度(%)

### (四)学科差异

调查数据将学科类型分为十二大类:哲学、文学、历史学、艺术学、经济学、法学、教育学、管理学、理学、工学、农学和医学学科,为便于研究,将数据归为人文学科(包括哲学、文学、历史学、艺术学)、社会学科(包括经济学、法学、教育学、管理学)及自然学科(包括理学、工学、农学、医学)三大类进行分析。

1.不同学科类别教师线上教学平台使用情况有所差异

不论自然学科、社会学科抑或人文学科,大多数高校教师皆使用校外教学平台、混合校内外平台来进行线上教学。社会学科(49.73%)高校教师使用校外教学平台进行线上教学高于人文学科(46.26%)、自然学科(46.49%),人文学科(42.91%)高校教师混合使用校内外平台进行线上教学高于社会学科(37.83%)及自然学科(40.45%)。

2.不同学科教师一门课程最多使用教学平台情况有所不同

人文学科、社会学科及自然学科的高校教师在一门课程当中总体上最多使用2个平台的居多,次之为3个平台及1个平台。其中任教于自然学科的高校教师使用2个教学平台的占比为54.82%,任教于社会学科的高校教师使用2个教学平台占比为55.41%,任教于人文学科的高校教师使用2个教学平台的占比为52.48%,表明均有超一半的高校教师在一门课程中最多使用2个教学平台。

3.不同学科教师校外教学平台使用情况有所不同

图5-2-17显示,不同学科教师在校外教学平台使用上各有差异。人文学科的高校教师使用的校外平台主要集中在微信或企业微信、学习通/超星尔雅及QQ直播;社会学科的高校教师使用的校外平台主要集中在微信或企业微信、学习通/超星尔雅、QQ直播及腾讯会议;自然学科的高校教师使用校外平台类型主要集中于中国大学MOOC平台/爱课程、学习通/超星尔雅、腾讯课堂、腾讯会议及QQ直播。

4.不同学科教师对线上教学平台功能的满意度评价体现出差异

图5-2-18显示,人文学科的高校教师认为线上教学平台的课堂考勤、课堂教授、在线课后辅导及传输课程资料功能能够在70%以上满足其教学要求,社会学科的高校教师认为线上教学平台的课堂考勤、课堂讲授、在线布置作业、传输课程资料功能在70%以上满足其教学要求,自然学科的高校教师认为线上教学平台的课堂考勤、课堂讲授、在线布置作业、在线课后辅导及传输课程资料功能在70%以上满足其教学要求,但对线上实验演示功能的满意度最低,其中自然学科(28.73%)低于社会学科(31.12%)低于人文学科(35.69%)。

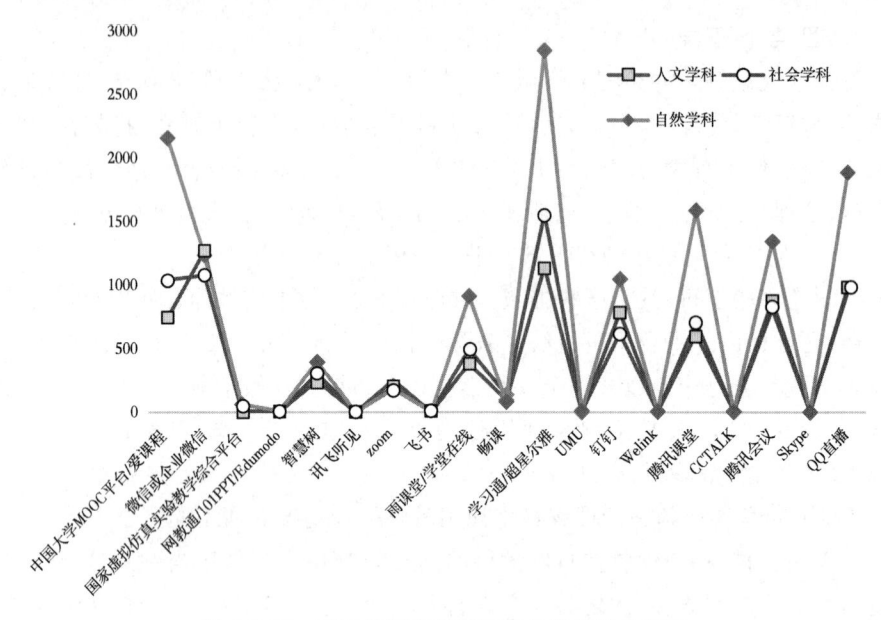

图 5-2-17　不同学科高校教师校外教学平台使用

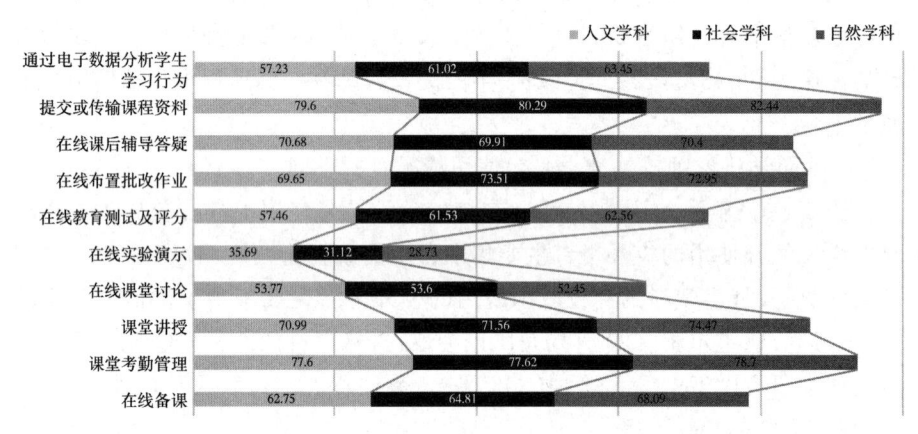

图 5-2-18　不同学科高校教师对线上教学平台功能的满意度(%)

5.不同学科教师对线上教学技术支持的满意度评价有所不同

图 5-2-19 显示,不同学科教师对线上教学技术支持的总体满意度较高,但人文学科教师对技术支持的满意度最低(68.8%),次之为社会学科(69.4%),满意度最高的是自然学科(71.3%)教师。其中,自然学科教师对工具使用便捷度(69.6%)、文件传输顺畅度(68.3%)、画面音频清晰度(73%)、平台运行稳定度(63.5%)、网络速度流畅度(61.4%)的满意度高于人文科学及社会科学教师,而在师生互动即时度(52.4%),人文学科教师满意度高于自然学科及社会学科教师。

■人文学科 ■自然学科 ■社会学科

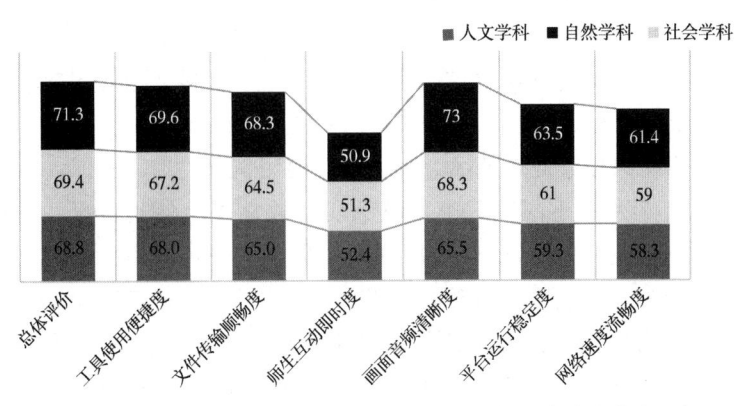

| | 总体评价 | 工具使用便捷度 | 文件传输顺畅度 | 师生互动即时度 | 画面音频清晰度 | 平台运行稳定度 | 网络速度流畅度 |
|---|---|---|---|---|---|---|---|
| 人文学科 | 71.3 | 69.6 | 68.3 | 50.9 | 73 | 63.5 | 61.4 |
| 自然学科 | 69.4 | 67.2 | 64.5 | 51.3 | 68.3 | 61 | 59 |
| 社会学科 | 68.8 | 68.0 | 65.0 | 52.4 | 65.5 | 59.3 | 58.3 |

图 5-2-19　不同学科高校教师对线上教学技术支持的满意度(%)

6.不同学科教师对线上教学服务保障的满意度评价体现出差异

图 5-2-20 显示,不同学科的高校教师对线上教学服务保障的总体满意度均在 70%以上,但社会学科(74.9%)的高校教师对线上教学服务保障的满意度低于人文学科(76.8%)及自然学科(78.3%)高校教师对线上教学服务保障的满意度;其中,自然学科的高校教师在网络条件支持(62.4%)、教学平台支持(73.7%)、技术队伍支持(75.1%)、技术使用培训支持(80%)、教学方法培训支持(79.3%)对线上教学支持的满意度上均高于人文学科和社会学科教师,而在电子资源支持(54.2%)、学校政策支持(68.1%)对线上教学支持的满意度上人文学科教师均高于自然学科及社会学科教师。

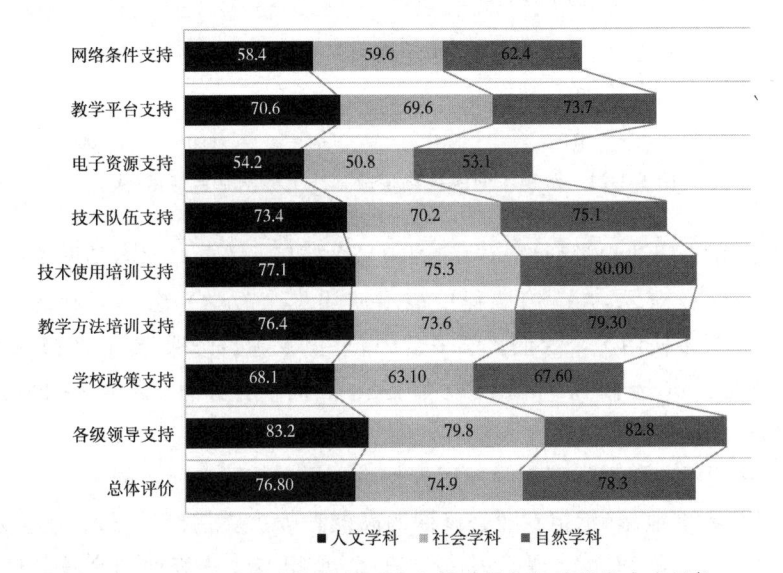

| | 人文学科 | 社会学科 | 自然学科 |
|---|---|---|---|
| 网络条件支持 | 58.4 | 59.6 | 62.4 |
| 教学平台支持 | 70.6 | 69.6 | 73.7 |
| 电子资源支持 | 54.2 | 50.8 | 53.1 |
| 技术队伍支持 | 73.4 | 70.2 | 75.1 |
| 技术使用培训支持 | 77.1 | 75.3 | 80.00 |
| 教学方法培训支持 | 76.4 | 73.6 | 79.30 |
| 学校政策支持 | 68.1 | 63.10 | 67.60 |
| 各级领导支持 | 83.2 | 79.8 | 82.8 |
| 总体评价 | 76.80 | 74.9 | 78.3 |

■人文学科 ■社会学科 ■自然学科

图 5-2-20　不同学科高校教师对线上教学服务保障的满意度(%)

## (五)课程类型差异

将课程类型分为专业必修课、专业选修课、公共必修课和公共选修课4种类型进行分析。

**1.承担不同课程类型教师线上教学平台使用情况**

图 5-2-21 为承担不同课程类型教师线上教学平台使用情况。承担专业必修课教师大多使用校外教学平台,使用校外教学平台的占比为47.19%,而使用混合校内外平台及学校自建教学平台占比分别为40.17%、11.43%;承担专业选修课的高校教师在使用校外教学平台和混合校内外平台的差距不明显,分别占比41.30%、45.60%;承担公共必修课的高校教师选择使用学校教学自建平台、校外教学平台及混合使用校内外平台的占比为11.32%、47.83%、40.23%;承担公共选修课的高校教师选择使用混合使用校内外平台、校外教学平台、学校自建教学平台的占比分别为42.09%、41.17%、16.03%。

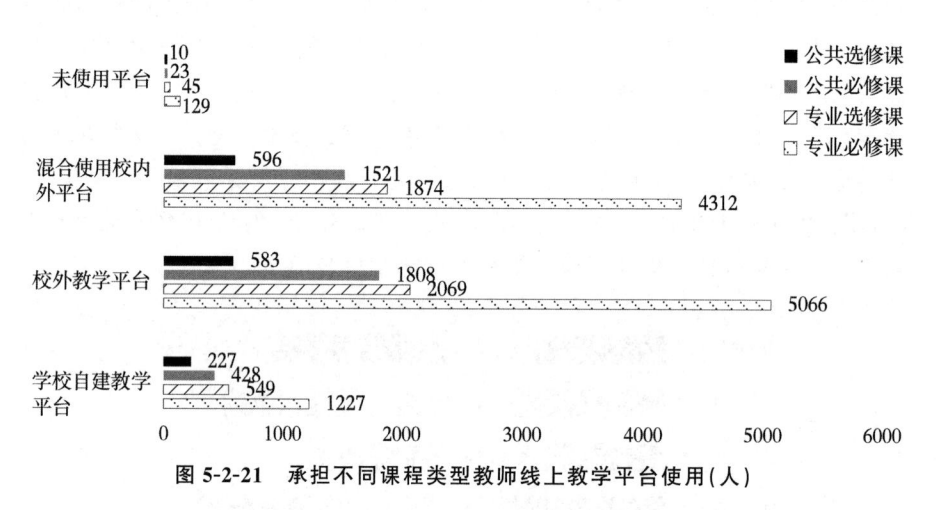

图 5-2-21 承担不同课程类型教师线上教学平台使用(人)

**2.承担不同课程类型教师一门课程最多使用线上教学平台情况不同**

图 5-2-22 显示,在一门课程中最多使用2个教学平台是教师的主要选择。但在最多使用2个线上教学平台中,承担专业必修课、专业选修课、公共必修课及公共选修课的高校教师占比不同,分别为53.99%、22.28%、17.81%、5.90%。

**3.承担不同课程类型教师使用校外教学平台情况有所不同**

图 5-2-23 显示,承担专业必修课的高校教师主要使用学习通/超星尔雅,次之为中国大学 MOOC 平台及 QQ 直播;承担专业选修课的高校教师主要使用学习通/超星尔雅、中国大学 MOOC 平台/爱课程、微信或企业微信;任

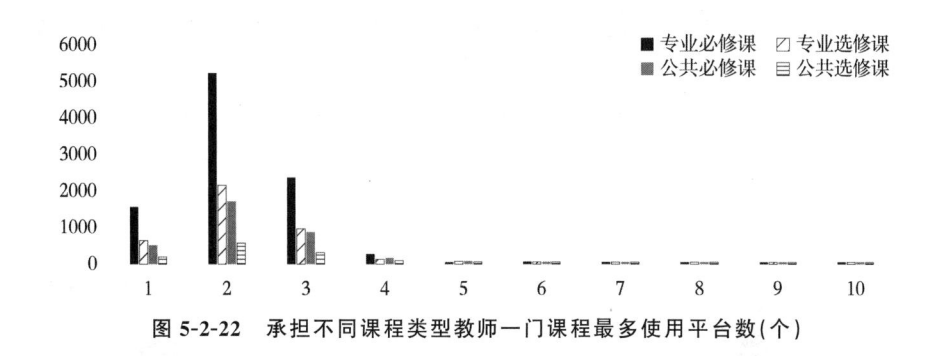

图 5-2-22 承担不同课程类型教师一门课程最多使用平台数(个)

教于公共选修课的高校教师主要使用学习通/超星尔雅、QQ 直播、中国大学 MOOC 平台/爱课程;承担公共选修课的高校教师则主要使用学习通/超星尔雅、微信或企业微信、中国大学 MOOC 平台/爱课程。

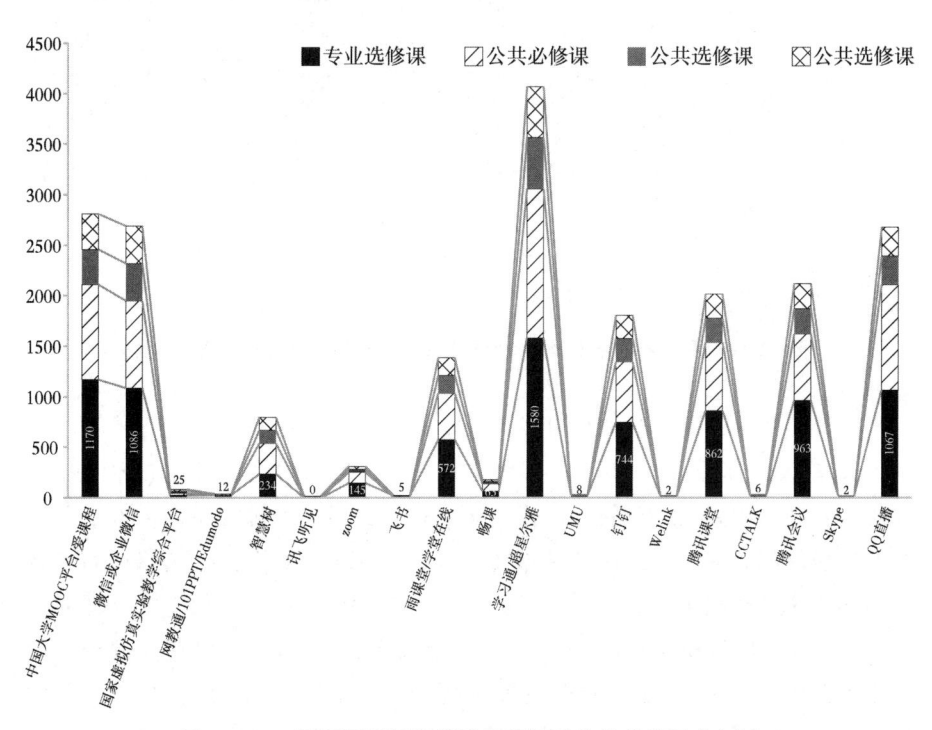

图 5-2-23 承担不同课程类型教师使用校外教学平台(人)

**4.承担不同课程类型教师对线上教学平台功能的满意度评价不同**

如图 5-2-24 所示,线上教学平台功能有多个,但承担不同课程类型的高校教师对这些功能的满意度不同。总体上,承担公共必修课教师对线上教学平台功能的满意度除"在线课堂讨论"(50.91%)、"提交或传输课程资料"

(80.17%)之外,均低于对其他功能的满意度;承担专业选修课的高校教师除"课堂考勤管理"(78.33%)、"在线实验演示"(31.32%)、"在线教育测试及评分"(60.85%)、"在线课后辅导答疑"(70.26%)功能满意度之外其余功能的满意度均高于任教于专业必修课高校教师群体的评价。

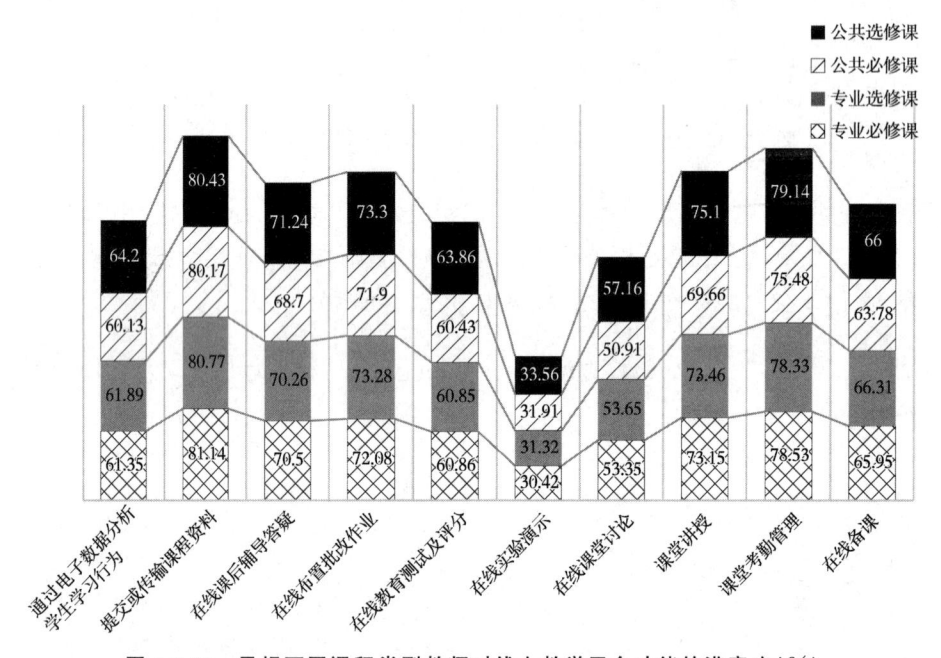

图 5-2-24　承担不同课程类型教师对线上教学平台功能的满意度(%)

**5. 承担不同课程类型教师对线上教学技术支持的满意度评价有所不同**

如图5-2-25所示:承担不同课程类型的高校教师对线上教学技术支持的满意度各有不同,依次排序为公共选修课(70.81%)、专业必修课(70.46%)、专业选修课(70.04%)、公共必修课(67.66%)。其中,承担公共选修课高校教师对网络速度流畅度(62.57%)、平台运行稳定度(63.17%)、师生互动即时度(55.62%)、文件传输顺畅度(69.09%)的满意度评价高于承担其他课程类型的教师群体,而承担专业必修课教师对画面音频清晰度(70.25%)、工具使用便捷度(68.98%)的满意度评价高于专业选修课、公共必修课及公共选修课教师的评价。

**6. 承担不同课程类型高校教师对线上教学服务保障的满意度评价有所不同**

如图5-2-26所示:承担不同课程类型的高校教师对线上教学服务保障的总体在70%～80%之间波动,其中满意度最高的群体是承担专业必修课的教

| 网络速度流畅度 | 60.41 | 60.14 | 57.39 | 62.57 |
| 平台运行稳定度 | 62.48 | 61.89 | 56.43 | 63.17 |
| 画面音频清晰度 | 70.25 | 68.94 | 67.81 | 68.58 |
| 师生互动即时度 | 51.54 | 52.28 | 49.23 | 55.62 |
| 文件传输顺畅度 | 66.56 | 67.22 | 64.37 | 69.09 |
| 工具使用便捷度 | 68.98 | 68.69 | 65.36 | 68.49 |
| 总体评价 | 70.46 | 70.04 | 67.66 | 70.81 |

■专业必修课　☐专业选修课　■公共必修课　☒公共选修课

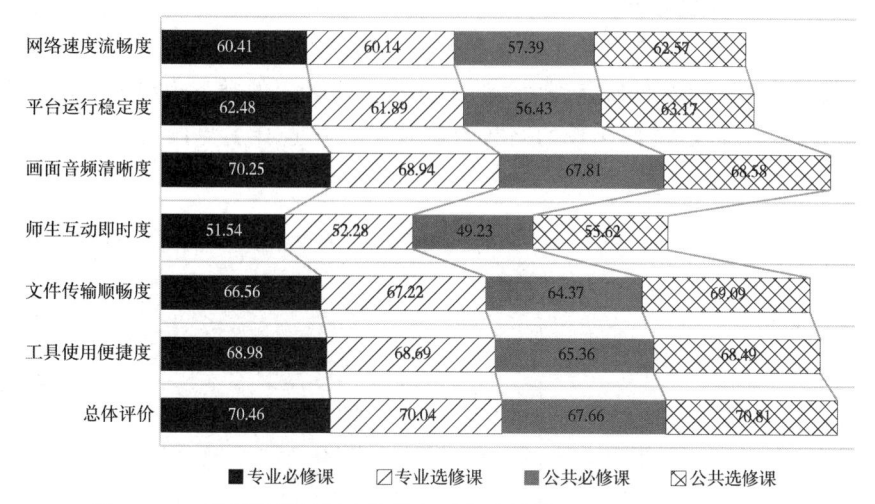

图 5-2-25　不同课程类型高校教师对线上教学技术支持的满意度(%)

师(76.90%)，而满意度最低的群体是承担公共选修课教师(70.68%)；公共选修课高校教师在网络条件支持(62.4%)、教学平台支持(72.78%)、技术队伍支持(74.3%)、技术使用培训支持(79.1%)、学校政策支持(67.8%)对线上教学支持方面的满意度比其他课程类型高校教师高，而在电子图书教学资源(56.3%)的满意度上公共必修课高校教师最高，专业必修课高校教师认为各级领导支持(82.3%)的满意度高于其他课程类型，专业选修课高校教师在教学方法培训支持(77.3%)的满意度上高于其他课程类型。

| 网络条件支持 | 60.79 | 61.36 | 57.89 | 62.4 |
| 教学平台支持 | 72.03 | 72.24 | 69.99 | 72.78 |
| 电子资源支持 | 51.16 | 51.42 | 56.3 | 56.1 |
| 技术队伍支持 | 73.2 | 72.7 | 71.6 | 74.3 |
| 技术使用培训支持 | 77.9 | 78.2 | 75.10 | 79.1 |
| 教学方法培训支持 | 77.2 | 77.3 | 74.10 | 77.2 |
| 学校政策支持 | 65.8 | 65.50 | 66.20 | 67.8 |
| 各级领导支持 | 82.3 | 81.6 | 77.2 | 81.3 |
| 总体评价 | 76.90 | 76.3 | 74.3 | 70.68 |

■专业必修课　☐专业选修课　■公共必修课　☒公共选修课

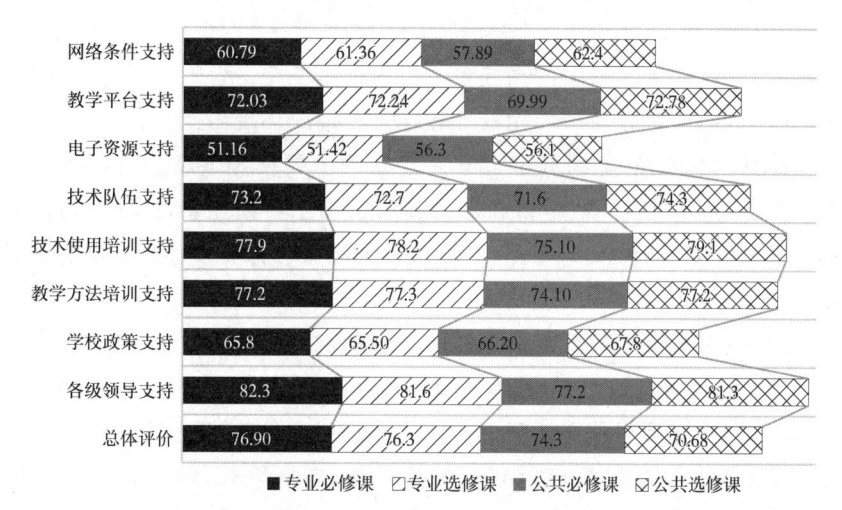

图 5-2-26　承担不同课程类型高校教师对线上教学服务保障的满意度(%)

### (六)学校类型差异

**1.不同类型高校教师线上教学平台使用情况不同**

如图 5-2-27 所示,研究型大学教师使用平台最多的类型为混合校内外平台,一般本科高校、高职院校的高校教师在平台的选择上更倾向于校外教学平台。

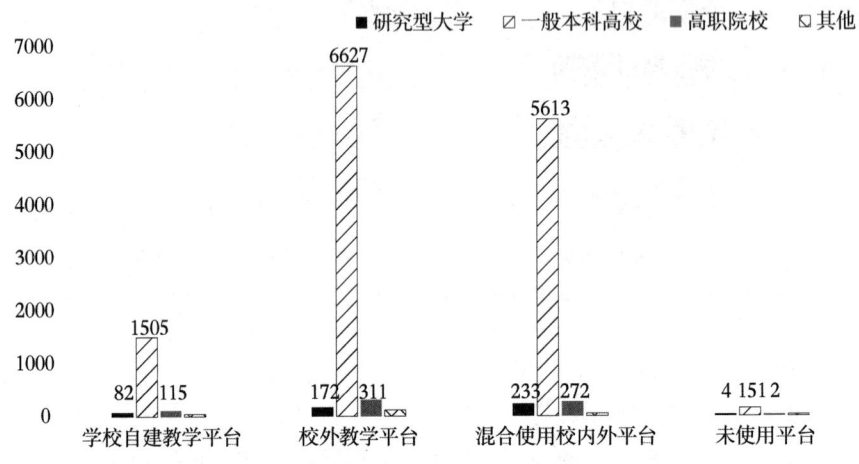

图 5-2-27　不同学校类型高校教师线上教学平台使用情况(人)

**2.不同学校类型高校教师一门课程最多使用平台情况有所差异**

不论研究型大学、一般本科高校或高职院校的高校教师在一门课程中最多使用平台数大多数为 2 个,次之为 3 个。研究型大学高校教师最多使用 2 个平台占比为 54.40%,一般本科高校教师最多使用 2 个平台的比例为 54.14%,在高职院校任教的高校教师最多使用 2 个平台的比例为 64.95%。

**3.不同类型高校教师使用校外教学平台情况体现出差异**

如图 5-2-28 所示,研究型大学高校教师主要使用 QQ 直播,次之为钉钉及微信或企业微信;一般本科高校的高校教师主要使用学习通/超星尔雅、中国大学 MOOC 平台、QQ 直播;高职院校的高校教师主要使用 QQ 直播、腾讯课堂、中国大学 MOOC 平台。

**4.不同类型高校教师对线上教学平台功能的满意度评价不同**

图 5-2-29 显示:研究型大学教师对在线备课(67.75%)、课堂讲授(78.08%)、在线课后辅导答疑(75.81%)、提交或传输课程资料(83.37%)功能满意度高于一般本科高校及高职院校教师,高职院校教师对课堂考勤管理(78.57%)、在线课堂讨论(57.14%)、在线教育测试及评分(68.77%)、在线布置批改作业(78.90%)、通过电子数据分析学生学习行为(62.95%)功能的满

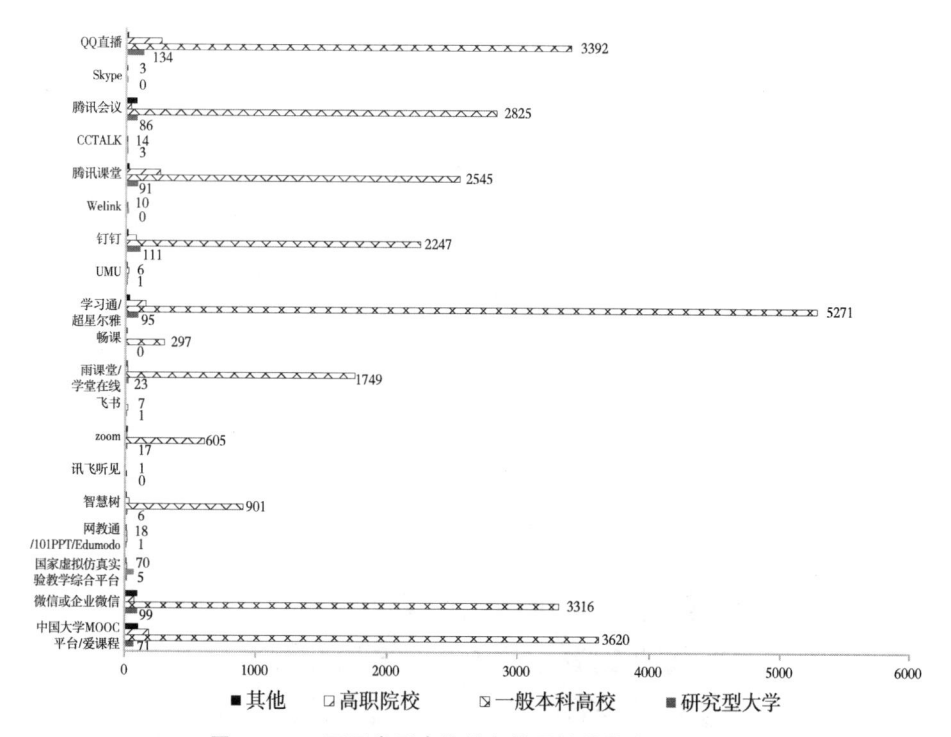

图 5-2-28 不同类型高校教师使用校外教学平台(人)

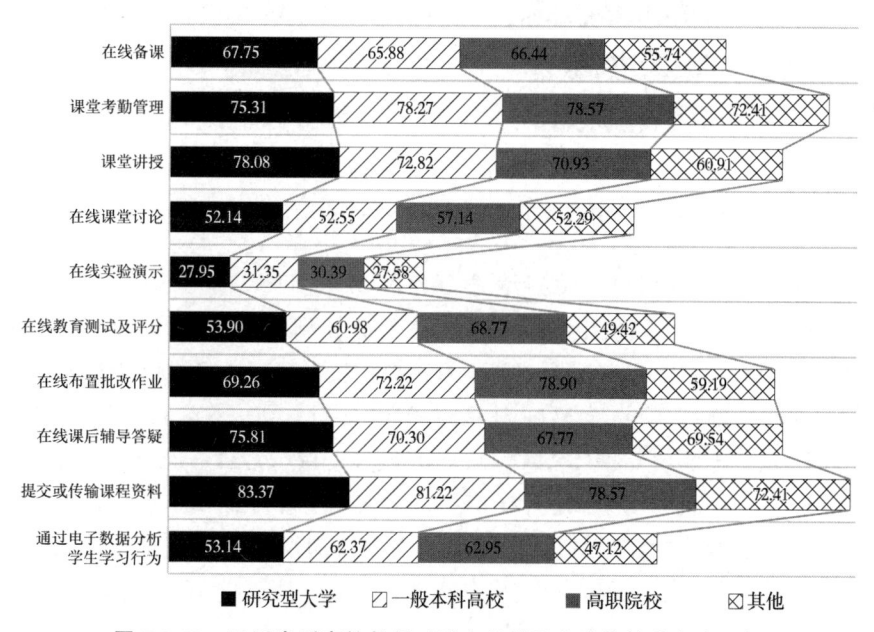

图 5-2-29 不同类型高校教师对线上教学平台功能的满意度(%)

意度均高于研究型大学及一般本科高校的高校教师群体,而在在线实验演示(31.35%)功能方面任教于一般本科高校的高校教师的满意度均高于其他类型高校教师的满意度,但均在32%以下。

5.不同类型高校教师对线上教学技术支持的满意度差异

如图5-2-30所示:不同类型高校教师对线上教学技术支持的总体满意度评价各有差异,研究型大学教师的总体满意度(76.32%)高于一般本科高校(70.23%)和高职院校(66.27%)及其他(60.34%)高校教师的满意度;同时,在网络速度流畅度(72.79%)、画面音频清晰度(77.58%)、师生互动即时度(56.42%)、工具使用便捷度(74.05%)、平台运行稳定度(75.81%)、文件传输顺畅度(77.83%)的满意度上均呈现出相似的趋势,即研究型大学教师的满意度高于其他性质的高校;师生互动即时度的满意度与其他技术支持的满意度相比,低于其他技术支持满意度,在57%以下。

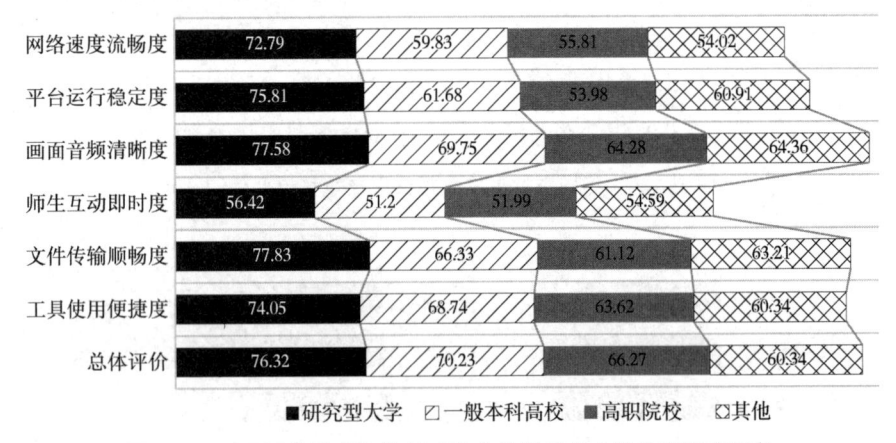

| 项目 | 研究型大学 | 一般本科高校 | 高职院校 | 其他 |
|---|---|---|---|---|
| 网络速度流畅度 | 72.79 | 59.83 | 55.81 | 54.02 |
| 平台运行稳定度 | 75.81 | 61.68 | 53.98 | 60.91 |
| 画面音频清晰度 | 77.58 | 69.75 | 64.28 | 64.36 |
| 师生互动即时度 | 56.42 | 51.2 | 51.99 | 54.59 |
| 文件传输顺畅度 | 77.83 | 66.33 | 61.12 | 63.21 |
| 工具使用便捷度 | 74.05 | 68.74 | 63.62 | 60.34 |
| 总体评价 | 76.32 | 70.23 | 66.27 | 60.34 |

图5-2-30 不同类型高校教师对线上教学技术支持的满意度(%)

6.不同类型高校教师对线上教学服务保障满意度差异

如图5-2-31所示:线上教学服务保障的总体满意度中,研究型大学教师满意度最高(80.35%),其次为一般本科高校(76.92%)、高职院校(76.74%)及其他。其中,研究型大学教师对网络条件支持(74.3%)、教学平台支持(76.82%)、电子资源支持(55.41%)、技术队伍支持(77.83%)、技术使用培训支持(81.1%)、教学方法培训支持(81.86%)满意度最高,而在学校政策(65.99%)、各级领导(84.13%)对线上教学支持满意度低于其他学校类型的高校教师。

第五章 高校教师对线上教学的评价

|  | 研究型大学 | 一般本科高校 | 高职院校 | 其他 |
|---|---|---|---|---|
| 网络条件支持 | 74.3 | 60.42 | 58.97 | 48.85 |
| 教学平台支持 | 76.82 | 71.8 | 70.09 | 64.94 |
| 电子资源支持 | 55.41 | 52.85 | 49.33 | 49.42 |
| 技术队伍支持 | 77.83 | 73.33 | 71.92 | 66.09 |
| 技术使用培训支持 | 81.1 | 77.98 | 77.40 | 73.56 |
| 教学方法培训支持 | 81.86 | 76.89 | 77.90 | 72.98 |
| 学校政策支持 | 65.99 | 66.50 | 68.93 | 59.77 |
| 各级领导支持 | 84.13 | 81.99 | 84.21 | 78.73 |
| 总体评价 | 80.35 | 76.92 | 76.74 | 70.68 |

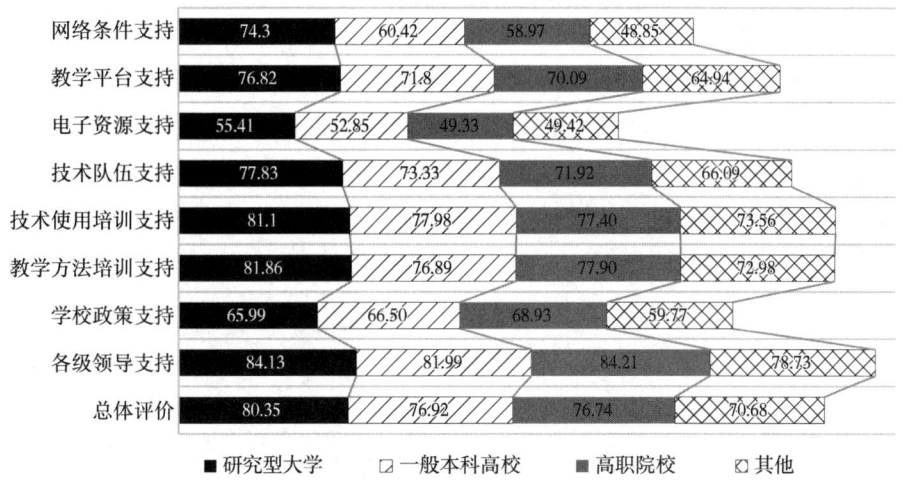

图 5-2-31　不同类型高校教师对线上教学服务保障的满意度(%)

（七）学校类别差异

1.不同类别高校教师线上教学平台使用情况体现出差异

如图 5-2-32 的数据所示：不同学校类别高校教师总体上以使用校外教学平台为主，其次是混合使用校内外平台，而较少使用学校自建教学平台。

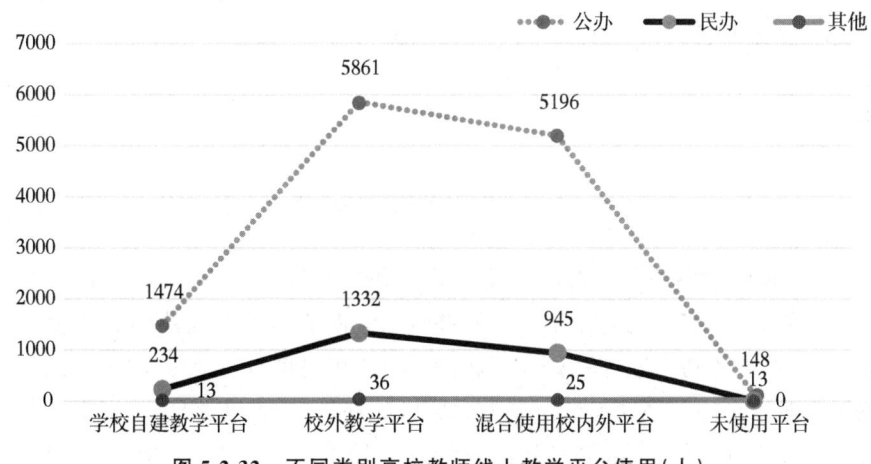

| | 学校自建教学平台 | 校外教学平台 | 混合使用校内外平台 | 未使用平台 |
|---|---|---|---|---|
| 公办 | 1474 | 5861 | 5196 | 148 |
| 民办 | 234 | 1332 | 945 | 13 |
| 其他 | 13 | 36 | 25 | 0 |

图 5-2-32　不同类别高校教师线上教学平台使用(人)

2.不同类别高校教师一门课程最多使用线上平台数有所差异

总体而言，不论是公办亦是民办高校教师其一门课程最多使用平台数以 2 个为主，其次为 3 个、1 个。其中，公办高校教师一门课程最多使用 2 个平台的占比为 54.75%，最多使用 3 个平台的占比 23.99%，民办高校教师一门课程最

157

多使用2个平台的占比为52.97%,最多使用3个平台的占26.96%。

3.不同类别高校教师校外教学平台使用情况有所不同

如图5-2-33所示,公办高校教师在使用校外教学平台上主要为学习通/超星尔雅,其次为中国大学MOOC平台/爱课堂、QQ直播;民办高校在校外教学平台使用上QQ直播为主,其次为学习通/超星尔雅、中国大学MOOC平台/爱课堂。

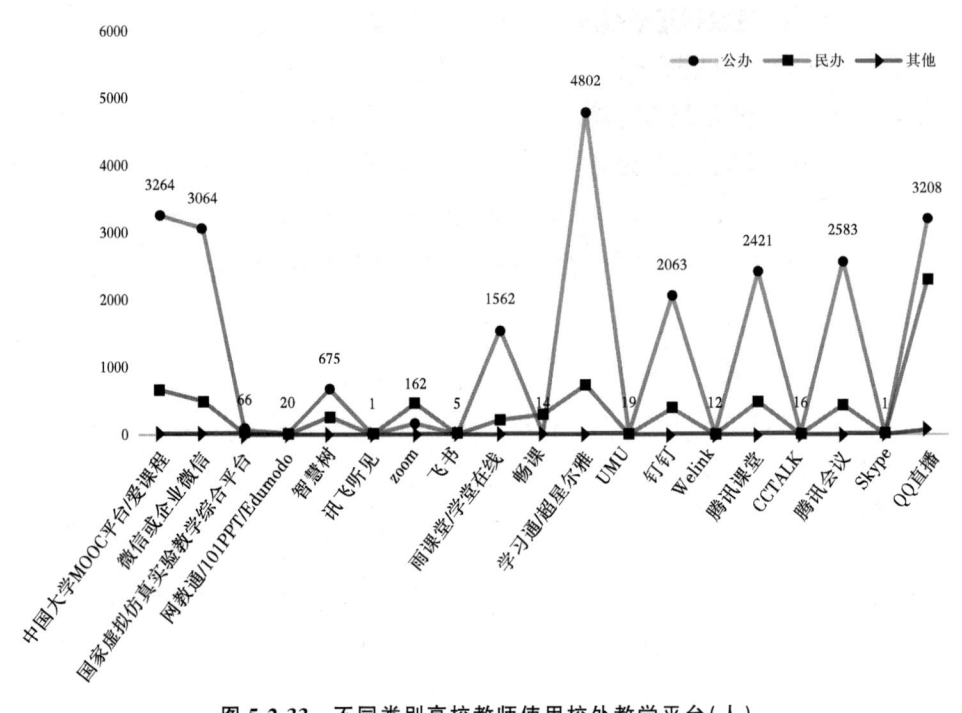

图 5-2-33　不同类别高校教师使用校外教学平台(人)

4.不同类别高校教师对线上教学平台功能的满意度评价有所差异

如图5-2-34所示:对于不同类别高校教师对教学平台功能的满意度评价而言,除课堂考勤管理、提交或传输课程资料、在线实验演示功能之外,民办高校教师对平台的其他功能满足其教学要求的评价(满意度评价)均高于公办及其他高校教师群体,公办高校教师对课堂考勤管理(78.29%)、提交或传输课程资料(81.39%)功能的满意度评价高于其他类别的高校教师群体。

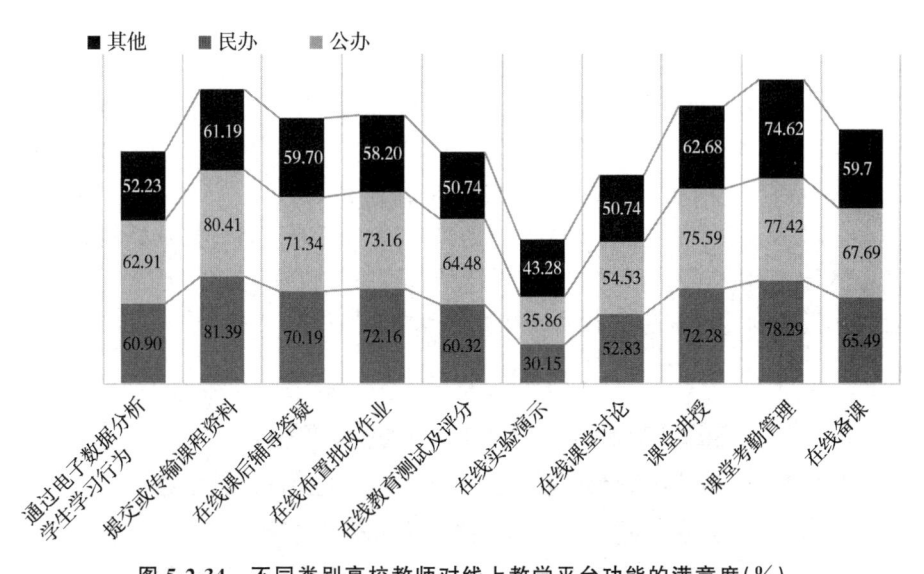

图 5-2-34　不同类别高校教师对线上教学平台功能的满意度(%)

5.不同类别高校教师对线上教学技术支持的满意度评价体现出差异

如图 5-2-35 所示:不同学校类别的高校教师对线上教学技术支持的总体满意度评价各有差异,民办高校教师(71.55%)总体满意度高于公办(69.89%)和其他高校(56.71%)的教师;其中,民办高校教师对网络速度流畅度(60.31%)、画面音频清晰度(71.94%)、师生互动即时度(55.88%)、工具使用便捷度(71.47%)的满意度高于其他高校教师群体,而公办高校教师对平台运行稳定度(61.93%)、文件传输顺畅度(67.26%)的满意度高于民办和其他高校教师群体满意度。

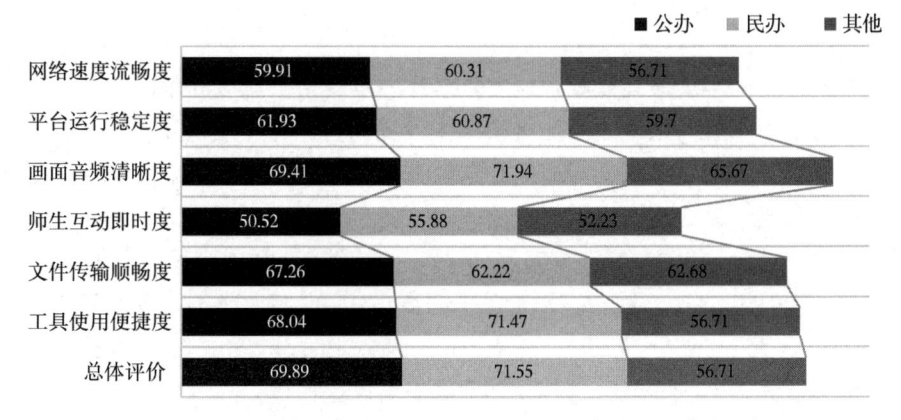

图 5-2-35　不同类别高校教师对线上教学技术支持的满意度(%)

### 6.不同类别高校教师对线上教学服务保障的满意度评价有所不同

图 5-2-36 显示:任教于民办高校的教师对线上教学服务保障的总体满意度(79.28%)均高于任教于公办(76.52%)和其他高校(64.17%)的教师群体。其中,民办高校教师对电子资源支持(56.27%)、技术队伍支持(73.46%)、技术使用培训支持(78.24%)、教学方法培训支持(77.76%)、学校政策支持(69.56%)及各级领导支持(85.45%)的满意度均高于公办高校及其他高校教师群体,而公办高校教师对网络条件支持(60.75%)、教学平台支持(71.79%)对线上教学的支持满意度高于其他学校类别的群体。

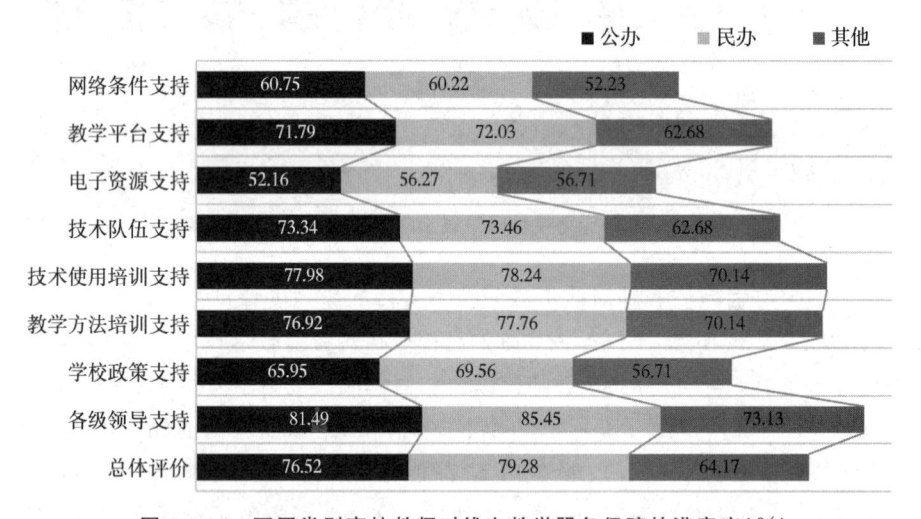

| 项目 | 公办 | 民办 | 其他 |
|---|---|---|---|
| 网络条件支持 | 60.75 | 60.22 | 52.23 |
| 教学平台支持 | 71.79 | 72.03 | 62.68 |
| 电子资源支持 | 52.16 | 56.27 | 56.71 |
| 技术队伍支持 | 73.34 | 73.46 | 62.68 |
| 技术使用培训支持 | 77.98 | 78.24 | 70.14 |
| 教学方法培训支持 | 76.92 | 77.76 | 70.14 |
| 学校政策支持 | 65.95 | 69.56 | 56.71 |
| 各级领导支持 | 81.49 | 85.45 | 73.13 |
| 总体评价 | 76.52 | 79.28 | 64.17 |

图 5-2-36　不同类别高校教师对线上教学服务保障的满意度(%)

## 四、推论性分析

### (一)不同年龄段高校教师线上教学环境及支持满意度的差异检验

对不同年龄段教师的线上教学环境及支持满意度进行差异检验后发现,线上教学技术支持满意度及线上教学服务保障满意度均因年龄段的不同而有显著性差异。事后检验发现:

线上教学技术支持满意度上,20～29 岁年龄段高校教师显著高于 41～45 岁、46～50 岁、51～55 岁、56 岁及以上群体,30～35 岁年龄段高校教师显著高于 41～45 岁、46～50 岁、51～55 岁、56 岁及以上群体,36～40 岁年龄段高校教师显著高于 46～50 岁、51～55 岁、56 岁及以上群体。

线上教学服务保障满意度上,20～29 岁年龄段高校教师显著高于 36～40

岁、41～45岁、46～50岁、51～55岁、56岁及以上群体,30～35岁年龄段高校教师显著高于36～40岁、41～45岁、46～50岁、51～55岁、56岁及以上群体,36～40岁年龄段高校教师显著高于46～50岁、51～55岁、56岁及以上群体,41～45岁年龄段高校教师显著高于51～55岁、56岁及以上群体(见表5-2-2)。

表5-2-2 不同年龄段高校教师线上教学环境及支持满意度差异检验

| 因变量 | 年龄段 | 平均值 | $F$ | Sig. | 多重比较 |
| --- | --- | --- | --- | --- | --- |
| 线上教学技术支持满意度($n=13616$) | 20～29岁 | 3.83 | 10.896*** | 0.000 | 1>4;1>5;1>6;1>7;2>4;2>5;2>6;2>7;3>5;3>6;3>7 |
| | 30～35岁 | 3.81 | | | |
| | 36～40岁 | 3.79 | | | |
| | 41～45岁 | 3.75 | | | |
| | 46～50岁 | 3.72 | | | |
| | 51～55岁 | 3.69 | | | |
| | 56岁及以上 | 3.69 | | | |
| 线上教学服务保障满意度($n=13616$) | 20～29岁 | 4.03 | 26.896*** | 0.000 | 1>3;1>4;1>5;1>6;1>7;2>3;2>4;2>5;2>6;2>7;3>5;3>6;3>7;4>6;4>7 |
| | 30～35岁 | 3.99 | | | |
| | 36～40岁 | 3.93 | | | |
| | 41～45岁 | 3.89 | | | |
| | 46～50岁 | 3.84 | | | |
| | 51～55岁 | 3.79 | | | |
| | 56岁及以上 | 3.78 | | | |

注:*** 表示 $p<0.001$;"20～29岁"=1,"30～35岁"=2,"36～40岁"=3,"41～45岁"=4,"46～50岁"=5,"51～55岁"=6,"56岁及以上"=7。

(二)不同教龄段高校教师线上教学环境及支持满意度的差异检验

对不同教龄段教师线上教学环境及支持满意度进行差异检验后发现,高校教师线上教学环境及支持的满意度状况因教龄的不同而有差异。对其进行多重事后检验发现:

线上教学技术支持满意度上,具有1～5年教龄的高校教师明显高于16～20年、21～25年、26～30年、31年及以上教龄段的高校教师群体。

线上教学服务保障满意度上,具有1～5年教龄的高校教师明显高于其他教龄段的高校教师群体,具有6～10年教龄的高校教师明显高于21～25年、26～30年、31年及以上高校教师群体,具有11～15年教龄的高校教师明显高于21～25年、26～30年、31年及以上高校教师群体(见表5-2-3)。

表 5-2-3  不同教龄段教师线上教学环境及支持满意度差异检验

| 因变量 | 教龄段 | 平均值 | F | Sig. | 多重比较 |
| --- | --- | --- | --- | --- | --- |
| 线上教学技术支持满意度($n=13636$) | 1～5 年 | 3.81 | 7.581*** | 0.000 | 1＞4;1＞5;<br>1＞6;1＞7; |
| | 6～10 年 | 3.77 | | | |
| | 11～15 年 | 3.77 | | | |
| | 16～20 年 | 3.74 | | | |
| | 21～25 年 | 3.72 | | | |
| | 26～30 年 | 3.70 | | | |
| | 31 年及以上 | 3.71 | | | |
| 线上教学服务保障满意度($n=13636$) | 1～5 年 | 4.00 | 21.973*** | 0.000 | 1＞2;1＞3;<br>1＞4;1＞5;<br>1＞6;1＞7;<br>2＞5;2＞6;<br>2＞7;3＞5;<br>3＞6;3＞7; |
| | 6～10 年 | 3.92 | | | |
| | 11～15 年 | 3.92 | | | |
| | 16～20 年 | 3.87 | | | |
| | 21～25 年 | 3.82 | | | |
| | 26～30 年 | 3.80 | | | |
| | 31 年及以上 | 3.82 | | | |

注：*** 表示 $p<0.001$；"1～5 年"=1，"6～10 年"=2，"11～15 年"=3，"16～20 年"=4，"21～25 年"=5，"26～30 年"=6，"31 年及以上"=7。

### (三)不同区域高校教师线上教学环境及支持满意度的差异检验

对东、中、西部区域高校教师线上教学环境及支持满意度进行差异检验后发现：东部区域高校教师对线上教学技术支持满意度及线上教学服务保障满意度均明显高于西部区域，中部区域高校教师的线上教学技术支持满意度及线上教学服务保障满意度均明显高于西部区域，而在东部区域和中部区域之间无显著差异(见表 5-2-4)。

表 5-2-4  不同区域高校教师线上教学环境及支持满意度差异检验

| 因变量 | 学校区域 | 平均值 | F | Sig. | 多重比较 |
| --- | --- | --- | --- | --- | --- |
| 线上教学技术支持满意度($n=13569$) | 东部 | 3.78 | 18.339*** | 0.000 | 1＞3;2＞3 |
| | 中部 | 3.77 | | | |
| | 西部 | 3.69 | | | |
| 线上教学服务保障满意度($n=13569$) | 东部 | 3.93 | 33.092*** | 0.000 | 1＞3;2＞3 |
| | 中部 | 3.93 | | | |
| | 西部 | 3.80 | | | |

注：*** 表示 $p<0.001$；"东部"=1，"中部"=2，"西部"=3。

### (四)不同学科教师对线上教学环境及支持满意度的差异检验

对人文学科、社会学科及自然学科教师线上教学环境及支持满意度进行差异检验后发现,高校教师对线上教学技术支持的满意度及线上教学服务保障的满意度因学科的不同均有显著性差异。对其进行事后检验发现,线上教学技术支持满意度方面,自然学科教师显著高于人文学科及社会学科高校教师群体;线上教学服务保障满意度方面,人文学科显著高于社会学科,自然学科显著高于社会学科(见表5-2-5)。

表5-2-5 不同学科类型教师对线上教学环境及支持满意度差异检验

| 因变量 | 学科 | 平均值 | F | Sig. | 多重比较 |
| --- | --- | --- | --- | --- | --- |
| 线上教学技术支持满意度($n=13636$) | 人文学科 | 3.75 | 5.794** | 0.003 | 3＞1;3＞2 |
|  | 社会学科 | 3.74 |  |  |  |
|  | 自然学科 | 3.78 |  |  |  |
| 线上教学服务保障满意度($n=13636$) | 人文学科 | 3.91 | 12.348*** | 0.000 | 1＞2;3＞2 |
|  | 社会学科 | 3.87 |  |  |  |
|  | 自然学科 | 3.93 |  |  |  |

注:** 表示 $p<0.01$,*** 表示 $p<0.001$;"人文学科"=1,"社会学科"=2,"自然学科"=3。

### (五)不同类型高校教师线上教学环境及支持满意度的差异检验

对研究型大学、一般本科高校、高职院校教师线上教学环境及支持满意度进行差异检验后发现,高校教师线上教学技术支持满意度因学校类型不同有显著性差异,而线上教学服务保障满意度受学校类型的影响不显著。通过事后检验发现,研究型大学高校教师线上教学技术支持满意度方面均显著高于一般本科高校及高职院校,一般本科高校显著高于高职院校,一般本科高校与高职院校之间线上教学技术支持满意度无显著差异(见表5-2-6)。

表5-2-6 不同类型高校教师线上教学环境及支持满意度差异检验

| 因变量 | 学校类型 | 平均值 | F | Sig. | 多重比较 |
| --- | --- | --- | --- | --- | --- |
| 线上教学技术支持满意度($n=13463$) | 研究型大学 | 3.89 | 10.871*** | 0.000 | 1＞2;1＞3;2＞3 |
|  | 一般本科高校 | 3.76 |  |  |  |
|  | 高职院校 | 3.70 |  |  |  |
| 线上教学服务保障满意度($n=13463$) | 研究型大学 | 3.98 | 2.412 | 0.090 |  |
|  | 一般本科高校 | 3.91 |  |  |  |
|  | 高职院校 | 3.92 |  |  |  |

注:*** 表示 $p<0.001$;"研究型大学"=1,"一般本科高校"=2,"高职院校"=3。

### (六)不同类别高校教师线上教学环境及支持满意度的差异检验

对公办和民办高校教师线上教学环境及支持满意度状况进行差异检验后发现,高校教师对线上教学技术支持的满意度受学校类别的影响不显著,而对线上教学服务保障的满意度因学校类别不同而有显著性,呈现出民办高校显著高于公办高校(见表5-2-7)。

**表 5-2-7 不同学校类别高校教师线上教学环境及支持满意度差异检验**

| 因变量 | 学校类别 | 平均值 | 标准差 | $t$ | Sig. |
|---|---|---|---|---|---|
| 线上教学技术支持满意度($n=13569$) | 公办 | 3.76 | 0.631 | $-1.098$ | 0.272 |
|  | 民办 | 3.78 | 0.599 |  |  |
| 线上教学服务保障满意度($n=13569$) | 公办 | 3.90 | 0.663 | $-2.964^{**}$ | 0.003 |
|  | 民办 | 3.95 | 0.655 |  |  |

注:** 表示 $p<0.01$。

### (七)影响高校教师对线上教学及环境支持满意度的因素分析

通过相关性分析发现(表5-2-8),影响高校教师对线上教学平台支持及服务保障满意度的因素包括性别、年龄、教龄、职称、学校区域、学校类型、学校类别、学科,但相关程度均比较弱。其中,高校教师所在学校类别和所属学科与平台支持满意度无显著相关性($p>0.1$),性别($R=0.055^{**}$)、职称($R=0.025^{**}$)对高校教师线上平台支持满意度有较弱的正向影响作用,而年龄($R=-0.068^{**}$)、教龄($R=-0.059^{**}$)、学校区域($R=-0.045^{**}$)、学校类型($R=-0.049^{**}$)对高校教师线上平台支持满意度有较弱的负向影响作用;性别($R=0.044^{**}$)、职称($R=0.048^{**}$)、学校类别($R=0.020^{*}$)、学科($R=0.040^{**}$)对高校教师线上教学服务保障满意度有较弱的正向影响作用,而年龄($R=-0.109^{**}$)、教龄($R=-0.104^{**}$)、学校区域($R=-0.049^{**}$)、学校类型($R=-0.019^{*}$)对高校教师线上教学服务保障满意度有较弱的负向影响作用。

**表 5-2-8 影响高校教师线上教学平台支持及服务保障满意度的因素**

| 变量 | 线上教学平台支持满意度 |  |  | 线上教学服务保障满意度 |  |  |
|---|---|---|---|---|---|---|
|  | $n$ | 均值 | $R$ | $n$ | 均值 | $R$ |
| 性别 | 13498 | 1.57 | $0.055^{**}$ (0.000) | 13640 | 1.57 | $0.044^{**}$ (0.000) |
| 年龄 | 13498 | 40.62 | $-0.068^{**}$ (0.000) | 13640 | 40.64 | $-0.109^{**}$ (0.000) |
| 教龄 | 13498 | 13.97 | $-0.059^{**}$ (0.000) | 13640 | 14.00 | $-0.104^{**}$ (0.000) |

续表

| 变量 | 线上教学平台支持满意度 ||| 线上教学服务保障满意度 |||
|---|---|---|---|---|---|---|
| | $n$ | 均值 | $R$ | $n$ | 均值 | $R$ |
| 职称 | 12977 | 2.50 | 0.025** (0.005) | 13133 | 2.50 | 0.048** (0.000) |
| 学校区域 | 12977 | 1.68 | −0.045** (0.000) | 13133 | 1.68 | −0.049** (0.000) |
| 学校类型 | 12977 | 2.04 | −0.049** (0.000) | 13133 | 2.04 | −0.019* (0.027) |
| 学校类别 | 12977 | 1.17 | 0.005 (0.538) | 13133 | 1.17 | 0.020* (0.020) |
| 学科 | 12977 | 7.39 | 0.013 (0.136) | 13133 | 7.39 | 0.040** (0.000) |

注：*表示 $p<0.05$，**表示 $p<0.01$。

## 五、结果讨论

### （一）研究主要发现

1.校外教学平台的使用成为高校教师线上教学的主要选择

高校线上教学平台分为学校自建教学平台、校外专业技术机构建立的平台两种。在平台的使用上，无论是性别、年龄、教龄、学校区域、学校类型、学科等之差，校外教学平台成为高校教师的主要选择，近五成的高校教师将校外教学平台作为线上教学的首选。这可能是基于以下理由：一是校外教学平台数量多，市场上直播平台种类繁多，如学习通、腾讯会议、雨课堂等都能在很大程度上满足高校教师的需求；二是与校外专业平台相比学校自建平台较少，未能有效开发及推广，在当前的线上教学中所发挥的作用有限。

2.学习通/超星尔雅、中国大学 MOOC 平台/爱课程、QQ 直播、腾讯会议等是教师使用率较高的线上教学平台

通过对高校教师使用校外平台情况进行分析发现，虽然不同类型高校教师在使用何种教学平台上有所差异，但总体而言使用最多的为学习通/超星尔雅、中国大学 MOOC 平台/爱课程、QQ 直播及腾讯会议。其中，高校男女教师均倾向于使用学习通/超星尔雅、中国大学 MOOC 平台/爱课程、QQ 直播；36~40 岁高校教师倾向于使用中国大学 MOOC 平台/爱课程、微信、中国大学 MOOC 平台/爱课程；不同教龄段的高校教师在这几大平台中的使用率虽不尽相同但大致相当；不同学科的高校教师在这几大平台的选择上亦不相同，

人文学科教师倾向于微信、学习通、QQ直播,社会学科教师倾向于微信、腾讯会议,而自然学科教师则倾向于中国大学MOOC平台/爱课程、腾讯会议、QQ直播;不同课程类型高校教师的首选校外平台均为学习通/超星尔雅;不同学科教师在平台选择上有差异,研究型大学教师主要使用QQ直播,一般本科高校教师主要使用学习通/超星尔雅,高职院校教师主要使用QQ直播;公办高校教师主要使用学习通/超星尔雅,民办高校教师主要使用QQ直播。

3.青年教师对线上教学平台技术支持满意度、服务保障满意度均高于中老年教师群体

通过分析发现,高校青年教师对线上教学平台技术支持满意度、服务保障满意度均高于中老年教师群体,这一结论可得到以下两方面的佐证。

其一,高校教师对线上教学平台技术支持满意度的平均值为3.76,显示高校教师整体上对线上教学平台技术支持满意度较高。从不同年龄段高校教师群体角度而言:无论是对网络速度流畅度、平台运行稳定度、画面音频清晰度、师生互动即时度、文件传输顺畅度还是工具使用便捷度的评价上,高校青年教师的满意度均高于中老年教师;从不同教龄段高校教师群体角度而言,亦呈现出教龄较短的高校教师(青年教师)满意度均高于教龄长(中老年教师)的高校教师群体。这可能与高校教师年龄大小及教龄长短所引起的对技术的掌握程度有关,其一是青年教师接受新事物的能力强,能够更快适应技术环境所引起的教学方式之变化。其二教龄短的高校教师一般为青年教师群体,教龄长的高校教师一般为中老年教师群体,这两个群体在突发事件下接受新事物的能力和程度不相同,进而致使对平台使用的体验效果有差异,最终导致对其评价有所不同。

其二,高校教师对线上教学平台服务保障满意度的平均值为3.89,显示高校教师整体上对线上教学服务保障满意度较高。从不同年龄段高校教师群体角度而言:无论是网络条件、各类教学平台、电子图书教学资源、学校技术队伍、学校线上教学技术使用培训、学校线上教学方法培训、学校政策的支持满意度还是各级领导支持的满意度,高校青年教师满意度均高于中老年教师;从不同教龄段高校教师群体角度而言,同样表明教龄较短的高校教师(青年教师)满意度均高于教龄长的高校教师群体。致使这种差异出现的原因可能有:一是对于高校所提供的各类教学技术培训、教学方法培训,青年教师群体容易接受和内化,从而将其能够很好地运用于教学当中,而中老年教师群体相对来说接受能力弱,对教学技术、教学方法培训未能在短期内掌握和运用,而导致对线上教学平台服务保障的评价低于青年教师群体;二是青年教师日常接触网络技术频繁,面对突然发生事件时能够及时运用自身所掌握的技术,而中老

年教师则稍微缺乏一些。

4.研究型大学教师对线上教学技术支持满意度高于一般本科院校、高职院校教师

研究发现研究型大学教师对线上教学技术支持满意度均高于一般本科高校及高职院校。这可能与高校教师本身、学生特点及使用设备有关；其一，研究型大学的教师善于提升自己、容易接受新事物，熟练掌握平台技术，及时学习和内化如何使用线上教学平台的突破点，相对而言，一般本科高校及高职院校教师较弱，对新生事物的容纳和接受思想及行为低于研究型大学；其二，研究型大学的教师和学生之间的互动多于其他类型高校，体现在师生互动的及时性程度上较高，师生之间互动较多对高校教师对线上教学的评价也会产生正向影响；其三，研究型大学的学生自身可控能力与自学能力较强，教师易于及时洞察学生的境况，引起教师对线上教学技术支持满意度较高；其四，研究型大学教师可能在非疫情期已使用线上平台进行小规模的授课或传输课件等，无论是教师或是技术管理人员，对线上教学设备都相当熟悉。

5.教师所在的学校类别不同、所任教的学科类型不同在线上教学技术支持及服务保障满意度上有差异

对于学校类别而言，公办和民办高校对线上教学技术支持的满意度没有差异性，而线上教学服务保障满意度上，民办高校教师的满意度高于公办高校教师，尤其是在细项中的各级领导对线上教学支持满意度上，民办高校教师的满意度约达85%；对于不同学科而言，自然学科教师对线上教学技术支持满意度均高于人文学科和社会学科，人文学科和自然学科教师对线上教学服务保障满意度高于社会学科教师群体。出现以上差异的原因可能是学科性质的不同导致对平台的需求不同，社会学科和人文学科更多需要的是师生之间的交流和学生自身表达陈述观点能力，而线上教学"试验期"未能很好地解决这一问题，师生之间沟通与交流达不到教师的期求，相对而言自然学科在此方面需求较小，从而致使人文学科与社会学科对技术支持及服务保障满意度较低。

（二）研究启示

1.积极发现线上教学的正面意义

线上教学具有两面性，既有优点也有劣势，但更应看到线上教学的积极的、正面的意义。疫情防控背景下的线上教学是在重大突发事件下的一次关键性教学模式调整，虽是在特殊时期的一次"教育实验"，但也是一场推进新时代教育教学改革的契机，更可能是大学教育步入崭新时代的"引领器"。线上教学能够实现互通互联、带来丰富多样的资源、打破时空界限的束缚，从而实

现无线共享之目的。因此,高校及教师群体应带有辩证的态度和眼光看待教学,既要积极适应线上教学的优势,同时也要尽可能通过各种方式避免其缺点,实现线上教学的快速反应与卓越发展之间的平衡,以更好地实现教书育人之目标。当然,通过研究发现当下的线上教学亦存在着一些不足,如硬件软件的支持、线上教育的稳定性、互动效率低等,线上教学出现这些困境的原因在于服务保障方面欠缺及师生还未能及时适应线上教学这一模式,因此需要高校、教师、学生及专业技术支持团队的多方协力来共同提升线上教学服务保障能力。

2.完善和优化线上教学平台,提升教师对线上教学的整体满意度

线上教学在通过特殊时期的"考验"之后,也发现线上教育中存在的问题亟须加以改进,从而为师生提供更多的服务,提升教师和学生对线上教学的整体满意度。具体可从以下几个方面开展:一是对线上教学平台功能的"增加"。平台的开发者需要进行深入调研、根据学校师生的切身需求增加适合于各类教师和学生需要的平台功能。二是对线上教学平台功能的"优化"。例如在调查中发现,无论是不同年龄、教龄、学科、学校类型还是课程类型,高校教师均对线上教学平台的"在线实验演示"功能满意度较低($<50\%$),表明线上教学平台虽有此功能,但是未能最大性地发挥其作用,因此需要对线上教学平台的现有功能进行优化,满足各类型教师的教学需求,实现资源的最大化利用。三是进一步规范现有线上教学平台,主要针对不符合教育规律、影响教学秩序的平台进行有效约束,逐步提高现有大平台的承载能力和网络流速。

3.关切高校中老教师群体,加强线上教学技术使用与教学方法培训

在对线上教学支持方面,关注中老年教师群体不论对当下特殊时期还是对未来的线上教育都有着十分关键的意义。高校应首先联合中老年教师群体共同建立教学技术及方法培训团体,强化中老年教师使用线上教学平台的技术及能力,使其适应从"线下"到"线上"的过程;其次,应及时与中老年教师进行交流和沟通,了解线上教学中的"硬件"和"软件"上的困境,并及时调节和解决,让中老年教师对线上教学的方式因有能力而产生信心;其三,可实行"青年带中老年"法,鼓励教师群体以团队的方式协作,让青年教师帮助中老年教师解决线上教学中出现的种种问题,从而实现共同进步,更好地进行线上教学;其四,学校可以以机构为单位,有针对性地发布线上教学技术指南,帮助中老年教师群体能够在实现"无障碍"教学的基础上进行高质量教学。

4.加强对线上教学的研究,提高师生之间的互动

疫情下的线上教学对于高校教师和学生来说都是一次对传统教学模式的转变,从调查看,在线上教学的过程中,高校教师对师生互动即时度的满意度

最低,这既是线上教学对高校教师提出的挑战,也是各利益相关者亟须解决的问题。师生互动是教师及时了解学生学情状况的"风向标",亦是教师检验自身教学是否切合学生学习需求的"检验器",因此师生互动的好与坏关系着教师的"教"和学生的"学"的质量问题,如何提升师生之间的互动成为一个重要且须解决的问题,这就需要学校教学研究管理部门和教研部门加强对线上教学的研究,提出适合于学科、学段、学情特点的线上教学新模式;学校教学研究管理部门针对各个学校具体境况、学科差异、学生特点来研究适合自身学校的线上教学方式;教研部门则需要在研究的基础上建立和推广一些有效的师生互动制度或渠道,促进线上教学师生互动的整体化。

5.关注弱势高校群体,促进线上教育资源重新优化整合

线上教学技术支持包括网络速度流畅度、平台运行稳定度、画面音频清晰度、师生互动即时度、文件传输顺畅度、工具使用便捷度六个方面,从数据分析中得知,研究型大学高校教师对线上教学技术支持六方面的满意度均高于一般本科院校及高职类院校,这说明亟须加强对相对弱势高校群体的关注:其一,在思想观念上重视线上教学,认识到线上教学是当前的应急之举及未来发展的趋势,从思想上转变传统的教育观念,逐渐接受线上教学这一"新生事物";其二,在教学平台的使用上,应针对各个学科不同需求,引进适合线上教学的平台,在此基础上有能力的高校组织专业技术团队开发适合于高校自身的线上教学平台;其三,在提升师生互动即时度方面,需要高校多方研究在教学新模式下如何提高师生之间的互动频率及互动质量,也可借鉴高水平大学线上教学技术支持方面的经验;其四,高校教师亦需要重视线上教学中的各个环节,在备课过程中考虑学生学习的接受能力和思考如何能提高师生互动的方式方法,在授课过程中避免"一堂灌"的方式,加入吸引学生注意力的元素,如减少直播时间,设置任务完成型的闯关或项目式的等活动提升师生互动。

# 第三节 不同类型平台对教师线上教学的支持程度

## 一、研究问题

本节将重点研究不同线上教学平台对教师线上教学环境及其支持程度。

具体研究问题包括：不同性别教师、不同年龄教师、不同教龄教师、不同职称教师、承担不同类型课程教师，以及疫情前后教师对线上教学环境及其支持评价的差异比较。

## 二、研究方法

（一）样本

本节样本同本章首节。

（二）变量定义

1.高校教师的人口统计学特征相关变量：性别、年龄、教龄、职称、所在学校区域、所在的学校、所在的学科、所教的课程类型，以及所教的课程性质。

2.高校教师线上教学的线上教学环境及其支持评价：

（1）教学平台各项功能的满意度评价，包括10个评价指标，分别为在线备课、考勤管理、课堂讲授、在线课堂讨论、在线实验演示、在线测评、在线布置批改作业、在线答疑、资料传输，以及通过电子数据分析学生学习行为。

（2）教学平台技术支持的满意度评价：包括6个评价指标，分别为网络速度流畅度、平台运行稳定度、画面音频清晰度、师生互动即时度、文件传输顺畅度，以及工具使用便捷度。教学平台技术支持设了1个总体评价指标。

（3）线上教学服务保障的满意度评价：包括8个评价指标，分别为网络条件支持、教学平台支持、电子资源支持、技术队伍支持、技术使用培训支持、教学方法培训支持、学校政策支持，以及各级领导支持。线上教学服务保障设了1个总体评价指标。

（三）研究工具及分析方法

研究使用的统计软件是SPSS，同时辅之以Excel作图工具，采用描述性分析与推论性分析相结合的分析方法对获得的样本进行相应的数据统计和分析。

## 三、研究结果

（一）不同性别教师对线上教学环境及其支持评价的差异比较

根据线上教学平台的10项功能（线上备课、课堂考勤管理、课堂讲授、在线课堂讨论、在线实验演示、在线布置和批改作业、在线课后辅导答疑、提交或传输课程资料、通过电子数据分析学生行为）调查，研究发现：在"在线备课""课堂考勤管理""在线课堂讨论""在线教育测试及评价""在线布置批改作业"

"在线课后辅导答疑""提交或传输课程资料""通过电子数据分析学生学习行为"等8个选项中,女性教师的满意度都显著高于男性教师,仅在"在线实验演示"选项,男性教师的满意度显著高于女性教师。在"课堂讲授"选项,男女教师满意度上不存在显著差异(见表5-3-1)。

表5-3-1 不同性别教师对教学平台功能的满意度评价的差异比较

| 检验变量 | 性别 | 个案数 | 平均值 | 标准差 | $t$ |
|---|---|---|---|---|---|
| 在线备课 | 男 | 5898 | 3.70 | 0.888 | −2.206* |
|  | 女 | 7749 | 3.74 | 0.833 |  |
| 课堂考勤管理 | 男 | 5898 | 3.99 | 0.849 | −5.552*** |
|  | 女 | 7749 | 4.06 | 0.790 |  |
| 课堂讲授 | 男 | 5898 | 3.85 | 0.781 | −0.713 |
|  | 女 | 7749 | 3.86 | 0.719 |  |
| 在线课堂讨论 | 男 | 5898 | 3.51 | 0.883 | −3.086* |
|  | 女 | 7749 | 3.56 | 0.848 |  |
| 在线实验演示 | 男 | 5898 | 2.60 | 1.526 | 7.281*** |
|  | 女 | 7749 | 2.40 | 1.665 |  |
| 在线教育测试及评价 | 男 | 5898 | 3.53 | 1.024 | −3.437* |
|  | 女 | 7749 | 3.60 | 1.041 |  |
| 在线布置批改作业 | 男 | 5898 | 3.78 | 0.907 | −7.048*** |
|  | 女 | 7749 | 3.89 | 0.867 |  |
| 在线课后辅导答疑 | 男 | 5898 | 3.76 | 0.830 | −6.534*** |
|  | 女 | 7749 | 3.85 | 0.796 |  |
| 提交或传输课程资料 | 男 | 5898 | 3.97 | 0.795 | −7.538*** |
|  | 女 | 7749 | 4.07 | 0.747 |  |
| 通过电子数据分析学生学习行为 | 男 | 5898 | 3.57 | 1.007 | −5.595*** |
|  | 女 | 7749 | 3.66 | 0.967 |  |

注:* 表示 $p<0.05$,*** 表示 $p<0.001$。

不同性别教师对线上教学平台技术支持满意度评价存在差异。具体而言,在"网络速度流畅度""平台运行稳定度""画面音频清晰度""师生互动即时度""文件传输顺畅度""工具使用便捷度",以及对线上教学平台技术支持满意度的"总体评价",女性教师满意度都高于男性教师(见表5-3-2)。

表 5-3-2　不同性别教师对线上教学平台技术支持满意度评价的差异比较

| 检验变量 | 性别 | 个案数 | 平均值 | 标准差 | $t$ |
|---|---|---|---|---|---|
| 网络速度流畅度 | 男 | 5898 | 3.60 | 0.790 | −3.285* |
|  | 女 | 7749 | 3.64 | 0.718 |  |
| 平台运行稳定度 | 男 | 5898 | 3.65 | 0.768 | −0.857 |
|  | 女 | 7749 | 3.66 | 0.704 |  |
| 画面音频清晰度 | 男 | 5898 | 3.72 | 0.755 | −5.418*** |
|  | 女 | 7749 | 3.79 | 0.706 |  |
| 师生互动即时度 | 男 | 5898 | 3.45 | 0.829 | −4.941* |
|  | 女 | 7749 | 3.52 | 0.804 |  |
| 文件传输顺畅度 | 男 | 5898 | 3.72 | 0.794 | −1.078 |
|  | 女 | 7749 | 3.73 | 0.762 |  |
| 工具使用便捷度 | 男 | 5898 | 3.72 | 0.729 | −6.322*** |
|  | 女 | 7749 | 3.80 | 0.688 |  |
| 总体评价 | 男 | 5898 | 3.72 | 0.673 | −6.400*** |
|  | 女 | 7749 | 3.79 | 0.602 |  |

注：* 表示 $p<0.05$，*** 表示 $p<0.001$。

不同性别教师对教学服务保障满意度评价存在差异。在"各类教学平台支持""电子资源支持""技术队伍支持""教学方法培训支持""各级领导支持"，对线上教学服务保障满意度"总体评价"6个选项中，女性教师的满意度评价显著高于男性教师的满意度。在"学校政策支持"选项上，男性教师的满意度则显著高于女性教师。在"网络条件对线上教学的支持"选项中，不同性别教师的满意度评价不存在显著差异（见表 5-3-3）。

表 5-3-3　不同性别教师对线上教学服务保障满意度评价的差异比较

| 检验变量 | 性别 | 个案数 | 平均值 | 标准差 | $t$ |
|---|---|---|---|---|---|
| 网络条件支持 | 男 | 5898 | 3.62 | 0.791 | −1.556 |
|  | 女 | 7749 | 3.64 | 0.730 |  |
| 教学平台支持 | 男 | 5898 | 3.73 | 0.756 | −8.997*** |
|  | 女 | 7749 | 3.84 | 0.696 |  |
| 电子资源支持 | 男 | 5898 | 3.40 | 0.997 | −4.684*** |
|  | 女 | 7749 | 3.48 | 0.994 |  |

续表

| 检验变量 | 性别 | 个案数 | 平均值 | 标准差 | $t$ |
|---|---|---|---|---|---|
| 技术队伍支持 | 男 | 5898 | 3.75 | 0.937 | −9.915*** |
|  | 女 | 7749 | 3.91 | 0.869 |  |
| 技术使用培训支持 | 男 | 5898 | 3.90 | 0.813 | −8.522*** |
|  | 女 | 7749 | 4.01 | 0.764 |  |
| 教学方法培训支持 | 男 | 5898 | 3.89 | 0.818 | −8.205*** |
|  | 女 | 7749 | 4.00 | 0.780 |  |
| 学校政策支持 | 男 | 5898 | 3.67 | 1.082 | 2.603* |
|  | 女 | 7749 | 3.62 | 1.213 |  |
| 各级领导支持 | 男 | 5898 | 3.97 | 0.894 | −5.095*** |
|  | 女 | 7749 | 4.05 | 0.874 |  |
| 总体评价 | 男 | 5898 | 3.86 | 0.741 | −5.465*** |
|  | 女 | 7749 | 3.92 | 0.674 |  |

注：* 表示 $p<0.05$，*** 表示 $p<0.001$。

（二）疫情前后教师对线上教学环境极其支持评价的差异比较

疫情前后，不同性别的教师对教学平台功能满意度评价存在一定差异。在"在线备课""课堂考勤管理""课堂讲授""在线课堂讨论""在线实验演示""在线教育测试及评分""在线布置批改作业""在线课后辅导答疑""提交或传输课程资料""通过电子数据分析学生学习行为"等10个选项中，疫情前已经实施线上教学的教师对线上教学平台功能满意度显著高于疫情后实施线上教学的教师（见表5-3-4）。

表5-3-4　疫情前后教师对教学平台功能满意度评价的差异比较

| 检验变量 | 疫情前后开展线上教学 | 个案数 | 平均值 | 标准差 | $t$ |
|---|---|---|---|---|---|
| 在线备课 | 是 | 2758 | 3.80 | 0.851 | 5.404*** |
|  | 否 | 10889 | 3.70 | 0.858 |  |
| 课堂考勤管理 | 是 | 2758 | 4.14 | 0.789 | 8.289*** |
|  | 否 | 10889 | 4.00 | 0.822 |  |
| 课堂讲授 | 是 | 2758 | 3.91 | 0.762 | 4.886*** |
|  | 否 | 10889 | 3.84 | 0.741 |  |

续表

| 检验变量 | 疫情前后开展线上教学 | 个案数 | 平均值 | 标准差 | t |
|---|---|---|---|---|---|
| 在线课堂讨论 | 是 | 2758 | 3.68 | 0.870 | 9.426*** |
| | 否 | 10889 | 3.50 | 0.859 | |
| 在线实验演示 | 是 | 2758 | 2.73 | 1.550 | 8.918*** |
| | 否 | 10889 | 2.43 | 1.618 | |
| 在线教育测试及评分 | 是 | 2758 | 3.76 | 0.944 | 11.311*** |
| | 否 | 10889 | 3.52 | 1.051 | |
| 在线布置批改作业 | 是 | 2758 | 3.97 | 0.834 | 9.166*** |
| | 否 | 10889 | 3.81 | 0.896 | |
| 在线课后辅导答疑 | 是 | 2758 | 3.94 | 0.772 | 9.850*** |
| | 否 | 10889 | 3.78 | 0.819 | |
| 提交或传输课程资料 | 是 | 2758 | 4.12 | 0.756 | 7.233*** |
| | 否 | 10889 | 4.00 | 0.772 | |
| 通过电子数据分析学生学习行为 | 是 | 2758 | 3.81 | 0.897 | 11.985*** |
| | 否 | 10889 | 3.58 | 1.001 | |

注：*** 表示 $p<0.001$。

疫情前后教师对线上教学平台技术支持满意度评价存在差异。具体而言，在"网络速度流畅度""平台运行稳定度""画面音频清晰度""工具使用便捷度"4个指标上，疫情前后进行线上教学的教师，其满意度评价不存在显著差异。对"师生互动即时度""文件传输顺畅度"及对线上教学平台技术支持满意度的"总体评价"，疫情前后教师对线上教学平台技术支持的满意度存在显著差异，疫情后实施线上教学的教师的满意度显著高于疫情前实施线上教学教师的满意度（见表5-3-5）。

表5-3-5 疫情前后教师对教学平台技术支持需求满意度评价的差异比较

| 检验变量 | 疫情前后开展线上教学 | 个案数 | 平均值 | 标准差 | t |
|---|---|---|---|---|---|
| 网络速度流畅度 | 是 | 2758 | 3.64 | 0.769 | 1.373 |
| | 否 | 10889 | 3.62 | 0.745 | |
| 平台运行稳定度 | 是 | 2758 | 3.67 | 0.754 | 0.785 |
| | 否 | 10889 | 3.66 | 0.727 | |

续表

| 检验变量 | 疫情前后开展线上教学 | 个案数 | 平均值 | 标准差 | $t$ |
|---|---|---|---|---|---|
| 画面音频清晰度 | 是 | 2758 | 3.78 | 0.738 | 1.638 |
|  | 否 | 10889 | 3.76 | 0.726 |  |
| 师生互动即时度 | 是 | 2758 | 3.59 | 0.802 | 7.035*** |
|  | 否 | 10889 | 3.47 | 0.817 |  |
| 文件传输顺畅度 | 是 | 2758 | 3.77 | 0.778 | 3.379* |
|  | 否 | 10889 | 3.71 | 0.775 |  |
| 工具使用便捷度 | 是 | 2758 | 3.78 | 0.732 | 1.610 |
|  | 否 | 10889 | 3.76 | 0.701 |  |
| 总体评价 | 是 | 2758 | 3.80 | 0.647 | 3.784*** |
|  | 否 | 10889 | 3.75 | 0.631 |  |

注：\* 表示 $p<0.05$，\*\*\* 表示 $p<0.001$。

疫情前后教师对线上教学服务保障满意度评价存在差异。具体而言，在"网络条件支持""教学平台支持""电子资源支持""技术使用培训支持""教学方法培训支持"，以及对线上教学服务保障满意度的"总体评价"方面，疫情后进行线上教学的教师满意度显著高于疫情前实施线上教学教师的满意度。在"技术队伍支持"和"各级领导支持"两方面，疫情前后开展线上教学的教师其满意度不存在显著差异（见表 5-3-6）。

表 5-3-6 疫情前后教师对线上教学服务保障满意度评价的差异比较

| 检验变量 | 疫情前后开展线上教学 | 个案数 | 平均值 | 标准差 | $t$ |
|---|---|---|---|---|---|
| 网络条件支持 | 是 | 2758 | 3.67 | 0.776 | 2.620* |
|  | 否 | 10889 | 3.63 | 0.752 |  |
| 教学平台支持 | 是 | 2758 | 3.83 | 0.711 | 3.336* |
|  | 否 | 10889 | 3.78 | 0.728 |  |
| 电子资源支持 | 是 | 2758 | 3.52 | 0.948 | 4.733*** |
|  | 否 | 10889 | 3.42 | 1.006 |  |
| 技术队伍支持 | 是 | 2758 | 3.86 | 0.916 | 1.297 |
|  | 否 | 10889 | 3.84 | 0.899 |  |
| 技术使用培训支持 | 是 | 2758 | 3.99 | 0.812 | 2.130* |
|  | 否 | 10889 | 3.95 | 0.782 |  |

续表

| 检验变量 | 疫情前后开展线上教学 | 个案数 | 平均值 | 标准差 | $t$ |
|---|---|---|---|---|---|
| 教学方法培训支持 | 是 | 2758 | 3.99 | 0.813 | 2.584* |
|  | 否 | 10889 | 3.94 | 0.794 |  |
| 学校政策支持 | 是 | 2758 | 3.71 | 1.090 | 3.542*** |
|  | 否 | 10889 | 3.62 | 1.174 |  |
| 各级领导支持 | 是 | 2758 | 4.04 | 0.869 | 1.552 |
|  | 否 | 10889 | 4.01 | 0.887 |  |
| 总体评价 | 是 | 2758 | 3.92 | 0.721 | 2.482* |
|  | 否 | 10889 | 3.89 | 0.700 |  |

注：* 表示 $p<0.05$，*** 表示 $p<0.001$。

### （三）不同年龄教师对线上教学环境及其支持评价的差异有所不同

在"在线备课"中，"20～35岁"的教师满意度显著高于"36～45岁""46～55岁"和"56岁及以上"的教师，"36～45岁"的教师满意度显著高于"46～55岁"和"56岁及以上"的教师；在"课堂考勤管理"中，不同年龄组教师的满意度评价不存在显著差异；在"课堂讲授"中，"20～35岁"的教师满意度显著高于"46～55岁"和"56岁及以上"的教师；在"在线课堂讨论"中，"20～35岁"的教师满意度显著高于"46～55岁"的教师；在"在线实验演示"中，"20～35岁"的教师满意度显著高于"36～45岁""46～55岁"和"56岁及以上"的教师，"36～45岁"的教师满意度显著高于"46～55岁"和"56岁及以上"的教师；在"在线教育测试及评分""在线布置批改作业"和"通过电子数据分析学生学习行为"中，"20～35岁"的教师满意度都显著高于"36～45岁""46～55岁"和"56岁及以上"的教师，"36～45岁"的教师满意度显著高于"46～55岁"和"56岁及以上"的教师，"46～55岁"的教师满意度显著高于"56岁及以上"的教师；在"在线课后辅导"中，"20～35岁"和"36～45岁"的教师满意度都显著高于"46～55岁"和"56岁及以上"的教师；在"提交或传输课程资料"中，"20～35岁"的教师满意度显著高于"36～45岁""46～55岁"和"56岁及以上"的教师，"36～45岁"的教师满意度显著高于"46～55岁"和"56岁及以上"的教师（见表5-3-7和表5-3-8）。

表 5-3-7　不同年龄教师对教学平台各项功能满意度评价的差异比较

| 检验变量 | 年龄组 | 个案数 | 平均值 | 标准差 | 标准误差 |
| --- | --- | --- | --- | --- | --- |
| 在线备课 | 20～35 岁（A） | 3754 | 3.78 | 0.805 | 0.013 |
|  | 36～45 岁（B） | 6389 | 3.73 | 0.847 | 0.011 |
|  | 46～55 岁（C） | 2734 | 3.65 | 0.895 | 0.017 |
|  | 56 岁及以上（D） | 750 | 3.58 | 0.998 | 0.036 |
| 课堂考勤管理 | 20～35 岁（A） | 3754 | 4.02 | 0.784 | 0.013 |
|  | 36～45 岁（B） | 6389 | 4.05 | 0.824 | 0.010 |
|  | 46～55 岁（C） | 2734 | 4.01 | 0.828 | 0.016 |
|  | 56 岁及以上（D） | 750 | 3.99 | 0.867 | 0.032 |
| 课堂讲授 | 20～35 岁（A） | 3754 | 3.88 | 0.710 | 0.012 |
|  | 36～45 岁（B） | 6389 | 3.86 | 0.734 | 0.009 |
|  | 46～55 岁（C） | 2734 | 3.82 | 0.778 | 0.015 |
|  | 56 岁及以上（D） | 750 | 3.76 | 0.865 | 0.032 |
| 在线课堂讨论 | 20～35 岁（A） | 3754 | 3.57 | 0.849 | 0.014 |
|  | 36～45 岁（B） | 6389 | 3.54 | 0.861 | 0.011 |
|  | 46～55 岁（C） | 2734 | 3.50 | 0.871 | 0.017 |
|  | 56 岁及以上（D） | 750 | 3.53 | 0.909 | 0.033 |
| 在线实验演示 | 20～35 岁（A） | 3754 | 2.69 | 1.539 | 0.025 |
|  | 36～45 岁（B） | 6389 | 2.49 | 1.621 | 0.020 |
|  | 46～55 岁（C） | 2734 | 2.27 | 1.632 | 0.031 |
|  | 56 岁及以上（D） | 750 | 2.23 | 1.629 | 0.059 |
| 在线教育测试及评分 | 20～35 岁（A） | 3754 | 3.68 | 0.948 | 0.015 |
|  | 36～45 岁（B） | 6389 | 3.59 | 1.023 | 0.013 |
|  | 46～55 岁（C） | 2734 | 3.46 | 1.083 | 0.021 |
|  | 56 岁及以上（D） | 750 | 3.28 | 1.244 | 0.045 |
| 在线布置批改作业 | 20～35 岁（A） | 3754 | 3.91 | 0.846 | 0.014 |
|  | 36～45 岁（B） | 6389 | 3.86 | 0.866 | 0.011 |
|  | 46～55 岁（C） | 2734 | 3.76 | 0.914 | 0.017 |
|  | 56 岁及以上（D） | 750 | 3.65 | 1.070 | 0.039 |

续表

| 检验变量 | 年龄组 | 个案数 | 平均值 | 标准差 | 标准误差 |
|---|---|---|---|---|---|
| 在线课后辅导答疑 | 20～35岁（A） | 3754 | 3.86 | 0.771 | 0.013 |
| | 36～45岁（B） | 6389 | 3.83 | 0.799 | 0.010 |
| | 46～55岁（C） | 2734 | 3.74 | 0.835 | 0.016 |
| | 56岁及以上（D） | 750 | 3.63 | 0.978 | 0.036 |
| 提交或传输课程资料 | 20～35岁（A） | 3754 | 4.08 | 0.730 | 0.012 |
| | 36～45岁（B） | 6389 | 4.04 | 0.770 | 0.010 |
| | 46～55岁（C） | 2734 | 3.97 | 0.776 | 0.015 |
| | 56岁及以上（D） | 750 | 3.91 | 0.888 | 0.032 |
| 通过电子数据分析学生学习行为 | 20～35岁（A） | 3754 | 3.72 | 0.924 | 0.015 |
| | 36～45岁（B） | 6389 | 3.65 | 0.974 | 0.012 |
| | 46～55岁（C） | 2734 | 3.50 | 1.012 | 0.019 |
| | 56岁及以上（D） | 750 | 3.31 | 1.154 | 0.042 |

表 5-3-8　不同年龄教师对教学平台功能满意度评价的多重比较摘要表

| 检验变量 | | 平方和 | 自由度 | 均方 | F | 事后比较 |
|---|---|---|---|---|---|---|
| 在线备课 | 组间 | 41.450 | 3 | 13.817 | 18.906*** | A＞B；A＞C；A＞D；B＞C；B＞D； |
| | 组内 | 9955.562 | 13623 | 0.731 | | |
| | 总计 | 9997.012 | 13626 | | | |
| 课堂考勤管理 | 组间 | 5.601 | 3 | 1.867 | 2.801 | |
| | 组内 | 9080.761 | 13623 | 0.667 | | |
| | 总计 | 9086.361 | 13626 | | | |
| 课堂讲授 | 组间 | 13.498 | 3 | 4.499 | 8.114*** | A＞C；A＞D；B＞D |
| | 组内 | 7554.024 | 13623 | 0.555 | | |
| | 总计 | 7567.522 | 13626 | | | |
| 在线课堂讨论 | 组间 | 8.104 | 3 | 2.701 | 3.631* | A＞C |
| | 组内 | 10135.916 | 13623 | 0.744 | | |
| | 总计 | 10144.020 | 13626 | | | |
| 在线实验演示 | 组间 | 330.765 | 3 | 110.255 | 42.981*** | A＞B；A＞C；A＞D；B＞C；B＞D； |
| | 组内 | 34945.975 | 13623 | 2.565 | | |
| | 总计 | 35276.740 | 13626 | | | |

续表

| 检验变量 | | 平方和 | 自由度 | 均方 | F | 事后比较 |
|---|---|---|---|---|---|---|
| 在线教育测试及评分 | 组间 | 149.799 | 3 | 49.933 | 47.168*** | A>B;A>C;A>D;B>C;B>D;C>D |
| | 组内 | 14421.487 | 13623 | 1.059 | | |
| | 总计 | 14571.286 | 13626 | | | |
| 在线布置批改作业 | 组间 | 66.482 | 3 | 22.161 | 28.413*** | A>B;A>C;A>D;B>C;B>D;C>D |
| | 组内 | 10625.139 | 13623 | 0.780 | | |
| | 总计 | 10691.621 | 13626 | | | |
| 在线课后辅导答疑 | 组间 | 49.113 | 3 | 16.371 | 24.976*** | A>C;A>D;B>C;B>D;C>D |
| | 组内 | 8929.432 | 13623 | 0.655 | | |
| | 总计 | 8978.544 | 13626 | | | |
| 提交或传输课程资料 | 组间 | 29.864 | 3 | 9.955 | 16.891*** | A>B;A>C;A>D;B>C;B>D |
| | 组内 | 8028.817 | 13623 | 0.589 | | |
| | 总计 | 8058.680 | 13626 | | | |
| 通过电子数据分析学生学习行为 | 组间 | 155.930 | 3 | 51.977 | 54.190*** | A>B;A>C;A>D;B>C;B>D;C>D |
| | 组内 | 13066.564 | 13623 | 0.959 | | |
| | 总计 | 13222.494 | 13626 | | | |

注：* 表示 $p<0.05$，** 表示 $p<0.01$，*** 表示 $p<0.001$。

不同年龄教师对线上教学技术支持的满意度评价存在差异。在"网络速度流畅度"和"工具使用便捷度"两个指标上，"20～35 岁"的教师满意度显著高于"36～45 岁""46～55 岁""56 岁及以上"的教师满意度，"36～45 岁"的教师满意度显著高于"46～55 岁"和"56 岁及以上"的教师满意度；在"画面音频清晰度"指标上，"20～35 岁"的教师满意度显著高于"36～45 岁""46～55 岁""56 岁及以上"的教师满意度，"36～45 岁"的教师满意度显著高于"46～55 岁"和"56 岁及以上"的教师满意度，"46～55 岁"的教师满意度显著高于"56 岁及以上"的教师满意度；在"文件传输顺畅度"指标上，"20～35 岁"和"36～45 岁"的教师满意度显著高于"46～55 岁"和"56 岁及以上"的教师满意度；在"平台运行稳定度"和"师生互动即时度"两个指标上，不同年龄教师对技术支持满意度评价不存在显著差异（见表 5-3-9 和表 5-3-10）。

表 5-3-9　不同年龄教师对教学技术支持满意度评价的差异比较

| 检验变量 | 年龄 | 个案数 | 平均值 | 标准差 | 标准误差 |
| --- | --- | --- | --- | --- | --- |
| 网络速度流畅度 | 20～35 岁（A） | 3754 | 3.68 | 0.747 | 0.012 |
|  | 36～45 岁（B） | 6389 | 3.62 | 0.740 | 0.009 |
|  | 46～55 岁（C） | 2734 | 3.58 | 0.761 | 0.015 |
|  | 56 岁及以上（D） | 750 | 3.55 | 0.790 | 0.029 |
| 平台运行稳定度 | 20～35 岁（A） | 3754 | 3.68 | 0.735 | 0.012 |
|  | 36～45 岁（B） | 6389 | 3.66 | 0.726 | 0.009 |
|  | 46～55 岁（C） | 2734 | 3.65 | 0.742 | 0.014 |
|  | 56 岁及以上（D） | 750 | 3.62 | 0.728 | 0.027 |
| 画面音频清晰度 | 20～35 岁（A） | 3754 | 3.82 | 0.711 | 0.012 |
|  | 36～45 岁（B） | 6389 | 3.77 | 0.717 | 0.009 |
|  | 46～55 岁（C） | 2734 | 3.72 | 0.752 | 0.014 |
|  | 56 岁及以上（D） | 750 | 3.63 | 0.789 | 0.029 |
| 师生互动即时度 | 20～35 岁（A） | 3754 | 3.54 | 0.801 | 0.013 |
|  | 36～45 岁（B） | 6389 | 3.48 | 0.821 | 0.010 |
|  | 46～55 岁（C） | 2734 | 3.47 | 0.812 | 0.016 |
|  | 56 岁及以上（D） | 750 | 3.47 | 0.851 | 0.031 |
| 文件传输顺畅度 | 20～35 岁（A） | 3754 | 3.76 | 0.800 | 0.013 |
|  | 36～45 岁（B） | 6389 | 3.74 | 0.755 | 0.009 |
|  | 46～55 岁（C） | 2734 | 3.67 | 0.768 | 0.015 |
|  | 56 岁及以上（D） | 750 | 3.65 | 0.834 | 0.030 |
| 工具使用便捷度 | 20～35 岁（A） | 3754 | 3.84 | 0.699 | 0.011 |
|  | 36～45 岁（B） | 6389 | 3.78 | 0.692 | 0.009 |
|  | 46～55 岁（C） | 2734 | 3.66 | 0.727 | 0.014 |
|  | 56 岁及以上（D） | 750 | 3.62 | 0.727 | 0.027 |
| 总体评价 | 20～35 岁（A） | 3754 | 3.81 | 0.622 | 0.010 |
|  | 36～45 岁（B） | 6389 | 3.76 | 0.630 | 0.008 |
|  | 46～55 岁（C） | 2734 | 3.70 | 0.640 | 0.012 |
|  | 56 岁及以上（D） | 750 | 3.69 | 0.682 | 0.025 |

表 5-3-10　不同年龄教师对线上教学技术支持满意度评价的多重比较摘要表

| 检验变量 | | 平方和 | 自由度 | 均方 | F | 事后比较 |
| --- | --- | --- | --- | --- | --- | --- |
| 网络速度流畅度 | 组间 | 19.371 | 3 | 6.457 | 11.510*** | A＞B;A＞C;A＞D;B＞C;B＞D |
| | 组内 | 7642.421 | 13623 | 0.561 | | |
| | 总计 | 7661.792 | 13626 | | | |
| 平台运行稳定度 | 组间 | 2.763 | 3 | 0.921 | 1.719 | |
| | 组内 | 7297.544 | 13623 | 0.536 | | |
| | 总计 | 7300.307 | 13626 | | | |
| 画面音频清晰度 | 组间 | 31.040 | 3 | 10.347 | 19.588*** | A＞B;A＞C;A＞D;B＞C;B＞D;C＞D |
| | 组内 | 7195.881 | 13623 | 0.528 | | |
| | 总计 | 7226.921 | 13626 | | | |
| 师生互动即时度 | 组间 | 11.476 | 3 | 3.825 | 5.755 | |
| | 组内 | 9054.562 | 13623 | 0.665 | | |
| | 总计 | 9066.038 | 13626 | | | |
| 文件传输顺畅度 | 组间 | 17.106 | 3 | 5.702 | 9.506*** | A＞C;A＞D;B＞C;B＞D |
| | 组内 | 8171.216 | 13623 | 0.600 | | |
| | 总计 | 8188.322 | 13626 | | | |
| 工具使用便捷度 | 组间 | 65.345 | 3 | 21.782 | 44.063*** | A＞B;A＞C;A＞D;B＞C;B＞D |
| | 组内 | 6734.203 | 13623 | 0.494 | | |
| | 总计 | 6799.548 | 13626 | | | |
| 总体评价 | 组间 | 23.459 | 3 | 7.820 | 19.519*** | A＞B;A＞C;A＞D;B＞C;B＞D |
| | 组内 | 5457.516 | 13623 | 0.401 | | |
| | 总计 | 5480.975 | 13626 | | | |

注：*表示 $p＜0.05$，***表示 $p＜0.001$。

不同年龄教师对线上教学服务保障满意度评价存在差异。在"网络条件支持""电子资源支持""技术队伍支持"和"学校政策支持"4个指标上，"20～35岁"的教师满意度显著高于"36～45岁""46～55岁"和"56岁及以上"的教师满意度，"36～45岁"的教师满意度显著高于"46～55岁"和"56岁及以上"的教师满意度；在"教学平台支持""技术使用培训支持""教学方法培训支持""各级领导支持"，以及教师对线上教学服务保障满意度的"总体评价"5个指标上，"20～35岁"的教师满意度显著高于"36～45岁""46～55岁"和"56岁及以上"的教师满意度，"36～45岁"的教师满意度显著高于"46～55岁"和"56岁及以上"的教师满意度，"46～55岁"的教师满意度显著高于"56岁及以上"

的教师满意度(见表 5-3-11 和表 5-3-12)。

**表 5-3-11　不同年龄教师对线上教学服务保障满意度评价的差异比较**

| 检验变量 | 年龄 | 个案数 | 平均值 | 标准差 | 标准误差 |
| --- | --- | --- | --- | --- | --- |
| 网络条件支持 | 20～35 岁(A) | 3754 | 3.70 | 0.752 | 0.012 |
| | 36～45 岁(B) | 6389 | 3.63 | 0.756 | 0.009 |
| | 46～55 岁(C) | 2734 | 3.58 | 0.747 | 0.014 |
| | 56 岁及以上(D) | 750 | 3.55 | 0.793 | 0.029 |
| 教学平台支持 | 20～35 岁(A) | 3754 | 3.87 | 0.689 | 0.011 |
| | 36～45 岁(B) | 6389 | 3.80 | 0.707 | 0.009 |
| | 46～55 岁(C) | 2734 | 3.71 | 0.765 | 0.015 |
| | 56 岁及以上(D) | 750 | 3.63 | 0.826 | 0.030 |
| 电子资源支持 | 20～35 岁(A) | 3754 | 3.56 | 0.934 | 0.015 |
| | 36～45 岁(B) | 6389 | 3.45 | 0.986 | 0.012 |
| | 46～55 岁(C) | 2734 | 3.32 | 1.057 | 0.020 |
| | 56 岁及以上(D) | 750 | 3.25 | 1.066 | 0.039 |
| 技术队伍支持 | 20～35 岁(A) | 3754 | 3.95 | 0.820 | 0.013 |
| | 36～45 岁(B) | 6389 | 3.86 | 0.893 | 0.011 |
| | 46～55 岁(C) | 2734 | 3.73 | 0.966 | 0.018 |
| | 56 岁及以上(D) | 750 | 3.61 | 1.035 | 0.038 |
| 技术使用培训支持 | 20～35 岁(A) | 3754 | 4.04 | 0.759 | 0.012 |
| | 36～45 岁(B) | 6389 | 3.98 | 0.768 | 0.010 |
| | 46～55 岁(C) | 2734 | 3.87 | 0.819 | 0.016 |
| | 56 岁及以上(D) | 750 | 3.74 | 0.897 | 0.033 |
| 教学方法培训支持 | 20～35 岁(A) | 3754 | 4.04 | 0.766 | 0.013 |
| | 36～45 岁(B) | 6389 | 3.96 | 0.786 | 0.010 |
| | 46～55 岁(C) | 2734 | 3.86 | 0.823 | 0.016 |
| | 56 岁及以上(D) | 750 | 3.75 | 0.896 | 0.033 |
| 学校政策支持 | 20～35 岁(A) | 3754 | 3.81 | 1.058 | 0.017 |
| | 36～45 岁(B) | 6389 | 3.63 | 1.157 | 0.014 |
| | 46～55 岁(C) | 2734 | 3.48 | 1.237 | 0.024 |
| | 56 岁及以上(D) | 750 | 3.41 | 1.233 | 0.045 |

续表

| 检验变量 | 年龄 | 个案数 | 平均值 | 标准差 | 标准误差 |
|---|---|---|---|---|---|
| 各级领导支持 | 20～35 岁（A） | 3754 | 4.16 | 0.799 | 0.013 |
|  | 36～45 岁（B） | 6389 | 4.02 | 0.866 | 0.011 |
|  | 46～55 岁（C） | 2734 | 3.88 | 0.960 | 0.018 |
|  | 56 岁及以上（D） | 750 | 3.79 | 1.016 | 0.037 |
| 总体评价 | 20～35 岁（A） | 3754 | 3.99 | 0.665 | 0.011 |
|  | 36～45 岁（B） | 6389 | 3.89 | 0.702 | 0.009 |
|  | 46～55 岁（C） | 2734 | 3.80 | 0.725 | 0.014 |
|  | 56 岁及以上（D） | 750 | 3.75 | 0.768 | 0.028 |

表 5-3-12  不同年龄教师对线上教学服务保障评价的多重比较摘要表

| 检验变量 |  | 平方和 | 自由度 | 均方 | $F$ | 事后比较 |
|---|---|---|---|---|---|---|
| 网络条件支持 | 组间 | 31.411 | 3 | 10.470 | 18.363*** | A>B;A>C;A>D;B>C;B>D |
|  | 组内 | 7767.594 | 13623 | 0.570 |  |  |
|  | 总计 | 7799.006 | 13626 |  |  |  |
| 教学平台支持 | 组间 | 62.898 | 3 | 20.966 | 40.310*** | A>B;A>C;A>D;B>C;B>D;C>D |
|  | 组内 | 7085.550 | 13623 | 0.520 |  |  |
|  | 总计 | 7148.448 | 13626 |  |  |  |
| 电子资源支持 | 组间 | 120.737 | 3 | 40.246 | 40.944*** | A>B;A>C;A>D;B>C;B>D |
|  | 组内 | 13390.561 | 13623 | 0.983 |  |  |
|  | 总计 | 13511.297 | 13626 |  |  |  |
| 技术队伍支持 | 组间 | 120.732 | 3 | 40.244 | 49.977*** | A>B;A>C;A>D;B>C;B>D |
|  | 组内 | 10969.942 | 13623 | 0.805 |  |  |
|  | 总计 | 11090.674 | 13626 |  |  |  |
| 技术使用培训支持 | 组间 | 87.161 | 3 | 29.054 | 47.312*** | A>B;A>C;A>D;B>C;B>D;C>D |
|  | 组内 | 8365.766 | 13623 | 0.614 |  |  |
|  | 总计 | 8452.927 | 13626 |  |  |  |
| 教学方法培训支持 | 组间 | 86.898 | 3 | 28.966 | 45.920*** | A>B;A>C;A>D;B>C;B>D;C>D |
|  | 组内 | 8593.231 | 13623 | 0.631 |  |  |
|  | 总计 | 8680.130 | 13626 |  |  |  |

续表

| 检验变量 | | 平方和 | 自由度 | 均方 | F | 事后比较 |
| --- | --- | --- | --- | --- | --- | --- |
| 政策支持 | 组间 | 219.584 | 3 | 73.195 | 55.169*** | A>B;A>C;A>D;B>C;B>D |
| | 组内 | 18074.112 | 13623 | 1.327 | | |
| | 总计 | 18293.695 | 13626 | | | |
| 各级领导支持 | 组间 | 164.768 | 3 | 54.923 | 71.417*** | A>B;A>C;A>D;B>C;B>D;C>D |
| | 组内 | 10476.583 | 13623 | 0.769 | | |
| | 总计 | 10641.351 | 13626 | | | |
| 总体评价 | 组间 | 75.940 | 3 | 25.313 | 51.591*** | A>B;A>C;A>D;B>C;B>D;C>D |
| | 组内 | 6684.257 | 13623 | 0.491 | | |
| | 总计 | 6760.197 | 13626 | | | |

注：n.s.表示 $p>0.05$，* 表示 $p<0.05$，*** 表示 $p<0.001$。

### （四）不同教龄教师对线上教学环境及其支持评价的差异显著

不同教龄的教师与不同年龄的教师在对待线上教学环境的态度上具有相似阶梯性。在"在线备课"选项，"20～35 岁"的教师满意度显著高于"36～45 岁""46～55 岁"和"56 岁及以上"的教师，"36～45 岁"的教师满意度显著高于"46～55 岁"的教师；在"课堂考勤管理"选项，不同教龄组教师的满意度评价不存在显著差异；在"课堂讲授"选项，"20～35 岁"的教师满意度显著高于"46～55 岁"和"56 岁及以上"的教师；在"在线课堂讨论"选项，"56 岁及以上"的教师满意度显著高于"46～55 岁"的教师；在"在线实验演示"选项，"20～35 岁"的教师满意度显著高于"36～45 岁"和"46～55 岁"的教师；在"在线教育测试及评分""在线布置批改作业"和"在线课后辅导答疑"选项，"20～35 岁"和"36～45 岁"的教师满意度都显著高于"46～55 岁"和"56 岁及以上"的教师；在"在线课后辅导"选项中，"20～35 岁"和"36～45 岁"的教师满意度都显著高于"46～55 岁"和"56 岁及以上"的教师；在"提交或传输课程资料"选项，"20～35 岁"和"36～45 岁"的教师满意度都显著高于"46～55 岁"的教师；在"通过电子数据分析学生学习行为"选项，"20～35 岁"的教师满意度显著高于"36～45 岁""46～55 岁"和"56 岁及以上"的教师，"36～45 岁"的教师满意度显著高于"46～55 岁"和"56 岁及以上"的教师（见表 5-3-13 和表 5-3-14）。

表 5-3-13　不同教龄教师对教学平台功能满意度评价的差异比较

| 检验变量 | 教龄 | 个案数 | 平均值 | 标准差 | 标准误差 |
| --- | --- | --- | --- | --- | --- |
| 在线备课 | 1～10 年（A） | 5640 | 3.77 | 0.827 | 0.011 |
| | 11～20 年（B） | 5052 | 3.71 | 0.856 | 0.012 |
| | 21～30 年（C） | 1897 | 3.64 | 0.910 | 0.021 |
| | 31 年及以上（D） | 1058 | 3.65 | 0.907 | 0.028 |
| 课堂考勤管理 | 1～10 年（A） | 5640 | 4.02 | 0.797 | 0.011 |
| | 11～20 年（B） | 5052 | 4.04 | 0.837 | 0.012 |
| | 21～30 年（C） | 1897 | 4.02 | 0.832 | 0.019 |
| | 31 年及以上（D） | 1058 | 4.03 | 0.807 | 0.025 |
| 课堂讲授 | 1～10 年（A） | 5640 | 3.87 | 0.722 | 0.010 |
| | 11～20 年（B） | 5052 | 3.85 | 0.738 | 0.010 |
| | 21～30 年（C） | 1897 | 3.82 | 0.810 | 0.019 |
| | 31 年及以上（D） | 1058 | 3.80 | 0.788 | 0.024 |
| 在线课堂讨论 | 1～10 年（A） | 5640 | 3.54 | 0.858 | 0.011 |
| | 11～20 年（B） | 5052 | 3.54 | 0.863 | 0.012 |
| | 21～30 年（C） | 1897 | 3.48 | 0.876 | 0.020 |
| | 31 年及以上（D） | 1058 | 3.59 | 0.875 | 0.027 |
| 在线实验演示 | 1～10 年（A） | 5640 | 2.60 | 1.565 | 0.021 |
| | 11～20 年（B） | 5052 | 2.46 | 1.642 | 0.023 |
| | 21～30 年（C） | 1897 | 2.29 | 1.627 | 0.037 |
| | 31 年及以上（D） | 1058 | 2.38 | 1.603 | 0.049 |
| 在线教育测试及评分 | 1～10 年（A） | 5640 | 3.64 | 0.984 | 0.013 |
| | 11～20 年（B） | 5052 | 3.56 | 1.035 | 0.015 |
| | 21～30 年（C） | 1897 | 3.48 | 1.077 | 0.025 |
| | 31 年及以上（D） | 1058 | 3.40 | 1.173 | 0.036 |
| 在线布置批改作业 | 1～10 年（A） | 5640 | 3.88 | 0.856 | 0.011 |
| | 11～20 年（B） | 5052 | 3.85 | 0.871 | 0.012 |
| | 21～30 年（C） | 1897 | 3.75 | 0.948 | 0.022 |
| | 31 年及以上（D） | 1058 | 3.75 | 0.982 | 0.030 |

续表

| 检验变量 | 教龄 | 个案数 | 平均值 | 标准差 | 标准误差 |
|---|---|---|---|---|---|
| 在线课后辅导答疑 | 1～10 年(A) | 5640 | 3.84 | 0.794 | 0.011 |
| | 11～20 年(B) | 5052 | 3.82 | 0.802 | 0.011 |
| | 21～30 年(C) | 1897 | 3.75 | 0.835 | 0.019 |
| | 31 年及以上(D) | 1058 | 3.72 | 0.900 | 0.028 |
| 提交或传输课程资料 | 1～10 年(A) | 5640 | 4.05 | 0.752 | 0.010 |
| | 11～20 年(B) | 5052 | 4.03 | 0.762 | 0.011 |
| | 21～30 年(C) | 1897 | 3.96 | 0.818 | 0.019 |
| | 31 年及以上(D) | 1058 | 3.98 | 0.805 | 0.025 |
| 通过电子数据分析学生学习行为 | 1～10 年(A) | 5640 | 3.69 | 0.940 | 0.013 |
| | 11～20 年(B) | 5052 | 3.62 | 0.987 | 0.014 |
| | 21～30 年(C) | 1897 | 3.49 | 1.041 | 0.024 |
| | 31 年及以上(D) | 1058 | 3.48 | 1.069 | 0.033 |

表 5-3-14　不同教龄教师对教学平台功能满意度评价的方差摘要表

| 检验变量 | | 平方和 | 自由度 | 均方 | F | 多重比较 |
|---|---|---|---|---|---|---|
| 在线备课 | 组间 | 29.6 | 3 | 9.867 | 13.468[***] | A＞B;A＞C;A＞D;B＞C |
| | 组内 | 9994.715 | 13643 | 0.733 | | |
| | 总计 | 10024.316 | 13646 | | | |
| 课堂考勤管理 | 组间 | 0.912 | 3 | 0.304 | 0.455 | |
| | 组内 | 9114.89 | 13643 | 0.668 | | |
| | 总计 | 9115.802 | 13646 | | | |
| 课堂讲授 | 组间 | 8.041 | 3 | 2.680 | 4.818[*] | A＞C;A＞D |
| | 组内 | 7590.371 | 13643 | 0.556 | | |
| | 总计 | 7598.412 | 13646 | | | |
| 在线课堂讨论 | 组间 | 8.823 | 3 | 2.941 | 3.943[*] | D＞C |
| | 组内 | 10176.692 | 13643 | 0.746 | | |
| | 总计 | 10185.515 | 13646 | | | |
| 在线实验演示 | 组间 | 153.572 | 3 | 51.191 | 19.854[***] | A＞B;A＞C;A＞D;B＞C |
| | 组内 | 35176.428 | 13643 | 2.578 | | |
| | 总计 | 35330.001 | 13646 | | | |

续表

| 检验变量 | | 平方和 | 自由度 | 均方 | F | 多重比较 |
|---|---|---|---|---|---|---|
| 在线教育测试及评分 | 组间 | 74.887 | 3 | 24.962 | 23.456*** | A>C;A>D;B>C;B>D |
| | 组内 | 14519.357 | 13643 | 1.064 | | |
| | 总计 | 14594.243 | 13646 | | | |
| 在线布置批改作业 | 组间 | 32.36 | 3 | 10.787 | 13.775*** | A>C;A>D;B>C;B>D |
| | 组内 | 10683.226 | 13643 | 0.783 | | |
| | 总计 | 10715.586 | 13646 | | | |
| 在线课后辅导答疑 | 组间 | 19.289 | 3 | 6.43 | 9.765*** | A>C;A>D;B>C;B>D |
| | 组内 | 8982.929 | 13643 | 0.658 | | |
| | 总计 | 9002.218 | 13646 | | | |
| 提交或传输课程资料 | 组间 | 14.564 | 3 | 4.855 | 8.201*** | A>C;B>C |
| | 组内 | 8075.513 | 13643 | 0.592 | | |
| | 总计 | 8090.077 | 13646 | | | |
| 通过电子数据分析学生学习行为 | 组间 | 81.348 | 3 | 27.116 | 28.094*** | A>B;A>C;A>D;B>C;B>D |
| | 组内 | 13167.957 | 13643 | 0.965 | | |
| | 总计 | 13249.304 | 13646 | | | |

注：* 表示 $p<0.05$，*** 表示 $p<0.001$。

不同教龄教师对教学平台技术支持满意度评价存在差异。具体而言，在"网络速度流畅度"指标，"1~10年"教龄的教师满意度显著高于"11~20年""21~30年"和"31年及以上"教龄的教师；在"画面音频清晰度"和"工具使用便捷度"两个指标，"1~10年"教龄的教师满意度显著高于"11~20年""21~30年"和"31年及以上"教龄的教师，"11~20年"教龄的教师满意度显著高于"21~30年"和"31年及以上"教龄的教师；在"文件传输顺畅度"指标，"1~10年"教龄的教师满意度显著高于"21~30年"和"31年及以上"教龄的教师，"11~20年"教龄的教师满意度显著高于"31年及以上"教龄的教师；在对教学平台技术支持满意度"总体评价"指标，"1~10年"教龄的教师满意度显著高于"11~20年""21~30年"和"31年及以上"教龄的教师，"11~20年"教龄的教师满意度显著高于"21~30年"教龄的教师；而在"平台运行稳定度"和"师生互动即时度"两个指标，不同教龄教师对教学平台技术支持满意度评价均不存在显著差异（见表5-3-15和表5-3-16）。

表 5-3-15　不同教龄教师对教学平台技术支持满意度评价的差异比较

| 检验变量 | 教龄 | 个案数 | 平均值 | 标准差 | 标准误差 |
| --- | --- | --- | --- | --- | --- |
| 网络速度流畅度 | 1~10 年(A) | 5640 | 3.67 | 0.745 | 0.010 |
|  | 11~20 年(B) | 5052 | 3.61 | 0.741 | 0.010 |
|  | 21~30 年(C) | 1897 | 3.57 | 0.761 | 0.017 |
|  | 31 年及以上(D) | 1058 | 3.56 | 0.790 | 0.024 |
| 平台运行稳定度 | 1~10 年(A) | 5640 | 3.67 | 0.740 | 0.010 |
|  | 11~20 年(B) | 5052 | 3.67 | 0.716 | 0.010 |
|  | 21~30 年(C) | 1897 | 3.63 | 0.753 | 0.017 |
|  | 31 年及以上(D) | 1058 | 3.62 | 0.733 | 0.023 |
| 画面音频清晰度 | 1~10 年(A) | 5640 | 3.80 | 0.716 | 0.010 |
|  | 11~20 年(B) | 5052 | 3.76 | 0.727 | 0.010 |
|  | 21~30 年(C) | 1897 | 3.71 | 0.753 | 0.017 |
|  | 31 年及以上(D) | 1058 | 3.68 | 0.744 | 0.023 |
| 师生互动即时度 | 1~10 年(A) | 5640 | 3.51 | 0.819 | 0.011 |
|  | 11~20 年(B) | 5052 | 3.49 | 0.807 | 0.011 |
|  | 21~30 年(C) | 1897 | 3.47 | 0.817 | 0.019 |
|  | 31 年及以上(D) | 1058 | 3.47 | 0.835 | 0.026 |
| 文件传输顺畅度 | 1~10 年(A) | 5640 | 3.74 | 0.796 | 0.011 |
|  | 11~20 年(B) | 5052 | 3.73 | 0.747 | 0.011 |
|  | 21~30 年(C) | 1897 | 3.69 | 0.768 | 0.018 |
|  | 31 年及以上(D) | 1058 | 3.66 | 0.811 | 0.025 |
| 工具使用便捷度 | 1~10 年(A) | 5640 | 3.81 | 0.698 | 0.009 |
|  | 11~20 年(B) | 5052 | 3.75 | 0.708 | 0.010 |
|  | 21~30 年(C) | 1897 | 3.69 | 0.730 | 0.017 |
|  | 31 年及以上(D) | 1058 | 3.68 | 0.687 | 0.021 |
| 总体评价 | 1~10 年(A) | 5640 | 3.80 | 0.622 | 0.008 |
|  | 11~20 年(B) | 5052 | 3.75 | 0.637 | 0.009 |
|  | 21~30 年(C) | 1897 | 3.71 | 0.656 | 0.015 |
|  | 31 年及以上(D) | 1058 | 3.71 | 0.645 | 0.020 |

表 5-3-16　不同教龄教师对教学平台技术支持满意度评价的多重比较摘要表

| 检验变量 | | 平方和 | 自由度 | 均方 | F | 事后比较 |
| --- | --- | --- | --- | --- | --- | --- |
| 网络速度流畅度 | 组间 | 22.153 | 3 | 7.384 | 13.156*** | A>B;A>C;A>D |
| | 组内 | 7657.950 | 13643 | 0.561 | | |
| | 总计 | 7680.103 | 13646 | | | |
| 平台运行稳定度 | 组间 | 3.686 | 3 | 1.229 | 2.290 | |
| | 组内 | 7317.809 | 13643 | 0.536 | | |
| | 总计 | 7321.494 | 13646 | | | |
| 画面音频清晰度 | 组间 | 19.599 | 3 | 6.533 | 12.339*** | A>B;A>C;A>D;B>C;B>D |
| | 组内 | 7223.702 | 13643 | 0.529 | | |
| | 总计 | 7243.301 | 13646 | | | |
| 师生互动即时度 | 组间 | 2.365 | 3 | 0.788 | 1.185 | |
| | 组内 | 9076.758 | 13643 | 0.665 | | |
| | 总计 | 9079.123 | 13646 | | | |
| 文件传输顺畅度 | 组间 | 8.275 | 3 | 2.758 | 4.589* | A>C;A>D;B>D |
| | 组内 | 8200.258 | 13643 | 0.601 | | |
| | 总计 | 8208.533 | 13646 | | | |
| 工具使用便捷度 | 组间 | 34.088 | 3 | 11.363 | 22.830*** | A>B;A>C;A>D;B>C;B>D |
| | 组内 | 6790.263 | 13643 | 0.498 | | |
| | 总计 | 6824.351 | 13646 | | | |
| 总体评价 | 组间 | 14.778 | 3 | 4.926 | 12.249*** | A>B;A>C;A>D;B>C |
| | 组内 | 5486.560 | 13643 | 0.402 | | |
| | 总计 | 5501.338 | 13646 | | | |

注：* 表示 $p<0.05$，*** 表示 $p<0.001$。

不同教龄教师对线上教学服务保障满意度评价存在差异。在"网络条件支持"指标上，"1～10 年"教龄的教师满意度显著高于"11～20 年""21～30 年"和"31 年及以上"教龄的教师；在"教学平台支持""电子资源支持""技术队伍支持""技术使用培训支持""教学方法培训支持""学校政策支持""各级领导支持"，以及教师对线上教学服务保障满意度"总体评价"八个指标上，都存在满意度逐级递减的情况，即"1～10 年"教龄的教师满意度显著高于"11～20 年""21～30 年"和"31 年及以上"教龄的教师，"11～20 年"教龄的教师满意度显著高于"21～30 年"和"31 年及以上"教龄的教师（见表 5-3-17 和表 5-3-18）。

表 5-3-17　不同教龄教师对线上教学服务保障满意度评价的差异比较

| 检验变量 | 教龄 | 个案数 | 平均值 | 标准差 | 标准误差 |
| --- | --- | --- | --- | --- | --- |
| 网络条件支持 | 1～10 年（A） | 5640 | 3.69 | 0.752 | 0.010 |
|  | 11～20 年（B） | 5052 | 3.61 | 0.757 | 0.011 |
|  | 21～30 年（C） | 1897 | 3.59 | 0.762 | 0.017 |
|  | 31 年及以上（D） | 1058 | 3.57 | 0.763 | 0.023 |
| 教学平台支持 | 1～10 年（A） | 5640 | 3.84 | 0.700 | 0.009 |
|  | 11～20 年（B） | 5052 | 3.78 | 0.722 | 0.010 |
|  | 21～30 年（C） | 1897 | 3.72 | 0.756 | 0.017 |
|  | 31 年及以上（D） | 1058 | 3.71 | 0.791 | 0.024 |
| 电子资源支持 | 1～10 年（A） | 5640 | 3.52 | 0.956 | 0.013 |
|  | 11～20 年（B） | 5052 | 3.43 | 0.986 | 0.014 |
|  | 21～30 年（C） | 1897 | 3.33 | 1.075 | 0.025 |
|  | 31 年及以上（D） | 1058 | 3.30 | 1.064 | 0.033 |
| 技术队伍支持 | 1～10 年（A） | 5640 | 3.91 | 0.843 | 0.011 |
|  | 11～20 年（B） | 5052 | 3.83 | 0.929 | 0.013 |
|  | 21～30 年（C） | 1897 | 3.74 | 0.955 | 0.022 |
|  | 31 年及以上（D） | 1058 | 3.71 | 0.948 | 0.029 |
| 技术使用培训支持 | 1～10 年（A） | 5640 | 4.02 | 0.769 | 0.010 |
|  | 11～20 年（B） | 5052 | 3.96 | 0.786 | 0.011 |
|  | 21～30 年（C） | 1897 | 3.87 | 0.807 | 0.019 |
|  | 31 年及以上（D） | 1058 | 3.84 | 0.835 | 0.026 |
| 教学方法培训支持 | 1～10 年（A） | 5640 | 4.01 | 0.783 | 0.010 |
|  | 11～20 年（B） | 5052 | 3.95 | 0.792 | 0.011 |
|  | 21～30 年（C） | 1897 | 3.87 | 0.808 | 0.019 |
|  | 31 年及以上（D） | 1058 | 3.82 | 0.864 | 0.027 |
| 学校政策支持 | 1～10 年（A） | 5640 | 3.77 | 1.076 | 0.014 |
|  | 11～20 年（B） | 5052 | 3.58 | 1.191 | 0.017 |
|  | 21～30 年（C） | 1897 | 3.49 | 1.224 | 0.028 |
|  | 31 年及以上（D） | 1058 | 3.48 | 1.232 | 0.038 |

续表

| 检验变量 | 教龄 | 个案数 | 平均值 | 标准差 | 标准误差 |
|---|---|---|---|---|---|
| 各级领导支持 | 1~10年(A) | 5640 | 4.11 | 0.834 | 0.011 |
|  | 11~20年(B) | 5052 | 3.99 | 0.890 | 0.013 |
|  | 21~30年(C) | 1897 | 3.89 | 0.925 | 0.021 |
|  | 31年及以上(D) | 1058 | 3.88 | 0.976 | 0.030 |
| 总体评价 | 1~10年(A) | 5640 | 3.96 | 0.682 | 0.009 |
|  | 11~20年(B) | 5052 | 3.88 | 0.710 | 0.010 |
|  | 21~30年(C) | 1897 | 3.80 | 0.714 | 0.016 |
|  | 31年及以上(D) | 1058 | 3.80 | 0.745 | 0.023 |

表 5-3-18 不同教龄教师对线上教学服务保障评价的多重比较摘要表

| 检验变量 |  | 平方和 | 自由度 | 均方 | $F$ | 事后比较 |
|---|---|---|---|---|---|---|
| 网络条件支持 | 组间 | 28.285 | 3 | 9.428 | 16.492*** | A>B;A>C;A>D |
|  | 组内 | 7799.276 | 13643 | 0.572 |  |  |
|  | 总计 | 7827.561 | 13646 |  |  |  |
| 教学平台支持 | 组间 | 30.025 | 3 | 10.008 | 19.129*** | A>B;A>C;A>D;B>C;B>D |
|  | 组内 | 7137.954 | 13643 | 0.523 |  |  |
|  | 总计 | 7167.979 | 13646 |  |  |  |
| 电子资源支持 | 组间 | 75.759 | 3 | 25.253 | 25.606*** | A>B;A>C;A>D;B>C;B>D |
|  | 组内 | 13454.939 | 13643 | 0.986 |  |  |
|  | 总计 | 13530.699 | 13646 |  |  |  |
| 技术队伍支持 | 组间 | 67.456 | 3 | 22.485 | 27.787*** | A>B;A>C;A>D;B>C;B>D |
|  | 组内 | 11039.770 | 13643 | 0.809 |  |  |
|  | 总计 | 11107.225 | 13646 |  |  |  |
| 技术使用培训支持 | 组间 | 45.407 | 3 | 15.136 | 24.507*** | A>B;A>C;A>D;B>C;B>D |
|  | 组内 | 8426.164 | 13643 | 0.618 |  |  |
|  | 总计 | 8471.572 | 13646 |  |  |  |
| 教学方法培训支持 | 组间 | 52.727 | 3 | 17.576 | 27.743*** | A>B;A>C;A>D;B>C;B>D |
|  | 组内 | 8643.071 | 13643 | 0.634 |  |  |
|  | 总计 | 8695.798 | 13646 |  |  |  |

续表

| 检验变量 | | 平方和 | 自由度 | 均方 | F | 事后比较 |
|---|---|---|---|---|---|---|
| 学校政策支持 | 组间 | 172.604 | 3 | 57.535 | 43.286*** | A＞B；A＞C；A＞D；B＞C；B＞D |
| | 组内 | 18133.967 | 13643 | 1.329 | | |
| | 总计 | 18306.571 | 13646 | | | |
| 各级领导支持 | 组间 | 105.355 | 3 | 35.118 | 45.432*** | A＞B；A＞C；A＞D；B＞C；B＞D |
| | 组内 | 10545.935 | 13643 | 0.773 | | |
| | 总计 | 10651.290 | 13646 | | | |
| 总体评价 | 组间 | 51.476 | 3 | 17.159 | 34.812*** | A＞B；A＞C；A＞D；B＞C；B＞D |
| | 组内 | 6724.522 | 13643 | 0.493 | | |
| | 总计 | 6775.998 | 13646 | | | |

注：* 表示 $p<0.05$，*** 表示 $p<0.001$。

### （五）不同职称教师对线上教学环境及其支持评价的差异比较

在"在线备课"选项，初级职称教师的满意度显著高于副高级职称教师；在"课堂考勤管理""课堂讲授""在线课堂讨论"选项，不同职称教师的满意度不存在显著差异；在"在线实验演示""在线教育测试及评分"和"通过电子数据分析学生学习行为"选项，初级职称教师的满意度显著高于正高、副高和中级职称的教师，中级职称教师的满意度显著高于正高和副高级职称的教师；在"在线布置批改作业"和"提交或传输课程资料"选项，初级职称教师的满意度显著高于正高、副高和中级职称的教师（见表5-3-19和表5-3-20）。

表5-3-19 不同职称教师对教学平台功能满意度评价的差异比较

| 检验变量 | 职称 | 个案数 | 平均值 | 标准差 | 标准误差 |
|---|---|---|---|---|---|
| 在线备课 | 正高(A) | 1426 | 3.71 | 0.934 | 0.025 |
| | 副高(B) | 4816 | 3.70 | 0.870 | 0.013 |
| | 中级(C) | 5821 | 3.72 | 0.842 | 0.011 |
| | 初级(D) | 1078 | 3.79 | 0.771 | 0.023 |
| 课堂考勤管理 | 正高(A) | 1426 | 4.08 | 0.837 | 0.022 |
| | 副高(B) | 4816 | 4.03 | 0.838 | 0.012 |
| | 中级(C) | 5821 | 4.02 | 0.808 | 0.011 |
| | 初级(D) | 1078 | 4.03 | 0.737 | 0.022 |

续表

| 检验变量 | 职称 | 个案数 | 平均值 | 标准差 | 标准误差 |
|---|---|---|---|---|---|
| 课堂讲授 | 正高(A) | 1426 | 3.88 | 0.796 | 0.021 |
| | 副高(B) | 4816 | 3.84 | 0.758 | 0.011 |
| | 中级(C) | 5821 | 3.85 | 0.729 | 0.010 |
| | 初级(D) | 1078 | 3.87 | 0.693 | 0.021 |
| 在线课堂讨论 | 正高(A) | 1426 | 3.58 | 0.889 | 0.024 |
| | 副高(B) | 4816 | 3.52 | 0.865 | 0.012 |
| | 中级(C) | 5821 | 3.53 | 0.860 | 0.011 |
| | 初级(D) | 1078 | 3.58 | 0.832 | 0.025 |
| 在线实验演示 | 正高(A) | 1426 | 2.25 | 1.641 | 0.043 |
| | 副高(B) | 4816 | 2.39 | 1.618 | 0.023 |
| | 中级(C) | 5821 | 2.52 | 1.606 | 0.021 |
| | 初级(D) | 1078 | 2.82 | 1.497 | 0.046 |
| 在线教育测试及评分 | 正高(A) | 1426 | 3.49 | 1.106 | 0.029 |
| | 副高(B) | 4816 | 3.53 | 1.061 | 0.015 |
| | 中级(C) | 5821 | 3.59 | 1.009 | 0.013 |
| | 初级(D) | 1078 | 3.72 | 0.924 | 0.028 |
| 在线布置批改作业 | 正高(A) | 1426 | 3.77 | 1.001 | 0.026 |
| | 副高(B) | 4816 | 3.82 | 0.899 | 0.013 |
| | 中级(C) | 5821 | 3.85 | 0.860 | 0.011 |
| | 初级(D) | 1078 | 3.97 | 0.778 | 0.024 |
| 在线课后辅导答疑 | 正高(A) | 1426 | 3.76 | 0.874 | 0.023 |
| | 副高(B) | 4816 | 3.79 | 0.832 | 0.012 |
| | 中级(C) | 5821 | 3.82 | 0.787 | 0.010 |
| | 初级(D) | 1078 | 3.90 | 0.741 | 0.023 |
| 提交或传输课程资料 | 正高(A) | 1426 | 3.99 | 0.824 | 0.022 |
| | 副高(B) | 4816 | 4.02 | 0.793 | 0.011 |
| | 中级(C) | 5821 | 4.03 | 0.740 | 0.010 |
| | 初级(D) | 1078 | 4.09 | 0.711 | 0.022 |

续表

| 检验变量 | 职称 | 个案数 | 平均值 | 标准差 | 标准误差 |
|---|---|---|---|---|---|
| 通过电子数据分析学生学习行为 | 正高(A) | 1426 | 3.56 | 1.071 | 0.028 |
| | 副高(B) | 4816 | 3.58 | 1.001 | 0.014 |
| | 中级(C) | 5821 | 3.64 | 0.962 | 0.013 |
| | 初级(D) | 1078 | 3.76 | 0.851 | 0.026 |

表 5-3-20　不同职称教师对教学平台功能满意度评价的多重比较摘要表

| 检验变量 | | 平方和 | 自由度 | 均方 | $F$ | 事后比较 |
|---|---|---|---|---|---|---|
| 在线备课 | 组间 | 6.892 | 3 | 2.297 | 3.125* | D>B |
| | 组内 | 9659.330 | 13137 | 0.735 | | |
| | 总计 | 9666.222 | 13140 | | | |
| 课堂考勤管理 | 组间 | 3.611 | 3 | 1.204 | 1.804 | |
| | 组内 | 8766.283 | 13137 | 0.667 | | |
| | 总计 | 8769.894 | 13140 | | | |
| 课堂讲授 | 组间 | 2.194 | 3 | 0.731 | 1.320 | |
| | 组内 | 7277.741 | 13137 | 0.554 | | |
| | 总计 | 7279.935 | 13140 | | | |
| 在线课堂讨论 | 组间 | 7.265 | 3 | 2.422 | 3.254 | |
| | 组内 | 9776.265 | 13137 | 0.744 | | |
| | 总计 | 9783.530 | 13140 | | | |
| 在线实验演示 | 组间 | 247.148 | 3 | 82.383 | 31.958*** | D>A;D>B;D>C;C>A;C>B |
| | 组内 | 33865.341 | 13137 | 2.578 | | |
| | 总计 | 34112.489 | 13140 | | | |
| 在线教育测试及评分 | 组间 | 44.438 | 3 | 14.813 | 13.886*** | D>A;D>B;D>C;C>A;C>B |
| | 组内 | 14014.025 | 13137 | 1.067 | | |
| | 总计 | 14058.463 | 13140 | | | |
| 在线布置批改作业 | 组间 | 28.069 | 3 | 9.356 | 11.955*** | D>A;D>B;D>C |
| | 组内 | 10281.331 | 13137 | 0.783 | | |
| | 总计 | 10309.400 | 13140 | | | |
| 在线课后辅导答疑 | 组间 | 15.329 | 3 | 5.110 | 7.788*** | D>A;D>B;D>C |
| | 组内 | 8619.269 | 13137 | 0.656 | | |
| | 总计 | 8634.598 | 13140 | | | |

续表

| 检验变量 | | 平方和 | 自由度 | 均方 | F | 事后比较 |
|---|---|---|---|---|---|---|
| 提交或传输课程资料 | 组间 | 5.719 | 3 | 1.906 | 3.241* | D>A;D>B |
| | 组内 | 7726.198 | 13137 | 0.588 | | |
| | 总计 | 7731.917 | 13140 | | | |
| 通过电子数据分析学生学习行为 | 组间 | 37.262 | 3 | 12.421 | 12.923*** | D>A;D>B;D>C;C>A;C>B |
| | 组内 | 12625.897 | 13137 | 0.961 | | |
| | 总计 | 12663.159 | 13140 | | | |

注：* 表示 $p<0.05$，*** 表示 $p<0.001$。

不同职称教师对教学技术支持满意度评价存在差异。在"画面音频清晰度"指标，中级职称教师的满意度显著高于正高级职称教师的满意度；在"师生互动即时度"指标，初级职称教师的满意度显著高于中级和副高级职称教师的满意度；在"工具使用便捷度"指标上，初级和中级职称教师的满意度显著高于副高和正高级职称教师的满意度；在对教学技术支持满意度的"总体评价"指标，初级职称教师的满意度显著高于副高和正高级职称教师的满意度，中级职称教师的满意度显著高于副高级职称教师的满意度。而在"网络速度流畅度""平台运行稳定度"和"文件传输顺畅度"指标，不同职称教师的满意度不存在显著差异（见表 5-3-21 和表 5-3-22）。

表 5-3-21　不同职称教师对教学技术支持满意度评价的多重比较

| 检验变量 | 职称 | 个案数 | 平均值 | 标准差 | 标准误差 |
|---|---|---|---|---|---|
| 网络速度流畅度 | 正高(A) | 1426 | 3.60 | 0.750 | 0.020 |
| | 副高(B) | 4816 | 3.62 | 0.754 | 0.011 |
| | 中级(C) | 5821 | 3.63 | 0.744 | 0.010 |
| | 初级(D) | 1078 | 3.64 | 0.749 | 0.023 |
| 平台运行稳定度 | 正高(A) | 1426 | 3.67 | 0.731 | 0.019 |
| | 副高(B) | 4816 | 3.66 | 0.721 | 0.010 |
| | 中级(C) | 5821 | 3.66 | 0.734 | 0.010 |
| | 初级(D) | 1078 | 3.63 | 0.743 | 0.023 |
| 画面音频清晰度 | 正高(A) | 1426 | 3.72 | 0.733 | 0.019 |
| | 副高(B) | 4816 | 3.75 | 0.730 | 0.011 |
| | 中级(C) | 5821 | 3.78 | 0.723 | 0.009 |
| | 初级(D) | 1078 | 3.78 | 0.712 | 0.022 |

续表

| 检验变量 | 职称 | 个案数 | 平均值 | 标准差 | 标准误差 |
|---|---|---|---|---|---|
| 师生互动即时度 | 正高(A) | 1426 | 3.51 | 0.803 | 0.021 |
| | 副高(B) | 4816 | 3.47 | 0.817 | 0.012 |
| | 中级(C) | 5821 | 3.49 | 0.823 | 0.011 |
| | 初级(D) | 1078 | 3.55 | 0.769 | 0.023 |
| 文件传输顺畅度 | 正高(A) | 1426 | 3.71 | 0.804 | 0.021 |
| | 副高(B) | 4816 | 3.71 | 0.755 | 0.011 |
| | 中级(C) | 5821 | 3.74 | 0.770 | 0.010 |
| | 初级(D) | 1078 | 3.69 | 0.803 | 0.024 |
| 工具使用便捷度 | 正高(A) | 1426 | 3.72 | 0.722 | 0.019 |
| | 副高(B) | 4816 | 3.73 | 0.705 | 0.010 |
| | 中级(C) | 5821 | 3.79 | 0.700 | 0.009 |
| | 初级(D) | 1078 | 3.79 | 0.693 | 0.021 |
| 总体评价 | 正高(A) | 1426 | 3.74 | 0.664 | 0.018 |
| | 副高(B) | 4816 | 3.74 | 0.635 | 0.009 |
| | 中级(C) | 5821 | 3.77 | 0.626 | 0.008 |
| | 初级(D) | 1078 | 3.79 | 0.617 | 0.019 |

表 5-3-22　不同职称教师对教学技术支持满意度评价的多重比较摘要表

| 检验变量 | | 平方和 | 自由度 | 均方 | F | 事后比较 |
|---|---|---|---|---|---|---|
| 网络速度流畅度 | 组间 | 1.733 | 3 | 0.578 | 1.030 | |
| | 组内 | 7366.719 | 13137 | 0.561 | | |
| | 总计 | 7368.453 | 13140 | | | |
| 平台运行稳定度 | 组间 | 1.371 | 3 | 0.457 | 0.858 | |
| | 组内 | 6991.757 | 13137 | 0.532 | | |
| | 总计 | 6993.128 | 13140 | | | |
| 画面音频清晰度 | 组间 | 4.740 | 3 | 1.580 | 3.002 | C>A |
| | 组内 | 6915.214 | 13137 | 0.526 | | |
| | 总计 | 6919.955 | 13140 | | | |
| 师生互动即时度 | 组间 | 6.279 | 3 | 2.093 | 3.156 | D>B;D>C |
| | 组内 | 8710.987 | 13137 | 0.663 | | |
| | 总计 | 8717.265 | 13140 | | | |

续表

| 检验变量 | | 平方和 | 自由度 | 均方 | F | 事后比较 |
|---|---|---|---|---|---|---|
| 文件传输顺畅度 | 组间 | 3.087 | 3 | 1.029 | 1.730 | |
| | 组内 | 7812.203 | 13137 | 0.595 | | |
| | 总计 | 7815.290 | 13140 | | | |
| 工具使用便捷度 | 组间 | 11.725 | 3 | 3.908 | 7.895 | C>A;C>B;D>A;D>B |
| | 组内 | 6503.796 | 13137 | 0.495 | | |
| | 总计 | 6515.521 | 13140 | | | |
| 总体评价 | 组间 | 3.654 | 3 | 1.218 | 3.042 | C>B;D>A;D>B |
| | 组内 | 5260.878 | 13137 | 0.400 | | |
| | 总计 | 5264.532 | 13140 | | | |

注：* 表示 $p<0.05$，*** 表示 $p<0.001$。

不同职称教师对线上教学服务保障满意度评价存在差异。在"教学平台支持""电子资源支持""技术队伍支持""技术使用培训支持""各级领导支持"，以及对线上教学服务保障满意度的"总体评价"六个指标，初级职称教师的满意度都显著高于中级、副高和正高级职称教师的满意度，中级职称教师的满意度显著高于副高和正高级职称教师的满意度；在"教学方法培训支持"指标，初级职称教师的满意度都显著高于中、副高和正高级职称教师的满意度，中级职称教师的满意度显著高于正高级职称教师的满意度；在"学校政策支持"指标，初级职称教师的满意度都显著高于中级、副高和正高级职称教师的满意度，中级职称教师的满意度显著高于副高级职称教师的满意度。而在"网络条件支持"指标，不同职称教师的满意度不存在显著差异（见表 5-3-23 和表 5-3-24）。

表 5-3-23 不同职称教师对线上教学服务保障满意度评价的差异比较

| 检验变量 | 职称 | 个案数 | 平均值 | 标准差 | 标准误差 |
|---|---|---|---|---|---|
| 网络条件支持 | 正高（A） | 1426 | 3.61 | 0.761 | 0.020 |
| | 副高（B） | 4816 | 3.62 | 0.751 | 0.011 |
| | 中级（C） | 5821 | 3.64 | 0.756 | 0.010 |
| | 初级（D） | 1078 | 3.67 | 0.755 | 0.023 |
| 教学平台支持 | 正高（A） | 1426 | 3.74 | 0.747 | 0.020 |
| | 副高（B） | 4816 | 3.76 | 0.740 | 0.011 |
| | 中级（C） | 5821 | 3.81 | 0.709 | 0.009 |
| | 初级（D） | 1078 | 3.88 | 0.678 | 0.021 |

续表

| 检验变量 | 职称 | 个案数 | 平均值 | 标准差 | 标准误差 |
| --- | --- | --- | --- | --- | --- |
| 电子资源支持 | 正高(A) | 1426 | 3.38 | 1.018 | 0.027 |
| | 副高(B) | 4816 | 3.39 | 1.025 | 0.015 |
| | 中级(C) | 5821 | 3.45 | 0.979 | 0.013 |
| | 初级(D) | 1078 | 3.63 | 0.905 | 0.028 |
| 技术队伍支持 | 正高(A) | 1426 | 3.74 | 0.944 | 0.025 |
| | 副高(B) | 4816 | 3.80 | 0.930 | 0.013 |
| | 中级(C) | 5821 | 3.86 | 0.883 | 0.012 |
| | 初级(D) | 1078 | 3.98 | 0.809 | 0.025 |
| 技术使用培训支持 | 正高(A) | 1426 | 3.90 | 0.810 | 0.021 |
| | 副高(B) | 4816 | 3.93 | 0.799 | 0.012 |
| | 中级(C) | 5821 | 3.97 | 0.770 | 0.010 |
| | 初级(D) | 1078 | 4.07 | 0.754 | 0.023 |
| 教学方法培训支持 | 正高(A) | 1426 | 3.89 | 0.804 | 0.021 |
| | 副高(B) | 4816 | 3.93 | 0.803 | 0.012 |
| | 中级(C) | 5821 | 3.96 | 0.791 | 0.010 |
| | 初级(D) | 1078 | 4.07 | 0.755 | 0.023 |
| 学校政策支持 | 正高(A) | 1426 | 3.58 | 1.156 | 0.031 |
| | 副高(B) | 4816 | 3.56 | 1.196 | 0.017 |
| | 中级(C) | 5821 | 3.65 | 1.159 | 0.015 |
| | 初级(D) | 1078 | 3.89 | 0.998 | 0.030 |
| 各级领导支持 | 正高(A) | 1426 | 3.94 | 0.927 | 0.025 |
| | 副高(B) | 4816 | 3.96 | 0.906 | 0.013 |
| | 中级(C) | 5821 | 4.04 | 0.866 | 0.011 |
| | 初级(D) | 1078 | 4.17 | 0.810 | 0.025 |
| 总体评价 | 正高(A) | 1426 | 3.85 | 0.707 | 0.019 |
| | 副高(B) | 4816 | 3.86 | 0.722 | 0.010 |
| | 中级(C) | 5821 | 3.90 | 0.691 | 0.009 |
| | 初级(D) | 1078 | 3.99 | 0.666 | 0.020 |

表 5-3-24　不同职称教师对线上教学服务保障满意度评价的多重比较摘要表

| 检验变量 | | 平方和 | 自由度 | 均方 | F | 事后比较 |
| --- | --- | --- | --- | --- | --- | --- |
| 网络条件支持 | 组间 | 3.918 | 3 | 1.306 | 2.295 | |
| | 组内 | 7475.381 | 13137 | 0.569 | | |
| | 总计 | 7479.299 | 13140 | | | |
| 教学平台支持 | 组间 | 17.068 | 3 | 5.689 | 10.916*** | D>A;D>B; D>C;C>A; C>B |
| | 组内 | 6846.818 | 13137 | 0.521 | | |
| | 总计 | 6863.886 | 13140 | | | |
| 电子资源支持 | 组间 | 54.706 | 3 | 18.235 | 18.436*** | D>A;D>B; D>C;C>A; C>B |
| | 组内 | 12993.934 | 13137 | 0.989 | | |
| | 总计 | 13048.640 | 13140 | | | |
| 技术队伍支持 | 组间 | 45.608 | 3 | 15.203 | 18.695*** | D>A;D>B; D>C;C>A; C>B |
| | 组内 | 10682.716 | 13137 | 0.813 | | |
| | 总计 | 10728.324 | 13140 | | | |
| 技术使用培训支持 | 组间 | 21.268 | 3 | 7.089 | 11.538*** | D>A;D>B; D>C; C>A;C>B |
| | 组内 | 8071.782 | 13137 | 0.614 | | |
| | 总计 | 8093.050 | 13140 | | | |
| 教学方法培训支持 | 组间 | 22.630 | 3 | 7.543 | 11.963*** | D>A;D>B; D>C;C>A |
| | 组内 | 8283.558 | 13137 | 0.631 | | |
| | 总计 | 8306.189 | 13140 | | | |
| 学校政策支持 | 组间 | 100.344 | 3 | 33.448 | 24.858*** | D>A;D>B; D>C;C>B |
| | 组内 | 17676.805 | 13137 | 1.346 | | |
| | 总计 | 17777.148 | 13140 | | | |
| 各级领导支持 | 组间 | 49.218 | 3 | 16.406 | 21.035*** | D>A;D>B; D>C;C>A; C>B |
| | 组内 | 10245.759 | 13137 | 0.780 | | |
| | 总计 | 10294.976 | 13140 | | | |
| 总体评价 | 组间 | 18.307 | 3 | 6.102 | 12.379*** | D>A;D>B; D>C;C>A; C>B |
| | 组内 | 6476.029 | 13137 | 0.493 | | |
| | 总计 | 6494.337 | 13140 | | | |

注：* 表示 $p<0.05$，*** 表示 $p<0.001$。

**(六)不同类型课程中线上教学环境及其支持评价的差异比较**

承担不同课程类型的任课教师对教学平台功能的满意度评价存在差异。如以正向满意度("满足"+"完全满足")作为排序：

对理论课A[①]而言,满意度最高的是"通过电子数据分析学生学习行为"(81.8%),其后依次是"课堂考勤管理"(77.9%)、"课堂讲授"(73.2%)、"在线布置批改作业"(72.4%)、"在线课后辅导答疑"(70.5%)、"在线备课"(66.9%)、"提交或传输课程资料"(62.2%)、"在线教育测试及评分"(61.1%)、"在线课堂讨论"(52.3%)、"在线实验演示"(28.2%)。

对理论课B而言,满意度最高的是"通过电子数据分析学生学习行为"(81.2%),其后依次是"课堂考勤管理"(79.0%)、"课堂讲授"(73.9%)、"在线布置批改作业"(73.1%)、"在线课后辅导答疑"(71.2%)、"在线备课"(65.5%)、"在线教育测试及评分"(62.5%)、"提交或传输课程资料"(62.4%)、"在线课堂讨论"(54.4%)、"在线实验演示"(37.1%)。

对独立设置实验课而言,满意度最高的是"通过电子数据分析学生学习行为"(83.1%),其后依次是"课堂考勤管理"(77.7%)、"课堂讲授"(76.1%)、"在线布置批改作业"(75.8%)、"在线课后辅导答疑"(73.1%)、"在线备课"(68.5%)、"在线教育测试及评分"(66.3%)、"提交或传输课程资料"(64.1%)、"在线课堂讨论"(56.3%)、"在线实验演示"(43.8%)。

对术科课程而言,满意度最高的是"课堂考勤管理"(76.4%),其后依次是"通过电子数据分析学生学习行为"(73.1%)、"在线布置批改作业"(68.9%)、"在线课后辅导答疑"(66.7%)、"课堂讲授"(65.2%)、"在线课堂讨论"(57.5%)、"在线教育测试及评分"(56.6%)、"在线备课"(55.8%)、"提交或传输课程资料"(52.2%)、"在线实验演示"(38.5%)。

对其他教学环节而言,满意度最高的是"通过电子数据分析学生学习行为"(81.6%),其后依次是"课堂考勤管理"(79.4%)、"课堂讲授"(73.6%)、"在线课后辅导答疑"(72.8%)、"在线布置批改作业"(72.4%)、"在线备课"(66.4%)、"在线教育测试及评分"(61.1%)、"提交或传输课程资料"(59.5%)、"在线课堂讨论"(55.8%)、"在线实验演示"(34.9%)(见表5-3-25)。

---

① 理论课A指的是单纯讲授相关理论的课程;理论课B指的是除了讲授相关理论外,课程中还包含了课内实践、实验教学等环节的课程;其他教学环节指的是包括军训、见习、实习、毕业设计、毕业论文、社会调查等在内的教学环节。下同。

表 5-3-25　不同课程类型教师对教学平台功能需求满意度评价的差异比较(%)

| 检验变量 | | 不知道 | 完全不能满足 | 不能满足 | 一般 | 满足 | 完全满足 |
|---|---|---|---|---|---|---|---|
| 在线备课 | 理论课 A | 0.9 | 0.6 | 4.7 | 26.8 | 51.7 | 15.2 |
| | 理论课 B | 0.7 | 0.6 | 5.0 | 28.2 | 50.4 | 15.1 |
| | 独立设置实验课 | 1.1 | 2.2 | 3.3 | 25.0 | 50.0 | 18.5 |
| | 术科课 | 1.2 | 1.6 | 7.3 | 34.1 | 43.6 | 12.2 |
| | 其他教学环节 | 0.6 | 1.6 | 6.3 | 25.2 | 52.4 | 14.0 |
| 课堂考勤管理 | 理论课 A | 0.3 | 0.3 | 3.2 | 18.3 | 48.6 | 29.3 |
| | 理论课 B | 0.3 | 0.3 | 2.9 | 17.5 | 48.9 | 30.1 |
| | 独立设置实验课 | 0.8 | 0.3 | 4.1 | 17.1 | 45.4 | 32.3 |
| | 术科课 | 0.4 | 0.5 | 2.4 | 20.3 | 46.9 | 29.5 |
| | 其他教学环节 | 0.5 | 0.5 | 3.4 | 16.3 | 50.5 | 28.9 |
| 课堂讲授 | 理论课 A | 0.2 | 0.3 | 2.9 | 23.4 | 56.6 | 16.6 |
| | 理论课 B | 0.2 | 0.4 | 2.7 | 22.8 | 56.9 | 17.0 |
| | 独立设置实验课 | 0.3 | 1.1 | 2.4 | 20.1 | 53.0 | 23.1 |
| | 术科课 | 0.2 | 1.1 | 5.3 | 28.3 | 51.0 | 14.2 |
| | 其他教学环节 | 0.2 | 0.5 | 2.9 | 23.0 | 57.3 | 16.3 |
| 在线课堂讨论 | 理论课 A | 0.4 | 0.9 | 8.6 | 37.7 | 40.7 | 11.6 |
| | 理论课 B | 0.4 | 0.8 | 7.4 | 37.0 | 42.2 | 12.2 |
| | 独立设置实验课 | 0.3 | 1.1 | 6.8 | 35.6 | 40.8 | 15.5 |
| | 术科课 | 0.3 | 0.6 | 7.5 | 33.8 | 43.8 | 13.9 |
| | 其他教学环节 | 0.6 | 1.0 | 7.2 | 35.4 | 43.6 | 12.2 |
| 在线实验演示 | 理论课 A | 30.5 | 1.8 | 12.0 | 27.5 | 22.6 | 5.6 |
| | 理论课 B | 11.2 | 2.2 | 15.7 | 33.8 | 29.5 | 7.6 |
| | 独立设置实验课 | 3.0 | 4.6 | 14.1 | 34.5 | 31.3 | 12.5 |
| | 术科课 | 12.2 | 1.8 | 13.4 | 34.0 | 31.0 | 7.5 |
| | 其他教学环节 | 17.8 | 2.5 | 14.4 | 30.5 | 27.8 | 7.1 |
| 在线教育测试及评分 | 理论课 A | 4.4 | 0.5 | 4.9 | 29.1 | 48.0 | 13.1 |
| | 理论课 B | 2.0 | 0.7 | 4.4 | 30.4 | 49.1 | 13.4 |
| | 独立设置实验课 | 2.2 | 0.5 | 4.1 | 26.9 | 47.8 | 18.5 |
| | 术科课 | 3.1 | 1.2 | 7.6 | 31.5 | 45.6 | 10.9 |
| | 其他教学环节 | 3.9 | 0.9 | 4.1 | 29.9 | 47.9 | 13.2 |

续表

| 检验变量 | | 不知道 | 完全不能满足 | 不能满足 | 一般 | 满足 | 完全满足 |
|---|---|---|---|---|---|---|---|
| 在线布置批改作业 | 理论课A | 1.4 | 0.4 | 3.8 | 22.0 | 51.7 | 20.7 |
| | 理论课B | 0.8 | 0.5 | 3.7 | 21.9 | 52.3 | 20.8 |
| | 独立设置实验课 | 0.3 | 1.4 | 2.7 | 19.8 | 48.1 | 27.7 |
| | 术科课 | 1.2 | 0.6 | 5.0 | 24.2 | 52.4 | 16.5 |
| | 其他教学环节 | 1.4 | 0.5 | 4.1 | 21.7 | 52.5 | 19.9 |
| 在线课后辅导答疑 | 理论课A | 1.0 | 0.3 | 2.7 | 25.6 | 53.7 | 16.8 |
| | 理论课B | 0.6 | 0.3 | 2.9 | 25.0 | 54.5 | 16.7 |
| | 独立设置实验课 | 0.3 | 1.1 | 1.6 | 23.9 | 50.5 | 22.6 |
| | 术科课 | 0.8 | 0.3 | 3.9 | 28.3 | 52.9 | 13.8 |
| | 其他教学环节 | 0.2 | 0.3 | 2.3 | 24.3 | 55.2 | 17.6 |
| 通过电子数据分析分析学生学习行为 | 理论课A | 0.5 | 0.3 | 1.9 | 15.6 | 55.5 | 26.3 |
| | 理论课B | 0.2 | 0.3 | 2.1 | 16.0 | 55.2 | 26.0 |
| | 独立设置实验课 | 0.5 | 0.3 | 1.9 | 14.1 | 51.6 | 31.5 |
| | 术科课 | 0.5 | 0.1 | 3.9 | 22.4 | 54.0 | 19.1 |
| | 其他教学环节 | 0.3 | 0.4 | 2.2 | 15.6 | 54.1 | 27.5 |
| 提交或传输课程资料 | 理论课A | 2.3 | 0.7 | 5.2 | 29.5 | 46.7 | 15.5 |
| | 理论课B | 1.7 | 0.9 | 5.5 | 29.5 | 46.6 | 15.8 |
| | 独立设置实验课 | 1.1 | 0.8 | 6.5 | 27.4 | 42.9 | 21.2 |
| | 术科课 | 4.2 | 1.1 | 7.8 | 34.7 | 40.3 | 11.9 |
| | 其他教学环节 | 3.0 | 1.0 | 5.9 | 30.5 | 45.5 | 14.0 |

不同课程类型的任课教师对教学平台技术支持的满意度评价存在差异。如以正向满意度("好"+"非常好")作为排序：

对理论课A而言，教师对"画面音频清晰度"的满意度最高，比例为71.5%，其后依次是"工具使用便捷度"(69.4%)、"文件传输顺畅度"(67.6%)、"平台运行稳定度"(62.9%)、"网络速度流畅度"(60.8%)、"师生互动即时度"(51.4%)，理论课A的任课教师对教学平台技术支持的"总体评价"认为满意的比例为70.8%。

对理论课B而言，教师对"画面音频清晰度"的满意度最高，比例为69.4%，其后依次是"工具使用便捷度"(68.4%)、"文件传输顺畅度"(66.0%)、"平台运行稳定度"(61.2%)、"网络速度流畅度"(60.5%)、"师生互动即时度"(53.2%)，理论课 B 的任课教师对教学平台技术支持的"总体评价"认为满意的比例为 71.0%。

对独立设置实验课而言,教师对"工具使用便捷度"的满意度最高,比例为 70.7%,其后依次是"画面音频清晰度"(69.3%)、"文件传输顺畅度"(66.9%)、"平台运行稳定度"(66.8%)、"网络速度流畅度"(62.3%)、"师生互动即时度"(53.5%),独立设置实验课的任课教师对教学平台技术支持的"总体评价"认为满意的比例为 73.1%。

对术科课程而言,教师对"工具使用便捷度"的满意度最高,比例为 60.5%,其后依次是"文件传输顺畅度"(57.4%)、"画面音频清晰度"(55.5%)、"平台运行稳定度"(51.8%)、"网络速度流畅度"(50.1%)、"师生互动即时度"(48.3%),术科课的任课教师对教学平台技术支持的"总体评价"认为满意的比例为 60.8%。

对其他教学环节而言,教师对"工具使用便捷度"的满意度最高,比例为 69.3%,其后依次是"画面音频清晰度"(66.5%)、"文件传输顺畅度"(66.4%)、"平台运行稳定度"(60.8%)、"网络速度流畅度"(59.1%)、"师生互动即时度"(52.7%),其他教学环节的任课教师对教学平台技术支持的"总体评价"认为满意的比例为 69.6%(见表 5-3-26)。

表 5-3-26 不同课程类型教师对教学平台技术支持满意度评价的差异比较(%)

| 检验变量 | | 不知道 | 非常不好 | 不好 | 一般 | 好 | 非常好 |
|---|---|---|---|---|---|---|---|
| 网络速度流畅度 | 理论课 A | 0.1 | 0.9 | 3.9 | 34.2 | 51.5 | 9.3 |
| | 理论课 B | 0.1 | 0.9 | 3.9 | 34.6 | 51.6 | 8.9 |
| | 独立设置实验课 | 0.3 | 0.5 | 4.6 | 32.3 | 51.4 | 10.9 |
| | 术科课 | 0.2 | 1.0 | 8.0 | 40.7 | 42.8 | 7.3 |
| | 其他教学环节 | 0.2 | 1.3 | 4.9 | 34.7 | 51.0 | 8.1 |
| 平台运行稳定度 | 理论课 A | 0.1 | 0.6 | 3.5 | 32.9 | 53.2 | 9.7 |
| | 理论课 B | 0.1 | 0.5 | 3.7 | 34.4 | 51.9 | 9.3 |
| | 独立设置实验课 | 0.3 | 1.1 | 3.0 | 28.8 | 54.3 | 12.5 |
| | 术科课 | 0.2 | 1.2 | 4.8 | 42.0 | 44.1 | 7.7 |
| | 其他教学环节 | 0.2 | 0.9 | 3.4 | 34.8 | 51.2 | 9.6 |
| 画面音频清晰度 | 理论课 A | 0.6 | 0.3 | 1.8 | 25.8 | 60.1 | 11.4 |
| | 理论课 B | 0.4 | 0.5 | 2.1 | 27.7 | 58.4 | 11.0 |
| | 独立设置实验课 | 0.5 | 0.8 | 1.9 | 27.4 | 53.8 | 15.5 |
| | 术科课 | 0.3 | 1.4 | 5.3 | 37.6 | 48.0 | 7.5 |
| | 其他教学环节 | 0.5 | 0.7 | 2.9 | 29.4 | 54.9 | 11.6 |

续表

| 检验变量 | | 不知道 | 非常不好 | 不好 | 一般 | 好 | 非常好 |
|---|---|---|---|---|---|---|---|
| 师生互动即时度 | 理论课 A | 0.4 | 1.2 | 7.1 | 39.9 | 43.5 | 7.9 |
| | 理论课 B | 0.4 | 1.0 | 6.3 | 39.2 | 44.5 | 8.7 |
| | 独立设置实验课 | 0.3 | 1.1 | 6.5 | 38.6 | 41.0 | 12.5 |
| | 术科课 | 0.5 | 1.0 | 6.9 | 43.3 | 39.8 | 8.5 |
| | 其他教学环节 | 0.4 | 1.2 | 5.7 | 40.0 | 43.5 | 9.2 |
| 文件传输顺畅度 | 理论课 A | 0.6 | 0.6 | 3.1 | 28.1 | 55.5 | 12.1 |
| | 理论课 B | 0.4 | 0.8 | 3.1 | 29.8 | 53.8 | 12.2 |
| | 独立设置实验课 | 0.5 | 0.5 | 2.7 | 29.3 | 51.1 | 15.8 |
| | 术科课 | 0.4 | 1.4 | 3.5 | 37.2 | 47.5 | 9.9 |
| | 其他教学环节 | 0.6 | 0.8 | 3.2 | 29.1 | 53.6 | 12.8 |
| 工具使用便捷度 | 理论课 A | 0.2 | 0.4 | 2.1 | 27.9 | 57.9 | 11.5 |
| | 理论课 B | 0.2 | 0.3 | 2.3 | 28.8 | 56.9 | 11.5 |
| | 独立设置实验课 | 0.3 | 0.8 | 3.0 | 25.3 | 55.2 | 15.5 |
| | 术科课 | 0.4 | 0.5 | 1.9 | 36.6 | 50.2 | 10.3 |
| | 其他教学环节 | 0.2 | 0.2 | 2.3 | 27.9 | 57.0 | 12.3 |
| 总体评价 | 理论课 A | 0.1 | 0.3 | 1.5 | 27.2 | 62.3 | 8.5 |
| | 理论课 B | 0.1 | 0.2 | 1.6 | 27.1 | 62.7 | 8.3 |
| | 独立设置实验课 | 0.3 | 0.0 | 1.6 | 25.0 | 62.8 | 10.3 |
| | 术科课 | 0.3 | 0.4 | 2.7 | 35.7 | 53.3 | 7.5 |
| | 其他教学环节 | 0.1 | 0.3 | 1.7 | 28.3 | 60.0 | 9.6 |

不同课程类型的任课教师对线上及教学服务保障的满意度评价存在差异。如以正向满意度("好"+"非常好")作为排序：

对理论课 A 而言，教师对"各级领导支持"的满意度最高，比例为 81.7%，其后依次为"技术使用培训支持"(78.1%)、"教学方法培训支持"(77.1%)、"技术队伍支持"(73.2%)、"教学平台支持"(72.5%)、"学校政策支持"(65.8%)、"网络条件支持"(61.7%)、"电子资源支持"(52.7%)。理论课 A 的任课教师对线上教学服务保障满意度"总体评价"为 77.1%。

对理论课 B 而言，"各级领导支持"的满意度最高，比例为 82.5%，其后依次为"技术使用培训支持"(77.4%)、"教学方法培训支持"(77.0%)、"技术队伍支持"(72.8%)、"教学平台支持"(72.2%)、"学校政策支持"(66.1%)、"网络条件支持"(60.7%)、"电子资源支持"(52.4%)。理论课 B 的任课教师对线上教学服务保障满意度"总体评价"为 76.8%。

对独立设置实验课而言,"各级领导支持"的满意度最高,比例为83.5%,其后依次为"技术使用培训支持"(80.1%)、"教学方法培训支持"(77.2%)、"技术队伍支持"(75.0%)、"教学平台支持"(72.3%)、"学校政策支持"(69.3%)、"网络条件支持"(61.1%)、"电子资源支持"(54.1%)。理论课B的任课教师对线上教学服务保障满意度"总体评价"为80.2%。

对术科课程而言,教师对"各级领导支持"的满意度最高,比例为80.9%,其后依次为"技术使用培训支持"(75.3%)、"教学方法培训支持"(74.5%)、"技术队伍支持"(73.1%)、"学校政策支持"(68.9%)、"教学平台支持"(62.5%)、"电子资源支持"(52.9%)、"网络条件支持"(50.1%)。术科课程的任课教师对线上教学服务保障满意度"总体评价"为72.9%。

对其他教学环节而言,教师对"各级领导支持"的满意度最高,比例为83.4%,其后依次为"教学方法培训支持"(78.4%)、"技术使用培训支持"(78.3%)、"技术队伍支持"(73.5%)、"教学平台支持"(72.3%)、"学校政策支持"(65.3%)、"网络条件支持"(59.3%)、"电子资源支持"(52.1%)。其他教学环节的任课教师对线上教学服务保障满意度"总体评价"为77.4%(见表5-3-27)。

表5-3-27 不同课程类型教师对线上教学服务保障满意度评价的差异比较(%)

| 检验变量 | | 不知道 | 非常不好 | 不好 | 一般 | 好 | 非常好 |
|---|---|---|---|---|---|---|---|
| 网络条件支持 | 理论课A | 0.2 | 0.8 | 4.3 | 33.0 | 52.0 | 9.7 |
| | 理论课B | 0.3 | 0.8 | 4.2 | 34.0 | 51.7 | 9.0 |
| | 独立设置实验课 | 0.5 | 0.8 | 3.5 | 34.0 | 50.8 | 10.3 |
| | 术科课 | 0.2 | 1.5 | 6.7 | 41.5 | 42.3 | 7.8 |
| | 其他教学环节 | 0.3 | 1.4 | 5.1 | 33.8 | 49.5 | 9.8 |
| 教学平台支持 | 理论课A | 0.7 | 0.3 | 1.6 | 24.9 | 60.5 | 12.0 |
| | 理论课B | 0.7 | 0.1 | 1.3 | 25.6 | 61.0 | 11.2 |
| | 独立设置实验课 | 0.8 | 0.3 | 0.5 | 26.1 | 57.9 | 14.4 |
| | 术科课 | 1.1 | 0.2 | 1.9 | 34.2 | 53.1 | 9.4 |
| | 其他教学环节 | 0.8 | 0.5 | 1.4 | 25.0 | 59.2 | 13.1 |
| 电子资源支持 | 理论课A | 3.0 | 1.3 | 6.4 | 36.6 | 43.2 | 9.5 |
| | 理论课B | 2.5 | 1.3 | 6.1 | 37.7 | 43.1 | 9.3 |
| | 独立设置实验课 | 4.6 | 1.1 | 4.6 | 35.6 | 42.1 | 12.0 |
| | 术科课 | 4.7 | 0.8 | 5.0 | 36.6 | 43.7 | 9.2 |
| | 其他教学环节 | 2.5 | 1.8 | 6.8 | 36.8 | 41.9 | 10.2 |

续表

| 检验变量 | | 不知道 | 非常不好 | 不好 | 一般 | 好 | 非常好 |
|---|---|---|---|---|---|---|---|
| 技术队伍支持 | 理论课 A | 1.7 | 0.6 | 2.2 | 22.3 | 53.4 | 19.8 |
| | 理论课 B | 1.6 | 0.8 | 2.3 | 22.6 | 53.1 | 19.7 |
| | 独立设置实验课 | 2.7 | 0.8 | 1.6 | 19.8 | 50.0 | 25.0 |
| | 术科课 | 1.9 | 0.4 | 2.4 | 22.2 | 55.6 | 17.5 |
| | 其他教学环节 | 2.0 | 0.6 | 2.0 | 21.9 | 52.0 | 21.5 |
| 技术使用培训支持 | 理论课 A | 0.5 | 0.6 | 1.6 | 19.2 | 55.5 | 22.6 |
| | 理论课 B | 0.6 | 0.5 | 1.7 | 19.8 | 54.7 | 22.7 |
| | 独立设置实验课 | 1.1 | 0.3 | 1.1 | 17.4 | 51.6 | 28.5 |
| | 术科课 | 0.8 | 0.3 | 1.7 | 22.0 | 56.7 | 18.6 |
| | 其他教学环节 | 0.9 | 0.5 | 1.4 | 19.0 | 54.1 | 24.2 |
| 教学方法培训支持 | 理论课 A | 0.6 | 0.5 | 1.7 | 20.2 | 54.2 | 22.9 |
| | 理论课 B | 0.6 | 0.4 | 1.8 | 20.1 | 53.7 | 23.3 |
| | 独立设置实验课 | 1.1 | 0.5 | 1.9 | 19.3 | 48.4 | 28.8 |
| | 术科课 | 0.8 | 0.3 | 1.4 | 23.1 | 55.7 | 18.8 |
| | 其他教学环节 | 1.2 | 0.3 | 1.5 | 18.6 | 54.4 | 24.0 |
| 学校政策支持 | 理论课 A | 5.6 | 0.9 | 3.2 | 24.5 | 47.7 | 18.1 |
| | 理论课 B | 4.7 | 1.0 | 3.2 | 24.9 | 47.5 | 18.6 |
| | 独立设置实验课 | 4.3 | 0.8 | 2.4 | 23.1 | 45.7 | 23.6 |
| | 术科课 | 4.5 | 0.8 | 2.7 | 23.6 | 52.1 | 16.3 |
| | 其他教学环节 | 6.0 | 1.0 | 3.3 | 24.4 | 46.8 | 18.5 |
| 各级领导支持 | 理论课 A | 2.0 | 0.3 | 1.0 | 14.9 | 55.1 | 26.6 |
| | 理论课 B | 1.7 | 0.4 | 0.9 | 14.6 | 55.2 | 27.3 |
| | 独立设置实验课 | 1.4 | 0.0 | 0.8 | 14.4 | 51.4 | 32.1 |
| | 术科课 | 2.3 | 0.1 | 1.0 | 15.8 | 56.1 | 24.8 |
| | 其他教学环节 | 2.4 | 0.3 | 0.6 | 13.3 | 55.0 | 28.4 |
| 总体评价 | 理论课 A | 0.4 | 0.3 | 1.2 | 20.9 | 61.4 | 15.7 |
| | 理论课 B | 0.4 | 0.4 | 1.2 | 21.1 | 60.9 | 15.9 |
| | 独立设置实验课 | 0.5 | 0.0 | 1.4 | 17.9 | 59.8 | 20.4 |
| | 术科课 | 0.2 | 0.1 | 1.7 | 25.1 | 59.9 | 13.0 |
| | 其他教学环节 | 0.5 | 0.4 | 1.4 | 20.3 | 61.0 | 16.4 |

## （七）不同性质课程中线上教学环境及其支持评价有显著差异

不同性质课程的任课教师对教学平台各项功能的满意度评价存在差异。如以正向满意度（"满足"+"完全满足"）作为排序：

对专业必修课而言，教师对"提交或传输课程资料"的满意度最高，选择满意的比例为 81.1%，其后依次为"课堂考勤管理"（78.6%）、"课堂讲授"（73.2%）、"在线布置批改作业"（72.1%）、"在线课后辅导答疑"（70.6%）、"在线备课"（66.0%）、"通过电子数据分析学生学习行为"（61.4%）、"线上教育测试及评分"（60.9%）、"线上课堂讨论"（53.4%）及"线上实验演示"（30.4%）。

对专业选修课而言，教师对"提交或传输课程资料"的满意度最高，选择满意的比例为 80.8%，其后依次为"课堂考勤管理"（78.4%）、"课堂讲授"（73.5%）、"在线布置批改作业"（73.3%）、"在线课后辅导答疑"（70.3%）、"在线备课"（66.5%）、"通过电子数据分析学生学习行为"（61.9%）、"在线教育测试及评分"（61.0%）、"在线课堂讨论"（53.7%）及"在线实验演示"（31.3%）。

对公共必修课而言，教师对"提交或传输课程资料"的满意度最高，选择满意的比例为 80.3%，其后依次为"课堂考勤管理"（75.4%）、"在线布置批改作业"（72.0%）、"课堂讲授"（69.6%）、"在线课后辅导答疑"（68.8%）、"在线备课"（63.9%）、"在线教育测试及评分"（60.5%）、"通过电子数据分析学生学习行为"（60.2%）、"在线课堂讨论"（51.0%）及"在线实验演示"（31.9%）。

对公共选修课而言，教师对"提交或传输课程资料"的满意度最高，选择满意的比例为 80.4%，其后依次为"课堂考勤管理"（79.0%）、"课堂讲授"（75.1%）、"在线布置批改作业"（73.6%）、"在线课后辅导答疑"（71.1%）、"在线备课"（66.1%）、"通过电子数据分析学生学习行为"（64.3%）、"在线教育测试及评分"（63.8%）、"在线课堂讨论"（57.1%）及"在线实验演示"（33.4%）（见表 5-3-28）。

表 5-3-28　不同性质课程教师对教学平台各项功能满意度评价的差异比较（%）

| | 检验变量 | 不知道 | 完全不能满足 | 不能满足 | 一般 | 满足 | 完全满足 |
|---|---|---|---|---|---|---|---|
| 在线备课 | 专业必修课 | 0.8 | 0.7 | 5.1 | 27.5 | 50.8 | 15.2 |
| | 专业选修课 | 0.9 | 1.0 | 5.4 | 26.3 | 51.1 | 15.4 |
| | 公共必修课 | 0.7 | 0.6 | 5.2 | 29.6 | 50.6 | 13.3 |
| | 公共选修课 | 0.9 | 1.6 | 5.0 | 26.4 | 48.8 | 17.3 |

续表

| 检验变量 | | 不知道 | 完全不能满足 | 不能满足 | 一般 | 满足 | 完全满足 |
|---|---|---|---|---|---|---|---|
| 课堂考勤管理 | 专业必修课 | 0.2 | 0.2 | 3.1 | 17.9 | 48.5 | 30.1 |
| | 专业选修课 | 0.4 | 0.5 | 2.9 | 17.8 | 47.6 | 30.8 |
| | 公共必修课 | 0.2 | 0.4 | 4.0 | 19.9 | 48.5 | 26.9 |
| | 公共选修课 | 0.3 | 0.7 | 3.8 | 16.1 | 45.7 | 33.3 |
| 课堂讲授 | 专业必修课 | 0.1 | 0.4 | 3.1 | 23.2 | 56.1 | 17.1 |
| | 专业选修课 | 0.3 | 0.5 | 2.6 | 23.1 | 56.2 | 17.3 |
| | 公共必修课 | 0.2 | 0.4 | 3.7 | 26.0 | 55.5 | 14.1 |
| | 公共选修课 | 0.4 | 0.4 | 3.0 | 21.0 | 54.8 | 20.3 |
| 在线课堂讨论 | 专业必修课 | 0.4 | 0.9 | 7.9 | 37.4 | 41.2 | 12.2 |
| | 专业选修课 | 0.4 | 0.8 | 8.5 | 36.5 | 41.5 | 12.2 |
| | 公共必修课 | 0.5 | 1.2 | 8.6 | 38.7 | 41.3 | 9.7 |
| | 公共选修课 | 0.7 | 1.0 | 7.7 | 33.5 | 40.9 | 16.2 |
| 在线实验演示 | 专业必修课 | 22.2 | 2.1 | 14.5 | 30.7 | 24.1 | 6.3 |
| | 专业选修课 | 22.1 | 2.4 | 14.4 | 29.8 | 24.5 | 6.8 |
| | 公共必修课 | 29.1 | 1.2 | 8.8 | 29.0 | 26.2 | 5.7 |
| | 公共选修课 | 24.7 | 1.9 | 11.8 | 28.2 | 24.8 | 8.6 |
| 在线教育测试及评分 | 专业必修课 | 3.5 | 0.5 | 5.1 | 30.0 | 47.8 | 13.1 |
| | 专业选修课 | 4.0 | 0.8 | 4.5 | 29.7 | 47.5 | 13.5 |
| | 公共必修课 | 3.6 | 0.8 | 5.4 | 29.7 | 48.6 | 11.9 |
| | 公共选修课 | 4.2 | 1.1 | 4.8 | 26.1 | 45.8 | 18.0 |
| 在线布置批改作业 | 专业必修课 | 1.4 | 0.5 | 4.2 | 21.9 | 51.7 | 20.4 |
| | 专业选修课 | 1.3 | 0.5 | 3.6 | 21.2 | 52.6 | 20.7 |
| | 公共必修课 | 0.6 | 0.6 | 3.7 | 23.0 | 52.3 | 19.7 |
| | 公共选修课 | 1.5 | 0.8 | 3.0 | 21.3 | 49.0 | 24.6 |
| 在线课后辅导答疑 | 专业必修课 | 0.8 | 0.3 | 2.8 | 25.5 | 53.6 | 17.0 |
| | 专业选修课 | 1.2 | 0.4 | 3.0 | 25.1 | 53.2 | 17.1 |
| | 公共必修课 | 0.6 | 0.4 | 3.0 | 27.2 | 53.8 | 15.0 |
| | 公共选修课 | 1.0 | 0.7 | 3.0 | 24.2 | 49.7 | 21.4 |

续表

| 检验变量 | | 不知道 | 完全不能满足 | 不能满足 | 一般 | 满足 | 完全满足 |
|---|---|---|---|---|---|---|---|
| 提交或传输课程资料 | 专业必修课 | 0.5 | 0.3 | 2.0 | 16.1 | 55.0 | 26.1 |
| | 专业选修课 | 0.6 | 0.4 | 1.9 | 16.4 | 54.5 | 26.3 |
| | 公共必修课 | 0.2 | 0.3 | 2.2 | 17.0 | 56.5 | 23.8 |
| | 公共选修课 | 0.3 | 0.7 | 3.0 | 15.5 | 51.0 | 29.4 |
| 通过电子数据分析学生学习行为 | 专业必修课 | 2.3 | 0.8 | 5.5 | 30.0 | 46.2 | 15.2 |
| | 专业选修课 | 2.4 | 1.1 | 5.6 | 29.0 | 46.4 | 15.5 |
| | 公共必修课 | 2.3 | 0.7 | 5.6 | 31.2 | 45.5 | 14.7 |
| | 公共选修课 | 3.0 | 1.0 | 5.2 | 26.6 | 45.0 | 19.3 |

承担不同性质课程的任课教师对教学平台技术支持的满意度评价存在差异。如以正向满意度("好"+"非常好")作为评价排序：

对专业必修课而言，教师满意度最高是"画面音频清晰度"，比例为70.3%，其后依次为"工具使用便捷度"(68.9%)、"文件传输顺畅度"(66.6%)、"平台运行稳定度"(62.5%)、"网络速度流畅度"(60.4%)及"师生互动即时度"(51.6%)，专业必修课任课教师对教学平台技术支持满意度"总体评价"选择满意的比例为70.5%。

对专业选修课而言，教师满意度最高的是"画面音频清晰度"，比例为69.0%，其后依次为"工具使用便捷度"(68.7%)、"文件传输顺畅度"(67.3%)、"平台运行稳定度"(61.9%)、"网络速度流畅度"(60.2%)及"师生互动即时度"(52.4%)，专业选修课任课教师对教学平台技术支持满意度"总体评价"选择满意的比例为70.1%。

对公共必修课而言，教师满意度最高的是"画面音频清晰度"，比例为67.9%，其后依次为"工具使用便捷度"(65.5%)、"文件传输顺畅度"(64.5%)、"平台运行稳定度"(57.9%)、"网络速度流畅度"(57.5%)及"师生互动即时度"(49.3%)，公共必修课任课教师对教学平台技术支持满意度"总体评价"选择满意的比例为67.7%。

对公共选修课而言，教师满意度最高的是"文件传输顺畅度"，比例为69.2%，其后依次为"画面音频清晰度"(68.9%)、"工具使用便捷度"(68.7%)、"平台运行稳定度"(63.3%)、"网络速度流畅度"(62.8%)及"师生互动即时度"(55.7%)，公共选修课任课教师对教学平台技术支持满意度"总体评价"选择满意的比例为70.8%(见表5-3-29)。

表 5-3-29 不同性质课程教师对教学平台技术支持满意度评价的差异比较(%)

| 检验变量 | | 不知道 | 非常不好 | 不好 | 一般 | 好 | 非常好 |
|---|---|---|---|---|---|---|---|
| 网络速度流畅度 | 专业必修课 | 0.1 | 0.9 | 4.3 | 34.2 | 51.2 | 9.2 |
| | 专业选修课 | 0.1 | 0.9 | 4.5 | 34.3 | 50.5 | 9.7 |
| | 公共必修课 | 0.1 | 1.2 | 4.2 | 37.1 | 50.0 | 7.5 |
| | 公共选修课 | 0.1 | 1.6 | 3.4 | 32.2 | 51.0 | 11.8 |
| 平台运行稳定度 | 专业必修课 | 0.1 | 0.6 | 3.7 | 33.1 | 52.9 | 9.6 |
| | 专业选修课 | 0.1 | 0.6 | 3.7 | 33.7 | 51.9 | 10.0 |
| | 公共必修课 | 0.2 | 0.8 | 4.3 | 36.8 | 50.0 | 7.9 |
| | 公共选修课 | 0.2 | 1.0 | 3.3 | 32.2 | 51.4 | 11.9 |
| 画面音频清晰度 | 专业必修课 | 0.5 | 0.4 | 2.2 | 26.7 | 59.1 | 11.2 |
| | 专业选修课 | 0.4 | 0.5 | 2.5 | 27.5 | 57.4 | 11.6 |
| | 公共必修课 | 0.7 | 0.6 | 1.9 | 28.9 | 57.8 | 10.1 |
| | 公共选修课 | 0.7 | 0.7 | 2.2 | 27.6 | 56.2 | 12.7 |
| 师生互动即时度 | 专业必修课 | 0.3 | 1.1 | 6.8 | 40.2 | 43.3 | 8.3 |
| | 专业选修课 | 0.6 | 1.4 | 7.7 | 38.0 | 43.8 | 8.6 |
| | 公共必修课 | 0.5 | 1.1 | 6.5 | 42.7 | 41.8 | 7.5 |
| | 公共选修课 | 0.7 | 0.9 | 7.1 | 35.7 | 44.3 | 11.4 |
| 文件传输顺畅度 | 专业必修课 | 0.5 | 0.7 | 3.2 | 29.0 | 54.7 | 11.9 |
| | 专业选修课 | 0.7 | 0.8 | 3.2 | 28.1 | 54.6 | 12.7 |
| | 公共必修课 | 0.3 | 0.8 | 3.4 | 31.0 | 53.4 | 11.1 |
| | 公共选修课 | 0.8 | 0.8 | 2.9 | 26.4 | 53.3 | 15.9 |
| 工具使用便捷度 | 专业必修课 | 0.2 | 0.4 | 2.2 | 28.2 | 57.6 | 11.3 |
| | 专业选修课 | 0.2 | 0.4 | 2.2 | 28.5 | 57.1 | 11.6 |
| | 公共必修课 | 0.3 | 0.5 | 2.4 | 31.4 | 54.5 | 11.0 |
| | 公共选修课 | 0.3 | 0.9 | 2.4 | 27.7 | 54.1 | 14.6 |
| 总体评价 | 专业必修课 | 0.1 | 0.3 | 1.7 | 27.4 | 62.1 | 8.4 |
| | 专业选修课 | 0.1 | 0.2 | 1.9 | 27.7 | 61.1 | 9.0 |
| | 公共必修课 | 0.1 | 0.3 | 1.8 | 30.1 | 60.1 | 7.6 |
| | 公共选修课 | 0.2 | 0.4 | 2.3 | 26.4 | 58.7 | 12.1 |

不同性质课程的任课教师对线上教学服务保障满意度评价存在差异。如以正向满意度("好"+"非常好")作为评价排序：

对专业必修课而言,教师对"各级领导支持"满意度最高,比例为 82.2%,其后依次为"技术使用培训支持"(78.0%)、"教学方法培训支持"(77.2%)、"技术队伍支持"(73.2%)、"教学平台支持"(72.1%)、"学校政策支持"(65.8%)、"网络条件支持"(60.8%)及"电子资源支持"(51.2%)。专业必修课任课教师对线上教学服务保障满意度"总体评价"选择满意的比例为 77.0%。

对专业选修课而言,教师对"各级领导支持"满意度最高,比例为 81.6%,其后依次为"技术使用培训支持"(78.2%)、"教学方法培训支持"(77.3%)、"技术队伍支持"(72.8%)、"教学平台支持"(72.3%)、"学校政策支持"(65.5%)、"网络条件支持"(61.4%)及"电子资源支持"(51.5%)。专业选修课任课教师对线上教学服务保障满意度"总体评价"选择满意的比例为 76.3%。

对公共必修课而言,教师对"各级领导支持"满意度最高,比例为 80.3%,其后依次为"技术使用培训支持"(75.3%)、"教学方法培训支持"(74.2%)、"技术队伍支持"(71.7%)、"教学平台支持"(70.1%)、"学校政策支持"(66.2%)、"网络条件支持"(58.0%)及"电子资源支持"(56.4%)。专业选修课任课教师对线上教学服务保障满意度"总体评价"选择满意的比例为 74.4%。

对公共选修课而言,教师对"各级领导支持"满意度最高,比例为 81.3%,其后依次为"技术使用培训支持"(79.1%)、"教学方法培训支持"(77.1%)、"技术队伍支持"(74.3%)、"教学平台支持"(72.9%)、"学校政策支持"(67.7%)、"网络条件支持"(62.5%)及"电子资源支持"(55.0%)。专业选修课任课教师对线上教学服务保障满意度"总体评价"选择满意的比例为 77.3%(见表 5-3-30)。

表 5-3-30 不同性质课程教师对线上教学服务保障满意度评价的差异比较(%)

| 检验变量 | | 不知道 | 非常不好 | 不好 | 一般 | 好 | 非常好 |
| --- | --- | --- | --- | --- | --- | --- | --- |
| 网络条件支持 | 专业必修课 | 0.2 | 0.8 | 4.4 | 33.8 | 51.5 | 9.3 |
| | 专业选修课 | 0.2 | 0.7 | 4.2 | 33.4 | 51.4 | 10.0 |
| | 公共必修课 | 0.3 | 1.0 | 4.9 | 35.9 | 49.5 | 8.5 |
| | 公共选修课 | 0.3 | 1.5 | 4.7 | 31.0 | 49.9 | 12.6 |
| 教学平台支持 | 专业必修课 | 0.7 | 0.3 | 1.5 | 25.4 | 60.6 | 11.5 |
| | 专业选修课 | 0.7 | 0.3 | 1.7 | 24.9 | 60.6 | 11.7 |
| | 公共必修课 | 0.6 | 0.1 | 1.8 | 27.3 | 59.0 | 11.1 |
| | 公共选修课 | 0.7 | 0.4 | 1.9 | 24.1 | 58.2 | 14.7 |

续表

| 检验变量 | | 不知道 | 非常不好 | 不好 | 一般 | 好 | 非常好 |
|---|---|---|---|---|---|---|---|
| 电子资源支持 | 专业必修课 | 2.9 | 1.4 | 6.4 | 38.1 | 42.0 | 9.2 |
| | 专业选修课 | 3.0 | 1.7 | 6.9 | 37.0 | 42.0 | 9.5 |
| | 公共必修课 | 3.0 | 0.9 | 5.2 | 34.5 | 46.9 | 9.5 |
| | 公共选修课 | 3.2 | 1.0 | 5.6 | 35.2 | 42.0 | 13.0 |
| 技术队伍支持 | 专业必修课 | 1.7 | 0.7 | 2.3 | 22.1 | 53.5 | 19.7 |
| | 专业选修课 | 1.5 | 0.8 | 2.3 | 22.7 | 53.0 | 19.8 |
| | 公共必修课 | 1.7 | 0.6 | 2.4 | 23.6 | 53.5 | 18.2 |
| | 公共选修课 | 2.0 | 0.6 | 2.1 | 21.0 | 50.1 | 24.2 |
| 技术使用培训支持 | 专业必修课 | 0.6 | 0.6 | 1.7 | 19.1 | 55.1 | 22.9 |
| | 专业选修课 | 0.5 | 0.7 | 1.6 | 18.9 | 55.9 | 22.3 |
| | 公共必修课 | 0.6 | 0.5 | 1.6 | 22.0 | 54.5 | 20.8 |
| | 公共选修课 | 1.0 | 0.6 | 1.2 | 18.1 | 52.3 | 26.8 |
| 教学方法培训支持 | 专业必修课 | 0.7 | 0.5 | 1.8 | 19.9 | 54.2 | 23.0 |
| | 专业选修课 | 0.6 | 0.5 | 2.0 | 19.6 | 54.4 | 22.9 |
| | 公共必修课 | 0.7 | 0.5 | 1.9 | 22.7 | 53.1 | 21.1 |
| | 公共选修课 | 1.1 | 0.4 | 1.5 | 19.9 | 49.6 | 27.5 |
| 学校政策支持 | 专业必修课 | 5.3 | 1.0 | 3.1 | 24.7 | 47.7 | 18.1 |
| | 专业选修课 | 5.2 | 1.1 | 3.5 | 24.6 | 47.5 | 18.0 |
| | 公共必修课 | 5.5 | 0.8 | 3.4 | 24.0 | 49.4 | 16.8 |
| | 公共选修课 | 5.9 | 1.4 | 2.8 | 22.3 | 45.7 | 22.0 |
| 各级领导支持 | 专业必修课 | 1.9 | 0.3 | 0.9 | 14.6 | 55.3 | 26.9 |
| | 专业选修课 | 1.9 | 0.4 | 1.1 | 15.0 | 54.9 | 26.7 |
| | 公共必修课 | 2.0 | 0.4 | 1.3 | 16.1 | 55.3 | 25.0 |
| | 公共选修课 | 1.8 | 0.2 | 1.1 | 15.6 | 48.9 | 32.4 |
| 总体评价 | 专业必修课 | 0.4 | 0.3 | 1.4 | 20.9 | 61.4 | 15.6 |
| | 专业选修课 | 0.4 | 0.3 | 1.5 | 21.5 | 60.3 | 16.0 |
| | 公共必修课 | 0.3 | 0.4 | 1.3 | 23.5 | 60.4 | 14.0 |
| | 公共选修课 | 0.7 | 0.7 | 0.8 | 20.6 | 56.9 | 20.4 |

（八）校外教学平台总体被选情况分析

线上教学可供选择的教学平台可以分为两类，一个是校内自建的教学平台,一个是企业开发的校外教学平台。因此,线上教学形式有三种,一是单纯使用校内教学平台,二是单纯使用校外教学平台,三是同时使用校内和校外的,即混合使用教学平台。此次疫情,对线上教学平台而言,既是一次难得的实验,也是一次严峻的考验。各高校教师根据需求和习惯选择了各种各样的教学平台,凸显了多元化的特点。研究列举了 19 个线上教学平台,其中被选中的平台有 17 种。根据教师对校外平台的选择情况进行排序,得到如下结果:"学习通/超星尔雅"占比为 41.1%,"中国大学 MOOC 平台/爱课程"占比为 29.2%,"QQ 直播"占比为 28.2%,"微信或企业微信"占比为 26.5%,"腾讯会议"占比为 22.4%,"腾讯课堂"占比为 21.6%,"钉钉"占比为 18.2%,"雨课堂/学堂在线"占比为 13.3%,"智慧树"占比为 6.90%,"zoom"占比为 4.60%,"畅课"占比为 2.30%,"国家虚拟仿真实验教学综合平台"占比为 0.60%,"网教通/101PPt/Edumodo"占比为 0.20%,"飞书""UMU""Welink""CCTALK"被选中率各为 0.10%(参见图 5-3-1)。

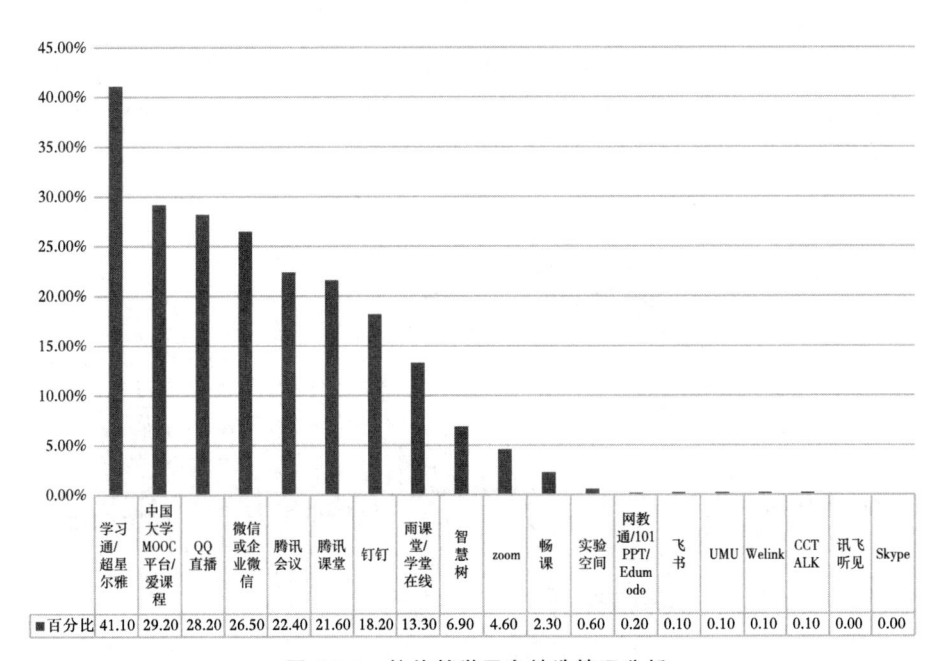

图 5-3-1 校外教学平台被选情况分析

研究分别选取排名前 30 的校外教学平台作进一步探讨。关于线上教学平台各项功能满意度的评价,"学习通/超星尔雅"满意度较高的为"课堂考勤管理"(均值 4.09)和"提交或传输课程资料"(均值 4.09)两项功能,而满意度较低的为"在线课堂讨论"(均值 3.57)和"在线实验演示"(均值 2.38)两项功能;

"中国大学 MOOC 平台/爱课程"满意度较高的为"课堂考勤管理"(均值4.04)和"提交或传输课程资料"(均值4.05)两项功能,而满意度较低的为"在线课堂讨论"(均值 3.57)和"在线实验演示"(均值 2.52)两项功能;"QQ 直播"满意度较高的为"课堂考勤管理"(均值 4.09)和"提交或传输课程资料"(均值 4.09)两项功能,而满意度较低的为"在线课堂讨论"(均值 3.57)和"在线实验演示"(均值 2.38)两项功能;"微信或企业微信"满意度较高的为"课堂考勤管理"(均值 4.05)和"提交或传输课程资料"(均值 4.03)两项功能,而满意度较低的为"在线教育测试及评分"(均值 3.57)和"在线实验演示"(均值 2.58)两项功能;"腾讯会议"满意度较高的为"课堂考勤管理"(均值 4.00)和"提交或传输课程资料"(均值 3.96)两项功能,而满意度较低的为"在线课堂讨论"(均值 3.56)和"在线实验演示"(均值 2.49)两项功能;"腾讯课堂"满意度较高的为"课堂考勤管理"(均值 3.94)和"提交或传输课程资料"(均值 3.96)两项功能,而满意度较低的为"在线课堂讨论"(均值 3.44)和"在线实验演示"(均值 2.49)两项功能(见表 5-3-31)。

从图 5-3-2 上可以比较直观地看到六个教学平台的技术支持满意度雷达图的形态基本一致,但是在"通过电子数据分析学生学习行为""在线教育测试及评分"和"在线实验演示"三个选项的均值有明显的区分。

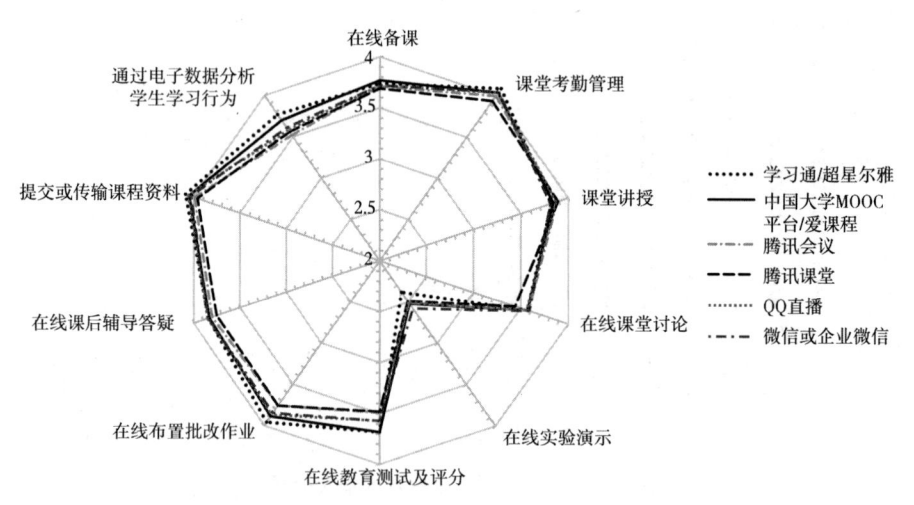

图 5-3-2 排名前 30 的线上教学平台功能满意度均值分布图

表 5-3-31 排名前 30 的在线教学平台各项功能满意度均值分布情况

| 在线教学平台功能 | 超星尔雅 平均值 | 超星尔雅 个案数 | 超星尔雅 标准差 | 爱课程 平均值 | 爱课程 个案数 | 爱课程 标准差 | 腾讯会议 平均值 | 腾讯会议 个案数 | 腾讯会议 标准差 | 腾讯课堂 平均值 | 腾讯课堂 个案数 | 腾讯课堂 标准差 | QQ直播 平均值 | QQ直播 个案数 | QQ直播 标准差 | 微信 平均值 | 微信 个案数 | 微信 标准差 |
|---|---|---|---|---|---|---|---|---|---|---|---|---|---|---|---|---|---|---|
| 在线备课 | 3.74 | 5539 | 0.82 | 3.77 | 3934 | 0.79 | 3.71 | 3022 | 0.87 | 3.69 | 2915 | 0.88 | 3.72 | 3809 | 0.84 | 3.72 | 3574 | 0.84 |
| 课堂考勤管理 | 4.09 | 5539 | 0.78 | 4.04 | 3934 | 0.81 | 4.00 | 3022 | 0.83 | 3.94 | 2915 | 0.83 | 4.04 | 3809 | 0.81 | 4.05 | 3574 | 0.81 |
| 课堂讲授 | 3.82 | 5539 | 0.73 | 3.84 | 3934 | 0.73 | 3.88 | 3022 | 0.74 | 3.89 | 2915 | 0.74 | 3.87 | 3809 | 0.73 | 3.81 | 3574 | 0.76 |
| 在线课堂讨论 | 3.57 | 5539 | 0.84 | 3.57 | 3934 | 0.83 | 3.58 | 3022 | 0.87 | 3.44 | 2915 | 0.86 | 3.56 | 3809 | 0.85 | 3.59 | 3574 | 0.85 |
| 在线实验演示 | 2.38 | 5539 | 1.63 | 2.52 | 3934 | 1.59 | 2.51 | 3022 | 1.61 | 2.49 | 2915 | 1.58 | 2.50 | 3809 | 1.60 | 2.58 | 3574 | 1.59 |
| 在线教育测试及评分 | 3.68 | 5539 | 0.97 | 3.68 | 3934 | 0.95 | 3.49 | 3022 | 1.07 | 3.48 | 2915 | 1.05 | 3.57 | 3809 | 1.01 | 3.57 | 3574 | 1.03 |

续表

| 在线教学平台功能 | 超星尔雅 平均值 | 超星尔雅 个案数 | 超星尔雅 标准差 | 爱课程 平均值 | 爱课程 个案数 | 爱课程 标准差 | 腾讯会议 平均值 | 腾讯会议 个案数 | 腾讯会议 标准差 | 腾讯课堂 平均值 | 腾讯课堂 个案数 | 腾讯课堂 标准差 | QQ直播 平均值 | QQ直播 个案数 | QQ直播 标准差 | 微信 平均值 | 微信 个案数 | 微信 标准差 |
|---|---|---|---|---|---|---|---|---|---|---|---|---|---|---|---|---|---|---|
| 在线布置批改作业 | 3.96 | 5539 | 0.79 | 3.89 | 3934 | 0.82 | 3.76 | 3022 | 0.91 | 3.76 | 2915 | 0.91 | 3.87 | 3809 | 0.87 | 3.85 | 3574 | 0.89 |
| 在线课后辅导答疑 | 3.84 | 5539 | 0.78 | 3.83 | 3934 | 0.78 | 3.80 | 3022 | 0.84 | 3.75 | 2915 | 0.83 | 3.85 | 3809 | 0.77 | 3.84 | 3574 | 0.79 |
| 提交传输或输课程资料 | 4.09 | 5539 | 0.71 | 4.05 | 3934 | 0.72 | 3.99 | 3022 | 0.81 | 3.96 | 2915 | 0.80 | 4.06 | 3809 | 0.74 | 4.03 | 3574 | 0.77 |
| 通过电子数据分析学生学习行为 | 3.77 | 5539 | 0.87 | 3.70 | 3934 | 0.91 | 3.52 | 3022 | 1.05 | 3.56 | 2915 | 0.98 | 3.58 | 3809 | 1.01 | 3.61 | 3574 | 1.01 |

关于线上教学平台技术支持满意度的评价,"学习通/超星尔雅"满意度较高的为"画面音频清晰度"(均值 3.75),满意度较低的为"师生互动即时度"(均值 3.48);"中国大学 MOOC 平台/爱课程"满意度较高的为"画面音频清晰度"(均值 3.77),满意度较低的为"师生互动即时度"(均值 3.49);"QQ 直播"满意度较高的为"文件传输顺畅度"(均值 3.77),满意度较低的为"师生互动即时度"(均值 3.52);"微信或企业微信"满意度较高的为"工具使用便捷度"(均值 3.76),满意度较低的为"师生互动即时度"(均值 3.53);"腾讯会议"满意度较高的为"工具使用便捷度"(均值 3.78),满意度较低的为"师生互动即时度"(均值 3.55);"腾讯课堂"满意度较高的为"画面音频清晰度"(均值 3.77),满意度较低的为"师生互动即时度"(均值 3.44)(见表 5-3-32)。

从图 5-3-3 上可以比较直观地看到六个教学平台的技术支持满意度雷达图的形态基本一致,但是在个别项目上各教学平台表现有所不同。QQ 直播和腾讯会议的表现稍强于其他教学平台,超星尔雅的表现在六大平台中位于最末,在"师生互动即时度"指标中腾讯课堂的满意度最低。

5-3-32 排名前 30 的在线教学平台技术支持满意度均值分布情况

| 在线教学平台 | | 网络速度流畅度 | 平台运行稳定度 | 画面音频清晰度 | 师生互动即时度 | 文件传输顺畅度 | 工具使用便捷度 | 总体评价 |
|---|---|---|---|---|---|---|---|---|
| 学习通/超星尔雅 | 平均值 | 3.58 | 3.59 | 3.75 | 3.48 | 3.70 | 3.73 | 3.75 |
| | 个案数 | 5539 | 5539 | 5539 | 5539 | 5539 | 5539 | 5539 |
| | 标准差 | 0.74 | 0.72 | 0.71 | 0.81 | 0.75 | 0.69 | 0.62 |
| 中国大学MOOC平台/爱课程 | 平均值 | 3.63 | 3.64 | 3.77 | 3.49 | 3.74 | 3.75 | 3.77 |
| | 个案数 | 3934 | 3934 | 3934 | 3934 | 3934 | 3934 | 3934 |
| | 标准差 | 0.73 | 0.71 | 0.70 | 0.79 | 0.74 | 0.69 | 0.62 |
| 腾讯会议 | 平均值 | 3.63 | 3.67 | 3.77 | 3.55 | 3.73 | 3.78 | 3.76 |
| | 个案数 | 3022 | 3022 | 3022 | 3022 | 3022 | 3022 | 3022 |
| | 标准差 | 0.74 | 0.73 | 0.71 | 0.81 | 0.78 | 0.70 | 0.64 |
| 腾讯课堂 | 平均值 | 3.62 | 3.66 | 3.77 | 3.44 | 3.72 | 3.76 | 3.74 |
| | 个案数 | 2915 | 2915 | 2915 | 2915 | 2915 | 2915 | 2915 |
| | 标准差 | 0.76 | 0.72 | 0.68 | 0.81 | 0.77 | 0.70 | 0.64 |
| QQ 直播 | 平均值 | 3.61 | 3.64 | 3.74 | 3.52 | 3.77 | 3.76 | 3.76 |
| | 个案数 | 3809 | 3809 | 3809 | 3809 | 3809 | 3809 | 3809 |
| | 标准差 | 0.75 | 0.73 | 0.71 | 0.78 | 0.74 | 0.70 | 0.62 |

续表

| 在线教学平台 | | 网络速度流畅度 | 平台运行稳定度 | 画面音频清晰度 | 师生互动即时度 | 文件传输顺畅度 | 工具使用便捷度 | 总体评价 |
|---|---|---|---|---|---|---|---|---|
| 微信 | 平均值 | 3.61 | 3.66 | 3.72 | 3.53 | 3.72 | 3.76 | 3.75 |
| | 个案数 | 3574 | 3574 | 3574 | 3574 | 3574 | 3574 | 3574 |
| | 标准差 | 0.75 | 0.73 | 0.75 | 0.82 | 0.76 | 0.71 | 0.65 |

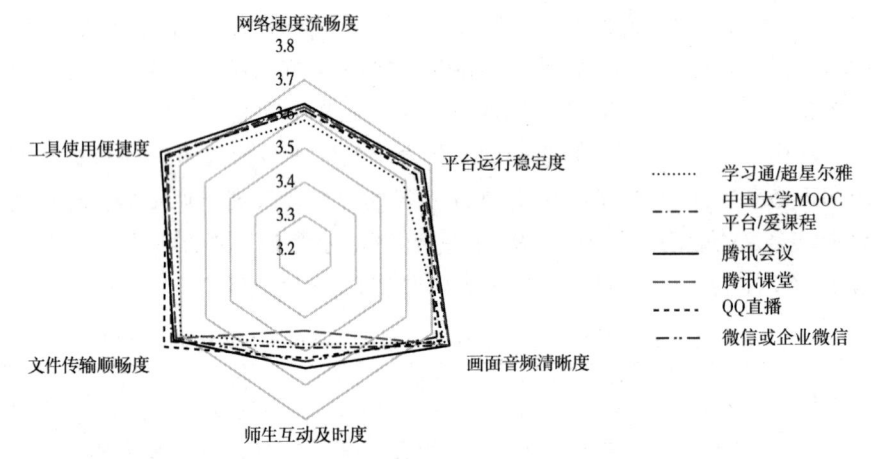

图 5-3-3　排名前 30 的线上教学平台技术支持满意度均值分布情况

## 四、结果讨论

### (一)主要研究发现

1.不同性别教师对线上教学环境及其支持的评价存在显著差异。在教学平台的各项功能、教学平台技术支持及线上教学服务保障三个维度上,女性教师的满意度基本上显著高于男性教师。分析其原因可能在于,女性教师对线上教学各项指标的期望值较之男性教师低,对线上教学的发展现状接受度较之男性教师高,因此,在三个维度 24 个指标中满意度显著高于男性教师。

2.疫情前后教师对线上教学环境及其支持的评价存在显著差异。疫情前已经实施线上教学的教师对三个维度的满意度都显著高于疫情后线上教学的教师其满意度。原因可能在于,疫情前已经实施线上教学的教师,对教学环境相对比较熟悉,对线上教学的技术和方法掌握程度比较高。所以在面对突发的疫情时,能够比较迅速地适应线上教学形式,满意度评价相对较高。

3.不同年龄、教龄和职称的教师对线上教学环境及其支持的评价存在显著差异,表现出明显的阶梯效应。所谓阶梯效应,即年龄和教龄较低的教师对线上教学环境及其支持的评价都高于年龄和教龄较高的教师的评价,职称较低的教师对线上教学环境及其支持的评价高于职称较高的教师的评价。原因可能在于,不同年龄、不同教龄和不同职称的教师,存在"数字鸿沟"[①]的情况,年龄、教龄和职称较低的教师,倾向于属于数字土著和数字移民的群体,即信息技术掌握得较为熟练;而年龄、教龄和职称较高的教师,信息技术对其而言相对陌生,掌握程度较低。因此,不同年龄和教龄的教师对线上教学环境及其支持的评价体现出明显的满意度逐级递减的阶梯效应。

4.不同课程类型和不同课程性质的任课教师对线上教学环境各个指标满意度上存在差异。在教学平台各项功能维度上,数据分析类功能的满意度在各类型课程中都比较高,如"通过电子数据分析学生学习行为""课堂考勤管理""在线布置批改作业"等;实践环节的功能的满意度在各类型课堂中都比较低,基本低于30%,如"在线实验演示"。在教学技术支持维度上,总体评价较高,基本位于70%以上;对硬件支持的评价较高,如"画面音频""工具使用""文件传输"等;"师生互动即时度"评价较低,在50%左右;实操类课程的满意度整体上比理论讲授类课程的满意度低10%~15%,如"术科课""其他教学环节"等满意度相对较低。在教学服务保障维度上,对"领导支持""技术使用培训支持"和"教学方法培训支持",不同类型课程的任课教师都给出了很高的评价,而对"电子图书教学资源的支持"的评价最低,在50%左右。由此可见,线上教学平台的优势和短板都比较明显,即利用大数据功能上具有突出优势,理论教学环节基本满足需求,但是对于一些需要实际操作的课程内容,教学平台很难达到教师的期望值。

5.高校教师对不同的校外教学平台使用情况悬殊,高校教师对校外按教学平台不同功能和效用的期待值有所不同。以线上教学平台的用途为依据,把19个教学平台分为课程类平台和通信类平台。高校教师对校外教学平台使用情况可以将课程类平台区分出三个梯队,位于第一梯队的是被选中率最高的"学习通/超星尔雅",位于第二梯队的是"中国大学MOOC平台/爱课程""腾讯课堂",位于第三梯队是"雨课堂/学堂在线"。高校教师对校外教学平台使用情况可以将通信类平台也区分出三个梯队,位于第一梯队的是"QQ直播""微信或企业微信""腾讯会议",位于第二梯队的是"钉钉",位于第三梯队的是"zoom"。

---

① "数字鸿沟"指的是对信息技术掌握程度高和掌握程度低两个群体之间的巨大差距。

## (二)研究启示

1.关于线上教学教师培训平台的思考

线上教学使所有的教师都到了展示自己教学特色和研究成果的机会,教师通过线上教学在更大范围内实施教学行为。这给教师带来更大的发挥空间的同时,也带来了极大的挑战。教师"是否参与线上教学""如何参与""完成效果"等,与教师对线上教学的理解、对线上教学技术和方法的掌握程度等息息相关。因此,教学平台在推广各项课程时,不能仅考虑学生用户,也应该考虑到教师用户的需求。在教学研讨方面,应考虑支持教师间多种互动交流,为网络教研活动提供支持;在资源获取方面,应考虑设立常用教学资源库,便于教师随时调取;在教学能力精进方面,应考虑协助教师形成自组织式的团体,实现网络教研室的功能。

2.关于教学平台稳定性的思考

线上教学平台使得来源广泛、数量巨大的用户,得以在不同的时空中可以平等地获得学习资源。这种范围广、数量大的数据传输同时也对教学平台的稳定性、教学平台功能的适当性、教学平台的兼容性等都提出了挑战。参与者数量大,各种数据资源传输量大,这对教学平台后台服务器的运行情况提出了极高的要求。这也就可以解释,在此次疫情防控期间,在提出"停课不停学"之初,各大主流平台由于无法承载超大流量并发访问的冲击,平台后台服务器压力过大,造成教学平台崩溃的情况。造成这一现象的原因可能是,当前国内的比较优质的教学平台数量相对较少,全国用户过于集中,难以得到有效的分流。今后,教学平台可以往特色化或者学科专业化实现分流,这可能是解决教学平台过于集中,实现教学平台稳定的一条可实现路径。

# 第六章

# 高校教师线上教学体验

高校教师对线上教学的体验如何,将直接影响教师对于未来线上教学的接受程度。本章将重点聚焦教师对线上教学技术与模式的使用体验、教师对线上教学效果评价分析,以及影响教师线上教学效果的因素分析,揭示疫情防控期间高校不同教师群体对于线上教学的真实体验,进而试图分析不同群体教师线上教学体验的差异及原因,以期为未来改进教学提供参考。

## 第一节 教师对线上教学能力自我评价

### 一、研究问题

本节研究主要聚焦教师的线上教学能力和线上教学满意度,综合运用描述性分析、相关分析、单因素方差分析和回归分析等研究方法,从教师所在区域、学校类型,以及性别、学科、教龄、职称等不同人口变量特征,分析不同教师主体对线上教学能力自我评价与满意度的差异,进而进一步探讨教师线上教学能力自我评价与满意度的关系等。

### 二、研究方法

(一)样本

本节样本来自厦门大学教师发展中心对全国334所高校开展的《线上教学调查问卷(教师卷)》,问卷主要分为四个部分:基本信息、线上教学环境与支持、教师线上教学效果和对线上教学的改进意见。样本共回收问卷13997份,根据本节研究需要,样本清洗后的有效问卷 12413 份,有效问卷回收率约 88.7%。其中男性占 44.1%,女性占 55.9%;教师教龄为 1~5 年的占 24.9%、6~10 年的占 17.3%、11~15 年的占 20.2%、16~20 年的占 16.7%、21~25 年的占 7.6%、26~30 年的占 5.9% 和 31 年及以上的占 7.4%;教师职称为正高的占 10.5%、副高的占 36.5%、中级的占 44.5% 和初级的占 8.4%;学校区域分布为东部 46.4%、中部 37.8%、西部 15.3%、其他地区的占 0.5%;学校类别分布为公办学校 82.1%、民办学校 17.4%、其他学校的占 0.5%;学校类型分布为研究型大学 2.8%、一般本科高校 91.3%、高职院校 4.7%、其他学校占 1.2%;教师学科分布为文科 52.0%、理科 14.6%、医科 3.1% 和工科 30.3%。

(二)变量定义

教师线上教学共包含 12 个评价量表,具体是:①设计适合线上教学的教学方案、②根据线上教学特点有效备课、③提交/修改 PPT 等教学材料、④推荐学生使用各种电子教学资源、⑤有效组织线上教学,维持教学秩序、⑥开展课堂直播、⑦利用工具进行录播、⑧线上布置,批改和反馈作业、⑨使用各种工具进行课程测试或评价、⑩控制教学节奏,避免学生过度疲劳、⑪采用适当教学策略,提高学生注意力、⑫利用数据分析和跟踪学生学习行为。其中将教师线上教学评价量表中教师对线上教学的总体满意度作为满意度变量。

与教师个体特征有关的类别变量包括学校区域、学校类型、学校类别、性别、学科归类、教龄、职称和教师对教学平台的熟悉程度,研究对类别变量进行重新编码。其中,学校区域变量中,东部=1,中部=2,西部=3;高校类型变量中,研究型大学=1,一般本科高校=2,高职院校=3;高校类型变量中,按类别分类,公办学校=1,民办学校=2;教师性别变量中,男=1,女=2;学科归类变量中,文科=1,理科=2,医科=3,工科=4;教师教龄变量中,1~5 年=1,6~10 年=2,11~15 年=3,16~20 年=4,21~25 年=5,26~30 年=6,31 年及以上=7;教师职称变量中,正高=1,副高=2,中级=3,初级=4;熟悉程度变量中,很不熟练=1,不熟练=2,一般=3,熟练=4,很熟练=5。

(三)研究工具与思路

研究使用 SPSS 对高校教师线上教学自我评价与满意度情况进行分析。研究首先采用相关分析,分析教师线上教学能力自我评价和线上教学满意度之间的相关关系;其次通过描述性分析,根据平均值描述数据对比不同区域、类型、性质高校教师,不同性别、职称、教龄、学科,以及对教学平台技术掌握熟悉程度等教师,利用单因素方差分析,比较以上不同特征教师线上教学能力的自我评价和线上教学满意度是否具有显著差异。最后通过回归分析来解释教师线上教学能力的自我评价和线上教学满意度之间的关系。

## 三、研究结果

针对教师自我评价量表进行因子分析,该量表的 $\alpha$ 系数为 0.941,KMO 值为 0.953,Bartlett 球形检验 $p<0.05$,表明该量表具有较好的信度和效度。从教师自我评价量表中提取 2 个因子,因子一为"线上教学设计能力",调查教师线上教学中对于自身教学设计能力的评价情况;因子二为"使用线上教学工具能力",调查教师线上教学中对于自身使用线上教学工具能力的评价情况。各因子在研究中的 $\alpha$ 系数分别为 0.931、0.787。用教师自我评价量表的两个因子与线上教学满意度变量进行相关分析,得到相关分析结果(见表 6-1-1)。

表 6-1-1 线上教学设计能力、使用线上教学工具能力与线上教学满意度各维度的相关矩阵和描述性统计($n=12413$)

| 因子 | $M$ | SD | 1 | 2 |
| --- | --- | --- | --- | --- |
| 线上教学设计能力 | 4.01 | 0.512 | | |
| 使用线上教学工具能力 | 3.92 | 0.585 | 0.769** | . |
| 线上教学满意度 | 3.93 | 0.621 | 0.788** | 0.694** |

注:* 表示 $p<0.05$,** 表示 $p<0.01$。

表 6-1-1 总结各变量的描述性统计以及相关矩阵。在教师自我评价中,教师在"线上教学设计能力"和"使用线上教学工具能力"两个因子上的得分分别为 4.01 和 3.92,高于理论中值 3 分,表明教师在对自我的线上教学设计能力和使用线上教学工具的能力评价趋于正面,教师整体上有着良好的自我肯定。教师线上教学满意度得分为 3.93,高于理论中值 3 分,表明教师对线上教学的满意度较高。通过表 6-1-1 看出,在变量之间的相关上,全部变量之间存在显著的正相关关系($p<0.01$)。

相关分析显示研究所选取的变量间存在着显著的正相关关系,接下来对不同特征教师线上教学能力的自我评价和线上教学满意度做单因素方差分析。

1.不同区域高校教师对线上教学能力自我评价

对回收的 12413 份有效问卷中教师学校区域进行描述性统计得出,东部区域学校占 46.4%,中部区域学校占 37.8%,西部占 15.3%。

图 6-1-1 数据显示,整体上不同学校区域的教师对线上教学设计能力的自我评价、使用线上教学工具能力的自我评价和线上教学满意度存在着显著差异。在教师线上教学设计能力的自我评价方面,东部区域和中部区域相差不大,且东部区域教师略高于中部区域教师;在使用线上教学工具能力的自我评价上,中部区域教师高于东部区域教师;就线上教学满意度而言,东部、中部

和西部区域教师的满意度呈现出阶梯式下降的趋势；而西部区域不论是线上教学设计能力的自我评价还是线上教学满意度上，都没有显著的优势，明显低于东部和中部区域。

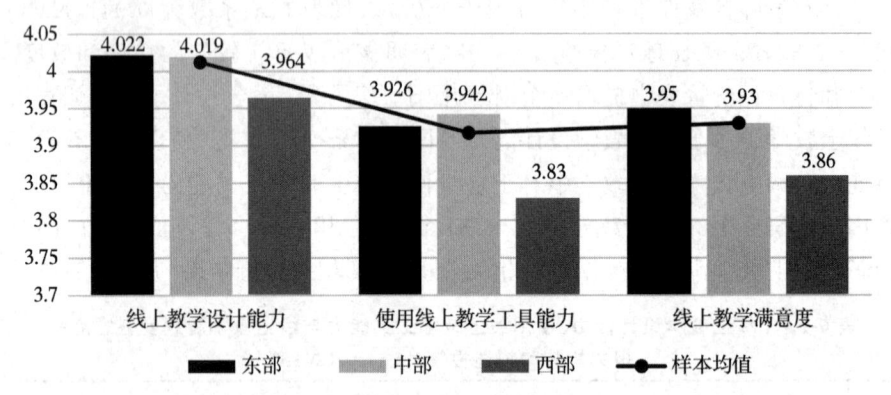

图 6-1-1 不同区域高校教师对线上教学能力自我评价(均值)

对不同区域学校与教师线上教学设计能力、使用线上教学工具能力和线上教学满意度进一步做单因素方差分析,结果显示(见表 6-1-2),不同区域高校教师的线上教学设计能力、使用线上教学工具能力和线上教学满意度存在着显著差异。其中教师关于线上教学设计能力的自我评价($p<0.05$)、使用线上教学工具能力的自我评价($p<0.05$)和线上教学满意度($p<0.05$)中,事后比较表明西部/东部、中部/西部差异明显,其他区域间无显著差异。

表 6-1-2 学校区域与教师线上教学能力的单因素方差分析

| 变量 | 全样本 F | 全样本 ($p$) | 中部/东部 $p$ | 西部/东部 $p$ | 中部/西部 $p$ |
| --- | --- | --- | --- | --- | --- |
| 线上教学设计能力 | 6.881 | 0 | 0.996 | 0.000 | 0.001 |
| 使用线上教学工具能力 | 18.319 | 0 | 0.566 | 0.000 | 0.000 |
| 线上教学满意度 | 10.575 | 0 | 0.549 | 0.000 | 0.000 |

2.不同类型高校教师对线上教学能力自我评价

对回收的 12413 份有效问卷中教师学校类型进行描述性统计得出,学校类型为一般本科高校的为此次调查中的典型样本,占 91.3%,研究型大学占 2.8%,高职院校占 4.7%,其他学校占 1.2%。

图 6-1-2 数据显示,研究型大学教师对教学设计能力的自我评价和线上教学满意度上具有很大的优势,高于一般本科高校和高职院校,且研究型大

学、一般本科院校和高职院校在这两方面呈现出阶梯式下降的趋势；但值得关注的是，在教师对使用线上教学工具能力的自我评价中，高职院校教师自我评价高于研究型大学和一般本科高校教师，且研究型大学和一般本科高校教师在此项中的评价持平；高职院校教师线上教学设计能力的自我评价和线上教学满意度中是最低的。

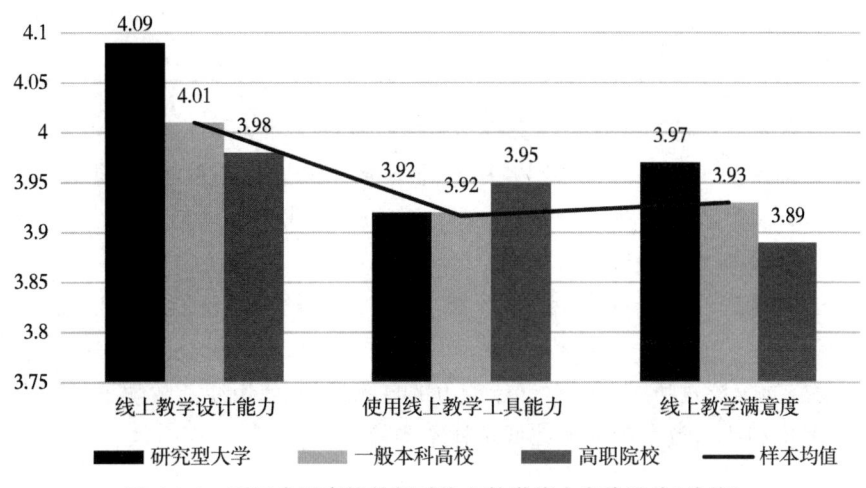

图 6-1-2 不同类型高校教师对线上教学能力自我评价（均值）

对以上不同类型学校与教师线上教学设计能力、线上教学满意度进一步做单因素方差分析，结果显示（见表 6-1-3）：不同类型高校教师线上教学设计能力自我评价中存在着显著差异，但在使用线上教学工具能力和线上教学满意度没有显著影响。其中教师关于线上教学设计能力的自我评价（$p<0.05$），事后比较表明研究型大学／一般本科高校、研究型大学／高职院校差异明显，其他学校间无显著差异，且研究型大学／高职院校比研究型大学／一般本科高校更加显著；学校类型对教师使用线上教学工具能力的自我评价具有显著影响（$p<0.05$），但事后比较表明不同学校类型间无显著差异；不同类型高校教师的线上教学满意度（$p>0.05$）没有显著影响。

表 6-1-3 学校类型与教师线上教学能力的单因素方差分析

| 变量 | 全样本 F | 全样本 (p) | 研究型大学／一般本科高校 p | 研究型大学／高职院校 p | 一般本科高校／高职院校 p |
| --- | --- | --- | --- | --- | --- |
| 线上教学设计能力 | 5.342 | 0 | 0.034 | 0.012 | 0.530 |

续表

| 变量 | 全样本 F | (p) | 研究型大学/一般本科高校 p | 研究型大学/高职院校 p | 一般本科高校/高职院校 p |
|---|---|---|---|---|---|
| 使用线上教学工具能力 | 3.360 | 0 | 1.000 | 0.914 | 0.719 |
| 线上教学满意度 | 1.948 | 0.120 | 0.624 | 0.293 | 0.593 |

3.不同类别高校教师对线上教学能力自我评价和满意度

对回收的12413份有效问卷中教师学校类别进行描述性统计得出,参与调查的大多数教师所在学校为公办学校,占据全部样本的82.1%,民办学校占17.4%,其他学校占05%。

数据显示(见图6-1-3),民办学校教师对线上教学设计能力的自我评价、使用线上教学工具能力的自我评价和线上教学满意度都显著高于公办学校教师,而公办学校教师线上教学设计能力的自我评价、使用线上教学工具能力的自我评价和线上教学满意度都低于样本均值。

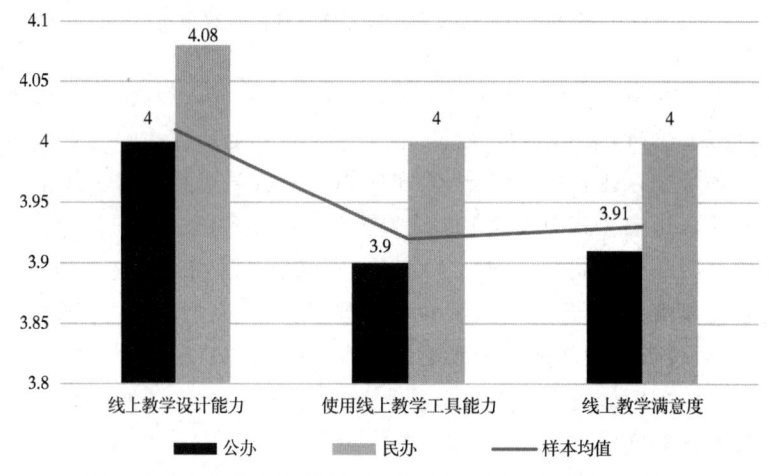

图 6-1-3 不同类别高校教师对线上教学能力自我评价(均值)

对不同类别高校教师的线上教学设计能力、使用线上教学工具能力和线上教学满意度进一步做单因素方差分析,结果显示(见表6-1-4),不同类别高校教师的线上教学设计能力、使用线上教学工具能力和线上教学满意度存在着显著差异。其中教师线上教学设计能力($p<0.05$)和使用线上教学工具能力的自我评价($p<0.05$),以及线上教学满意度($p<0.05$),事后比较表明公

办/民办差异明显。

表 6-1-4　不同类别学校教师对线上教学能力的单因素方差分析

| 变量 | 全样本 F | （p） | 公办/民办 p |
|---|---|---|---|
| 线上教学设计能力 | 24.473 | 0 | 0.000 |
| 使用线上教学工具能力 | 24.281 | 0 | 0.000 |
| 线上教学满意度 | 18.233 | 0 | 0.000 |

4.不同性别教师对线上教学能力自我评价

对回收的 12413 份有效问卷中教师性别进行描述性统计得出，在性别上女性教师较多，其中男性占 44.1%，女性占 55.9%。

数据显示（见图 6-1-4），女性教师线上教学设计能力和使用线上教学工具能力自我评价，以及线上教学满意度都明显高于男性教师，而男性教师在能力自我评价和满意度上都较低，且低于样本评价值。

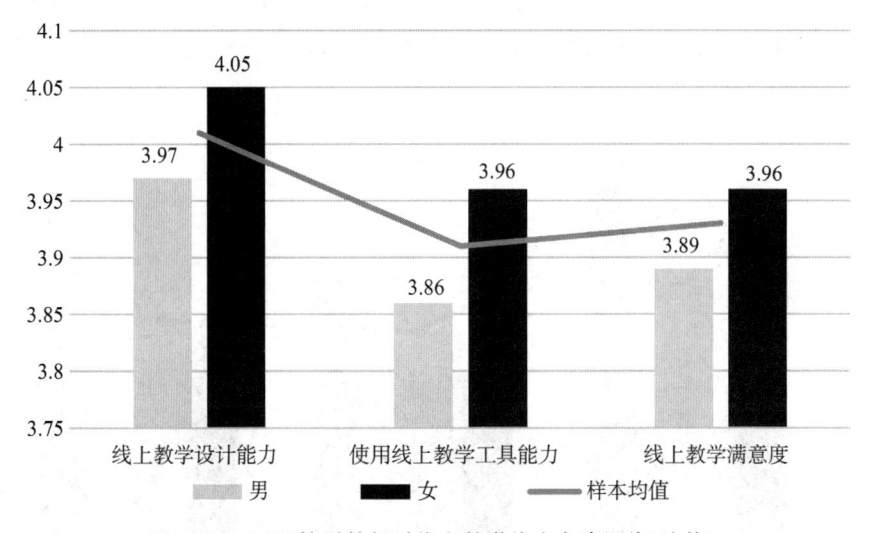

图 6-1-4　不同性别教师对线上教学能力自我评价（均值）

对不同性别教师的线上教学设计能力、使用线上教学工具能力和线上教学满意度进一步做单因素方差分析，结果显示（见表 6-1-5），不同性别教师的线上教学设计能力、使用线上教学工具能力和线上教学满意度存在着显著差异。其中教师线上教学设计能力（$p<0.05$）和使用线上教学工具能力的自我评价（$p<0.05$），以及线上教学满意度（$p<0.05$），事后比较表明男教师和女教师差异明显。

表 6-1-5　性别与教师线上教学能力自我评价的单因素方差分析

| 变量 | 全样本 F | (p) | 男/女 p |
|---|---|---|---|
| 线上教学设计能力 | 80.217 | 0.02 | 0.000 |
| 使用线上教学工具能力 | 90.519 | 0 | 0.000 |
| 线上教学满意度 | 44.625 | 0 | 0.000 |

5.不同学科教师对线上教学能力自我评价

对回收的 12413 份有效问卷中教师学科进行描述性统计得出,在学科上以文科教师居多,占 52%,其次是工科教师占 30.3%,理科教师占 14.6%,医科教师最少,仅占 3.1%。

数据显示(见图 6-1-5),工科教师线上教学设计能力、使用线上教学工具能力的自我评价,以及线上教学满意度是最高的,且高于样本均值;对使用线上教学工具能力的自我评价中,工科和医科教师评价均值持平;理科和医科教师线上教学设计能力自我评价和线上教学满意度中都低于样本均值;文科教师线上教学设计能力和使用线上教学工具能力的自我评价,以及线上教学满意度都低于样本均值。

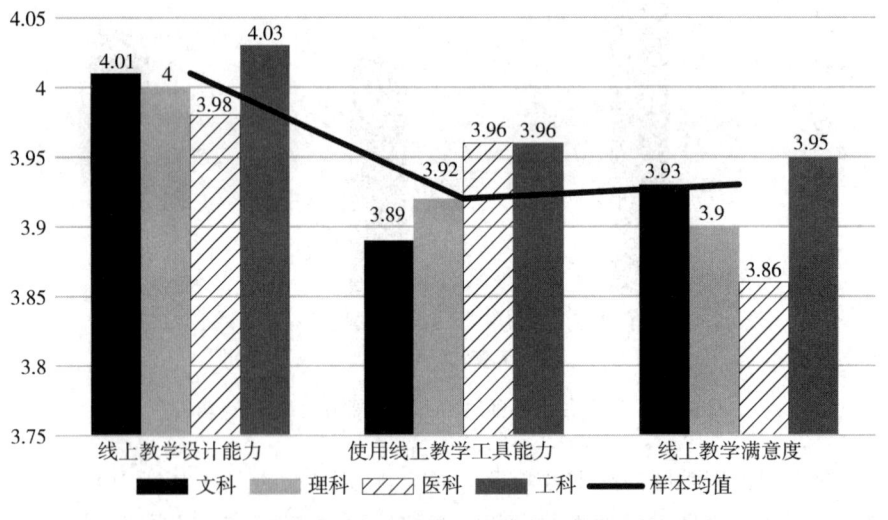

图 6-1-5　不同学科教师对线上教学能力自我评价(均值)

对不同学科教师线上教学设计能力、使用线上教学工具能力和线上教学满意度进一步做单因素方差分析,结果显示(见表 6-1-6),学科对教师的线上教学设计能力、使用线上教学工具能力的自我评价及线上教学满意度存在一定影响。其中,教师关于线上教学设计能力自我评价($p<0.05$),事后比较表

明不同学科无显著差异;教师关于使用线上教学工具能力的自我评价($p<0.05$),事后比较表明文科/工科差异明显,其他学科间无显著差异;教师的线上教学满意度($p<0.05$),事后比较表明理科/工科差异明显,其他学科间无显著差异。

表6-1-6 学科与教师线上教学能力的单因素方差分析

| 变量 | 全样本 F | 全样本 ($p$) | 文科/理科 $p$ | 文科/医科 $p$ | 文科/工科 $p$ | 理科/医科 $p$ | 理科/工科 $p$ | 医科/工科 $p$ |
|---|---|---|---|---|---|---|---|---|
| 线上教学设计能力 | 3.155 | 0 | 0.976 | 0.898 | 0.080 | 0.969 | 0.154 | 0.381 |
| 使用线上教学工具能力 | 14.262 | 0 | 0.186 | 0.143 | 0.000 | 0.731 | 0.094 | 0.999 |
| 线上教学满意度 | 4.666 | 0 | 0.428 | 0.331 | 0.221 | 0.829 | 0.025 | 0.077 |

6.不同教龄高校教师对线上教学能力的评价

对回收的12413份有效问卷中教师教龄进行描述性统计得出,样本数据在教龄分布上无较大差异,教师教龄为1~5年占24.9%、6~10年占17.3%、11~15年占20.2%、16~20年占16.7%、21~25年占7.6%、26~30年占5.9%、31年及以上的教师占7.4%。

数据显示(见图6-1-6),教师的线上教学设计能力的自我评价随着教龄的增加而增加,在教龄11~15年时达到顶峰,之后随教龄的增加而下降;教师使用线上教学工具能力的评价则是在教龄1~5年时最高,随着教龄的增加而下降,在教龄11~15年时再次上升,之后逐步下降;教师的线上教学满意度与教师对线上教学设计能力的自我评价类似,在教龄1~5年时较高,随着教龄的增加在教龄11~15年时达到顶峰,之后随教龄的增加而逐渐下降,但不同的是教龄在31年以上教师的线上教学满意度略高于教龄在26~30年的教师。

对不同教龄教师的线上教学设计能力、使用线上教学工具能力和线上教学满意度进一步做单因素方差分析,结果显示,不同教龄高校教师的线上教学设计能力、使用线上教学工具能力的自我评价及线上教学满意度存在显著差异。其中教师关于线上教学设计能力自我评价($p<0.05$),事后比较表明除了教龄1~5年/11~15年、11~15年/26~30年、16~20年/26~30年差异明显外,其余大部分出现在与教龄31年及以上的对比中;教师关于使用线上教学工具能力的自我评价($p<0.05$),事后比较表明除了教龄1~5年/21~25年差异明显外,其余大部分出现在与教龄26~30年和教龄31年及以上的对比中;教师的线上教学满意度($p<0.05$),事后比较表明1~5年/11~15年、11~15年与26~30年、31年及以上和16~20年与26~30年、31年及以上

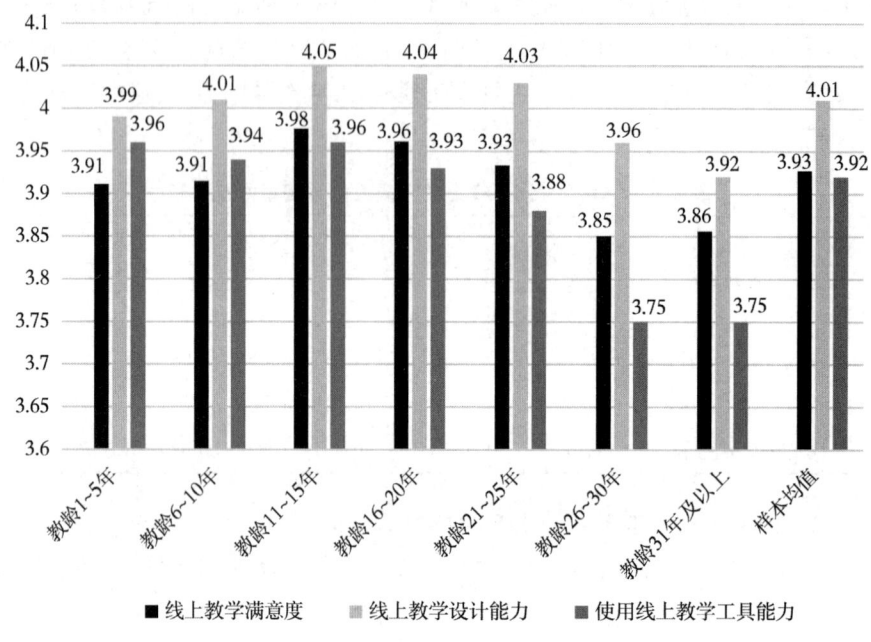

图 6-1-6　不同教龄高校教师对线上教学能力的评价(均值)

差异明显,其他教龄间无显著差异。

由此可以看出,教师的线上教学设计能力、使用线上教学工具能力的自我评价及线上教学满意度上存在较大差异的大多集中在教龄 26～30 年和教龄 31 年及以上的对比中。

7.不同职称高校教师对线上教学能力的评价

对回收的 12413 份有效问卷中教师职称进行描述性统计得出,中级教师和副高教师较多,其中教师职称为正高占 10.5%、副高占 36.5%、中级占 44.5% 和初级占 8.4%。

从图 6-1-7 看出,中级、副高和正高级别教师对自身线上教学设计能力的评价差异较小,其中初级教师对自身线上教学设计能力的评价较低,且低于样本均值;使用线上教学工具能力的自我评价中,不同职称间差异较大,并且存在着负向差异现象,即职称越高,教师对使用线上教学工具能力的自我评价就越低;线上教学满意度中,不同职称间差异较小,初级和正高级别的教师线上教学满意度略低于中级和副高教师,且低于样本均值。

对不同职称教师的线上教学设计能力、使用线上教学工具能力和线上教学满意度进一步做单因素方差,结果显示(见表 6-1-7),职称对教师使用线上教学工具能力的自我评价有显著影响,对教师线上教学设计能力自我评价和

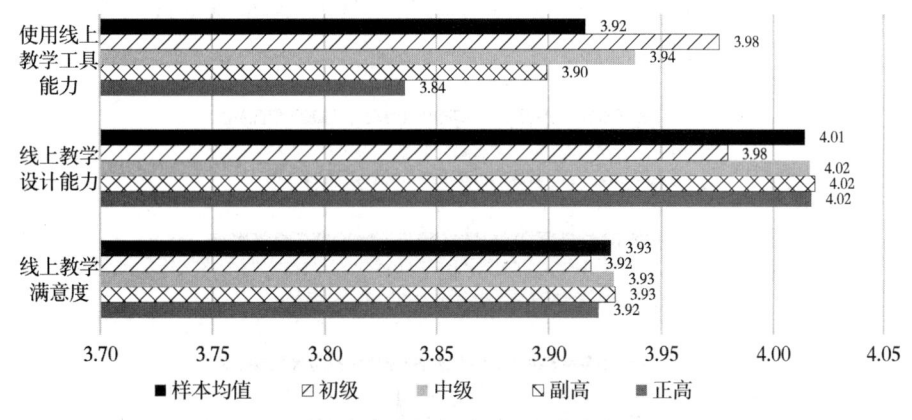

图 6-1-7 不同职称高校教师对线上教学能力的评价(均值)

线上教学满意度没有显著影响。其中教师使用线上教学工具能力的自我评价($p<0.05$),事后比较表明除了中级/初级无明显差异外,剩下不同类别中都具有明显差异。

表 6-1-7 职称与教师线上教学能力自我评价的单因素方差分析

| 变量 | 全样本 F | 全样本 ($p$) | 初级/中级 $p$ | 初级/副高 $p$ | 初级/正高 $p$ | 中级/副高 $p$ | 中级/正高 $p$ | 副高/正高 $p$ |
| --- | --- | --- | --- | --- | --- | --- | --- | --- |
| 线上教学设计能力 | 1.753 | 0.154 | 0.198 | 0.158 | 0.470 | 1.000 | 1.000 | 1.000 |
| 使用线上教学工具能力 | 15.170 | 0 | 0.376 | 0.001 | 0.000 | 0.006 | 0.000 | 0.004 |
| 线上教学满意度 | 0.119 | 0.949 | 1.000 | 1.000 | 1.000 | 1.000 | 1.000 | 1.000 |

8.对线上教学不同熟悉程度的教师对线上教学能力的自我评价

对回收的 12413 份有效问卷中教师有关于线上教学的信息进行描述性统计得出,在疫情防控期间 99.6% 的教师都开展了线上教学;有 78.5% 的教师在疫情之前没有开展过线上教学,仅有 21.5% 的教师在疫情之前开展过线上教学;但有 81.8% 的教师接受过线上教学的相关培训,却只有 56.5% 和 12.3% 的教师表示对各种线上教学平台技术掌握得熟练和很熟练,有 29.5% 的教师表示一般、1.5% 的教师表示不熟练和 0.2% 的教师表示很不熟练。

从线上教学不同熟悉程度教师对线上教学能力的自我评价和线上教学满意度来看(见图 6-1-8),对线上教学越熟悉的教师,对线上教学能力的自我评价和满意度就越高,呈阶梯式增长,且表示很熟悉和熟悉的教师自我评价和满意度都高于样本均值。

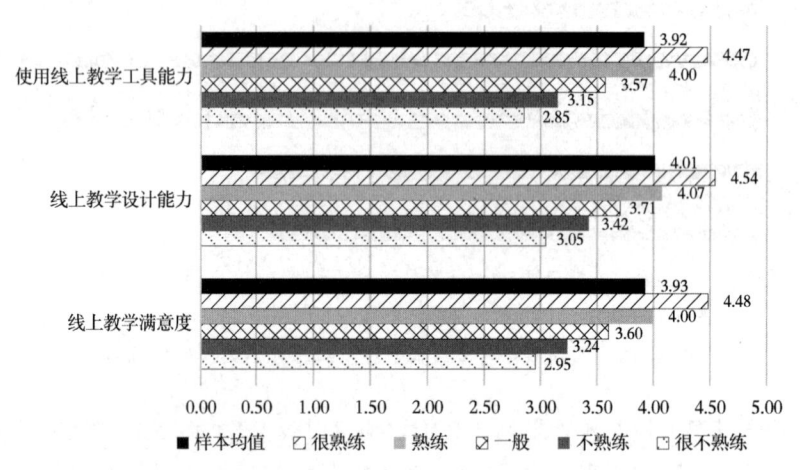

图 6-1-8  对线上教学不同熟悉程度的教师对线上教学能力自我评价(均值)

对不同线上教学熟悉程度教师的线上教学能力、使用线上教学工具能力和线上教学满意度进一步做单因素方差分析,结果显示(见表 6-1-8):对线上教学的不同熟悉程度教师对线上教学设计能力、使用线上教学工具能力的自我评价及线上教学满意度有显著影响。其中教师关于线上教学设计能力自我评价($p<0.05$),事后比较表明每个类别间都具有显著差异;教师关于使用线上教学工具能力的自我评价($p<0.05$)和线上教学满意度($p<0.05$),除了不熟练/很不熟练之间无明显差异,其他类别间都有明显差异。

表 6-1-8  线上教学熟悉程度与教师线上教学能力自我评价的单因素方差分析

| 变量 | 全样本 | | 很熟练/熟练 | 很熟练/一般 | 很熟练/不熟练 | 很熟练/很不熟练 | 熟练/一般 | 熟练/不熟练 | 熟练/很不熟练 | 一般/不熟练 | 一般/很不熟练 | 不熟练/很不熟练 |
|---|---|---|---|---|---|---|---|---|---|---|---|---|
| | $F$ | ($p$) | $p$ | $p$ | $p$ | $p$ | $p$ | $p$ | $p$ | $p$ | $p$ | $p$ |
| 线上教学设计能力 | 17.847 | 0 | 0.000 | 0.000 | 0.000 | 0.000 | 0.000 | 0.000 | 0.000 | 0.000 | 0.000 | 0.001 |
| 使用线上教学工具能力 | 3.146 | 0 | 0.000 | 0.000 | 0.000 | 0.000 | 0.000 | 0.000 | 0.000 | 0.000 | 0.000 | 0.090 |
| 线上教学满意度 | 8.258 | 0 | 0.000 | 0.000 | 0.000 | 0.000 | 0.000 | 0.000 | 0.000 | 0.000 | 0.000 | 0.230 |

在单因素方差分析的结果中,不同特征群体教师线上教学能力的自我评价和线上教学满意度都具有不同程度的差异,接下来对教师线上教学能力的自我评价和线上教学满意度回归分析,来判断教师线上教学设计能力的自我评价和线上教学满意度之间的关系及解释程度。

表6-1-9总结了回归分析后各变量的回归数据。通过回归分析来确定教师线上教学设计能力、使用线上教学工具能力自我评价与线上教学满意度之间的关系。回归分析结果显示,$R^2=0.640$,可有效解释教师线上教学设计能力和使用线上教学工具能力自我评价对于线上教学满意度64.0%的变化程度,回归方程对分数方差的贡献达到显著,回归方程=0.757线上教学设计能力+0.227使用线上教学工具能力+0.001。标准回归方程=0.624线上教学设计能力+0.214使用线上教学工具能力。表明教师线上教学设计能力自我评价、使用线上教学工具能力自我评价对教师线上教学满意度的影响较大,其中线上教学设计能力自我评价对教师线上教学满意度的贡献最大,线上教学设计能力自我评价每增加一分,教师线上教学满意度将提高0.757分,使用线上教学工具能力自我评价对于教师线上教学满意度的贡献相对较小,使用线上教学工具能力自我评价每提高一分,教师线上教学满意度就提高0.227分。

表6-1-9 线上教学能力的回归分析($n=12413$)

| | 调整后$R^2$ | $F$ | $B$ | $Beta$ | 显著性 |
|---|---|---|---|---|---|
| 变量 | | | 0.001 | | |
| 线上教学设计能力 | 0.640 | 11048.310 | 0.757 | 0.624 | 0.000 |
| 使用线上教学工具能力 | | | 0.227 | 0.214 | |

注:因变量为线上教学满意度。

## 四、结果讨论

研究从不同区域高校、不同类型高校、不同类别高校、教师性别、学科类型、教师教龄、教师职称和教师线上教学熟悉程度来分析教师对线上教学能力的自我评价和线上教学满意度的差异状况,综合运用了描述性分析、相关分析、单因素方差分析和回归分析等研究方法,得到了以下研究发现。

(一)研究发现与讨论

不同学校区域、不同学校类型、不同学校类别、教师性别、学科类型、教师教龄、教师职称和教师线上教学熟悉程度对于教师的线上教学能力的自我评价和线上教学满意度都具有不同程度的影响。

从学校区域来看，东部区域和中部区域教师的线上教学设计能力、使用线上教学工具能力的自我评价及线上教学满意度差异较小，东部和中部与西部区域差异较大，西部区域教师整体自我评价和满意度都较低；在教师线上教学设计能力的自我评价和线上教学满意度中，东部区域教师都略高于中部区域教师；在使用线上教学工具能力的自我评价中出现了不同的情况，中部区域教师高于东部区域教师。可以看出，在线上教学设计和满意度中，东部区域高校教师整体上有着良好的线上教学设计能力和教学体验，但中部区域高校教师使用线上教学工具比东部区域教师有着更加良好的体验，西部区域高校教师的线上教学体验较差，对于线上教学设计、工具的使用能力评价都较低，这或许与西部区域线上教育资源匮乏有关。

从学校类型来看，在线上教学设计能力自我评价中，研究型大学、一般本科高校和高职院校三者间呈现出了阶梯式下降的趋势；在教师对使用线上教学工具能力的自我评价中，高职院校教师却超越了研究型大学和一般本科高校教师，且研究型大学和一般本科高校教师在此项中的评价持平。研究发现，学校类型对于教师使用线上教学工具能力自我评价有显著影响，而学校类型对教师线上教学满意度没有显著影响。研究型大学教师线上教学设计中有着非常好的体验，而高职院校在使用线上教学工具能力有着良好的体验，可能与研究型大学线下教学中更加注重教学，而高职院校更加注重技术有关。

从学校类别看，民办高校教师和公办高校教师具有显著的差异。民办高校教师线上教学设计能力自我评价、使用线上教学工具能力的自我评价和线上教学满意度都明显高于公办高校教师。可以看出，民办高校教师线上教学中的体验明显优于公办高校教师，这或许因为民办高校教师偏于年轻化，接受新事物的能力较强，对于信息技术也掌握得更加熟练。

从教师性别上来看，女性教师在线上教学设计能力自我评价、使用线上教学工具能力自我评价和线上教学满意度中都明显高于男性教师。

从学科类型来看，工科教师在线上教学设计能力自我评价和线上教学满意度都高于其他科目教师，在使用线上教学工具能力的自我评价与医科教师持平；文科、理科和医科教师在线上教学设计能力自我评价和线上教学满意度中呈阶梯式下降，但在使用线上教学工具能力的自我评价呈阶梯式上升趋势；其中文科和工科教师在使用线上教学工具能力的自我评价具有显著差异，理科和工科教师的线上教学满意度具有显著差异。这可能工科教师所教授的课程多与技术相关，在教学设计上也可以通过相关的技术视频给学生演示技术过程，在教学设计上有着更大的便利性，满意度也较高，而医科教师所教授课程实际操作性强，线上教学中就难以"手把手"教授，因此教学设计体验和满意度较低;工科、医科和理科教师在使用线上教学工具体验中与文科教师也形成了较大的差异,文科教师主要教授理论性课程,日常接触信息软件的机会较少,使用线上教学工具体验也较差。

从教龄上来看,教师的线上教学设计能力的自我评价随着教龄的增加而增加,在教龄11～15年时达到顶峰,之后随教龄的增加而下降;教师使用线上教学工具能力的评价则是在教龄1～5年时最高,在教龄11～15年时再次上升,之后逐步下降;教师的线上教学满意度的自我评价在教龄1～5年时较高,随着教龄的增加在教龄11～15年时达到顶峰,之后随教龄的增加而下降,但不同的是教龄在31年及以上教师的线上教学满意度略高于教龄在26～30年的教师;其中线上教学设计能力自我评价中,出现显著差异的较多集中于与教龄31年及以上的对比中,在使用线上教学工具能力的自我评价和线上教学满意度中,出现显著差异的较多集中于与教龄26～30年和教龄31年及以上的对比中。

由上可以看出,教龄对于教师线上教学设计能力起到了一定的影响作用,教龄的增加即意味着教学经验的增长,但到一定程度后却下降的原因或许是因为教师已形成了固化的教学模式与设计方案,按部就班进行教学,不愿意推陈出新,不愿意挑战、尝试新鲜的事物;而使用线上教学工具在教龄较低的时候体验较好,或许是因为教师较为年轻,信息技术水平较高,在教龄11～15年时再次升高或许是因为此时教师工作进入了一个新的阶段,有了一定的教学经验积累,同时也有着想在教学上做些创新性探索。同时也可以看出,教龄30年左右的教师与低于30年不同教龄阶段的教师对比强烈,有着显著的差异。

从教师职称来看,研究发现职称对教师使用线上教学工具能力的自我评价有显著影响,但对教师线上教学设计能力自我评价和线上教学满意度没有显著影响。在使用线上教学工具能力的自我评价中,不同职称间差异较大,并且存在着负向差异现象,即职称越高,教师对使用线上教学工具能力的自我评价就越低。出现此种现象的原因或许是因为随着职称的升高,在教学中主要依靠自身教学经验和丰富的知识底蕴而不是借助外部工具,因此线上教学工具的使用体验感较差。

从线上教学熟悉程度来看,对线上教学越熟悉的教师,对线上教学能力的自我评价和满意度就越高;教师线上教学设计能力自我评价在不同熟悉程度上均存在显著差异。

# 第二节 教师对线上教学效果评价

## 一、研究问题

本节将重点研究疫情防控期间高校教师对于线上教学效果的评价,具体探讨的问题包括:(1)教师对线上教学的整体评价。(2)线上教学效果与传统线下教学效果的比较。(3)不同教师群体(性别、教龄、所在区域、院校、学科、对线上教学熟悉程度)对线上教学效果的评价差异。

## 二、研究方法

### (一)研究样本

研究样本来自厦门大学教师发展中心对全国334所高校开展的《线上教学调查问卷(教师卷)》,调查采用电子问卷发放形式,共收到13997份问卷,根据本节研究需要,剔除无效问卷后,得到有效问卷13695份。研究选取问卷中的"基本信息"和"线上教学效果"部分题项进行分析。"基本信息"部分包括教师性别、教龄、所在区域、所在学校类型、所在学校类别、所在学科及对线上教学熟悉程度,"线上教学效果"题项主要考查教师对于线上教学效果的评价,并将线上教学效果与传统教学效果进行比较,分为"线上教学效果比传统课堂效果好""差""没有变化"(见表6-2-1)。

表 6-2-1　样本基本信息描述

| 基本信息 | | 占比 |
| --- | --- | --- |
| 性别 | 男 | 43.3% |
| | 女 | 56.7% |
| 教龄 | 1～10年 | 41.3% |
| | 11～20年 | 37% |
| | 21～30年 | 13.9% |
| | 31年及以上 | 7.8% |

续表

| 基本信息 | | 占比 |
|---|---|---|
| 所在区域 | 东部 | 47.0% |
| | 中部 | 37.3% |
| | 西部 | 15.2% |
| | 其他 | 0.5% |
| 所在学校类型 | 研究型大学 | 2.9% |
| | 一般本科高校 | 91.4% |
| | 高职院校 | 4.4% |
| | 其他 | 1.3% |
| 所在学校类别 | 公办 | 82.7% |
| | 民办 | 16.8% |
| | 其他 | 0.5% |
| 所在学科 | 人文学科 | 25.6% |
| | 社会学科 | 27.3% |
| | 理工农医学科 | 47.1% |
| 疫情之前是否开展过线上教学 | 是 | 20.5% |
| | 否 | 79.5% |

注：为便于分析，本部分将此变量重新编码，以10年为一阶段，第二节、第三节均按照新编码分析。

(二) 研究变量与分析方法

研究主要变量为教师基本信息和线上教学效果评价，变量设定和详细描述见表6-2-2。研究使用SPSS软件进行数据统计与分析。首先运用描述统计方法，对疫情防控期间教师线上教学效果的评价进行整体分析。其次，通过独立样本$t$检验、单因素方差分析方法探究不同群体（性别、教龄、区域、学校类型、学校类别、学科和线上教学熟悉程度等）教师对于线上教学效果的评价是否存在显著差异。

表6-2-2 变量的定义和描述性统计

| 变量 | 均值 | 标准差 | 性质 | 描述及说明 |
|---|---|---|---|---|
| 性别 | 1.57 | 0.495 | 分类 | 1=男，2=女 |
| 教龄 | 3.16 | 1.842 | 分类 | 1=1～10年，2=11～20年，3=21～30年，4=31年及以上 |
| 所在区域 | 1.69 | 0.739 | 分类 | 1=东部，2=中部，3=西部，4=其他 |

续表

| 变量 | 均值 | 标准差 | 性质 | 描述及说明 |
|---|---|---|---|---|
| 所在学校类型 | 2.04 | 0.349 | 分类 | 1＝研究型大学,2＝一般本科高校,<br>3＝高职院校,4＝其他 |
| 所在学校类别 | 1.18 | 0.395 | 分类 | 1＝公办,2＝民办,3＝其他 |
| 所在学科 | 7.40 | 2.909 | 分类 | 1＝人文学科,2＝社会学科,<br>3＝理工农医学科 |
| 疫情之前是否开展过线上教学 | 1.80 | 0.404 | 分类 | 1＝是,2＝否 |
| 比传统教学效果好,质量有保障 | 3.02 | 0.977 | 连续 | 1～5分(1＝非常好,5＝非常不好) |
| 比传统教学效果差,质量没有保障 | 2.98 | 1.804 | 连续 | 同上 |
| 没有变化 | 2.36 | 1.063 | 连续 | 同上 |

## 三、研究结果

### （一）教师对线上教学效果评价的描述分析

"线上教学效果评价"变量分为"线上教学效果比传统线下教学效果好,质量有保障"、"线上教学效果比传统线下教学效果差,质量没有保障"和"没有变化"三个题项。以上三个题项本节简化为"比传统教学效果好"、"比传统教学效果差"和"没有变化"。通过描述分析(见表6-2-3),对于"比传统教学效果好"这一题项,31.6%的教师表示赞成或非常赞成,23.5%的教师表示不赞成或不太赞成,44.8%的教师表示一般。对于"比传统教学效果差"这一题项,33.5%的教师表示赞成或非常赞成,28.7%的教师表示不赞成或不太赞成。而对于"没有变化"这一题项,47.1%的教师对于这一观点表示不赞成或不太赞成。由此看出,大部分教师认为线上教学和传统线下教学的教学效果存在差异,且认为"比传统教学效果差"的教师比重高于认为"比传统教学效果好"的教师。

表6-2-3　教师对于线上教学效果的评价

| 变量 | 不赞成 | 不太赞成 | 一般 | 赞成 | 非常赞成 |
|---|---|---|---|---|---|
| 比传统线下教学效果好 | 5.6% | 17.9% | 44.8% | 27% | 4.6% |
| 比传统线下教学效果差 | 8.7% | 20.0% | 37.8% | 28.4% | 5.1% |
| 没有变化 | 18.3% | 28.8% | 41.8% | 9.6% | 1.5% |

## (二)不同背景教师对线上教学效果评价的差异分析

### 1.不同性别教师对线上教学效果评价的差异

将性别作为自变量,线上教学效果评价作为因变量,进行独立样本 $t$ 检验分析,探讨不同性别教师对于线上教学的不同评价。根据莱文方差等同性检验,$p>0.05$,则方差齐,根据"假定等方案"进行判断;$p<0.05$,则方差不齐,根据"不假定等方差"进行判断。由独立样本 $t$ 检验结果可知(见表 6-2-4),不同性别的教师在"比传统线下教学效果好""比传统线下教学效果差""没有变化"等变量上均有显著差异。女性教师认为比传统线下教学效果好的看法上显著高于男教师,而男性教师则在"比传统线下教学效果差"和"没有变化"上显著高于女教师。

表 6-2-4　不同性别教师对线上教学效果评价的独立样本 $t$ 检验分析表

| 因变量 | 性别 | 个案数 | 平均值 | 标准差 | 标准误差平均值 | 莱文方差等同性检验 $F$ | 莱文方差等同性检验 显著性 | 平均值等同性 $t$ 检验 不假定等方差-显著性 |
|---|---|---|---|---|---|---|---|---|
| 比传统线下教学效果好 | 男 | 5928 | 2.94 | 1.038 | 0.013 | 82.294 | 0.000 | 0.000 |
|  | 女 | 7767 | 3.09 | 0.923 | 0.010 |  |  |  |
| 比传统线下教学效果差 | 男 | 5928 | 3.13 | 1.097 | 0.014 | 6.794 | 0.009 | 0.000 |
|  | 女 | 7767 | 2.86 | 1.058 | 0.012 |  |  |  |
| 没有变化 | 男 | 5928 | 2.39 | 1.092 | 0.014 | 27.975 | 0.000 | 0.003 |
|  | 女 | 7767 | 2.33 | 1.039 | 0.012 |  |  |  |

### 2.不同教龄教师线上教学效果评价的差异

以教龄为自变量,线上教学效果评价为因变量,进行单因素方差分析。经变异数分析结果(见表 6-2-5),不同教龄教师在"比传统线下教学效果差"与"没有变化"变量上均存在显著差异。经 Bonferroni 多重比较分析结果(见表 6-2-6),在"比传统线下教学效果差"和"没有变化"变量上,具有 1~10 年教龄的教师与 11~20 年、21~30 年教龄的教师均存在显著差异,11~20 年、21~30 年教龄的教师比 1~10 年教龄的教师更认同此观点。

表 6-2-5　不同教龄教师对线上教学效果评价的变异数分析表

| 因变量 | | 平方和 | 自由度 | 均方 | F | 显著性 |
| --- | --- | --- | --- | --- | --- | --- |
| 比传统线下教学效果好 | 组间 | 4.852 | 3 | 1.617 | 1.695 | 0.166 |
| | 组内 | 13062.905 | 13691 | 0.954 | | |
| | 总计 | 13067.756 | 13694 | | | |
| 比传统线下教学效果差 | 组间 | 17.942 | 3 | 5.981 | 5.094 | 0.002 |
| | 组内 | 16073.057 | 13691 | 1.174 | | |
| | 总计 | 16091.000 | 13694 | | | |
| 没有变化 | 组间 | 23.967 | 3 | 7.989 | 7.086 | 0.000 |
| | 组内 | 15436.817 | 13691 | 1.128 | | |
| | 总计 | 15460.785 | 13694 | | | |

表 6-2-6　不同教龄教师对线上教学效果评价的多重比较分析表

| 因变量 | (I) 教龄分组 | (J) 教龄分组 | 平均值差值 (I-J) | 标准误差 | 显著性 | 95%置信区间 下限 | 95%置信区间 上限 |
| --- | --- | --- | --- | --- | --- | --- | --- |
| 比传统线下教学效果好 | 1~10 年 | 11~20 年 | 0.034 | 0.019 | 0.420 | −0.02 | 0.08 |
| | | 21~30 年 | 0.046 | 0.026 | 0.435 | −0.02 | 0.11 |
| | | 31 年及以上 | 0.036 | 0.033 | 1.000 | −0.05 | 0.12 |
| | 11~20 年 | 1~10 年 | −0.034 | 0.019 | 0.420 | −0.08 | 0.02 |
| | | 21~30 年 | 0.012 | 0.026 | 1.000 | −0.06 | 0.08 |
| | | 31 年及以上 | 0.002 | 0.033 | 1.000 | −0.09 | 0.09 |
| | 21~30 年 | 1~10 年 | −0.046 | 0.026 | 0.435 | −0.11 | 0.02 |
| | | 11~20 年 | −0.012 | 0.026 | 1.000 | −0.08 | 0.06 |
| | | 31 年及以上 | −0.010 | 0.037 | 1.000 | −0.11 | 0.09 |
| | 31 年及以上 | 1~10 年 | −0.036 | 0.033 | 1.000 | −0.12 | 0.05 |
| | | 11~20 年 | −0.002 | 0.033 | 1.000 | −0.09 | 0.09 |
| | | 21~30 年 | 0.010 | 0.037 | 1.000 | −0.09 | 0.11 |

续表

| 因变量 | (I)教龄分组 | (J)教龄分组 | 平均值差值(I-J) | 标准误差 | 显著性 | 95%置信区间 下限 | 95%置信区间 上限 |
|---|---|---|---|---|---|---|---|
| 比传统线下教学效果差 | 1~10年 | 11~20年 | 0.060* | 0.021 | 0.027 | 0.00 | 0.11 |
| | | 21~30年 | 0.093* | 0.029 | 0.008 | 0.02 | 0.17 |
| | | 31年及以上 | 0.080 | 0.036 | 0.163 | −0.02 | 0.18 |
| | 11~20年 | 1~10年 | −0.060* | 0.021 | 0.027 | −0.11 | 0.00 |
| | | 21~30年 | 0.033 | 0.029 | 1.000 | −0.04 | 0.11 |
| | | 31年及以上 | 0.020 | 0.037 | 1.000 | −0.08 | 0.12 |
| | 21~30年 | 1~10年 | −0.093* | 0.029 | 0.008 | −0.17 | −0.02 |
| | | 11~20年 | −0.033 | 0.029 | 1.000 | −0.11 | 0.04 |
| | | 31年及以上 | −0.013 | 0.041 | 1.000 | −0.12 | 0.10 |
| | 31年及以上 | 1~10年 | −0.080 | 0.036 | 0.163 | −0.18 | 0.02 |
| | | 11~20年 | −0.020 | 0.037 | 1.000 | −0.12 | 0.08 |
| | | 21~30年 | 0.013 | 0.041 | 1.000 | −0.10 | 0.12 |
| 没有变化 | 1~10年 | 11~20年 | 0.076* | 0.021 | 0.001 | 0.02 | 0.13 |
| | | 21~30年 | 0.100* | 0.028 | 0.002 | 0.03 | 0.17 |
| | | 31年及以上 | 0.004 | 0.035 | 1.000 | −0.09 | 0.10 |
| | 11~20年 | 1~10年 | −0.076* | 0.021 | 0.001 | −0.13 | −0.02 |
| | | 21~30年 | 0.024 | 0.029 | 1.000 | −0.05 | 0.10 |
| | | 31年及以上 | −0.072 | 0.036 | 0.261 | −0.17 | 0.02 |
| | 21~30年 | 1~10年 | −0.100* | 0.028 | 0.002 | −0.17 | −0.03 |
| | | 11~20年 | −0.024 | 0.029 | 1.000 | −0.10 | 0.05 |
| | | 31年及以上 | −0.096 | 0.041 | 0.109 | −0.20 | 0.01 |
| | 31年及以上 | 1~10年 | −0.004 | 0.035 | 1.000 | −0.10 | 0.09 |
| | | 11~20年 | 0.072 | 0.036 | 0.261 | −0.02 | 0.17 |
| | | 21~30年 | 0.096 | 0.041 | 0.109 | −0.01 | 0.20 |

注：*表示 $p<0.05$。

3.不同区域教师线上教学效果评价的差异

以区域为自变量，线上教学效果评价为因变量，进行单因素方差分析，探究不同区域教师对于线上教学效果的评价是否存在差异。经变异数分析结果（见表6-2-7），不同区域的教师在"比传统线下教学效果好""没有变化"变量上有显著差异。经 Bonferroni 多重比较分析结果（见表 6-2-8），在"比传统线下教学效果好"变量上，东部区域教师和西部区域教师存在显著差异，西部区域教师更认同此观点。在"没有变化"变量上，东部、中部、西部区域的教师与其他区域的教师存在显著差异，中部区域教师得分最高，其次是东部区域和西部区域教师。

表 6-2-7　不同区域教师对线上教学效果评价的变异数分析表

| 因变量 | | 平方和 | 自由度 | 均方 | F | 显著性 |
|---|---|---|---|---|---|---|
| 比传统线下教学效果好 | 组间 | 12.025 | 3 | 4.008 | | |
| | 组内 | 13055.731 | 13691 | 0.954 | 4.203 | 0.006 |
| | 总计 | 13067.756 | 13694 | | | |
| 比传统线下教学效果差 | 组间 | 3.127 | 3 | 1.042 | | |
| | 组内 | 16087.873 | 13691 | 1.175 | 0.887 | 0.447 |
| | 总计 | 16091.000 | 13694 | | | |
| 没有变化 | 组间 | 14.754 | 3 | 4.918 | | |
| | 组内 | 15446.030 | 13691 | 1.128 | 4.359 | 0.004 |
| | 总计 | 15460.785 | 13694 | | | |

表 6-2-8　不同区域教师对线上教学效果评价的多重比较分析表

| 因变量 | (I) 学校区域 | (J) 学校区域 | 平均值差值 (I-J) | 标准误差 | 显著性 | 95%置信区间 下限 | 95%置信区间 上限 |
|---|---|---|---|---|---|---|---|
| 比传统线下教学效果好 | 东部 | 中部 | 0.031 | 0.018 | 0.542 | −0.02 | 0.08 |
| | | 西部 | 0.071* | 0.025 | 0.024 | 0.01 | 0.14 |
| | | 其他 | −0.208 | 0.120 | 0.498 | −0.52 | 0.11 |
| | 中部 | 东部 | −0.031 | 0.018 | 0.542 | −0.08 | 0.02 |
| | | 西部 | 0.040 | 0.025 | 0.700 | −0.03 | 0.11 |
| | | 其他 | −0.239 | 0.120 | 0.280 | −0.56 | 0.08 |
| | 西部 | 东部 | −0.071* | 0.025 | 0.024 | −0.14 | −0.01 |
| | | 中部 | −0.040 | 0.025 | 0.700 | −0.11 | 0.03 |
| | | 其他 | −0.279 | 0.121 | 0.129 | −0.60 | 0.04 |
| | 其他 | 东部 | 0.208 | 0.120 | 0.498 | −0.11 | 0.52 |
| | | 中部 | 0.239 | 0.120 | 0.280 | −0.08 | 0.56 |
| | | 西部 | 0.279 | 0.121 | 0.129 | −0.04 | 0.60 |

续表

| 因变量 | (I)学校区域 | (J)学校区域 | 平均值差值(I-J) | 标准误差 | 显著性 | 95%置信区间 下限 | 95%置信区间 上限 |
|---|---|---|---|---|---|---|---|
| 比传统线下教学效果差 | 东部 | 中部 | −0.029 | 0.020 | 0.891 | −0.08 | 0.02 |
| | 东部 | 西部 | −0.031 | 0.027 | 1.000 | −0.10 | 0.04 |
| | 东部 | 其他 | −0.055 | 0.133 | 1.000 | −0.41 | 0.30 |
| | 中部 | 东部 | 0.029 | 0.020 | 0.891 | −0.02 | 0.08 |
| | 中部 | 西部 | −0.002 | 0.028 | 1.000 | −0.08 | 0.07 |
| | 中部 | 其他 | −0.026 | 0.133 | 1.000 | −0.38 | 0.33 |
| | 西部 | 东部 | 0.031 | 0.027 | 1.000 | −0.04 | 0.10 |
| | 西部 | 中部 | 0.002 | 0.028 | 1.000 | −0.07 | 0.08 |
| | 西部 | 其他 | −0.024 | 0.135 | 1.000 | −0.38 | 0.33 |
| | 其他 | 东部 | 0.055 | 0.133 | 1.000 | −0.30 | 0.41 |
| | 其他 | 中部 | 0.026 | 0.133 | 1.000 | −0.33 | 0.38 |
| | 其他 | 西部 | 0.024 | 0.135 | 1.000 | −0.33 | 0.38 |
| 没有变化 | 东部 | 中部 | 0.026 | 0.020 | 1.000 | −0.03 | 0.08 |
| | 东部 | 西部 | −0.010 | 0.027 | 1.000 | −0.08 | 0.06 |
| | 东部 | 其他 | −0.414* | 0.130 | 0.009 | −0.76 | −0.07 |
| | 中部 | 东部 | −0.026 | 0.020 | 1.000 | −0.08 | 0.03 |
| | 中部 | 西部 | −0.037 | 0.028 | 1.000 | −0.11 | 0.04 |
| | 中部 | 其他 | −0.441* | 0.131 | 0.004 | −0.79 | −0.10 |
| | 西部 | 东部 | 0.010 | 0.027 | 1.000 | −0.06 | 0.08 |
| | 西部 | 中部 | 0.037 | 0.028 | 1.000 | −0.04 | 0.11 |
| | 西部 | 其他 | −0.404* | 0.132 | 0.013 | −0.75 | −0.06 |
| | 其他 | 东部 | 0.414* | 0.130 | 0.009 | 0.07 | 0.76 |
| | 其他 | 中部 | 0.441* | 0.131 | 0.004 | 0.10 | 0.79 |
| | 其他 | 西部 | 0.404* | 0.132 | 0.013 | 0.06 | 0.75 |

注：*表示 $p<0.05$。

4.不同类型高校对教师线上教学效果评价的差异

以院校类型(研究型大学、一般本科高校、高职院校和其他)为自变量,线上教学效果评价为因变量,进行单因素方差分析。经变异数分析结果(见表6-2-9),不同院校的教师在"比传统线下教学效果差""没有变化"变量上存在显著差异。经 Bonferroni 多重比较分析结果(见表 6-2-10),在"比传统线下教学效果差"变量上,研究型大学与高职院校存在显著差异,高职院校教师更认同此观点。在"没有变化"变量上,一般本科高校与其他院校存在显著差异,其他类型院校教师更认同此观点。

表 6-2-9　不同类型高校教师对线上教学效果评价的变异数分析表

| 因变量 | | 平方和 | 自由度 | 均方 | $F$ | 显著性 |
|---|---|---|---|---|---|---|
| 比传统线下教学效果好 | 组间 | 4.256 | 3 | 1.419 | 1.487 | 0.216 |
| | 组内 | 13063.500 | 13691 | 0.954 | | |
| | 总计 | 13067.756 | 13694 | | | |
| 比传统线下教学效果差 | 组间 | 11.314 | 3 | 3.771 | 3.211 | 0.022 |
| | 组内 | 16079.686 | 13691 | 1.174 | | |
| | 总计 | 16091.000 | 13694 | | | |
| 没有变化 | 组间 | 13.982 | 3 | 4.661 | 4.131 | 0.006 |
| | 组内 | 15446.803 | 13691 | 1.128 | | |
| | 总计 | 15460.785 | 13694 | | | |

表 6-2-10　不同类型高校教师对线上教学效果评价的多重比较分析表

| 因变量 | (I)学校类型 | (J)学校类型 | 平均值差值(I-J) | 标准误差 | 显著性 | 95%置信区间 下限 | 95%置信区间 上限 |
|---|---|---|---|---|---|---|---|
| 比传统线下教学效果好 | 研究型大学 | 一般本科高校 | 0.001 | 0.050 | 1.000 | −0.13 | 0.13 |
| | | 高职院校 | 0.042 | 0.063 | 1.000 | −0.12 | 0.21 |
| | | 其他 | −0.136 | 0.089 | 0.759 | −0.37 | 0.10 |
| | 一般本科高校 | 研究型大学 | −0.001 | 0.050 | 1.000 | −0.13 | 0.13 |
| | | 高职院校 | 0.041 | 0.041 | 1.000 | −0.07 | 0.15 |
| | | 其他 | −0.136 | 0.075 | 0.405 | −0.33 | 0.06 |
| | 高职院校 | 研究型大学 | −0.042 | 0.063 | 1.000 | −0.21 | 0.12 |
| | | 一般本科高校 | −0.041 | 0.041 | 1.000 | −0.15 | 0.07 |
| | | 其他 | −0.178 | 0.084 | 0.208 | −0.40 | 0.04 |
| | 其他 | 研究型大学 | 0.136 | 0.089 | 0.759 | −0.10 | 0.37 |
| | | 一般本科高校 | 0.136 | 0.075 | 0.405 | −0.06 | 0.33 |
| | | 高职院校 | 0.178 | 0.084 | 0.208 | −0.04 | 0.40 |

续表

| 因变量 | (I)学校类型 | (J)学校类型 | 平均值差值(I-J) | 标准误差 | 显著性 | 95%置信区间 下限 | 95%置信区间 上限 |
|---|---|---|---|---|---|---|---|
| 比传统线下教学效果差 | 研究型大学 | 一般本科高校 | −0.137 | 0.055 | 0.078 | −0.28 | 0.01 |
| | | 高职院校 | −0.216* | 0.070 | 0.012 | −0.40 | −0.03 |
| | | 其他 | −0.161 | 0.099 | 0.611 | −0.42 | 0.10 |
| | 一般本科高校 | 研究型大学 | 0.137 | 0.055 | 0.078 | −0.01 | 0.28 |
| | | 高职院校 | −0.079 | 0.045 | 0.489 | −0.20 | 0.04 |
| | | 其他 | −0.024 | 0.083 | 1.000 | −0.24 | 0.19 |
| | 高职院校 | 研究型大学 | 0.216* | 0.070 | 0.012 | 0.03 | 0.40 |
| | | 一般本科高校 | 0.079 | 0.045 | 0.489 | −0.04 | 0.20 |
| | | 其他 | 0.055 | 0.093 | 1.000 | −0.19 | 0.30 |
| | 其他 | 研究型大学 | 0.161 | 0.099 | 0.611 | −0.10 | 0.42 |
| | | 一般本科高校 | 0.024 | 0.083 | 1.000 | −0.19 | 0.24 |
| | | 高职院校 | −0.055 | 0.093 | 1.000 | −0.30 | 0.19 |
| 没有变化 | 研究型大学 | 一般本科高校 | 0.031 | 0.054 | 1.000 | −0.11 | 0.17 |
| | | 高职院校 | −0.025 | 0.069 | 1.000 | −0.21 | 0.16 |
| | | 其他 | −0.235 | 0.097 | 0.091 | −0.49 | 0.02 |
| | 一般本科高校 | 研究型大学 | −0.031 | 0.054 | 1.000 | −0.17 | 0.11 |
| | | 高职院校 | −0.056 | 0.044 | 1.000 | −0.17 | 0.06 |
| | | 其他 | −0.266* | 0.081 | 0.006 | −0.48 | −0.05 |
| | 高职院校 | 研究型大学 | 0.025 | 0.069 | 1.000 | −0.16 | 0.21 |
| | | 一般本科高校 | 0.056 | 0.044 | 1.000 | −0.06 | 0.17 |
| | | 其他 | −0.210 | 0.091 | 0.131 | −0.45 | 0.03 |
| | 其他 | 研究型大学 | 0.235 | 0.097 | 0.091 | −0.02 | 0.49 |
| | | 一般本科高校 | 0.266* | 0.081 | 0.006 | 0.05 | 0.48 |
| | | 高职院校 | 0.210 | 0.091 | 0.131 | −0.03 | 0.45 |

5.不同类别高校教师对线上教学效果评价的差异

以院校类别(公办、民办和其他)为自变量,线上教学效果评价为因变量,进行单因素方差分析。经变异数分析结果(见表6-2-11),不同类别高校的教师在"比传统线下教学效果好""没有变化"变量上有显著差异。经Bonferroni多重比较分析结果(见表6-2-12),在"比传统线下教学效果好"变量上,民办高校的教师更认同此观点。在"没有变化"变量上，公办高校与民办高校教师、其他类别高校教师之间存在显著差异，民办高校教师得分最高，其次是其他类别高校，公办高校教师得分最低。

表 6-2-11　不同类别高校的教师对线上教学效果评价的变异数分析表

| 因变量 | | 平方和 | 自由度 | 均方 | F | 显著性 |
|---|---|---|---|---|---|---|
| 比传统线下教学效果好 | 组间 | 17.435 | 2 | 8.718 | 9.146 | 0.000 |
| | 组内 | 13050.321 | 13692 | 0.953 | | |
| | 总计 | 13067.756 | 13694 | | | |
| 比传统线下教学效果差 | 组间 | .207 | 2 | 0.103 | 0.088 | 0.916 |
| | 组内 | 16090.793 | 13692 | 1.175 | | |
| | 总计 | 16091.000 | 13694 | | | |
| 没有变化 | 组间 | 27.082 | 2 | 13.541 | 12.013 | 0.000 |
| | 组内 | 15433.703 | 13692 | 1.127 | | |
| | 总计 | 15460.785 | 13694 | | | |

表 6-2-12　不同类别高校的教师对线上教学效果评价的多重比较分析表

| 因变量 | (I)学校类别 | (J)学校类别 | 平均值差值(I-J) | 标准误差 | 显著性 | 95%置信区间 下限 | 95%置信区间 上限 |
|---|---|---|---|---|---|---|---|
| 比传统线下教学效果好 | 公办 | 民办 | −0.085* | 0.022 | 0.000 | −0.14 | −0.03 |
| | 公办 | 其他 | −0.245 | 0.120 | 0.122 | −0.53 | 0.04 |
| | 民办 | 公办 | 0.085* | 0.022 | 0.000 | 0.03 | 0.14 |
| | 民办 | 其他 | −0.160 | 0.121 | 0.562 | −0.45 | 0.13 |
| | 其他 | 公办 | 0.245 | 0.120 | 0.122 | −0.04 | 0.53 |
| | 其他 | 民办 | 0.160 | 0.121 | 0.562 | −0.13 | 0.45 |
| 比传统线下教学效果差 | 公办 | 民办 | −0.007 | 0.025 | 1.000 | −0.07 | 0.05 |
| | 公办 | 其他 | −0.041 | 0.133 | 1.000 | −0.36 | 0.28 |
| | 民办 | 公办 | 0.007 | 0.025 | 1.000 | −0.05 | 0.07 |
| | 民办 | 其他 | −0.033 | 0.134 | 1.000 | −0.35 | 0.29 |
| | 其他 | 公办 | 0.041 | 0.133 | 1.000 | −0.28 | 0.36 |
| | 其他 | 民办 | 0.033 | 0.134 | 1.000 | −0.29 | 0.35 |

续表

| 因变量 | （I）学校类别 | （J）学校类别 | 平均值差值（I-J） | 标准误差 | 显著性 | 95％置信区间 下限 | 95％置信区间 上限 |
|---|---|---|---|---|---|---|---|
| 没有变化 | 公办 | 民办 | −0.089* | 0.024 | 0.001 | −0.15 | −0.03 |
| | | 其他 | −0.437* | 0.130 | 0.002 | −0.75 | −0.13 |
| | 民办 | 公办 | 0.089* | 0.024 | 0.001 | 0.03 | 0.15 |
| | | 其他 | −0.348* | 0.132 | 0.024 | −0.66 | −0.03 |
| | 其他 | 公办 | 0.437* | 0.130 | 0.002 | 0.13 | 0.75 |
| | | 民办 | 0.348* | 0.132 | 0.024 | 0.03 | 0.66 |

注：*表示 $p<0.05$。

6.不同学科教师线上教学效果评价的差异

以教师所属学科为自变量，线上教学效果评价为因变量，进行单因素方差分析。经变异数分析结果（见表6-2-13）和多重比较分析结果（见表6-2-14），不同学科教师在"比传统线下教学效果好""比传统线下教学效果差""没有变化"三个变量上均不存在显著差异。

表6-2-13 不同学科教师对线上教学效果评价的变异数分析表

| 因变量 | | 平方和 | 自由度 | 均方 | F | 显著性 |
|---|---|---|---|---|---|---|
| 比传统线下教学效果好 | 组间 | 2.121 | 2 | 1.060 | 1.111 | 0.329 |
| | 组内 | 13065.635 | 13692 | 0.954 | | |
| | 总计 | 13067.756 | 13694 | | | |
| 比传统线下教学效果差 | 组间 | 3.245 | 2 | 1.622 | 1.381 | 0.251 |
| | 组内 | 16087.755 | 13692 | 1.175 | | |
| | 总计 | 16091.000 | 13694 | | | |
| 没有变化 | 组间 | 0.296 | 2 | 0.148 | 0.131 | 0.877 |
| | 组内 | 15460.489 | 13692 | 1.129 | | |
| | 总计 | 15460.785 | 13694 | | | |

表 6-2-14　不同学科教师对线上教学效果评价的多重比较分析表

| 因变量 | (I)所在学科 | (J)所在学科 | 平均值差值(I-J) | 标准误差 | 显著性 | 95%置信区间 下限 | 95%置信区间 上限 |
| --- | --- | --- | --- | --- | --- | --- | --- |
| 比传统线下教学效果好 | 人文学科 | 社会学科 | 0.028 | 0.023 | 0.688 | −0.03 | 0.08 |
| | | 理工农医 | 0.029 | 0.021 | 0.471 | −0.02 | 0.08 |
| | 社会学科 | 人文学科 | −0.028 | 0.023 | 0.688 | −0.08 | 0.03 |
| | | 理工农医 | 0.001 | 0.020 | 1.000 | −0.05 | 0.05 |
| | 理工农医 | 人文学科 | −0.029 | 0.021 | 0.471 | −0.08 | 0.02 |
| | | 社会学科 | −0.001 | 0.020 | 1.000 | −0.05 | 0.05 |
| 比传统线下教学效果差 | 人文学科 | 社会学科 | −0.042 | 0.025 | 0.306 | −0.10 | 0.02 |
| | | 理工农医 | −0.027 | 0.023 | 0.701 | −0.08 | 0.03 |
| | 社会学科 | 人文学科 | 0.042 | 0.025 | 0.306 | −0.02 | 0.10 |
| | | 理工农医 | 0.015 | 0.022 | 1.000 | −0.04 | 0.07 |
| | 理工农医 | 人文学科 | 0.027 | 0.023 | 0.701 | −0.03 | 0.08 |
| | | 社会学科 | −0.015 | 0.022 | 1.000 | −0.07 | 0.04 |
| 没有变化 | 人文学科 | 社会学科 | 0.012 | 0.025 | 1.000 | −0.05 | 0.06 |
| | | 理工农医 | 0.004 | 0.022 | 1.000 | −0.05 | 0.06 |
| | 社会学科 | 人文学科 | −0.012 | 0.025 | 1.000 | −0.07 | 0.05 |
| | | 理工农医 | −0.008 | 0.022 | 1.000 | −0.06 | 0.04 |
| | 理工农医 | 人文学科 | −0.004 | 0.022 | 1.000 | −0.06 | 0.05 |
| | | 社会学科 | 0.008 | 0.022 | 1.000 | −0.04 | 0.06 |

7.不同熟悉程度教师对线上教学效果评价的差异

以"疫情之前是否开展过线上教学"为自变量,线上教学效果评价为因变量,进行独立样本 $t$ 检验分析,探究线上教学熟悉程度是否对教师的线上教学效果评价产生影响。经过 $t$ 检验结果(见表 6-2-15),不同熟悉程度的教师在"比传统线下教学效果好""比传统线下教学效果差"变量上均有显著差异。疫情之前开展过线上教学的教师在"比传统线下教学效果好"方面得分明显高于未开展过的教师;相反,在"比传统线下教学效果差"变量上,疫情之前未开展线上教学的教师得分显著高于已开展的教师。

表 6-2-15　不同熟悉程度教师对线上教学效果评价的独立样本 $t$ 检验分析表

| 因变量 | 疫情之前是否开展过线上教学 | 个案数 | 平均值 | 标准差 | 标准误差平均值 | 莱文方差等同性检验 $F$ | 莱文方差等同性检验 显著性 | 平均值等同性 $t$ 检验 不假定等方差-显著性 |
|---|---|---|---|---|---|---|---|---|
| 比传统线下教学效果好 | 是 | 2806 | 3.20 | 0.965 | 0.018 | 17.316 | 0.000 | 0.000 |
|  | 否 | 10889 | 2.98 | 0.975 | 0.009 |  |  |  |
| 比传统线下教学效果差 | 是 | 2806 | 2.88 | 1.086 | 0.021 | 10.408 | 0.001 | 0.000 |
|  | 否 | 10889 | 3.00 | 1.082 | 0.010 |  |  |  |
| 没有变化 | 是 | 2806 | 2.39 | 1.068 | 0.020 | 0.822 | 0.365 | 0.099（假定等方差） |
|  | 否 | 10889 | 2.35 | 1.061 | 0.010 |  |  |  |

## 四、结果讨论

### （一）研究主要结论

1.线上教学效果与传统线下教学效果存在差异

对教师线上教学效果评价数据进行分析，结果显示，对于"没有变化"这一题项，47.1%的教师对于这一观点表示不赞成或不太赞成，只有11.1%的教师对这一观点表示赞成。由此看出，对于大部分教师来说，线上教学效果与传统教学效果存在差异。当问到"线上教学效果比传统教学效果好"，31.6%的教师表示赞成或非常赞成，23.5%的教师表示不赞成或不太赞成。对于"线上教学效果比传统教学效果差"这一题项，33.5%的教师表示赞成或非常赞成，28.7%的教师表示不赞成或不太赞成。通过比较可知，认为线上教学效果比传统教学效果好的教师人数略多于认为线上教学效果不如传统教学的教师。

2.不同特征教师主体对于线上教学效果的评价存在差异

经过以上数据分析，除学科特征外，不同特征主体的教师对于线上教学效果的评价均存在显著性差异：(1)就不同性别比较而言：女性教师更多地认为线上教学效果好，男性教师则更多地认为线上教学效果不如传统教学效果或二者没有差别。(2)就不同教龄比较而言，教学年限长(11～20年、21～30年教龄)的教师相较于教龄较短(1～10年)的教师来说，认为线上教学效果比传统线下教学效果差。(3)就不同区域比较而言，西部区域教师更多地认为线上教学效果比传统线下教学效果好。而中部区域教师则认为二者没有差别。

249

(4)就不同院校类型比较而言,相较于研究型大学和一般本科高校,高职院校教师认为线上教学效果比传统线下教学效果差。(5)就不同院校类别比较而言,民办高校的教师更加认为线上教学比传统线下教学效果好。(6)就线上教学熟悉程度而言,疫情之前开展过线上教学的教师更加认为线上教学效果优于传统线下教学效果;相反,疫情之前未开展线上教学的教师则认为线上教学效果比传统线下教学效果差,质量没有保障。

(二)讨论

首先,对教师线上教学效果的整体评价进行分析,研究发现,大部分教师认为线上教学效果与传统线下课堂教学效果存在差异,但是对于线上教学与传统线下教学孰优孰劣的问题,被调查则持有不同的观点。原因可能是影响教学效果的因素具有多样性与复杂性,教学质量的提升也是多重因素共同作用的结果。这些因素可能包括学生的学习行为、课堂师生互动情况、教师自我效能感,以及网络环境、技术设备的支持,而在多重作用影响下,教师对于线上课堂教学的体验也会有所差异。特别是自我效能感强、受到支持较多的教师可能认为线上教学效果更好,相反,在线上教学过程中遇到较多困难的教师,可能认为传统线下教学效果更好。

其次,对不同教师主体对于线上教学效果的评价进行分析后发现,不同特征教师对于线上教学效果的评价存在差异。对于"线上教学效果好于传统线下教学效果"的调查,教龄为1~10年的教师相较于教龄为11~20年、21~30年的教师更加赞成,这可能是因为,教龄是教师年龄的体现,教龄为1~10年的教师处于青年教师行列,对于新鲜事物的接受能力更强,对于信息技术的掌握能力更强,因此能够较为快速地掌握线上教学技能。而对于大部分教龄较长的中年教师或老年教师,可能更习惯于传统线下课堂讲授,对于电子设备的学习和掌握不足会影响其进行线上备课、与学生线上互动及线上批改反馈作业等,导致教龄较长的教师对于线上教学的体验较差。研究型大学和一般本科高校的教师相较于高职院校教师更加赞成线上教学,这可能是因为学校类型不同、人才培养模式不同而导致的课程性质的差异。高职院校培养的是实践型人才,因此课程实践性、操作性较强,而疫情防控期间的线上教学导致一些实践课程无法开展,进而影响了教学效果。此外,疫情之前开展过线上教学的教师对于线上教学效果评价较高,原因可能是,线上教学需要教师具备教学平台使用、操作能力,有线上教学经历的教师能够更熟练快速地开展课程直播、批改作业和反馈作业,因而对于线上教学效果的评价更高。

# 第三节 影响教师线上教学效果的因素分析

## 一、研究问题

本节研究将主要围绕教师线上教学效果的主要影响因素开展分析,具体探讨的问题包括:(1)影响线上教学效果的因素有哪些?(2)不同背景教师(性别、教龄、所在区域、所在院校类型和类别、所在学科和对线上教学熟悉程度)对于线上教学效果的影响因素是否存在差异?

## 二、研究方法

### (一)研究样本

研究样本来自厦门大学教师发展中心对全国334所高校开展的《线上教学调查问卷(教师卷)》,本节研究选取问卷中的"基本信息"和"线上教学效果影响因素"部分题项进行分析。调查采用电子问卷发放形式,共收到来自334所高校的13997份问卷,根据本节研究需要,剔除无效问卷后,得到有效问卷13695份,调查者的个体情况见表6-3-1。

表6-3-1 样本基本信息描述

| 基本信息 | | 占比/% |
|---|---|---|
| 性别 | 男 | 43.3 |
| | 女 | 56.7 |
| 教龄 | 1~10年 | 41.3 |
| | 11~20年 | 37.0 |
| | 21~30年 | 13.9 |
| | 31年及以上 | 7.8 |

续表

| 基本信息 | | 占比/% |
|---|---|---|
| 所在地区 | 东部 | 47.0 |
| | 中部 | 37.3 |
| | 西部 | 15.2 |
| | 其他 | 0.5 |
| 所在院校类型 | 研究型大学 | 2.9 |
| | 一般本科高校 | 91.4 |
| | 高职院校 | 4.4 |
| | 其他 | 1.3 |
| 所在院校类别 | 公办 | 82.7 |
| | 民办 | 16.8 |
| | 其他 | 0.5 |
| 所在学科 | 人文科学学科 | 25.5 |
| | 社会科学学科 | 27.4 |
| | 理工农医学科 | 47.1 |
| 疫情之前是否开展过在线教学 | 是 | 20.5 |
| | 否 | 79.5 |

## (二)研究变量与研究方法

研究的主要研究变量为教师基本信息和在线教学效果影响因素,变量的设定和详细描述见表6-3-2。研究使用 SPSS 软件进行数据统计与分析。首先,通过主成分分析法,对"在线教学效果影响因素"题项进行分析,提炼出公共因子。其次,通过独立样本 $t$ 检验、单因素方差分析方法探究影响不同组别(性别、教龄、所在区域、所在院校类型和类别、所在学科和在线教学熟悉程度等)教师在线教学效果的主要因素是否存在显著差异。

表6-3-2 变量的设定和详细描述

| 变量 | 均值 | 标准差 | 性质 | 描述及说明 |
|---|---|---|---|---|
| 性别 | 1.57 | 0.495 | 分类 | 1=男,2=女 |
| 教龄 | 1.88 | 0.921 | 分类 | 1=1~10年,2=11~20年,<br>3=21~30年,4=31年及以上 |
| 所在地区 | 1.69 | 0.739 | 分类 | 1=东部,2=中部,<br>3=西部,4=其他 |

续表

| 变量 | 均值 | 标准差 | 性质 | 描述及说明 |
|---|---|---|---|---|
| 所在院校类型 | 2.04 | 0.349 | 分类 | 1＝研究型大学，2＝一般本科高校，3＝高职院校 |
| 所在院校类别 | 1.18 | 0.395 | 分类 | 1＝公办，2＝民办，3＝其他 |
| 所在学科 | 2.22 | 0.825 | 分类 | 1＝人文学科，2＝社会学科，3＝理工农医学科 |
| 疫情之前在线教学经历 | 1.80 | 0.404 | 分类 | 1＝是，2＝否 |
| 网络速度及稳定性 | 4.42 | 0.777 | 连续 | 1～5分(1＝非常不重要，5＝非常重要) |
| 教学平台功能及稳定性 | 4.48 | 0.701 | 连续 | 同上 |
| 线上技术服务支持 | 4.35 | 0.754 | 连续 | 同上 |
| 提供课程配套电子教学资源 | 4.30 | 0.773 | 连续 | 同上 |
| 选择适合线上教学的课程内容 | 4.40 | 0.698 | 连续 | 同上 |
| 教师对教学的态度及精力投入 | 4.55 | 0.617 | 连续 | 同上 |
| 教师的教学策略及讲授(演示)方法 | 4.47 | 0.642 | 连续 | 同上 |
| 选择适当的评价方式方法 | 4.27 | 0.732 | 连续 | 同上 |
| 掌控和维持好课堂教学秩序 | 4.24 | 0.764 | 连续 | 同上 |
| 配备一定数量的课程助教 | 3.66 | 1.063 | 连续 | 同上 |
| 教师对教学平台和工具的熟悉程度 | 4.34 | 0.672 | 连续 | 同上 |
| 教师的教学空间及设备支持 | 4.32 | 0.691 | 连续 | 同上 |
| 学生对教学平台和工具的熟悉程度 | 4.28 | 0.702 | 连续 | 同上 |
| 学生积极参与 | 4.62 | 0.595 | 连续 | 同上 |
| 学生自主学习能力 | 4.64 | 0.594 | 连续 | 同上 |
| 良好线上学习行为习惯（如按时上课、学习自律能力等） | 4.64 | 0.591 | 连续 | 同上 |

续表

| 变量 | 均值 | 标准差 | 性质 | 描述及说明 |
|---|---|---|---|---|
| 学生的学习空间及终端设备支持 | 4.45 | 0.664 | 连续 | 同上 |
| 学生对线上教学的政策支持 | 4.42 | 0.724 | 连续 | 同上 |

## 三、研究结果

### (一)教师线上教学效果的主要影响因素

鉴于影响线上教学效果的因素很多,如果要衡量每个因素对线上教学的影响,比较繁杂且不系统。因此,本研究采用因子分析法对题项进行降维处理,提取公因子。经KMO及巴特利特检验(见表6-3-3),KMO值为0.946,表示变量间的共同因素较多,适合进行因子分析。从陡坡图(见图6-3-1)中可以看出,从第3个因素之后,坡度线开始平缓,因而保留3个因素较为适宜。经因子分析—转轴后因素矩阵(见表6-3-4),将线上教学影响因素分为三个维度。第一维度为"学生因素",包括"良好线上学习行为习惯(如按时上课、学习自律能力等)""学生自主学习能力""学生积极参与""学生的学习空间及终端设备支持""学校对线上教学的政策支持"。第二维度为"技术支持和线上资源因素",包括"教学平台功能及稳定性""网络速度及稳定性""线上技术服务支持""提供课程配套电子教学资源""选择适合线上教学的课程内容"。第三维度为"教师因素",包括"配备一定数量的课程助教""掌控和维持好课堂教学秩序""选择适当的评价方式方法""教师对教学平台和工具的熟悉程度""教师的教学空间及设备支持""学生对教学平台和工具的熟悉程度""教师的教学策略及讲授(演示)方法"。

表6-3-3 不同因素对线上教学效果影响的KMO和巴特利特检验分析

| KMO取样适切性量数。 | | 0.946 |
|---|---|---|
| 巴特利特球形度检验 | 近似卡方 | 147474.913 |
| | 自由度 | 136 |
| | 显著性 | 0.000 |

碎石图

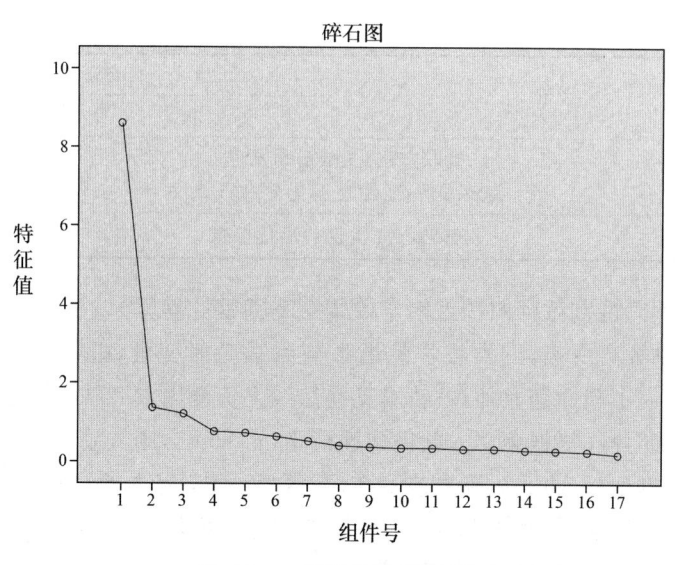

图 6-3-1　因子分析-陡坡图

表 6-3-4　转轴后因素矩阵表

| 因素 | | 成分 | | |
|---|---|---|---|---|
| | | 1 | 2 | 3 |
| 学生因素 | 良好线上学习行为习惯（如按时上课、学习自律能力等） | 0.851 | 0.200 | 0.150 |
| | 学生自主学习能力 | 0.841 | 0.183 | 0.122 |
| | 学生积极参与 | 0.815 | 0.222 | 0.207 |
| | 学生的学习空间及终端设备支持 | 0.654 | 0.302 | 0.337 |
| | 学校对线上教学的政策支持 | 0.548 | 0.280 | 0.421 |
| 技术支持和线上资源因素 | 教学平台功能及稳定性 | 0.261 | 0.865 | 0.143 |
| | 网络速度及稳定性 | 0.210 | 0.835 | |
| | 线上技术服务支持 | 0.213 | 0.771 | 0.292 |
| | 提供课程配套电子教学资源 | 0.188 | 0.582 | 0.398 |
| | 选择适合线上教学的课程内容 | 0.278 | 0.550 | 0.400 |
| 教师因素 | 配备一定数量的课程助教 | | | 0.741 |
| | 掌控和维持好课堂教学秩序 | 0.283 | 0.237 | 0.700 |
| | 选择适当的评价方式方法 | 0.285 | 0.279 | 0.695 |
| | 教师对教学平台和工具的熟悉程度 | 0.429 | 0.365 | 0.574 |
| | 教师的教学空间及设备支持 | 0.437 | 0.344 | 0.559 |
| | 学生对教学平台和工具的熟悉程度 | 0.477 | 0.301 | 0.558 |
| | 教师的教学策略及讲授（演示）方法 | 0.419 | 0.374 | 0.528 |

续表

| 因素 | 成分 1 | 成分 2 | 成分 3 |
|---|---|---|---|
| 提取方法:主成分分析法。 | | | |
| 旋转方法:凯撒正态化最大方差法 | | | |
| a.旋转在4次迭代后已收敛。 | | | |

## (二)不同性别教师对线上教学效果影响因素的差异

以性别为自变量,三类教学效果影响因素为因变量,进行独立样本 $t$ 检验,进而探究不同性别教师在"技术支持和线上资源因素""学生因素"和"教师因素"上的差异。根据莱文方差等同性检验,$p>0.05$,则方差齐,根据"假定等方案"进行判断;$p<0.05$,则方差不齐,根据"不假定等方差"进行判断。经过 $t$ 检验结果,不同性别的教师在"技术支持和线上资源因素"(见表6-3-5)"学生因素"(见表6-3-6)和"教师因素"(见表6-3-7)的各变量上均有差异,女性教师在三类因素上的得分显著高于男性教师。

表6-3-5 不同性别教师在"技术支持和线上资源因素"上的独立样本 $t$ 检验表

| 技术支持和线上资源因素 | 性别 | 个案数 | 平均值 | 标准差 | 标准误差平均值 | 莱文方差等同性检验 F | 显著性 | 平均值等同性 $t$ 检验 不假定等方差-显著性 |
|---|---|---|---|---|---|---|---|---|
| 教学平台功能及稳定性 | 男 | 5928 | 4.39 | 0.753 | 0.010 | 146.102 | 0.000 | 0.000 |
|  | 女 | 7767 | 4.56 | 0.649 | 0.007 | | | |
| 网络速度及稳定性 | 男 | 5928 | 4.33 | 0.816 | 0.011 | 54.322 | 0.000 | 0.000 |
|  | 女 | 7767 | 4.48 | 0.739 | 0.008 | | | |
| 线上技术服务支持 | 男 | 5928 | 4.22 | 0.807 | 0.010 | 26.570 | 0.000 | 0.000 |
|  | 女 | 7767 | 4.45 | 0.695 | 0.008 | | | |
| 提供课程配套电子教学资源 | 男 | 5928 | 4.19 | 0.819 | 0.011 | 5.373 | 0.020 | 0.000 |
|  | 女 | 7767 | 4.38 | 0.726 | 0.008 | | | |
| 选择适合线上教学的课程内容 | 男 | 5928 | 4.29 | 0.736 | 0.010 | 24.859 | 0.000 | 0.000 |
|  | 女 | 7767 | 4.48 | 0.655 | 0.007 | | | |

注:$p>0.05$ 表示无显著性差异,$0.01<p<0.05$ 表示显著性差异,$p<0.01$ 表示极显著性差异,本章下表同。

表 6-3-6　不同性别教师在"学生因素"的独立样本 $t$ 检验表

| 学生因素 | 性别 | 个案数 | 平均值 | 标准差 | 标准误差平均值 | 莱文方差等同性检验 F | 莱文方差等同性检验 显著性 | 平均值等同性 $t$ 检验 不假定等方差-显著性 |
|---|---|---|---|---|---|---|---|---|
| 良好线上学习行为习惯（如按时上课、学习自律能力等） | 男 | 5928 | 4.54 | 0.648 | 0.008 | 551.880 | 0.000 | 0.000 |
|  | 女 | 7767 | 4.71 | 0.532 | 0.006 |  |  |  |
| 学生自主学习能力 | 男 | 5928 | 4.56 | 0.648 | 0.008 | 410.194 | 0.000 | 0.000 |
|  | 女 | 7767 | 4.70 | 0.541 | 0.006 |  |  |  |
| 学生积极参与 | 男 | 5928 | 4.54 | 0.647 | 0.008 | 388.538 | 0.000 | 0.000 |
|  | 女 | 7767 | 4.68 | 0.544 | 0.006 |  |  |  |
| 学生的学习空间及终端设备支持 | 男 | 5928 | 4.35 | 0.701 | 0.009 | 53.728 | 0.000 | 0.000 |
|  | 男 | 7767 | 4.53 | 0.622 | 0.007 |  |  |  |
| 学校对线上教学的政策支持 | 男 | 5928 | 4.32 | 0.767 | 0.010 | 42.218 | 0.000 | 0.000 |
|  | 女 | 7767 | 4.51 | 0.677 | 0.008 |  |  |  |

表 6-3-7　不同性别教师在"教师因素"的独立样本 $t$ 检验表

| 教师因素 | 性别 | 个案数 | 平均值 | 标准差 | 标准误差平均值 | 莱文方差等同性检验 F | 莱文方差等同性检验 显著性 | 平均值等同性 $t$ 检验 不假定等方差-显著性 |
|---|---|---|---|---|---|---|---|---|
| 配备一定数量的课程助教 | 男 | 5928 | 3.63 | 1.035 | 0.013 | 12.988 | 0.000 | 0.005 |
|  | 女 | 7767 | 3.68 | 1.082 | 0.012 |  |  |  |
| 掌控和维持好课堂教学秩序 | 男 | 5928 | 4.13 | 0.795 | 0.010 | 13.691 | 0.000 | 0.000 |
|  | 女 | 7767 | 4.32 | 0.729 | 0.008 |  |  |  |
| 选择适当的评价方式方法 | 男 | 5928 | 4.17 | 0.760 | 0.010 | 9.155 | 0.002 | 0.000 |
|  | 女 | 7767 | 4.35 | 0.700 | 0.008 |  |  |  |
| 教师对教学平台和工具的熟悉程度 | 男 | 5928 | 4.24 | 0.709 | 0.009 | 0.006 | 0.940 | 0.000（假定等方差） |
|  | 女 | 7767 | 4.42 | 0.630 | 0.007 |  |  |  |
| 教师的教学空间及设备支持 | 男 | 5928 | 4.23 | 0.709 | 0.009 | 8.523 | 0.004 | 0.000 |
|  | 女 | 7767 | 4.39 | 0.667 | 0.008 |  |  |  |
| 学生对教学平台和工具的熟悉程度 | 男 | 5928 | 4.19 | 0.733 | 0.010 | 11.235 | 0.001 | 0.000 |
|  | 女 | 7767 | 4.35 | 0.669 | 0.008 |  |  |  |

续表

| 教师因素 | 性别 | 个案数 | 平均值 | 标准差 | 标准误差平均值 | 莱文方差等同性检验 F | 莱文方差等同性检验 显著性 | 平均值等同性 t 检验 不假定等方差-显著性 |
|---|---|---|---|---|---|---|---|---|
| 教师的教学策略及讲授(演示)方法 | 男 | 5928 | 4.36 | 0.683 | 0.009 | 82.333 | 0.000 | 0.000 |
|  | 女 | 7767 | 4.55 | 0.597 | 0.007 |  |  |  |

### (三)不同教龄教师对线上教学效果影响因素的差异

经数据转换分析,将自变量"不同教龄"进行重新编码,由原先7个分类(1～5年、6～10年、11～15年、16～20年、21～25年、26～30年、31年及以上)重新编码成为4个分类(1～10年、11～20年、21～30年、31年及以上)。在此基础上,针对影响线上教学效果的不同因素进行差异分析。以教龄为自变量,三类教学效果影响因素为因变量,进行单因素方差分析,探究不同教龄教师在"技术支持与线上资源因素""学生因素""教师因素"上的差异。

经变异数分析结果(见表6-3-8),不同教龄的教师在"技术支持和线上资源因素"各变量上均有显著差异。经多重比较分析结果(见表6-3-9),在"网络速度及稳定""提供课程配套电子教学资源""选择适合线上教学的课程内容"3个变量上,1～10年、11～20年教龄的教师分别与21～30年、31年及以上教龄的教师均存在显著差异,21～30年、31年及以上教龄的教师得分均低于前两者。在"教学平台功能及稳定性"变量上,31年及以上教龄的教师分别与1～10年、11～20年、21～30年教龄的教师存在显著差异,31年及以上教龄的教师的得分均低于后三者;11～20年教龄的教师与21～30年教龄的教师存在显著差异,11～20年教龄的教师得分较高。在"线上技术服务支持"变量上,11～20年教龄的教师与31年及以上的教师存在显著差异,31年及以上教龄的教师得分较低。

表6-3-8 不同教龄的教师在"技术支持与线上资源因素"上的变异数分析表

| 技术支持和线上资源因素 |  | 平方和 | 自由度 | 均方 | F | 显著性 |
|---|---|---|---|---|---|---|
| 教学平台功能及稳定性 | 组间 | 19.778 | 3 | 6.593 | 13.467 | 0.000 |
|  | 组内 | 6702.259 | 13691 | 0.490 |  |  |
|  | 总计 | 6722.037 | 13694 |  |  |  |

续表

| 技术支持和线上资源因素 | | 平方和 | 自由度 | 均方 | F | 显著性 |
|---|---|---|---|---|---|---|
| 网络速度及稳定性 | 组间 | 23.836 | 3 | 7.945 | 13.208 | 0.000 |
| | 组内 | 8235.932 | 13691 | 0.602 | | |
| | 总计 | 8259.768 | 13694 | | | |
| 线上技术服务支持 | 组间 | 6.939 | 3 | 2.313 | 4.074 | 0.007 |
| | 组内 | 7773.477 | 13691 | 0.568 | | |
| | 总计 | 7780.416 | 13694 | | | |
| 提供课程配套电子教学资源 | 组间 | 18.693 | 3 | 6.231 | 10.447 | 0.000 |
| | 组内 | 8166.235 | 13691 | 0.596 | | |
| | 总计 | 8184.928 | 13694 | | | |
| 选择适合线上教学的课程内容 | 组间 | 29.26 | 3 | 9.753 | 20.122 | 0.000 |
| | 组内 | 6636.321 | 13691 | 0.485 | | |
| | 总计 | 6665.581 | 13694 | | | |

表6-3-9 不同教龄的教师在"技术支持与线上资源因素"上的多重比较分析表

| 技术支持与线上资源因素 | (I)教龄分组 | (J)教龄分组 | 平均值差值(I-J) | 标准误差 | 显著性 | 95%置信区间 下限 | 95%置信区间 上限 |
|---|---|---|---|---|---|---|---|
| 教学平台功能及稳定性 | 1~10年 | 11~20年 | −0.029 | 0.014 | 0.211 | −0.06 | 0.01 |
| | | 21~30年 | 0.034 | 0.019 | 0.400 | −0.01 | 0.08 |
| | | 31年及以上 | 0.113* | 0.023 | 0.000 | 0.05 | 0.17 |
| | 11~20年 | 1~10年 | 0.029 | 0.014 | 0.211 | −0.01 | 0.06 |
| | | 21~30年 | 0.063* | 0.019 | 0.005 | 0.01 | 0.11 |
| | | 31年及以上 | 0.142* | 0.024 | 0.000 | 0.08 | 0.20 |
| | 21~30年 | 1~10年 | −0.034 | 0.019 | 0.400 | −0.08 | 0.01 |
| | | 11~20年 | −0.063* | 0.019 | 0.005 | −0.11 | −0.01 |
| | | 31年及以上 | 0.079* | 0.027 | 0.019 | 0.01 | 0.15 |
| | 31年及以上 | 1~10年 | −0.113* | 0.023 | 0.000 | −0.17 | −0.05 |
| | | 11~20年 | −0.142* | 0.024 | 0.000 | −0.20 | −0.08 |
| | | 21~30年 | −0.079* | 0.027 | 0.019 | −0.15 | −0.01 |

续表

| 技术支持与线上资源因素 | （I）教龄分组 | （J）教龄分组 | 平均值差值（I-J） | 标准误差 | 显著性 | 95%置信区间 下限 | 95%置信区间 上限 |
|---|---|---|---|---|---|---|---|
| 网络速度及稳定性 | 1～10 年 | 11～20 年 | −0.026 | 0.015 | 0.505 | −0.07 | 0.01 |
| | | 21～30 年 | 0.063* | 0.021 | 0.013 | 0.01 | 0.12 |
| | | 31 年及以上 | 0.114* | 0.026 | 0.000 | 0.05 | 0.18 |
| | 11～20 年 | 1～10 年 | 0.026 | 0.015 | 0.505 | −0.01 | 0.07 |
| | | 21～30 年 | 0.089* | 0.021 | 0.000 | 0.03 | 0.14 |
| | | 31 年及以上 | 0.140* | 0.026 | 0.000 | 0.07 | 0.21 |
| | 21～30 年 | 1～10 年 | −0.063* | 0.021 | 0.013 | −0.12 | −0.01 |
| | | 11～20 年 | −0.089* | 0.021 | 0.000 | −0.14 | −0.03 |
| | | 31 年及以上 | 0.051 | 0.030 | 0.522 | −0.03 | 0.13 |
| | 31 年及以上 | 1～10 年 | −0.114* | 0.026 | 0.000 | −0.18 | −0.05 |
| | | 11～20 年 | −0.140* | 0.026 | 0.000 | −0.21 | −0.07 |
| | | 21～30 年 | −0.051 | 0.030 | 0.522 | −0.13 | 0.03 |
| 线上技术服务支持 | 1～10 年 | 11～20 年 | −0.033 | 0.015 | 0.149 | −0.07 | 0.01 |
| | | 21～30 年 | −0.005 | 0.020 | 1.000 | −0.06 | 0.05 |
| | | 31 年及以上 | 0.049 | 0.025 | 0.307 | −0.02 | 0.12 |
| | 11～20 年 | 1～10 年 | 0.033 | 0.015 | 0.149 | −0.01 | 0.07 |
| | | 21～30 年 | 0.028 | 0.020 | 0.985 | −0.03 | 0.08 |
| | | 31 年及以上 | 0.082* | 0.025 | 0.008 | 0.01 | 0.15 |
| | 21～30 年 | 1～10 年 | 0.005 | 0.02 | 1.000 | −0.05 | 0.06 |
| | | 11～20 年 | −0.028 | 0.02 | 0.985 | −0.08 | 0.03 |
| | | 31 年及以上 | 0.054 | 0.029 | 0.377 | −0.02 | 0.13 |
| | 31 年及以上 | 1～10 年 | −0.049 | 0.025 | 0.307 | −0.12 | 0.02 |
| | | 11～20 年 | −0.082* | 0.025 | 0.008 | −0.15 | −0.01 |
| | | 21～30 年 | −0.054 | 0.029 | 0.377 | −0.13 | 0.02 |

续表

| 技术支持与线上资源因素 | （I）教龄分组 | （J）教龄分组 | 平均值差值（I-J） | 标准误差 | 显著性 | 95%置信区间 下限 | 95%置信区间 上限 |
|---|---|---|---|---|---|---|---|
| 提供课程配套电子教学资源 | 1～10 年 | 11～20 年 | 0.025 | 0.015 | 0.552 | −0.01 | 0.06 |
| | 1～10 年 | 21～30 年 | 0.091* | 0.020 | 0.000 | 0.04 | 0.14 |
| | 1～10 年 | 31 年及以上 | 0.108* | 0.026 | 0.000 | 0.04 | 0.18 |
| | 11～20 年 | 1～10 年 | −0.025 | 0.015 | 0.552 | −0.06 | 0.01 |
| | 11～20 年 | 21～30 年 | 0.066* | 0.021 | 0.010 | 0.01 | 0.12 |
| | 11～20 年 | 31 年及以上 | 0.083* | 0.026 | 0.009 | 0.01 | 0.15 |
| | 21～30 年 | 1～10 年 | −0.091* | 0.02 | 0.000 | −0.14 | −0.04 |
| | 21～30 年 | 11～20 年 | −0.066* | 0.021 | 0.010 | −0.12 | −0.01 |
| | 21～30 年 | 31 年及以上 | 0.017 | 0.030 | 1.000 | −0.06 | 0.10 |
| | 31 年及以上 | 1～10 年 | −0.108* | 0.026 | 0.000 | −0.18 | −0.04 |
| | 31 年及以上 | 11～20 年 | −0.083* | 0.026 | 0.009 | −0.15 | −0.01 |
| | 31 年及以上 | 21～30 年 | −0.017 | 0.03 | 1.000 | −0.1 | 0.06 |
| 选择适合线上教学的课程内容 | 1～10 年 | 11～20 年 | 0.016 | 0.013 | 1.000 | −0.02 | 0.05 |
| | 1～10 年 | 21～30 年 | 0.102* | 0.018 | 0.000 | 0.05 | 0.15 |
| | 1～10 年 | 31 年及以上 | 0.142* | 0.023 | 0.000 | 0.08 | 0.2 |
| | 11～20 年 | 1～10 年 | −0.016 | 0.013 | 1.000 | −0.05 | 0.02 |
| | 11～20 年 | 21～30 年 | 0.086* | 0.019 | 0.000 | 0.04 | 0.14 |
| | 11～20 年 | 31 年及以上 | 0.126* | 0.023 | 0.000 | 0.06 | 0.19 |
| | 21～30 年 | 1～10 年 | −0.102* | 0.018 | 0.000 | −0.15 | −0.05 |
| | 21～30 年 | 11～20 年 | −0.086* | 0.019 | 0.000 | −0.14 | −0.04 |
| | 21～30 年 | 31 年及以上 | 0.040 | 0.027 | 0.788 | −0.03 | 0.11 |
| | 31 年及以上 | 1～10 年 | −0.142* | 0.023 | 0.000 | −0.2 | −0.08 |
| | 31 年及以上 | 11～20 年 | −0.126* | 0.023 | 0.000 | −0.19 | −0.06 |
| | 31 年及以上 | 21～30 年 | −0.040 | 0.027 | 0.788 | −0.11 | 0.03 |

注：* 表示 $p<0.05$。

经变异数分析结果（见表 6-3-10），不同教龄的教师在"学生因素"各变量上均有显著差异。经多重比较分析结果（见表 6-3-11），在"学生积极参与"变量上，1～10 年、11～20 年教龄的教师分别与 21～30 年、31 年及以上教龄的教师均存在显著差异,1~10年、11~20年教龄的教师得分均高于后两者。在"学生自主学习能力""良好线上学习行为习惯(如按时上课、学习自律能力等)"变量上,11~20年教龄的教师分别与21~30年、31年及以上教龄的教师均存在显著差异,21~30年、31年及以上教龄的教师得分均低于11~20年教龄的教师;31年及以上教龄的教师分别与1~10年、11~20年教龄的教师存在显著差异,31年及以上教龄的教师的得分均低于后两者。在"学生的学习空间及终端设备支持"变量上,11~20年教龄的教师分别与21~30年、31年及以上教龄的教师均存在显著差异,21~30年、31年及以上教龄的教师得分均低于11~20年教龄的教师。在"学校对线上教学的政策支持"变量上,31年及以上教龄的教师分别与1~10年、11~20年教龄的教师存在显著差异,31年及以上教龄的教师的得分均低于后两者。

表6-3-10　不同教龄的教师在"学生因素"上的变异数分析表

| 学生因素 | | 平方和 | 自由度 | 均方 | F | 显著性 |
|---|---|---|---|---|---|---|
| 良好线上学习行为习惯<br>(如按时上课、学习自律能力等) | 组间 | 6.658 | 3 | 2.219 | 6.355 | 0.000 |
| | 组内 | 4780.794 | 13691 | 0.349 | | |
| | 总计 | 4787.452 | 13694 | | | |
| 学生自主学习能力 | 组间 | 5.378 | 3 | 1.793 | 5.089 | 0.002 |
| | 组内 | 4822.687 | 13691 | 0.352 | | |
| | 总计 | 4828.065 | 13694 | | | |
| 学生积极参与 | 组间 | 9.539 | 3 | 3.180 | 9.002 | 0.000 |
| | 组内 | 4835.784 | 13691 | 0.353 | | |
| | 总计 | 4845.323 | 13694 | | | |
| 学生的学习空间及终端设备支持 | 组间 | 7.532 | 3 | 2.511 | 5.708 | 0.001 |
| | 组内 | 6021.375 | 13691 | 0.440 | | |
| | 总计 | 6028.906 | 13694 | | | |
| 学校对线上教学的政策支持 | 组间 | 10.194 | 3 | 3.398 | 6.497 | 0.000 |
| | 组内 | 7160.315 | 13691 | 0.523 | | |
| | 总计 | 7170.509 | 13694 | | | |

## 第六章 高校教师线上教学体验

表 6-3-11 不同教龄的教师在"学生因素"上的多重比较分析表

| 学生因素 | （I）教龄分组 | （J）教龄分组 | 平均值差值(I-J) | 标准误差 | 显著性 | 95%置信区间 下限 | 95%置信区间 上限 |
|---|---|---|---|---|---|---|---|
| 良好线上学习行为习惯（如按时上课、学习自律能力等） | 1～10年 | 11～20年 | −0.016 | 0.011 | 0.943 | −0.05 | 0.01 |
| | 1～10年 | 21～30年 | 0.029 | 0.016 | 0.383 | −0.01 | 0.07 |
| | 1～10年 | 31年及以上 | 0.060* | 0.020 | 0.014 | 0.01 | 0.11 |
| | 11～20年 | 1～10年 | 0.016 | 0.011 | 0.943 | −0.01 | 0.05 |
| | 11～20年 | 21～30年 | 0.045* | 0.016 | 0.027 | 0.00 | 0.09 |
| | 11～20年 | 31年及以上 | 0.076* | 0.020 | 0.001 | 0.02 | 0.13 |
| | 21～30年 | 1～10年 | −0.029 | 0.016 | 0.383 | −0.07 | 0.01 |
| | 21～30年 | 11～20年 | −0.045* | 0.016 | 0.027 | −0.09 | 0.00 |
| | 21～30年 | 31年及以上 | 0.031 | 0.023 | 1.000 | −0.03 | 0.09 |
| | 31年及以上 | 1～10年 | −0.060* | 0.020 | 0.014 | −0.11 | −0.01 |
| | 31年及以上 | 11～20年 | −0.076* | 0.020 | 0.001 | −0.13 | −0.02 |
| | 31年及以上 | 21～30年 | −0.031 | 0.023 | 1.000 | −0.09 | 0.03 |
| 学生自主学习能力 | 1～10年 | 11～20年 | −0.004 | 0.011 | 1.000 | −0.03 | 0.03 |
| | 1～10年 | 21～30年 | 0.039 | 0.016 | 0.075 | 0.00 | 0.08 |
| | 1～10年 | 31年及以上 | 0.056* | 0.020 | 0.029 | 0.00 | 0.11 |
| | 11～20年 | 1～10年 | 0.004 | 0.011 | 1.000 | −0.03 | 0.03 |
| | 11～20年 | 21～30年 | 0.043* | 0.016 | 0.041 | 0.00 | 0.09 |
| | 11～20年 | 31年及以上 | 0.060* | 0.020 | 0.017 | 0.01 | 0.11 |
| | 21～30年 | 1～10年 | −0.039 | 0.016 | 0.075 | −0.08 | 0.00 |
| | 21～30年 | 11～20年 | −0.043* | 0.016 | 0.041 | −0.09 | 0.00 |
| | 21～30年 | 31年及以上 | 0.017 | 0.023 | 1.000 | −0.04 | 0.08 |
| | 31年及以上 | 1～10年 | −0.056* | 0.020 | 0.029 | −0.11 | 0.00 |
| | 31年及以上 | 11～20年 | −0.060* | 0.020 | 0.017 | −0.11 | −0.01 |
| | 31年及以上 | 21～30年 | −0.017 | 0.023 | 1.000 | −0.08 | 0.04 |

续表

| 学生因素 | (I)教龄分组 | (J)教龄分组 | 平均值差值(I-J) | 标准误差 | 显著性 | 95%置信区间 下限 | 95%置信区间 上限 |
|---|---|---|---|---|---|---|---|
| 学生积极参与 | 1~10年 | 11~20年 | −0.004 | 0.011 | 1.000 | −0.03 | 0.03 |
| | 1~10年 | 21~30年 | 0.053* | 0.016 | 0.004 | 0.01 | 0.09 |
| | 1~10年 | 31年及以上 | 0.074* | 0.020 | 0.001 | 0.02 | 0.13 |
| | 11~20年 | 1~10年 | 0.004 | 0.011 | 1.000 | −0.03 | 0.03 |
| | 11~20年 | 21~30年 | 0.058* | 0.016 | 0.002 | 0.02 | 0.10 |
| | 11~20年 | 31年及以上 | 0.079* | 0.020 | 0.001 | 0.03 | 0.13 |
| | 21~30年 | 1~10年 | −0.053* | 0.016 | 0.004 | −0.09 | −0.01 |
| | 21~30年 | 11~20年 | −0.058* | 0.016 | 0.002 | −0.10 | −0.02 |
| | 21~30年 | 31年及以上 | 0.021 | 0.023 | 1.000 | −0.04 | 0.08 |
| | 31年及以上 | 1~10年 | −0.074* | 0.020 | 0.001 | −0.13 | −0.02 |
| | 31年及以上 | 11~20年 | −0.079* | 0.020 | 0.001 | −0.13 | −0.03 |
| | 31年及以上 | 21~30年 | −0.021 | 0.023 | 1.000 | −0.08 | 0.04 |
| 学生的学习空间及终端设备支持 | 1~10年 | 11~20年 | −0.028 | 0.013 | 0.178 | −0.06 | 0.01 |
| | 1~10年 | 21~30年 | 0.021 | 0.018 | 1.000 | −0.02 | 0.07 |
| | 1~10年 | 31年及以上 | 0.052 | 0.022 | 0.115 | −0.01 | 0.11 |
| | 11~20年 | 1~10年 | 0.028 | 0.013 | 0.178 | −0.01 | 0.06 |
| | 11~20年 | 21~30年 | 0.049* | 0.018 | 0.034 | 0.00 | 0.10 |
| | 11~20年 | 31年及以上 | 0.080* | 0.022 | 0.002 | 0.02 | 0.14 |
| | 21~30年 | 1~10年 | −0.021 | 0.018 | 1.000 | −0.07 | 0.02 |
| | 21~30年 | 11~20年 | −0.049* | 0.018 | 0.034 | −0.10 | 0.00 |
| | 21~30年 | 31年及以上 | 0.031 | 0.025 | 1.000 | −0.04 | 0.10 |
| | 31年及以上 | 1~10年 | −0.052 | 0.022 | 0.115 | −0.11 | 0.01 |
| | 31年及以上 | 11~20年 | −0.080* | 0.022 | 0.002 | −0.14 | −0.02 |
| | 31年及以上 | 21~30年 | −0.031 | 0.025 | 1.000 | −0.10 | 0.04 |

续表

| 学生因素 | (I)教龄分组 | (J)教龄分组 | 平均值差值(I-J) | 标准误差 | 显著性 | 95%置信区间 下限 | 95%置信区间 上限 |
|---|---|---|---|---|---|---|---|
| 学校对线上教学的政策支持 | 1~10年 | 11~20年 | −0.016 | 0.014 | 1.000 | −0.05 | 0.02 |
| | | 21~30年 | 0.032 | 0.019 | 0.578 | −0.02 | 0.08 |
| | | 31年及以上 | 0.083* | 0.024 | 0.004 | 0.02 | 0.15 |
| | 11~20年 | 1~10年 | 0.016 | 0.014 | 1.000 | −0.02 | 0.05 |
| | | 21~30年 | 0.048 | 0.019 | 0.081 | 0.00 | 0.10 |
| | | 31年及以上 | 0.099* | 0.024 | 0.000 | 0.03 | 0.16 |
| | 21~30年 | 1~10年 | −0.032 | 0.019 | 0.578 | −0.08 | 0.02 |
| | | 11~20年 | −0.048 | 0.019 | 0.081 | −0.10 | 0.00 |
| | | 31年及以上 | 0.051 | 0.028 | 0.400 | −0.02 | 0.12 |
| | 31年及以上 | 1~10年 | −0.083* | 0.024 | 0.004 | −0.15 | −0.02 |
| | | 11~20年 | −0.099* | 0.024 | 0.000 | −0.16 | −0.03 |
| | | 21~30年 | −0.051 | 0.028 | 0.400 | −0.12 | 0.02 |

注：*表示 $p<0.05$。

经变异数分析结果(见表6-3-12)，除"教师对教学平台和工具的熟悉程度"和"学生对教学平台和工具的熟悉程度"2个变量之外，不同教龄的教师在"教师因素"其他5个变量上均有显著差异。经多重比较分析结果(见表6-3-13)：

在"教师的教学策略及讲授(演示)方法"变量上，31年及以上教龄的教师分别与1~10年、11~20年教龄的教师存在显著差异，31年及以上教龄的教师的得分均低于后两者。在"选择适当的评价方式方法"变量上，21~30年教龄的教师与1~10年、11~20年、31年及以上教龄的教师均存在显著差异，21~30年教龄的教师的得分低于1~10年、11~20年教龄的教师，高于31年及以上教龄的教师。在"掌控和维持好课堂教学秩序"变量上，1~10年、11~20年教龄的教师分别与21~30年、31年及以上教龄的教师均存在显著差异，21~30年、31年及以上教龄的教师的得分均低于前两者。在"配备一定数量的课程助教"变量上，31年及以上教龄的教师分别与1~10年、11~20年教龄的教师存在显著差异，31年及以上教龄的教师的得分均低于后两者；1~10年教龄的教师与21~30年教龄的教师均存在显著差异，21~30年教龄的教师得分的较低。在"教师的教学空间及设备支持"变量上，11~20年教龄的教师与1~10年、31年及以上教龄的教师存在显著差异，11~20年教龄的教师的得分高于前两者。在"教师对教学平台和工具的熟悉程度""学生对教学平台和工具的熟悉程度"变量上,不存在明显差异。

表 6-3-12　不同教龄的教师在"教师因素"上的变异数分析表

| 教师因素 | | 平方和 | 自由度 | 均方 | F | 显著性 |
|---|---|---|---|---|---|---|
| 配备一定数量的课程助教 | 组间 | 22.130 | 3 | 7.377 | 6.541 | 0.000 |
| | 组内 | 15439.426 | 13691 | 1.128 | | |
| | 总计 | 15461.556 | 13694 | | | |
| 掌控和维持好课堂教学秩序 | 组间 | 34.701 | 3 | 11.567 | 19.912 | 0.000 |
| | 组内 | 7952.981 | 13691 | 0.581 | | |
| | 总计 | 7987.682 | 13694 | | | |
| 选择适当的评价方式方法 | 组间 | 36.358 | 3 | 12.119 | 22.745 | 0.000 |
| | 组内 | 7294.997 | 13691 | 0.533 | | |
| | 总计 | 7331.355 | 13694 | | | |
| 教师对教学平台和工具的熟悉程度 | 组间 | 2.250 | 3 | 0.750 | 1.662 | 0.173 |
| | 组内 | 6176.506 | 13691 | 0.451 | | |
| | 总计 | 6178.755 | 13694 | | | |
| 教师的教学空间及设备支持 | 组间 | 6.883 | 3 | 2.294 | 4.813 | 0.002 |
| | 组内 | 6526.674 | 13691 | 0.477 | | |
| | 总计 | 6533.556 | 13694 | | | |
| 学生对教学平台和工具的熟悉程度 | 组间 | 2.137 | 3 | 0.712 | 1.445 | 0.228 |
| | 组内 | 6748.658 | 13691 | 0.493 | | |
| | 总计 | 6750.795 | 13694 | | | |
| 教师的教学策略及讲授(演示)方法 | 组间 | 10.144 | 3 | 3.381 | 8.206 | 0.000 |
| | 组内 | 5641.821 | 13691 | 0.412 | | |
| | 总计 | 5651.965 | 13694 | | | |

表 6-3-13 不同教龄的教师在"教师因素"上的多重比较分析表

| 教师因素 | (I)教龄分组 | (J)教龄分组 | 平均值差值(I-J) | 标准误差 | 显著性 | 95%置信区间 下限 | 95%置信区间 上限 |
|---|---|---|---|---|---|---|---|
| 配备一定数量的课程助教 | 1~10 年 | 11~20 年 | 0.019 | 0.021 | 1.000 | −0.03 | 0.07 |
| | | 21~30 年 | 0.080* | 0.028 | 0.026 | 0.01 | 0.15 |
| | | 31 年及以上 | 0.135* | 0.035 | 0.001 | 0.04 | 0.23 |
| | 11~20 年 | 1~10 年 | −0.019 | 0.021 | 1.000 | −0.07 | 0.03 |
| | | 21~30 年 | 0.061 | 0.029 | 0.194 | −0.01 | 0.14 |
| | | 31 年及以上 | 0.115* | 0.036 | 0.008 | 0.02 | 0.21 |
| | 21~30 年 | 1~10 年 | −0.080* | 0.028 | 0.026 | −0.15 | −0.01 |
| | | 11~20 年 | −0.061 | 0.029 | 0.194 | −0.14 | 0.01 |
| | | 31 年及以上 | 0.054 | 0.041 | 1.000 | −0.05 | 0.16 |
| | 31 年及以上 | 1~10 年 | −0.135* | 0.035 | 0.001 | −0.23 | −0.04 |
| | | 11~20 年 | −0.115* | 0.036 | 0.008 | −0.21 | −0.02 |
| | | 21~30 年 | −0.054 | 0.041 | 1.000 | −0.16 | 0.05 |
| 掌控和维持好课堂教学秩序 | 1~10 年 | 11~20 年 | 0.029 | 0.015 | 0.282 | −0.01 | 0.07 |
| | | 21~30 年 | 0.099* | 0.020 | 0.000 | 0.05 | 0.15 |
| | | 31 年及以上 | 0.172* | 0.025 | 0.000 | 0.10 | 0.24 |
| | 11~20 年 | 1~10 年 | −0.029 | 0.015 | 0.282 | −0.07 | 0.01 |
| | | 21~30 年 | 0.070* | 0.020 | 0.004 | 0.02 | 0.12 |
| | | 31 年及以上 | 0.142* | 0.026 | 0.000 | 0.07 | 0.21 |
| | 21~30 年 | 1~10 年 | −0.099* | 0.020 | 0.000 | −0.15 | −0.05 |
| | | 11~20 年 | −0.070* | 0.020 | 0.004 | −0.12 | −0.02 |
| | | 31 年及以上 | 0.072 | 0.029 | 0.079 | 0.00 | 0.15 |
| | 31 年及以上 | 1~10 年 | −0.172* | 0.025 | 0.000 | −0.24 | −0.10 |
| | | 11~20 年 | −0.142* | 0.026 | 0.000 | −0.21 | −0.07 |
| | | 21~30 年 | −0.072 | 0.029 | 0.079 | −0.15 | 0.00 |

续表

| 教师因素 | (I)教龄分组 | (J)教龄分组 | 平均值差值(I-J) | 标准误差 | 显著性 | 95%置信区间 下限 | 95%置信区间 上限 |
|---|---|---|---|---|---|---|---|
| 选择适当的评价方式方法 | 1～10年 | 11～20年 | 0.022 | 0.014 | 0.705 | −0.02 | .06 |
| | | 21～30年 | 0.085* | 0.019 | 0.000 | 0.03 | 0.14 |
| | | 31年及以上 | 0.185* | 0.024 | 0.000 | 0.12 | 0.25 |
| | 11～20年 | 1～10年 | −0.022 | 0.014 | 0.705 | −0.06 | 0.02 |
| | | 21～30年 | 0.063* | 0.020 | 0.009 | 0.01 | 0.11 |
| | | 31年及以上 | 0.163* | 0.025 | 0.000 | 0.10 | 0.23 |
| | 21～30年 | 1～10年 | −0.085* | 0.019 | 0.000 | −0.14 | −0.03 |
| | | 11～20年 | −0.063* | 0.020 | 0.009 | −0.11 | −0.01 |
| | | 31年及以上 | 0.100* | 0.028 | 0.002 | 0.03 | 0.17 |
| | 31年及以上 | 1～10年 | −0.185* | 0.024 | 0.000 | −0.25 | −0.12 |
| | | 11～20年 | −0.163* | 0.025 | 0.000 | −0.23 | −0.10 |
| | | 21～30年 | −0.100* | 0.028 | 0.002 | −0.17 | −0.03 |
| 教师对教学平台和工具的熟悉程度 | 1～10年 | 11～20年 | −0.013 | 0.013 | 1.000 | −0.05 | 0.02 |
| | | 21～30年 | 0.019 | 0.018 | 1.000 | −0.03 | 0.07 |
| | | 31年及以上 | 0.025 | 0.022 | 1.000 | −0.03 | 0.08 |
| | 11～20年 | 1～10年 | 0.013 | 0.013 | 1.000 | −0.02 | 0.05 |
| | | 21～30年 | 0.033 | 0.018 | 0.429 | −0.02 | 0.08 |
| | | 31年及以上 | 0.038 | 0.023 | 0.559 | −0.02 | 0.10 |
| | 21～30年 | 1～10年 | −0.019 | 0.018 | 1.000 | −0.07 | 0.03 |
| | | 11～20年 | −0.033 | 0.018 | 0.429 | −0.08 | 0.02 |
| | | 31年及以上 | 0.006 | 0.026 | 1.000 | −0.06 | 0.07 |
| | 31年及以上 | 1～10年 | −0.025 | 0.022 | 1.000 | −0.08 | 0.03 |
| | | 11～20年 | −0.038 | 0.023 | 0.559 | −0.10 | 0.02 |
| | | 21～30年 | −0.006 | 0.026 | 1.000 | −0.07 | 0.06 |

续表

| 教师因素 | （I）教龄分组 | （J）教龄分组 | 平均值差值（I-J） | 标准误差 | 显著性 | 95％置信区间 下限 | 95％置信区间 上限 |
| --- | --- | --- | --- | --- | --- | --- | --- |
| 教师的教学空间及设备支持 | 1～10 年 | 11～20 年 | −0.038* | 0.013 | 0.029 | −0.07 | 0.00 |
| | 1～10 年 | 21～30 年 | 0.006 | 0.018 | 1.000 | −0.04 | 0.05 |
| | 1～10 年 | 31 年及以上 | 0.033 | 0.023 | 0.924 | −0.03 | 0.09 |
| | 11～20 年 | 1～10 年 | 0.038* | 0.013 | 0.029 | 0.00 | 0.07 |
| | 11～20 年 | 21～30 年 | 0.044 | 0.019 | 0.114 | −0.01 | 0.09 |
| | 11～20 年 | 31 年及以上 | 0.071* | 0.023 | 0.015 | 0.01 | 0.13 |
| | 21～30 年 | 1～10 年 | −0.006 | 0.018 | 1.000 | −0.05 | 0.04 |
| | 21～30 年 | 11～20 年 | −0.044 | 0.019 | 0.114 | −0.09 | 0.01 |
| | 21～30 年 | 31 年及以上 | 0.027 | 0.026 | 1.000 | −0.04 | 0.10 |
| | 31 年及以上 | 1～10 年 | −0.033 | 0.023 | 0.924 | −0.09 | 0.03 |
| | 31 年及以上 | 11～20 年 | −0.071* | 0.023 | 0.015 | −0.13 | −0.01 |
| | 31 年及以上 | 21～30 年 | −0.027 | 0.026 | 1.000 | −0.10 | 0.04 |
| 学生对教学平台和工具的熟悉程度 | 1～10 年 | 11～20 年 | −0.015 | 0.014 | 1.000 | −0.05 | 0.02 |
| | 1～10 年 | 21～30 年 | 0.018 | 0.019 | 1.000 | −0.03 | 0.07 |
| | 1～10 年 | 31 年及以上 | 0.020 | 0.023 | 1.000 | −0.04 | 0.08 |
| | 11～20 年 | 1～10 年 | 0.015 | 0.014 | 1.000 | −0.02 | 0.05 |
| | 11～20 年 | 21～30 年 | 0.033 | 0.019 | 0.483 | −0.02 | 0.08 |
| | 11～20 年 | 31 年及以上 | 0.035 | 0.024 | 0.854 | −0.03 | 0.10 |
| | 21～30 年 | 1～10 年 | −0.018 | 0.019 | 1.000 | −0.07 | 0.03 |
| | 21～30 年 | 11～20 年 | −0.033 | 0.019 | 0.483 | −0.08 | 0.02 |
| | 21～30 年 | 31 年及以上 | 0.002 | 0.027 | 1.000 | −0.07 | 0.07 |
| | 31 年及以上 | 1～10 年 | −0.020 | 0.023 | 1.000 | −0.08 | 0.04 |
| | 31 年及以上 | 11～20 年 | −0.035 | 0.024 | 0.854 | −0.10 | 0.03 |
| | 31 年及以上 | 21～30 年 | −0.002 | 0.027 | 1.000 | −0.07 | 0.07 |

续表

| 教师因素 | (I)教龄分组 | (J)教龄分组 | 平均值差值(I-J) | 标准误差 | 显著性 | 95%置信区间 下限 | 95%置信区间 上限 |
|---|---|---|---|---|---|---|---|
| 教师的教学策略及讲授(演示)方法 | 1～10年 | 11～20年 | 0.008 | 0.012 | 1.000 | −0.02 | 0.04 |
| | | 21～30年 | 0.043 | 0.017 | 0.070 | 0.00 | 0.09 |
| | | 31年及以上 | 0.097* | 0.021 | 0.000 | 0.04 | 0.15 |
| | 11～20年 | 1～10年 | −0.008 | 0.012 | 1.000 | −0.04 | 0.02 |
| | | 21～30年 | 0.035 | 0.017 | 0.272 | −0.01 | 0.08 |
| | | 31年及以上 | 0.089* | 0.022 | 0.000 | 0.03 | 0.15 |
| | 21～30年 | 1～10年 | −0.043 | 0.017 | 0.070 | −0.09 | 0.00 |
| | | 11～20年 | −0.035 | 0.017 | 0.272 | −0.08 | 0.01 |
| | | 31年及以上 | 0.054 | 0.025 | 0.161 | −0.01 | 0.12 |
| | 31年及以上 | 1～10年 | −0.097* | 0.021 | 0.000 | −0.15 | −0.04 |
| | | 11～20年 | −0.089* | 0.022 | 0.000 | −0.15 | −0.03 |
| | | 21～30年 | −0.054 | 0.025 | 0.161 | −0.12 | 0.01 |

注：* 表示 $p<0.05$。

### (四)不同院校类别的教师对线上教学效果影响因素的差异

以不同院校类别为自变量，三类教学效果影响因素为因变量，进行单因素方差分析，进而探究不同院校类别的教师在"技术支持和线上资源因素""学生因素""教师因素"上的差异。

经变异数分析结果(见表6-3-14)，不同院校类别的教师在"技术支持和线上资源因素"各变量上均有显著差异。经多重比较分析结果(见表6-3-15)，在"网络速度及稳定性"变量上，民办高校教师与公办高校、其他类别高校教师之间存在差异，民办高校教师的得分高于后两者。在"教学平台功能及稳定性""提供课程配套电子教学资源""选择适合线上教学的课程内容"三个变量上，公办高校、民办高校和其他类别高校彼此之间都存在差异，得分从高到低依次为：民办高校教师、公办高校教师、其他类别高校教师。在"线上技术服务支持"变量上，民办高校教师和公办高校教师、民办高校教师和其他类别高校教师均存在差异，公办高校教师、其他类别高校教师的得分均低于民办高校教师。

表 6-3-14　不同院校类别的教师在"技术支持和线上资源因素"上的变异数分析表

| 技术支持和线上资源因素 | | 平方和 | 自由度 | 均方 | $F$ | 显著性 |
|---|---|---|---|---|---|---|
| 教学平台功能及稳定性 | 组间 | 21.274 | 2 | 10.637 | 21.735 | 0.000 |
| | 组内 | 6700.763 | 13692 | 0.489 | | |
| | 总计 | 6722.037 | 13694 | | | |
| 网络速度及稳定性 | 组间 | 30.695 | 2 | 15.347 | 25.536 | 0.000 |
| | 组内 | 8229.073 | 13692 | 0.601 | | |
| | 总计 | 8259.768 | 13694 | | | |
| 线上技术服务支持 | 组间 | 14.718 | 2 | 7.359 | 12.975 | 0.000 |
| | 组内 | 7765.698 | 13692 | 0.567 | | |
| | 总计 | 7780.416 | 13694 | | | |
| 提供课程配套电子教学资源 | 组间 | 15.656 | 2 | 7.828 | 13.120 | 0.000 |
| | 组内 | 8169.272 | 13692 | 0.597 | | |
| | 总计 | 8184.928 | 13694 | | | |
| 选择适合线上教学的课程内容 | 组间 | 26.081 | 2 | 13.040 | 26.892 | 0.000 |
| | 组内 | 6639.500 | 13692 | 0.485 | | |
| | 总计 | 6665.581 | 13694 | | | |

表 6-3-15　不同院校类别的教师在"技术支持和线上资源因素"上的多重比较分析表

| 技术支持和线上资源因素 | (I)学校类别 | (J)学校类别 | 平均值差值(I-J) | 标准误差 | 显著性 | 95%置信区间 下限 | 95%置信区间 上限 |
|---|---|---|---|---|---|---|---|
| 教学平台功能及稳定性 | 公办 | 民办 | −0.095* | 0.016 | 0.000 | −0.13 | −0.06 |
| | | 其他 | 0.230* | 0.086 | 0.022 | 0.02 | 0.44 |
| | 民办 | 公办 | 0.095* | 0.016 | 0.000 | 0.06 | 0.13 |
| | | 其他 | 0.325* | 0.087 | 0.001 | 0.12 | 0.53 |
| | 其他 | 公办 | −0.230* | 0.086 | 0.022 | −0.44 | −0.02 |
| | | 民办 | −0.325* | 0.087 | 0.001 | −0.53 | −0.12 |

续表

| 技术支持和线上资源因素 | (I)学校类别 | (J)学校类别 | 平均值差值(I-J) | 标准误差 | 显著性 | 95%置信区间 下限 | 95%置信区间 上限 |
|---|---|---|---|---|---|---|---|
| 网络速度及稳定性 | 公办 | 民办 | −0.120* | 0.018 | 0.000 | −0.16 | −0.08 |
|  | 公办 | 其他 | 0.204 | 0.095 | 0.095 | −0.02 | 0.43 |
|  | 民办 | 公办 | 0.120* | 0.018 | 0.000 | 0.08 | 0.16 |
|  | 民办 | 其他 | 0.324* | 0.096 | 0.002 | 0.09 | 0.55 |
|  | 其他 | 公办 | −0.204 | 0.095 | 0.095 | −0.43 | 0.02 |
|  | 其他 | 民办 | −0.324* | 0.096 | 0.002 | −0.55 | −0.09 |
| 线上技术服务支持 | 公办 | 民办 | −0.076* | 0.017 | 0.000 | −0.12 | −0.04 |
|  | 公办 | 其他 | 0.218 | 0.092 | 0.055 | 0.00 | 0.44 |
|  | 民办 | 公办 | 0.076* | 0.017 | 0.000 | 0.04 | 0.12 |
|  | 民办 | 其他 | 0.294* | 0.093 | 0.005 | 0.07 | 0.52 |
|  | 其他 | 公办 | −0.218 | 0.092 | 0.055 | −0.44 | 0.00 |
|  | 其他 | 民办 | −0.294* | 0.093 | 0.005 | −0.52 | −0.07 |
| 提供课程配套电子教学资源 | 公办 | 民办 | −0.079* | 0.018 | 0.000 | −0.12 | −0.04 |
|  | 公办 | 其他 | 0.227* | 0.095 | 0.050 | 0.00 | 0.45 |
|  | 民办 | 公办 | 0.079* | 0.018 | 0.000 | 0.04 | 0.12 |
|  | 民办 | 其他 | 0.305* | 0.096 | 0.004 | 0.08 | 0.53 |
|  | 其他 | 公办 | −0.227* | 0.095 | 0.050 | −0.45 | 0.00 |
|  | 其他 | 民办 | −0.305* | 0.096 | 0.004 | −0.53 | −0.08 |
| 选择适合线上教学的课程内容 | 公办 | 民办 | −0.107* | 0.016 | 0.000 | −0.15 | −0.07 |
|  | 公办 | 其他 | 0.233* | 0.085 | 0.019 | 0.03 | 0.44 |
|  | 民办 | 公办 | 0.107* | 0.016 | 0.000 | 0.07 | 0.15 |
|  | 民办 | 其他 | 0.340* | 0.086 | 0.000 | 0.13 | 0.55 |
|  | 其他 | 公办 | −0.233* | 0.085 | 0.019 | −0.44 | −0.03 |
|  | 其他 | 民办 | −0.340* | 0.086 | 0.000 | −0.55 | −0.13 |

注：* 表示 $p<0.05$。

经变异数分析结果（见表6-3-16），不同院校类别的教师在"学生因素"各变量上均有显著差异。经多重比较分析结果（表6-3-17），在"学校对线上教学的政策支持""学生的学习空间及终端设备支持"两个变量上，民办高校教师与公办高校、其他类别高校教师之间存在差异，民办高校教师的得分高于后两者。在"良好线上学习行为习惯(如按时上课、学习自律能力等)""学生自主学习能力""学生积极参与"三个变量上,公办高校、民办高校和其他类别高校彼此之间都存在差异,得分从低到高依次为:其他类别高校教师、公办高校教师、民办高校教师。

表 6-3-16  不同院校类别的教师在"学生因素"上的变异数分析表

| 学生因素 | | 平方和 | 自由度 | 均方 | $F$ | 显著性 |
| --- | --- | --- | --- | --- | --- | --- |
| 良好线上学习行为习惯(如按时上课、学习自律能力等) | 组间 | 8.458 | 2 | 4.229 | 12.116 | 0.000 |
| | 组内 | 4778.994 | 13692 | 0.349 | | |
| | 总计 | 4787.452 | 13694 | | | |
| 学生自主学习能力 | 组间 | 7.366 | 2 | 3.683 | 10.461 | 0.000 |
| | 组内 | 4820.699 | 13692 | 0.352 | | |
| | 总计 | 4828.065 | 13694 | | | |
| 学生积极参与 | 组间 | 11.301 | 2 | 5.650 | 16.005 | 0.000 |
| | 组内 | 4834.022 | 13692 | 0.353 | | |
| | 总计 | 4845.323 | 13694 | | | |
| 学生的学习空间及终端设备支持 | 组间 | 10.519 | 2 | 5.260 | 11.966 | 0.000 |
| | 组内 | 6018.387 | 13692 | 0.440 | | |
| | 总计 | 6028.906 | 13694 | | | |
| 学校对线上教学的政策支持 | 组间 | 17.772 | 2 | 8.886 | 17.010 | 0.000 |
| | 组内 | 7152.738 | 13692 | 0.522 | | |
| | 总计 | 7170.509 | 13694 | | | |

表 6-3-17  不同院校类别的教师在"学生因素"上的多重比较分析表

| 学生因素 | (I)学校类别 | (J)学校类别 | 平均值差值(I-J) | 标准误差 | 显著性 | 95%置信区间 下限 | 95%置信区间 上限 |
| --- | --- | --- | --- | --- | --- | --- | --- |
| 良好线上学习行为习惯(如按时上课、学习自律能力等) | 公办 | 民办 | −0.047* | 0.014 | 0.001 | −0.08 | −0.02 |
| | 公办 | 其他 | 0.242* | 0.072 | 0.002 | 0.07 | 0.42 |
| | 民办 | 公办 | 0.047* | 0.014 | 0.001 | 0.02 | 0.08 |
| | 民办 | 其他 | 0.289* | 0.073 | 0.000 | 0.11 | 0.46 |
| | 其他 | 公办 | −0.242* | 0.072 | 0.002 | −0.42 | −0.07 |
| | 其他 | 民办 | −0.289* | 0.073 | 0.000 | −0.46 | −0.11 |

续表

| 学生因素 | (I)学校类别 | (J)学校类别 | 平均值差值(I-J) | 标准误差 | 显著性 | 95%置信区间 下限 | 95%置信区间 上限 |
|---|---|---|---|---|---|---|---|
| 学生自主学习能力 | 公办 | 民办 | −0.046* | 0.014 | 0.002 | −0.08 | −0.01 |
| | 公办 | 其他 | 0.215* | 0.073 | 0.009 | 0.04 | 0.39 |
| | 民办 | 公办 | 0.046* | 0.014 | 0.002 | 0.01 | 0.08 |
| | 民办 | 其他 | 0.261* | 0.074 | 0.001 | 0.08 | 0.44 |
| | 其他 | 公办 | −0.215* | 0.073 | 0.009 | −0.39 | −0.04 |
| | 其他 | 民办 | −0.261* | 0.074 | 0.001 | −0.44 | −0.08 |
| 学生积极参与 | 公办 | 民办 | −0.053* | 0.014 | 0.000 | −0.09 | −0.02 |
| | 公办 | 其他 | 0.287* | 0.073 | 0.000 | 0.11 | 0.46 |
| | 民办 | 公办 | 0.053* | 0.014 | 0.000 | 0.02 | 0.09 |
| | 民办 | 其他 | 0.341* | 0.074 | 0.000 | 0.16 | 0.52 |
| | 其他 | 公办 | −0.287* | 0.073 | 0.000 | −0.46 | −0.11 |
| | 其他 | 民办 | −0.341* | 0.074 | 0.000 | −0.52 | −0.16 |
| 学生的学习空间及终端设备支持 | 公办 | 民办 | −0.068* | 0.015 | 0.000 | −0.10 | −0.03 |
| | 公办 | 其他 | 0.145 | 0.081 | 0.224 | −0.05 | 0.34 |
| | 民办 | 公办 | 0.068* | 0.015 | 0.000 | 0.03 | 0.10 |
| | 民办 | 其他 | 0.213* | 0.082 | 0.029 | 0.02 | 0.41 |
| | 其他 | 公办 | −0.145 | 0.081 | 0.224 | −0.34 | 0.05 |
| | 其他 | 民办 | −0.213* | 0.082 | 0.029 | −0.41 | −0.02 |
| 学校对线上教学的政策支持 | 公办 | 民办 | −0.092* | 0.017 | 0.000 | −0.13 | −0.05 |
| | 公办 | 其他 | 0.141 | 0.089 | 0.330 | −0.07 | 0.35 |
| | 民办 | 公办 | 0.092* | 0.017 | 0.000 | 0.05 | 0.13 |
| | 民办 | 其他 | 0.233* | 0.090 | 0.028 | 0.02 | 0.45 |
| | 其他 | 公办 | −0.141 | 0.089 | 0.330 | −0.35 | 0.07 |
| | 其他 | 民办 | −0.233* | 0.090 | 0.028 | −0.45 | −0.02 |

注：* 表示 $p<0.05$。

经变异数分析结果(见表 6-3-18)，不同院校类别的教师在"教师因素"各变量上均有显著差异。经多重比较分析结果(见表 6-3-19)，在"教师的教学策略及讲授(演示)方法""选择适当的评价方式方法""掌控和维持好课堂教学秩序""配备一定数量的课程助教""学生对教学平台和工具的熟悉程度"五个变量上,民办高校教师与公办高校教师之间存在差异,民办高校教师得分较高。在"教师对教学平台和工具的熟悉程度""教师的教学空间及设备支持"两个变量上,民办高校教师与公办高校、其他类别高校教师之间存在差异,民办高校教师的得分高于后两者。

表 6-3-18  不同院校类别的教师在"教师因素"上的变异数分析表

| 教师因素 | | 平方和 | 自由度 | 均方 | F | 显著性 |
|---|---|---|---|---|---|---|
| 配备一定数量的课程助教 | 组间 | 44.151 | 2 | 22.076 | 19.605 | 0.000 |
| | 组内 | 15417.405 | 13692 | 1.126 | | |
| | 总计 | 15461.556 | 13694 | | | |
| 掌控和维持好课堂教学秩序 | 组间 | 31.073 | 2 | 15.536 | 26.736 | 0.000 |
| | 组内 | 7956.609 | 13692 | 0.581 | | |
| | 总计 | 7987.682 | 13694 | | | |
| 选择适当的评价方式方法 | 组间 | 25.737 | 2 | 12.868 | 24.117 | 0.000 |
| | 组内 | 7305.618 | 13692 | 0.534 | | |
| | 总计 | 7331.355 | 13694 | | | |
| 教师对教学平台和工具的熟悉程度 | 组间 | 17.425 | 2 | 8.712 | 19.361 | 0.000 |
| | 组内 | 6161.331 | 13692 | 0.450 | | |
| | 总计 | 6178.755 | 13694 | | | |
| 教师的教学空间及设备支持 | 组间 | 16.738 | 2 | 8.369 | 17.583 | 0.000 |
| | 组内 | 6516.819 | 13692 | 0.476 | | |
| | 总计 | 6533.556 | 13694 | | | |
| 学生对教学平台和工具的熟悉程度 | 组间 | 16.882 | 2 | 8.441 | 17.163 | 0.000 |
| | 组内 | 6733.913 | 13692 | 0.492 | | |
| | 总计 | 6750.795 | 13694 | | | |
| 教师的教学策略及讲授(演示)方法 | 组间 | 11.218 | 2 | 5.609 | 13.615 | 0.000 |
| | 组内 | 5640.746 | 13692 | 0.412 | | |
| | 总计 | 5651.965 | 13694 | | | |

表 6-3-19　不同院校类别的教师在"教师因素"上的多重比较分析表

| 教师因素 | (I)学校类别 | (J)学校类别 | 平均值差值(I-J) | 标准误差 | 显著性 | 95%置信区间下限 | 95%置信区间上限 |
|---|---|---|---|---|---|---|---|
| 配备一定数量的课程助教 | 公办 | 民办 | −0.149* | 0.024 | 0.000 | −0.21 | −0.09 |
|  |  | 其他 | −0.177 | 0.130 | 0.523 | −0.49 | 0.13 |
|  | 民办 | 公办 | 0.149* | 0.024 | 0.000 | 0.09 | 0.21 |
|  |  | 其他 | −0.027 | 0.132 | 1.000 | −0.34 | 0.29 |
|  | 其他 | 公办 | 0.177 | 0.130 | 0.523 | −0.13 | 0.49 |
|  |  | 民办 | 0.027 | 0.132 | 1.000 | −0.29 | 0.34 |
| 掌控和维持好课堂教学秩序 | 公办 | 民办 | −0.126* | 0.017 | 0.000 | −0.17 | −0.08 |
|  |  | 其他 | 0.067 | 0.093 | 1.000 | −0.16 | 0.29 |
|  | 民办 | 公办 | 0.126* | 0.017 | 0.000 | 0.08 | 0.17 |
|  |  | 其他 | 0.193 | 0.094 | 0.122 | −0.03 | 0.42 |
|  | 其他 | 公办 | −0.067 | 0.093 | 1.000 | −0.29 | 0.16 |
|  |  | 民办 | −0.193 | 0.094 | 0.122 | −0.42 | 0.03 |
| 选择适当的评价方式方法 | 公办 | 民办 | −0.114* | 0.017 | 0.000 | −0.15 | −0.07 |
|  |  | 其他 | 0.089 | 0.090 | 0.961 | −0.13 | 0.30 |
|  | 民办 | 公办 | 0.114* | 0.017 | 0.000 | 0.07 | 0.15 |
|  |  | 其他 | 0.203 | 0.091 | 0.074 | −0.01 | 0.42 |
|  | 其他 | 公办 | −0.089 | 0.090 | 0.961 | −0.30 | 0.13 |
|  |  | 民办 | −0.203 | 0.091 | 0.074 | −0.42 | 0.01 |
| 教师对教学平台和工具的熟悉程度 | 公办 | 民办 | −0.090* | 0.015 | 0.000 | −0.13 | −0.05 |
|  |  | 其他 | 0.151 | 0.082 | 0.201 | −0.05 | 0.35 |
|  | 民办 | 公办 | 0.090* | 0.015 | 0.000 | 0.05 | 0.13 |
|  |  | 其他 | 0.241* | 0.083 | 0.011 | 0.04 | 0.44 |
|  | 其他 | 公办 | −0.151 | 0.082 | 0.201 | −0.35 | 0.05 |
|  |  | 民办 | −0.241* | 0.083 | 0.011 | −0.44 | −0.04 |

续表

| 教师因素 | (I)学校类别 | (J)学校类别 | 平均值差值(I-J) | 标准误差 | 显著性 | 95%置信区间 下限 | 95%置信区间 上限 |
|---|---|---|---|---|---|---|---|
| 教师的教学空间及设备支持 | 公办 | 民办 | −0.089* | 0.016 | 0.000 | −0.13 | −0.05 |
| | 公办 | 其他 | 0.144 | 0.085 | 0.269 | −0.06 | 0.35 |
| | 民办 | 公办 | 0.089* | 0.016 | 0.000 | 0.05 | 0.13 |
| | 民办 | 其他 | 0.232* | 0.086 | 0.020 | 0.03 | 0.44 |
| | 其他 | 公办 | −0.144 | 0.085 | 0.269 | −0.35 | 0.06 |
| | 其他 | 民办 | −0.232* | 0.086 | 0.020 | −0.44 | −0.03 |
| 学生对教学平台和工具的熟悉程度 | 公办 | 民办 | −0.091* | 0.016 | 0.000 | −0.13 | −0.05 |
| | 公办 | 其他 | 0.117 | 0.086 | 0.519 | −0.09 | 0.32 |
| | 民办 | 公办 | 0.091* | 0.016 | 0.000 | 0.05 | 0.13 |
| | 民办 | 其他 | 0.208 | 0.087 | 0.051 | 0.00 | 0.42 |
| | 其他 | 公办 | −0.117 | 0.086 | 0.519 | −0.32 | 0.09 |
| | 其他 | 民办 | −0.208 | 0.087 | 0.051 | −0.42 | 0.00 |
| 教师的教学策略及讲授(演示)方法 | 公办 | 民办 | −0.074* | 0.015 | 0.000 | −0.11 | −0.04 |
| | 公办 | 其他 | 0.083 | 0.079 | 0.873 | −0.11 | 0.27 |
| | 民办 | 公办 | 0.074* | 0.015 | 0.000 | 0.04 | 0.11 |
| | 民办 | 其他 | 0.157 | 0.080 | 0.143 | −0.03 | 0.35 |
| | 其他 | 公办 | −0.083 | 0.079 | 0.873 | −0.27 | 0.11 |
| | 其他 | 民办 | −0.157 | 0.080 | 0.143 | −0.35 | 0.03 |

注：* 表示 $p<0.05$。

**(五)不同院校类型的教师对线上教学效果影响因素的差异**

以不同院校类型为自变量，三类教学效果影响因素为因变量，进行单因素方差分析，进而探究不同院校类型的教师在"技术支持和线上资源因素""学生因素""教师因素"上的差异。

经变异数分析结果(见表6-3-20)，不同院校类型的教师在"技术支持和线上资源因素"各变量上均有显著差异。经多重比较分析结果(见表6-3-21)，在"教学平台功能及稳定性"变量上，研究型大学与一般本科高校之间存在差异，一般本科高校的得分高于研究型大学。在"线上技术服务支持""提供课程配套电子教学资源""选择适合线上教学的课程内容"变量上，研究型大学与一般本科高校和高职院校之间存在差异，研究型大学教师得分低于后两者。

表 6-3-20　不同院校类型的教师在"技术支持和线上资源因素"上的变异数分析表

| 技术支持和线上资源因素 | | 平方和 | 自由度 | 均方 | F | 显著性 |
|---|---|---|---|---|---|---|
| 教学平台功能及稳定性 | 组间 | 10.425 | 3 | 3.475 | 7.089 | 0.000 |
| | 组内 | 6711.612 | 13691 | 0.490 | | |
| | 总计 | 6722.037 | 13694 | | | |
| 网络速度及稳定性 | 组间 | 6.227 | 3 | 2.076 | 3.443 | 0.016 |
| | 组内 | 8253.541 | 13691 | 0.603 | | |
| | 总计 | 8259.768 | 13694 | | | |
| 线上技术服务支持 | 组间 | 27.056 | 3 | 9.019 | 15.925 | 0.000 |
| | 组内 | 7753.360 | 13691 | 0.566 | | |
| | 总计 | 7780.416 | 13694 | | | |
| 提供课程配套电子教学资源 | 组间 | 11.244 | 3 | 3.748 | 6.278 | 0.000 |
| | 组内 | 8173.683 | 13691 | 0.597 | | |
| | 总计 | 8184.928 | 13694 | | | |
| 选择适合线上教学的课程内容 | 组间 | 8.011 | 3 | 2.670 | 5.491 | 0.001 |
| | 组内 | 6657.571 | 13691 | 0.486 | | |
| | 总计 | 6665.581 | 13694 | | | |

表 6-3-21　不同院校类型的教师在"技术支持和线上资源因素"上的多重比较分析表

| 技术支持和线上资源因素 | (I) 学校类型 | (J) 学校类型 | 平均值差值 (I-J) | 标准误差 | 显著性 | 95% 置信区间 下限 | 95% 置信区间 上限 |
|---|---|---|---|---|---|---|---|
| 教学平台功能及稳定性 | 研究型大学 | 一般本科高校 | −0.107* | 0.036 | 0.017 | −0.20 | −0.01 |
| | | 高职院校 | −0.096 | 0.045 | 0.209 | −0.21 | 0.02 |
| | | 其他 | 0.084 | 0.064 | 1.000 | −0.08 | 0.25 |
| | 一般本科高校 | 研究型大学 | 0.107* | 0.036 | 0.017 | 0.01 | 0.20 |
| | | 高职院校 | 0.011 | 0.029 | 1.000 | −0.07 | 0.09 |
| | | 其他 | 0.191* | 0.053 | 0.002 | 0.05 | 0.33 |

续表

| 技术支持和线上资源因素 | （I）学校类型 | （J）学校类型 | 平均值差值(I-J) | 标准误差 | 显著性 | 95% 置信区间 下限 | 95% 置信区间 上限 |
|---|---|---|---|---|---|---|---|
| 教学平台功能及稳定性 | 高职院校 | 研究型大学 | 0.096 | 0.045 | 0.209 | −0.02 | 0.21 |
| | | 一般本科高校 | −0.011 | 0.029 | 1.000 | −0.09 | 0.07 |
| | | 其他 | 0.180* | 0.060 | 0.017 | 0.02 | 0.34 |
| | 其他 | 研究型大学 | −0.084 | 0.064 | 1.000 | −0.25 | 0.08 |
| | | 一般本科高校 | −0.191* | 0.053 | 0.002 | −0.33 | −0.05 |
| | | 高职院校 | −0.180* | 0.060 | 0.017 | −0.34 | −0.02 |
| 网络速度及稳定性 | 研究型大学 | 一般本科高校 | −0.102 | 0.040 | 0.062 | −0.21 | 0.00 |
| | | 高职院校 | −0.105 | 0.050 | 0.215 | −0.24 | 0.03 |
| | | 其他 | 0.015 | 0.071 | 1.000 | −0.17 | 0.20 |
| | 一般本科高校 | 研究型大学 | 0.102 | 0.040 | 0.062 | 0.00 | 0.21 |
| | | 高职院校 | −0.004 | 0.032 | 1.000 | −0.09 | 0.08 |
| | | 其他 | 0.117 | 0.059 | 0.292 | −0.04 | 0.27 |
| | 高职院校 | 研究型大学 | 0.105 | 0.050 | 0.215 | −0.03 | 0.24 |
| | | 一般本科高校 | 0.004 | 0.032 | 1.000 | −0.08 | 0.09 |
| | | 其他 | 0.121 | 0.067 | 0.426 | −0.06 | 0.30 |
| | 其他 | 研究型大学 | −0.015 | 0.071 | 1.000 | −0.20 | 0.17 |
| | | 一般本科高校 | −0.117 | 0.059 | 0.292 | −0.27 | 0.04 |
| | | 高职院校 | −0.121 | 0.067 | 0.426 | −0.30 | 0.06 |

续表

| 技术支持和线上资源因素 | (I)学校类型 | (J)学校类型 | 平均值差值(I-J) | 标准误差 | 显著性 | 95% 置信区间 下限 | 95% 置信区间 上限 |
|---|---|---|---|---|---|---|---|
| 线上技术服务支持 | 研究型大学 | 一般本科高校 | −0.216* | 0.038 | 0.000 | −0.32 | −0.11 |
| | | 高职院校 | −0.280* | 0.049 | 0.000 | −0.41 | −0.15 |
| | | 其他 | −0.022 | 0.068 | 1.000 | −0.20 | 0.16 |
| | 一般本科高校 | 研究型大学 | 0.216* | 0.038 | 0.000 | 0.11 | 0.32 |
| | | 高职院校 | −0.064 | 0.031 | 0.250 | −0.15 | 0.02 |
| | | 其他 | 0.194* | 0.057 | 0.004 | 0.04 | 0.35 |
| | 高职院校 | 研究型大学 | 0.280* | 0.049 | 0.000 | 0.15 | 0.41 |
| | | 一般本科高校 | 0.064 | 0.031 | 0.250 | −0.02 | 0.15 |
| | | 其他 | 0.258* | 0.065 | 0.000 | 0.09 | 0.43 |
| | 其他 | 研究型大学 | 0.022 | 0.068 | 1.000 | −0.16 | 0.20 |
| | | 一般本科高校 | −0.194* | 0.057 | 0.004 | −0.35 | −0.04 |
| | | 高职 | −0.258* | 0.065 | 0.000 | −0.43 | −0.09 |
| 提供课程配套电子教学资源 | 研究型大学 | 一般本科高校 | −0.128* | 0.039 | 0.007 | −0.23 | −0.02 |
| | | 高职院校 | −0.185* | 0.050 | 0.001 | −0.32 | −0.05 |
| | | 其他 | 0.001 | 0.070 | 1.000 | −0.18 | 0.19 |
| | 一般本科高校 | 研究型大学 | 0.128* | 0.039 | 0.007 | 0.02 | 0.23 |
| | | 高职院校 | −0.057 | 0.032 | 0.455 | −0.14 | 0.03 |
| | | 其他 | 0.129 | 0.059 | 0.171 | −0.03 | 0.28 |
| | 高职院校 | 研究型大学 | 0.185* | 0.050 | 0.001 | 0.05 | 0.32 |
| | | 一般本科高校 | 0.057 | 0.032 | 0.455 | −0.03 | 0.14 |
| | | 其他 | 0.186* | 0.067 | 0.030 | 0.01 | 0.36 |
| | 其他 | 研究型大学 | −0.001 | 0.070 | 1.000 | −0.19 | 0.18 |
| | | 一般本科高校 | −0.129 | 0.059 | 0.171 | −0.28 | 0.03 |
| | | 高职院校 | −0.186* | 0.067 | 0.030 | −0.36 | −0.01 |

续表

| 技术支持和线上资源因素 | （I）学校类型 | （J）学校类型 | 平均值差值(I-J) | 标准误差 | 显著性 | 95% 置信区间 下限 | 95% 置信区间 上限 |
|---|---|---|---|---|---|---|---|
| 选择适合线上教学的课程内容 | 研究型大学 | 一般本科高校 | −0.113* | 0.036 | 0.009 | −0.21 | −0.02 |
| | | 高职院校 | −0.171* | 0.045 | 0.001 | −0.29 | −0.05 |
| | | 其他 | −0.040 | 0.063 | 1.000 | −0.21 | 0.13 |
| | 一般本科高校 | 研究型大学 | 0.113* | 0.036 | 0.009 | 0.02 | 0.21 |
| | | 高职 | −0.058 | 0.029 | 0.278 | −0.13 | 0.02 |
| | | 其他 | 0.073 | 0.053 | 1.000 | −0.07 | 0.21 |
| | 高职院校 | 研究型大学 | 0.171* | 0.045 | 0.001 | 0.05 | 0.29 |
| | | 一般本科高校 | 0.058 | 0.029 | 0.278 | −0.02 | 0.13 |
| | | 其他 | 0.131 | 0.060 | 0.175 | −0.03 | 0.29 |
| | 其他 | 研究型大学 | 0.040 | 0.063 | 1.000 | −0.13 | 0.21 |
| | | 一般本科高校 | −0.073 | 0.053 | 1.000 | −0.21 | 0.07 |
| | | 高职院校 | −0.131 | 0.060 | 0.175 | −0.29 | 0.03 |

注：* 表示 $p<0.05$。

经变异数分析结果（见表6-3-22），不同院校类型的教师在"学生积极参与""学生的学习空间及终端设备支持""学校对线上教学的政策支持"变量上存在显著差异。经多重比较分析结果（见表6-3-23），在"学生的学习空间及终端设备支持""学校对线上教学的政策支持""学生积极参与"变量上，研究型大学与一般本科高校和高职院校之间存在差异，研究型大学教师得分低于后两者。

表6-3-22　不同院校类型的教师在"学生因素"上的变异数分析表

| 学生因素 | | 平方和 | 自由度 | 均方 | F | 显著性 |
|---|---|---|---|---|---|---|
| 良好线上学习行为习惯（如按时上课、学习自律能力等） | 组间 | 1.667 | 3 | 0.556 | 1.589 | 0.190 |
| | 组内 | 4785.785 | 13691 | 0.350 | | |
| | 总计 | 4787.452 | 13694 | | | |
| 学生自主学习能力 | 组间 | 1.209 | 3 | 0.403 | 1.143 | 0.330 |
| | 组内 | 4826.856 | 13691 | 0.353 | | |
| | 总计 | 4828.065 | 13694 | | | |

续表

| 学生因素 | | 平方和 | 自由度 | 均方 | F | 显著性 |
|---|---|---|---|---|---|---|
| 学生积极参与 | 组间 | 3.539 | 3 | 1.180 | 3.336 | 0.019 |
| | 组内 | 4841.784 | 13691 | 0.354 | | |
| | 总计 | 4845.323 | 13694 | | | |
| 学生的学习空间及终端设备支持 | 组间 | 5.546 | 3 | 1.849 | 4.202 | 0.006 |
| | 组内 | 6023.361 | 13691 | 0.440 | | |
| | 总计 | 6028.906 | 13694 | | | |
| 学校对线上教学的政策支持 | 组间 | 7.901 | 3 | 2.634 | 5.034 | 0.002 |
| | 组内 | 7162.608 | 13691 | 0.523 | | |
| | 总计 | 7170.509 | 13694 | | | |

表 6-3-23　不同院校类型的教师在"学生因素"上的多重比较分析表

| 学生因素 | (I)学校类型 | (J)学校类型 | 平均值差值(I-J) | 标准误差 | 显著性 | 95% 置信区间 下限 | 95% 置信区间 上限 |
|---|---|---|---|---|---|---|---|
| 良好线上学习行为习惯（如按时上课、学习自律能力等） | 研究型大学 | 一般本科高校 | −0.042 | 0.030 | 1.000 | −0.12 | 0.04 |
| | | 高职院校 | −0.049 | 0.038 | 1.000 | −0.15 | 0.05 |
| | | 其他 | 0.034 | 0.054 | 1.000 | −0.11 | 0.18 |
| | 一般本科高校 | 研究型大学 | 0.042 | 0.030 | 1.000 | −0.04 | 0.12 |
| | | 高职院校 | −0.008 | 0.025 | 1.000 | −0.07 | 0.06 |
| | | 其他 | 0.075 | 0.045 | 0.568 | −0.04 | 0.19 |
| | 高职院校 | 研究型大学 | 0.049 | 0.038 | 1.000 | −0.05 | 0.15 |
| | | 一般本科高校 | 0.008 | 0.025 | 1.000 | −0.06 | 0.07 |
| | | 其他 | 0.083 | 0.051 | 0.618 | −0.05 | 0.22 |
| | 其他 | 研究型大学 | −0.034 | 0.054 | 1.000 | −0.18 | 0.11 |
| | | 一般本科高校 | −0.075 | 0.045 | 0.568 | −0.19 | 0.04 |
| | | 高职院校 | −0.083 | 0.051 | 0.618 | −0.22 | 0.05 |

续表

| 学生因素 | （I）学校类型 | （J）学校类型 | 平均值差值(I-J) | 标准误差 | 显著性 | 95% 置信区间 下限 | 95% 置信区间 上限 |
|---|---|---|---|---|---|---|---|
| 学生自主学习能力 | 研究型大学 | 一般本科高校 | −0.034 | 0.030 | 1.000 | −0.11 | 0.05 |
| | | 高职院校 | −0.027 | 0.038 | 1.000 | −0.13 | 0.07 |
| | | 其他 | 0.032 | 0.054 | 1.000 | −0.11 | 0.17 |
| | 一般本科高校 | 研究型大学 | 0.034 | 0.030 | 1.000 | −0.05 | 0.11 |
| | | 高职院校 | 0.007 | 0.025 | 1.000 | −0.06 | 0.07 |
| | | 其他 | 0.067 | 0.045 | 0.846 | −0.05 | 0.19 |
| | 高职院校 | 研究型大学 | 0.027 | 0.038 | 1.000 | −0.07 | 0.13 |
| | | 一般本科高校 | −0.007 | 0.025 | 1.000 | −0.07 | 0.06 |
| | | 其他 | 0.060 | 0.051 | 1.000 | −0.08 | 0.19 |
| | 其他 | 研究型大学 | −0.032 | 0.054 | 1.000 | −0.17 | 0.11 |
| | | 一般本科高校 | −0.067 | 0.045 | 0.846 | −0.19 | 0.05 |
| | | 高职院校 | −0.060 | 0.051 | 1.000 | −0.19 | 0.08 |
| 学生积极参与 | 研究型大学 | 一般本科高校 | −0.038 | 0.030 | 1.000 | −0.12 | 0.04 |
| | | 高职院校 | −0.068 | 0.038 | 0.473 | −0.17 | 0.03 |
| | | 其他 | 0.081 | 0.054 | 0.800 | −0.06 | 0.22 |
| | 一般本科高校 | 研究型大学 | 0.038 | 0.030 | 1.000 | −0.04 | 0.12 |
| | | 高职院校 | −0.030 | 0.025 | 1.000 | −0.10 | 0.04 |
| | | 其他 | 0.119 | 0.045 | 0.053 | 0.00 | 0.24 |
| | 高职院校 | 研究型大学 | 0.068 | 0.038 | 0.473 | −0.03 | 0.17 |
| | | 一般本科高校 | 0.030 | 0.025 | 1.000 | −0.04 | 0.10 |
| | | 其他 | 0.149* | 0.051 | 0.022 | 0.01 | 0.28 |
| | 其他 | 研究型大学 | −0.081 | 0.054 | 0.800 | −0.22 | 0.06 |
| | | 一般本科高校 | −0.119 | 0.045 | 0.053 | −0.24 | 0.00 |
| | | 高职院校 | −0.149* | 0.051 | 0.022 | −0.28 | −0.01 |

283

续表

| 学生因素 | （I）学校类型 | （J）学校类型 | 平均值差值（I-J） | 标准误差 | 显著性 | 95% 置信区间 下限 | 95% 置信区间 上限 |
|---|---|---|---|---|---|---|---|
| 学生的学习空间及终端设备支持 | 研究型大学 | 一般本科高校 | −0.096* | 0.034 | 0.027 | −0.19 | −0.01 |
| | | 高职院校 | −0.131* | 0.043 | 0.013 | −0.24 | −0.02 |
| | | 其他 | −0.013 | 0.060 | 1.000 | −0.17 | 0.15 |
| | 一般本科高校 | 研究型大学 | 0.096* | 0.034 | 0.027 | 0.01 | 0.19 |
| | | 高职院校 | −0.035 | 0.028 | 1.000 | −0.11 | 0.04 |
| | | 其他 | 0.083 | 0.051 | 0.611 | −0.05 | 0.22 |
| | 高职院校 | 研究型大学 | 0.131* | 0.043 | 0.013 | 0.02 | 0.24 |
| | | 一般本科高校 | 0.035 | 0.028 | 1.000 | −0.04 | 0.11 |
| | | 其他 | 0.118 | 0.057 | 0.231 | −0.03 | 0.27 |
| | 其他 | 研究型大学 | 0.013 | 0.060 | 1.000 | −0.15 | 0.17 |
| | | 一般本科高校 | −0.083 | 0.051 | 0.611 | −0.22 | 0.05 |
| | | 高职院校 | −0.118 | 0.057 | 0.231 | −0.27 | 0.03 |
| 学校对线上教学的政策支持 | 研究型大学 | 一般本科高校 | −0.105* | 0.037 | 0.028 | −0.20 | −0.01 |
| | | 高职院校 | −0.158* | 0.047 | 0.005 | −0.28 | −0.03 |
| | | 其他 | 0.001 | 0.066 | 1.000 | −0.17 | 0.17 |
| | 一般本科高校 | 研究型大学 | 0.105* | 0.037 | 0.028 | 0.01 | 0.20 |
| | | 高职院校 | −0.053 | 0.030 | 0.470 | −0.13 | 0.03 |
| | | 其他 | 0.105 | 0.055 | 0.342 | −0.04 | 0.25 |
| | 高职院校 | 研究型大学 | 0.158* | 0.047 | 0.005 | 0.03 | 0.28 |
| | | 一般本科高校 | 0.053 | 0.030 | 0.470 | −0.03 | 0.13 |
| | | 其他 | 0.158 | 0.062 | 0.066 | −0.01 | 0.32 |
| | 其他 | 研究型大学 | −0.001 | 0.066 | 1.000 | −0.17 | 0.17 |
| | | 一般本科高校 | −0.105 | 0.055 | 0.342 | −0.25 | 0.04 |
| | | 高职院校 | −0.158 | 0.062 | 0.066 | −0.32 | 0.01 |

注：* 表示 $p<0.05$。

经变异数分析结果(见表 6-3-24),除"教师的教学策略及讲授(演示)方法"外,不同院校类型的教师在"教师因素"其他变量上均存在显著差异。经多重比较分析结果(见表 6-3-25),在"配备一定数量的课程助教"变量上,一般本科高校和高职院校之间存在差异,高职院校得分高于一般本科高校。在"掌控和维持好课堂教学秩序""选择适当的评价方式方法"变量上,研究型大学与一般本科高校和高职院校之间存在差异,研究型大学教师得分低于后两者。在"学生对教学平台和工具的熟悉程度"变量上,研究型大学与高职院校存在差异,研究型大学得分低于高职院校。

表 6-3-24 不同院校类型的教师在"教师因素"上的变异数分析表

| 教师因素 | | 平方和 | 自由度 | 均方 | $F$ | 显著性 |
|---|---|---|---|---|---|---|
| 配备一定数量的课程助教 | 组间 | 9.894 | 3 | 3.298 | 2.922 | 0.033 |
| | 组内 | 15451.662 | 13691 | 1.129 | | |
| | 总计 | 15461.556 | 13694 | | | |
| 掌控和维持好课堂教学秩序 | 组间 | 13.400 | 3 | 4.467 | 7.669 | 0.000 |
| | 组内 | 7974.283 | 13691 | 0.582 | | |
| | 总计 | 7987.682 | 13694 | | | |
| 选择适当的评价方式方法 | 组间 | 8.696 | 3 | 2.899 | 5.420 | 0.001 |
| | 组内 | 7322.659 | 13691 | 0.535 | | |
| | 总计 | 7331.355 | 13694 | | | |
| 教师对教学平台和工具的熟悉程度 | 组间 | 6.413 | 3 | 2.138 | 4.742 | 0.003 |
| | 组内 | 6172.342 | 13691 | 0.451 | | |
| | 总计 | 6178.755 | 13694 | | | |
| 教师的教学空间及设备支持 | 组间 | 4.151 | 3 | 1.384 | 2.901 | 0.034 |
| | 组内 | 6529.405 | 13691 | 0.477 | | |
| | 总计 | 6533.556 | 13694 | | | |
| 学生对教学平台和工具的熟悉程度 | 组间 | 5.176 | 3 | 1.725 | 3.502 | 0.015 |
| | 组内 | 6745.618 | 13691 | 0.493 | | |
| | 总计 | 6750.795 | 13694 | | | |
| 教师的教学策略及讲授(演示)方法 | 组间 | 2.186 | 3 | 0.729 | 1.766 | 0.151 |
| | 组内 | 5649.779 | 13691 | 0.413 | | |
| | 总计 | 5651.965 | 13694 | | | |

表 6-3-25 不同院校类型的教师在"教师因素"上的多重比较分析表

| 教师因素 | (I) 学校类型 | (J) 学校类型 | 平均值差值(I-J) | 标准误差 | 显著性 | 95% 置信区间 下限 | 95% 置信区间 上限 |
|---|---|---|---|---|---|---|---|
| 配备一定数量的课程助教 | 研究型大学 | 一般本科高校 | 0.041 | 0.054 | 1.000 | −0.10 | 0.18 |
| | | 高职院校 | −0.086 | 0.069 | 1.000 | −0.27 | 0.10 |
| | | 其他 | 0.064 | 0.097 | 1.000 | −0.19 | 0.32 |
| | 一般本科高校 | 研究型大学 | −0.041 | 0.054 | 1.000 | −0.18 | 0.10 |
| | | 高职院校 | −0.127* | 0.044 | 0.025 | −0.24 | −0.01 |
| | | 其他 | 0.022 | 0.081 | 1.000 | −0.19 | 0.24 |
| | 高职院校 | 研究型大学 | 0.086 | 0.069 | 1.000 | −0.10 | 0.27 |
| | | 一般本科高校 | 0.127* | 0.044 | 0.025 | 0.01 | 0.24 |
| | | 其他 | 0.149 | 0.091 | 0.615 | −0.09 | 0.39 |
| | 其他 | 研究型大学 | −0.064 | 0.097 | 1.000 | −0.32 | 0.19 |
| | | 一般本科高校 | −0.022 | 0.081 | 1.000 | −0.24 | 0.19 |
| | | 高职院校 | −0.149 | 0.091 | 0.615 | −0.39 | 0.09 |
| 掌控和维持好课堂教学秩序 | 研究型大学 | 一般本科高校 | −0.174* | 0.039 | 0.000 | −0.28 | −0.07 |
| | | 高职院校 | −0.204* | 0.049 | 0.000 | −0.33 | −0.07 |
| | | 其他 | −0.093 | 0.069 | 1.000 | −0.28 | 0.09 |
| | 一般本科高校 | 研究型大学 | 0.174* | 0.039 | 0.000 | 0.07 | 0.28 |
| | | 高职院校 | −0.031 | 0.032 | 1.000 | −0.11 | 0.05 |
| | | 其他 | 0.081 | 0.058 | 0.987 | −0.07 | 0.23 |
| | 高职院校 | 研究型大学 | 0.204* | 0.049 | 0.000 | 0.07 | 0.33 |
| | | 一般本科高校 | 0.031 | 0.032 | 1.000 | −0.05 | 0.11 |
| | | 其他 | 0.112 | 0.066 | 0.538 | −0.06 | 0.28 |
| | 其他 | 研究型大学 | 0.093 | 0.069 | 1.000 | −0.09 | 0.28 |
| | | 一般本科高校 | −0.081 | 0.058 | 0.987 | −0.23 | 0.07 |
| | | 高职院校 | −0.112 | 0.066 | 0.538 | −0.28 | 0.06 |

续表

| 教师因素 | （I）学校类型 | （J）学校类型 | 平均值差值(I-J) | 标准误差 | 显著性 | 95% 置信区间 下限 | 上限 |
|---|---|---|---|---|---|---|---|
| 选择适当的评价方式方法 | 研究型大学 | 一般本科高校 | −0.141* | 0.037 | 0.001 | −0.24 | −0.04 |
| | | 高职院校 | −0.141* | 0.047 | 0.017 | −0.27 | −0.02 |
| | | 其他 | −0.059 | 0.066 | 1.000 | −0.23 | 0.12 |
| | 一般本科高校 | 研究型大学 | 0.141* | 0.037 | 0.001 | 0.04 | 0.24 |
| | | 高职院校 | 0.000 | 0.031 | 1.000 | −0.08 | 0.08 |
| | | 其他 | 0.082 | 0.056 | 0.862 | −0.07 | 0.23 |
| | 高职院校 | 研究型大学 | 0.141* | 0.047 | 0.017 | 0.02 | 0.27 |
| | | 一般本科高校 | 0.000 | 0.031 | 1.000 | −0.08 | 0.08 |
| | | 其他 | 0.082 | 0.063 | 1.000 | −0.08 | 0.25 |
| | 其他 | 研究型大学 | 0.059 | 0.066 | 1.000 | −0.12 | 0.23 |
| | | 一般本科高校 | −0.082 | 0.056 | 0.862 | −0.23 | 0.07 |
| | | 高职院校 | −0.082 | 0.063 | 1.000 | −0.25 | 0.08 |
| 教师对教学平台和工具的熟悉程度 | 研究型大学 | 一般本科高校 | −0.050 | 0.034 | 0.884 | −0.14 | 0.04 |
| | | 高职院校 | −0.070 | 0.043 | 0.645 | −0.18 | 0.04 |
| | | 其他 | 0.125 | 0.061 | 0.245 | −0.04 | 0.29 |
| | 一般本科高校 | 研究型大学 | 0.050 | 0.034 | 0.884 | −0.04 | 0.14 |
| | | 高职 | −0.020 | 0.028 | 1.000 | −0.09 | 0.05 |
| | | 其他 | 0.174* | 0.051 | 0.004 | 0.04 | 0.31 |
| | 高职院校 | 研究型大学 | 0.070 | 0.043 | 0.645 | −0.04 | 0.18 |
| | | 一般本科高校 | 0.020 | 0.028 | 1.000 | −0.05 | 0.09 |
| | | 其他 | 0.195* | 0.058 | 0.005 | 0.04 | 0.35 |
| | 其他 | 研究型大学 | −0.125 | 0.061 | 0.245 | −0.29 | 0.04 |
| | | 一般本科高校 | −0.174* | 0.051 | 0.004 | −0.31 | −0.04 |
| | | 高职院校 | −0.195* | 0.058 | 0.005 | −0.35 | −0.04 |

续表

| 教师因素 | (I)学校类型 | (J)学校类型 | 平均值差值(I-J) | 标准误差 | 显著性 | 95% 置信区间 下限 | 95% 置信区间 上限 |
|---|---|---|---|---|---|---|---|
| 教师的教学空间及设备支持 | 研究型大学 | 一般本科高校 | −0.076 | 0.035 | 0.179 | −0.17 | 0.02 |
| | | 高职院校 | −0.070 | 0.045 | 0.715 | −0.19 | 0.05 |
| | | 其他 | 0.031 | 0.063 | 1.000 | −0.13 | 0.20 |
| | 一般本科高校 | 研究型大学 | 0.076 | 0.035 | 0.179 | −0.02 | 0.17 |
| | | 高职院校 | 0.007 | 0.029 | 1.000 | −0.07 | 0.08 |
| | | 其他 | 0.107 | 0.053 | 0.249 | −0.03 | 0.25 |
| | 高职院校 | 研究型大学 | 0.070 | 0.045 | 0.715 | −0.05 | 0.19 |
| | | 一般本科高校 | −0.007 | 0.029 | 1.000 | −0.08 | 0.07 |
| | | 其他 | 0.101 | 0.059 | 0.545 | −0.06 | 0.26 |
| | 其他 | 研究型大学 | −0.031 | 0.063 | 1.000 | −0.20 | 0.13 |
| | | 一般本科高校 | −0.107 | 0.053 | 0.249 | −0.25 | 0.03 |
| | | 高职院校 | −0.101 | 0.059 | 0.545 | −0.26 | 0.06 |
| 学生对教学平台和工具的熟悉程度 | 研究型大学 | 一般本科高校 | −0.075 | 0.036 | 0.216 | −0.17 | 0.02 |
| | | 高职院校 | −0.132* | 0.045 | 0.021 | −0.25 | −0.01 |
| | | 其他 | 0.000 | 0.064 | 1.000 | −0.17 | 0.17 |
| | 一般本科高校 | 研究型大学 | 0.075 | .036 | 0.216 | −0.02 | 0.17 |
| | | 高职院校 | −0.057 | 00.029 | 0.303 | −0.13 | 0.02 |
| | | 其他 | 0.075 | 0.054 | 0.980 | −0.07 | 0.22 |
| | 高职院校 | 研究型大学 | 0.132* | 0.045 | 0.021 | 0.01 | 0.25 |
| | | 一般本科高校 | 0.057 | 0.029 | 0.303 | −0.02 | 0.13 |
| | | 其他 | 0.132 | 0.060 | 0.174 | −0.03 | 0.29 |
| | 其他 | 研究型大学 | 0.000 | 0.064 | 1.000 | −0.17 | 0.17 |
| | | 一般本科高校 | −0.075 | 0.054 | 0.980 | −0.22 | 0.07 |
| | | 高职院校 | −0.132 | 0.060 | 0.174 | −0.29 | 0.03 |

续表

| 教师因素 | (I)学校类型 | (J)学校类型 | 平均值差值(I-J) | 标准误差 | 显著性 | 95%置信区间 下限 | 95%置信区间 上限 |
|---|---|---|---|---|---|---|---|
| 教师的教学策略及讲授(演示)方法 | 研究型大学 | 一般本科高校 | −0.046 | 0.033 | 0.972 | −0.13 | 0.04 |
| | | 高职院校 | −0.028 | 0.042 | 1.000 | −0.14 | 0.08 |
| | | 其他 | 0.041 | 0.058 | 1.000 | −0.11 | 0.19 |
| | 一般本科高校 | 研究型大学 | 0.046 | 0.033 | 0.972 | −0.04 | 0.13 |
| | | 高职院校 | 0.018 | 0.027 | 1.000 | −0.05 | 0.09 |
| | | 其他 | 0.086 | 0.049 | 0.468 | −0.04 | 0.22 |
| | 高职院校 | 研究型大学 | 0.028 | 0.042 | 1.000 | −0.08 | 0.14 |
| | | 一般本科高校 | −0.018 | 0.027 | 1.000 | −0.09 | 0.05 |
| | | 其他 | 0.068 | 0.055 | 1.000 | −0.08 | 0.21 |
| | 其他 | 研究型大学 | −0.041 | 0.058 | 1.000 | −0.19 | 0.11 |
| | | 一般本科高校 | −0.086 | 0.049 | 0.468 | −0.22 | 0.04 |
| | | 高职院校 | −0.068 | 0.055 | 1.000 | −0.21 | 0.08 |

注：*表示 $p<0.05$。

### (六)不同区域的教师对线上教学效果影响因素的差异

以所在区域为自变量，三类教学效果影响因素为因变量，进行单因素方差分析，进而探究不同区域的教师在"技术支持和线上资源因素""学生因素""教师因素"上的差异。

经变异数分析结果(见表 6-3-26)，不同区域的教师在"技术支持和线上资源因素"五个变量上存在差异。经多重比较分析结果(见表 6-3-27)，在"网络速度及稳定性"变量上，西部地区高校与其他地区高校的教师存在差异，西部地区高校教师的得分高于其他地区高校的学生。在"教学平台功能及稳定性""选择适合线上教学的课程内容"变量上，其他地区高校与东部、西部、中部 3 个地区高校的教师均存在差异，其他地区高校的教师得分低于东、中、西部 3 个地区高校。在"线上技术服务支持""提供课程配套电子教学资源"变量上，中部地区高校与东部地区、其他地区高校的教师存在差异，中部地区高校教师的得分高于后两者。

表 6-3-26　不同区域教师在"技术支持和线上资源因素"上的变异数分析表

| 技术支持和线上资源因素 | | 平方和 | 自由度 | 均方 | F | 显著性 |
|---|---|---|---|---|---|---|
| 教学平台功能及稳定性 | 组间 | 4.996 | 3 | 1.665 | | |
| | 组内 | 6717.041 | 13691 | 0.491 | 3.394 | 0.017 |
| | 总计 | 6722.037 | 13694 | | | |
| 网络速度及稳定性 | 组间 | 6.025 | 3 | 2.008 | | |
| | 组内 | 8253.743 | 13691 | 0.603 | 3.331 | 0.019 |
| | 总计 | 8259.768 | 13694 | | | |
| 线上技术服务支持 | 组间 | 7.840 | 3 | 2.613 | | |
| | 组内 | 7772.576 | 13691 | 0.568 | 4.603 | 0.003 |
| | 总计 | 7780.416 | 13694 | | | |
| 提供课程配套电子教学资源 | 组间 | 17.769 | 3 | 5.923 | | |
| | 组内 | 8167.159 | 13691 | 0.597 | 9.929 | 0.000 |
| | 总计 | 8184.928 | 13694 | | | |
| 选择适合线上教学的课程内容 | 组间 | 10.242 | 3 | 3.414 | | |
| | 组内 | 6655.339 | 13691 | 0.486 | 7.023 | 0.000 |
| | 总计 | 6665.581 | 13694 | | | |

表 6-3-27　不同区域教师在"技术支持和线上资源因素"上的多重比较分析表

| 技术支持和线上资源因素 | (I)学校区域 | (J)学校区域 | 平均值差值(I-J) | 标准误差 | 显著性 | 95% 置信区间 下限 | 95% 置信区间 上限 |
|---|---|---|---|---|---|---|---|
| 教学平台功能及稳定性 | 东部 | 中部 | −0.003 | 0.013 | 1.000 | −0.04 | 0.03 |
| | | 西部 | −0.024 | 0.018 | 1.000 | −0.07 | 0.02 |
| | | 其他 | 0.241* | 0.086 | 0.030 | 0.01 | 0.47 |
| | 中部 | 东部 | 0.003 | 0.013 | 1.000 | −0.03 | 0.04 |
| | | 西部 | −0.022 | 0.018 | 1.000 | −0.07 | 0.03 |
| | | 其他 | 0.244* | 0.086 | 0.028 | 0.02 | 0.47 |
| | 西部 | 东部 | 0.024 | 0.018 | 1.000 | −0.02 | 0.07 |
| | | 中部 | 0.022 | 0.018 | 1.000 | −0.03 | 0.07 |
| | | 其他 | 0.266* | 0.087 | 0.014 | 0.04 | 0.49 |
| | 其他 | 东部 | −0.241* | 0.086 | 0.030 | −0.47 | −0.01 |
| | | 中部 | −0.244* | 0.086 | 0.028 | −0.47 | −0.02 |
| | | 西部 | −0.266* | 0.087 | 0.014 | −0.49 | −0.04 |

续表

| 技术支持和线上资源因素 | (I)学校区域 | (J)学校区域 | 平均值差值(I-J) | 标准误差 | 显著性 | 95% 置信区间 下限 | 95% 置信区间 上限 |
|---|---|---|---|---|---|---|---|
| 网络速度及稳定性 | 东部 | 中部 | −0.006 | 0.015 | 1.000 | −0.04 | 0.03 |
| | 东部 | 西部 | −0.041 | 0.020 | 0.222 | −0.09 | 0.01 |
| | 东部 | 其他 | 0.216 | 0.095 | 0.142 | −0.04 | 0.47 |
| | 中部 | 东部 | 0.006 | 0.015 | 1.000 | −0.03 | 0.04 |
| | 中部 | 西部 | −0.035 | 0.020 | 0.508 | −0.09 | 0.02 |
| | 中部 | 其他 | 0.222 | 0.095 | 0.121 | −0.03 | 0.47 |
| | 西部 | 东部 | 0.041 | 0.020 | 0.222 | −0.01 | 0.09 |
| | 西部 | 中部 | 0.035 | 0.020 | 0.508 | −0.02 | 0.09 |
| | 西部 | 其他 | 0.257* | 0.096 | 0.047 | 0.00 | 0.51 |
| | 其他 | 东部 | −0.216 | 0.095 | 0.142 | −0.47 | 0.04 |
| | 其他 | 中部 | −0.222 | 0.095 | 0.121 | −0.47 | 0.03 |
| | 其他 | 西部 | −0.257* | 0.096 | 0.047 | −0.51 | 0.00 |
| 线上技术服务支持 | 东部 | 中部 | −0.039* | 0.014 | 0.036 | −0.08 | 0.00 |
| | 东部 | 西部 | −0.019 | 0.019 | 1.000 | −0.07 | 0.03 |
| | 东部 | 其他 | 0.213 | 0.093 | 0.128 | −0.03 | 0.46 |
| | 中部 | 东部 | 0.039* | 0.014 | 0.036 | 0.00 | 0.08 |
| | 中部 | 西部 | 0.019 | 0.020 | 1.000 | −0.03 | 0.07 |
| | 中部 | 其他 | 0.252* | 0.093 | 0.040 | 0.01 | 0.50 |
| | 西部 | 东部 | 0.019 | 0.019 | 1.000 | −0.03 | 0.07 |
| | 西部 | 中部 | −0.019 | 0.020 | 1.000 | −0.07 | 0.03 |
| | 西部 | 其他 | 0.232 | 0.094 | 0.078 | −0.01 | 0.48 |
| | 其他 | 东部 | −0.213 | 0.093 | 0.128 | −0.46 | 0.03 |
| | 其他 | 中部 | −0.252* | 0.093 | 0.040 | −0.50 | −0.01 |
| | 其他 | 西部 | −0.232 | 0.094 | 0.078 | −0.48 | 0.01 |

续表

| 技术支持和线上资源因素 | (I)学校区域 | (J)学校区域 | 平均值差值(I-J) | 标准误差 | 显著性 | 95% 置信区间 下限 | 95% 置信区间 上限 |
|---|---|---|---|---|---|---|---|
| 提供课程配套电子教学资源 | 东部 | 中部 | −0.070* | 0.014 | 0.000 | −0.11 | −0.03 |
| | 东部 | 西部 | −0.038 | 0.019 | 0.318 | −0.09 | 0.01 |
| | 东部 | 其他 | 0.208 | 0.095 | 0.169 | −0.04 | 0.46 |
| | 中部 | 东部 | 0.070* | 0.014 | 0.000 | 0.03 | 0.11 |
| | 中部 | 西部 | 0.032 | 0.020 | 0.663 | −0.02 | 0.09 |
| | 中部 | 其他 | 0.278* | 0.095 | 0.021 | 0.03 | 0.53 |
| | 西部 | 东部 | 0.038 | 0.019 | 0.318 | −0.01 | 0.09 |
| | 西部 | 中部 | −0.032 | 0.020 | 0.663 | −0.09 | 0.02 |
| | 西部 | 其他 | 0.246 | 0.096 | 0.062 | −0.01 | 0.50 |
| | 其他 | 东部 | −0.208 | 0.095 | 0.169 | −0.46 | 0.04 |
| | 其他 | 中部 | −0.278* | 0.095 | 0.021 | −0.53 | −0.03 |
| | 其他 | 西部 | −0.246 | 0.096 | 0.062 | −0.50 | 0.01 |
| 选择适合线上教学的课程内容 | 东部 | 中部 | −0.046* | 0.013 | 0.003 | −0.08 | −0.01 |
| | 东部 | 西部 | −0.016 | 0.018 | 1.000 | −0.06 | 0.03 |
| | 东部 | 其他 | 0.231* | 0.086 | 0.042 | 0.01 | 0.46 |
| | 中部 | 东部 | 0.046* | 0.013 | 0.003 | 0.01 | 0.08 |
| | 中部 | 西部 | 0.030 | 0.018 | 0.588 | −0.02 | 0.08 |
| | 中部 | 其他 | 0.277* | 0.086 | 0.007 | 0.05 | 0.50 |
| | 西部 | 东部 | 0.016 | 0.018 | 1.000 | −0.03 | 0.06 |
| | 西部 | 中部 | −0.030 | 0.018 | 0.588 | −0.08 | 0.02 |
| | 西部 | 其他 | 0.247* | 0.087 | 0.026 | 0.02 | 0.48 |
| | 其他 | 东部 | −0.231* | 0.086 | 0.042 | −0.46 | −0.01 |
| | 其他 | 中部 | −0.277* | 0.086 | 0.007 | −0.50 | −0.05 |
| | 其他 | 西部 | −0.247* | 0.087 | 0.026 | −0.48 | −0.02 |

注：* 表示 $p<0.05$。

经变异数分析结果（见表 6-3-28），除"学校对线上教学的政策支持"变量之外，不同区域的教师在"学生因素"其他四个变量上存在差异。经多重比较分析结果（见表 6-3-29），在"学生积极参与""学生自主学习能力""良好线上学习行为习惯（如按时上课、学习自律能力等）"变量上，其他地区高校与东部、西部、中部 3 个地区高校的教师均存在差异，其他地区高校的教师得分低于东、中、西部3个地区高校。在"学生的学习空间及终端设备支持""学校对线上教学的政策支持"变量上,各地区高校的教师不存在显著差异。

表 6-3-28　不同区域教师在"学生因素"上的变异数分析表

| 学生因素 | | 平方和 | 自由度 | 均方 | $F$ | 显著性 |
|---|---|---|---|---|---|---|
| 良好线上学习行为习惯（如按时上课、学习自律能力等） | 组间 | 5.262 | 3 | 1.754 | 5.021 | 0.002 |
| | 组内 | 4782.190 | 13691 | 0.349 | | |
| | 总计 | 4787.452 | 13694 | | | |
| 学生自主学习能力 | 组间 | 3.695 | 3 | 1.232 | 3.495 | 0.015 |
| | 组内 | 4824.370 | 13691 | 0.352 | | |
| | 总计 | 4828.065 | 13694 | | | |
| 学生积极参与 | 组间 | 6.103 | 3 | 2.034 | 5.755 | 0.001 |
| | 组内 | 4839.220 | 13691 | 0.353 | | |
| | 总计 | 4845.323 | 13694 | | | |
| 学生的学习空间及终端设备支持 | 组间 | 3.874 | 3 | 1.291 | 2.934 | 0.032 |
| | 组内 | 6025.033 | 13691 | 0.440 | | |
| | 总计 | 6028.906 | 13694 | | | |
| 学校对线上教学的政策支持 | 组间 | 3.713 | 3 | 1.238 | 2.364 | 0.069 |
| | 组内 | 7166.796 | 13691 | 0.523 | | |
| | 总计 | 7170.509 | 13694 | | | |

表 6-3-29　不同区域教师在"学生因素"上的多重比较分析表

| 学生因素 | （I）学校区域 | （J）学校区域 | 平均值差值(I-J) | 标准误差 | 显著性 | 95% 置信区间 下限 | 95% 置信区间 上限 |
|---|---|---|---|---|---|---|---|
| 良好线上学习行为习惯（如按时上课、学习自律能力等） | 东部 | 中部 | −0.016 | 0.011 | 0.937 | −0.04 | 0.01 |
| | 东部 | 西部 | −0.022 | 0.015 | 0.851 | −0.06 | 0.02 |
| | 东部 | 其他 | 0.241* | 0.073 | 0.005 | 0.05 | 0.43 |
| | 中部 | 东部 | 0.016 | 0.011 | 0.937 | −0.01 | 0.04 |
| | 中部 | 西部 | −0.006 | 0.015 | 1.000 | −0.05 | 0.03 |
| | 中部 | 其他 | 0.256* | 0.073 | 0.003 | 0.06 | 0.45 |
| | 西部 | 东部 | 0.022 | 0.015 | 0.851 | −0.02 | 0.06 |
| | 西部 | 中部 | 0.006 | 0.015 | 1.000 | −0.03 | 0.05 |
| | 西部 | 其他 | 0.263* | 0.073 | 0.002 | 0.07 | 0.46 |
| | 其他 | 东部 | −0.241* | 0.073 | 0.005 | −0.43 | −0.05 |
| | 其他 | 中部 | −0.256* | 0.073 | 0.003 | −0.45 | −0.06 |
| | 其他 | 西部 | −0.263* | 0.073 | 0.002 | −0.46 | −0.07 |

续表

| 学生因素 | (I)学校区域 | (J)学校区域 | 平均值差值(I-J) | 标准误差 | 显著性 | 95% 置信区间 下限 | 95% 置信区间 上限 |
|---|---|---|---|---|---|---|---|
| 学生自主学习能力 | 东部 | 中部 | −0.008 | 0.011 | 1.000 | −0.04 | 0.02 |
| | | 西部 | −0.015 | 0.015 | 1.000 | −0.05 | 0.02 |
| | | 其他 | 0.217* | 0.073 | 0.017 | 0.02 | 0.41 |
| | 中部 | 东部 | 0.008 | 0.011 | 1.000 | −0.02 | 0.04 |
| | | 西部 | −0.007 | 0.015 | 1.000 | −0.05 | 0.03 |
| | | 其他 | 0.225* | 0.073 | 0.012 | 0.03 | 0.42 |
| | 西部 | 东部 | 0.015 | 0.015 | 1.000 | −0.02 | 0.05 |
| | | 中部 | 0.007 | 0.015 | 1.000 | −0.03 | 0.05 |
| | | 其他 | 0.232* | 0.074 | 0.010 | 0.04 | 0.43 |
| | 其他 | 东部 | −0.217* | 0.073 | 0.017 | −0.41 | −0.02 |
| | | 中部 | −0.225* | 0.073 | 0.012 | −0.42 | −0.03 |
| | | 西部 | −0.232* | 0.074 | 0.010 | −0.43 | −0.04 |
| 学生积极参与 | 东部 | 中部 | −0.008 | 0.011 | 1.000 | −0.04 | 0.02 |
| | | 西部 | −0.010 | 0.015 | 1.000 | −0.05 | 0.03 |
| | | 其他 | 0.292* | 0.073 | 0.000 | 0.10 | 0.48 |
| | 中部 | 东部 | 0.008 | 0.011 | 1.000 | −0.02 | 0.04 |
| | | 西部 | −0.002 | 0.015 | 1.000 | −0.04 | 0.04 |
| | | 其他 | 0.300* | 0.073 | 0.000 | 0.11 | 0.49 |
| | 西部 | 东部 | 0.010 | 0.015 | 1.000 | −0.03 | 0.05 |
| | | 中部 | 0.002 | 0.015 | 1.000 | −0.04 | 0.04 |
| | | 其他 | 0.302* | 0.074 | 0.000 | 0.11 | 0.50 |
| | 其他 | 东部 | −0.292* | 0.073 | 0.000 | −0.48 | −0.10 |
| | | 中部 | −0.300* | 0.073 | 0.000 | −0.49 | −0.11 |
| | | 西部 | −0.302* | 0.074 | 0.000 | −0.50 | −0.11 |

续表

| 学生因素 | (I)学校区域 | (J)学校区域 | 平均值差值(I-J) | 标准误差 | 显著性 | 95% 置信区间 下限 | 95% 置信区间 上限 |
|---|---|---|---|---|---|---|---|
| 学生的学习空间及终端设备支持 | 东部 | 中部 | −0.025 | 0.012 | 0.260 | −0.06 | 0.01 |
| | | 西部 | −0.027 | 0.017 | 0.637 | −0.07 | 0.02 |
| | | 其他 | 0.143 | 0.081 | 0.478 | −0.07 | 0.36 |
| | 中部 | 东部 | 0.025 | 0.012 | 0.260 | −0.01 | 0.06 |
| | | 西部 | −0.002 | 0.017 | 1.000 | −0.05 | 0.04 |
| | | 其他 | 0.168 | 0.082 | 0.237 | −0.05 | 0.38 |
| | 西部 | 东部 | 0.027 | 0.017 | 0.637 | −0.02 | 0.07 |
| | | 中部 | 0.002 | 0.017 | 1.000 | −0.04 | 0.05 |
| | | 其他 | 0.170 | 0.082 | 0.235 | −0.05 | 0.39 |
| | 其他 | 东部 | −0.143 | 0.081 | 0.478 | −0.36 | 0.07 |
| | | 中部 | −0.168 | 0.082 | 0.237 | −0.38 | 0.05 |
| | | 西部 | −0.170 | 0.082 | 0.235 | −0.39 | 0.05 |
| 学校对线上教学的政策支持 | 东部 | 中部 | −0.024 | 0.014 | 0.470 | −0.06 | 0.01 |
| | | 西部 | 0.005 | 0.018 | 1.000 | −0.04 | 0.05 |
| | | 其他 | 0.149 | 0.089 | 0.563 | −0.09 | 0.38 |
| | 中部 | 东部 | 0.024 | 0.014 | 0.470 | −0.01 | 0.06 |
| | | 西部 | 0.029 | 0.019 | 0.722 | −0.02 | 0.08 |
| | | 其他 | 0.173 | 0.089 | 0.313 | −0.06 | 0.41 |
| | 西部 | 东部 | −0.005 | 0.018 | 1.000 | −0.05 | 0.04 |
| | | 中部 | −0.029 | 0.019 | 0.722 | −0.08 | 0.02 |
| | | 其他 | 0.144 | 0.090 | 0.660 | −0.09 | 0.38 |
| | 其他 | 东部 | −0.149 | 0.089 | 0.563 | −0.38 | 0.09 |
| | | 中部 | −0.173 | 0.089 | 0.313 | −0.41 | 0.06 |
| | | 西部 | −0.144 | 0.090 | 0.660 | −0.38 | 0.09 |

注：* 表示 $p<0.05$。

经变异数分析结果(见表6-3-30)，不同区域的教师在"教师因素"维度，只在"掌控和维持好课堂教学秩序"和"教师的教学空间及设备支持"两个变量上存在差异。经多重比较分析结果(见表6-3-31)，在"掌控和维持好课堂教学秩序"变量上，东部地区高校与中部、西部地区高校均存在差异，东部高校的教师得分较低。在"教师的教学空间及设备支持"变量上,东部地区高校与中部地区高校存在差异,东部地区高校教师得分较低。在其他五个变量上,各地区高校的教师不存在显著差异。

表 6-3-30　不同区域教师在"教师因素"上的变异数分析表

| 教师因素 | | 平方和 | 自由度 | 均方 | F | 显著性 |
| --- | --- | --- | --- | --- | --- | --- |
| 配备一定数量的课程助教 | 组间 | 4.285 | 3 | 1.428 | 1.265 | 0.284 |
| | 组内 | 15457.271 | 13691 | 1.129 | | |
| | 总计 | 15461.556 | 13694 | | | |
| 掌控和维持好课堂教学秩序 | 组间 | 10.890 | 3 | 3.630 | 6.230 | 0.000 |
| | 组内 | 7976.793 | 13691 | 0.583 | | |
| | 总计 | 7987.682 | 13694 | | | |
| 选择适当的评价方式方法 | 组间 | 2.861 | 3 | 0.954 | 1.782 | 0.148 |
| | 组内 | 7328.494 | 13691 | 0.535 | | |
| | 总计 | 7331.355 | 13694 | | | |
| 教师对教学平台和工具的熟悉程度 | 组间 | 1.988 | 3 | 0.663 | 1.469 | 0.221 |
| | 组内 | 6176.767 | 13691 | 0.451 | | |
| | 总计 | 6178.755 | 13694 | | | |
| 教师的教学空间及设备支持 | 组间 | 6.136 | 3 | 2.045 | 4.290 | 0.005 |
| | 组内 | 6527.420 | 13691 | 0.477 | | |
| | 总计 | 6533.556 | 13694 | | | |
| 学生对教学平台和工具的熟悉程度 | 组间 | 1.441 | 3 | 0.480 | 0.975 | 0.404 |
| | 组内 | 6749.353 | 13691 | 0.493 | | |
| | 总计 | 6750.795 | 13694 | | | |
| 教师的教学策略及讲授(演示)方法 | 组间 | 2.764 | 3 | 0.921 | 2.233 | 0.082 |
| | 组内 | 5649.201 | 13691 | 0.413 | | |
| | 总计 | 5651.965 | 13694 | | | |

表 6-3-31　不同区域教师在"教师因素"上的多重比较分析表

| 教师因素 | (I)学校区域 | (J)学校区域 | 平均值差值(I-J) | 标准误差 | 显著性 | 95％置信区间 下限 | 95％置信区间 上限 |
|---|---|---|---|---|---|---|---|
| 配备一定数量的课程助教 | 东部 | 中部 | −0.010 | 0.020 | 1.000 | −0.06 | 0.04 |
| | 东部 | 西部 | −0.042 | 0.027 | 0.709 | −0.11 | 0.03 |
| | 东部 | 其他 | −0.162 | 0.130 | 1.000 | −0.51 | 0.18 |
| | 中部 | 东部 | 0.010 | 0.020 | 1.000 | −0.04 | 0.06 |
| | 中部 | 西部 | −0.032 | 0.028 | 1.000 | −0.10 | 0.04 |
| | 中部 | 其他 | −0.151 | 0.131 | 1.000 | −0.50 | 0.19 |
| | 西部 | 东部 | 0.042 | 0.027 | 0.709 | −0.03 | 0.11 |
| | 西部 | 中部 | 0.032 | 0.028 | 1.000 | −0.04 | 0.10 |
| | 西部 | 其他 | −0.120 | 0.132 | 1.000 | −0.47 | 0.23 |
| | 其他 | 东部 | 0.162 | 0.130 | 1.000 | −0.18 | 0.51 |
| | 其他 | 中部 | 0.151 | 0.131 | 1.000 | −0.19 | 0.50 |
| | 其他 | 西部 | 0.120 | 0.132 | 1.000 | −0.23 | 0.47 |
| 掌控和维持好课堂教学秩序 | 东部 | 中部 | −0.054* | 0.014 | 0.001 | −0.09 | −0.02 |
| | 东部 | 西部 | −0.058* | 0.019 | 0.016 | −0.11 | −0.01 |
| | 东部 | 其他 | 0.059 | 0.094 | 1.000 | −0.19 | 0.31 |
| | 中部 | 东部 | 0.054* | 0.014 | 0.001 | 0.02 | 0.09 |
| | 中部 | 西部 | −0.004 | 0.020 | 1.000 | −0.06 | 0.05 |
| | 中部 | 其他 | 0.113 | 0.094 | 1.000 | −0.13 | 0.36 |
| | 西部 | 东部 | 0.058* | 0.019 | 0.016 | 0.01 | 0.11 |
| | 西部 | 中部 | 0.004 | 0.020 | 1.000 | −0.05 | 0.06 |
| | 西部 | 其他 | 0.117 | 0.095 | 1.000 | −0.13 | 0.37 |
| | 其他 | 东部 | −0.059 | 0.094 | 1.000 | −0.31 | 0.19 |
| | 其他 | 中部 | −0.113 | 0.094 | 1.000 | −0.36 | 0.13 |
| | 其他 | 西部 | −0.117 | 0.095 | 1.000 | −0.37 | 0.13 |

续表

| 教师因素 | (I)学校区域 | (J)学校区域 | 平均值差值(I-J) | 标准误差 | 显著性 | 95% 置信区间 下限 | 95% 置信区间 上限 |
|---|---|---|---|---|---|---|---|
| 选择适当的评价方式方法 | 东部 | 中部 | −0.027 | 0.014 | 0.295 | −0.06 | 0.01 |
| | | 西部 | −0.010 | 0.018 | 1.000 | −0.06 | 0.04 |
| | | 其他 | 0.097 | 0.090 | 1.000 | −0.14 | 0.33 |
| | 中部 | 东部 | 0.027 | 0.014 | 0.295 | −0.01 | 0.06 |
| | | 西部 | 0.017 | 0.019 | 1.000 | −0.03 | 0.07 |
| | | 其他 | 0.124 | 0.090 | 1.000 | −0.11 | 0.36 |
| | 西部 | 东部 | 0.010 | 0.018 | 1.000 | −0.04 | 0.06 |
| | | 中部 | −0.017 | 0.019 | 1.000 | −0.07 | 0.03 |
| | | 其他 | 0.106 | 0.091 | 1.000 | −0.13 | 0.35 |
| | 其他 | 东部 | −0.097 | 0.090 | 1.000 | −0.33 | 0.14 |
| | | 中部 | −0.124 | 0.090 | 1.000 | −0.36 | 0.11 |
| | | 西部 | −0.106 | 0.091 | 1.000 | −0.35 | 0.13 |
| 教师对教学平台和工具的熟悉程度 | 东部 | 中部 | −0.007 | 0.013 | 1.000 | −0.04 | 0.03 |
| | | 西部 | 0.000 | 0.017 | 1.000 | −0.04 | 0.04 |
| | | 其他 | 0.163 | 0.082 | 0.287 | −0.05 | 0.38 |
| | 中部 | 东部 | 0.007 | 0.013 | 1.000 | −0.03 | 0.04 |
| | | 西部 | 0.007 | 0.017 | 1.000 | −0.04 | 0.05 |
| | | 其他 | 0.170 | 0.083 | 0.237 | −0.05 | 0.39 |
| | 西部 | 东部 | 0.000 | 0.017 | 1.000 | −0.04 | 0.04 |
| | | 中部 | −0.007 | 0.017 | 1.000 | −0.05 | 0.04 |
| | | 其他 | 0.163 | 0.083 | 0.303 | −0.06 | 0.38 |
| | 其他 | 东部 | −0.163 | 0.082 | 0.287 | −0.38 | 0.05 |
| | | 中部 | −0.170 | 0.083 | 0.237 | −0.39 | 0.05 |
| | | 西部 | −0.163 | 0.083 | 0.303 | −0.38 | 0.06 |

续表

| 教师因素 | (I)学校区域 | (J)学校区域 | 平均值差值(I-J) | 标准误差 | 显著性 | 95% 置信区间 下限 | 95% 置信区间 上限 |
|---|---|---|---|---|---|---|---|
| 教师的教学空间及设备支持 | 东部 | 中部 | −0.036* | 0.013 | 0.035 | −0.07 | 0.00 |
| | 东部 | 西部 | 0.006 | 0.017 | 1.000 | −0.04 | 0.05 |
| | 东部 | 其他 | 0.146 | 0.085 | 0.510 | −0.08 | 0.37 |
| | 中部 | 东部 | 0.036* | 0.013 | 0.035 | 0.00 | 0.07 |
| | 中部 | 西部 | 0.042 | 0.018 | 0.121 | −0.01 | 0.09 |
| | 中部 | 其他 | 0.182 | 0.085 | 0.194 | −0.04 | 0.41 |
| | 西部 | 东部 | −0.006 | 0.017 | 1.000 | −0.05 | 0.04 |
| | 西部 | 中部 | −0.042 | 0.018 | 0.121 | −0.09 | 0.01 |
| | 西部 | 其他 | 0.140 | 0.086 | 0.614 | −0.09 | 0.37 |
| | 其他 | 东部 | −0.146 | 0.085 | 0.510 | −0.37 | 0.08 |
| | 其他 | 中部 | −0.182 | 0.085 | 0.194 | −0.41 | 0.04 |
| | 其他 | 西部 | −0.140 | 0.086 | 0.614 | −0.37 | 0.09 |
| 学生对教学平台和工具的熟悉程度 | 东部 | 中部 | −0.001 | 0.013 | 1.000 | −0.04 | 0.03 |
| | 东部 | 西部 | 0.012 | 0.018 | 1.000 | −0.03 | 0.06 |
| | 东部 | 其他 | 0.134 | 0.086 | 0.722 | −0.09 | 0.36 |
| | 中部 | 东部 | 0.001 | 0.013 | 1.000 | −0.03 | 0.04 |
| | 中部 | 西部 | 0.013 | 0.018 | 1.000 | −0.04 | 0.06 |
| | 中部 | 其他 | 0.135 | 0.086 | 0.713 | −0.09 | 0.36 |
| | 西部 | 东部 | −0.012 | 0.018 | 1.000 | −0.06 | 0.03 |
| | 西部 | 中部 | −0.013 | 0.018 | 1.000 | −0.06 | 0.04 |
| | 西部 | 其他 | 0.122 | 0.087 | 0.972 | −0.11 | 0.35 |
| | 其他 | 东部 | −0.134 | 0.086 | 0.722 | −0.36 | 0.09 |
| | 其他 | 中部 | −0.135 | 0.086 | 0.713 | −0.36 | 0.09 |
| | 其他 | 西部 | −0.122 | 0.087 | 0.972 | −0.35 | 0.11 |

续表

| 教师因素 | (I)学校区域 | (J)学校区域 | 平均值差值(I-J) | 标准误差 | 显著性 | 95% 置信区间 下限 | 95% 置信区间 上限 |
|---|---|---|---|---|---|---|---|
| 教师的教学策略及讲授(演示)方法 | 东部 | 中部 | −0.028 | 0.012 | 0.134 | −0.06 | 0.00 |
| | 东部 | 西部 | −0.012 | 0.016 | 1.000 | −0.05 | 0.03 |
| | 东部 | 其他 | 0.083 | 0.079 | 1.000 | −0.12 | 0.29 |
| | 中部 | 东部 | 0.028 | 0.012 | 0.134 | 0.00 | 0.06 |
| | 中部 | 西部 | 0.015 | 0.017 | 1.000 | −0.03 | 0.06 |
| | 中部 | 其他 | 0.111 | 0.079 | 0.962 | −0.10 | 0.32 |
| | 西部 | 东部 | 0.012 | 0.016 | 1.000 | −0.03 | 0.05 |
| | 西部 | 中部 | −0.015 | 0.017 | 1.000 | −0.06 | 0.03 |
| | 西部 | 其他 | 0.096 | 0.080 | 1.000 | −0.11 | 0.31 |
| | 其他 | 东部 | −0.083 | 0.079 | 1.000 | −0.29 | 0.12 |
| | 其他 | 中部 | −0.111 | 0.079 | 0.962 | −0.32 | 0.10 |
| | 其他 | 西部 | −0.096 | 0.080 | 1.000 | −0.31 | 0.11 |

注：* 表示 $p<0.05$。

### (六)不同学科的教师对线上教学效果影响因素的差异

以所在学科为自变量，三类教学效果影响因素为因变量，进行单因素方差分析，进而探究不同学科的教师在"技术支持和线上资源因素""学生因素""教师因素"上的差异。经数据转换分析，将自变量"所在学科"进行重新编码，由原先12个分类(哲学、经济学、法学、教育学、文学、历史学、理学、工学、农学、医学、管理学、艺术学)重新编码成为3个分类，即人文学科(哲学、文学、历史学、艺术学)、社会学科(经济学、法学、教育学、管理学)、理工农医学科(理学、工学、农学、医学)。在此基础上，针对影响线上教学效果的不同因素进行差异分析。

经变异数分析结果(见表6-3-32)，不同学科的教师在"技术支持和线上资源因素"五个变量上有显著差异。经多重比较分析结果(见表6-3-33)，在"网络速度及稳定性""教学平台功能及稳定性""提供课程配套电子教学资源""选择适合线上教学的课程内容"4个变量上，人文科学学科的教师和社会科学学科、理工农医学科的教师存在差异，人文学科教师的得分均高于后两者。在"线上技术服务支持"变量上，人文学科、社会学科、理工农医学科教师彼此均存在显著差异。得分从低到高依次为：理工农医学科、社会学科、人文科学学科。

表 6-3-32　不同学科教师在"技术支持和线上资源因素"上的变异数分析表

| 技术支持和线上资源因素 | | 平方和 | 自由度 | 均方 | F | 显著性 |
|---|---|---|---|---|---|---|
| 教学平台功能及稳定性 | 组间 | 13.438 | 2 | 6.719 | 13.713 | 0.000 |
| | 组内 | 6708.599 | 13692 | 0.490 | | |
| | 总计 | 6722.037 | 13694 | | | |
| 网络速度及稳定性 | 组间 | 16.228 | 2 | 8.114 | 13.477 | 0.000 |
| | 组内 | 8243.539 | 13692 | 0.602 | | |
| | 总计 | 8259.768 | 13694 | | | |
| 线上技术服务支持 | 组间 | 45.985 | 2 | 22.993 | 40.703 | 0.000 |
| | 组内 | 7734.431 | 13692 | 0.565 | | |
| | 总计 | 7780.416 | 13694 | | | |
| 提供课程配套电子教学资源 | 组间 | 18.687 | 2 | 9.344 | 15.666 | 0.000 |
| | 组内 | 8166.240 | 13692 | 0.596 | | |
| | 总计 | 8184.928 | 13694 | | | |
| 选择适合线上教学的课程内容 | 组间 | 21.655 | 2 | 10.828 | 22.314 | 0.000 |
| | 组内 | 6643.926 | 13692 | 0.485 | | |
| | 总计 | 6665.581 | 13694 | | | |

表 6-3-33　不同学科教师在"技术支持和线上资源因素"上多重比较分析表

| 技术支持和线上资源因素 | (I)学科 | (J)学科 | 平均值差值(I-J) | 标准误差 | 显著性 | 95% 置信区间下限 | 95% 置信区间上限 |
|---|---|---|---|---|---|---|---|
| 教学平台功能及稳定性 | 人文科学 | 社会科学 | 0.075* | 0.016 | 0.000 | 0.04 | 0.11 |
| | | 理工农医 | 0.070* | 0.015 | 0.000 | 0.03 | 0.10 |
| | 社会科学 | 人文科学 | −0.075* | 0.016 | 0.000 | −0.11 | −0.04 |
| | | 理工农医 | −0.005 | 0.014 | 1.000 | −0.04 | 0.03 |
| | 理工农医 | 人文科学 | −0.070* | 0.015 | 0.000 | −0.10 | −0.03 |
| | | 社会科学 | 0.005 | 0.014 | 1.000 | −0.03 | 0.04 |

续表

| 技术支持和线上资源因素 | （I）学科 | （J）学科 | 平均值差值（I-J） | 标准误差 | 显著性 | 95% 置信区间 下限 | 95% 置信区间 上限 |
|---|---|---|---|---|---|---|---|
| 网络速度及稳定性 | 人文科学 | 社会科学 | 0.085* | 0.018 | 0.000 | 0.04 | 0.13 |
| | | 理工农医 | 0.074* | 0.016 | 0.000 | 0.04 | 0.11 |
| | 社会科学 | 人文科学 | −0.085* | 0.018 | 0.000 | −0.13 | −0.04 |
| | | 理工农医 | −0.011 | 0.016 | 1.000 | −0.05 | 0.03 |
| | 理工农医 | 人文科学 | −0.074* | 0.016 | 0.000 | −0.11 | −0.04 |
| | | 社会科学 | 0.011 | 0.016 | 1.000 | −0.03 | 0.05 |
| 线上技术服务支持 | 人文科学 | 社会科学 | 0.073* | 0.018 | 0.000 | 0.03 | 0.12 |
| | | 理工农医 | 0.141* | 0.016 | 0.000 | 0.10 | 0.18 |
| | 社会科学 | 人文科学 | −0.073* | 0.018 | 0.000 | −0.12 | −0.03 |
| | | 理工农医 | 0.068* | 0.015 | 0.000 | 0.03 | 0.11 |
| | 理工农医 | 人文科学 | −0.141* | 0.016 | 0.000 | −0.18 | −0.10 |
| | | 社会科学 | −0.068* | 0.015 | 0.000 | −0.11 | −0.03 |
| 提供课程配套电子教学资源 | 人文科学 | 社会科学 | 0.093* | 0.018 | 0.000 | 0.05 | 0.14 |
| | | 理工农医 | 0.078* | 0.016 | 0.000 | 0.04 | 0.12 |
| | 社会科学 | 人文科学 | −0.093* | 0.018 | 0.000 | −0.14 | −0.05 |
| | | 理工农医 | −0.014 | 0.016 | 1.000 | −0.05 | 0.02 |
| | 理工农医 | 人文科学 | −0.078* | 0.016 | 0.000 | −0.12 | −0.04 |
| | | 社会科学 | 0.014 | 0.016 | 1.000 | −0.02 | 0.05 |
| 选择适合线上教学的课程内容 | 人文科学 | 社会科学 | 0.083* | 0.016 | 0.000 | 0.04 | 0.12 |
| | | 理工农医 | 0.095* | 0.015 | 0.000 | 0.06 | 0.13 |
| | 社会科学 | 人文科学 | −0.083* | 0.016 | 0.000 | −0.12 | −0.04 |
| | | 理工农医 | 0.012 | 0.014 | 1.000 | −0.02 | 0.05 |
| | 理工农医 | 人文科学 | −0.095* | 0.015 | 0.000 | −0.13 | −0.06 |
| | | 社会科学 | −0.012 | 0.014 | 1.000 | −0.05 | 0.02 |

注：* 表示 $p<0.05$。

经变异数分析结果（见表6-3-34），不同学科的教师在"学生因素"五个变量上有显著差异。经多重比较分析结果（见表6-3-35），在"学生积极参与""学生自主学习能力""良好线上学习行为习惯（如按时上课、学习自律能力等）"3个变量上，社会科学学科与人文科学学科、理工农医学科的教师存在差异，社会科学学科得分均低于后两者。在"学生的学习空间及终端设备支持""学校对线上教学的政策支持"2个变量上,人文科学科学的教师与社会科学学科、理工农医学科的教师存在差异,人文科学学科教师得分高于后两者。

表 6-3-34 不同学科教师在"学生因素"上的变异数分析表

| 学生因素 | | 平方和 | 自由度 | 均方 | F | 显著性 |
|---|---|---|---|---|---|---|
| 良好线上学习行为习惯（如按时上课、学习自律能力等） | 组间 | 5.851 | 2 | 2.926 | 8.378 | 0.000 |
| | 组内 | 4781.601 | 13692 | 0.349 | | |
| | 总计 | 4787.452 | 13694 | | | |
| 学生自主学习能力 | 组间 | 5.973 | 2 | 2.986 | 8.480 | 0.000 |
| | 组内 | 4822.092 | 13692 | 0.352 | | |
| | 总计 | 4828.065 | 13694 | | | |
| 学生积极参与 | 组间 | 4.171 | 2 | 2.086 | 5.899 | 0.003 |
| | 组内 | 4841.151 | 13692 | 0.354 | | |
| | 总计 | 4845.323 | 13694 | | | |
| 学生的学习空间及终端设备支持 | 组间 | 18.848 | 2 | 9.424 | 21.470 | 0.000 |
| | 组内 | 6010.058 | 13692 | 0.439 | | |
| | 总计 | 6028.906 | 13694 | | | |
| 学校对线上教学的政策支持 | 组间 | 14.864 | 2 | 7.432 | 14.220 | 0.000 |
| | 组内 | 7155.646 | 13692 | 0.523 | | |
| | 总计 | 7170.509 | 13694 | | | |

表 6-3-35 不同学科教师在"学生因素"上的多重比较分析表

| 学生因素 | (I)学科 | (J)学科 | 平均值差值(I-J) | 标准误差 | 显著性 | 95% 置信区间 下限 | 95% 置信区间 上限 |
|---|---|---|---|---|---|---|---|
| 良好线上学习行为习惯（如按时上课、学习自律能力等） | 人文科学 | 社会科学 | 0.051* | 0.014 | 0.001 | 0.02 | 0.08 |
| | | 理工农医 | 0.008 | 0.012 | 1.000 | −0.02 | 0.04 |
| | 社会科学 | 人文科学 | −0.051* | 0.014 | 0.001 | −0.08 | −0.02 |
| | | 理工农医 | −0.043* | 0.012 | 0.001 | −0.07 | −0.01 |
| | 理工农医 | 人文科学 | −0.008 | 0.012 | 1.000 | −0.04 | 0.02 |
| | | 社会科学 | 0.043* | 0.012 | 0.001 | 0.01 | 0.07 |

续表

| 学生因素 | (I)学科 | (J)学科 | 平均值差值(I-J) | 标准误差 | 显著性 | 95% 置信区间 下限 | 95% 置信区间 上限 |
|---|---|---|---|---|---|---|---|
| 学生自主学习能力 | 人文科学 | 社会科学 | 0.056* | 0.014 | 0.000 | 0.02 | 0.09 |
| | | 理工农医 | 0.019 | 0.012 | 0.403 | −0.01 | 0.05 |
| | 社会科学 | 人文科学 | −0.056* | 0.014 | 0.000 | −0.09 | −0.02 |
| | | 理工农医 | −0.037* | 0.012 | 0.007 | −0.07 | −0.01 |
| | 理工农医 | 人文科学 | −0.019 | 0.012 | 0.403 | −0.05 | 0.01 |
| | | 社会科学 | 0.037* | 0.012 | 0.007 | 0.01 | 0.07 |
| 学生积极参与 | 人文科学 | 社会科学 | 0.037* | 0.014 | 0.027 | 0.00 | 0.07 |
| | | 理工农医 | −0.004 | 0.012 | 1.000 | −0.03 | 0.03 |
| | 社会科学 | 人文科学 | −0.037* | 0.014 | 0.027 | −0.07 | 0.00 |
| | | 理工农医 | −0.040* | 0.012 | 0.003 | −0.07 | −0.01 |
| | 理工农医 | 人文科学 | 0.004 | 0.012 | 1.000 | −0.03 | 0.03 |
| | | 社会科学 | 0.040* | 0.012 | 0.003 | 0.01 | 0.07 |
| 学生的学习空间及终端设备支持 | 人文科学 | 社会科学 | 0.079* | 0.016 | 0.000 | 0.04 | 0.12 |
| | | 理工农医 | 0.088* | 0.014 | 0.000 | 0.05 | 0.12 |
| | 社会科学 | 人文科学 | −0.079* | 0.016 | 0.000 | −0.12 | −0.04 |
| | | 理工农医 | 0.009 | 0.014 | 1.000 | −0.02 | 0.04 |
| | 理工农医 | 人文科学 | −0.088* | 0.014 | 0.000 | −0.12 | −0.05 |
| | | 社会科学 | −0.009 | 0.014 | 1.000 | −0.04 | 0.02 |
| 学校对线上教学的政策支持 | 人文科学 | 社会科学 | 0.067* | 0.017 | 0.000 | 0.03 | 0.11 |
| | | 理工农医 | 0.079* | 0.015 | 0.000 | 0.04 | 0.12 |
| | 社会科学 | 人文科学 | −0.067* | 0.017 | 0.000 | −0.11 | −0.03 |
| | | 理工农医 | 0.012 | 0.015 | 1.000 | −0.02 | 0.05 |
| | 理工农医 | 人文科学 | −0.079* | 0.015 | 0.000 | −0.12 | −0.04 |
| | | 社会科学 | −0.012 | 0.015 | 1.000 | −0.05 | 0.02 |

注：* 表示 $p<0.05$。

经变异数分析结果（见表 6-3-36），除"配备一定数量的课程助教"变量之外，教师在"教师因素"其他六个变量上有显著差异。经多重比较分析结果（见表 6-3-37），在"教师的教学策略及讲授（演示）方法""选择适当的评价方式方法""掌控和维持好课堂教学秩序""教师的教学空间及设备支持"4 个变量上，人文科学学科的教师与社会科学学科、理工农医学科的教师存在差异,人文科学学科教师得分高于后两者。在"教师对教学平台和工具的熟悉程度""学生对教学平台和工具的熟悉程度"2个变量上,人文科学学科、社会科学学科、理工农医学科教师彼此均存在显著差异。得分从低到高依次为:理工农医学科、社会科学学科、人文科学学科。

表 6-3-36　不同学科教师在"教师因素"上的变异数分析表

| 教师因素 | | 平方和 | 自由度 | 均方 | F | 显著性 |
| --- | --- | --- | --- | --- | --- | --- |
| 配备一定数量的课程助教 | 组间 | 2.108 | 2 | 1.054 | 0.934 | 0.393 |
| | 组内 | 15459.448 | 13692 | 1.129 | | |
| | 总计 | 15461.556 | 13694 | | | |
| 掌控和维持好课堂教学秩序 | 组间 | 31.622 | 2 | 15.811 | 27.210 | 0.000 |
| | 组内 | 7956.060 | 13692 | 0.581 | | |
| | 总计 | 7987.682 | 13694 | | | |
| 选择适当的评价方式方法 | 组间 | 20.256 | 2 | 10.128 | 18.967 | 0.000 |
| | 组内 | 7311.099 | 13692 | 0.534 | | |
| | 总计 | 7331.355 | 13694 | | | |
| 教师对教学平台和工具的熟悉程度 | 组间 | 23.849 | 2 | 11.924 | 26.527 | 0.000 |
| | 组内 | 6154.907 | 13692 | 0.450 | | |
| | 总计 | 6178.755 | 13694 | | | |
| 教师的教学空间及设备支持 | 组间 | 26.371 | 2 | 13.186 | 27.744 | 0.000 |
| | 组内 | 6507.185 | 13692 | 0.475 | | |
| | 总计 | 6533.556 | 13694 | | | |
| 学生对教学平台和工具的熟悉程度 | 组间 | 28.659 | 2 | 14.329 | 29.187 | 0.000 |
| | 组内 | 6722.136 | 13692 | 0.491 | | |
| | 总计 | 6750.795 | 13694 | | | |
| 教师的教学策略及讲授(演示)方法 | 组间 | 6.874 | 2 | 3.437 | 8.336 | 0.000 |
| | 组内 | 5645.091 | 13692 | 0.412 | | |
| | 总计 | 5651.965 | 13694 | | | |

表 6-3-37　不同学科教师在"教师因素"上的多重比较分析表

| 教师因素 | (I)学科 | (J)学科 | 平均值差值(I-J) | 标准误差 | 显著性 | 95% 置信区间 下限 | 95% 置信区间 上限 |
|---|---|---|---|---|---|---|---|
| 配备一定数量的课程助教 | 人文科学 | 社会科学 | −0.024 | 0.025 | 1.000 | −0.08 | 0.04 |
| | 人文科学 | 理工农医 | 0.006 | 0.022 | 1.000 | −0.05 | 0.06 |
| | 社会科学 | 人文科学 | 0.024 | 0.025 | 1.000 | −0.04 | 0.08 |
| | 社会科学 | 理工农医 | 0.029 | 0.022 | 0.535 | −0.02 | 0.08 |
| | 理工农医 | 人文科学 | −0.006 | 0.022 | 1.000 | −0.06 | 0.05 |
| | 理工农医 | 社会科学 | −0.029 | 0.022 | 0.535 | −0.08 | 0.02 |
| 掌控和维持好课堂教学秩序 | 人文科学 | 社会科学 | 0.104* | 0.018 | 0.000 | 0.06 | 0.15 |
| | 人文科学 | 理工农医 | 0.113* | 0.016 | 0.000 | 0.08 | 0.15 |
| | 社会科学 | 人文科学 | −0.104* | 0.018 | 0.000 | −0.15 | −0.06 |
| | 社会科学 | 理工农医 | 0.010 | 0.016 | 1.000 | −0.03 | 0.05 |
| | 理工农医 | 人文科学 | −0.113* | 0.016 | 0.000 | −0.15 | −0.08 |
| | 理工农医 | 社会科学 | −0.010 | 0.016 | 1.000 | −0.05 | 0.03 |
| 选择适当的评价方式方法 | 人文科学 | 社会科学 | 0.079* | 0.017 | 0.000 | 0.04 | 0.12 |
| | 人文科学 | 理工农医 | 0.092* | 0.015 | 0.000 | 0.06 | 0.13 |
| | 社会科学 | 人文科学 | −0.079* | 0.017 | 0.000 | −0.12 | −0.04 |
| | 社会科学 | 理工农医 | 0.013 | 0.015 | 1.000 | −0.02 | 0.05 |
| | 理工农医 | 人文科学 | −0.092* | 0.015 | 0.000 | −0.13 | −0.06 |
| | 理工农医 | 社会科学 | −0.013 | 0.015 | 1.000 | −0.05 | 0.02 |
| 教师对教学平台和工具的熟悉程度 | 人文科学 | 社会科学 | 0.057* | 0.016 | 0.001 | 0.02 | 0.09 |
| | 人文科学 | 理工农医 | 0.102* | 0.014 | 0.000 | 0.07 | 0.14 |
| | 社会科学 | 人文科学 | −0.057* | 0.016 | 0.001 | −0.09 | −0.02 |
| | 社会科学 | 理工农医 | 0.045* | 0.014 | 0.003 | 0.01 | 0.08 |
| | 理工农医 | 人文科学 | −0.102* | 0.014 | 0.000 | −0.14 | −0.07 |
| | 理工农医 | 社会科学 | −0.045* | 0.014 | 0.003 | −0.08 | −0.01 |

续表

| 教师因素 | （I）学科 | （J）学科 | 平均值差值(I-J) | 标准误差 | 显著性 | 95% 置信区间 下限 | 95% 置信区间 上限 |
|---|---|---|---|---|---|---|---|
| 教师的教学空间及设备支持 | 人文科学 | 社会科学 | 0.088* | 0.016 | 0.000 | 0.05 | 0.13 |
| | | 理工农医 | 0.106* | 0.014 | 0.000 | 0.07 | 0.14 |
| | 社会科学 | 人文科学 | −0.088* | 0.016 | 0.000 | −0.13 | −0.05 |
| | | 理工农医 | 0.017 | 0.014 | 0.667 | −0.02 | 0.05 |
| | 理工农医 | 人文科学 | −0.106* | 0.014 | 0.000 | −0.14 | −0.07 |
| | | 社会科学 | −0.017 | 0.014 | 0.667 | −0.05 | 0.02 |
| 学生对教学平台和工具的熟悉程度 | 人文科学 | 社会科学 | 0.061* | 0.016 | 0.001 | 0.02 | 0.10 |
| | | 理工农医 | 0.112* | 0.015 | 0.000 | 0.08 | 0.15 |
| | 社会科学 | 人文科学 | −0.061* | 0.016 | 0.001 | −0.10 | −0.02 |
| | | 理工农医 | 0.050* | 0.014 | 0.001 | 0.02 | 0.08 |
| | 理工农医 | 人文科学 | −0.112* | 0.015 | 0.000 | −0.15 | −0.08 |
| | | 社会科学 | −0.050* | 0.014 | 0.001 | −0.08 | −0.02 |
| 教师的教学策略及讲授（演示）方法 | 人文科学 | 社会科学 | 0.058* | 0.015 | 0.000 | 0.02 | 0.09 |
| | | 理工农医 | 0.045* | 0.013 | 0.002 | 0.01 | 0.08 |
| | 社会科学 | 人文科学 | −0.058* | 0.015 | 0.000 | −0.09 | −0.02 |
| | | 理工农医 | −0.013 | 0.013 | 0.991 | −0.04 | 0.02 |
| | 理工农医 | 人文科学 | −0.045* | 0.013 | 0.002 | −0.08 | −0.01 |
| | | 社会科学 | 0.013 | 0.013 | 0.991 | −0.02 | 0.04 |

注：* 表示 $p<0.05$。

（七）不同线上教学熟悉程度的教师对线上教学效果影响因素的差异

以线上教学熟悉程度为自变量，三类教学效果影响因素为因变量，进行单因素方差分析，进而探究不同线上教学熟悉程度的教师在"技术支持和线上资源因素""学生因素""教师因素"上的差异。

根据莱文方差等同性检验，$p>0.05$，则方差齐，根据"假定等方案"进行判断；$p<0.05$，则方差不齐，根据"不假定等方差"进行判断。不同线上教学熟悉程度的教师在"技术支持和线上资源因素"维度上（见表 6-3-38），除"提供课程配套电子教学资源"变量外，其余四个变量均存在显著差异，疫情之前开展过线上教学的教师得分高于未开展过线上教学的教师。

表 6-3-38　不同线上教学熟悉程度的教师在"技术支持和线上资源因素"上的独立样本 $t$ 检验表

| 技术支持和线上资源因素 | 疫情之前是否开展过线上教学 | 个案数 | 平均值 | 标准差 | 标准误差平均值 | 莱文方差等同性检验 F | 莱文方差等同性检验 显著性 | 平均值等同性 $t$ 检验 假定等方差-显著性 |
|---|---|---|---|---|---|---|---|---|
| 教学平台功能及稳定性 | 是 | 2806 | 4.52 | 0.691 | 0.013 | 3.628 | 0.057 | 0.002 |
|  | 否 | 10889 | 4.47 | 0.703 | 0.007 |  |  |  |
| 网络速度及稳定性 | 是 | 2806 | 4.46 | 0.762 | 0.014 | 1.775 | 0.183 | 0.001 |
|  | 否 | 10889 | 4.41 | 0.780 | 0.007 |  |  |  |
| 线上技术服务支持 | 是 | 2806 | 4.39 | 0.745 | 0.014 | 0.009 | 0.926 | 0.003 |
|  | 否 | 10889 | 4.34 | 0.756 | 0.007 |  |  |  |
| 提供课程配套电子教学资源 | 是 | 2806 | 4.32 | 0.763 | 0.014 | 0.570 | 0.450 | 0.114 |
|  | 否 | 10889 | 4.29 | 0.776 | 0.007 |  |  |  |
| 选择适合线上教学的课程内容 | 是 | 2806 | 4.43 | 0.687 | 0.013 | 0.130 | 0.719 | 0.009 |
|  | 否 | 10889 | 4.39 | 0.700 | 0.007 |  |  |  |

不同线上教学熟悉程度的教师在"学生因素"维度上（见表 6-3-39），除"学校对线上教学的政策支持"变量外，其余四个变量均不存在显著差异。在"学校对线上教学的政策支持"变量上，疫情之前开展过线上教学的教师得分高于未开展过线上教学的教师。

表 6-3-39　不同线上教学熟悉程度的教师在"学生因素"的独立样本 $t$ 检验表

| 学生因素 | 疫情之前是否开展过线上教学 | 个案数 | 平均值 | 标准差 | 标准误差平均值 | 莱文方差等同性检验 F | 莱文方差等同性检验 显著性 | 平均值等同性 $t$ 检验 假定等方差-显著性 | 平均值等同性 $t$ 检验 不假定等方差-显著性 |
|---|---|---|---|---|---|---|---|---|---|
| 良好线上学习行为习惯（如按时上课、学习自律能力等） | 是 | 2806 | 4.63 | 0.605 | 0.011 | 1.104 | 0.293 | 0.755 | / |
|  | 否 | 10889 | 4.64 | 0.588 | 0.006 |  |  |  |  |

续表

| 学生因素 | 疫情之前是否开展过线上教学 | 个案数 | 平均值 | 标准差 | 标准误差平均值 | 莱文方差等同性检验 F | 莱文方差等同性检验 显著性 | 平均值等同性 t 检验 假定等方差-显著性 | 平均值等同性 t 检验 不假定等方差-显著性 |
|---|---|---|---|---|---|---|---|---|---|
| 学生自主学习能力 | 是 | 2806 | 4.64 | 0.594 | 0.011 | 0.198 | 0.656 | 0.639 | / |
|  | 否 | 10889 | 4.64 | 0.594 | 0.006 |  |  |  |  |
| 学生积极参与 | 是 | 2806 | 4.63 | 0.607 | 0.011 | 0.004 | 0.949 | 0.678 | / |
|  | 否 | 10889 | 4.62 | 0.592 | 0.006 |  |  |  |  |
| 学生的学习空间及终端设备支持 | 是 | 2806 | 4.47 | 0.675 | 0.013 | 0.142 | 0.706 | 0.234 | / |
|  | 否 | 10889 | 4.45 | 0.661 | 0.006 |  |  |  |  |
| 学校对线上教学的政策支持 | 是 | 2806 | 4.47 | 0.692 | 0.013 | 4.513 | 0.034 | / | 0.000 |
|  | 否 | 10889 | 4.41 | 0.731 | 0.007 |  |  |  |  |

不同线上教学熟悉程度的教师在"教师因素"维度上（见表 6-3-40），在所有变量上均存在差异。在所有变量上，疫情之前开展过线上教学的教师得分均高于未开展过线上教学的教师。

表 6-3-40  不同线上教学熟悉程度的教师在"教师因素"上的独立样本 $t$ 检验表

| 教师因素 | 疫情之前是否开展过线上教学 | 个案数 | 平均值 | 标准差 | 标准误差平均值 | 莱文方差等同性检验 F | 莱文方差等同性检验 显著性 | 平均值等同性 t 检验 假定等方差-显著性 | 平均值等同性 t 检验 不假定等方差-显著性 |
|---|---|---|---|---|---|---|---|---|---|
| 配备一定数量的课程助教 | 是 | 2806 | 3.81 | 1.006 | 0.019 | 30.390 | 0.000 | / | 0.000 |
|  | 否 | 10889 | 3.62 | 1.073 | 0.010 |  |  |  |  |
| 掌控和维持好课堂教学秩序 | 是 | 2806 | 4.29 | 0.767 | 0.014 | 6.239 | 0.013 | / | 0.000 |
|  | 否 | 10889 | 4.22 | 0.762 | 0.007 |  |  |  |  |

续表

| 教师因素 | 疫情之前是否开展过线上教学 | 个案数 | 平均值 | 标准差 | 标准误差平均值 | 莱文方差等同性检验 F | 莱文方差等同性检验 显著性 | 平均值等同性 t 检验 假定等方差-显著性 | 平均值等同性 t 检验 不假定等方差-显著性 |
|---|---|---|---|---|---|---|---|---|---|
| 选择适当的评价方式方法 | 是 | 2806 | 4.34 | 0.724 | 0.014 | 3.434 | 0.064 | 0.000 | / |
|  | 否 | 10889 | 4.25 | 0.733 | 0.007 |  |  |  |  |
| 教师对教学平台和工具的熟悉程度 | 是 | 2806 | 4.40 | 0.678 | 0.013 | 3.726 | 0.054 | 0.000 | / |
|  | 否 | 10889 | 4.33 | 0.669 | 0.006 |  |  |  |  |
| 教师的教学空间及设备支持 | 是 | 2806 | 4.36 | 0.693 | 0.013 | 2.758 | 0.097 | 0.001 | / |
|  | 否 | 10889 | 4.31 | 0.690 | 0.007 |  |  |  |  |
| 学生对教学平台和工具的熟悉程度 | 是 | 2806 | 4.33 | 0.700 | 0.013 | 4.603 | 0.032 | / | 0.000 |
|  | 否 | 10889 | 4.27 | 0.702 | 0.007 |  |  |  |  |
| 教师的教学策略及讲授（演示）方法 | 是 | 2806 | 4.50 | 0.646 | 0.012 | 0.034 | 0.855 | 0.001 | / |
|  | 否 | 10889 | 4.46 | 0.641 | 0.006 |  |  |  |  |

## 四、结果与讨论

### （一）主要研究发现

**1. 教师因素、学生因素和技术支持与线上资源因素是在线教学效果的主要影响因素**

通过对问卷中"在线教学效果影响因素"题项进行因子分析，最终提炼出影响在线教学效果的三个因素，即学生因素，教师因素和技术支持与线上资源因素。学生因素强调在线课堂中学生的参与度、投入度和师生互动对于教师教学的影响。教师因素强调教师由于自身原因，可能对在线教学产生的影响，例如课堂组织、有效备课、对平台设备的熟悉程度。技术支持与线上资源因素则是在线课堂与传统线下课堂教学的主要区别,在线教学需要良好的网络支持、稳定的教学平台运行,以及丰富的电子教学资源。通过因子分析提炼出在线教学效果的影响因素,可以发现,不论在传统线下教学和在线教学过程中,教师因素和学生因素对于教学效果的重要影响因素均不容忽视。作为教学活动的主体,教师的教学行为与学生的学习行为对于在线课堂教学效果的实现影响重大。同样,实现有效在线教学、保障在线教学质量,离不开在线教学技术的支持。我国一直在致力于在线教育、互联网+教育的建设,通过打造在线教学平台、开展国家精品在线课程的认定工作等形式逐步推进在线教育开展。而通过本次疫情期间大规模的在线教学活动的检验,可以发现,在线教学平台的建设仍需进一步加强,从而确保在线教学的稳步开展。

2. 影响不同教师主体对在线教学效果的因素存在差异

本研究选取了教师的性别、教龄、所在区域、所在院校类型、所在院校类别、所在学科、线上教学熟悉程度与"在线教学效果影响因素"进行独立样本 $t$ 检验和单因素方差分析。结果发现,不同特征主体的教师对于在线教学效果的因素均存在显著性差异。

(1)不同性别教师在"技术支持和线上资源因素""学生因素"和"教师因素"的各变量上均有差异,且女性教师对各因素水平上的得分显著高于男性教师,即"技术支持和线上资源因素""学生因素"和"教师因素"对女性教师在线教学效果的影响更大。

(2)不同教龄的教师在"技术支持和线上资源因素""学生因素"和"教师因素"的各变量上均有差异。在"网络速度及稳定性""提供课程配套电子教学资源""选择适合线上教学的课程内容"3个变量上,1~10年、11~20年教龄的教师分别与21~30年、31年及以上教龄的教师存在显著差异,前两者的得分均高于21~30年、31年及以上教龄的教师,即教龄较短的教师对教学技术更加重视,因此,更加强调教学过程中网络速度的稳定、线上教学内容和资源的使用。在"学生自主学习能力""良好线上学习行为习惯(如按时上课、学习自律能力等)"变量上,21~30年、31年及以上教龄的教师得分均低于11~20年教龄的教师,表明具有丰富教学经验的教师更看重良好的行为习惯和自主学习能力对在线教学的影响。在"学生的学习空间及终端设备支持"变量上,11~20年教龄的教师得分高于21~30年、31年及以上教龄的教师,即教龄较短的教师对技术的运用更为熟练,因此对学生的学习空间及终端设备支持的要求更高。

(3)在不同区域的教师比较方面,在"掌控和维持好课堂教学秩序"变量上,东部地区得分较低,即东部地区教师更不容易受到教师因素的影响。

(4)不同院校类型的教师在"技术支持和线上资源因素""学生因素"和"教师因素"的各变量上均存在显著差异,且研究型大学在各个变量上的得分均低于一般本科高校和高职院校,即研究型大学相较于其他类型院校,更为不容易受到这些因素的影响。

(5)不同院校类别的教师在"技术支持和线上资源因素""学生因素"和"教师因素"的各变量上均存在显著差异,民办院校教师在三类因素上的得分高于公办院校和其他院校,即民办院校更容易受到这些因素的影响。

(6)不同学科的教师在"技术支持和线上资源因素""学生因素"和"教师因素"方面,人文科学学科教师在"网络速度及稳定性""教学平台功能及稳定性""提供课程配套电子教学资源""选择适合线上教学的课程内容"4个变量上的得分均高于社会科学学科和理工农医学科,即人文科学学科教师的在线教学效果受网络技术因素的影响较大。社会科学学科在"学生积极参与""学生自主学习能力""良好线上学习行为习惯(如按时上课、学习自律能力等)"3个变量上的得分均低于人文科学学科和理工农医学科,即社会科学学科教师的在线教学效果更不容易受到学生因素的影响。

(7)在线上教学熟悉程度方面,疫情之前未开展过线上教学的教师更容易受"技术支持和线上资源因素""教师因素""学生因素"的影响。

(二)启示与建议

基于以上研究结论,为提高在线教学效果、保障在线教学质量,本文尝试提出如下建议:

第一,顺应时代潮流,积极发展在线教育,提升在线教学技术。在线教育作为高等教育的新形式,具有打破教师时间、空间局限,教学组织灵活便捷、教学资源丰富等优势,特别是在疫情防控期间,在线教学为有效教学的开展发挥了重要作用。本次研究发现,不同性别、教龄、区域、学科和在线教学熟悉程度的教师的在线教学效果均受到"技术支持和线上资源因素"的影响。教龄较长的教师、中部和西部地区的教师、一般本科高校和高职院校的教师、理工农医学科的教师更加容易受到在线教学技术支持因素的影响。网络和教学平台的稳定性、有效的在线技术支持等均会对在线教学效果产生影响。因此,提升在线教学技术支持,保障稳定的教学平台运行,对有效在线教学效果的实现至关重要。

第二,发挥教师和学生主体精神,鼓励其积极参与在线教学实践。疫情防控期间大范围的在线教学使教师和学生"被迫"开展了在线教学与学习。不少教师与学生在疫情之前没有过在线教学经历,因此在学习之初对在线教学较为生疏,影响了在线教学效果。而教师因素和学生因素也是影响有效在线教学的主要因素。学生的学习行为,如在线课堂参与度、在线自主学习能力、良好的学习习惯,教师对于在线教学技术的熟悉程度、有效组织在线课堂的能力、在线备课能力等,会对在线教学效果产生影响。提升在线教学质量,离不开教师和学生主体因素的努力。在今后的在线教学开展中,学生应树立积极的在线学习动机、良好的学习态度,不断提升自主学习能力,为有效在线课堂教学贡献力量。教师应不断提高在线教学能力,熟练掌握在线教学技术,努力投身在线教学实践。

第三,在线教育应关注不同主体,兼顾效率与公平。由于疫情的推动,在线教学达到了前所未有的规模。在追求在线教学规模与数量的同时,也应关注到不同主体对于在线教学的体验与感受。本研究发现,影响不同主体特征教师在线教学效果的因素存在差异。教龄较长的教师和理工农医学科的教师容易受到在线技术的影响,东部地区教师更容易受到教师自身因素的影响,一般本科高校和高职院校相较于研究型大学,容易受到在线技术、学生和教师多方面因素的影响。因此,提升在线教学效果,保障在线教学质量,需要关注到不同主体的声音。

# 第七章

# 高校教师线上教学面临的问题与挑战

疫情防控期间,高校教师在线上教学中存在什么问题?又将面临什么样的挑战?不同群体教师主要问题及挑战是否存在着差异?疫情之后他们对于线上教学的态度和反应如何?本章将分别从不同视角揭示疫情防控期间我国高校教师线上教学面临的问题及挑战,分析不同教师群体差异背后的原因,分析疫情后不同群体教师对线上教学方式的态度差异,以期为后续线上教学改进提供借鉴与参考。

## 第一节 教师线上教学存在的主要问题

### 一、研究问题

本节研究将重点围绕着不同性别、年龄、教龄、职称的教师,以及不同区域、类别、类型的高校教师在线上教学过程中遇到的主要问题及其差异进行分析,以期为今后线上教学提出针对性解决策略。

### 二、研究方法

(一)研究样本

本节样本来自厦门大学教师发展中心对全国334所高校开展的《线上教学调查问卷(教师卷)》,调查共收到全国范围内334所高校教师参与填写的13997份问卷,根据本节研究需要,剔除无效问卷302份,得到有效问卷13695份,有效问卷率为97.98%。调查研究项目为"高校教师线上教学面临的挑战",由于该部分每一个题项均包括"不知道"选项,在分析中回避"不知道"选项的被试,进得出所需的有效样本共12094个。样本包括东、中、西部不同区域的高校,公办和民办不同类别的高校,研究型大学、一般本科高校、高职院校等不同类型高校。从高校教师层面上,样本包括不同性别、年龄、教龄、职称等教师,研究样本具有较好的代表性和典型性。

(二)变量定义

1.线上教学调查量表

高校教师线上教学存在的问题共设置18个题项。回避"不知道"选项,每个题目按照李克特5级量表计分,五个选项从左到右依次是"非常赞同""赞同""一般""不赞同""非常不赞同",分别对应5~1分5个分值。总计得出"线上教学存在的最主要问题"满分为90分。由于题目表述为负向,因此分数越高表明线上教学存在的问题越大,分数越低表明问题越小。

2.研究维度确定

"线上教学存在的最主要问题"根据子问题的内容性质一共命名为四个类型维度。

维度一:网络平台与技术服务支持因素。包含网络速度及稳定性差、教学平台功能不完善及稳定性差、线上技术服务支持跟不上、提供课程配套电子教学资源不足共4个子问题。这一类型的问题主要源于外部因素,如使用平台的不完善、使用感差、资源不足等。

维度二:教师因素。含部分教学内容不适合线上教学、教师对教学的态度及精力投入不够、教学策略及教学方法不适应线上教学、教育评价方式方法不适合线上教学、课堂教学秩序不好把控、没有课程助教或助教数量不足、教师对教学空间环境及设备支持不足、教师对教学平台和工具的不熟练,共8个子问题。这一类型的问题主要与教师个人态度、投入与能力有关。

维度三:学生因素。包含学生对教学平台和工具的不熟练、学生参与度不够、学生自主学习能力弱、学生未养成线上学习的良好习惯(如按时上课、学习自律能力等)、学生的学习空间环境及终端设备支持不够,共5个子问题。这一维度问题一方面与学生的平台使用能力及其线上环境支持有关,另一方面与学生对线上教学的接受度与参与度有关。

维度四:线上教学政策支持。该维度指的是具体到各高校对线上教学的支持,只有一个问题,即学校对线上教学的政策支持。

3.信度分析

如表7-1-1所示,该问卷的 a 系数为0.949,具有很高的信度。其中"线上教学最主要的问题"的 a 系数为0.937,在0.8~1.0之间,表明该项目数据具有良好的信度。

表 7-1-1 高校教师线上教学情况调查问卷的各维度与总问卷内部一致性

| 信度指标 | 线上教学最主要的问题 | 线上教学最大的困难 | 线上教学最大的挑战 | 积极贡献总体 |
|---|---|---|---|---|
| 内部一致性系数 | 0.937 | 0.910 | 0.869 | 0.949 |

(三)研究工具与方法

将问卷数据录入 SPSS 软件进行分析,分析内容包括应用一般描述性统计、$t$ 检验、$F$ 检验、单因素方差分析等方法对所录入的数据进行统计分析,并最终整理得出结论。

## 三、研究结果

(一)教师线上教学遇到的最主要问题的总体情况

1.问题的总体统计

根据课题组的问卷调查,对每一个样本题项分数总计显示,高校教师线上教学存在的最主要问题主要集中分布在 45～78 分之间,均值为 63.10,达到总分的 70.11%,处于中上等水平,即教师线上教学普遍存在较大问题。标准差为 12.903,分数分布相对集中,但极差较大,最低分为 18 分,最高为 90 分(见图 7-1-1)。

2.问题的均值统计

如图 7-1-2 所示,在高校教师线上教学存在的 18 项最主要问题中,均值都在平均分 3 分及以上。其中,"教师对教学的态度及精力投入不够""学校对线上教学的政策支持不足""没有课程助教或助教数量不足""教师对教学平台和工具的不熟练""教学策略及教学方法不适应线上教学"等题项的均值相对较低,在 3.0～3.3 分之间;而"部分教学内容不适合线上教学""学生自主学习能力弱""学生未养成线上学习的良好习惯(如按时上课、学习自律能力等)""网络速度及稳定性差"等题项的均值相对较高,在 3.79～3.95 之间,反映出在这些方面高校教师线上教学遇到的问题相对比较突出。

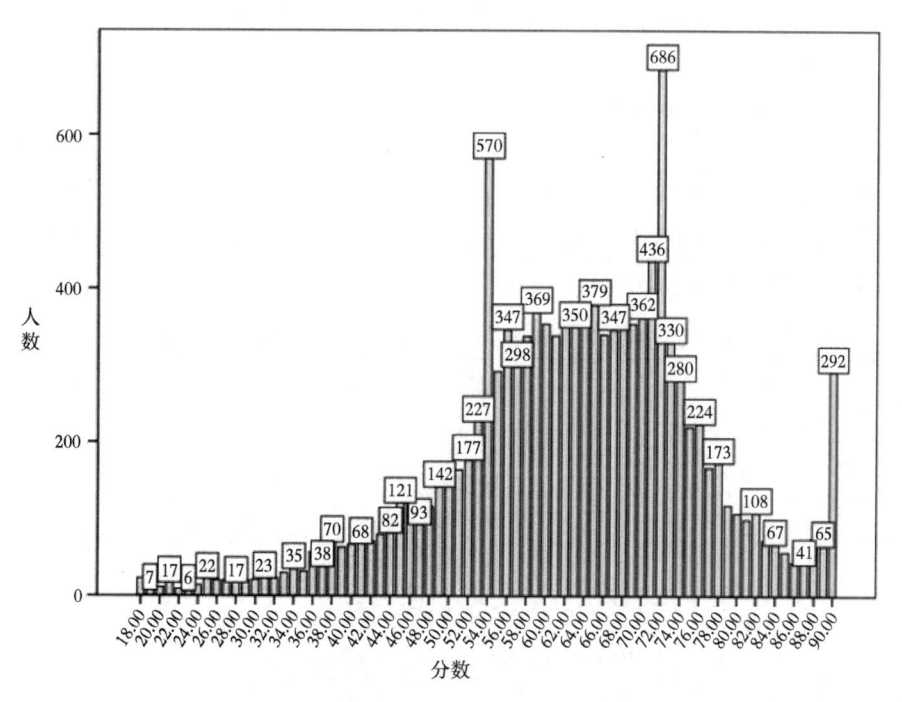

图 7-1-1　高校教师线上教学存在的最主要问题总体统计

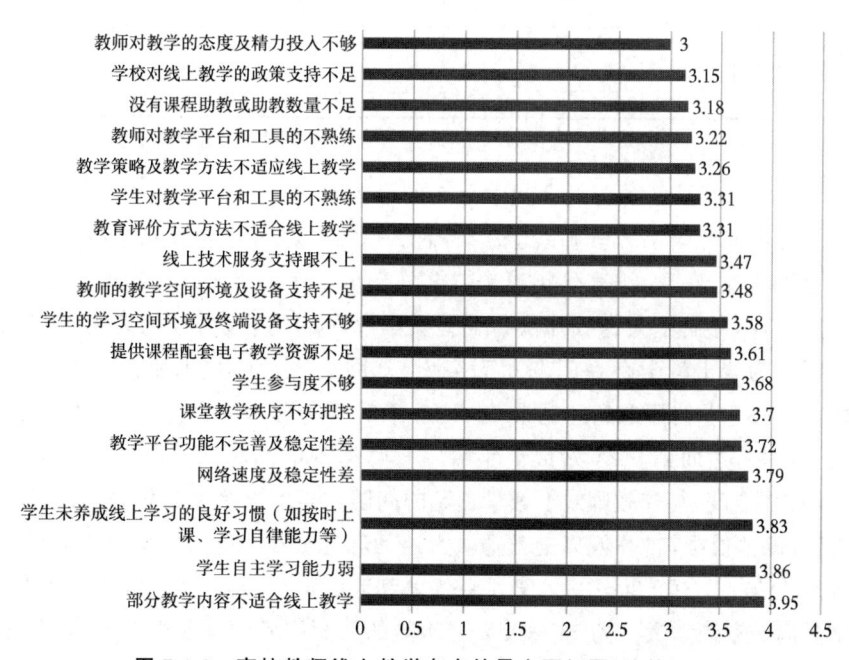

| 问题 | 均值 |
|---|---|
| 教师对教学的态度及精力投入不够 | 3 |
| 学校对线上教学的政策支持不足 | 3.15 |
| 没有课程助教或助教数量不足 | 3.18 |
| 教师对教学平台和工具的不熟练 | 3.22 |
| 教学策略及教学方法不适应线上教学 | 3.26 |
| 学生对教学平台和工具的不熟练 | 3.31 |
| 教育评价方式方法不适合线上教学 | 3.31 |
| 线上技术服务支持跟不上 | 3.47 |
| 教师的教学空间环境及设备支持不足 | 3.48 |
| 学生的学习空间环境及终端设备支持不够 | 3.58 |
| 提供课程配套电子教学资源不足 | 3.61 |
| 学生参与度不够 | 3.68 |
| 课堂教学秩序不好把控 | 3.7 |
| 教学平台功能不完善及稳定性差 | 3.72 |
| 网络速度及稳定性差 | 3.79 |
| 学生未养成线上学习的良好习惯（如按时上课、学习自律能力等） | 3.83 |
| 学生自主学习能力弱 | 3.86 |
| 部分教学内容不适合线上教学 | 3.95 |

图 7-1-2　高校教师线上教学存在的最主要问题(均值)

## (二)高校教师对线上教学存在最主要问题的差异检验

**1.不同性别教师对线上教学存在的最主要问题的差异检验**

对不同性别教师线上教学存在的最主要问题进行差异检验后发现,在四个维度及总体状况方面差异都十分显著($p<0.01$)(见表 7-1-2)。总体而言,高校男教师在"网络平台与技术服务支持因素""教师因素""学生因素""学校政策支持"方面的评价均值均显著大于女性教师,这说明男教师更倾向于认为线上教学存在的主要问题较为严重。

表 7-1-2　不同性别教师线上教学存在的最主要问题的差异检验

| | 性别 | 平均值 | 标准差 | $t$ 检验 | Sig |
|---|---|---|---|---|---|
| 网络平台与技术服务支持因素 | 男 | 3.70 | 0.832 | 5.890*** | 0.000 |
| | 女 | 3.61 | 0.861 | | |
| 教师因素 | 男 | 3.96 | 0.851 | 9.639*** | 0.000 |
| | 女 | 3.80 | 0.917 | | |
| 学生因素 | 男 | 3.67 | 0.796 | 2.688** | 0.007 |
| | 女 | 3.63 | 0.851 | | |
| 学校政策支持 | 男 | 3.24 | 1.094 | 7.876*** | 0.000 |
| | 女 | 3.08 | 1.151 | | |
| 总体状况 | 男 | 3.56 | 0.693 | 7.787*** | 0.000 |
| | 女 | 3.46 | 0.733 | | |

注:* 表示 $p<0.05$,** 表示 $p<0.01$,*** 表示 $p<0.001$,本章下表同。

**2.不同年龄教师对线上教学存在的最主要问题的差异检验**

对不同年龄高校教师线上教学存在的最主要问题进行差异检验后发现,其总体状况及四个维度受年龄影响差异十分显著($p<0.01$)。通过事后检验比较发现,年龄越大的教师认为线上教学存在的问题越大,尤其是 46 岁以上教师认为线上教学存在问题尤为突出。"网络平台与技术服务支持因素"方面,30～35 岁教师遇到问题最少,其余年龄教师随着年龄增长该方面的问题逐渐增多,然而到 56 岁及以上年龄的教师遇到的问题则有所回落。至于"教师因素"维度,高校教师线上教学遇到的问题与年龄直接呈正相关。在"学生因素"维度评价中,56 岁及以上教师认为遇到问题最少,30～35 岁教师次之。"学校政策支持"方面,30～35 岁教师认为遇到问题最少,其余年龄段教师随着年龄增长问题逐渐增大。到 56 岁及以上年龄的教师遇到的问题则有所回落。总体而言,年轻教师群体认为线上教学遇到问题表现更为良好(见表 7-1-3)。

表 7-1-3  不同年龄教师线上教学存在的最主要问题的差异检验

| 因变量 | 年龄段 | 平均值 | F 检验 | Sig 显著性 | 多重比较 |
| --- | --- | --- | --- | --- | --- |
| 网络平台与技术服务支持因素 | 20～29 岁 | 3.61 | 5.456*** | 0.000 | 5＞1;6＞1;3＞2;4＞2;5＞2;6＞2;7＞2 |
| | 30～35 岁 | 3.57 | | | |
| | 36～40 岁 | 3.64 | | | |
| | 41～45 岁 | 3.67 | | | |
| | 46～50 岁 | 3.70 | | | |
| | 51～55 岁 | 3.70 | | | |
| | 56 岁及以上 | 3.69 | | | |
| 教师因素 | 20～29 岁 | 3.76 | 9.4450*** | 0.000 | 3＞1;4＞1;5＞1;6＞1;7＞1;3＞2;4＞2;5＞2;6＞2;7＞2;5＞3 |
| | 30～35 岁 | 3.80 | | | |
| | 36～40 岁 | 3.87 | | | |
| | 41～45 岁 | 3.90 | | | |
| | 46～50 岁 | 3.94 | | | |
| | 51～55 岁 | 3.95 | | | |
| | 56 岁及以上 | 3.97 | | | |
| 学生因素 | 20～29 岁 | 3.66 | 2.899** | 0.008 | 3＞2;4＞2;4＞7 |
| | 30～35 岁 | 3.61 | | | |
| | 36～40 岁 | 3.66 | | | |
| | 41～45 岁 | 3.70 | | | |
| | 46～50 岁 | 3.67 | | | |
| | 51～55 岁 | 3.65 | | | |
| | 56 岁及以上 | 3.59 | | | |
| 学校政策支持 | 20～29 岁 | 3.08 | 8.092*** | 0.000 | 4＞1;5＞1;6＞1;3＞2;4＞2;5＞2;6＞2;7＞2;6＞3 |
| | 30～35 岁 | 3.04 | | | |
| | 36～40 岁 | 3.15 | | | |
| | 41～45 岁 | 3.21 | | | |
| | 46～50 岁 | 3.21 | | | |
| | 51～55 岁 | 3.25 | | | |
| | 56 岁及以上 | 3.17 | | | |

续表

| 因变量 | 年龄段 | 平均值 | F 检验 | Sig 显著性 | 多重比较 |
| --- | --- | --- | --- | --- | --- |
| 总体状况 | 20～29 岁 | 3.45 | 6.802*** | 0.000 | 4>1;5>1;<br>6>1;7>1;<br>3>2;4>2;<br>5>2;6>2;<br>7>2;5>3 |
|  | 30～35 岁 | 3.44 |  |  |  |
|  | 36～40 岁 | 3.50 |  |  |  |
|  | 41～45 岁 | 3.54 |  |  |  |
|  | 46～50 岁 | 3.55 |  |  |  |
|  | 51～55 岁 | 3.55 |  |  |  |
|  | 56 岁及以上 | 3.54 |  |  |  |

3.不同教龄教师对线上教学存在的最主要问题评价的差异检验

对不同教龄高校教师线上教学存在的最主要问题评价进行差异检验后发现,其总体状况及四个维度均因教龄的不同而有显著性差异($p<0.01$)。

在"网络平台与技术服务支持因素"维度,21～25 年教龄的教师认为存在的问题最大,26 年及以上教龄的教师虽然遇到问题也很大,但相较于前者相对有所减缓。1～5 年教龄的教师存在的问题最小,其后随着教龄增长线上教学面临的问题也随之增大。

在"教师因素"维度中,教龄与教师面临的最主要问题呈正相关,值得注意的是,31 年教龄的教师较之 26～30 年的教师在问题分值上略低。"学生因素"维度问题最为突出的是 16～20 年教龄的教师,相较之下,问题较为不显的是教龄在 1～5 年的教师。

在"学校政策支持"维度中,1～5 年教龄的教师存在的问题最小,其后随着教龄增长线上教学面临的问题也随之增大。到 31 年及以上的教师群体则分值开始回落,表明遇到的问题也不如前面教龄段教师严重。

总体而言,教龄越大的教师,其线上教学存在的最主要问题也越大。教龄 10 年以下的教师遇到的问题显著低于其他教龄的教师。16～25 年教龄范围内的教师线上教学存在的问题更为突出,31 年及以教龄的高校教师,线上教学遇到的问题逐渐减少(见表 7-1-4)。

表 7-1-4　不同教龄教师线上教学存在的最主要问题的差异检验

| 因变量 | 教龄段 | 平均值 | F 检验 | Sig 显著性 | 多重比较 |
| --- | --- | --- | --- | --- | --- |
| 网络平台与技术服务支持因素 | 1～5 年 | 3.56 | 8.167*** | 0.000 | 2＞1;3＞1;4＞1;5＞1;6＞1;7＞1;5＞2;5＞3 |
|  | 6～10 年 | 3.64 |  |  |  |
|  | 11～15 年 | 3.66 |  |  |  |
|  | 16～20 年 | 3.69 |  |  |  |
|  | 21～25 年 | 3.73 |  |  |  |
|  | 26～30 年 | 3.68 |  |  |  |
|  | 31 年及以上 | 3.69 |  |  |  |
| 教师因素 | 1～5 年 | 3.77 | 11.693*** | 0.000 | 2＞1;3＞1;4＞1;5＞1;6＞1;7＞1;4＞2;5＞2;6＞2;7＞2;6＞3 |
|  | 6～10 年 | 3.85 |  |  |  |
|  | 11～15 年 | 3.89 |  |  |  |
|  | 16～20 年 | 3.91 |  |  |  |
|  | 21～25 年 | 3.95 |  |  |  |
|  | 26～30 年 | 3.97 |  |  |  |
|  | 31 年及以上 | 3.96 |  |  |  |
| 学生因素 | 1～5 年 | 3.61 | 3.000** | 0.006 | 2＞1;3＞1;4＞1;4＞2;4＞7 |
|  | 6～10 年 | 3.63 |  |  |  |
|  | 11～15 年 | 3.68 |  |  |  |
|  | 16～20 年 | 3.69 |  |  |  |
|  | 21～25 年 | 3.69 |  |  |  |
|  | 26～30 年 | 3.65 |  |  |  |
|  | 31 年及以上 | 3.63 |  |  |  |
| 学校政策支持 | 1～5 年 | 3.01 | 12.757*** | 0.000 | 2＞1;3＞1;4＞1;5＞1;6＞1;7＞1;4＞2;5＞2;6＞2;6＞3 |
|  | 6～10 年 | 3.14 |  |  |  |
|  | 11～15 年 | 3.18 |  |  |  |
|  | 16～20 年 | 3.22 |  |  |  |
|  | 21～25 年 | 3.24 |  |  |  |
|  | 26～30 年 | 3.28 |  |  |  |
|  | 31 年及以上 | 3.19 |  |  |  |

续表

| 因变量 | 教龄段 | 平均值 | F 检验 | Sig 显著性 | 多重比较 |
|---|---|---|---|---|---|
| 总体状况 | 1～5 年 | 3.43 | 9.827*** | 0.000 | 2>1;3>1;<br>4>1;5>1;<br>6>1;7>1;<br>4>2;5>2;<br>6>2 |
|  | 6～10 年 | 3.49 |  |  |  |
|  | 11～15 年 | 3.53 |  |  |  |
|  | 16～20 年 | 3.55 |  |  |  |
|  | 21～25 年 | 3.57 |  |  |  |
|  | 26～30 年 | 3.56 |  |  |  |
|  | 31 年及以上 | 3.54 |  |  |  |

**4. 不同职称教师线上教学存在的最主要问题的差异检验**

对不同职称高校教师对线上教学存在的最主要问题进行差异检验后发现，其"总体状况"及"网络平台与技术服务支持因素""教师因素""学校政策支持"等三个维度均因职称水平的不同而有显著性差异（$p<0.001$）。随着职称的提高，高校教师在"网络平台与技术服务支持因素"这方面感受到问题越突出，呈正相关。相同的情况也发生在"教师因素""学校政策支持两个维度上。事后检验发现：职称水平越高，教师越倾向于认为线上教学存在问题越突出。虽然在"学生因素"维度上不存在显著差异（$p=0.173>0.05$），但初级和中级职称教师对线上教学问题，较副高和正高职称教师突出（见表 7-1-5）。

表 7-1-5 不同职称教师线上教学存在的最主要问题的差异检验

| 因变量 | 职称 | 平均值 | F 检验 | Sig 显著性 | 多重比较 |
|---|---|---|---|---|---|
| 网络平台与技术服务支持因素 | 初级 | 3.56 | 8.620*** | 0.000 | 2>1;3>1;<br>4>1;3>2;<br>4>2;4>3 |
|  | 中级 | 3.64 |  |  |  |
|  | 副高 | 3.66 |  |  |  |
|  | 正高 | 3.74 |  |  |  |
| 教师因素 | 初级 | 3.75 | 23.397*** | 0.000 | 2>1;3>1;<br>4>1;3>2;<br>4>2;4>3 |
|  | 中级 | 3.84 |  |  |  |
|  | 副高 | 3.91 |  |  |  |
|  | 正高 | 4.03 |  |  |  |
| 学生因素 | 初级 | 3.67 | 1.663 | 0.173 |  |
|  | 中级 | 3.67 |  |  |  |
|  | 副高 | 3.64 |  |  |  |
|  | 正高 | 3.63 |  |  |  |

续表

| 因变量 | 职称 | 平均值 | F 检验 | Sig 显著性 | 多重比较 |
|---|---|---|---|---|---|
| 学校政策支持 | 初级 | 302 | 11.114*** | 0.000 | 2＞1;3＞1;<br>4＞1;3＞2;<br>4＞2;4＞3 |
|  | 中级 | 3.13 |  |  |  |
|  | 副高 | 3.19 |  |  |  |
|  | 正高 | 3.26 |  |  |  |
| 总体状况 | 初级 | 3.42 | 13.823*** | 0.000 | 2＞1;3＞1;<br>4＞1;3＞2;<br>4＞2;4＞3 |
|  | 中级 | 3.49 |  |  |  |
|  | 副高 | 3.53 |  |  |  |
|  | 正高 | 3.60 |  |  |  |

5.不同区域高校线上教学存在的最主要问题的差异检验

对不同区域高校教师线上教学存在的最主要问题进行差异检验后发现，其"总体状况""教师因素""学校政策支持"等维度受区域影响不存在显著性差异（$p>0.05$），但"网络平台与技术服务支持因素""学生因素"等方面明显表现出区域性差异（$p<0.05$）。事后检验发现：西部区域高校教师认为线上教学存在的问题显著大于东部。东部、中部、西部3个区域高校教师相比，东部高校教师认为线上教学存在的问题最少，中部高校教师次之，西部高校教师存在的问题最为突出（见表7-1-6）。

表7-1-6 不同区域教师线上教学存在的主要问题的差异检验

| 因变量 | 区域 | 平均值 | F 检验 | Sig 显著性 | 多重比较 |
|---|---|---|---|---|---|
| 网络平台与技术服务支持因素 | 东部 | 3.62 | 3.997** | 0.007 | 3＞1 |
|  | 中部 | 3.65 |  |  |  |
|  | 西部 | 3.70 |  |  |  |
| 教师因素 | 东部 | 3.86 | 0.735 | 0.531 |  |
|  | 中部 | 3.88 |  |  |  |
|  | 西部 | 3.87 |  |  |  |
| 学生因素 | 东部 | 3.63 | 2.694* | 0.044 | 3＞1 |
|  | 中部 | 3.66 |  |  |  |
|  | 西部 | 3.69 |  |  |  |
| 学校政策支持 | 东部 | 3.13 | 1.891 | 0.129 |  |
|  | 中部 | 3.16 |  |  |  |
|  | 西部 | 3.18 |  |  |  |

续表

| 因变量 | 区域 | 平均值 | F 检验 | Sig 显著性 | 多重比较 |
|---|---|---|---|---|---|
| 总体状况 | 东部 | 3.49 | 1.892 | 0.128 | |
| | 中部 | 3.51 | | | |
| | 西部 | 3.53 | | | |

6.不同类型教师线上教学存在的最主要问题的差异检验

对不同类型高校教师线上教学存在的最主要问题进行差异检验后发现,其"总体状况"及"网络平台与技术服务支持因素""学生因素"等维度受高校类型影响存在显著差异($p<0.001$),而在"教师因素""学校政策支持"影响不显著($p>0.05$)。事后检验发现:在"总体状况""网络平台与技术服务支持因素"维度上,一般本科高校、高职院校的教师线上教学存在的问题大于研究型大学,其中高职院校的问题显著大于一般本科高校。在"学生因素"维度上,一般本科高校与高职院校的问题显著大于研究型大学,同样地高职类院校的问题显著高于其他所有类型的高校(见表7-1-7)。

表 7-1-7　不同类型教师线上教学存在的最主要问题的差异检验

| 因变量 | 高校类型 | 平均值 | F 检验 | Sig 显著性 | 多重比较 |
|---|---|---|---|---|---|
| 网络平台与技术服务支持因素 | 研究型大学 | 3.38 | 13.091*** | 0.000 | 2>1;3>1;3>2 |
| | 一般本科高校 | 3.65 | | | |
| | 高职院校 | 3.75 | | | |
| 教师因素 | 研究型大学 | 3.80 | 1.155 | 0.325 | |
| | 一般本科高校 | 3.87 | | | |
| | 高职院校 | 3.87 | | | |
| 学生因素 | 研究型大学 | 3.47 | 13.353*** | 0.000 | 2>1;3>1;3>2 |
| | 一般本科高校 | 3.65 | | | |
| | 高职院校 | 3.82 | | | |
| 学校政策支持 | 研究型大学 | 3.09 | 0.904 | 0.438 | |
| | 一般本科高校 | 3.15 | | | |
| | 高职院校 | 3.09 | | | |
| 总体状况 | 研究型大学 | 3.36 | 5.929*** | 0.000 | 2>1;3>1;3>2 |
| | 一般本科高校 | 3.51 | | | |
| | 高职院校 | 3.57 | | | |

### 7.不同类别教师线上教学存在的最主要问题的差异检验

对不同类别高校教师线上教学存在的最主要问题进行差异检验后发现，其"总体状况"及"教师因素""学校政策支持"等维度受高校类别影响存在显著差异（$p<0.01$），而在"网络平台与技术服务支持因素""学生因素"等维度影响不存在显著差异（$p>0.05$）。事后检验发现：在"总体状况""学校政策支持"维度上，公办高校教师认为线上教学存在问题均显著大于民办高校的教师。在"教师因素"维度，同样也存在公办高校教师存在问题显著大于民办高校教师的情况（见表 7-1-8）。

表 7-1-8　不同性质教师线上教学存在的最主要问题的差异检验

| 因变量 | 高校类别 | 平均值 | 标准差 | $t$ 检验 | Sig |
|---|---|---|---|---|---|
| 网络平台与技术服务支持因素 | 公办 | 3.65 | 0.848 | 0.319 | 0.749 |
|  | 民办 | 3.64 | 0.854 |  |  |
| 教师因素 | 公办 | 3.90 | 0.772 | 6.241*** | 0.000 |
|  | 民办 | 3.76 | 0.830 |  |  |
| 学生因素 | 公办 | 3.65 | 0.824 | 0.798 | 0.425 |
|  | 民办 | 3.64 | 0.840 |  |  |
| 学校政策支持 | 公办 | 3.16 | 1.118 | 3.124** | 0.002 |
|  | 民办 | 3.08 | 1.176 |  |  |
| 总体状况 | 公办 | 3.52 | 0.710 | 3.690*** | 0.000 |
|  | 民办 | 3.45 | 0.743 |  |  |

## 四、结果讨论

### （一）主要研究发现

据问卷数据分析，高校教师线上教学面临的主要问题总体状况与各维度测查均值均超过 3.0，总分均值为 63.10，达到总分的 70.10%。高校教师线上教学在"网络平台与技术服务支持因素""教师因素""学生因素""学校政策支持"方面都存在着问题。

首先，就"网络平台与技术服务支持因素"普遍存在问题而言，虽然在疫情暴发前大多数高校已经初步搭建了网络教学平台，但是存在教学平台功能不完善及稳定性差、教师的教学空间环境及设备支持不足、网络速度及稳定性差、线上技术服务支持跟不上等问题。特别是由于此次线上教学人数较多，平台使用人数庞大,经常出现平台卡顿、掉线、网络延迟甚至崩溃,高校教师在"网络平台与技术服务支持因素"方面确实遭遇了较大的问题,影响了线上教学进度。

其次,教师的"教"与学生的"学"是关键也是难题。根据统计可知,"部分教学内容不适合线上教学"是被教师认为线上教学面临的最严重问题(3.95)。值得注意的是,教师对教学的态度及精力投入不够、教学策略及教学方法不适应线上教学、教育评价方式方法不适合线上教学、课堂教学秩序不好把控等问题居于主要问题的前列。至于学生因素,疫情防控期间的线上教学不同于往常,异步状态下,如何调动学生线上参与度、自主学习能力与线上学习习惯成为教师面临的难题。当然这不是教师单方面的问题,除了技术上的难题以外,还需要学生接受并适应线上教学模式,改变观念,投入线上学习。

再次,线上教学不能完全依赖教师个人的"单打独斗",需要学校、平台、资源做好支持与服务,形成合力,最大限度发挥教育教学与教育技术深度融合带来的"效益"最大化。此次调查过程中,教师普遍反映对线上教学的态度与精力投入不够(3.0),在"任务紧""压力大"的状态下,学校对线上教学的政策支持不足(3.15),大部分老师没有课程助教或助教数量不足(3.18)。这些因素对教师线上教学的有效实施造成了较大困扰。

以上为高校教师线上教学面临问题的总体研究结论。深入到不同教师群体,他们在线上教学问题上面临问题各有差异。具体如下:

1.不同性别、年龄、教龄、职称的教师群体中存在显著差异

研究发现,教师性别差异显著地体现在网络平台与技术服务支持因素、教师因素、学生因素、学校政策支持四个维度。男教师面临的问题在所有维度上均大于女教师。这可能与男性教师对线上教学期望更高有关。正是因为男性教师对线上教学接受度更高,期望感更强,因此男性教师会更多地关注线上教学所面临的问题,并期待解决问题。

统计发现,年龄和教龄越高的教师线上教学遇到的问题越突出。相反,年龄和教龄低的教师信息技术能力和信息技术素养更高,线上教学所遇到问题相对较少。比如,35岁年龄及以下教师大部分都是博士刚毕业或者参加工作不久(未满5年)的年轻教师。线上教学的水平相对高于中老年尤其是46岁以上的教师,青年教师接触、实操线上教学经验更多,线上教学能力更强。

教师职称方面在学生因素维度上没有显著差异($F=1.663, p=0.173>0.05$),即不管什么职称的教师,在调动学生学习积极性与参与感时遇到问题都比较突出。职称高的教师在网络技术与平台支持因素、教师因素、学校政策支持上的问题都高于职称低的教师,除了前面所分析的年龄原因外,可能性因

素有二：一是职称越高的教师，对线上教学的要求越高，越关注线上教学的教学效果，因此，在面对 18 个题项时，更倾向于选择"赞同"和"非常赞同"等选项。二是职称越高的教师，受以往教学惯性的影响，对新事物不太容易接受，在接受调查时更倾向选择"赞同"和"非常赞同"等问题突出的选项。

2.线上教学问题在不同类型、类别、区域的高校教师中存在显著差异

研究发现，线上教学总体状况及教师因素、学校政策支持等维度受区域影响不存在显著性差异（$p>0.05$），而在网络平台与技术服务支持因素、学生因素等方面表现出区域性差异（$p<0.05$），西部区域高校线上教学反映的问题显著大于东部。究其原因，可能是在教育信息化建设水平上，西部相对较落后，与东部相比差距较大。由于西部高校教育资源相对不足，疫情防控期间，学生学习空间及终端设备支持不如东部高校学生，影响了线上学习效果。同时由于不同地域高校学生整体学习表现出相对差异性，因此学生线上学习时其自主性与投入也表现出相应的差异。

在高校类型与类别方面，统计分析结果显示，在网络平台与技术服务支持因素维度上，不同类型高校之间的差异是十分显著的（$F=13.091$，$p=0.000$），而且研究型大学、一般本科高校、高职院校的问题是逐级递增。然而，不同类别的高校，如公办院校与民办院校在网络平台与技术服务支持因素上没有显著的差异（$p=0.749>0.05$），维度均值在 3.6 左右。但公办院校和民办院校在总体状况、教师因素、学校政策支持等三个维度存在显著差异，且公办院校维度均值均高于民办院校。

（二）高校教师线上教学面临问题的原因分析

其一，线上教学硬件基础建设滞后。网络环境和硬件设备是制约线上教学顺利开展的首要障碍。虽然在疫情暴发前大多数高校已经初步搭建了网络教学平台，但是教学平台存在功能不完善及稳定性差、教师的教学空间环境及设备支持不足、网络速度及稳定性差、线上技术服务支持跟不上等问题。研究表明，疫情的突然暴发，线上教学平台承载用户量激增，导致运行过程中产生了不同程度的卡顿、闪退，甚至是平台彻底崩溃。这也成为高校师生关于疫情初期线上教学评价的常态。[①]

其二，线上教学优质资源缺乏。虽然教育部组织了 22 个线上课程教学平台，覆盖本科 12 个大学科门类、专科高职 18 个专业大类的 2.4 万余门线上课

---

[①] 贾文军，郭玉婷，赵泽宁.大学生在线学习体验的聚类分析研究[J].中国高教研究,2020（4）:23-27.

程及2000余门虚拟仿真实验课程资源,①但与我国庞大的高等教育体系相比,相当部分教师开展线上教学需要"从头做起"。与此同时,课程配套电子教学资源不足,不少高校还面临着线上课程资源储备不足、选用困难、适用性不强等问题。此外,每门课程教学模式及场景复杂性和差异度也很高,线上教学体验亟须得到优化。

其三,教师信息化教学能力短期速成。线上教学对教师角色、课堂组织、教学交互、课程评价等方面提出了新的要求。尽管各大高校在第一时间针对教师组织了多场线上教学培训,但是由于很多教师在疫情前缺乏线上教学经验(疫情之前开展过线上教学的教师仅占样本的21.4%),线上教学属于"摸石头过河"的探索状态,实践线上教学中,仍存在"教师对教学平台和工具的不熟练""部分教学内容不适合线上教学""教学策略及教学方法不适应线上教学""课堂教学秩序不好把控"等问题。其中,"部分教学内容不适合线上教学"问题最为突出,均值为3.95,位列问题之首。

其四,学生尚未形成线上学习的能力和习惯。线上学习的方式对学生学习的主动性、自觉性提出了更高的要求。然而统计显示,"学生自主学习能力弱""学生未养成线上学习的良好习惯(如按时上课、学习自律能力等)"等方面的均值都在3.80以上,位列问题的前三。除此之外,学生参与度不够也是线上教学的问题之一。面对面的教学交互的缺失,导致教学的课堂情境失真,这在一定程度上影响了学生参与课堂的积极性与主动性。

其五,学校对线上教学的政策支持力度不足。与传统的线下教学相比,线上教学难度更大,需要教师花费更多的时间和精力。数据显示,教师线上教学花费的时间是面对面教学的3倍,这表明线上教学不单单是耗时大,更体现出可能比面对面教学更困难。② 由于很多教师在疫情前缺乏线上教学经验,线上教学属于"摸着石头过河"的探索状态,他们在线上教学的过程中需要一边反思总结经验,一边努力优化线上教学流程与方法。因此在实践中,存在诸如"教师对教学平台和工具的不熟练""部分教学内容不适合线上教学""教学策略及教学方法不适应线上教学""课堂教学秩序不好把控"等问题也就不足为奇。

---

① 中华人民共和国教育部.教育部应对新型冠状病毒感染肺炎疫情工作领导小组办公室关于在疫情防控期间做好普通高等学校线上教学组织与管理工作的指导意见[EB/OL].(2020-02-04)[2020-03-16]. http://www.moe.gov.cn/srcsite/A08/s7056/202002/t20200205_418138.html.

② VORD R, POGUE K. Teaching time investment: does online really take more time than face-to-face? [J]. International review of research in open & distance learning, 2012, 13(3):132-146.

(三)改进建议

1.加强网络平台与技术服务建设

网络教学平台是线上学习的基础性技术平台,是开展线上网络教学或网络辅助教学的必备条件。调查发现,教师们对"网络平台与技术服务支持"是较为不满的。疫情防控背景下的线上教学就像是一次对网络教学平台建设成效的"考试",网络平台与技术服务建设中存在的诸多问题全部暴露无遗。基于这一不足,高校首先应加大教育技术经费投入,加强网络教学平台建设,保障网络教学平台的稳定性、可用性、流畅性,提高网络教学平台的使用率和受欢迎程度。其次,加强网络技术服务建设,在技术上、服务上确保网络教学平台使用过程中遇到问题时,能够在第一时间帮助教师解决。最后,提高网络教学平台的使用体验感。针对当前网络教学平台使用过程中存在的诸多问题,着重解决网络卡顿与延迟、平台崩溃等问题,提高平台使用体验感。

2.加快优质线上资源的建设与共享

我国目前线上教学资源主要依赖教育部或省教育厅的支持建设,如中国大学MOOC平台,国家级、省级精品课程资源等。疫情防控期间线上教学调查问卷反映出在全面线上教学的环境下现有的线上教学资源无法配套满足课程教学,需引起有关教育部门与高校自身重视。因此,教育部门应进一步加大高质量的线上教学精品课程资源建设力度,加强精品线上课程资源共享。这不仅可以为后续普遍开展线上教学起到了重要支持作用,而且还可以缩小不同区域、不同类型、不同类别高校之间的线上教学实施差距,推动不同高校线上教学质量共同提升。除了政府部门推动之外,高校自身要积极打造线上教学团队,制定支持、服务、奖励制度鼓励教学团队开展线上教学资源建设。高校之间还可以加大合作,促进线上教学资源的开放和共享,尤其是具有相对优势高校可以为相对弱势高校提供优质线上教学资源,实现共享互利。此外,除了政府主导、高校自身投入建设、高校之间合作以外,优质教学资源还有赖于社会力量投入。因此,从线上教学资源供给而言,未来要改变政府单方主导与高校"单打独斗"的格局,以开放的态度鼓励企业开展线上教育服务,为高等教育提供更多更丰富的线上教学资源。

3.加强教师线上教学能力的培训

教师是教学中的关键因素,高校教师的信息化教学能力、教学改革意愿、时间精力投入等因素都关系着高校信息化教学能否顺利开展,其中教师的信息化教学能力直接影响着信息化教学的质量水平。[①] 疫情之前,很多高校的管理层并没有重视在校教师信息化教学能力的培养。通过本次问卷调查发现,"教师对教学平台和工具的不熟练""课堂教学秩序不好把控""教学策略及教学方法不适应线上教学""教育评价方式方法不适合网上教学"等题项的均值分项均超过3.0,教师线上教学技术能力和课堂组织能力仍是困扰教师线上教学的大问题。通过小规模访谈得知,虽然很多高校均在不同程度开展教师线上教学培训,但培训具有滞后性,属于"亡羊补牢"式培训,效果并不理想。尤其是中老年教师、副高职称以上的教师更不愿意花时间与精力学习线上教学相关技能。因此,在对教师进行线上教学培训时不能仅仅教会教师熟练使用教学平台和工具,还要重视虚拟环境下教学设计、教学管理能力的培训。

4.加强对教师线上教学的教学指导

高校教师线上教学能力直接影响着线上教学,影响整体教学质量,因此应加强教师线上教学指导,为教师提供从教学准备、教学设计到教学实施等环节全面支持与优质服务应成为高校未来开展教学培训的常态化工作。例如为教师提供丰富的线上教学资源,包括教学资料、课件模板、案例研究等,还应帮助教师针对线上环境的提供课程设计指导,促进教师更好地规划和组织线上教学内容;又如,针对教师如何进行线上评估和提供有效的反馈,不仅包括使用线上测验和作业工具进行评估,还应引导教师及时给予学生个性化的反馈,帮助学生改进学习;此外,高校应鼓励教师参与专业发展活动,如线上教学研讨会、培训课程和教学社区等;鼓励教师分享线上教学经验和实践展示,促进彼此之间的学习和交流。总而言之,推动信息技术与教学改革的深度融合,高校不仅要提供丰富多样的教学资源,还应当组建由专家团体、教学管理人员、教师群体等构成的开放教学共同体,通过咨询求助、团体辅导、个别辅导、沟通交流等多种形式促进教师线上教学能力的持续性发展与提升。

5.加快促进学生线上教学参与

问卷显示,高校教师线上教学面临的问题很大一部分来自学生群体线上学情困扰。因此,要帮助高校教师解决线上教学面临的问题光从教师视角出发还不够,还需要和学生一起努力,共同提升线上教学的参与度,从而提高线上教学质量。首先,加强线上教学生态建设,引导大学生端正学习态度。面对线上教学,应引导学生改变学习观念和学习习惯,主动适应线上教学模式,以传统的线下教学的规章制度严格要求自己,端正学习态度,积极主动地投入线

---

[①] 萧潇.以在线开放课程体系支持高校教师信息化教学能力构建[J].中国大学教学,2018(9):70-73.

上学习。同时学生要积极主动地利用线上教学工具和教师对话交流，并认真做好课前预习、课程准备、课堂学习、课后复习等，提高线上教学参与。其次，线上学习必须保证学生适配相应的设备和基本学习条件。一方面高校要确保所有的学生都能顺利地使用线上教学工具和平台，对缺少设备的学生提供详细的购买指南。特别对于经济困难的学生，高校则可以提供设备出借服务，保证每个学生都能正常地参与线上教学。同时鉴于学生技术背景不同，高校技术部门应发布详细的操作指南，提高学生对教学平台和工具使用的熟练程度。再次，为学生提供多样化的线上学习资源，如教学视频、电子教材、网络图书馆等，确保学生能够获取丰富的学习材料，满足学习需求。此外，高校应帮助学生清晰了解线上教学的学习目标、课程安排和评估方式，以便更好地安排学习计划、作业考核等，从而有序地进行学习。特别是由于线上教学模式与传统线下教学模式有很大不同，高校还应引导学生进行自主学习和有效的时间管理，帮助学生在线上环境中合理安排学习时间、制定学习计划，高质量地完成学习任务。

## 第二节 教师线上教学面临的主要困难

### 一、研究问题

本节研究着重讨论教师线上教学面临的困难，具体聚焦在线上保持学生学习注意力、线上维持课堂教学秩序与线上组织课堂讨论。研究主要对这三个困难进行差异检验，以期发现新的结果。

### 二、研究方法

（一）研究样本

同本章首节。

（二）变量定义

1.线上教学调查量表

"高校教师线上教学遇到的最大困难"共包含10个题项。回避"不知道"选项，每个题目按照李克特5级量表计分，五个选项从左到右依次是"非常赞同""赞同""一般""不赞同""非常不赞同",分别对应 5~1 分 5 个分值。所有题项满分为 50 分。由于题目表述为负向,因此分数越高表明高校教师线上教学面临的困难越多,分数越低,则表示遇到的困难越少。

2. 研究变量

该部分的研究变量对应的是:"对各种平台和教学工具的熟悉和掌握""线上备课""线上直播""线上录播""线上组织课堂讨论""线上布置""批改作业及反馈""线上开展测验或考试""线上维持课堂教学秩序""线上保持学生学习注意力""课后线上交流反馈及讨论"等题项。然而基于研究着重讨论教师线上教学交互问题的目的,主要分析变量为"线上保持学生学习注意力""线上维持课堂教学秩序""线上组织课堂讨论"。

3. 信度分析

如表 7-2-1 所示,该问卷的 a 系数为 0.949,具有很高的信度。其中"线上教学最大的困难"的 a 系数为 0.910,在 0.8~1.0 之间,表明该项目数据具有良好的信度,可以支撑进一步的研究。

表 7-2-1 高校教师线上教学情况调查问卷的各维度与总问卷内部一致性

| 信度指标 | 线上教学最主要的问题 | 线上教学最大的困难 | 线上教学最大的挑战 | 积极贡献总体 |
| --- | --- | --- | --- | --- |
| 内部一致性系数 | 0.937 | 0.910 | 0.869 | 0.949 |

(三)研究工具与方法

将问卷数据录入 SPSS 软件进行分析,分析内容包括应用一般描述性统计、$t$ 检验、$F$ 检验、单因素方差分析等方法对所录入的数据进行统计分析,并最终整理得出结论。

## 三、研究结果

(一)高校教师线上教学遇到的最困难总体状况

统计显示,高校教师线上教学过程中遇到的最大困难主要集中分布在 28~42 分之间,均值为 34.43,达到总分的 68.86%,处于中等偏上水平,即教师线上教学过程中遇到的困难偏大。标准差为 7.707,分数分布相对集中,但极差较大,最低分为 10 分,最高为满分 50 分(见图 7-2-1)。

如图 7-2-2 所示,高校教师线上教学过程中遇到的最大困难有 10 类,其中"线上录播""线上布置、批改作业及反馈""线上开展测验或考试""线上直播""线上备课"等困难的均值在 3.35 及以下,困难相对较小。而"线上保持学

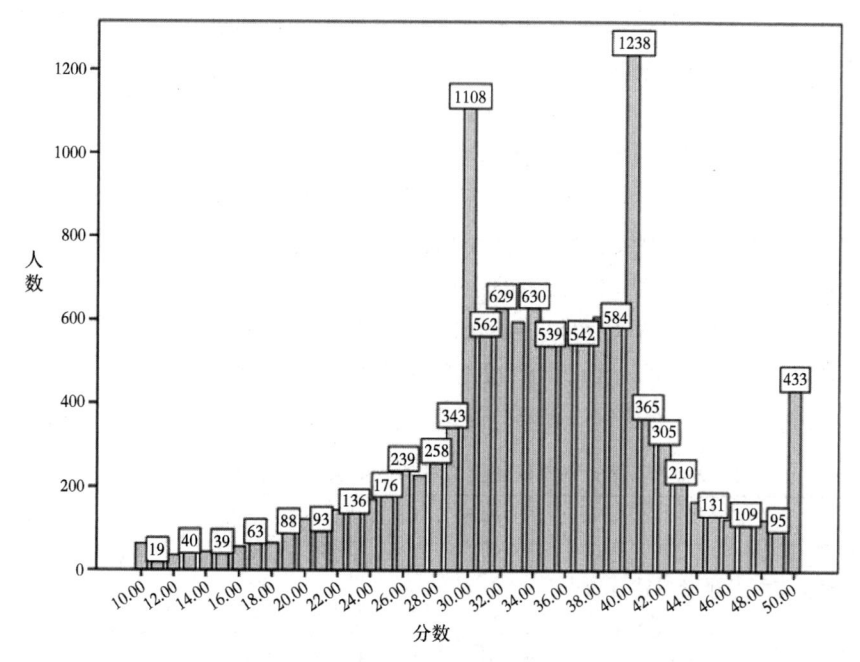

**图 7-2-1  高校教师线上教学过程中遇到的最大困难总体统计**

生学习注意力"均值最高,达 3.91,是高校教师线上教学遇到的最大困难。其余"对各种平台和教学工具的熟悉和掌握""课后线上交流反馈及讨论""线上组织课堂讨论""线上维持课堂教学秩序"的均值分别为 3.41、3.54、3.55、3.59。

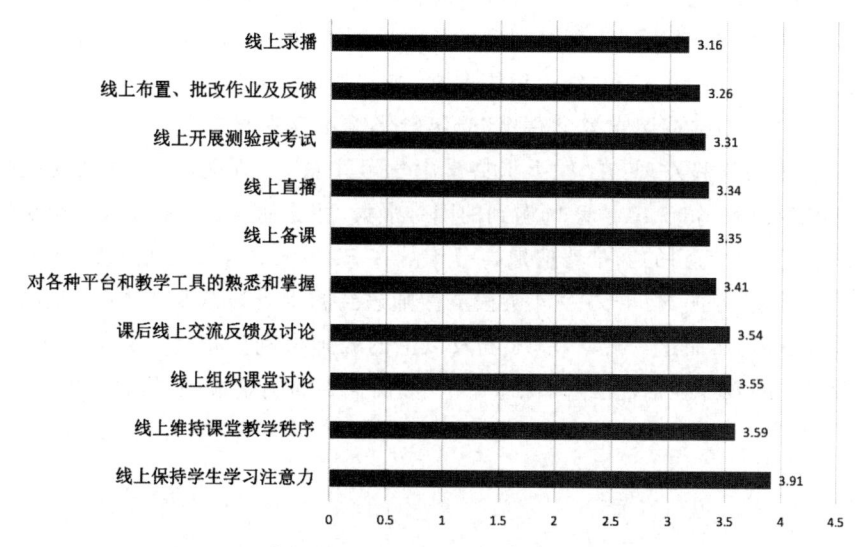

**图 7-2-2  高校教师线上教学遇到的最主要困难(均值)**

从上述描述可知，教师线上教学遇到的最主要困难排名前三的，分别是"线上保持学生学习注意力""线上维持课堂教学秩序""线上组织课堂讨论"。这三个问题均属于教学交互的问题，直接与线上教学效果相关。

(二)高校教师线上教学遇到最主要困难的差异性分析

1.不同性别教师线上教学遇到最主要困难的差异检验

对不同性别教师线上教学遇到的最主要困难进行差异检验后发现，在"线上保持学生学习注意力"方面不同性别教师并无显著性差异($t=-1.941$, $p=0.52>0.05$)，即无论男性教师还是女性教师，"线上保持学生学习注意力"都面临同样的难度且难度较大；而在"线上维持课堂教学秩序"和"线上组织课堂讨论"方面，男教师认为遇到的困难均显著大于女教师($p<0.001$)(见表7-2-2)。

表7-2-2 不同性别教师线上教学遇到的最主要困难的差异检验

| 因变量 | 性别 | 平均值 | 标准差 | $t$检验 | Sig |
|---|---|---|---|---|---|
| 线上保持学生学习注意力 | 男 | 3.89 | 0.880 | −1.941 | 0.52 |
|  | 女 | 3.93 | 0.918 |  |  |
| 线上维持课堂教学秩序 | 男 | 3.64 | 0.945 | 4.928 | 0.000 |
|  | 女 | 3.55 | 1.026 |  |  |
| 线上组织课堂讨论 | 男 | 3.61 | 0.959 | 5.376 | 0.000 |
|  | 女 | 3.51 | 1.071 |  |  |

2.不同年龄教师线上教学遇到的最主要困难的差异检验

对不同年龄教师线上教学遇到的最主要困难进行差异检验后发现，"线上保持学生学习注意力"和"线上组织课堂讨论"受年龄影响存在显著差异($p<0.05$)，而"线上维持课堂教学秩序"受年龄影响不存在显著差异($p=0.139>0.05$)。事后检验发现：在"线上保持学生学习注意力"方面，年龄越低的教师遇到困难越大，36～40岁教师遇到的困难最大，相比而言，50岁及以下年龄的教师在这方面遇到的困难普遍地高于年龄在51岁及以上的教师；在"线上组织课堂讨论"方面，41～55岁年龄段的教师遇到的困难显著高于40岁及以下的教师群体，然而这一现状在56岁及以上的教师得到了扭转。数据显示，56岁及以上的教师在"线上组织课堂讨论"方面遇到的困难最小(见表7-2-3)。

表 7-2-3　不同年龄教师线上教学遇到的最主要困难的差异检验

| 因变量 | 年龄段 | 平均值 | F 检验 | Sig 显著性 | 多重比较 |
| --- | --- | --- | --- | --- | --- |
| 线上保持学生学习注意力 | 20～29 岁 | 3.91 | 4.965*** | 0.000 | 1＞6;1＞7;<br>2＞6;2＞7;<br>3＞6;3＞7;<br>4＞6;4＞7;<br>5＞6;5＞7 |
|  | 30～35 岁 | 3.92 |  |  |  |
|  | 36～40 岁 | 3.95 |  |  |  |
|  | 41～45 岁 | 3.93 |  |  |  |
|  | 46～50 岁 | 3.90 |  |  |  |
|  | 51～55 岁 | 3.82 |  |  |  |
|  | 56 岁及以上 | 3.78 |  |  |  |
| 线上维持课堂教学秩序 | 20～29 岁 | 3.55 | 1.612 | 0.139 |  |
|  | 30～35 岁 | 3.58 |  |  |  |
|  | 36～40 岁 | 3.62 |  |  |  |
|  | 41～45 岁 | 3.61 |  |  |  |
|  | 46～50 岁 | 3.59 |  |  |  |
|  | 51～55 岁 | 3.59 |  |  |  |
|  | 56 岁及以上 | 3.51 |  |  |  |
| 线上组织课堂讨论 | 20～29 岁 | 3.55 | 2.273* | 0.034 | 3＞2;4＞2;<br>5＞2;6＞2 |
|  | 30～35 岁 | 3.50 |  |  |  |
|  | 36～40 岁 | 3.55 |  |  |  |
|  | 41～45 岁 | 3.59 |  |  |  |
|  | 46～50 岁 | 3.57 |  |  |  |
|  | 51～55 岁 | 3.59 |  |  |  |
|  | 56 岁及以上 | 3.51 |  |  |  |

注：* 表示 $p<0.05$，** 表示 $p<0.01$，*** 表示 $p<0.001$，本章下同。

3.不同教龄教师线上教学遇到最主要困难的差异检验

对不同教龄教师线上教学遇到的最主要困难进行差异检验后发现，"线上保持学生学习注意力"和"线上维持课堂教学秩序"方面受教龄影响存在显著差异（$p<0.05$），而"线上组织课堂讨论"方面受年龄影响不存在显著差异（$p=0.117>0.05$）。事后检验发现：在"线上保持学生学习注意力"方面，教师教龄越低，遇到的困难越大，其中教龄在 6～10 年的教师"线上保持学生学习注意力"遇到的困难最大，教龄在 26 岁及以上的教师在这方面遇到的困难普遍低于教龄更低的高校教师；在"线上维持课堂教学秩序"方面，6～10 年教龄段的教师遇到的困难显著大于 1～5 年和 26～30 年的教师，而 21～25 年教龄段的教师遇到的困难则显著大于1～5年、11～15年和26～30年的教师(见表7-2-4)。

表7-2-4　不同教龄教师线上教学遇到的最主要困难的差异检验

| 因变量 | 教龄段 | 平均值 | F检验 | Sig显著性 | 多重比较 |
| --- | --- | --- | --- | --- | --- |
| 线上保持学生学习注意力 | 1～5年 | 3.91 | 4.335*** | 0.000 | 2>1;1>6;<br>2>6;2>7;<br>3>6;3>7;<br>4>6;4>7;<br>5>6;5>7 |
|  | 6～10年 | 3.97 |  |  |  |
|  | 11～15年 | 3.92 |  |  |  |
|  | 16～20年 | 3.92 |  |  |  |
|  | 21～25年 | 3.92 |  |  |  |
|  | 26～30年 | 3.80 |  |  |  |
|  | 31年及以上 | 3.84 |  |  |  |
| 线上维持课堂教学秩序 | 1～5年 | 3.57 | 2.277* | 0.034 | 2>1;5>1;<br>2>6;5>3;<br>5>6 |
|  | 6～10年 | 3.63 |  |  |  |
|  | 11～15年 | 3.58 |  |  |  |
|  | 16～20年 | 3.60 |  |  |  |
|  | 21～25年 | 3.66 |  |  |  |
|  | 26～30年 | 3.52 |  |  |  |
|  | 31年及以上 | 3.59 |  |  |  |
| 线上组织课堂讨论 | 1～5年 | 3.52 | 1.698 | 0.117 |  |
|  | 6～10年 | 3.56 |  |  |  |
|  | 11～15年 | 3.54 |  |  |  |
|  | 16～20年 | 3.59 |  |  |  |
|  | 21～25年 | 3.61 |  |  |  |
|  | 26～30年 | 3.51 |  |  |  |
|  | 31年及以上 | 3.56 |  |  |  |

4.不同职称教师线上教学遇到的最主要困难的差异检验

对不同职称教师线上教学遇到的最主要困难进行差异检验后发现,"线上维持课堂教学秩序"和"线上组织课堂讨论"方面受职称影响存在显著差异($p<0.05$),而"线上保持学生学习注意力"方面受年龄段影响不存在显著差异($p=0.788>0.05$),困难均较突出。事后检验发现:在"线上维持课堂教学秩序"和"线上组织课堂讨论"方面,正高和副高职称的教师遇到的困难均大于中初级教师,且随着职称的逐级递增呈正相关(见表7-2-5)。

表 7-2-5　不同职称教师线上教学遇到的最主要困难的差异检验

| 因变量 | 职称 | 平均值 | F 检验 | Sig 显著性 | 多重比较 |
| --- | --- | --- | --- | --- | --- |
| 线上保持学生学习注意力 | 初级 | 3.89 | 0.351 | 0.788 | |
| | 中级 | 3.92 | | | |
| | 副高 | 3.91 | | | |
| | 正高 | 3.92 | | | |
| 线上维持课堂教学秩序 | 初级 | 3.53 | 2.716* | 0.043 | 3＞1;4＞1 |
| | 中级 | 3.59 | | | |
| | 副高 | 3.61 | | | |
| | 正高 | 3.64 | | | |
| 线上组织课堂讨论 | 初级 | 3.48 | 4.215** | 0.005 | 3＞1;4＞1 |
| | 中级 | 3.53 | | | |
| | 副高 | 3.58 | | | |
| | 正高 | 3.60 | | | |

5.不同区域教师线上教学遇到的最主要困难的差异检验

对不同区域高校教师线上教学遇到的最主要困难进行差异检验后发现，"线上保持学生学习注意力""线上维持课堂教学秩序"和"线上组织课堂讨论"方面受区域影响均不存在显著差异（$p>0.05$），从均值上看三个区域的高校教师在这三个问题上都受到困扰（见表 7-2-6）。

表 7-2-6　不同区域教师线上教学遇到的最主要困难的差异检验

| 因变量 | 区域 | 平均值 | F 检验 | Sig 显著性 | 多重比较 |
| --- | --- | --- | --- | --- | --- |
| 线上保持学生学习注意力 | 东部 | 3.91 | 0.517 | 0.670 | |
| | 中部 | 3.91 | | | |
| | 西部 | 3.92 | | | |
| 线上维持课堂教学秩序 | 东部 | 3.60 | 0.631 | 0.595 | |
| | 中部 | 3.58 | | | |
| | 西部 | 3.58 | | | |
| 线上组织课堂讨论 | 东部 | 3.57 | 2.368 | 0.069 | |
| | 中部 | 3.52 | | | |
| | 西部 | 3.56 | | | |

### 6.不同类型高校教师线上教学遇到的最主要困难的差异检验

对不同类型高校教师线上教学遇到的最主要困难进行差异检验后发现,"线上维持课堂教学秩序"和"线上组织课堂讨论"方面受高校类型影响存在显著差异($p<0.05$),而"线上保持学生学习注意力"方面受高校类型影响不存在显著差异($p=0.105>0.05$)。事后检验发现:在"线上维持课堂教学秩序"方面,一般本科高校和高职院校教师遇到的困难均显著大于研究型大学教师;在"线上组织课堂讨论"方面,一般本科高校教师遇到的困难显著大于高职院校教师与研究型大学教师(见表7-2-7)。

表7-2-7 不同类型教师线上教学遇到的最主要困难的差异检验

| 因变量 | 高校性质 | 平均值 | F检验 | Sig显著性 | 多重比较 |
| --- | --- | --- | --- | --- | --- |
| 线上保持学生学习注意力 | 研究型大学 | 3.82 | 2.045 | 0.105 | |
| | 一般本科高校 | 3.91 | | | |
| | 高职院校 | 3.95 | | | |
| 线上维持课堂教学秩序 | 研究型大学 | 3.39 | 4.957** | 0.002 | 2>1;3>1 |
| | 一般本科高校 | 3.60 | | | |
| | 高职院校 | 3.65 | | | |
| 线上组织课堂讨论 | 研究型大学 | 3.47 | 3.453* | 0.016 | 2>3 |
| | 一般本科高校 | 3.56 | | | |
| | 高职院校 | 3.43 | | | |

### 7.不同类别高校教师线上教学遇到最主要困难的差异检验

对不同类别高校教师线上教学遇到的最主要困难进行差异检验后发现,"线上保持学生学习注意力""线上维持课堂教学秩序""线上组织课堂讨论"方面受高校类别影响均不存在显著差异($p>0.05$),但从均值看,两类高校教师认为在以上三个方面问题均存在着困难(见表7-2-8)。

表7-2-8 不同类别教师线上教学遇到的最主要困难的差异检验

| 因变量 | 高校类别 | 平均值 | 标准差 | $t$检验 | Sig |
| --- | --- | --- | --- | --- | --- |
| 线上保持学生学习注意力 | 公办 | 3.91 | 0.898 | −0.03 | 0.997 |
| | 民办 | 3.91 | 0.913 | | |
| 线上维持课堂教学秩序 | 公办 | 3.60 | 0.991 | 1.776 | 0.076 |
| | 民办 | 3.56 | 0.995 | | |
| 线上组织课堂讨论 | 公办 | 3.56 | 1.017 | 1.475 | 0.140 |
| | 民办 | 3.52 | 1.056 | | |

## 四、结果讨论

### (一)主要研究发现

**1.线上教学过程中困难重重,交互问题亟待解决**

从均值看,线上教学困难所有题项均值占总分的68.87%,单项题项均值在3.16~3.91之间。这说明从线上备课到线上教学活动开展,再到课后线上交流及反馈,整个线上教学环节都存在或大或小的困难。其原因可能如下:首先,线上课程电子资源缺乏,教师线上备课时需要花费大量的时间和精力搜索满足线上教学需要的课程资源。其次,教师线上教学经验缺乏。据统计,在疫情暴发前,79.8%教师没有开展过线上教学。疫情暴发后,高校教师首次接触线上录播、线上直播等事项,线上教学的各个环节对高校教师而言都是新事物,需要他们从头学起。

具体而言,高校教师线上教学过程中遇到的最大困难有10类,其中"线上录播""线上布置、批改作业及反馈""线上开展测验或考试""线上直播""线上备课"等困难的均值在3.35及以下,困难相对较小。相比之下,教学交互层面的困难尤为突出。统计显示,"线上保持学生学习注意力""线上维持课堂教学秩序""线上组织课堂讨论"等三个困难的题项均值排名前三,是10类困难中最突出的。

相对而言,教学交互困难在学校类别维度上不存在显著差异。从均值看,不管是东部区域高校,还是中、西部区域高校,不管是研究型大学,还是一般本科高校和高职院校,不管是公办高校,还是民办高校,教学交互困难在线上教学中都不同程度存在。具体到高校类型,研究型大学的教师面临线上教学交互困难总体较小,而一般本科高校的教师困难最大,高职院校教师次之。而就高校所在区域和高校类别方面而言,教师面临的线上教学交互困难均不存在显著差异。

**2."线上保持学生学习注意力"是所有教师遇到的共同困难,在人口学变量上不存在显著差异**

通常情况下,线上教学过程中,学生可以看到教师真实的面孔,而由于班级人数较多,所有学生的面孔无法完全呈现在直播平台上,与线下教学的"临场感"有很大的区别。教师无法同时了解线上教学平台后面每一位学生的学习状态。据了解,有的大学生在参加线上直播课堂学习时,直播平台处于线上状态,而学生却没有按照要求听课;有的教师在随机提问时发现部分学生一直没有反应,课后了解到该部分学生从来不参加直播学习,而是自主确定时间观看直播回放视频;还有的学生边参加直播学习,边睡觉或玩游戏等,屡见不鲜。

统计显示,"线上保持学生学习注意力"位列10类困难之首,是所有教师面临的共同困难。该困难在教师年龄和教龄方面存在显著差异,教师越年轻,教龄越短,该困难越大。显而易见,这种现象与教师教学经验有关。有较长教龄的教师在面对保持学生学习注意力问题时能较好地处理,表现出得心应手;而教龄较短的教师可能缺乏丰富的、高质量的教学经验,线上教学过程中面对保持学生学习注意力问题时往往表现出不知所措。然而,该困难在男女教师维度则不存在显著差异($p=0.52>0.05$),即不管是男性教师还是女性教师,线上教学过程中保持学生学习注意力都是一个同样大的困难。

(二)原因分析

1.教师线上教学模式陈旧

根据调查,疫情防控期间教师线上开展的主要教学活动仍是利用线上教学平台进行讲授(如直播或录播),与学生的交互主要是线上布置、收取、批改和反馈作业,即教师仍然采用传统课堂教学常用的方法进行上线教学。[1] 有学者指出,尽管教育领域的技术革命已经发展了几十年,但"与总体的教学导向相比,应用信息技术的教师行为还较传统,信息技术的应用并不一定会带来与21世纪教学法相一致的教学改革"。[2] 事实上,线上教学最常见、最明确的教师职能是:教学设计、指导使用技术、交互管理、学习评估和学习支持。但不同于线下传统教学,线上教学由于"教学存在感"的缺失,教学组织与交互的难度都大大提高。在这样一种背景下,教师在教学设计时需要考虑到基于技术的学习体验感,管理异步空间,构建学习支持,这对教师个人的信息技术能力要求几近苛刻。然而,陈旧的教学模式导致线上教学只是场景移换,并未在本质上颠覆现有的线下教学模式,反而因为教育技术的进步产生教学隔离。因此,教学交互也理所当然地成为高校教师线上教学面临的最主要的困难。

2.学生线上学习模式依然被动

教师认为线上教学的主要问题中,学生学习状态是重要的问题来源,也是影响线上教学质量的重要因素。在传统学习过程中,学生基于专业背景下的学习内容、课程安排、教师安排、教室安排、时间安排都由学校或教师统一组织,学生只需根据既定安排将"需要学习的知识"学习好以达到学校和教师要求即可,至于哪些是"需要学习的知识"以及如何统筹学习这些知识并非学生

---

[1] 穆肃,王雅楠.转"危"为"机":应急上线教学如何走向系统线上教学[J].现代远程教育研究,2020,32(3):22-29.

[2] 曹培杰.未来学校的变革路径:"互联网+教育"的定位与持续发展[J].教育研究,2016,37(10):46-51.

考虑范畴,基于"灌输"的被动接受是学生在学习过程中的主要应对方式。①受长期以来"应对""被动"的学习思维影响,一旦进入异步空间学习状态,学生仍然呈现出等待教师安排与监督的学习状态,甚至为"临场感"缺失而获得的"自主空间"而满足自喜,以至于"线上保持学生学习的注意力(3.91)"与"线上维持课堂教学秩序(3.59)"竟成为教师开展线上教学面临的最大困难。从教师的角度看,大部分的学生尚未具备适应线上教学的学习能力和习惯、学生未养成线上学习的良好习惯(如按时上课,学习自律能力等)。这意味着线上学习对学生学习的主动性与自觉性提出了更高的要求,从"被动"走向"主动"是学生应对线上教学形态变革的必然要求。

(三)研究启示

1. 借助技术手段,促进技术与教学融合

技术催生了线上教学,但线上教学本质还是人的教学,技术要为人服务,要为教学服务,而教学不应该被技术牵制。从这一意义上说,我国线上教学需要通过相应的技术与具体教学实践的融合进而达到教学模式、管理方式及组织层面上的变革。其一,要充分利用目前国内外已有的先进教育技术,尤其是互联网+、人工智能技术融入具体的教学实践。其二,在开发与利用技术于线上教学时,应更多地关注技术与教学的适应性与兼容性,充分考虑教学的复杂性与多层次性,鼓励技术专家和教学专家围绕教学设计、交互、组织管理与评价反馈等真实的教学实践,提高技术应用的适用性和兼容性。其三,为了避免过度迷信技术,从而导致学习自动化与浅层化的后果,高校应鼓励教师加强现代教育技术,特别是人工智能等新兴技术研究,并以研究引导教师主动创新教学。

2. 缩短线上教学交互距离,增强社会临场感

交互问题并非线上教学独有的困境,在传统的课堂教学中,教学交互问题就一直存在,而且教师与学生的有效互动同样对教学效果起到重要的作用。而线上教学过程中,由于缺乏社会临场感,师生交互问题更加突出。所谓的社会临场感又称社会存在感,是指主体对他人存在的感知,即个体在交流过程中被当作"真实的人"的程度,包括亲密性和直接度两个因素,其中亲密性是指与交流者之间的物理距离,与目光接触、微笑等有关,直接度是指传播者与传播对象之间的心理距离。② 许多学者研究表明,社会临场感会影响线上学习情

---

① 金久仁.信息化背景下高等教育教学形态嬗变及其限度[J].当代教育论坛,2019(6):89-97.

② GARRISON D R, ANDERSON T. E-Learning in the 21st century: a framework for research and practice [M]. London: Routledge,2003.

感因素,是感知学习、学习投入、学习满意度及学习意向的显著正向预测变量。[①][②]基于社会临场感线上教学中的重要性,提高线上教学交互活动是缓解高校教师线上教学面临的困难有效手段。其一,教师应该有计划、有意识地创造临场感的环境,营造师生学习共同体的氛围,鼓励和促进更多学生的主动参与,增加教师与学生之间的互动。其二,教师鼓励学生与教师一起学习、讨论、交流,营造大学生学习气氛。如教师可在线上教学中增加课堂的提问与讨论、交流与分享、随堂作业与测验,提高学生的线上学习参与度。也可以布置学生对学习材料进行预习,使用课前测验,邀请特定学生回答或就特定的学习主题进行讨论活动,以此了解学生的学情、理解力。还可以开设线上自习室供学生线上学习、答疑等,或者使用一些技术工具为学生同步或异步协作创造机会。其三,教师应承担起主导角色,主动利用科学的教学策略,增强学生线上学习的体验感,从而促进师生教学交互,提高学生的学习参与,保障线上教学质量。

3.多种形式增加师生交流,建立良好的教学关系

师生交流是教学的重要环节之一。然而由于社会临场感的缺失,线上教学在一定程度上阻碍了师生交流,影响了教学质量。针对线上教学的客观环境,必须以多种形式增加师生交流,建立彼此之间良好的"教"与"学"的关系。其一,建立专业的导师制度,提供线上学习社区。为适应线上教学这一新的学习模式,导师应为学生提供更多线上学习的资源、帮助学生自主地参与线上学习,并合理地管理线上学习时间。同时学校应以学习社区为载体,主动创造师生交流环境空间,为学生提供额外的学习支持和激励,帮助学生自主学习成长和自我发展。其二,鼓励学生与教师之间建立线上互动和沟通机制。教师应主动提供多种方式供学生向教师提问和寻求帮助,例如线上办公时间、电子邮件或其他通信工具。相反,学生也应学会主动利用信息技术及时向教师报告学习进展,寻求学习指导与帮助。其三,建立及时有效的反馈和评估机制。线上教学在物理上隔离了教师与学生,造成师生之间信息传递和接受的阻滞,因此及时有效的反馈评估机制显得尤为重要。教师具体可以通过线上测验、作业反馈、个性化评估和定期学习辅导等方式了解学生的学业进展,进而为学生提供个性化的学习指导和支持。

---

① 黄庆双,李玉斌,任永功.探究社区理论视域下学习者在线学习投入影响研究[J].现代远距离教育,2018(6):73-81.
② 胡勇.在线学习过程中的社会临场感与不同网络学习效果之间的关系初探[J].电化教育研究,2013(2):47-51.

## 第三节　教师线上教学面临的主要挑战

### 一、研究问题

本节将聚焦疫情防控期间线上教学给高校教师带来的挑战和压力,重点对不同性别、年龄、教龄、职称、不同区域、类型、类别及线上教学经验等不同背景教师主体遇到的主要挑战及差异进行深层分析,以期进一步了解产生问题的症结所在,进而为今后线上教学提出针对性解决策略。

### 二、研究方法

(一)研究样本

与本章首节相同。

(二)变量定义

1.观察变量

高校教师的人口统计学特征变量:性别、年龄、教龄、职称、所在学校区域、所在学校类型、所在学科、所教课程类别以及课程性质等。

2.高校教师线上教学面临的挑战:

(1)教学变革引发的挑战,包含4个指标,分别是:需要改变以往的教学习惯、需要改变教学策略和教学方法、需要转变教学观念、需要重新学习各种教育技术。

(2)工作压力带来的挑战包含3个指标,分别是:增加教学工作量负担、课内课外时空界限变模糊、增加心理压力。

3.信度分析

如表7-3-1所示,该问卷的α系数为0.949,具有很高的信度。其中"线上教学最大的挑战"的α系数为0.869,在0.8~1.0之间,表明该项目数据具有良好的信度,可以支撑进一步的研究。

表7-3-1　高校教师线上教学情况调查问卷的各维度与总问卷内部一致性

| 信度指标 | 线上教学最主要的问题 | 线上教学最大的困难 | 线上教学最大的挑战 | 积极贡献总体 |
| --- | --- | --- | --- | --- |
| 内部一致性系数 | 0.937 | 0.910 | 0.869 | 0.949 |

### (三)研究工具与方法

研究主要是将教师问卷中有关教师线上教学面临挑战的相关数据录入SPSS软件进行分析,辅之以Excel作图工具,采用一般描述性统计、t检验、F检验、单因素方差分析等方法对所录入的数据进行统计分析,并最终整理得出结论。

## 三、研究结果

### (一)高校教师线上教学面临的最大挑战分析

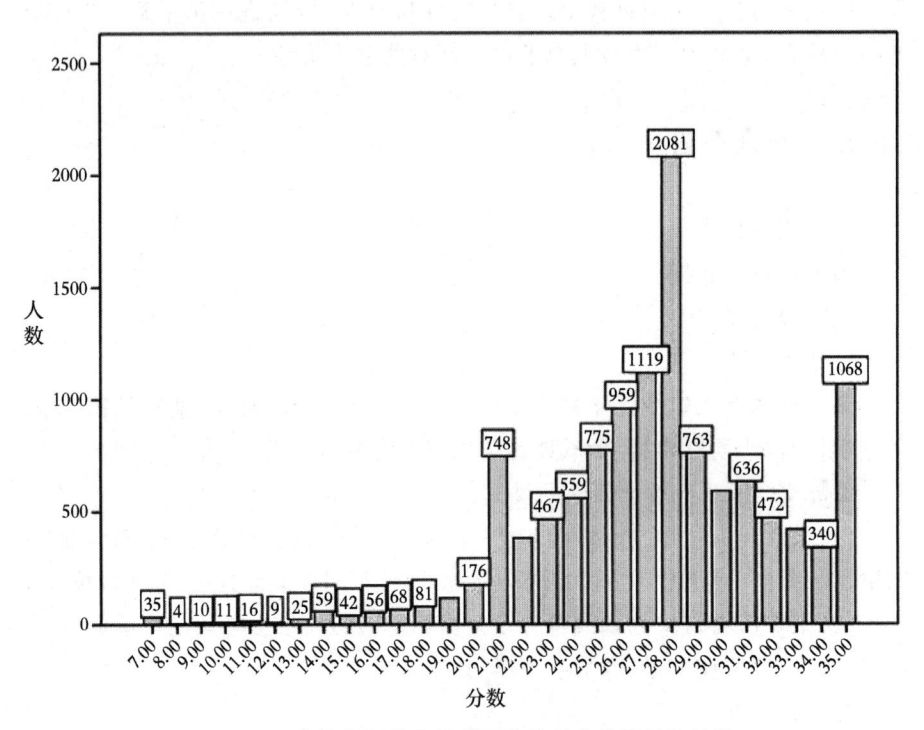

图 7-3-1　高校教师线上教学面临的最大挑战总体统计

高校教师线上教学最大挑战共包括7个题项。回避"不知道"选项,每个题目按照李克特5级量表计分,五个选项从左到右依次是"非常赞同""赞同""一般""不赞同""非常不赞同",分别对应5~1分5个分值。总计得出"线上教学存在的最大挑战"满分为35分。由于题目表述为负向,分数越高表明线上教学面临的挑战越大,分数越低表明挑战越小。

统计显示,高校教师线上教学面临的最大挑战主要集中分布在20~35分之间,均值为27.32,达到总分的78.06%,处于中上等水平,即疫情防控期间开展线上教学确实给高校教师带来教学挑战。根据统计,数据的标准差为4.722,分数分布相对集中(见图7-3-1)。

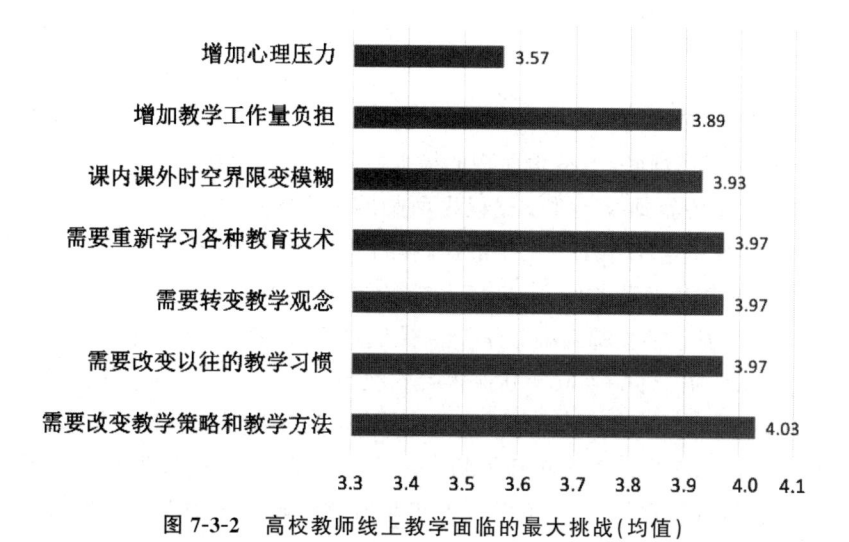

| 挑战 | 均值 |
|---|---|
| 增加心理压力 | 3.57 |
| 增加教学工作量负担 | 3.89 |
| 课内课外时空界限变模糊 | 3.93 |
| 需要重新学习各种教育技术 | 3.97 |
| 需要转变教学观念 | 3.97 |
| 需要改变以往的教学习惯 | 3.97 |
| 需要改变教学策略和教学方法 | 4.03 |

图 7-3-2　高校教师线上教学面临的最大挑战(均值)

如图7-3-2所示,高校教师线上教学过程中面临的7个最大挑战归纳为教学变革和工作压力两个方面。其中,教学变革挑战包括"需要改变教学策略和教学方法""需要改变以往的教学习惯""需要转变教学观念""需要重新学习各种教育技术"等四个方面,均值较高。其中"需要改变教学策略和教学方法"均值最高,为4.03,其余"需要改变以往的教学习惯""需要转变教学观念""需要重新学习各种教育技术"均值约为3.97,接近4.0,表明线上教学引发的系列教学变革打破了高校教师原有的教学习惯,给高校教师的教学工作带来较大挑战。工作压力带来的挑战包括"课内课外时空界限变模糊""增加教学工作量负担""增加心理压力"三个方面,这部分主要需要教师自身调节好工作时间、工作量等以适应临时的线上教学,因此与教学变革维度相比,高校教师在工作压力方面面临的挑战相对较小。

(二)高校教师线上教学面临的挑战差异性分析

1.不同性别教师线上教学面临的最大挑战的差异检验

对不同性别教师线上教学面临的最大挑战进行差异检验后发现,不同性别教师对教学变革与工作压力两方面面临的挑战存在显著性差异($t=-4.922, p<0.001; t=-4.413, p<0.001$),其中女教师在二者上面临的挑战均显著高于男性教师($p<0.001$)(见表7-3-2)。

表 7-3-2　不同性别教师线上教学过程中面临的最大挑战的差异检验

| 因变量 | 性别 | 平均值 | 标准差 | $t$ 检验 | Sig |
|---|---|---|---|---|---|
| 教学变革 | 男 | 3.95 | 0.744 | −4.922 | 0.000 |
|  | 女 | 4.01 | 0.742 |  |  |
| 工作压力 | 男 | 3.76 | 0.795 | −4.413 | 0.000 |
|  | 女 | 3.82 | 0.826 |  |  |

2.不同年龄教师线上教学面临的最大挑战的差异分析

对不同年龄教师线上教学过程中面临的最大挑战进行差异检验后发现，教师的教学变革与工作压力受年龄影响均存在显著性差异（$p<0.001$）。事后检验发现：在教学变革方面，36～45 岁年龄段教师显著大于其他年龄段教师，其中 41～45 岁年龄教师面临教学变革挑战最大（均值 4.03）。在工作压力方面，35 岁以下的教师显著低于其他年龄的教师，即 35 岁以下的年轻教师较能承受因线上教学造成的工作压力，而 35 岁以上的教师对线上教学带来的工作压力相对重于 35 岁以下的年轻教师。其中 20～29 岁年龄段教师为最低（均值 3.67）。值得注意的是 56 岁及以上年龄段的教师群体中发生例外，该年龄段的教师工作压力的均值仅为 3.80，显著低于其他 35 岁以上年龄段教师群体（见表 7-3-3）。

表 7-3-3　不同年龄教师线上教学面临的最大挑战的差异检验

| 因变量 | 年龄段 | 平均值 | $F$ 检验 | Sig 显著性 | 多重比较 |
|---|---|---|---|---|---|
| 教学变革 | 20～29 岁 | 3.90 | 5.735*** | 0.000 | 3＞1;4＞1;5＞1;3＞2;4＞2;3＞7;4＞6;4＞7;5＞7 |
|  | 30～35 岁 | 3.95 |  |  |  |
|  | 36～40 岁 | 4.01 |  |  |  |
|  | 41～45 岁 | 4.03 |  |  |  |
|  | 46～50 岁 | 3.99 |  |  |  |
|  | 51～55 岁 | 3.96 |  |  |  |
|  | 56 岁及以上 | 3.92 |  |  |  |
| 工作压力 | 20～29 岁 | 3.67 | 10.549*** | 0.000 | 3＞1;4＞1;5＞1;6＞1;7＞1;3＞2;4＞2;5＞2;6＞2;7＞2 |
|  | 30～35 岁 | 3.71 |  |  |  |
|  | 36～40 岁 | 3.84 |  |  |  |
|  | 41～45 岁 | 3.83 |  |  |  |
|  | 46～50 岁 | 3.82 |  |  |  |
|  | 51～55 岁 | 3.85 |  |  |  |
|  | 56 岁及以上 | 3.80 |  |  |  |

注：* 表示 $p<0.05$，** 表示 $p<0.01$，*** 表示 $p<0.001$，下同。

3.不同教龄教师线上教学面临的最大挑战的差异检验

对不同教龄高校教师线上教学面临的最大挑战进行差异检验后发现,教师在教学变革与工作压力方面受教龄影响存在显著性差异($p<0.001$)。事后检验发现:在教学变革方面,1~5年教龄教师显著小于6~25年、31年以上教龄教师,16~20年教龄教师显著大于6~10年、26年及以上教龄教师。在工作压力方面,1~5年教龄教师显著低于其他教龄教师,6~10年教龄教师显著低于11~20年教龄教师(见表7-3-4)。

表7-3-4　不同教龄教师线上教学面临的最大挑战的差异检验

| 因变量 | 教龄段 | 平均值 | F检验 | Sig显著性 | 多重比较 |
| --- | --- | --- | --- | --- | --- |
| 教学变革 | 1~5年 | 3.92 | 7.300*** | 0.000 | 2>1;3>1;4>1;5>1;7>1;4>2;4>6;4>7 |
|  | 6~10年 | 3.98 |  |  |  |
|  | 11~15年 | 4.02 |  |  |  |
|  | 16~20年 | 4.04 |  |  |  |
|  | 21~25年 | 4.00 |  |  |  |
|  | 26~30年 | 3.97 |  |  |  |
|  | 31年及以上 | 3.98 |  |  |  |
| 工作压力 | 1~5年 | 3.69 | 14.517*** | 0.000 | 2>1;3>1;4>1;5>1;6>1;7>1;3>2;4>2 |
|  | 6~10年 | 3.77 |  |  |  |
|  | 11~15年 | 3.85 |  |  |  |
|  | 16~20年 | 3.86 |  |  |  |
|  | 21~25年 | 3.85 |  |  |  |
|  | 26~30年 | 3.86 |  |  |  |
|  | 31年及以上 | 3.82 |  |  |  |

4.不同职称教师线上教学面临的最大挑战的差异检验

对不同职称教师线上教学过程中面临的最大挑战进行差异检验后发现,教师的教学变革与工作压力受职称影响存在显著性差异($p<0.001$)。事后检验发现:在教学变革和工作压力两个方面,初级职称教师均显著小于其他职称教师,副高职称教师均显著大于中级职称教师。与初级、中级、正高三个职称教师相比,副高职称教师无论在教学变革方面还是工作压力方面均面临最大的挑战(见表7-3-5)。总体而言,职称越高的教师,其基于线上教学的教学变革阻力与挑战就越大。

表 7-3-5　不同职称教师线上教学面临的最大挑战的差异检验

| 因变量 | 职称 | 平均值 | F 检验 | Sig 显著性 | 多重比较 |
| --- | --- | --- | --- | --- | --- |
| 教学变革 | 初级 | 3.91 | 7.669*** | 0.000 | 2＞1;3＞1;<br>4＞1;3＞2 |
|  | 中级 | 3.97 |  |  |  |
|  | 副高 | 4.02 |  |  |  |
|  | 正高 | 4.00 |  |  |  |
| 工作压力 | 初级 | 3.68 | 14.343*** | 0.000 | 2＞1;3＞1;<br>4＞1;3＞2 |
|  | 中级 | 3.78 |  |  |  |
|  | 副高 | 3.85 |  |  |  |
|  | 正高 | 3.84 |  |  |  |

5.不同区域教师线上教学面临的最大挑战的差异检验

对不同区域教师线上教学面临的最大挑战进行差异检验后发现,教师在教学变革方面受不同区域影响不存在显著性差异($p$＞0.05),可见疫情防控期间突如其来的全面线上教学给全国所有区域的高校教师均带来了教学习惯、教学策略和方法、教学观念、教育技术的冲击。相比之下,工作压力方面存在显著性差异($p$＜0.01)。事后检验发现：在工作压力方面,西部区域高校教师显著小于东部和中部区域高校教师(见表 7-3-6)。

表 7-3-6　不同区域教师线上教学过程中面临的最大挑战的差异检验

| 因变量 | 区域 | 平均值 | F 检验 | Sig 显著性 | 多重比较 |
| --- | --- | --- | --- | --- | --- |
| 教学变革 | 东部 | 3.98 | 1.581 | 0.192 |  |
|  | 中部 | 4.00 |  |  |  |
|  | 西部 | 3.96 |  |  |  |
| 工作压力 | 东部 | 3.81 | 4.156** | 0.006 | 1＞3;2＞3 |
|  | 中部 | 3.81 |  |  |  |
|  | 西部 | 3.74 |  |  |  |

6.不同类型高校教师线上教学面临的最大挑战的差异检验

对不同类型高校教师线上教学过程中面临的最大挑战进行差异检验后发现,教师在教学变革与工作压力两方面受高校类型影响不存在显著性差异($p$＞0.05),即不管什么类型的高校,其教师在教学变革和工作压力上均比较接近(见表 7-3-7)。

表 7-3-7　不同类型教师线上教学过程中面临的最大挑战的差异检验

| 因变量 | 高校性质 | 平均值 | F 检验 | Sig 显著性 | 多重比较 |
| --- | --- | --- | --- | --- | --- |
| 教学变革 | 研究型大学 | 3.98 | 0.360 | 0.782 | |
| | 一般本科高校 | 3.98 | | | |
| | 高职院校 | 3.98 | | | |
| 工作压力 | 研究型大学 | 3.75 | 0.873 | 0.454 | |
| | 一般本科高校 | 3.80 | | | |
| | 高职院校 | 3.78 | | | |

7.不同类别高校教师线上教学面临的最大挑战的差异检验

对不同类别高校教师线上教学面临的最大挑战进行差异检验后发现，教师在教学变革与工作压力两方面受高校影响不存在显著性差异（$p>0.05$），即不管是公办还是民办及其他类别高校，其教师在教学变革和工作压力上均比较接近（见表 7-3-8）。

表 7-3-8　不同类别教师线上教学面临的最大挑战的差异检验

| 因变量 | 高校类别 | 平均值 | 标准差 | $t$ 检验 | Sig |
| --- | --- | --- | --- | --- | --- |
| 教学变革 | 公办 | 3.99 | 0.742 | 1.264 | 0.206 |
| | 民办 | 3.97 | 0.749 | | |
| 工作压力 | 公办 | 3.80 | 0.813 | 0.635 | 0.525 |
| | 民办 | 3.78 | 0.813 | | |

## 四、结果讨论

### （一）主要研究发现

1.高校教师线上教学中面临诸多挑战，教学变革与工作压力共存

统计显示，高校教师线上教学中面临的挑战大、种类多。在 7 种挑战中，教学变革挑战包括"需要改变教学策略和教学方法""需要改变以往的教学习惯""需要转变教学观念""需要重新学习各种教育技术"等 4 个方面，均值均接近 4.0 或超过 4.0，表明教师面临的挑战较大。相比之下，工作压力带来的挑战包括"课内课外时空界限变模糊""增加教学工作量负担""增加心理压力"三个方面面临的挑战较小。对于大部分教师而言，线上教学是自工作以来的首次尝试，线上教学不仅仅增加教学工作时间，更是精力和体力上的投入。无疑给身处教学与科研双重压力之下的教师增加了工作压力的砝码。

教学变革挑战是教师线上教学挑战的突出方面。线上教学与传统的课堂教学有诸多区别,如果还按照以往的教学观念、教学方法、教学策略、教学经验和管理习惯开展线上教学,注定会出现"水土不服"。已有研究指出,互联网时代,教学变革既包括教学范式的变革、教学环境的变革、教学管理的变革、教学评价的变革。[1] 而我们的教学实践长期以来依然没有脱离传统的教学模式,许多教师和教学管理者仍将信息技术作为一种外在的物化方式进行使用,[2]没有将教育技术与具体的教学实践进行融合。另一方面,线上教学变革的本质是教学范式的变革,其内里系统的复杂性超越了目前技术的发展覆盖范围,因此对于教师而言,线上教学变革挑战难以驾驭。

导致教学变革成为最主要的挑战的具体原因可能如下:其一,部分教师存在思维定式,对新技术有抗拒心理。有研究认为,教师抗拒课程技术改革的主要原因在于技术本身存在不足,但是无论教师的抗拒具有怎样的合理性,都会给技术改革和教学方式进步带来消极影响。[3] 其二,"为教而教"的线上教学理念严重影响了教学变革。线上学习作为学生正式学习的一种补充,甚至在疫情防控期间已成为正式学习的途径,教师应认识到线上教学并不应是传统教学的"搬家",而是教与学的再度整合。[4] 但线上教学中,很多教师容易误将线上教学视为传统教学的线上"搬家",具体表现为将原有课件通过直播平台,以传统教学方式和策略原封不动地进行线上教学。

2.线上教学挑战在人口学变量上存在显著差异

统计发现,男性教师与女性教师在教学变革与工作压力两方面的挑战存在显著差异($p<0.001$),女性教师均值显著高于男性教师。该结果的可能性原因有二:一是女教师具有压力易感性。已有教师心理的性别差异研究表明,

---

[1] 李兆义,杨晓宏."互联网+"时代教师专业素养结构与培养路径[J].电化教育研究,2019,40(7):110-120.

[2] 尹恩山,邱婷.信息技术支持下的教学生态重构及教师角色嬗变[J].中国电化教育,2010(2):104-106.

[3] 李斐,孙学华,赵玉璞.我国高等院校应对信息技术挑战的现状分析及对策研究[J].国家教育行政学院学报,2015(1):15-20.

[4] KEEGAN D. Reintegration of the teaching acts [M]// KEEGAN D. Theoretical principles of distance education. London:Routledge,1993:113-134.

女性教师比男性教师具有更高程度的工作压力[①][②]与情绪衰竭[③]。有研究者指出,线上教学所花费的时间和精力是传统面对面教学的3倍[④]。由此可见,线上教学不仅仅是时间方面的挑战,更是精力和体力上的挑战。在这种情况下,女性教师在面对线上教学时更倾向于将其视为一种压力。二是女教师往往过低估计自己,潜意识中存在自卑心理,存在成就的内部化障碍。[⑤] 因此,女性教师在评估挑战时,往往容易高估挑战。

教学变革与工作压力的挑战在年龄与教龄方面均存在显著差异,具体表现为年龄(教龄)越小,其教学变革与工作压力的挑战越小。在教学变革方面,年轻教师和教龄低的教师教学习惯尚未演变成教学惯性,且更易于接受新事物,教学变革阻力较小,因而教学变革的挑战亦较小。而年龄大或教龄长的教师,其本身的多媒体操作技能及线上教学技能相对较差。且受根深蒂固的传统教学惯性的影响,对新事物具有抵触情绪且墨守成规,教学变革挑战较大,工作压力承受阈值较低。同样,职称越高的教师,其教学变革和工作压力的挑战越大。其中,副高职称的教师均值最高。在高校维度上,不同类型和类别的高校之间,在教学变革和工作压力方面的挑战不存在显著差异,而东、中、西部高校在工作压力方面存在较为显著的差异,具体表现为东部和中部显著高于西部,这可能与东部和中部区域高校工作要求高有直接关系。

(二)研究启示

1.关注教师教学能力的持续发展

新冠疫情带来教学模式改变成为教师线上教学面临的最大挑战,也暴露出教学能力短板。尽管目前我国大部分高校已针对新晋教师及青年教师陆续开展了相关培训,但从整体而言,高校对全体教师教学能力持续性发展投入依然不足,尤其是对教学新变革方面的指导重视不够。因此,立足于促进全体教

---

① ANTONIOU A S, POLYCHRONI F, VLACHAKIS A N. Gender and age differences in occupational stress and professional burnout between primary and high-school teachers in Greece[J]. Journal of managerial psychology,2006,21(7):682-690.
② CHAPLAIN R P. Stress and psychological distress among trainee secondary teachers in England[J]. Educational psychology, 2008,28(2):195-209.
③ 刘丽婷.我国中小学教师近10年职业倦怠性别差异元分析[J].中国学校卫生,2010(8):972-974.
④ HODGES C B, WAY R, SHEPHERD S. Online teaching:perceptions of faculty at a research university[M]// Advancing library education:technological innovation and instructional design, 2013.
⑤ 王斌.教师心理的性别差异及其教育学意义[J].教育科学,1993(1):27-31.

师教学能力的持续发展,高校应加大对教师发展的投入,为教师提供更多的培训机会。

(1) 提供专业发展机会。包括参加教学研讨会、教学学术会议和教学培训课程等,帮助教师了解最新的教学理论、方法和技术,进而有效把握后疫情时代教育教学新方向,提高教学效能,培育时代新人。

(2) 提供教学指导和支持。高校可以设立教学指导团队,通过为教师提供教学咨询、课堂观摩和教学反思等支持,帮助教师提升自身的教学水平;也可以设立教学实验室开发探索创新教学模式,引进最新教学成果,为教师教学创新提供支持帮助。

(3) 鼓励教学创新和实践。在这方面高校要为教师提供创新教学项目的支持和资源,鼓励他们开展教学研究和实验,探索新的教学方法,不断改进自己的教学方式,提高课堂教学质量。

(4) 建立合作交流平台。高校可以建立教师交流平台,促进教师之间的教学合作和交流。如不同高校的教师可以分享自己的教学经验、教学资源和教学成果,相互获取启发和建议,共同提高教学水平。

2.给予教师更多关怀支持,缓解线上教学压力

事实上,大部分的教师在进行线上教学都是"单打独斗"的,与传统的线下教学相比,线上教学难度更大,需要教师花费更多的时间和精力。从这个层面而言,没有团队的支持,单靠个人力量做好线上教学显然压力巨大。因此高校理应构建线上教学服务团队,完善线上教学体系,在后勤支持上做好相应的服务工作,而不是将压力转嫁给教师个人。尤其是女性教师群体较之男性教师群体在家庭、抚育方面承受更重的压力。线上教学带来激增的工作量使女性教师"雪上加霜"。因此高校对女性教师群体线上教学给予更多的人文关怀,改善女性教师线上教学工作环境,减轻压力负担。

同时高校应该更加关注教师心理健康,线上教学环境下为其提供更多的心理支持服务。线上教学一方面给教师带来巨大的工作压力,另一方面由于物理区隔使教师减少与学生和同事之间的线下社交机会,这可能使教师变得更为孤独。这在一定程度上对教师的心理健康造成压力。因此,高校应鼓励教师参与线上/线下社交活动,促进教师和同事、学生之间的联系,并及时提供心理支持服务,包括加大心理健康资源供应以及开展专门针对教师的心理咨询,帮助教师应对可能的压力和焦虑。

3.立足当下,谋划教育信息化建设的未来

2020年的新冠疫情防控期间的线上教学是教育信息化发展成果的一次全面检验。疫情防控期间线上的大规模教学从某种程度上促进了教育技术与

实践教学的融合度,提升了教师们对信息化教学的认同度。但从疫情防控期间全国高校的线上教学情况来看,高校教师线上教学面临的现实挑战要求我们既要立足于当下的紧迫问题的解决,更要把握后疫情时代教育变革发展的新方向,科学谋划信息化建设的未来。

(1)明确教育信息化的愿景和目标。高校应明确自身的发展目标,并根据自身基础条件科学地谋划学校教育信息化的发展愿景、战略目标及实施步伐和实现路径,确保教育信息化建设与学校教学改革的目标相一致。

(2)建立完善的基础设施和技术支持。教育信息化的发展离不开稳定可靠的基础设施和先进的技术支持。高校应继续加大网络基础设施建设,提供高性能的服务器和存储设备,支持大规模的线上教学和学习资源的存储与传输。此外,还需加大培养和引进专业的技术人员,提供及时的技术支持和维护服务。

(3)注重教师培训和教学能力的提升。教育信息化的成功与否与教师的教学能力密切相关。高校应提供系统化的教师培训计划,帮助教师熟悉和掌握教育信息化的理论知识和实践技能,熟练掌握线上教学工具的使用、教学设计和评估方法等。同时,高校还应鼓励教师参与学术研究和专业交流,提升其教学能力和创新能力。

(4)加强教育信息化的管理和评估。高校应建立科学的管理体系,包括信息技术管理、教学资源管理、数据安全管理等。同时,还需要建立有效的评估机制,定期评估教育信息化的实施效果,并根据评估结果及时进行调整和改进。

(5)积极推动合作与共享。教育信息化建设需要各方的共同努力和合作。高校应加强与其他教育机构、科研机构、行业企业等建立合作关系,共享教学资源和经验,推动教育信息化的发展。

# 第四节 疫情后教师对线上教学的态度

## 一、研究问题

疫情之后,教师对采用线上教学的态度如何?对未来线上教学有什么改进意见?本节研究将重点探讨两个问题:(1)不同背景教师对于疫情后线上教学方式的态度差异;(2)不同背景的教师对疫情后线上教学改进意见的差异。研究试图通过这两个问题的探讨,找到大学教师开展线上线下教学有机结合的策略,为高校教学管理部门、网络平台和教师个人提供对策建议。

## 二、研究方法

### (一)研究样本

本节样本来自厦门大学教师发展中心对全国334所高校开展的《线上教学调查问卷(教师卷)》问卷调查,累计回收13997份教师调查有效问卷。本节研究针对两个与线上教学态度相关的问题。一是问教师在疫情过后,对继续采用线上教学的态度是"继续采用""不采用""采用'线上+线下'混合式教学";二是让教师进一步回答:如继续采用线上教学(包括"线上+线下"混合式教学),最需要加强(或改进)的是什么?包含高校、网络技术支持和保障、教师、学生等多个方面的改进意见。

研究采用统计工具 SPSS 对《线上教学调查问卷(教师卷)》的"线上教学环境及支持"板块的相关调研数据进行信效度检验。首先,运用α系数来估计问卷的内部一致性信度,结果表明整份问卷123道题的总体信度系数是0.952;其次,使用探索性因子正交方差最大法进行主成分分析,以检验问卷的结构效度。结果显示,KMO系数值为0.967,Bartlett球形检验均达到显著($p<0.001$),证明数据的信效度非常理想。

### (二)变量定义

在分析中,只选择有效选项,即去掉了"不知道""其他"的选项,涉及的数据包括:教师个人信息、教师所处学校相关信息、线上教学相关信息(课程类型、性质,教学平台等),以及教师对线上教学态度、对线上教学的改进意见等。

调查题目"疫情过后,教师对继续采用线上教学的态度"共分为三个独立的问题,分别为"继续采用线上教学""采用'线上+线下'混合式教学""不采用线上教学"。每个小题下单独设置6种意愿程度,分别为"不知道""不愿意""不太愿意""一般""愿意""非常愿意"。研究采取调整变量等级的方法对因变量数据进行处理,即将5级定序变量,转化为3级定序变量:将"不愿意"和"不太愿意"合并为"不愿意",将"愿意"和"非常愿意"合并为"愿意",保留"一般",再次进行卡方检验,各种教学态度的频数及百分比如表7-4-1所示,超过3/4的高校教师(76.5%)愿意在疫情后"继续采用'线上+线下'混合式教学",近一半的教师(45.9%)愿意"继续采用线上教学",选择"不采用线上教学"的占23.1%。

表 7-4-1　教师对疫情后继续采用线上教学的态度类型的频数及比例

| 选项 | 继续采用线上教学 频率 | 百分比 | 采用"线上+线下"混合式教学 频率 | 百分比 | 不采用线上教学 频率 | 百分比 |
| --- | --- | --- | --- | --- | --- | --- |
| 不知道 | 78 | 0.6 | 62 | 0.5 | 503 | 3.7 |
| 不愿意 | 3256 | 23.8 | 1023 | 7.5 | 3928 | 28.7 |
| 一般 | 4069 | 29.7 | 2139 | 15.6 | 6107 | 44.6 |
| 愿意 | 6292 | 45.9 | 10471 | 76.5 | 3157 | 23.1 |
| 总计 | 13695 | 100.0 | 13695 | 100.0 | 13695 | 100.0 |

(三)研究工具及方法

本节研究应用 SPSS 分析软件,并采用描述性统计分析、卡方检验、单因素方差分析和多重比较等统计学方法,以分析检验不同背景组别教师对于线上教学方式态度及改进意见是否具有显著性的差异。

教师线上教学情况调查问卷中对线上教学(含"线上+线下"混合式教学)的改进意见共有 18 小题。为集中反映教师改进意见,研究先采用探索性因子分析,从这 18 个小题中获得三个特征值大于 1、累积方差贡献率为 70.778%(具体见表 7-4-2)的有关"学生""教师"和"网络平台"的改进意见的公因子。其中,KMO=0.954,Bartlett 球形检验 $p=0.000<0.001$,说明满足因子分析条件。接着,再将与每个主因子相关题项的平均得分制作三个新的数据列(见表 7-4-3)。结合教师基本信息和教师对线上教学态度的数据做方差分析,以观察不同背景组别教师对于线上教学改进意见的差异。

表 7-4-2　因子分析总方差解释表

| 公因子 | 提取载荷平方和 总计 | 方差百分比 | 累积/% | 旋转载荷平方和 总计 | 方差百分比 | 累积/% |
| --- | --- | --- | --- | --- | --- | --- |
| P1 学生 | 10.084 | 56.023 | 56.023 | 4.496 | 24.980 | 24.980 |
| P2 教师 | 1.426 | 7.923 | 63.946 | 4.313 | 23.962 | 48.942 |
| P3 网络平台 | 1.230 | 6.832 | 70.778 | 3.930 | 21.836 | 70.778 |

表 7-4-3　继续采用线上教学(含混合式教学)的改进意见指标

| 公因子 | 具体指标 | 因子权重(贡献率/总贡献率) |
| --- | --- | --- |
| 学生改进意见 | 引导学生养成线上学习的良好习惯(如按时上课,学习自律能力等) 提高学生的自主学习能力 提高学生的课堂参与度 | 0.7915 |

续表

| 公因子 | 具体指标 | 因子权重（贡献率/总贡献率） |
|---|---|---|
| 教师改进意见 | 改革教育评价方式方法（如加大平时测验、课堂测验或作业等）<br>教师加大教学精力投入<br>改变教学策略及教学方法 | 0.1119 |
| 网络改进意见 | 改善平台的功能及稳定性<br>提高网络速度及稳定性<br>加强线上技术服务支持 | 0.0965 |

## 三、研究结果

（一）不同背景教师对采用"线上＋线下"混合式教学方式的差异性分析

将教师对疫情后线上教学的三种态度分别与教师相关背景信息进行卡方检验后,发现教师对"继续采用线上教学"和"不采用线上教学"与教师背景信息变量都不具有统计学意义,只有"采用'线上＋线下'混合式教学模式"与教师背景具有统计学意义,因此研究针对混合式教学进行单独的统计分析,通过SPSS统计软件对问卷中相关题项的结果进行分析获得相关数据,采用列联分析表的方法对通过卡方检验的变量进行分析,结果显示教师性别、年龄、教龄、学校类型、学科、疫情之前是否开展过线上教学的双侧显著性均小于0.05,即上述背景因素与采用"线上＋线下"混合式教学之间存在着显著相关（见表7-4-4）。

表 7-4-4 采用"线上＋线下"混合式教学与教师相关背景因素的卡方检验汇总表

| 变量 | 值 | df | sig. |
|---|---|---|---|
| 性别 | 120.748 | 2 | 0.000 |
| 年龄 | 19.378 | 4 | 0.001 |
| 教龄 | 20.222 | 4 | 0.000 |
| 职称 | 10.784 | 6 | 0.095 |
| 学校区域 | 0.307 | 4 | 0.989 |
| 学校类型 | 17.354 | 4 | 0.002 |
| 学校类别 | 1.067 | 2 | 0.586 |
| 所在学科 | 58.948 | 6 | 0.000 |
| 疫情之前是否开展过线上教学 | 163.03 | 2 | 0.000 |

1.性别变量列联分析

通过 SPSS 得到的性别与采用"线上＋线下"混合式教学的列联表(见表7-4-5),从男女对比看,"愿意"的意愿程度中,女性教师比例比男性教师高18.4 个百分点,"不愿意"意愿中男性教师均比女性教师高 12.8 个百分点。总体而言,男性教师和女性教师在 3 个意愿程度中所占比例均有所差别,且女性教师更愿意采用"线上＋线下"混合式教学。

表 7-4-5　性别与采用"线上＋线下"混合式教学的列联分析表

| 性别分组 |  | 采用"线上＋线下"混合式教学 |  |  | 总计 |
|---|---|---|---|---|---|
|  |  | 不愿意 | 一般 | 愿意 |  |
| 男 | 计数 | 521 | 1018 | 4169 | 5708 |
|  | 期望计数 | 399.6 | 892.1 | 4416.3 | 5708.0 |
|  | 占您的性别的百分比 | 9.1% | 17.8% | 73.0% | 100.0% |
|  | 占采用"线上＋线下"混合式教学的百分比 | 56.4% | 49.3% | 40.8% | 43.2% |
| 女 | 计数 | 403 | 1045 | 6044 | 7492 |
|  | 期望计数 | 524.4 | 1170.9 | 5796.7 | 7492.0 |
|  | 占您的性别的百分比 | 5.4% | 13.9% | 80.7% | 100.0% |
|  | 占采用"线上＋线下"混合式教学的百分比 | 43.6% | 50.7% | 59.2% | 56.8% |
| 总计 | 计数 | 924 | 2063 | 10213 | 13200 |
|  | 期望计数 | 924.0 | 2063.0 | 10213.0 | 13200.0 |
|  | 占您的性别的百分比 | 7.0% | 15.6% | 77.4% | 100.0% |
|  | 占采用"线上＋线下"混合式教学的百分比 | 100.0% | 100.0% | 100.0% | 100.0% |

2.年龄变量列联分析

通过 SPSS 得到的年龄与采用"线上＋线下"混合式教学的列联表(见表7-4-6),愿意采用"线上＋线下"混合式教学的意愿程度随着年龄增长而降低,20～39 岁教师愿意采用的比例均最高(53.6%),次之为 40～49 岁年龄的教师(33.9%),50 岁及以上教师愿意采用比例最低(12.6%)。但就占各自年龄组的百分比看,3 个年龄段教师愿意采用"线上＋线下"混合式教学占多数,分别占 77.8%、78.2% 和 73.7%。

表 7-4-6　年龄与采用"线上＋线下"混合式教学的列联分析表

| 年龄分组 | | 采用"线上＋线下"混合式教学 | | | 总计 |
|---|---|---|---|---|---|
| | | 不愿意 | 一般 | 愿意 | |
| 20～39 岁 | 计数 | 467 | 1095 | 5464 | 7026 |
| | 期望计数 | 491.4 | 1097.4 | 5437.1 | 7026.0 |
| | 占年龄分组的百分比 | 6.6％ | 15.6％ | 77.8％ | 100.0％ |
| | 占采用"线上＋线下"混合式教学的百分比 | 50.7％ | 53.2％ | 53.6％ | 53.3％ |
| 40～49 岁 | 计数 | 298 | 664 | 3455 | 4417 |
| | 期望计数 | 308.9 | 689.9 | 3418.1 | 4417.0 |
| | 占年龄分组的百分比 | 6.7％ | 15.0％ | 78.2％ | 100.0％ |
| | 占采用"线上＋线下"混合式教学的百分比 | 32.3％ | 32.2％ | 33.9％ | 33.5％ |
| 50 岁及以上 | 计数 | 157 | 300 | 1282 | 1739 |
| | 期望计数 | 121.6 | 271.6 | 1345.7 | 1739.0 |
| | 占年龄分组的百分比 | 9.0％ | 17.3％ | 73.7％ | 100.0％ |
| | 占采用"线上＋线下"混合式教学的百分比 | 17.0％ | 14.6％ | 12.6％ | 13.2％ |
| 总计 | 计数 | 922 | 2059 | 10201 | 13182 |
| | 期望计数 | 922.0 | 2059.0 | 10201.0 | 13182.0 |
| | 占年龄分组的百分比 | 7.0％ | 15.6％ | 77.4％ | 100.0％ |
| | 占采用"线上＋线下"混合式教学的百分比 | 100.0％ | 100.0％ | 100.0％ | 100.0％ |

3.教龄变量列联分析

通过 SPSS 得到的教龄与采用"线上＋线下"混合式教学的列联表（见表 7-4-7），不同教龄愿意采用"线上＋线下"混合式教学的意愿程度均有所差异。1～10 年教龄教师愿意比例最高(41.1％)。次之为 11～20 年教龄的教师(37.9％)。21 年及以上教龄教师愿意采用的比例最低(21.0％)。从占各自教龄组的百分比看，三个年龄教师愿意采用"线上＋线下"混合式教学占多数，分别为 76.6％、79.3％、75.6％。

表7-4-7 教龄与采用"线上+线下"混合式教学的列联分析表

| 教龄分组 | | 采用"线上+线下"混合式教学 | | | 总计 |
|---|---|---|---|---|---|
| | | 不愿意 | 一般 | 愿意 | |
| 1~10年 | 计数 | 378 | 908 | 4199 | 5485 |
| | 期望计数 | 384.0 | 857.2 | 4243.8 | 5485.0 |
| | 占教龄分组的百分比 | 6.9% | 16.6% | 76.6% | 100.0% |
| | 占采用"线上+线下"混合式教学的百分比 | 40.9% | 44.0% | 41.1% | 41.6% |
| 11~20年 | 计数 | 323 | 686 | 3869 | 4878 |
| | 期望计数 | 341.5 | 762.4 | 3774.2 | 4878.0 |
| | 占教龄分组的百分比 | 6.6% | 14.1% | 79.3% | 100.0% |
| | 占采用"线上+线下"混合式教学的百分比 | 35.0% | 33.3% | 37.9% | 37.0% |
| 21年及以上 | 计数 | 223 | 469 | 2145 | 2837 |
| | 期望计数 | 198.6 | 443.4 | 2195.0 | 2837.0 |
| | 占教龄分组的百分比 | 7.9% | 16.5% | 75.6% | 100.0% |
| | 占采用"线上+线下"混合式教学的百分比 | 24.1% | 22.7% | 21.0% | 21.5% |
| 总计 | 计数 | 924 | 2063 | 10213 | 13200 |
| | 期望计数 | 924.0 | 2063.0 | 10213.0 | 13200.0 |
| | 占教龄分组的百分比 | 7.0% | 15.6% | 77.4% | 100.0% |
| | 占采用"线上+线下"混合式教学的百分比 | 100.0% | 100.0% | 100.0% | 100.0% |

4.学科变量列联分析

通过SPSS得到的学科与采用"线上+线下"混合式教学的列联分析表（见表7-4-8），在不同学科对比中，愿意采用"线上+线下"混合式教学的教师中，理工科教师所占比重最大（42.0%），次之为社会学科（27.4%），人文学科（24.2%）、农医学科教师占比最小（6.4%）；从占各自学科组的百分比看，愿意采用"线上+线下"混合式教学中占多数，分别为78.5%、77.2%、74.2%和84.1%。

表 7-4-8 学科与教师改进意见的列联分析表

| 学科分组 | | 采用"线上+线下"混合式教学 | | | 总计 |
|---|---|---|---|---|---|
| | | 不愿意 | 一般 | 愿意 | |
| 人文学科 | 计数 | 305 | 557 | 2474 | 3336 |
| | 期望计数 | 233.5 | 521.4 | 2581.1 | 3336.0 |
| | 占您所在的学科的百分比 | 9.1% | 16.7% | 74.2% | 100.0% |
| | 占采用"线上+线下"混合式教学的百分比 | 33.0% | 27.0% | 24.2% | 25.3% |
| 社会学科 | 计数 | 243 | 581 | 2797 | 3621 |
| | 期望计数 | 253.5 | 565.9 | 2801.6 | 3621.0 |
| | 占您所在的学科的百分比 | 6.7% | 16.0% | 77.2% | 100.0% |
| | 占采用"线上+线下"混合式教学的百分比 | 26.3% | 28.2% | 27.4% | 27.4% |
| 理工科 | 计数 | 351 | 826 | 4285 | 5462 |
| | 期望计数 | 382.3 | 853.6 | 4226.0 | 5462.0 |
| | 占您所在的学科的百分比 | 6.4% | 15.1% | 78.5% | 100.0% |
| | 占采用"线上+线下"混合式教学的百分比 | 38.0% | 40.0% | 42.0% | 41.4% |
| 农医学科 | 计数 | 25 | 99 | 657 | 781 |
| | 期望计数 | 54.7 | 122.1 | 604.3 | 781.0 |
| | 占您所在的学科的百分比 | 3.2% | 12.7% | 84.1% | 100.0% |
| | 占采用"线上+线下"混合式教学的百分比 | 2.7% | 4.8% | 6.4% | 5.9% |
| 总计 | 计数 | 924 | 2063 | 10213 | 13200 |
| | 期望计数 | 924.0 | 2063.0 | 10213.0 | 13200.0 |
| | 占您所在的学科的百分比 | 7.0% | 15.6% | 77.4% | 100.0% |
| | 占采用"线上+线下"混合式教学的百分比 | 100.0% | 100.0% | 100.0% | 100.0% |

5.是否开展线上教学变量列联分析

通过 SPSS 得到的疫情之前是否开展过线上教学与采用"线上+线下"混合式教学的列联表（见表7-4-9），在疫情之前，未开展过线上教学教师比开展过线上教学的教师愿意采用混合式教学的意愿比例要高，其中疫情之前未开展过线上教学的教师，愿意采用的比例高达 77.2%。而疫情之前开展过线上教学的教师，愿意采用混合式教学的比例仅为 22.8%，疫情之前，无论教师是否开展过线上教学,愿意采用"线上+线下"混合式教学中占比较大,不愿意占比较小。

表 7-4-9 疫情之前是否开展过线上教学与教师改进意见的列联分析表

| 疫情之前是否开展过线上教学 | | 采用"线上+线下"混合式教学 | | | 总计 |
|---|---|---|---|---|---|
| | | 不愿意 | 一般 | 愿意 | |
| 是 | 计数 | 91 | 274 | 2325 | 2690 |
| | 期望计数 | 188.3 | 420.4 | 2081.3 | 2690.0 |
| | 占疫情之前是否开展过线上教学的百分比 | 3.4% | 10.2% | 86.4% | 100.0% |
| | 占采用"线上+线下"混合式教学的百分比 | 9.8% | 13.3% | 22.8% | 20.4% |
| 否 | 计数 | 833 | 1789 | 7888 | 10510 |
| | 期望计数 | 735.7 | 1642.6 | 8131.7 | 10510.0 |
| | 占疫情之前是否开展过线上教学的百分比 | 7.9% | 17.0% | 75.1% | 100.0% |
| | 占采用"线上+线下"混合式教学的百分比 | 90.2% | 86.7% | 77.2% | 79.6% |
| 总计 | 计数 | 924 | 2063 | 10213 | 13200 |
| | 期望计数 | 924.0 | 2063.0 | 10213.0 | 13200.0 |
| | 占疫情之前是否开展过线上教学的百分比 | 7.0% | 15.6% | 77.4% | 100.0% |
| | 占采用"线上+线下"混合式教学的百分比 | 100.0% | 100.0% | 100.0% | 100.0% |

6.学校类型变量列联分析

通过 SPSS 得到的学校类型与采用"线上+线下"混合式教学的列联表(见表 7-4-10),从不同类型学校对比,教师愿意采用"线上+线下"混合式教学的占比呈现较大差异,一般本科高校愿意采用的教师占比高达 92.5%,高职院校教师和研究型大学愿意采用的教师仅为 4.7% 和 2.8%。但从愿意采用人数占各自类型学校人数的百分比看,愿意采用的人数比例占多数,一般本科高校、高职院校和研究型大学各自比例分别为 77.2%、81.8% 和 75.9%。

表 7-4-10  学校性质与采用"线上＋线下"混合式教学的列联分析表

| 学校性质 | | 采用"线上＋线下"混合式教学 | | | 总计 |
|---|---|---|---|---|---|
| | | 不愿意 | 一般 | 愿意 | |
| 研究型大学 | 计数 | 35 | 56 | 287 | 378 |
| | 期望计数 | 26.5 | 59.0 | 292.6 | 378.0 |
| | 占学校性质的百分比 | 9.3% | 14.8% | 75.9% | 100.0% |
| | 占采用"线上＋线下"混合式教学的百分比 | 3.8% | 2.8% | 2.8% | 2.9% |
| 一般本科高校 | 计数 | 860 | 1890 | 9330 | 12080 |
| | 期望计数 | 846.0 | 1883.9 | 9350.0 | 12080.0 |
| | 占学校性质的百分比 | 7.1% | 15.6% | 77.2% | 100.0% |
| | 占采用"线上＋线下"混合式教学的百分比 | 94.2% | 93.0% | 92.5% | 92.7% |
| 高职院校 | 计数 | 18 | 87 | 473 | 578 |
| | 期望计数 | 40.5 | 90.1 | 447.4 | 578.0 |
| | 占学校性质的百分比 | 3.1% | 15.1% | 81.8% | 100.0% |
| | 占采用"线上＋线下"混合式教学的百分比 | 2.0% | 4.3% | 4.7% | 4.4% |
| 总计 | 计数 | 913 | 2033 | 10090 | 13036 |
| | 期望计数 | 913.0 | 2033.0 | 10090.0 | 13036.0 |
| | 占学校性质的百分比 | 7.0% | 15.6% | 77.4% | 100.0% |
| | 占采用"线上＋线下"混合式教学的百分比 | 100.0% | 100.0% | 100.0% | 100.0% |

7.课程类型变量列联分析

通过 SPSS 多重响应分析得到的课程类型与采用"线上＋线下"混合式教学的列联表(见表 7-4-11),从不同课程类型对比看,教师愿意采用"线上＋线下"混合式教学占比中,专业必修课占比最大(53.0%),其后依次为专业选修课(22.1%)、公共必修课(18.4%)、公共选修课(6.4%)。从占各自课程类型百分比看,四类课程愿意采用混合式教学占多数,分别是专业必修课为 77.8%,专业选修课 78.3%,公共必修课为 76.9%,公共选修课为 78.0%。

表 7-4-11 课程类型与采用"线上＋线下"混合式教学的列联分析表

| 课程类型 | | 采用"线上＋线下"混合式教学 | | | 总计 |
|---|---|---|---|---|---|
| | | 不愿意 | 一般 | 愿意 | |
| 专业必修课 | 计数 | 636 | 1392 | 7115 | 9143 |
| | 占课程类型的百分比 | 7.0% | 15.2% | 77.8% | 100.0% |
| | 占采用"线上＋线下"混合式教学的百分比 | 53.4% | 52.4% | 53.0% | 53.0% |
| 专业选修课 | 计数 | 259 | 561 | 2963 | 3783 |
| | 占课程类型的百分比 | 6.8% | 14.8% | 78.3% | 100.0% |
| | 占采用"线上＋线下"混合式教学的百分比 | 21.9% | 21.1% | 22.1% | 21.9% |
| 公共必修课 | 计数 | 211 | 534 | 2474 | 3219 |
| | 占课程类型的百分比 | 6.6% | 16.6% | 76.9% | 100.0% |
| | 占采用"线上＋线下"混合式教学的百分比 | 17.9% | 20.1% | 18.4% | 18.7% |
| 公共选修课 | 计数 | 74 | 170 | 864 | 1108 |
| | 占课程类型的百分比 | 6.7% | 15.3% | 78.0% | 100.0% |
| | 占采用"线上＋线下"混合式教学百分比 | 6.3% | 6.4% | 6.4% | 6.4% |
| 总计 | 计数 | 1180 | 2657 | 13416 | 17253 |
| | 占课程类型的百分比 | 6.8% | 15.4% | 77.8% | 100% |
| | 占采用"线上＋线下"混合式教学百分比 | 100% | 100% | 100% | 100% |

8.课程性质变量列联分析

通过 SPSS 多重响应分析得到的课程性质与采用"线上＋线下"混合式教学的列联分析表(见表 7-4-12)，从不同课程性质对比看，教师愿意采用"线上＋线下"混合式教学占比中，理论课意愿占比最大(54.1%)，其他依次为理论课(含课内实践、实验)(31.3%)、其他教学环节(7.5%)、术科课(4.8%)、独立设置实验课(2.3%)。但从意愿人数占各自课程组的百分比看，愿意采用人数占绝大多数，四类课程人数占比分别是理论课占 77.3%、理论课(含课内实践、实验)占 80.0%、独立设置实验课占 80.6%、术科课占 68.4%、其他教学环节占 78.8%。

表 7-4-12　课程性质与采用"线上＋线下"混合式教学的列联分析表

| 课程性质 | | 采用"线上＋线下"混合式教学 | | | 总计 |
|---|---|---|---|---|---|
| | | 不愿意 | 一般 | 愿意 | |
| 理论课 | 计数 | 622 | 1371 | 6796 | 8789 |
| | 占课程性质的百分比 | 7.1% | 15.6% | 77.3% | 100% |
| | 占采用"线上＋线下"混合式教学的百分比 | 56.0% | 55.5% | 54.1% | 54.4% |
| 理论课（含课内实践、实验教学） | 计数 | 287 | 697 | 3936 | 4920 |
| | 占课程性质的百分比 | 5.8% | 14.2% | 80.0% | 100% |
| | 占采用"线上＋线下"混合式教学的百分比 | 25.8% | 28.2% | 31.3% | 30.5% |
| 独立设置实验课 | 计数 | 23 | 45 | 283 | 351 |
| | 占课程性质的百分比 | 6.6% | 12.8% | 80.6% | 100% |
| | 占采用"线上＋线下"混合式教学的百分比 | 2.1% | 1.8% | 2.3% | 2.1% |
| 术科课 | 计数 | 97 | 183 | 607 | 887 |
| | 占课程性质的百分比 | 10.9% | 20.6% | 68.4% | 100% |
| | 占采用"线上＋线下"混合式教学的百分比 | 8.7% | 7.4% | 4.8% | 5.5% |
| 其他教学环节 | 计数 | 82 | 173 | 949 | 1204 |
| | 占课程性质的百分比 | 6.8% | 14.4% | 78.8% | 100% |
| | 占采用"线上＋线下"混合式教学的百分比 | 7.4% | 7.0% | 7.5% | 7.5% |
| 总计 | 计数 | 1111 | 2469 | 12571 | 16151 |
| | 占课程性质的百分比 | 6.7% | 15.3% | 77.8% | 100% |
| | 占采用"线上＋线下"混合式教学的百分比 | 100% | 100% | 100% | 100% |

9.教学平台变量列联分析

通过 SPSS 多重响应分析得到的教学平台与采用"线上＋线下"混合式教学的列联表（见表 7-4-13），从使用教学平台对比看，教师愿意改进采用"线上＋线下"混合式教学占比中，使用校外教学平台的教师占比最大（46.3%），而后依次为使用校内外混合式教学占比（41.6%），使用校内自建教学平台占比（11.3%）、未使用教学平台占比（0.7%）。但从各自教学平台意愿占比看，愿意采用混合式教学的意愿仍占多数，除未使用教学平台外，其他各类平台愿意占比超过76%。

表7-4-13 教学平台与采用"线上+线下"混合式教学的列联分析表

| 教学平台 | | 采用"线上+线下"混合式教学 | | | 总计 |
|---|---|---|---|---|---|
| | | 不愿意 | 一般 | 愿意 | |
| 学校自建教学平台 | 计数 | 94 | 261 | 1284 | 1639 |
| | 占教学平台的百分比 | 5.7% | 15.9% | 78.3% | 100% |
| | 占采用"线上+线下"混合式教学的百分比 | 9.6% | 11.5% | 11.3% | 11.2% |
| 校外教学平台 | 计数 | 533 | 1099 | 5275 | 6907 |
| | 占教学平台的百分比 | 7.7% | 15.9% | 76.4% | 100% |
| | 占采用"线上+线下"混合式教学的百分比 | 54.3% | 48.4% | 46.3% | 47.2% |
| 混合使用校内外平台 | 计数 | 324 | 874 | 4755 | 5953 |
| | 占教学平台的百分比 | 5.4% | 14.7% | 79.9% | 100% |
| | 占采用"线上+线下"混合式教学的百分比 | 33.0% | 38.5% | 41.6% | 40.7% |
| 未使用 | 计数 | 31 | 38 | 75 | 144 |
| | 占教学平台的百分比 | 21.5% | 26.4% | 52.1% | 100% |
| | 占采用"线上+线下"混合式教学的百分比 | 3.2% | 1.7% | 0.7% | 1.0% |
| 总计 | 计数 | 982 | 2272 | 11389 | 14643 |
| | 占教学平台的百分比 | 6.7% | 15.5% | 77.8% | 100% |
| | 占采用"线上+线下"混合式教学的百分比 | 100% | 100% | 100% | 100% |

## (二)不同背景教师线上教学改进意见的差异分析

研究利用单因素方差分析,在其他因素不变的情况下,考察不同背景组别教师继续采用线上教学(含混合式教学)的改进意见是否具有显著差异。因部分分类数据偏离正态分布,研究使用非参数Kruskal-Wallis方差分析算法进行检验,下文只列出具有显著性差异(Kruskal-Wallis检验$p$值<0.05)的分析结果;其中进行事后多重比较时,未通过Levene方差齐性检验的,采用塔姆黑尼成对比较算法分析,通过Levene方差齐性检验,采用LSD成对比较算法分析。

1.不同教龄教师的改进意见差异

研究显示(见表7-4-14),在教龄分组的类别中,三种改进意见的差异显著。在关于学生和网络改进意见的方差分析中,不同教龄组教师的改进意见均存在显著性差异,对于教师改进意见的分析中,只有 11～20 年教龄组与 20 年以上教龄组之间存在显著差异,其中,11～20 岁教龄教师对于三种改进意见的要求最高,20 年以上教龄的教师对于学生和教师的改进要求最低,10 年以下教龄教师对网络要求最低。

表 7-4-14  不同教龄教师的改进意见均值比较与方差分析结果

| 公因子 | 分组 | 均值±标准差 | 多重比较 | 均值差 | 标准误差 | F |
|---|---|---|---|---|---|---|
| 学生改进意见 | A | 4.46±0.61 | A—B | −0.0292** | 0.0120 | 14.328*** |
|  | B | 4.49±0.60 | B—C | 0.0771*** | 0.0144 |  |
|  | C | 4.41±0.62 | C—A | −0.0479** | 0.0142 |  |
| 教师改进意见 | A | 4.14±0.72 | A—B | −0.0270 | 0.0144 | 3.553** |
|  | B | 4.17±0.74 | B—C | 0.0433** | 0.0170 |  |
|  | C | 4.13±0.71 | C—A | −0.0162 | 0.0165 |  |
| 网络改进意见 | A | 4.33±0.70 | A—B | −0.0591*** | 0.0136 | 9.427*** |
|  | B | 4.39±0.70 | B—C | 0.0274* | 0.0163 |  |
|  | C | 4.37±0.68 | C—A | 0.0317** | 0.0160 |  |

注:***、** 和 * 分别表示差值在 1%、5% 和 10% 水平上显著。本章下表同。

各教龄分组样本量为 A 组(1～10 年)5494 人,B 组(11～20 年)4894 人,C 组(高于 20 年)2844 人。

2.不同学科教师的改进意见差异

由表 7-4-15 可知,不同学科组教师对线上教学的改进意见均存在显著性差异。另,农医学科组对学生和教师的改进要求最高;所有学科组的教师对于学生的改进意见均值最高,对于教师改进意见的均值最低。

表 7-4-15  不同学科组教师的改进意见均值比较与方差分析结果

| 公因子 | 分组 | 均值±标准差 | 多重比较 | 均值差 | 标准误差 | F |
|---|---|---|---|---|---|---|
| 学生改进意见 | A | 4.48±0.62 | A—B/A—C | 0.0474*** / 0.0175 | 0.0149/0.0134 | 5.971*** |
|  | B | 4.43±0.63 | B—C/B—D | −0.0299/−0.0855*** | 0.0132/0.0232 |  |
|  | C | 4.46±0.60 | C—D | −0.0556* | 0.0223 |  |
|  | D | 4.52±0.58 | D—A | 0.0381 | 0.0233 |  |

续表

| 公因子 | 分组 | 均值±标准差 | 多重比较 | 均值差 | 标准误差 | F |
|---|---|---|---|---|---|---|
| 教师改进意见 | A | 4.12±0.77 | A—B/<br>A—C | −0.0350<br>−0.0318 | 0.0178/0.0164 | 10.571*** |
|  | B | 4.16±0.72 | B—C/<br>B—D | 0.0032/<br>−0.12746*** | 0.0153/ 0.0273 |  |
|  | C | 4.15±0.69 | C—D | −0.1307*** | 0.0264 |  |
|  | D | 4.28±0.69 | D—A | 0.1625*** | 0.0279 |  |
| 网络改进意见 | A | 4.45±0.68 | A—B/<br>A—C | 0.0981*** / 0.1333** | 0.0166/ 0.0152 | 28.253*** |
|  | B | 4.35±0.70 | B—C/<br>B—D | 0.0353** /<br>−0.0748*** | 0.0148/ 0.0273 |  |
|  | C | 4.31±0.70 | C—D | −0.1100*** | 0.0264 |  |
|  | D | 4.42±0.66 | D—A | −0.0233 | 0.0275 |  |

注：各学科分组样本量为 A 组（人文学科）3347 人，B 组（社会学科）3629 人，C 组（理工科）2844 人，D 组（农医学科）782 人。

3.疫情前是否开展线上教学教师的改进意见差异

由表 7-4-16 可知，疫情前是否开展线上教学的教师对线上教学的"教师改进意见"和"网络改进意见"存在显著性差异。教师对"网络改进意见"要求更高。疫情前，开展过线上教学的教师对于"教师改进意见"和"网络改进意见"的意愿程度较高，而没有开展过的教师意愿程度较低，再次证明线上教学经历影响教师的线上教学态度。

表 7-4-16　疫情前是否开展线上教学教师的改进意见均值比较与方差分析

| 公因子 | 分组 | 均值±标准差 | 标准误差 | F |
|---|---|---|---|---|
| 教师改进意见 | A | 4.23±0.71 | 0.0137 | 40.361*** |
|  | B | 4.13±0.73 | 0.0071 |  |
| 网络改进意见 | A | 4.40±0.69 | 0.0071 | 7.407*** |
|  | B | 4.36±0.70 | 0.0068 |  |

注：A 组为疫情前开展过线上教学的样本，2693 人；B 组为疫情前未开展过线上教学的样本，10539 人。

4.不同区域高校教师的改进意见差异

由表 7-4-17 可知，不同区域教师对线上教学的改进意见均存在显著性差异。东部区域组教师对线上教学的改进意愿均最低，西部区域组教师对于学生和网络的改进意愿更高，中部区域教师对于教师的改进意愿最高；三个区域的教师均是对于学生的改进意见均值最高,教师的改进意见均值最低。

表 7-4-17　不同区域高校教师对线上教学的改进意见均值比较与方差分析

| 公因子 | 分组 | 均值±标准差 | 多重比较 | 均值差 | 标准误差 | F |
| --- | --- | --- | --- | --- | --- | --- |
| 学生改进意见 | A | 4.44±0.62 | A－B | －0.03904*** | 0.0116 | 7.827*** |
|  | B | 4.48±0.60 | B－C | －0.0092 | 0.0161 |  |
|  | C | 4.49±0.61 | C－A | 0.04826*** | 0.0157 |  |
| 教师改进意见 | A | 4.13±0.74 | A－B | －0.05271*** | 0.0139 | 7.332*** |
|  | B | 4.18±0.72 | B－C | 0.0374* | 0.0192 |  |
|  | C | 4.15±0.72 | C－A | 0.0153 | 0.0187 |  |
| 网络改进意见 | A | 4.34±0.71 | A－B | －0.04057*** | 0.0132 | 6.481*** |
|  | B | 4.38±0.68 | B－C | －0.0090 | 0.0183 |  |
|  | C | 4.39±0.67 | C－A | 0.04953*** | 0.0178 |  |

注:A 组为东部区域样本,6201 人;B 组为中部区域样本,4957 人;C 组为西部区域样本,2010 人。

5.不同类型高校教师的改进意见差异

由表 7-4-18 可知,不同类型高校教师对线上教学的"教师改进意见"和"网络改进意见"存在显著性差异。其中,三种类型高校教师对于网络的改进意见均高于对于教师的改进意见。

表 7-4-18　不同类型高校教师的改进意见均值比较与方差分析

| 公因子 | 分组 | 均值±标准差 | 多重比较 | 均值差 | 标准误差 | F |
| --- | --- | --- | --- | --- | --- | --- |
| 教师改进意见 | A | 4.05±0.71 | A－B | －0.10367*** | 0.0379 | 3.764** |
|  | B | 4.16±0.73 | B－C | 0.0087 | 0.0309 |  |
|  | C | 4.15±0.72 | C－A | 0.09492** | 0.0480 |  |
| 网络改进意见 | A | 4.21±0.77 | A－B | －0.15523*** | 0.0360 | 10.368*** |
|  | B | 4.37±0.69 | B－C | －0.0386 | 0.0294 |  |
|  | C | 4.41±0.764 | C－A | 0.19390*** | 0.0457 |  |

注:A 组为研究型大学样本,381 人;B 组为一般本科高校样本,12106 人;C 组为高职院校样本,581 人。

6.不同性质高校教师的改进意见差异

由表 7-4-19 可知,公办民办高校教师对线上教学的"学生改进意见"和"网络改进意见"存在显著性差异。其中,民办学校对于两者的改进意愿均高于公办学校,民办和公办高校对于学生的改进意见要求均高于对于网络的改进意见。

表 7-4-19  不同性质高校教师的改进意见均值比较与方差分析

| 公因子 | 分组 | 均值±标准差 | 标准误差 | F |
|---|---|---|---|---|
| 学生改进意见 | A | 4.45±0.69 | 0.0059 | 13.050*** |
|  | B | 4.50±0.70 | 0.0126 |  |
| 网络改进意见 | A | 4.35±0.69 | 0.0067 | 15.914*** |
|  | B | 4.42±0.67 | 0.0141 |  |

注：A 组为公办高校样本,10926 人;B 组为民办高校样本,2242 人。

### (三)对线上线下教学持不同态度教师的改进意见的差异分析

本节将疫情后"继续采用线上教学""采用'线上+线下'混合式教学""采用线下教学"的态度(不愿意、一般、愿意)教师群作为自变量,将"线上教学改进意见"的三个公因子作为因变量,在不考虑其他变量的影响下,采用单因素方差分析,分别考察不同态度的教师间的"线上教学改进意见"是否存在显著性差异。

1."继续采用线上教学"不同态度的教师的改进意见差异分析

在对学生和教师改进意见的方差分析中,对于线上教学的态度不同的教师组之间存在显著性差异($p<0.01$),在对网络改进意见的方差分析中,"愿意"和"一般"、"不愿意"态度之间存在呈显著性差异($p<0.001$),"一般"和"不愿意"无显著差异。采用线上教学的教师对于三种改进意见都是持"愿意"态度的最多,教师改进意见中持"不愿意"态度的教师最少,学生改进意见中持"一般"态度的教师最少(见图 7-4-1)。

2.采用"线上+线下"混合式教学不同态度的教师的改进意见差异分析

在对学生和教师改进意见的方差分析中,对于采用"线上+线下"混合式教学持不同态度的教师之间都存在显著性差异($p<0.05$),在对网络改进意见的方差分析中,"愿意"和"一般"、"不愿意"态度之间存在显著差异($p<0.001$),"一般"和"不愿意"无显著差异。采用"线上+线下"混合式教学的教师对于三种改进意见都是持"愿意"态度的最多,教师改进意见中持"不愿意"态度的教师最少,学生改进意见中持"一般"态度的教师最少(见图 7-4-2)。

3."采用线下教学"不同态度的教师的改进意见差异分析

在对学生改进意见的方差分析中,"不愿意"和"一般"、"愿意"的教师之间存在显著性差异($p<0.001$),"不愿意"态度的教师多于"一般"和"愿意"的教师;在对教师改进意见的方差分析中,对于采用线下教学持不同态度的教师之间存在显著性差异($p<0.001$),其中,持"不愿意"态度的教师最多,持"愿意"态度的教师最少;在对网络改进意见的方差分析中,"不愿意"和"一般"、"愿意"态度的教师组之间存在显著性差异($p<0.001$),"不愿意"态度的教师多于

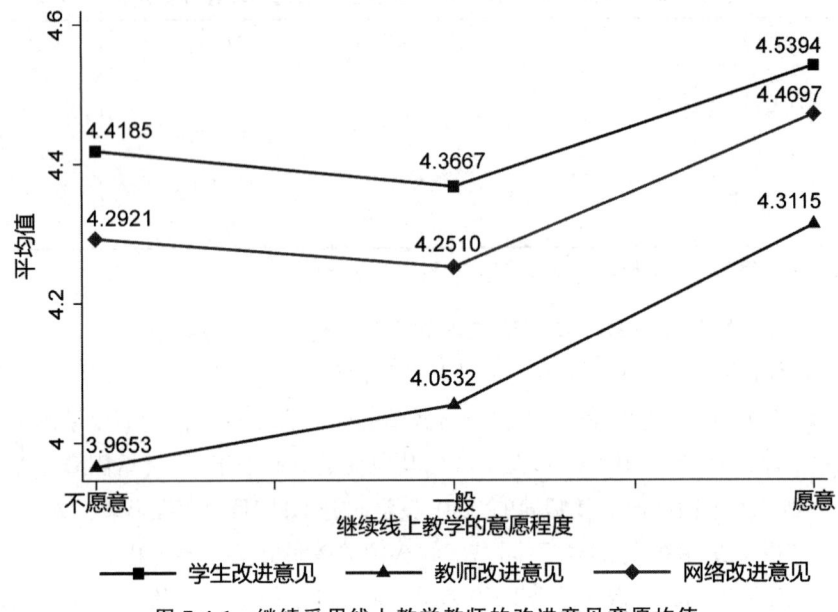

图 7-4-1 继续采用线上教学教师的改进意见意愿均值

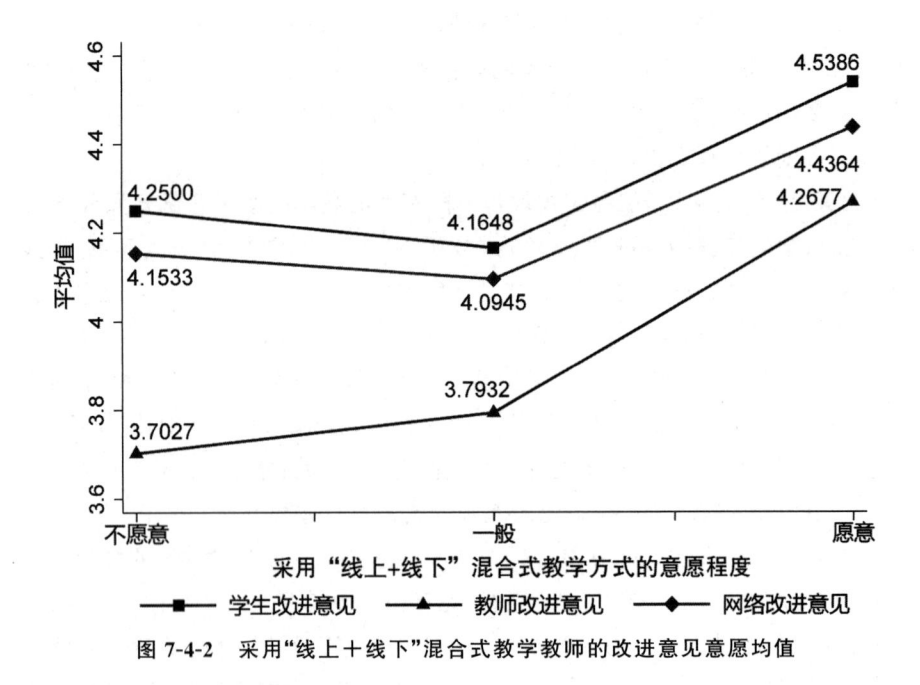

图 7-4-2 采用"线上+线下"混合式教学教师的改进意见意愿均值

"一般"和"愿意"的教师。采用线下教学的教师都是持"不愿意"态度最多,"愿意"态度最少(见图 7-4-3)。

图 7-4-3　采用线下教学教师的改进意见意愿均值

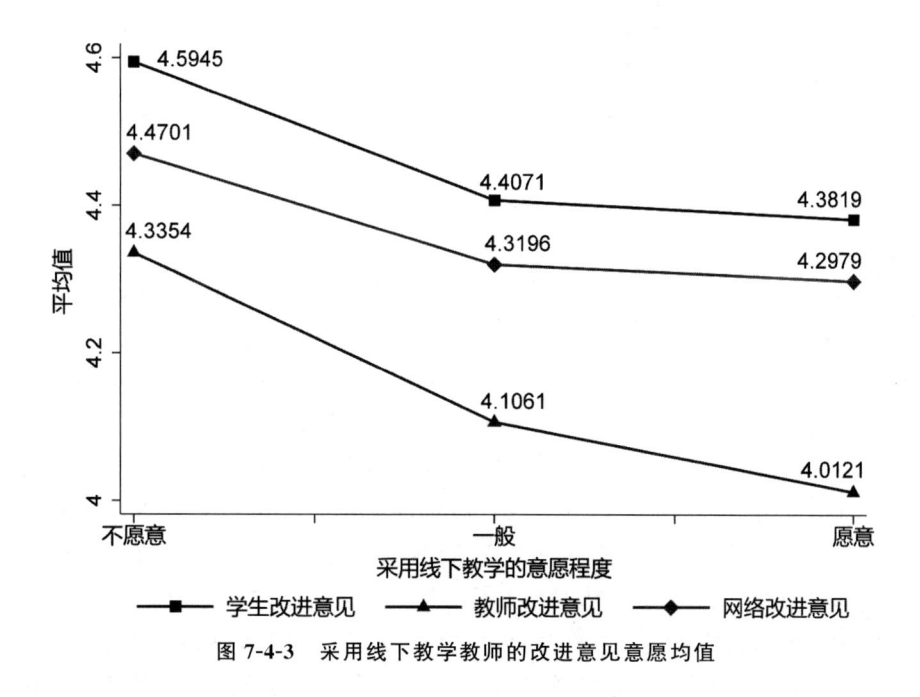

综上所述,不论愿意与否,教师对于学生的改进意见均值最高,对于教师的改进意见均值最低,网络改进意见均值居中;选择继续采用线上教学(含"线上＋线下"混合式教学)的教师愿意改进三项因素的均值明显高于选择线下教学的教师,表明他们更乐于通过各种手段改进线上教学,所以研究的第二个假设也是成立的,即教师对线上教学的态度同样会影响教师改进教学的意愿与行为。

## 四、结果讨论

### (一)主要研究结论

第一,超过 3/4 的高校教师乐于接受疫情后采用"线上＋线下"混合式教学,不同性别、年龄、教龄、学校类型(类别)、学科的高校教师对采用"线上＋线下"混合式教学的态度具有显著差异。调查显示,76.5%的高校教师愿意在疫情后采用"线上＋线下"混合式教学,45.9%的高校教师愿意继续采用线上教学,选择不采用线上教学的只占 23.1%,说明线上教学得到大部分老师的认可。女性教师更愿意采用"线上＋线下"混合式教学,采用"线上＋线下"混合式教学的意愿程度随着年龄增长而降低;而疫情之前开展过线上教学与未开展过线上教学的教师对疫情之后线上教学的态度存在显著差异,有过线上教学经历的教师大多数对线上教学持积极的接受态度,疫情之前未开展过线上教学教师不愿意采用"线上＋线下"混合式教学的所占比重高达90.2%,而疫情之前开展过线上教学的教师不愿意采用混合式教学的占比只有9.8%;疫情前开展过线上教学的教师对于教师和网络改进意见的意愿程度较高,而疫情前没有开展过的教师意愿程度较低。疫情之前有过线上教学经历对疫情之后线上教学的认可与接受态度不仅证明我们的研究假设是成立的,而且印证了一个事实,即突发的疫情让全国高校教师主动或被动地参与到线上教学的第一线,这些"有过线上教学经历"的教师,他们通过自身经历逐渐认识到了线上教学的优势,更乐于接纳继续线上教学(包括"线上＋线下"混合式教学),这为疫情后的线上教学改革奠定了非常有利的思想观念基础。

第二,不同类型、不同性质、不同区域的高校教师以及不同教龄、学科的高校教师对疫情之后线上教学改进意愿的差异显著。具体而言,民办高校教师对学生和网络平台两个因素的改进意愿较高,反之公办高校教师在这两项的改进意愿相对较低;研究型大学对教师和网络的改进意愿相对较低;东部区域高校对三个因素的改进意愿都最低;20年以上教龄的教师无论是选择"线上＋线下"的混合式教学的意愿还是对学生和教师因素的改进意愿都最低。在学生改进意见中,农医学科改进意愿最高,社会科学改进意愿最低;在教师改进意见中,农医学科改进意愿最高,人文科学最低;在网络改进意见中,人文科学改进意愿最高,理工科改进意愿最低。

不同类型、不同性质、不同区域的高校教师对教学改进意愿的差异反映了中国高校师资、办学条件(含网络条件)、教学水平本身的差距及区域间差异,研究型大学和东部高校各方面条件较好,所以改进意愿不强,一般本科高校、高职院校和西部区域高校相对办学条件不完善,所以改进的意愿强烈,这也提醒我们疫情之后高校开展线上教育应该坚持差异化发展、阶段性推进,不可全国一刀切。20年以上教龄的教师教学经验最为丰富,但受传统教学的惯性影响也最大,将成为接受线上教学的主要帮扶对象;一般本科高校、专业必修课及理论课教师,年龄20～39岁和1～10年教龄的教师选择疫情之后倾向于继续采用线上教学的比例最多,但是这个调查数据是在疫情防控期间线上教学正在进行时完成的,如果疫情结束,师生回到传统的课堂,这些教师是否还能继续保有线上教学的热情?他们是否也会受到传统教学惯性的影响?这都值得进一步进行追踪研究。各个学科本身有差异性,不同学科的教师对于线上教学的要求有所不同,导致改进意见的差异,如人文社科对教师线上教学的挑战不大,所以对教师改进的意愿比较低;农医学科对于实地调研要求较高,学生线上学习缺乏实践经历,要理解学习内容比较困难,所以农医学科对学生的改进意愿最高;理工科教师本身对网络更加熟悉,所以对网络的改进意见不像人文科学的教师那么强烈。

第三,对线上线下教学持不同态度的教师一致把学生改进意见列为最需要加强的因素。疫情后选择继续采用线上教学、采用"线上＋线下"混合式教学或采用线下教学的三组教师在三个改进意见方面存在意愿程度差异,选择继续采用线上教学(含"线上＋线下"混合式教学)的教师三项因素的改进意愿均值明显高于选择线下教学的教师,但是三组教师共同对于学生的改进意见均值最高,对于教师的改进意见均值最低,网络改进意见均值居中。

学生因素在所有教学改进意见中脱颖而出,一方面是因为长期以来"以教师为中心"的教学没有很好地培养学生的自律习惯与自主学习能力,另一方面线上教学本身的特点对学生的学习能力及良好学习习惯提出了更高的要求,因此广大教师通过这次线上教学深刻意识到学生自主学习的重要性,但是教师把学生改进意见列为第一,把自身改进意见排在最后,也隐约反映出高校教师缺乏教学反思,还没有真正意识到自身作为教学设计者、学生学习引导者的责任。因此认识到学生改进意见的重要性只是第一步,更重要的是教师如何利用网络技术,通过线上教学设计调动学生的学习兴趣,加强课堂互动,培养学生的自主学习能力和良好的学习习惯,从而提高线上教学质量。

(二)研究启示

疫情终究会过去,但是采用"线上＋线下"混合式教学将成为"新常态",如何促使更多教师疫情后认可并继续开展线上教学,根据调查结果本节提出以下三点建议:

首先在政策制度方面,应该继续鼓励教师尝试各种线上教学。研究表明有过线上教学经历的教师对线上教学持更加积极的接受态度,积极的态度又促使教师更加乐于改进教学。因此,疫情后高校要继续加大线上开放课程的绩效考核权重,鼓励教师尝试线上教学和新的教学方法,不要苛求教师一次成功或一定成功,教师线上教学能力的发展提高是一个过程,不可急功近利,关键是鼓励教师参与到线上教学的过程中,而不是急于评估教师线上教学的结果。同时,我们要看到不同教龄、学科和不同区域、不同类别的高校教师的态度差异与需求差异,今后还需进一步优化教学工作考核与评价方法,出台差异化管理及激励机制,调动绝大多数教师从事线上教学的积极性。从长远来说,信息化素养应该成为疫情后教师发展的重要组成部分,线上教学能力应该成为今后教师的教学基本功,高校应该着力提升教师的线上教学设计和组织课堂互动的能力,逐步对教师(尤其是新入职教师)做出明确开设线上课程的规定。

其次在技术支持方面，需要加快完善网络平台建设和线上服务。对线上教学来说，网络的支持是不可忽略的因素，在教师的改进意见中，网络平台的因素位居第二位，很多老师要求改善平台的功能及稳定性，提高网络速度及稳定性，并且加强线上技术服务支持。高校信息化建设近些年发展迅速，为这次疫情中突如其来的大规模线上教学提供了强大的技术与网络支持，但是同时也暴露了软件和线上服务的诸多不足。互联网＋时代的高等教育，最大的挑战就是教育技术与教学过程的深度融合，现代信息技术与人工智能等将是未来改进线上教学的重要保障。原有网络条件较好的研究型大学和东部区域高校，未来应着力使技术服务更上一层楼，如配备智能化的多媒体录播间、灯光、音响、录像等各种设备一键启动，支持教师随时录制教学视频，让教师们便于并乐于进行线上教学，同时打造更多适应学生自主学习需求的智慧课堂和智慧实验室；民办高校、一般本科高校和高职院校继续完善网络平台功能，提高网速和加强教师线上教学技能培训；政府对西部区域高校的信息化建设应该给予更多的支持，尽快缩小区域间数字化资源的差距。

最后在教师个人方面，应该抓住契机提升自己的线上教学能力。本次研究发现，超过80％的被调查教师疫情之前接受过线上教学的培训，但是只有约20％的教师在疫情之前开展过线上教学，这次疫情激发了绝大多数高校教师"线上教学"的热情，展现了教师勇于担当的责任感；成功的"停课不停教"也体现了教师巨大的潜力，广大教师的信息化素养短时间内整体上了一个台阶。但疫情之后，高校应该收集整理疫情防控期间优秀的线上教学案例，邀请出色的教师分享线上教学的经验和体会，消除部分中老年教师对掌握线上教学新技术和方法的畏难情绪，掀起线上教学经验"比学赶帮超"的热潮。广大教师应该趁热打铁，把疫情防控期间"遭遇战"的成果发扬光大，开始进行阵地战、持久战，逐步实现线上教学能力从"入门"到"精通"的升级换代，从而更加从容地应对未来线上线下混合式教学的"新常态"。

# 第八章

# 高校教师线上教学现状、影响因素及未来挑战——基于高校管理者的视角

2020年初,新冠疫情暴发倒逼高校走上了线上教学。特别是在教育部"停课不停教、停课不停学"号召下,全国高校普遍组织和开展了线上教学工作。截至4月3日,全国有95万多名教师线上开课,参与线上学习的人数达到了11.8亿人次。面临如此大规模线上教学,学校教学管理组织工作做得怎么样?教育管理能否为师生提供充分有力的支持?高校教学管理人员又是如何看待当前教学管理工作的变化的?是否做出了合理的调整来应对这些变化?这些都是今后线上教学亟待回答的问题。

## 第一节 高校线上教学现状分析

### 一、研究问题

本节研究将重点聚焦疫情防控期间的高校管理人员对线上教学、线上教学环境、技术服务保障的感知体验,深入分析不同类型高校、不同层级、不同管理部门等不同管理者群体对线上教学、线上教学环境及技术服务保障的感知评价,以及潜在原因,进而为进一步改进教学管理服务工作提供借鉴参考。

### 二、样本分析

本节样本来自厦门大学教师发展中心的2020年4月7日至13日开展《线上教学调查问卷(管理人员卷)》,向全国27个省、自治区和直辖市的135

所高校 451 名教学管理者发放了调查问卷,共回收问卷 451 份,回收率 100%。参与本次调查的学校教学管理人员主要包括学校教务处相关管理人员、学院教务管理教师和教务管理行政人员等。在问卷分析中发现部分问卷填写者的身份标识为"学生",可能的原因在于部分问卷被学生误填或有些学生担任部分行政助理工作。由于学生在参与教务工作的经验、决策权和教学理解上与学校或学院全职教务工作者存在较大差异,故剔除年龄低于 23 岁或身份标识为"学生"的样本,实际回收有效问卷 355 份,有效率约为 78.7%。样本分布具体情况如下:

1.性别分布

男性 159 人(约占 44.8%),女性 196 人(约占 55.2%)。

2.年龄分布

参与调查的管理人员年龄分布于各个年龄段,平均年龄为 42.1 岁(标准差为 8.78),最大年龄 60 岁,最小年龄 24 岁。按照各年龄段人数分布及比例,36~40 岁 84 人(约占 23.7%),41~45 岁 67 人(约占 18.9%),30~35 岁 55 人(约占 15.5%)(见图 8-1-1)。

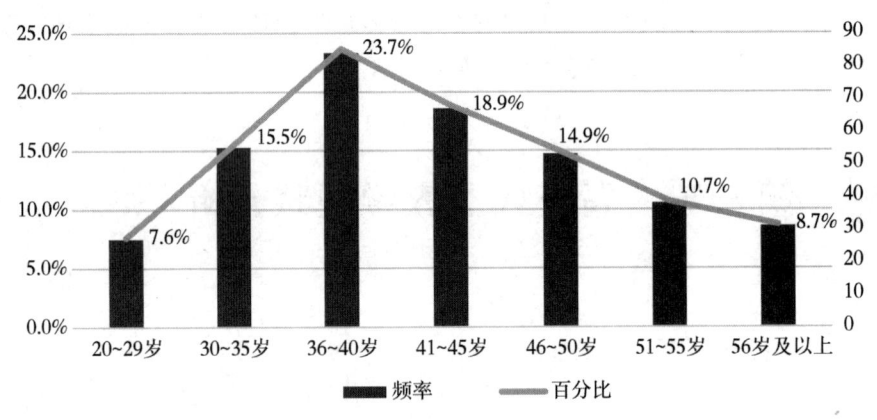

图 8-1-1 样本的年龄分布

3.学校分布

参与调查的学校分别属于"双一流"建设高校(含一流大学与一流学科建设高校)、一般本科高校和高职院校。其中一般本科高校最多,有 107 所(约占 79%),其次为"双一流"建设高校,有 19 所(约占 14%),剩余为高职院校。从分布省份看,参与调查的学校涉及中国大陆区域的 27 个省、自治区和直辖市的 72 个城市的 135 所高校(见表 8-1-1)。

表 8-1-1 取样学校的省份分布

| 省份 | 北京 | 甘肃 | 河南 | 黑龙江 | 吉林 | 辽宁 | 内蒙古 | 宁夏 | 山东 |
|---|---|---|---|---|---|---|---|---|---|
| 高校数 | 3 | 3 | 7 | 3 | 4 | 10 | 3 | 1 | 8 |
| 百分比(%) | 2.2 | 2.2 | 5.2 | 2.2 | 3.0 | 7.4 | 2.2 | 0.7 | 5.9 |
| 省份 | 安徽 | 湖北 | 湖南 | 江苏 | 上海 | 四川 | 天津 | 重庆 | 山西 |
| 高校数 | 2 | 6 | 9 | 6 | 9 | 7 | 1 | 2 | 3 |
| 百分比(%) | 1.5 | 4.4 | 6.7 | 4.4 | 6.7 | 5.2 | 0.7 | 1.5 | 2.2 |
| 省份 | 福建 | 广东 | 广西 | 贵州 | 海南 | 江西 | 陕西 | 云南 | 浙江 |
| 高校数 | 9 | 5 | 7 | 3 | 1 | 6 | 4 | 3 | 10 |
| 百分比(%) | 6.7 | 3.7 | 5.2 | 2.2 | .7 | 4.4 | 3.0 | 2.2 | 7.4 |

由上表可见,样本内学校所属省份在华北、华南、西北、西南和中部均有分布,具有较好的区域分布代表性。

3.学校情况分布

来自新建本科院校的管理人员有130人(约占36.6%),来自普通老本科院校管理人员有123人(约占34.6%);来自一流学科建设高校的管理人员有70人(约占19.7%)(见图8-1-2)。

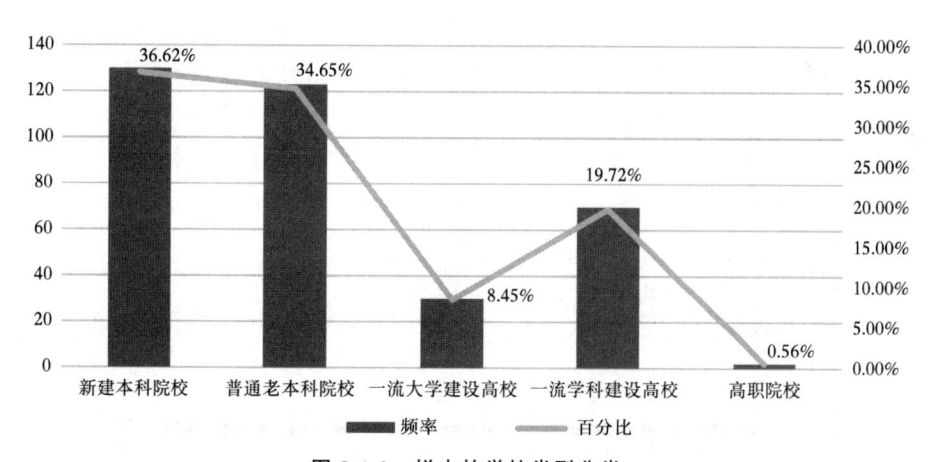

图 8-1-2 样本的学校类型分类

4.部门分布

在参与调查的管理人员中,职责分为教务管理、质量保障、技术服务管理和学生管理部门四类(职责上可多选)。管理层级分为学校层级和学院层级。接受调查的样本在这两个维度人员分布见表8-1-2。

表 8-1-2　样本所在单位层级和职能部门

|  | 教务管理部门 | 质量保障管理部门 | 技术服务管理部门 | 学生管理部门 | 总和 |
| --- | --- | --- | --- | --- | --- |
| 学校层面 | 114 | 100 | 4 | 8 | 226 |
| 学院层面 | 90 | 13 | 12 | 26 | 141 |
| 总和 | 204 | 113 | 16 | 34 |  |

其中,学校管理人员 196 人(占 55.2%),学院管理人员有 159 人(占 44.8%)(见图 8-1-3)。

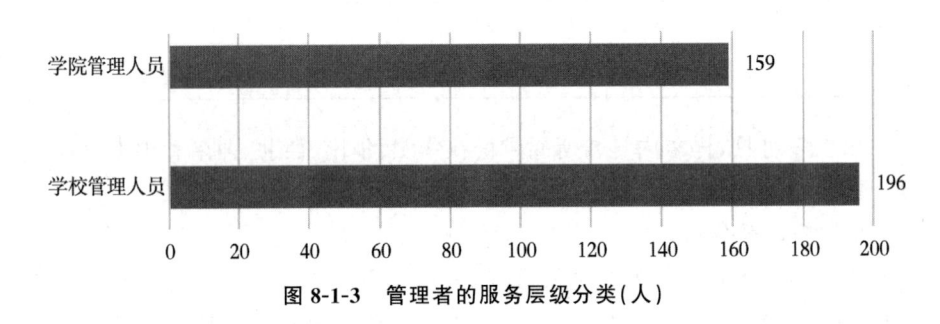

图 8-1-3　管理者的服务层级分类(人)

在人员职责分工上,由于存在一人多责的现象,因此参与调查的管理人员可以在职责划分的选项上可多选,如同时勾选"教务管理部门"和"质量保障部门"。据此,本次调查的对象主要来自教务管理部门(分别为 114 人次和 90 人次),以及学校的质量保障部门(100 人次),其次为来自学院的学生管理部门的管理人员(26 人次)。其中来自学校的管理人员较多集中于教务管理部门和质量保障部门,来自学院的管理人员较多集中于教务管理和学生管理部门(见图 8-1-4)。

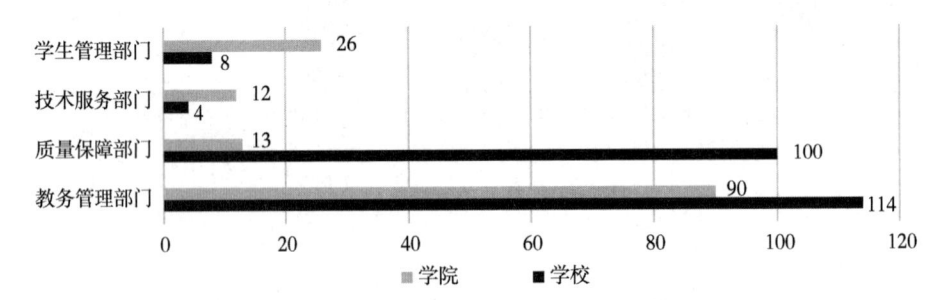

图 8-1-4　学校/学院层面管理职责分类(人次)

## 三、研究方法

研究采用问卷调查法,分为四个部分:

第一部分为基本信息,包括参与者的性别、年龄、学校及服务部门,并调查了目前学校开设线上课程的类型和性质、课程数量、参与的教师和学生数等内容。

第二部分为线上教学的环境与支持信息,主要用于了解疫情之前问卷参与者所在学校教学平台建设和使用情况,以及疫情防控期间该校为开展线上教学所提供的培训和服务开展的情况,并请参与者从具体操作层面评估疫情防控期间该校对线上教学服务保障实施的完善程度。

第三部分为线上教学使用情况信息收集,主要评估各教学平台在参与者所在学校的使用频率,线上教学优缺点、存在的主要问题,以及与传统教学相比教学效果如何,并对参与者认为线上教学效果影响因素重要程度、对学校的挑战进行了具体评估。

第四部分为线上教学的改进,主要评估在疫情过后继续采用线上教学的态度及线上教学需要加强或改进的具体方面,并设计了一道开放式问题,搜集参与者对线上教学的建议。

研究采用问卷调查的第一部分和第二部分的部分题目数据进行分析。对第二部分"疫情防控期间学校提供线上教学的服务保障"的 11 条具体措施评价进行内部一致性分析,$\alpha$ 系数为 0.923,具有较好的内部一致性。对第二部分"疫情防控期间学校提供线上教学的服务保障"的 11 条具体措施进行因子分析,采用主成分分析法,共提取一个因子,KMO 值为 0.896,Bartlett 球形度检验显著性 $p<0.001$(df=36),累计方差解释度为 63.56%,具有较好的解释度,因此具有较好的效度。

本节采用 SPSS 对数据进行整理和分析,采用描述统计和推论统计的方法对样本进行分析。涉及的主要统计方法包括:频数统计、交叉表统计、单因素方差分析(ANOVA)等。

## 四、研究结果

(一)已有的线上教学条件和管理经验

在疫情之前,本次问卷调查参与者所在高校已有网络教学平台的有 303 人,约占被调查者总人数的 85.4%,其所在高校在疫情之前无网络教学平台的有52人,约占受调查者总人数的14.6%。

将疫情之前所在高校线上教学使用情况分为"大规模使用""部分使用""少部分使用""零星使用""从未使用""不知道"6类,根据调查结果:其中选择"部分使用"的人数最多,有135人(约占38%),其次为选择"少部分使用",有130人(约占36.6%),再次为大规模使用和零星使用,分别有44人(约占12.4%)和40人(约占11.3%)(见图8-1-5)。

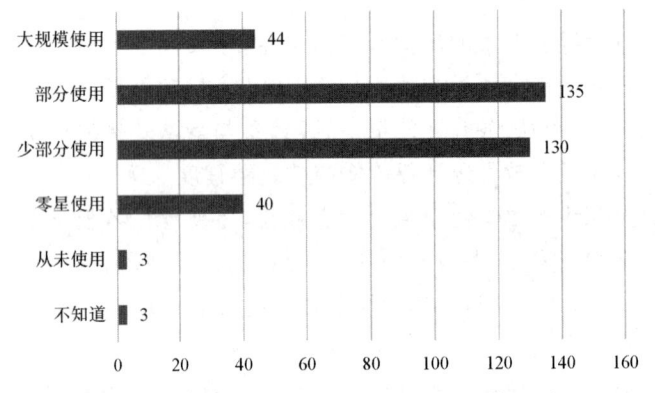

图8-1-5 疫情之前所在校线上教学使用情况(人)

将疫情之前所在高校开展线上教学培训和服务的频率分为"非常频繁""经常开展""一般""偶尔开展""从未开展""不知道"6类,评估管理人员所在高校疫情之前开展线上教学培训和服务的频率,143人选择"一般"(约占40.3%),其次为"经常开展",有123人选择(约占34.6%),再次为"偶尔开展",有64人选择(约占18%)(见图8-1-6)。

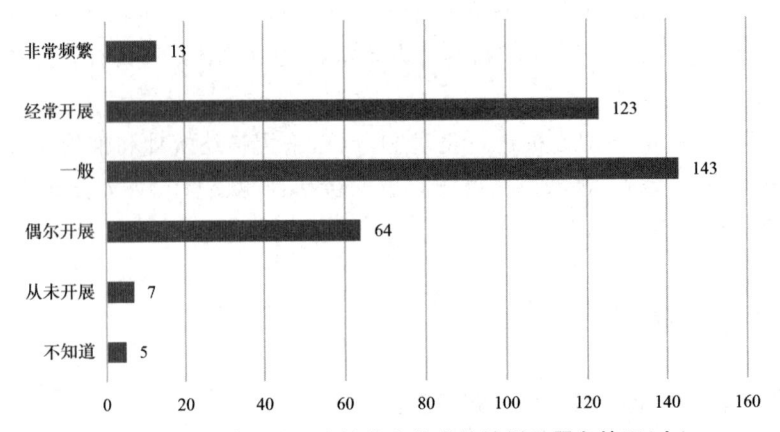

图8-1-6 疫情之前所在校线上教学的培训和服务情况(人)

## (二)线上课程教学开课情况

### 1.课程门数

对来自不同管理层级的管理人员管辖的本学期开设课程门数进行统计,去除无效数据后获得有效样本数据 346 份,其中学校层面管理人员反馈的课程门数最多在 3001~4000 门之间,其次为 1001~2000 门之间,再次为 500~1000 门之间;而学院层面管理人员的课程门数反馈大部分落在 100 门以内,其次为 101~500 门之间,超过 500 门则非常少(见图 8-1-7)。

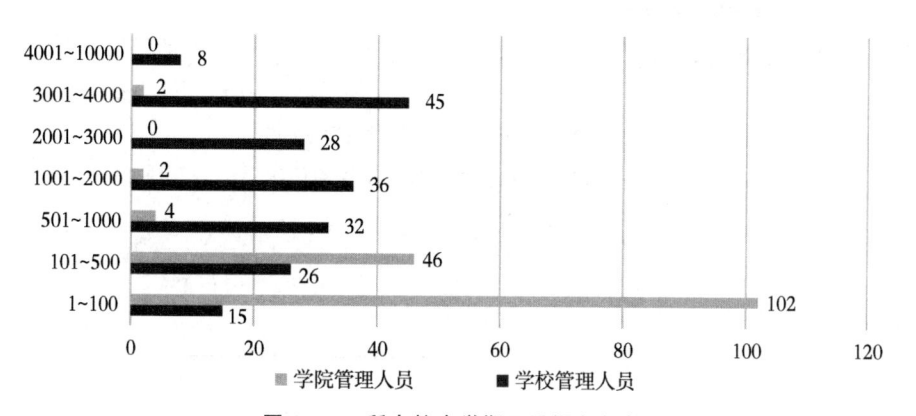

| 区间 | 学院管理人员 | 学校管理人员 |
|---|---|---|
| 4001~10000 | 0 | 8 |
| 3001~4000 | 2 | 45 |
| 2001~3000 | 0 | 28 |
| 1001~2000 | 2 | 36 |
| 501~1000 | 4 | 32 |
| 101~500 | 46 | 26 |
| 1~100 | 102 | 15 |

图 8-1-7 所在校本学期开设课程门数

### 2.线上课程门数

对来自不同管理层级的管理人员管辖的本学期开设课程中采用线上教学的课程门数进行统计,去除无效数据后获得有效数据 349 份,其中学校层面管理人员反馈的课程门数最多在 1001~2000 门之间,再次为 500~1000 门和 2001~3000 门之间,再次为 3001~4000 门之间;而学院层面管理人员的课程门数反馈大部分落在 100 门以内,其次为 101~500 门之间,超过 500 门则非常少(见图 8-1-8)。

用线上课程开课门数除以总课程开课门数,得到课程上线率,获得有效数据 336 份(有效率为 94.6%),受调查的管理人员反馈的平均课程上线率为 84%,即 84% 的课程采用线上教学(见图8-1-9)。

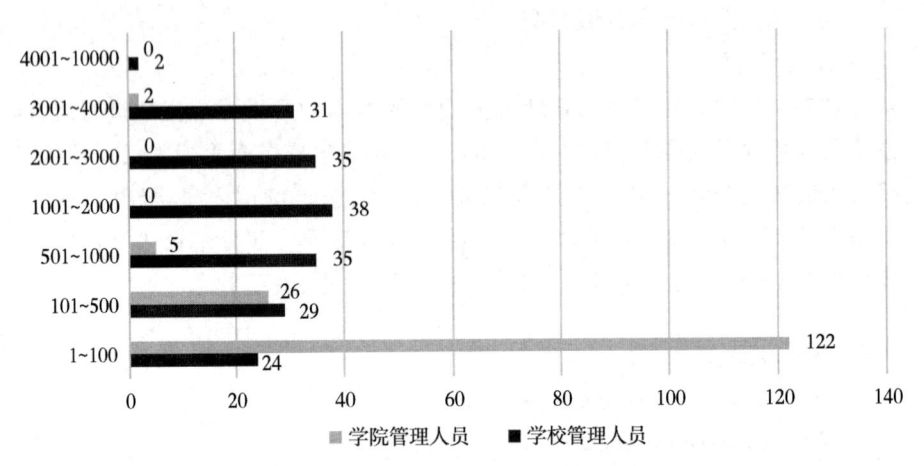

图 8-1-8　所在校本学期线上课程门数

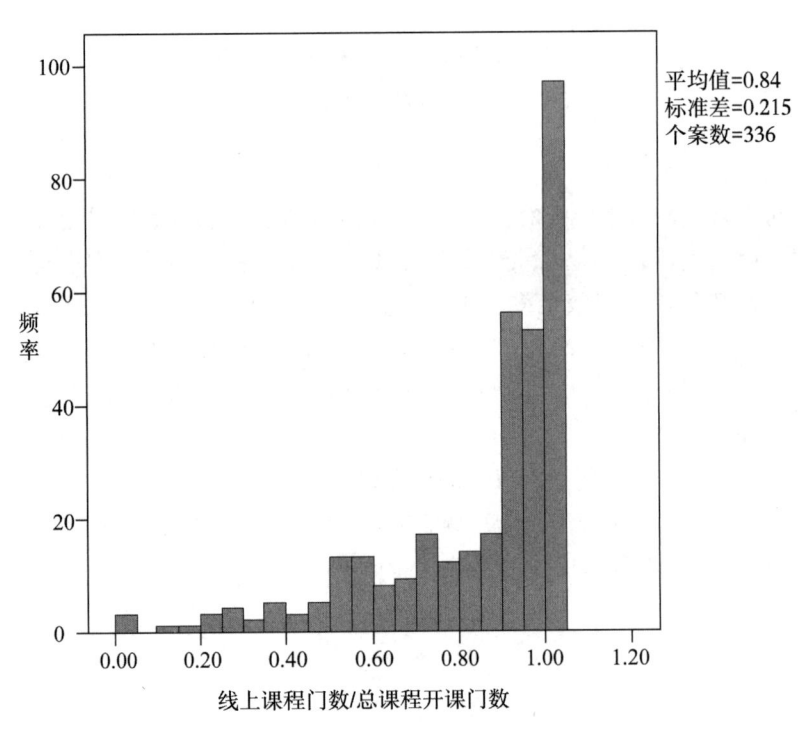

图 8-1-9　所在校课程上线率

3.线上课程类型

将线上课程类型分为专业必修课、专业选修课、公共必修课和公共选修课四类,在对不同类型高校管理人员的调查中,其所在高校涉及线上课程的类型见表 8-1-3。

表 8-1-3　不同类型学校开设线上课程分类

| 学校类型 | 新建本科院校 | 普通老本科院校 | 一流大学建设高校 | 一流学科建设高校 | 高职院校 |
| --- | --- | --- | --- | --- | --- |
| 专业必修课 | 121 | 111 | 27 | 62 | 2 |
| 专业选修课 | 101 | 100 | 26 | 58 | 2 |
| 公共必修课 | 108 | 97 | 23 | 57 | 2 |
| 公共选修课 | 72 | 78 | 23 | 52 | 1 |
| 总计 | 130 | 123 | 30 | 70 | 2 |

注:总计是分类型院校开设线上课程的院校数。分次为有开设课程的院校数,总计非分次相加。

由于各类高校参与调查人员总数不同,无法直接比较各类高校开课类型,故采用选择有开课的管理人员人数除以该学校管理人员总数,得到相应类型课程在不同类型高校的开课比例。如图 8-1-10 所示,专业必修课在各高校开课比例最高,达到 88.57%～100%;在普通老本科、"双一流"大学开课比例第二高的是专业选修课,分别达到 81.30% 和 86.67%,开课比例第三高的是公共必修课,达到 76.67%～81.43%,开课最少的是公共选修课,达到 63.41%～76.67%;在新建本科院校中,开课比例第二高的是公共必修课,为 83.08%,开课比例第三高的是专业选修课,占 77.69%,开课最少的是公共选修课,占 55.38%,也是各类高校中开课比例最低的。

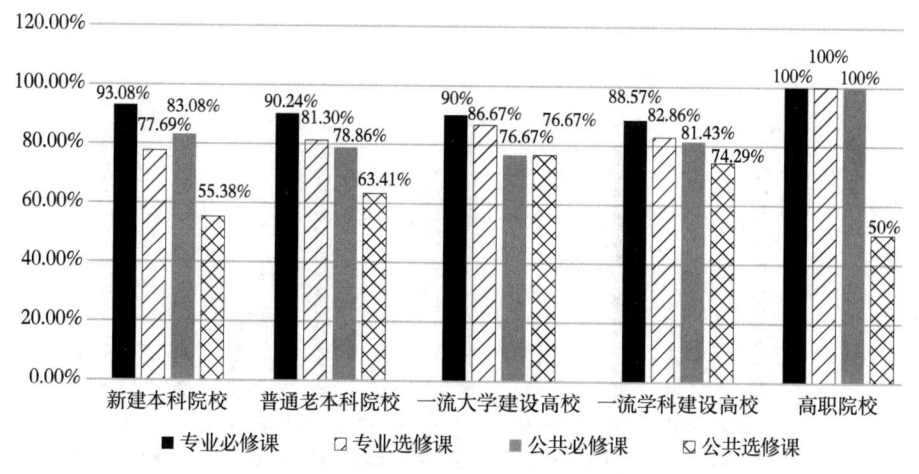

图 8-1-10　不同类型学校开设不同类型课程的比率

### 4.线上教学的课程性质

将线上课程性质分为理论课、理论课(含课内实践、实验教学)、独立设置实验课、术科课和其他教学环节(含军训、见习、实习、毕业设计、毕业论文、社会调查)五类,在对不同类型高校管理人员的调查中,其本人所在高校涉及线上课程的性质分类见表 8-1-4。

表 8-1-4 不同类型学校线上课程性质

| 学校类型 | 新建本科院校 | 普通老本科院校 | 一流大学建设高校 | 一流学科建设高校 | 高职院校 |
|---|---|---|---|---|---|
| 理论课 | 119 | 111 | 27 | 62 | 1 |
| 理论课(含课内实践、实验教学) | 71 | 76 | 20 | 52 | 2 |
| 独立设置实验课 | 18 | 21 | 4 | 11 | 0 |
| 术科课 | 32 | 41 | 4 | 23 | 0 |
| 其他教学环节 | 39 | 31 | 6 | 23 | 0 |
| 总计 | 130 | 123 | 30 | 70 | 2 |

由于各类高校参与调查人员总数不同,无法直接比较各类高校不同性质课程的数量,故采用选择有开课的管理人员人数除以该学校管理人员总数,得到相应类型课程在不同类型高校的开课比例。如图 8-1-11 所示,理论课线上课程在各高校开课比例最高,达到 88.57%～91.54%;线上课程开课比例第二高的是理论课(含课内实践、实验教学),达到 54.62%～74.29%,"双一流"建设高校和新建本科院校开课比例第三高的是其他教学环节(含军训、见习、实习、毕业设计、毕业论文、社会调查),占 20%～32.86%,普通老本科院校开设线上教学的第三高的是术科课,占 33.33%。

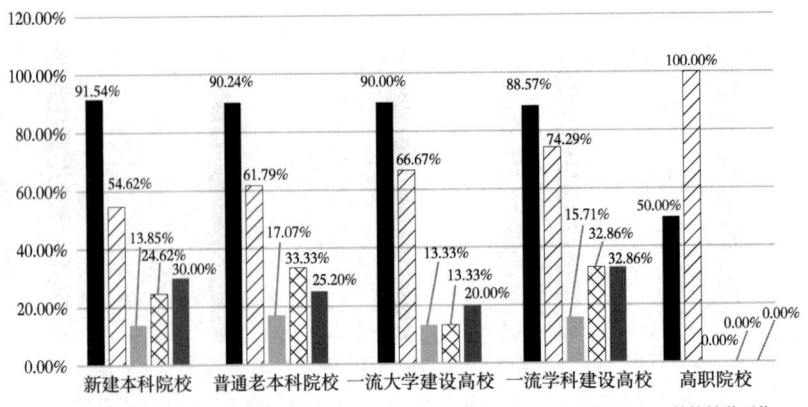

图 8-1-11 不同类型学校开设不同性质课程的比率

## (三)开展线上教学的教师数

在统计本学期开展线上教学的教师数量时,学院层级的管理人员与学校层级的管理人员由于其管辖的课程数量不同,在关于回答开展线上教学的教师数量呈现出很大的差异。大多数学校层面的管理人员反馈,开展线上教学的教师数量在501~1000人、101~500人、1001~2000人之间,而学院层面的管理人员大多数反馈集中在100人以内(见图8-1-12)。

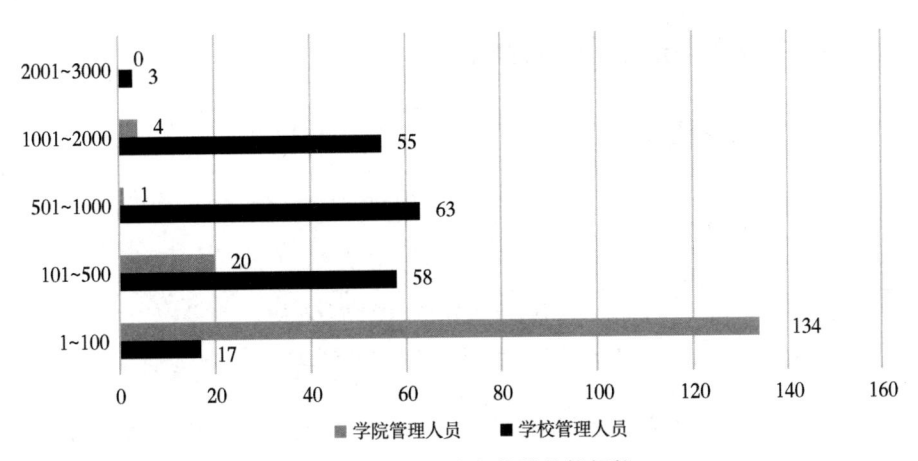

图 8-1-12 开展线上教学的教师数

## (四)参与线上学习的学生数

在统计本学期开展线上学习的学生数量时,同样由于学院管理人员与学校管理人员在其管辖课程数量不同,其反馈的开展线上学习的学生数量也呈现出很大的差异,大多数学校管理人员反馈,开展线上学习的学生数量在10001~20000人之间,其次为20001~40000人之间,再次为3001~10000人之间。而学院管理人员大多数反馈集中在1000人以内,其次为1~3000人之间,再次为3001~10000人之间(见图8-1-13)。

## (五)线上教学的环境支持

本调查邀请参与调查的管理人员就疫情防控期间,对"学校网络等硬件环境支持"等11项线上教学服务保障实施情况进行打分评价,问卷采用李克特5点计分法,分为"非常好""较好""一般""较差"和"非常差"五个等级,并分别赋值为5、4、3、2、1。

根据调查结果,"开展线上教学情况调查"得分最高(均值4.15),其次是"开展线上教学效果监测"(均值4.09),再次是"提供线上教学的技术使用培训"和"学校网络等硬件环境支持"(均值4.06),然后依次是:"提供实时的线上教学技术保障"(均值4.05)、"提供线上教学的教学方法培训"(均值4.03)、"为

```
40001~80000  ■ 6
20001~40000  ▪ 2  ■ 47
10001~20000  ▪ 8  ■ 80
3001~10000   ▪ 24 ■ 36
1001~3000    ▪ 60 ■ 14
1~1000       ▪ 65 ■ 6
             0  10  20  30  40  50  60  70  80  90
                 ▪ 学院管理人员    ■ 学校管理人员
```

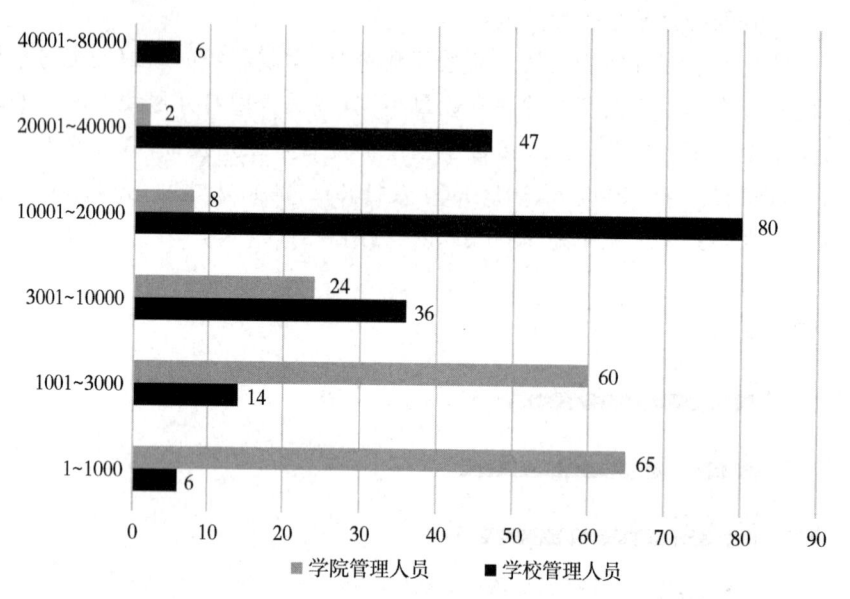

图 8-1-13　参与线上学习的学生数

学生提供各种教学平台的学习指南"（均值 4.02）、"为师生提供电子图书资源支持"（均值 3.94）、"各种平台和工具的集成整合"（均值 3.89）、"为学生定期开展线上学习的教育和引导"（均值 3.85）、"出台鼓励线上教学的政策"（均值 3.71）。总和 11 项指标的得分，均值为 43.38。由此可见，各高校教学管理部门在疫情防控期间，教学管理人员对学校为线上教学服务保障的总体自我评价为"较好"。其中尤为重视教学情况和教学效果的监测、硬件支持和技术培训，同时尽可能提升线上教学技术和方法。管理人员认为服务保障较为不足的方面有"出台鼓励线上教学的政策""为学生定期开展线上学习的教育和引导""各种平台和工具的集成整合"（见图 8-1-14）。

为了进一步了解线上教学服务情况受到哪些因素影响，研究将对不同学校类型、不同管理层级和职责、不同管理规模和经验及管理人员的个人特征差异进行分组比较，通过分析组间差异来发现线上教学服务保障情况在不同因素影响下呈现出来的差异和特点。

1.不同类型学校的管理人员对线上教学服务保障情况的评价比较

采用单因素方差分析（ANOVA）对新建本科院校、普通老本科院校、一流大学建设高校、一流学科建设高校的管理人员对本校疫情防控期间线上教学服务保障情况评价进行比较（由于高职院校只有 2 位管理人员填写，故未将高职院校教师纳入比较分组），结果见表 8-1-5。

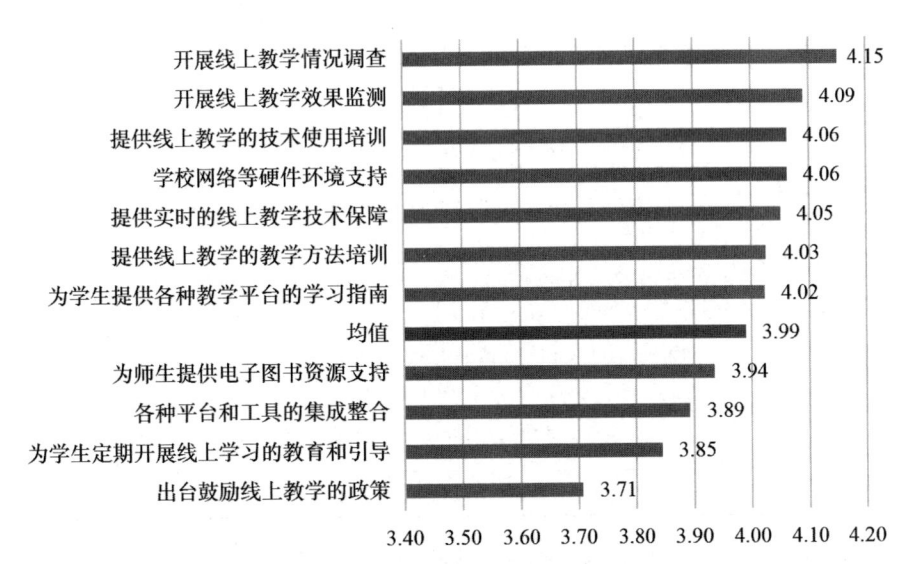

第八章 高校教师线上教学现状、影响因素及未来挑战——基于高校管理者的视角

图 8-1-14 对疫情防控期间学校的线上教学服务保障的评价(均值)

表 8-1-5 四类高校的管理人员对线上教学服务保障情况具体指标得分($M\pm SD$)及方差分析结果

| 指标 | 新建本科院校 (n=130) | 普通老本科院校 (n=123) | 一流大学建设高校 (n=30) | 一流学科建设高校 (n=70) | F (3,349) | p |
|---|---|---|---|---|---|---|
| 学校网络等硬件环境支持 | 3.95±0.697 | 4.11±0.643 | 3.93±0.691 | 4.24±0.751 | 3.412 | 0.018 |
| 各种平台和工具的集成整合 | 3.80±0.675 | 4.00±0.627 | 3.63±0.718 | 3.99±0.893 | 3.394 | 0.018 |
| 提供实时的线上教学技术保障 | 3.95±0.686 | 4.09±0.601 | 3.93±0.785 | 4.21±0.679 | 2.933 | 0.034 |
| 提供线上教学的技术使用培训 | 3.91±0.698 | 4.16±0.632 | 4.03±0.718 | 4.17±0.680 | 3.816 | 0.010 |
| 提供线上教学的教学方法培训 | 3.89±0.707 | 4.15±0.636 | 3.97±0.669 | 4.07±0.840 | 2.885 | 0.036 |
| 为学生提供各种教学平台的学习指南 | 3.95±0.740 | 4.07±0.797 | 4.10±0.712 | 4.06±0.720 | 0.729 | 0.535 |
| 为学生定期开展线上学习的教育和引导 | 3.80±0.910 | 3.84±0.833 | 3.70±0.702 | 4.00±0.851 | 1.174 | 0.319 |

387

续表

| 指标 | 新建本科院校 ($n=130$) | 普通老本科院校 ($n=123$) | 一流大学建设高校 ($n=30$) | 一流学科建设高校 ($n=70$) | $F$ (3,349) | $p$ |
| --- | --- | --- | --- | --- | --- | --- |
| 为师生提供电子图书资源支持 | 3.82±0.755 | 3.94±0.72 | 3.87±1.074 | 4.17±0.916 | 3.000 | 0.031 |
| 出台鼓励线上教学的政策 | 3.65±0.775 | 3.69±0.959 | 3.70±0.837 | 3.84±1.099 | 0.671 | 0.570 |
| 开展线上教学情况调查 | 4.12±0.700 | 4.14±0.681 | 4.03±0.964 | 4.27±0.797 | 0.982 | 0.401 |
| 开展线上教学效果监测 | 4.02±0.742 | 4.09±0.701 | 3.90±1.062 | 4.30±0.749 | 2.732 | 0.044 |
| 总分 | 42.85±6.29 | 44.28±5.88 | 42.80±6.96 | 45.83±7.14 | 2.769 | 0.042 |

从表 8-1-5 可以看出，四类高校管理人员对线上教学服务保障情况的总体评价及 7 项具体指标上存在显著的差异（$p<0.05$），这些指标包括"学校网络等硬件环境支持""各种平台和工具的集成整合""提供实时的线上教学技术保障""提供线上教学的技术使用培训""提供线上教学的教学方法培训""为师生提供电子图书资源支持""开展线上教学效果监测"。从总分上看，一流学科建设高校管理人员评价最高，其次为普通老本科高校管理人员，一流大学建设高校和新建本科高校管理人员的评价则排最后，类似的现象还体现在"学校网络等硬件环境支持"和"提供实时的线上教学技术保障"2 项上。在"各种平台和工具的集成整合"方面，普通老本科院校和一流学科建设高校管理人员评价最高，其次为新建本科院校，一流大学建设高校管理人员的评价最低。在"提供线上教学的技术使用培训"和"提供线上教学的教学方法培训"2 项指标上，普通老本科院校和一流学科建设院校管理人员评价最高，其次为一流大学建设高校，新建本科院校管理人员的评价最低。在"为师生提供电子图书资源支持"1 项中，一流学科建设高校管理人员评价较新建本科院校管理人员高；在"开展线上教学效果监测"上，一流学科建设高校管理人员评价较一流大学建设高校院校管理人员高。

2.不同层级的管理人员对线上教学服务保障情况的评价比较

采用单因素方差分析（ANOVA）对来自学校和来自学院两个层级的管理人员对本校疫情防控期间线上教学服务保障情况评价进行比较，结果见表 8-1-6。

表 8-1-6　不同层级的管理人员对线上教学服务保障情况具体指标得分($M\pm SD$)及方差分析结果

| 指标 | 学校管理人员<br>($n=196$) | 学院管理人员<br>($n=159$) | $F(1,353)$ | $p$ |
|---|---|---|---|---|
| 学校网络等硬件环境支持 | 4.08±0.674 | 4.04±0.728 | 0.346 | 0.557 |
| 各种平台和工具的集成整合 | 3.90±0.691 | 3.88±0.758 | 0.086 | 0.770 |
| 提供实时的线上教学技术保障 | 4.13±0.632 | 3.96±0.706 | 5.829 | 0.016 |
| 提供线上教学的技术使用培训 | 4.11±0.647 | 4.00±0.720 | 2.387 | 0.123 |
| 提供线上教学的教学方法培训 | 4.06±0.692 | 3.98±0.742 | 1.103 | 0.294 |
| 为学生提供各种教学平台的学习指南 | 3.99±0.804 | 4.06±0.691 | 0.822 | 0.365 |
| 为学生定期开展线上学习的教育和引导 | 3.81±0.912 | 3.89±0.787 | 0.681 | 0.410 |
| 为师生提供电子图书资源支持 | 3.95±0.776 | 3.92±0.871 | 0.123 | 0.726 |
| 出台鼓励线上教学的政策 | 3.79±0.855 | 3.60±0.974 | 3.707 | 0.055 |
| 开展线上教学情况调查 | 4.20±0.777 | 4.08±0.689 | 2.657 | 0.104 |
| 开展线上教学效果监测 | 4.15±0.819 | 4.02±0.698 | 2.487 | 0.116 |
| 总分 | 44.18±6.360 | 43.42±6.57 | 1.208 | 0.273 |

从上表看出,学校层面和学院层面的管理人员对线上教学服务保障情况的总体评价及 9 项具体指标上均不存在显著差异,只在"提供实时的线上教学技术保障"上存在显著差异,在"出台鼓励线上教学的政策"上存在边缘显著差异,学校层面管理人员评价均高于学院层面管理人员。

3.不同职能部门的管理人员对线上教学服务保障情况的评价比较

采用单因素方差分析(ANOVA)对四类高校职能部门(教务管理部门、质量保障部门、技术服务部门、学生管理部门)的管理人员对本校疫情防控期间线上教学服务保障情况评价进行比较,由于允许管理人员对自己工作职责进行多选,故对每项职责做"是"和"否"二分法,比较选择相应职能的管理人员和未选择相应职能的管理者在服务保障情况评价的差异,结果见表 8-1-7。

表 8-1-7 不同职能部门的管理人员对线上教学服务保障情况具体指标得分($M\pm SD$)及方差分析结果

| 指标 | 教务管理部门 ($n=204$) | 非教务管理部门 ($n=151$) | $F(1,353)$ | $p$ |
| --- | --- | --- | --- | --- |
| 提供线上教学的教学方法培训 | 4.06±0.692 | 3.98±0.742 | 6.490 | 0.011 |

| 指标 | 质量保障部门 ($n=113$) | 非质量保障部门 ($n=242$) | $F(1,353)$ | $p$ |
| --- | --- | --- | --- | --- |
| 开展线上教学情况调查 | 4.28±0.725 | 4.08±0.741 | 5.717 | 0.017 |
| 开展线上教学效果监测 | 4.25±0.762 | 4.02±0.762 | 7.094 | 0.008 |

| 指标 | 技术服务部门 ($n=16$) | 非技术服务部门 ($n=339$) | $F(1,353)$ | $p$ |
| --- | --- | --- | --- | --- |
| 开展线上教学情况调查 | 3.81±0.655 | 4.16±0.742 | 3.427 | 0.065 |
| 开展线上教学效果监测 | 3.75±0.683 | 4.11±0.770 | 3.303 | 0.070 |

| 指标 | 学生管理部门 ($n=34$) | 非学生管理部门 ($n=321$) | $F(1,353)$ | $p$ |
| --- | --- | --- | --- | --- |
| 学校网络等硬件环境支持 | 3.82±0.797 | 4.09±0.684 | 4.426 | 0.036 |
| 提供实时的线上教学技术保障 | 3.82±0.797 | 4.07±0.652 | 4.359 | 0.038 |
| 提供线上教学的技术使用培训 | 3.85±0.744 | 4.08±0.673 | 3.558 | 0.060 |
| 提供线上教学的教学方法培训 | 3.68±0.878 | 4.06±0.686 | 9.169 | 0.003 |
| 为师生提供电子图书资源支持 | 3.68±0.843 | 3.96±0.813 | 3.781 | 0.053 |
| 出台鼓励线上教学的政策 | 3.41±0.892 | 3.74±0.912 | 3.960 | 0.047 |
| 开展线上教学情况调查 | 3.94±0.776 | 4.17±0.735 | 2.902 | 0.089 |
| 总分 | 41.84±7.15 | 44.06±6.35 | 3.803 | 0.052 |

注:由于数据量较大,研究只提供存在显著差异的变量数据。以下同。

从表 8-1-7 看出,对"提供线上教学的教学方法培训"教务部门管理人员比非教务部门管理人员有更高的评价;在"开展线上教学情况调查"和"开展线上教学效果监测"两项指标质量保障部门比非质量保障部门管理人员有更高评价;对"开展线上教学情况调查"和"开展线上教学效果监测"两项指标,技术服务部门管理人员比非技术服务部门管理人员评价更低;对"学校网络等硬件环境支持""提供实时的线上教学技术保障""提供线上教学的技术使用培训""提供线上教学的教学方法培训""为师生提供电子图书资源支持""出台鼓励线上教学的政策""开展线上教学情况调查"7项具体指标和总分,学生管理部门管理人员比其他部门管理人员评价更低。

4.管理人员的个体特征对线上教学服务保障情况的评价比较

将管理人员的个体特征(包括性别、年龄因素)纳入比较范围,性别分为男、女两组进行比较,年龄按照调查的平均年龄及平均年龄上下一个标准差作为分组依据,将33岁及以下归为青年组,34~50岁归为中年组,51岁及以上归为年长组,对各组之间差异进行比较,结果如表8-1-8和表8-1-9所示:

表8-1-8 不同性别的管理人员对线上教学服务保障具体指标得分($M\pm SD$)及方差分析结果比较

| 指标 | 男性<br>($n=159$) | 女性<br>($n=196$) | $F(1,353)$ | $p$ |
|---|---|---|---|---|
| 提供实时的线上教学技术保障 | 4.14±0.654 | 3.97±0.675 | 5.732 | 0.017 |
| 提供线上教学的技术使用培训 | 4.15±0.667 | 3.99±0.687 | 4.957 | 0.027 |
| 提供线上教学的教学方法培训 | 4.12±0.678 | 3.95±0.736 | 5.056 | 0.025 |
| 为学生提供各种教学平台的学习指南 | 4.14±0.698 | 3.93±0.788 | 6.890 | 0.009 |
| 为学生定期开展线上学习的教育和引导 | 4.04±0.674 | 3.69±0.955 | 15.107 | 0.000 |
| 出台鼓励线上教学的政策 | 3.86±0.838 | 3.58±0.955 | 8.417 | 0.004 |
| 开展线上教学情况调查 | 4.23±0.722 | 4.08±0.751 | 3.932 | 0.048 |
| 总分 | 44.86±6.29 | 43.01±6.49 | 7.254 | 0.007 |

从表8-1-8看出,在总分及其中的7项具体指标上,男性管理人员评价高于女性管理人员,具体指标包括"提供实时的线上教学技术保障""提供线上教学的技术使用培训""提供线上教学的教学方法培训""为学生提供各种教学平台的学习指南""为学生定期开展线上学习的教育和引导""出台鼓励线上教学的政策""开展线上教学情况调查"。

从表8-1-9看出,不同年龄组管理人员在对线上教学服务保障情况评价总分上存在边缘显著差异,其中中年组评价最低,青年组最高。在具体指标方面,"各种平台和工具的集成整合""为学生提供各种教学平台的学习指南""为学生定期开展线上学习的教育和引导"也存在显著差异,中年组评价最低,青年组最高,在"开展线上教学效果监测"上存在边缘显著的差异,青年组评价最高,中年组次之,年长组最低。

表 8-1-9 不同年龄组的管理人员对线上教学服务保障情况具体指标
得分($M\pm SD$)及方差分析结果比较

| 指标 | 青年组<br>($n=63$) | 中年组<br>($n=223$) | 年长组<br>($n=69$) | $F(2,352)$ | $p$ |
|---|---|---|---|---|---|
| 各种平台和工具的集成整合 | 4.17±0.685 | 4.01±0.651 | 4.13±0.839 | 3.054 | 0.048 |
| 为学生提供各种教学平台的学习指南 | 4.22±0.728 | 3.95±0.743 | 4.07±0.792 | 3.410 | 0.034 |
| 为学生定期开展线上学习的教育和引导 | 4.06±0.759 | 3.74±0.861 | 3.97±0.891 | 4.405 | 0.013 |
| 开展线上教学效果监测 | 4.29±0.633 | 4.06±0.789 | 4.01±0.795 | 2.588 | 0.077 |
| 总分 | 45.54±6.53 | 43.36±6.17 | 43.84±7.11 | 2.831 | 0.060 |

5.管理规模对线上教学服务保障情况的评价比较

将管理人员管理对象(包括线上课程数、教师数、学生数)纳入比较范围,由于所反馈的线上课程数、教师数和学生数差异非常大,分布范围很大且样本较为离散,故在受调查者反馈的数量上做分组处理。将线上课程数量分为四组(100 门以内、101~500 门、501~2000 门、2000 门以上);将教师数量分为 3 组(500 人以内、501~1000 人、1000 人以上);将学生数量分为 3 组(2000 人以内、2001~20000 人、20000 人以上),对各组之间差异进行比较,结果见表 8-1-10、表 8-1-11、表 8-1-12。

表 8-1-10 不同线上课程开课规模分组的管理人员对线上教学服务保障
情况具体指标得分($M\pm SD$)及方差分析结果

| 指标 | 100 门以内<br>($n=146$) | 101~500 门<br>($n=55$) | 501~2000 门<br>($n=78$) | 2000 门以上<br>($n=76$) | $F(3,351)$ | $p$ |
|---|---|---|---|---|---|---|
| 各种平台和工具的集成整合 | 3.89±0.735 | 3.75±0.615 | 3.77±0.682 | 4.13±0.754 | 4.436 | 0.004 |

续表

| 指标 | 100门以内 (n=146) | 101~500门 (n=55) | 501~2000门 (n=78) | 2000门以上 (n=76) | $F_{(3,351)}$ | $p$ |
|---|---|---|---|---|---|---|
| 提供实时的线上教学技术保障 | 3.96±0.713 | 4.02±0.593 | 3.99±0.634 | 4.32±0.616 | 5.340 | 0.001 |
| 提供线上教学的技术使用培训 | 3.97±0.728 | 4.05±0.650 | 3.97±0.683 | 4.17±0.755 | 2.841 | 0.038 |
| 为师生提供电子图书资源支持 | 3.89±0.789 | 3.82±1.020 | 3.82±0.785 | 4.22±0.685 | 4.288 | 0.005 |
| 出台鼓励线上教学的政策 | 3.62±0.926 | 3.58±0.896 | 3.67±0.832 | 4.00±0.938 | 3.480 | 0.016 |
| 开展线上教学情况调查 | 4.02±0.699 | 4.20±0.730 | 4.15±0.722 | 4.34±0.809 | 3.340 | 0.020 |
| 开展线上教学效果监测 | 4.01±0.710 | 3.98±0.733 | 4.05±0.754 | 4.37±0.862 | 4.250 | 0.004 |
| 总分 | 44.34±6.36 | 43.15±6.13 | 43.17±6.38 | 45.99±6.61 | 3.665 | 0.013 |

表8-1-11 不同线上开课教师规模的管理人员对线上教学服务保障情况具体指标得分($M$±SD)及方差分析结果

| 指标 | 500人以内 (n=229) | 501~1000人 (n=64) | 1000人以上 (n=62) | $F_{(2,352)}$ | $p$ |
|---|---|---|---|---|---|
| 学校网络等硬件环境支持 | 4.00±0.698 | 4.00±0.690 | 4.37±0.633 | 7.630 | 0.001 |
| 各种平台和工具的集成整合 | 3.84±0.708 | 3.78±0.701 | 4.19±0.721 | 6.939 | 0.001 |
| 提供实时的线上教学技术保障 | 3.97±0.671 | 4.06±0.664 | 4.34±0.599 | 7.695 | 0.001 |
| 提供线上教学的技术使用培训 | 3.99±0.675 | 4.11±0.669 | 4.27±0.6822 | 4.474 | 0.012 |
| 提供线上教学的教学方法培训 | 3.97±0.710 | 4.03±0.712 | 4.23±0.711 | 3.181 | 0.043 |
| 为学生提供各种教学平台的学习指南 | 4.01±0.704 | 3.84±0.946 | 4.24±0.670 | 4.517 | 0.012 |

续表

| 指标 | 500 人以内 ($n=229$) | 501～1000 人 ($n=64$) | 1000 人以上 ($n=62$) | $F(2,352)$ | $p$ |
|---|---|---|---|---|---|
| 为学生定期开展线上学习的教育和引导 | 3.84±0.775 | 3.61±1.163 | 4.11±0.704 | 5.586 | 0.004 |
| 为师生提供电子图书资源支持 | 3.86±0.819 | 3.92±0.878 | 4.21±0.704 | 4.423 | 0.013 |
| 出台鼓励线上教学的政策 | 3.62±0.903 | 3.75±0.909 | 3.98±0.914 | 4.021 | 0.019 |
| 开展线上教学情况调查 | 4.06±0.714 | 4.25±0.690 | 4.37±0.834 | 5.272 | 0.006 |
| 开展线上教学效果监测 | 4.00±0.719 | 4.11±0.779 | 4.40±0.858 | 6.966 | 0.001 |
| 总分 | 43.17±6.29 | 43.47±6.62 | 46.73±6.19 | 7.854 | 0.000 |

从表 8-1-10 看出，高校管理人员管理服务的线上课程数量不同，他们对线上教学服务保障情况的总体评价及 7 项具体指标上存在显著的差异。其中线上课程总数量在 501～2000 门的学校（学院）对学校的线上教学服务保障情况的总体评价最低，线上课程量 500 门以内的次之，线上课程门数 2000 门以上的学校（学院）管理人员对学校的线上教学服务保障情况的总体评价最高。另外，类似的趋势同样出现在 6 个具体的指标上，这些指标包括"各种平台和工具的集成整合""提供实时的线上教学技术保障""提供线上教学的技术使用培训""为师生提供电子图书资源支持""出台鼓励线上教学的政策""开展线上教学效果监测"。在"开展线上教学情况调查"指标上，评价最低组是线上课程总量 100 门以内的管理人员，其次为 501～2000 门组，再次为 101～500 门组，线上课程 2000 门以上的组评价最高。总体而言，无论总分还是其他 7 个指标中，线上课程开课门数最多的组对其学校的线上教学服务保障情况的总体评价最高，而且都显著高于其他组。

从表 8-1-11 看出，高校管理人员所在学校（学院）本学期管理服务线上课程的教师数量不同，他们对线上教学服务保障情况的总体评价及具体指标上都存在显著的差异。其中随着开设线上课程的教师总数量的增加，管理人员对线上教学服务保障情况的评价也随之提高了，开课教师数在 1000 人以上的组，管理人员的评价最高，开课教师数在 500 人以内的组评价稍低于或等于开课教师数在 500～1000 人组，这一趋势表现在总体评价上，也表现在"学校网络等硬件环境支持""提供实时的线上教学技术保障""提供线上教学的技术使用培训""提供线上教学的教学方法培训""为师生提供电子图书资源支持""出台鼓励线上教学的政策""开展线上教学情况调查""开展线上教学效果监测"这8个具体指标。另外在"各种平台和工具的集成整合""为学生提供各种教学平台的学习指南""为学生定期开展线上学习的教育和引导"这3个指标，表现出来的一致趋势是开课教师数在500～1000人组评价（最低）稍低于或等于开课教师数在500人以内的组，两组都显著低于开课教师数在1000以上的组（最高）管理人员评价。

表8-1-12 服务学生数量不同的管理人员对线上教学服务保障情况具体指标得分（$M\pm SD$）及方差分析结果

|  | 2000人以内 ($n=145$) | 2001～20000人 ($n=148$) | 20001人以上 ($n=62$) | $F(2,352)$ | $p$ |
|---|---|---|---|---|---|
| 学校网络等硬件环境支持 | 4.06±0.664 | 3.97±0.713 | 4.31±0.692 | 5.325 | 0.005 |
| 各种平台和工具的集成整合 | 3.88±0.722 | 3.80±0.709 | 4.15±0.698 | 5.235 | 0.006 |
| 提供实时的线上教学技术保障 | 3.99±0.682 | 3.99±0.655 | 4.32±0.621 | 6.365 | 0.002 |
| 提供线上教学的技术使用培训 | 4.06±0.675 | 3.99±0.680 | 4.26±0.676 | 3.527 | 0.030 |
| 提供线上教学的教学方法培训 | 4.02±0.721 | 3.94±0.702 | 4.24±0.694 | 3.993 | 0.019 |
| 为学生提供各种教学平台的学习指南 | 4.09±0.666 | 3.86±0.830 | 4.24±0.694 | 6.621 | 0.002 |
| 为学生定期开展线上学习的教育和引导 | 3.94±0.747 | 3.64±0.956 | 4.13±0.735 | 9.075 | 0.000 |

续表

| | 2000 人以内 (n=145) | 2001～20000 人 (n=148) | 20001 人以上 (n=62) | $F(2,352)$ | $p$ |
|---|---|---|---|---|---|
| 为师生提供电子图书资源支持 | 3.88±0.857 | 3.89±0.801 | 4.18±0.736 | 3.342 | 0.036 |
| 出台鼓励线上教学的政策 | 3.62±0.951 | 3.65±0.856 | 4.05±0.895 | 5.408 | 0.005 |
| 开展线上教学情况调查 | 4.06±0.689 | 4.11±0.801 | 4.44±0.643 | 6.021 | 0.003 |
| 开展线上教学效果监测 | 4.02±0.712 | 4.03±0.824 | 4.40±0.689 | 6.426 | 0.002 |
| 总分 | 43.61±6.22 | 42.86±6.49 | 46.71±6.19 | 8.247 | 0.000 |

从表 8-1-12 看出，高校管理人员管理和服务本学期参与线上课程的学生数量不同，他们对线上教学服务保障的总体评价及 11 项具体指标上都存在显著的差异。在网络支持总体评价上，学生数量在 20000 人以上组的管理人员评价最高，且显著高于其他两组，其次为学生数量在 2000 人以下组的管理人员，2001～20000 人组的管理人员评价最低，后两组评价差异不具有显著性，这一趋势还表现在"学校网络等硬件环境支持""各种平台和工具的集成整合""提供实时的线上教学技术保障""提供线上教学的技术使用培训""提供线上教学的教学方法培训""为学生提供各种教学平台的学习指南""为学生定期开展线上学习的教育和引导""为师生提供电子图书资源支持""出台鼓励线上教学的政策""开展线上教学情况调查""开展线上教学效果监测"这 11 个具体维度上。

6.疫情之前线上教学工作经验对线上教学服务保障情况的评价比较

(1)疫情之前学校是否已有教学平台(或教学资源库)

根据管理人员反馈的疫情之前其所在学校是否已有教学平台(或教学资源库)，分为疫情之前已有教学平台组(或教学资源库)和疫情前无教学平台组(或教学资源库)组，比较两组管理人员在学校疫情防控期间提供线上教学服务保障评价上的差异(见表 8-1-13)。

表 8-1-13　疫情之前其所在学校是否有教学平台(或教学资源库)的学校管理人员对线上教学服务保障情况具体指标得分($M±SD$)及方差分析结果

| | 有教学平台<br>(或教学资源库)<br>($n=303$) | 无教学平台组<br>(或教学资源库)<br>($n=52$) | $F(1,353)$ | $p$ |
|---|---|---|---|---|
| 学校网络等硬件环境支持 | 4.12±0.678 | 3.75±0.738 | 12.556 | 0.000 |
| 提供实时的线上教学技术保障 | 4.09±0.653 | 3.83±0.734 | 6.902 | 0.009 |
| 提供线上教学的技术使用培训 | 4.10±0.659 | 3.85±0.777 | 6.191 | 0.013 |
| 开展线上教学效果监测 | 4.12±0.769 | 3.90±0.748 | 3.606 | 0.058 |
| 总分 | 44.13±6.40 | 42.15±6.62 | 4.189 | 0.041 |

从表 8-3-13 看出,疫情之前,高校管理人员所在学校(学院)是否有教学平台(或教学资源库),管理人员对该校疫情防控期间线上教学服务保障情况的总体评价及其中 4 项具体指标上存在着显著的差异,从总体评价上看,有教学平台(或教学资源库)的学校管理人员评价较高,在"学校网络等硬件环境支持""提供实时的线上教学技术保障""提供线上教学的技术使用培训""开展线上教学效果监测"这 4 个具体维度上也是如此。

(2)疫情之前学校线上教学使用频率

根据管理人员反馈的疫情之前其所在学校线上教学使用频率,分为没有或较少使用组、部分使用组和大规模使用组,比较三组管理人员所在学校疫情防控期间提供线上教学服务保障评价上的差异(见表 8-1-14)。

表 8-1-14　疫情之前其所在学校线上教学使用频率不同的管理人员对线上教学服务保障情况具体指标得分($M±SD$)及方差分析结果

| | 没有或较少<br>使用组<br>($n=176$) | 部分使用组<br>($n=135$) | 大规模使用组<br>($n=44$) | $F(2,352)$ | $p$ |
|---|---|---|---|---|---|
| 学校网络等硬件环境支持 | 3.94±0.710 | 4.20±0.656 | 4.14±0.702 | 5.838 | 0.003 |
| 各种平台和工具的集成整合 | 3.73±0.742 | 4.04±0.668 | 4.07±0.661 | 9.007 | 0.000 |
| 提供实时的线上教学技术保障 | 3.86±0.720 | 4.26±0.559 | 4.16±0.568 | 15.070 | 0.000 |

续表

| | 没有或较少使用组<br>($n=176$) | 部分使用组<br>($n=135$) | 大规模使用组<br>($n=44$) | $F(2,352)$ | $p$ |
|---|---|---|---|---|---|
| 提供线上教学的技术使用培训 | 3.91±0.732 | 4.24±0.576 | 4.11±0.655 | 9.070 | 0.000 |
| 提供线上教学的教学方法培训 | 3.85±0.759 | 4.21±0.636 | 4.18±0.582 | 11.598 | 0.000 |
| 为学生提供各种教学平台的学习指南 | 3.86±0.766 | 4.24±0.604 | 3.98±0.952 | 10.323 | 0.000 |
| 为学生定期开展线上学习的教育和引导 | 3.70±0.872 | 4.01±0.723 | 3.91±1.074 | 5.456 | 0.005 |
| 为师生提供电子图书资源支持 | 3.76±0.842 | 4.11±0.698 | 4.09±0.936 | 8.192 | 0.000 |
| 出台鼓励线上教学的政策 | 3.56±0.911 | 3.82±0.827 | 3.93±1.087 | 4.703 | 0.010 |
| 开展线上教学情况调查 | 4.06±0.738 | 4.21±0.783 | 4.32±0.561 | 2.958 | 0.053 |
| 开展线上教学效果监测 | 4.01±0.760 | 4.12±0.811 | 4.34±0.608 | 3.547 | 0.030 |
| 总分 | 42.24±6.54 | 45.47±5.92 | 45.23±6.28 | 11.294 | 0.000 |

从表 8-1-14 看出，高校管理人员所在学校（学院）疫情之前线上教学使用频率不同，他们对该校疫情防控期间线上教学服务保障情况的总体评价及 11 项具体指标上都存在显著的差异。在对疫情防控期间学校提供的网络支持总体评价上，疫情前部分和大规模使用线上课程的学校组管理人员评价最高，且显著高于疫情前小部分或不使用线上教学的学校组，这一特征也表现在"学校网络等硬件环境支持""各种平台和工具的集成整合""提供实时的线上教学技术保障""提供线上教学的技术使用培训""提供线上教学的教学方法培训""为学生定期开展线上学习的教育和引导""为师生提供电子图书资源支持"这 7 个具体维度上。另外，在"出台鼓励线上教学的政策""开展线上教学情况调查""开展线上教学效果监测"这 3 个维度上，则表现出随着疫情前使用频率的增加，管理人员对疫情防控期间学校提供的网络支持总体评价上升的情况。

而在"为学生提供各种教学平台的学习指南"这一维度上,则表现出疫情前部分使用线上课程的学校管理人员评价显著高于其他两组的情况。

(3)疫情之前学校开展线上教学培训和服务的频率

根据管理人员反馈的疫情之前其所在学校开展线上教学培训和服务的频率的情况,分为较少或不开展线上教学培训和服务组、经常开展线上教学培训和服务组,比较两组管理人员在学校疫情防控期间提供线上教学服务保障评价上的差异(见表8-1-15)。

表 8-1-15　服务学生数量不同的管理人员对线上教学服务保障情况具体指标得分($M\pm SD$)及方差分析结果

|  | 较少或不开展线上教学培训和服务 ($n=219$) | 经常开展线上教学培训和服务 ($n=136$) | $F(2,352)$ | $p$ |
| --- | --- | --- | --- | --- |
| 学校网络等硬件环境支持 | 3.92±0.722 | 4.29±0.595 | 24.350 | 0.000 |
| 各种平台和工具的集成整合 | 3.75±0.706 | 4.12±0.685 | 22.736 | 0.000 |
| 提供实时的线上教学技术保障 | 3.91±0.654 | 4.27±0.638 | 25.714 | 0.000 |
| 提供线上教学的技术使用培训 | 3.90±0.701 | 4.32±0.567 | 33.438 | 0.000 |
| 提供线上教学的教学方法培训 | 3.85±0.708 | 4.30±0.636 | 36.186 | 0.000 |
| 为学生提供各种教学平台的学习指南 | 3.93±0.726 | 4.18±0.778 | 9.380 | 0.002 |
| 为学生定期开展线上学习的教育和引导 | 3.74±0.824 | 4.01±0.886 | 8.812 | 0.003 |
| 为师生提供电子图书资源支持 | 3.78±0.839 | 4.18±0.722 | 21.484 | 0.000 |
| 出台鼓励线上教学的政策 | 3.57±0.933 | 3.93±0.840 | 13.151 | 0.000 |
| 开展线上教学情况调查 | 4.06±0.743 | 4.29±0.719 | 8.059 | 0.005 |
| 开展线上教学效果监测 | 3.99±0.760 | 4.25±0.758 | 9.773 | 0.002 |
| 总分 | 42.41±6.34 | 46.13±5.99 | 30.082 | 0.000 |

从表8-1-15看出,高校管理人员所在学校(学院)疫情之前提供的线上教学培训和服务频率不同,他们对该校疫情防控期间学校线上教学服务保障情况的总体评价及11项具体指标上都存在显著的差异。在对疫情防控期间学

校提供的网络支持总体评价和11个具体维度上,共同特征是,疫情前较少或不开展线上教学培训和服务的学校管理人员对疫情防控期间学校线上教学服务保障情况评价低于疫情前经常开展线上教学培训和服务的学校。

将上述管理人员分组比较的结果进行汇总,标记组间比较出现显著差异的服务保障具体条目和总分,见表8-1-16。

表8-1-16 汇总管理人员分组比较的结果

| | 1 | 2 | 3 | 4 | 5 | 6 | 7 | 8 | 9 | 10 | 11 | 总 |
|---|---|---|---|---|---|---|---|---|---|---|---|---|
| 1 | * | * | * | ** | * | | * | | | * | * | |
| 2 | | | | * | | | | | | | | |
| 3 | | | | | * | | | | | | | | |
| 4 | | | | | | | | | | * | ** | |
| 5 | | | | | | | | | | | | |
| 6 | * | | * | | ** | | | * | | | | |
| 7 | | | * | * | * | ** | *** | | ** | * | | ** |
| 8 | | * | | | | * | * | | | | | |
| 9 | | ** | *** | * | | | | ** | * | * | | * |
| 10 | *** | *** | *** | * | | * | ** | * | * | ** | *** | *** |
| 11 | ** | ** | ** | * | | ** | *** | * | ** | ** | ** | *** |
| 12 | *** | | ** | * | | | | | | | | |
| 13 | ** | *** | *** | *** | *** | *** | | *** | ** | | ** | *** |
| 14 | *** | *** | *** | *** | *** | ** | ** | *** | *** | ** | ** | *** |

注:* 代表单因素分析 ANOVA 显著性水平 $p<0.05$;** 代表单因素分析 ANOVA 显著性水平 $p<0.01$;*** 代表单因素分析 ANOVA 显著性水平 $p<0.001$。

表格横轴中的数字代表疫情防控期间学校提供线上教学的服务保障的具体11个条目和11条得分加总的总分。表格纵轴为分组变量,具体数字含义如下:1.高校类型(新建本科院校、普通老本科院校、一流大学建设高校、一流学科建设高校);2.层级(学校、学院);3.职能部门(教务管理部门、非教务管理部门);4.职能部门(质量保障部门、非质量保障部门);5.职能部门(技术服务部门、非技术服务部门);6.职能部门(学生管理部门、非学生管理部门);7.性别(男、女);8.年龄(青年组:低于33岁、中年组:34~50岁、年长组:51岁以上);9.线上课程门数(100门以内、101~500门、501~2000门、2000门以上);10.开课教师数(500人以内、501~1000人、1000人以上);11.参与线上课程学生数(2000人以内、2001～20000人、20000人以上);12.疫情之前其所在学校是否已有教学平台(或教学资源库)(有、无);13.疫情之前其所在学校线上教学使用频率(没有或较少使用组、部分使用组和大规模使用组);14.疫情之前其所在学校开展线上教学培训和服务的频率(较少或不开展线上教学培训和服务、经常开展线上教学培训和服务)

## 四、结果讨论

### (一)主要研究发现

1.线上教学现状:课程上线率高,但需要因课制宜、因校制宜

根据学校层面管理人员反馈,大部分学校本学期开课门数在500～4000门之间,线上课程门数大部分也在这个范围内,平均课程上线率为83.81%。从教学实践上看,线上教学不是简单地上传上课视频,这种类似于早期电视大学的线上教学方式并不能取得很好的教学效果。因此,高校在课程上线的过程中需要依据本校资源、教师开课意愿、学生的兴趣、课程性质和课程类型,有选择地审慎开课,既要保障课程上线实施,也要保证教学质量。

从各类高校开课的情况看,高校在开设线上课程时通常优先保证专业必修课的开设,线上开课比例达88.57%～93.08%,而公共选修课开课需求较为灵活,在各类课程中开课比例最低。另外,根据学校自身特征、师资情况和教学需求,各校其他课程开课情况有所差异。如一流大学建设高校师资力量最强,课程选择最多、专业性强,其专业选修课和公共选修课开设的比例(86.67%,76.67%)高于其他类学校,一流学科建设高校次之(82.86%,74.29%),普通老本科院校再次之(81.30%,63.41%),新建本科院校专业选修课相对其他高校开课比例最低(77.69%,55.38%)(见图8-1-15)。

就目前的技术手段和教学平台功能而言,线上教学并不能完全代替所有线下教学实践,像实验类或实践类课程就难以线上实现开课,实验类课程的开课比例都是最低的(13.33%～17.07%)。而理论课由于较多可以通过讲授、讨论和阅读材料来实施教学,在各类高校中开课比例最高(88.57%～91.54%),也远高于其他课程的开设比例。其次是带有课内实践和实验教学的理论课(54.62%～74.29%),不少高校在这类课程设置上的安排是先线上完成理论教学部分,待疫情结束返校后完成实践或实验内容。

此外,线上课程教学不同于线下课堂教学,教师和学生不在同一空间内,也就意味着如果班级人数较多,教师无法即时关注每一位学生的学习进度,师生互动往往需要学生主动参与才能实现,学生与学生之间的互动较以往课堂

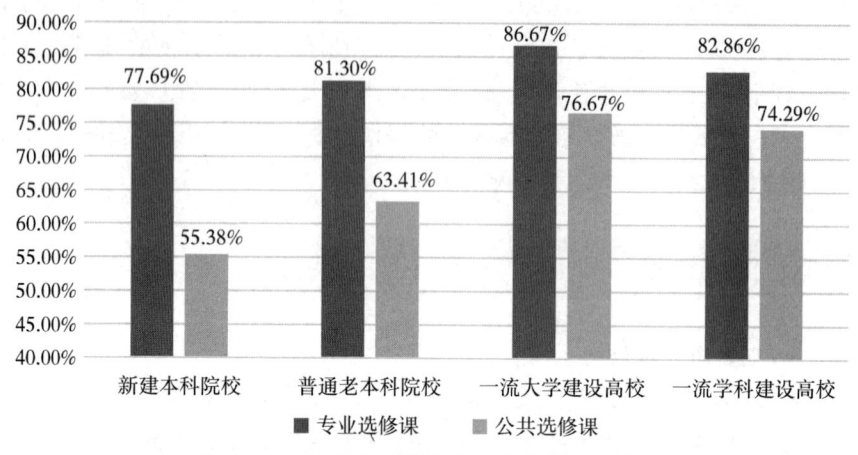

图 8-1-15　不同类型高校线上选修课开课情况

也存在一定程度的困难和阻碍。在中国大学生学习满意度的模型中,师生关系、生生关系等人际互动对学习满意度的影响超过了物理环境的影响①。因此线上课程如何促进师生、学生之间相互的人际交流和沟通,促进学生成为主动的学习者,教学的组织、实施,教学方法和内容呈现方式都需要精心设计。从传播方式和内容呈现上看,线上教学可以突破传统教学的限制,利用网上资源对知识呈现进行精细化、生动化的教学改进,使教学过程更易于理解,内容更加丰富有趣,但与此同时,线上教学也受制于教学平台、网络带宽、程序功能等限制,学生在课堂上体验到的人际互动和情感影响也受到一定程度的限制。

2.线上教学保障和服务现状:总体满意,挑战与机遇并存

在各类大学管理人员反馈的线上教学服务保障评价中,管理人员对疫情防控期间学校提供的线上教学服务保障接近"好"(总平均值为 3.99)的评价,其中最满意的是开展教学情况调查和教学效果监测、提供线上教学技术试验培训,最为不满意的是"出台鼓励线上教学政策""为学生定期开展线上学习的教育和引导""各种平台和工具的集成整合"。可见管理部门更重视对线上教学的督促和规范化,而缺乏较为系统性的长期规划和引导。当然,线上教学安排是应对疫情隔离的应急举措,并不是高校的常规教学手段,但疫情防控期间的线上教学客观上促进高校管理者开始关注线上教学相关政策制定。

本章考查了 11 项具体措施,从技术支持、培训和指导、质量监测等方面评

---

① 文静.大学生学习满意度的模型修订与动向监测[J].教育研究,2018(5):50-58.

估各学校在本次疫情中为教师和学生提供的线上教学服务保障情况,这11项具体措施见表8-1-17。

表8-1-17 11项具体线上教学保障和服务措施

| |
|---|
| 1.学校网络等硬件环境支持 |
| 2.各种平台和工具的集成整合 |
| 3.提供实时的线上教学技术保障 |
| 4.提供线上教学的技术使用培训 |
| 5.提供线上教学的教学方法培训 |
| 6.为学生提供各种教学平台的学习指南 |
| 7.为学生定期开展线上学习的教育和引导 |
| 8.为师生提供电子图书资源支持 |
| 9.出台鼓励线上教学的政策 |
| 10.开展线上教学情况调查 |
| 11.开展线上教学效果监测 |

本次调查中,一流大学建设高校管理人员并不认为本校提供了足够的教学服务和保障(56.67%～73.33%的管理人员选择"好"或"较好"),一流学科建设高校提供了最好的总体教学服务保障及软硬件设备保障(75.71%～91.43%的管理人员选择"好"或"较好"),其次为普通老本科院校,再次为新建本科院校。这些说明,一流大学建设高校的网络建设水平起步早,基础较好,已经完成了基本的资源和平台建设,但另一方面,一流学科建设高校更重视线上课程的服务保障工作,有可能在今后的线上教学改革实践中实现了教学质量弯道超车(见图8-1-16、图8-1-17)。

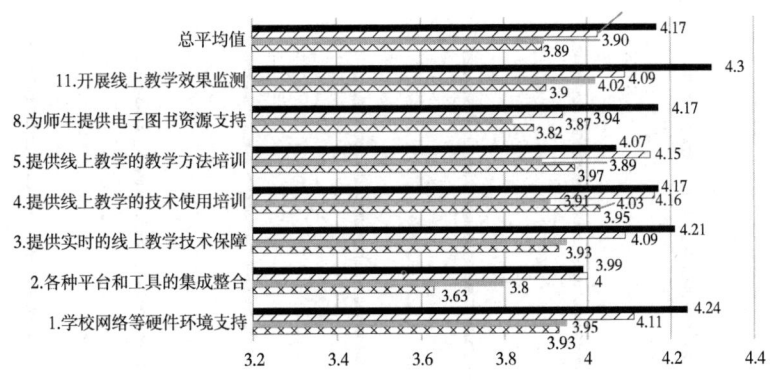

图8-1-16 不同类型高校线上教学的服务保障校际比较图(均值)

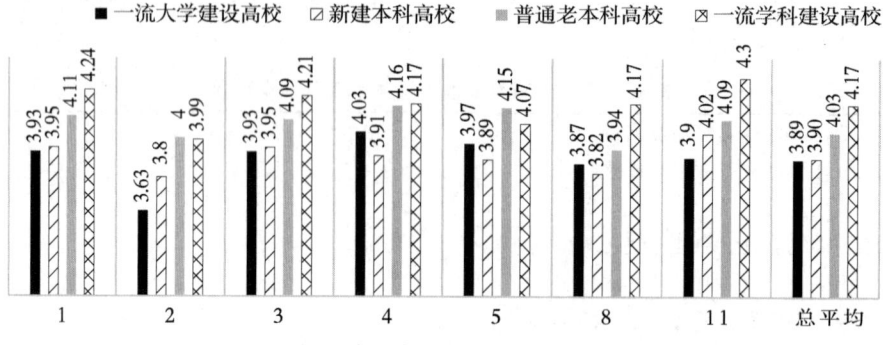

图 8-1-17　不同类型高校的线上教学服务保障比较

注：表格横轴为服务保障具体内容，数字含义如下：1.学校网络等硬件环境支持；2.各种平台和工具的集成整合；3.提供实时的线上教学技术保障；4.提供线上教学的技术使用培训；5.提供线上教学的教学方法培训；6.为学生提供各种教学平台的学习指南；7.为学生定期开展线上学习的教育和引导；8.为师生提供电子图书资源支持；9.出台鼓励线上教学的政策；10.开展线上教学情况调查；11.开展线上教学效果监测。下同。

### 3.规模效应

本次调查发现，无论是线上课程开课的门数还是参与线上课程的教师数和学生数量，在规模最大的一组，管理人员对线上教学服务保障评价最高，说明线上教学的绝对数量越多，学校对线上教学越重视，投入的管理资源越多，服务越到位（见图 8-1-18、图 8-1-19、图 8-1-20）。

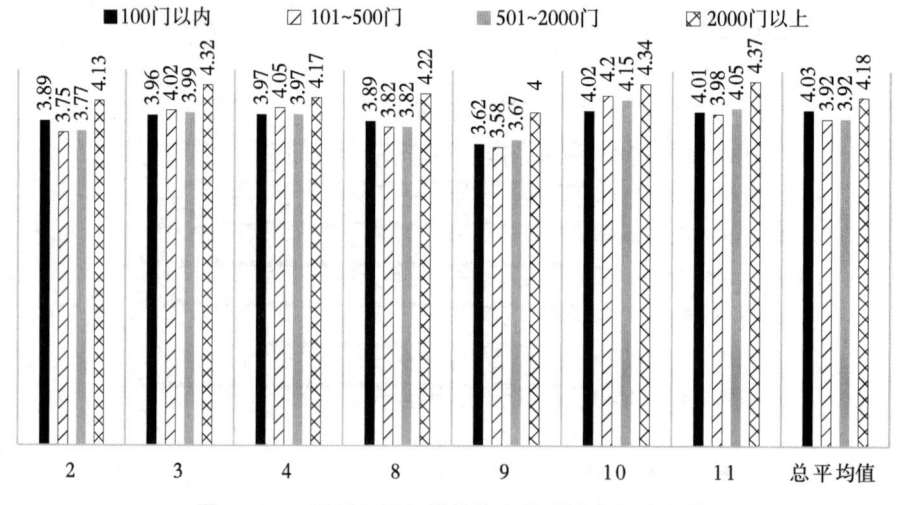

图 8-1-18　不同开课规模的线上教学服务保障比较

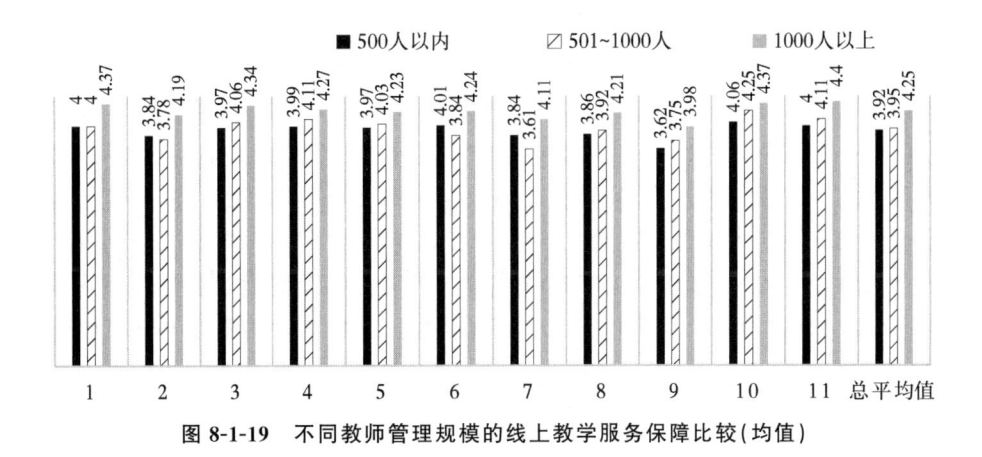

图 8-1-19 不同教师管理规模的线上教学服务保障比较(均值)

图 8-1-20 不同学生管理规模的线上教学服务保障比较(均值)

线上教学管理的规模效应再次提醒管理者,线上教学与传统教学的不同。传统教学中管理成本往往会随着规模的扩大而呈现线性增加的趋势,而线上教学因为不受时间和空间的制约,加上网络的传播的可复制性及大数据技术的运用所致的数据采集和记录的自动化,一次投入往往可以重复使用,经验越多可能导致越成熟有效的管理制度,因此规模扩大不再是高校管理的一个难题,相反可能成为管理的有益资源,线上教学管理确实需要有新的视角和新的思维。

4.前期准备

疫情之前学校的网络平台建设及管理也一定程度上反映了学校的线上教学管理水平。疫情之前已有教学平台(或教学资源库)的学校在总体评价和硬件支持、实施线上教学技术保障和培训、教学效果监测这4项具体措施评价好于疫情之前无教学平台(或教学资源库)的学校。疫情之前没有或较少使用线上教学、没有或较少开展线上教学培训的学校在疫情防控期间线上教学服务保障的提供在总体评价和11项具体指标上均显著低于疫情之前就有使用(部分使用或大规模使用)线上教学或开展教学培训和服务的学校。说明线上教学服务和保障能力不是一蹴而就的工作,不同的学校需求和资源不一样,管理团队也有差异,教师和学生也有自己的特点,专业设置和课程设置也存在着差异,需要一定的实践和尝试,不断摸索出最适合本学校的管理体系(见图8-1-21、图8-1-22)。

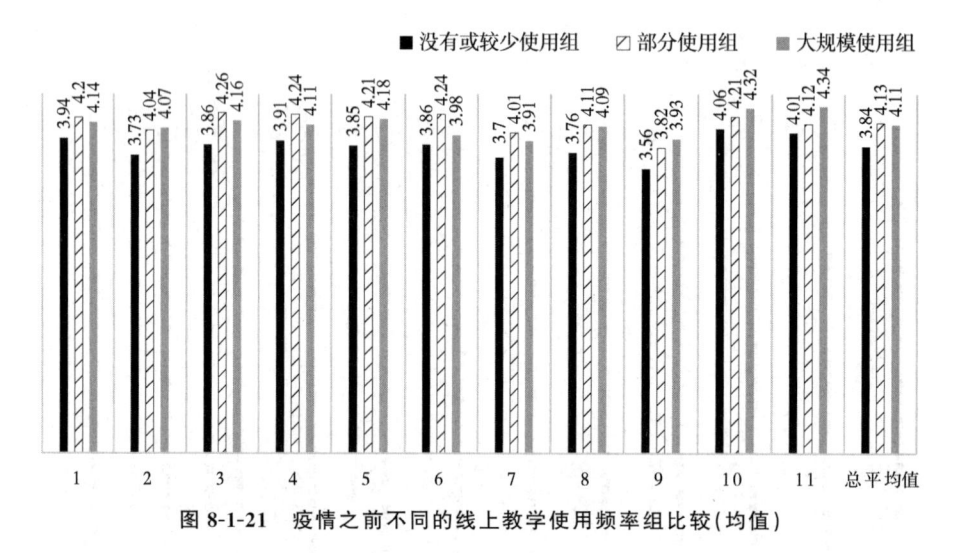

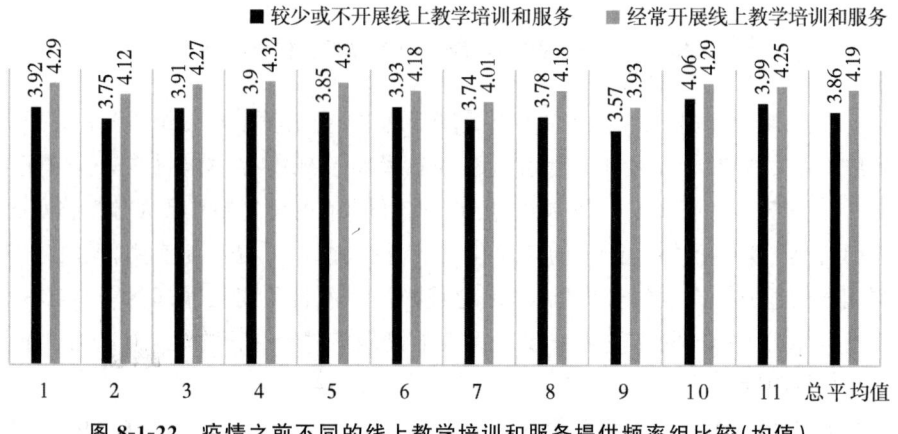

图 8-1-21　疫情之前不同的线上教学使用频率组比较(均值)

图 8-1-22　疫情之前不同的线上教学培训和服务提供频率组比较(均值)

5.职能部门的条块分割

由于管理人员来自不同层级和部门,评价线上教学保障和服务的视角往往存在差异,大多数管理人员是从自身工作经验出发来做的评价,也反映出各自视角的焦点和盲区。通过对来自学校和学院的管理人员评价的对比,发现来自学院的管理人员在"提供实时线上教学技术保障"和"出台鼓励线上教学政策"两个条目的评价低于来自学校的管理人员,可能原因在于学校管理人员对于学校政策较为熟悉,而学院管理人员则不一定及时了解政策的更新和变动,对相关政策的知晓度不如学校的管理人员。此外,学院管理人员需要跟一线教师打交道,故较为了解教师线上教学中遇到技术问题,而学校管理人员较少接触教师具体的问题抱怨,因此对技术保障工作评价较高。类似情况也发生在教务管理部门的管理人员对线上教学方法培训的评价上,教务管理人员评价要高于非教务管理人员(见图8-1-23、图8-1-24)。

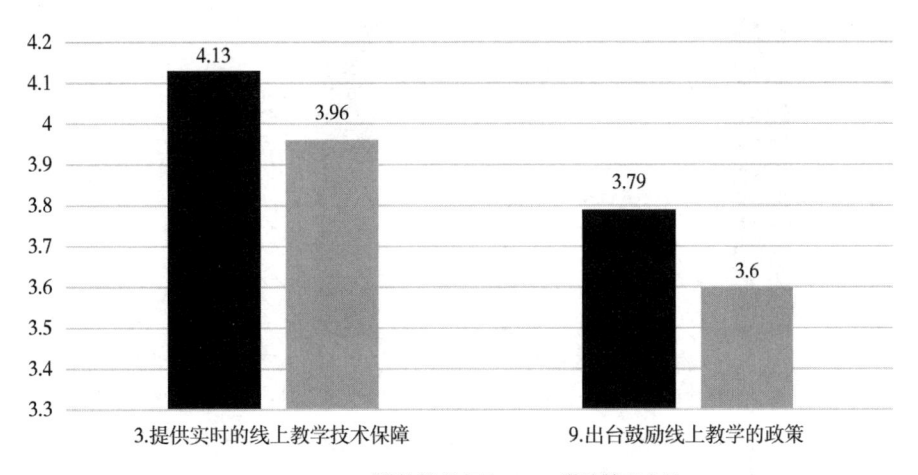

图 8-1-23　不同层级的学校管理人员在条目3和条目9的评价比较(均值)

由图中可以看到质量保障部门对开展线上教学情况调查和效果监测两项管理措施评价均高于非质量保障人员,因为质量保障人员通常是开展此类调查的主体,对学校是否开展此类调查较为了解,其他部门则对此不够了解,比如技术服务部门,对这两项的评价明显低于非技术服务部门,可能原因在于技术服务部门的工作职责常常不涉及线上教学情况调查和效果监测,对具体工作的开展也并不了解(见图8-1-25),这也从另一个侧面说明了部门之间由于职责不同,对相互的工作了解不够,部门之间缺乏沟通,职责条块分割现象较为明显。

学生管理部门的管理人员在总体评价和硬件支持、线上教学实时技术保

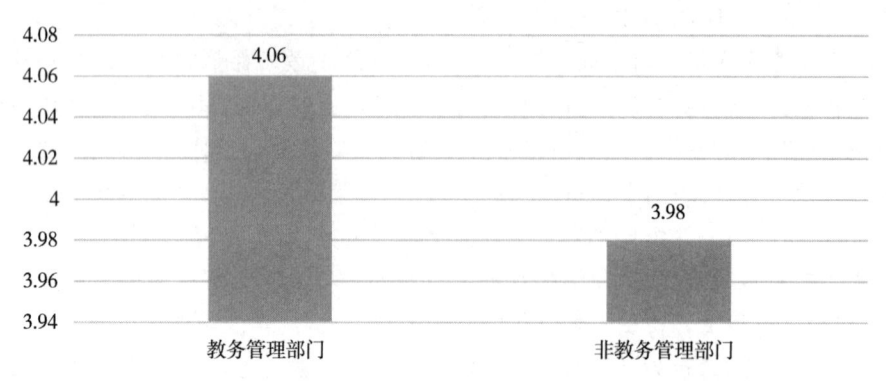

图 8-1-24　教育管理人员和非教务管理人员在条目 5 的评价比较

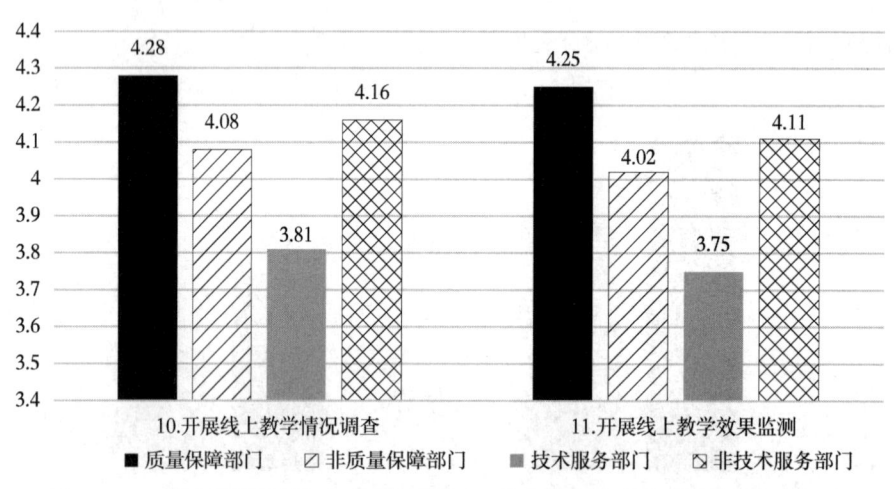

图 8-1-25　质量保障部门和非质量保障部门、技术服务部门和非技术服务部门在条目 10 和条目 11 的评价比较

障、线上教学技术和方法培训、电子资源和鼓励政策、开展教学情况调查等 7 个具体项目上评价低于非学生管理部门管理人员。其原因可能在于学生管理部门的管理人员较多地接触学生和教师，了解到更多线上教学实施过程中的具体困难，因此也会对学校的支持保障措施具体落地出现较低的评价。此外，学生管理部门因为经常负责具体学生事务，而学校为教师提供的软硬件支持、技术支持和保障往往是面向全校教师，因此这也造成了不同管理部门的管理人员对相应的服务资源的不同认知（见图 8-1-26）。

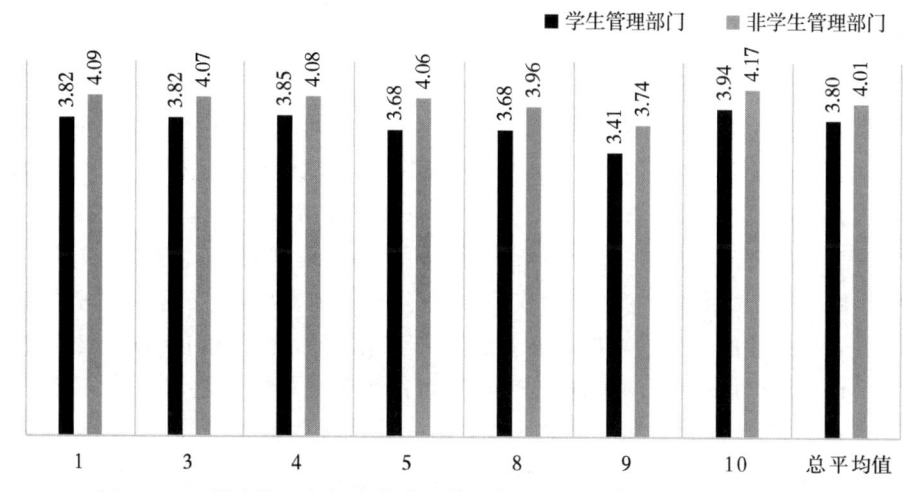

## 第八章 高校教师线上教学现状、影响因素及未来挑战——基于高校管理者的视角

图 8-1-26 学生管理部门和非学生管理部门对总分和 7 个条目评价比较

与传统教学管理存在着巨大的不同,线上教学需要技术保障与专业、教育心理学等多方面信息的深度融合运用,这个融合过程需要多部门的配合,需要细化的、具体的、面向个体的服务和支持,教学管理不再是统一的要求和规范,而是应根据学科特点、学校和教师、学生情况制定合适的管理要求,提供个性化的服务。按照传统工作职责部门划分,条块化管理方式导致部门间缺乏沟通协调,则无法适应线上教学的管理需求,在大数据和信息时代,管理方式应纳入技术进步的成果,促进流程简化、部门间合作和信息共享,利用技术与管理的融合减轻教师的行政工作负担,确保教师精力更多投入完善课程建设工作中,促进教学"以学生为中心"的转变。

(二)研究结果讨论

1.疫情防控期间大量课程上线,对教学管理工作提出了新的挑战

从理论上说,大学教学有效性包括:促进学生对文化知识的探究,提供建构学习体验的机会,发展批判性思维,鼓励创新、合作和跨学科教学和学习,利用信息技术来丰富教学,培养诚信的学术态度,提供适合个体需求的个别咨询和指导,促进资源利用和增强教师的专业技能和学科能力[1]。如何促进线上教学的有效性,让线上教学能够实现上述目标,是教学管理面临的重要挑战。

尽管线上教学不受时空限制,在传播速度、获取成本和资源共享上有着比传统线下教学明显的优势,但由于线上教学还处于探索阶段,对线上教学的教

---

[1] 赵菊珊.大学有效教学及教学管理的理念与思考[J].中国大学教学,2010(1):23-25.

学规律，如线上教学的呈现形式、教学内容、呈现媒介、教学方法等，都尚未有清晰的理论和研究结论。本次疫情中，高校几乎把所有的教学都搬到线上，这既是一次有益的尝试，但与传统教学相比，线上教学也存在着完成率低，学习和教学习惯不完全适应，无法全面监控学生，无法即时交流等不足，同时线上教学实施也受到教学平台、功能、网络带宽等诸多软硬件环境限制。因此，如何提升学习动机，改善教学效果成了线上教学需要解决的问题。不仅如此，与传统教学管理不同的是，线上教学管理并不因为管理规模（如课程数、教师数、学生数）的扩大而减少单个课程或教师、学生获得的资源，相反，更多经验能够促进管理效能的提升。本次调查显示，由于互联网的传播性和资源聚集性，教学平台、教学方案使用的人越多，就越有可能得到更好的改进和完善，资源也更容易汇聚，因此整合和汇集优势资源共同建设优质课程，要比各自为政，依靠任课教师的一己之力重复建设低水平课程的模式更符合线上教学的需求。

2.教学管理需要由顶层设计到具体实施全方位改变

从各学校对线上教学管理采取的服务保障措施来看，线上教学的主要关注点是教学情况的监督和管理，其次是培训、服务或资源的提供，且多数培训停留在一般层面上解决网络使用过程中的技术问题，而非针对学科和专业特征专门设计的教学方案指导服务。

事实上，线上教学并非简单地将教师从讲台前挪到了摄像头前，与传统教学相比，线上教学过程中，学习通常不一定是在同步的情况下进行的，教学实现工具——电脑和手机又有诸多的刺激来源，游戏、娱乐和社交软件不断推送的消息会吸引学生的注意力，加上学生作为"网络原住民"，对互联网工具和资源的熟悉度很高，如果教师只是线上课程里照本宣科，单方面输送知识，不关注师生之间的交流，就有可能出现学生在面对屏幕学习时消极怠工、注意力涣散和打卡应付的现象。

线上教学这些特点，对学校、教师和课程提出了更高的要求。对学校而言，应利用互联网和大数据的信息采集优势，重视学习行为和效果指标的采集，设计清晰的评价标准，并通过技术手段促进和引导教师和学生改进教学和学习观。从教师视角而言，需要教师协同各领域专家花大力气去研究，精细编排教学内容、组织课堂互动等，也需要足够的资源支撑。特别是在普遍重科研轻教学背景下，大学必须通过一系列制度创新，包括工作量的认定、职务晋升和奖励制度等相关的鼓励政策并细化落地实施细则就显得至关重要。在此基础之上，教学管理应强化其为教师教学、学生学习提供服务和资源整合的功能，重视对教师的教学指导和培训、重视数据分析和反馈、重视个体化需求的满足。

**3.教学管理需要打通部门壁垒,促进多部门深度合作**

无疑,线上教学解除了教室时间和空间限制,提供了大量的教学资源和新技术的应用,教师可以利用动画、虚拟现实、游戏程序等方式呈现教学内容,但是这种优质教学需要大量的技术支持,精心完备的设计和丰富的人力、物力资源作为后盾,这也意味着管理部门需要协调技术支持部门等相关部门的工作人员为教师提供深度技术合作和支持。开发一门优秀线上课程不能仅靠教师的单打独斗,而是需要教师协同教育领域的专家、信息工程师等组成通力合作的团队才能完成,但是目前高校的技术支持部门由于人员数量的限制,其工作职责往往还停留在保持线上教学网络通畅,或回答教师询问的网络平台一般技术问题,较少深度参与到具体课程的开发和制作。

虽然现在各大学都一定程度上建有自己的线上教学服务平台,但各大学线上教学服务平台目前仅局限于课程相关资料分享和提交课程信息等简单任务,这一不足导致老师和学生只能通过一般的社交通信软件来实现线上教学的即时通信,由此线上教学时容易出现干扰信息分散学生注意力,或者设计功能不全,无法很好地实现实时多人交流互动,也无法建立学生个人化的学习档案、提交和批改作业等具体功能。尽管各大通信软件也开发了不少应对教育情境的小程序,但由于其受众涉及大、中、小各个学段的学生,也很难做到有针对性地满足某一些专业课程的专门的需求,而大学的不同专业教学需求差异较大,专业性强,开发难度较大,因此教师和学生也常需要下载不同的软件来满足不同课程的需要,或者为了提交作业而使用不同的软件,转战各种软件之间,也会遇到软件开放性、网络资源和带宽等技术和资源不足的问题,导致教师和学生都需要不断学习各种软件的操作,做不少重复劳动,学习和教学体验不佳。可以说,目前的线上教学工具还处于非常初级的水平,教师和学生只能通过权宜之策来勉强满足教学需要,无法做到因课制宜,更无法满足学生的个别化需求。因此,如何尽可能地利用网络、程序工具来服务教学,开发并完善合适的线上教学工具,利用新技术来服务专门学科的特殊教学需求,也是大学教学管理面临的挑战之一。这需要教师和技术人员的深度对接,教师从专业教学角度提出需求,技术人员从产品和设计层面满足需求,学生和教师在使用的过程中不断改良教学工具,技术人员跟进并对产品做出持续的改良。这种深度合作需要打破学校教学管理部门之间条块化分工,促进部门之间深入融合,并以教学和课程项目为管理单位,聚合不同领域的专家共同建设课程平台,以此促进线上教学具体实施更加顺畅。

### (三)研究启示

**1.教育管理部门应加强教学管理的服务导向**

本次调查发现,超过40%的管理人员在关于"线上教学存在的最主要问题时"指出,学校对线上教学的政策支持不足,很有必要从管理层面促进有效教学的宏观政策、教学标准的制订和教学质量保障机制的建立。这些说明,教育管理部门应转变教育管理理念和工作重心,淡化规范性、约束性的刚性管理色彩,强化为教师、学生发展服务的价值导向,增强教学管理的学术内涵,提高教学管理的内在服务质量。

**2.教师发展中心应为教师提供个性化培训指导**

调查发现:一半以上的管理人员认为教师已有的教学策略、方法、评价方式等并不适合线上教学,教师对教学的态度和精力投入不够也是普遍存在的问题。显然,出现这种现象除了制度激励不足外,还有教师本身关于教学理论知识不足的原因。这就需要教育专家给予专业教师更多的指导,开阔教师的眼界,激发改进教学的动机,促进灵活、创新和有效的教学和学习。同时,教师对教学平台和工具、教学环境设备的熟悉度和利用也影响着线上教学的实施,也需要相关的技术培训为教师提供有关教学、课程、学生学习等信息,并通过奖励优秀的教学、学习和研究来激励教师不断总结经验和改进教学。

**3.学生管理部门应给予学生个体化的辅导**

研究还发现:一半以上的管理人员认为学生的线上学习存在着自控能力、参与度和学习习惯等问题而导致学习效果不佳,也有近六成的管理人员认为部分教学内容不适合线上教学,线上课堂教学秩序不好把控,这给教师和学生都带来的巨大的挑战。在以学生为中心的现代教育理念指导下,遵循学生学习规律,注重激发学习动机,改变学生被动接受的学习习惯,让学生变成主动的学习和探索者,这是教学的基本要求。线上教学不应是一个整齐划一的过程,而应根据学生个人特质为其制定适应个人需求、个体化的教育方案。学生管理部门应根据学生个人特征在课程学习、选课、专业发展、职业规划、参加科研等方面为学生提供及时有效的、个性化的指导和帮助。

**4.技术支持部门应提供更适合的技术支持**

在这次线上教学调查中,不少学生和教师对网络速度和稳定性存在着不满,也认为教学平台存在功能不完善和稳定性较差、平台太多缺乏整合、线上技术和服务无法满足教学需求、配套电子教学资源教育不足等缺陷,在管理人员问卷中,也有六成以上的管理人员反映了上述问题,这些说明尽管互联网和大数据技术已经深入人们的生活,但在教育领域的运用还远未成熟,技术和信息化部门应积极推动教学平台整合和优化,简化教学工具获取和使用,在保障信息安全的同时为师生构建更加适合教学情境的技术和环境支持。

5.质量保障部门应健全教学质量评估制度

和传统教学相比,线上教学产生大量可供分析的行为数据,如学生线上活跃时间、视频点击量和观看时长、视频回看时间、资源点击率、资源分享次数、作业完成时间,甚至可以细化作业和练习完成过程,程序操作过程等具体数据,这些数据不仅可以为教师改进教学提供有效的分析数据,而且可以为质量保障部门提供更加科学精准的质量监控和质量评估。这就要求学校质量保障部门围绕线上教学特点优化和完善教学各环节评价标准,创新评估方法和手段,形成从教学设计、实施到过程监管、质量监控,再到效果反馈等全环节全生命周期的评估制度。例如,教师教学行为和学生的学习行为数据就有可能帮助教师摆脱光靠经验和直觉讲课的传统教学模式,促进教师结合所在学科的专业特点更好地改进教学。又如,通过对学生学习数据分析,了解学生的个人优势和职业倾向性,以此引导学生确定目标,发现兴趣点,选择适合的学习内容,甚至明确职业规划路径,变被动学习为主动探索。这些方面都需要学校质量保障部门与教务管理部门、技术支持部门等密切合作,从而获得教师教学效果的综合性、多元化的评价,进而不断优化和完善教学质量评估制度,促进人才培养质量提升。

# 第二节 线上教学模式的适应性及影响因素分析

## 一、问题提出

本节研究将线上教学影响因素分为教师教学影响、学生学习影响、设备和教学资源、技术和政策支持四大方面,采用单因素方差分析、相关分析等对各因素之间的相互作用进行探讨,以期找出规律,并提出提高线上教学效果的解决措施。

## 二、研究样本

本节样本同本章首节。

## 三、研究变量

1.基本信息数据,包括性别、年龄、职务、学校类型、所在部门、使用的线上教学课程类型和课程性质、本学期开课门(次)数、使用线上课程门(次)数、参与线上教学的教师和学生数量。

2.线上教学模式:包括高校使用的线上教学模式种类和频率的测量,共设计一道题目,其中使用频率采用李克特5点量表计分(5=非常频繁、4=频繁、3=一般、2=不太经常、1=从不用),重点调查教学管理人员对线上教学模式的使用状况。线上教学模式包括"直播""录播""MOOC""文字+音频""线上互动研讨(包括答疑、辅导等)""提供材料供学生自学"六种。经检验该题的 $\alpha$ 系数为 0.725,表明数据具有相当的信度。

3.线上教学评价:包括优缺点评价和总体评价两方面共计2道题项,采用李克特5点量表计分(5=非常赞成、4=赞成、3=一般、2=不太赞成、1=不赞成)。优缺点评价中因子一为"正面评价",调查教学管理者对于线上教学优势的认同程度状况;因子二为"负面评价",调查教学管理者对于线上教学劣势的认同程度状况。经检验两个因子的 $\alpha$ 系数分别为 0.874、0.856,表明数据信度良好。KMO=0.835,巴特利特球形检验显著性 $p<0.001(df=78)$,累计方差解释率为 69%,具有良好解释度,效度良好。其次为总体评价,调查相对于传统教学模式,教学管理者对线上教学效果的总体评价状况,分为"更差""更好""没有变化"三个维度。

4.影响因素:采用李克特5点量表计分(5=非常重要、4=重要、3=一般、2=不太重要、1=不重要)。因子一为"教师教学影响",调查教师主体对影响线上教学效果的重要性认同情况。因子二为"学生学习影响",调查学生主体对影响线上教学效果的重要性认同情况。因子三为"设备和教学资源",调查线上教学管理的设备配置和教学资源对教学效果的影响状况。因子四为"技术和政策支持",调查技术服务保障和政策支持对教学效果的影响状况。经检验,四个因子的 $\alpha$ 系数分别为 0.79、0.843、0.871、0.875,表明信度良好。KMO=0.921,巴特利特球形检验显著性 $p<0.001(df=153)$,累计方差解释度为 68.75%,具有较好的效度。

## 四、研究方法

基于以上变量,研究使用 SPSS 对数据进行描述性统计和相关分析,将线上教学的不同模式选择情况、教学模式评价、教学效果影响因素分别与教学管理人员的相关背景信息做单因素方差分析,探究不同教学管理群体的对线上教学模式选择、教学模式评价和教学效果影响因素的看法是否存在显著差异,之后,对比线上教学模式优缺点的相应差值,对线上教学使用的适应性做出评价,最后利用Amos 21.0探究各影响因素之间的相互作用,并构建结构方程模型进行路径分析。

## 五、研究结果

### (一)变量的描述性统计

#### 1.线上教学模式使用状况统计

调查结果显示,"线上互动研讨(包括答疑、辅导等)"的使用均值最高(3.95),然后依次是"提供材料供学生自学"(3.83)、"直播"(3.84)、"文字+音频"(3.73)、"录播"(3.48)、"MOOC"(3.41)(见图8-2-1)。表明高校和教学管理者在疫情防控情况下,倾向于选择"线上互动研讨(包括答疑、辅导等)",或者"提供材料供学生自学",而"录播""MOOC"等既定教学视频则相对使用较少。

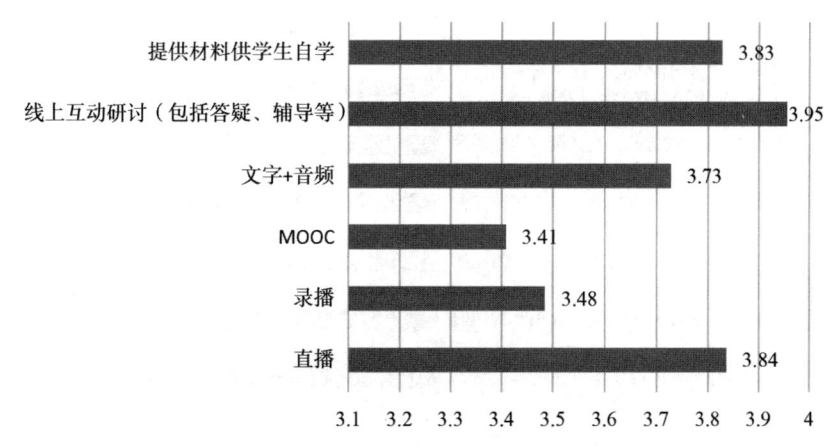

图8-2-1 线上模式选择类型分布图(均值)

#### 2.线上教学优缺点评价和总体评价状况统计

优点评价按各分项均值高低排列依次为"可以让名师名课充分共享"(4.41)、"可以反复回放,便于知识复习巩固"(4.33)、"突破时空限制,可以随时随地学习"(4.28)、"有助于学生自主学习能力培养"(4.00)、"可以让学生充分表达关注的问题"(3.95)、"学生可以按需选择学习内容,提高学习效率"(3.88)、"方便学生之间交流与协作"(3.73)(见图8-2-2)。

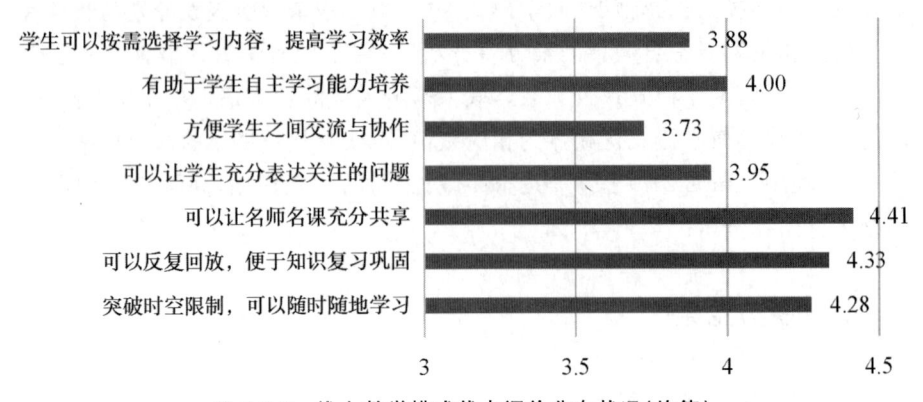

图 8-2-2　线上教学模式优点评价分布状况(均值)

缺点评价按各分项均值高低排列依次为"教师无法即时了解学生的学习状态"(3.58)、"缺乏老师现场指导和督促,课堂纪律松弛"(3.56)、"教师无法及时了解学生知识掌握情况"(3.37)、"教师无法第一时间反馈学生关注的问题"(3.17)、"学生过分依赖回放功能,认为听不明白还可以重学,课堂学习效率下降"(3.11)、"网络交流不如线下交流直接,浪费时间"(3.02)(见图8-2-3)。

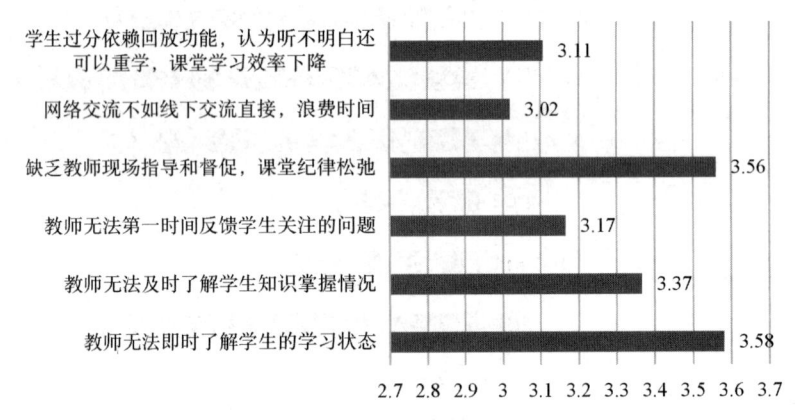

图 8-2-3　线上教学模式缺点评价分布状况(均值)

总体评价方面,传统线下教学评价与线上教学评价均值相差无几(见图8-2-4),但一定程度上对于"比传统线下学习效果差,质量没有保障"认可度略高一点。

由上可总结,教学管理者对于线上教学的正面性评价均高于负面性评价,对于线上教学新的形式和管理基本能适应,但完全适应和接受还需一定的时间和实践加以改进。其中线上教学庞大的教学资源共享性和超强数据记忆获

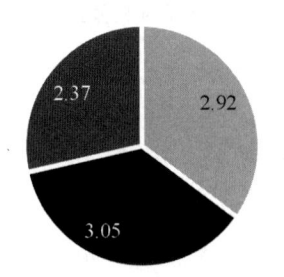

第八章 高校教师线上教学现状、影响因素及未来挑战——基于高校管理者的视角

**图 8-2-4 线上教学相比传统教学的总体评价状况(均值)**

得最高认可,而课堂纪律管理和师生互动情况是最令人担忧的。

3.线上教学效果影响因素统计

对量表的四个因素变量(教师教学影响、学生学习影响、设备和教学资源、技术和政策支持)进行统计,分别计算出均值、标准差、方差(见表 8-2-1)。在此次疫情防控期间的线上教学实践中,高校教学管理者视角下的教学适应性或教学效果总体处于中上水平,可以看出影响线上教学效果所有因素中,最重要的是设备和教学资源、教师教学方面的影响,紧接着才是技术和政策支持、学生学习方面的影响,总体上能适应线上教学模式。

**表 8-2-1 线上教学效果影响因素描述性统计**

| 变量 | $n$ | 最小值 | 最大值 | 均值 | 标准偏差 | 方差 |
| --- | --- | --- | --- | --- | --- | --- |
| 设备和教学资源 | 355 | 11.80 | 21.00 | 18.8834 | 2.33911 | 5.471 |
| 技术和政策支持 | 355 | 12.60 | 21.00 | 18.2980 | 2.32040 | 5.384 |
| 教师教学影响 | 355 | 12.60 | 21.00 | 18.6744 | 2.11801 | 4.486 |
| 学生学习影响 | 355 | 7.00 | 11.67 | 10.8911 | 1.12470 | 1.265 |

(二)变量的推论性统计

1.单因素方差分析

(1)不同类型高校管理人员对线上教学模式使用情况的看法差异

采用单因素方差分析(ANOVA)对四类高校(新建本科院校、普通老本科院校、一流大学建设高校、一流学科建设高校)管理人员对疫情防控期间线上教学模式使用类型的看法进行比较(因高职院校只有 2 位管理人员填写,组内变异过大,故未将高职院校教师纳入比较分组),结果见表 8-2-2。

417

表 8-2-2　四类高校管理人员对线上教学模式使用情况具体指标
得分($M\pm SD$)及方差分析结果

| 变量 | 新建本科高校 ($n=130$) | 普通老本科院校 ($n=123$) | 一流大学建设院校 ($n=30$) | 一流学科建设高校 ($n=70$) | $F(3,349)$ | $p$ |
| --- | --- | --- | --- | --- | --- | --- |
| 直播 | 3.90±0.879 | 3.95±0.818 | 3.40±1.037 | 3.70±1.068 | 3.659 | 0.013 |
| 录播 | 3.23±1.000 | 3.55±0.715 | 3.57±1.006 | 3.81±0.952 | 6.878 | 0.000 |
| MOOC | 3.40±0.969 | 3.52±0.823 | 2.93±1.015 | 3.43±1.084 | 3.084 | 0.027 |
| 文字＋音频 | 3.68±0.949 | 3.60±0.964 | 4.00±0.788 | 3.93±1.040 | 2.615 | 0.051 |
| 线上互动研讨（包括答疑、辅导等） | 3.96±0.782 | 3.91±0.849 | 4.17±1.053 | 3.93±1.068 | 0.688 | 0.560 |
| 提供材料供学生自学 | 3.65±1.065 | 3.84±0.803 | 3.90±1.125 | 4.13±0.947 | 3.878 | 0.009 |
| 总分 | 21.82±5.644 | 22.37±4.972 | 21.97±6.024 | 22.93±6.159 | 20.802 | 0.66 |

从表 8-2-2 看出，不同类型高校管理人员对线上教学模式使用类型状况中有四种教学模式存在显著的差异，包括"直播""录播""MOOC""提供材料供学生自学"，在"文字＋音频"类型存在边缘显著的差异。

(2) 不同层级的教学管理人员对线上教学模式的使用情况的看法差异

采用单因素方差分析(ANOVA)对不同层级管理人员对本校疫情防控期间线上教学模式使用类型情况的看法进行比较，结果见表 8-2-3。

表 8-2-3　不同层级管理人员对线上教学模式使用情况具体指标
得分($M\pm SD$)及方差分析结果

| 变量 | 学校管理人员 ($n=196$) | 学院管理人员 ($n=159$) | $F(1,353)$ | $p$ |
| --- | --- | --- | --- | --- |
| 直播 | 3.93±0.909 | 3.72±0.931 | 4.920 | 0.027 |
| 录播 | 3.58±0.901 | 3.37±0.940 | 4.896 | 0.028 |
| MOOC | 3.47±0.959 | 3.33±0.954 | 1.940 | 0.165 |
| 文字＋音频 | 3.70±0.944 | 3.77±0.998 | 0.373 | 0.542 |
| 线上互动研讨（包括答疑、辅导等） | 3.96±0.858 | 3.94±0.932 | 0.049 | 0.826 |
| 提供材料供学生自学 | 3.79±0.989 | 3.89±0.919 | 0.684 | 0.409 |
| 总分 | 22.43±5.56 | 22.02±5.674 | 12.862 | 1.997 |

从表 8-2-3 看出,四类高校管理人员对线上教学模式使用类型状况中的"直播"和"录播"两种教学模式存在显著差异。

(3)不同职能部门的管理人员对线上教学模式的使用情况的看法差异

采用单因素方差分析(ANOVA)对四类高校职能部门(教务管理部门、质量保障部门、技术服务部门、学生管理部门)的管理人员对本校疫情防控期间线上教学模式使用类型进行比较,由于允许管理人员对自己工作职责进行多选,故对每项职责做"是"和"否"二分法,比较选择相应职能的管理人员和未选择相应职能的管理者线上教学模式使用的看法差异,结果见表 8-2-4。

表 8-2-4 不同职能部门的管理人员对线上教学模式使用情况具体指标得分($M\pm SD$)及方差分析结果

| 变量 | 教务管理部门<br>($n=204$) | 非教务管理部门<br>($n=151$) | $F(1,353)$ | $p$ |
| --- | --- | --- | --- | --- |
| 录播 | 3.58±0.883 | 3.37±0.965 | 4.491 | 0.035 |
| 提供材料供学生自学 | 3.93±0.909 | 3.70±1.008 | 5.074 | 0.025 |
| 变量 | 质量保障部门<br>($n=113$) | 非质量保障部门<br>($n=242$) | $F(1,353)$ | $p$ |
| 录播 | 3.66±0.776 | 3.41±0.972 | 5.670 | 0.018 |
| 变量 | 学生管理部门<br>($n=34$) | 非学生管理部门<br>($n=321$) | $F(1,353)$ | $p$ |
| 录播 | 2.74±0.963 | 3.57±0.884 | 26.772 | 0.000 |
| MOOC | 3.00±1.206 | 3.45±0.920 | 6.933 | 0.009 |
| 线上互动研讨<br>(包括答疑、辅导等) | 3.68±1.007 | 3.98±0.874 | 3.698 | 0.055 |
| 提供材料供学生自学 | 3.53±1.051 | 3.87±0.944 | 3.804 | 0.052 |
| 总分 | 24.12±6.795 | 25.35±6.567 | 52.638 | 0.194 |

注:由于数据量较大,本节只提供存在显著差异的变量数据。以下同。

从 8-2-4 表看出,教务管理部门、质量保障部门和学生管理部门在线上教学模式选择方面均有显著差异,其中教务管理部门比非教务管理部门更倾向于选择"录播"和"提供材料供学生自学"。质量保障部门比非质量保障部门更倾向于选择"录播"。非学生管理部门比学生管理部门更倾向于选择"录播""MOOC""线上互动研讨(包括答疑、辅导等)""提供材料供学生自学"。

(4)教学管理人员对不同性质课程的线上教学模式使用情况看法差异

采用单因素方差分析(ANOVA)对不同性质课程教学管理人员的线上教学模式选择情况进行比较,由于允许管理人员对开课课程性质进行多选,故对每种课程做"是"和"否"二分法,比较选择相应类型课程的管理人员和未选择相应类型课程的管理人员对线上教学模式选择的差异结果(见表8-2-5)。

表 8-2-5 不同性质课程的线上教学模式使用情况具体指标得分($M\pm SD$)及方差分析结果

| 变量 | 理论课(含课内实践、实验教学)($n=221$) | 非理论课(含课内实践、实验教学)($n=134$) | $F(1,353)$ | $p$ |
|---|---|---|---|---|
| 录播 | 3.61±0.852 | 3.29±1.002 | 9.999 | 0.002 |
| MOOC | 3.50±0.890 | 3.25±1.045 | 5.667 | 0.018 |

| 变量 | 独立设置实验课($n=54$) | 非独立设置实验课($n=301$) | $F(1,353)$ | $p$ |
|---|---|---|---|---|
| 录播 | 3.89±0.691 | 3.41±0.942 | 12.451 | 0.000 |
| MOOC | 3.65±0.872 | 3.36±0.968 | 4.040 | 0.045 |

| 变量 | 其他教学环节(含军训、见习、实习、毕业设计、毕业论文、社会调查等)($n=99$) | 非其他教学环节(含军训、见习、实习、毕业设计、毕业论文、社会调查等)($n=256$) | $F(1,353)$ | $p$ |
|---|---|---|---|---|
| 录播 | 3.69±0.751 | 3.41±0.973 | 6.530 | 0.011 |
| 总分 | 18.34±4.056 | 16.72±4.93 | 38.687 | 0.076 |

从表8-2-5看出,除理论课、术科类课外,不同性质课程线上教学模式选择上均存在显著性差异,其中理论课(含课内实践、实验教学)和独立设置实验课都倾向于选择"录播"和"MOOC"两种模式;在其他教学环节(含军训、见习、实习、毕业设计、毕业论文、社会调查等)上则倾向于选择"录播"模式。

(5)不同个体特征管理人员对线上教学模式类型使用情况的看法差异

将管理人员的不同个体特征(包括性别、年龄因素)纳入比较范围,性别分为男、女两组进行比较,年龄将33岁及以下归为青年组,34~50岁归为中年组,51岁及以上归为年长组,对各组之间差异进行比较,结果如表8-2-6所示。

表 8-2-6　不同性别管理人员对线上教学模式使用情况具体指标得分($M\pm SD$)及方差分析结果比较

| 变量 | 男性<br>($n=159$) | 女性<br>($n=196$) | | $F(1,353)$ | $p$ |
|---|---|---|---|---|---|
| MOOC | 3.55±0.933 | 3.29±0.966 | | 6.198 | 0.013 |

| 变量 | 青年组<br>($n=63$) | 中年组<br>($n=223$) | 年长组<br>($n=69$) | $F(2,353)$ | $p$ |
|---|---|---|---|---|---|
| MOOC | 3.17±1.056 | 3.52±0.848 | 3.25±1.130 | 4.613 | 0.011 |
| 线上互动研讨<br>（包括答疑、辅导等） | 4.13±0.975 | 3.96±0.848 | 3.77±0.926 | 2.727 | 0.067 |
| 总分 | 10.85±2.964 | 10.77±2.662 | 7.02±2.058 | 13.538 | 0.091 |

从表中看出，管理人员的个体特征对线上教学模式选择有着显著性差异，在"MOOC"模式上，男性选择的倾向性大于女性，中年组的选择倾向性依次大于年长组、青年组。在"线上互动研讨（包括答疑、辅导等）"模式上，青年组的选择倾向性依次大于中年组、年长组，即年龄越低越倾向于选择该模式。

(6) 不同管理规模的管理人员对线上教学模式使用情况的看法差异

将管理人员的管理对象规模（包括线上课程数、教师数、学生数）纳入比较范围，由于所反馈的线上课程门数、教师数和学生数差异非常大，分布范围很大且样本较为离散，故在受调查者反馈的数量上做分组处理。线上课程数量方面，将线上课程数量从少到多分为四组（100 门以内组、101～500 门组、501～2000 门组、2000 门以上组）。教师数量方面，将教师数量分为 3 组（500 人以内组、501～1000 人组、1000 人以上组）；学生数划分为 3 组（2000 人以内组、2001～20000 人组、20000 人以上组）。对各组之间差异进行比较，结果如表 8-2-7 所示。

表 8-2-7　不同线上管理规模的管理人员对线上教学模式使用情况具体指标得分($M\pm SD$)及方差分析结果

| 变量 | 100 门<br>以内组<br>($n=146$) | 101～500<br>门组<br>($n=55$) | 501～2000<br>门组<br>($n=78$) | 2000 门<br>以上组<br>($n=76$) | $F$<br>$(3,351)$ | $p$ |
|---|---|---|---|---|---|---|
| 录播 | 3.26±0.940 | 3.71±0.809 | 3.56±0.831 | 3.67±0.971 | 5.395 | 0.001 |
| MOOC | 3.19±1.012 | 3.60±0.735 | 3.54±0.911 | 3.55±0.958 | 4.975 | 0.002 |

续表

| 变量 | 2000人以内组 ($n=145$) | 2001~20000人组 ($n=148$) | 20001人以上组 ($n=62$) | $F_{(2,352)}$ | $p$ |
| --- | --- | --- | --- | --- | --- |
| 录播 | 3.30±0.945 | 3.56±0.898 | 3.73±0.853 | 5.571 | 0.004 |
| MOOC | 3.19±0.979 | 3.53±0.914 | 3.63±0.910 | 7.070 | 0.001 |
| 总分 | 12.94±3.876 | 14.4±3.356 | 14.46±3.505 | 7.22±1.929 | 23.011 | 0.008 |

从上表看出，以线上课程数量和参与课程学生数量为自变量的线上教学模式选择倾向均有显著性差异，其中在"录播"和"MOOC"两种模式上，线上课程数量在101~500门组的选择倾向性依次大于2000门以上组、501~2000门组、100门以内组，参与课程学生数在20001人组依次大于2001~20000人组、2000人以内组，即参与课程学生数越多，越倾向于选择这两种模式。

（7）不同管理人员对于线上教学模式优缺点的评价差异

以管理人员基本信息（包括性别、年龄、职务、层级、所在学校、线上课程类型、课程性质、线上课程数量、参与线上课程的教师数和学生数等）为自变量，比较高校教学管理人员对于线上教学模式优缺点的评价差异，结果见表8-2-8。

表8-2-8　不同管理人员对于线上教学模式优缺点评价情况具体指标得分（$M$±SD）及方差分析结果比较

| 层级 | 学校管理人员 ($n=196$) | 学院管理人员 ($n=159$) | $F_{(1,353)}$ | $p$ |
| --- | --- | --- | --- | --- |
| 评价正面 | 25.8±3.51 | 24.6±3.92 | 9.462 | 0.002 |
|  | 质量保障部门 ($n=113$) | 非质量保障部门 ($n=242$) |  |  |
| 评价正面 | 25.87±3.21 | 24.97±3.94 | 4.545 | 0.034 |
| 职务 | 技术服务部门 ($n=16$) | 非技术服务部门 ($n=339$) | $F_{(1,353)}$ | $p$ |
| 评价正面 | 23.05±3.23 | 25.36±3.74 | 5.876 | 0.016 |
|  | 学生管理部门 ($n=34$) | 非学生管理部门 ($n=321$) | $F_{(1,353)}$ | $p$ |
| 评价正面 | 23.41±3.83 | 25.45±3.69 | 9.379 | 0.002 |

续表

| | 独立设置实验课<br>($n=54$) | 非独立设置实验课<br>($n=301$) | $F(1,353)$ | $p$ |
|---|---|---|---|---|
| | 26.38±3.44 | 25.05±3.77 | 5.779 | 0.017 |

| 课程性质 | 其他教学环节(含军训、见习、实习、毕业设计、毕业论文、社会调查等)($n=99$) | 非其他教学环节(含军训、见习、实习、毕业设计、毕业论文、社会调查等)($n=256$) | $F(1,353)$ | $p$ |
|---|---|---|---|---|
| 评价正面 | 25.89±3.37 | 25.01±3.86 | 3.999 | 0.046 |

| 上课学生数 | 上课学生数：2000人以内 | 上课学生数：2001~20000人 | 上课学生数：20001人以上 | $F(2,353)$ | $p$ |
|---|---|---|---|---|---|
| | 24.56±3.76 | 25.67±3.97 | 25.87±2.83 | 4.254 | 0.015 |
| 总分 | 174.96±24.35 | 176.11±26.89 | 25.87±2.83 | 43.294 | 0.132 |

从表8-2-8可看出，除了性别、年龄、学校类型、教师数量、线上课程数量、线上教学模式优缺点评价方面无显著性差异外，其余的均在正面评价上存在显著差异。其中，学校管理人员对线上教学模式的正面评价高于学院管理人员；质量保障部门的管理人员正面评价高于非质量保障部门的，技术服务部门、学生管理部门的管理人员正面评价分别要低于非技术管理部门的、非学生管理部门的管理人员；独立设置实验课和其他教学环节(含军训、见习、实习、毕业设计、毕业论文、社会调查等)使用线上教学的正面评价要高于非独立设置实验课和非其他教学环节(含军训、见习、实习、毕业设计、毕业论文、社会调查等)的；上课学生数越多，对线上教学的正面评价越高。

(8)不同管理人员对于线上教学效果影响因素的看法比较

以管理人员(包括性别、年龄、职务、层级、所在学校、线上课程类型、课程性质、线上课程数量、参与线上课程的教师和学生数量等)为自变量，比较高校不同群体教学管理人员对于线上教学效果影响因素的看法，结果见表8-2-9。

表 8-2-9　不同群体管理人员对于线上教学效果影响因素的看法情况具体指标得分($M\pm SD$)及方差分析结果比较

| | | 男性($n=159$) | 女性($n=196$) | $F(1,353)$ | $p$ |
|---|---|---|---|---|---|
| 性别 | 设备和教学资源 | 18.58±2.55 | 19.13±2.13 | 4.902 | 0.027 |
| 层级 | | 学校管理人员($n=196$) | 学院管理人员($n=159$) | | |
| | 教师教学影响 | 18.90±1.96 | 18.40±2.27 | 4.84 | 0.028 |
| 课程类型 | | 专业必修课($n=323$) | 非专业必修课($n=32$) | | |
| | 教师教学影响 | 18.74±2.05 | 17.99±2.68 | 3.659 | 0.057 |
| | 学生学习影响 | 10.97±1.05 | 10.13±1.55 | 17.058 | 0.000 |
| | | 专业选修课($n=287$) | 非专业选修课($n=68$) | | |
| | 学生学习影响 | 10.95±1.07 | 10.65±1.33 | 3.832 | 0.051 |
| | | 公共必修课($n=287$) | 非公共必修课($n=68$) | | |
| | 学生学习影响 | 10.97±1.07 | 10.56±1.30 | 7.475 | 0.007 |
| | | 公共选修课($n=226$) | 非公共选修课($n=129$) | | |
| | 教师教学影响 | 18.84±2.00 | 18.38±2.29 | 3.951 | 0.048 |
| | 学生学习影响 | 11.01±0.99 | 10.69±1.31 | 6.758 | 0.010 |
| 课程性质 | | 理论课($n=324$) | 非理论课($n=31$) | | |
| | 设备和教学资源 | 19.00±2.21 | 17.71±3.20 | 8.641 | 0.004 |
| | 学生学习影响 | 10.95±1.07 | 10.27±1.44 | 10.682 | 0.001 |
| | | 理论课(含课内实践、实验教学)($n=221$) | 非理论课(含课内实践、实验教学)($n=134$) | | |
| | 技术和政策支持 | 18.12±2.29 | 18.59±3.35 | 3.350 | 0.068 |
| | | 术科课($n=100$) | 非术科课($n=255$) | | |
| | 学生学习影响 | 11.12±0.85 | 10.80±1.21 | 5.675 | 0.018 |
| | | 其他教学环节($n=99$) | 非其他教学环节($n=256$) | | |
| | 学生学习影响 | 11.07±1.90 | 10.82±1.20 | 3.527 | 0.061 |
| | 总分 | 189.22±21.06 | 184.12±25.26 | 84.35 | 0.38 |

注：其他教学环节含军训、见习、实习、毕业设计、毕业论文、社会调查等实践环节。

从上表看出,除以年龄、学校类型、职务、线上课程数量、参与线上课程的教师数和学生数为自变量在关于线上教学效果影响因素看法上无显著差异外,以性别、层级、线上课程类型和课程性质为自变量的教学效果影响因素看法均有显著性差异。其中女性比男性更倾向于"设备和教学资源"因素;学校管理人员比学院管理人员更倾向于"教师教学影响"因素;专业必修课和公共选修课比非专业必修课和非公共选修课更容易受"教师教学影响"和"学生学习影响"因素影响,而专业选修课和公共必修课比非专业选修课和非公共必修课更容易受"学生学习影响"因素影响;理论课比非理论课更容易受"设备和教学资源"和"学生学习影响"因素影响,理论课(含课内实践、实验教学)比非理论课(含课内实践、实验教学)更容易受到"技术和政策支持"因素影响,术科课和其他教学环节比非术科课和非其他教学环节更容易受"学生学习影响"因素影响。

(二)相关及路径分析

1.线上教学效果影响因素及相关分析

在变量之间的相关方面,由表 8-2-10 可见,除了负面评价之外,设备和教学资源、技术和政策支持、教师教学影响、学生学习影响和正面评价之间存在显著的中等正相关关系($p<0.01$)。负面评价与正面评价具有显著的负相关关系($p<0.01$),与其他因子不存在显著相关($p>0.05$)。

表 8-2-10　线上教学效果影响因素各维度的相关矩阵、信度和描述性统计($n=355$)

| 因子 | $M$ | SD | 设备和教学资源 | 技术和政策支持 | 教师教学影响 | 学生学习影响 | 正面评价 | 负面评价 |
|---|---|---|---|---|---|---|---|---|
| 设备和教学资源 | 18.88 | 2.34 | | | | | | |
| 技术和政策支持 | 18.3 | 2.32 | 0.613** | | | | | |

续表

| 因子 | $M$ | SD | 设备和教学资源 | 技术和政策支持 | 教师教学影响 | 学生学习影响 | 正面评价 | 负面评价 |
|---|---|---|---|---|---|---|---|---|
| 教师教学影响 | 18.67 | 2.11 | 0.487** | 0.629** | | | | |
| 学生学习影响 | 10.89 | 1.12 | 0.498** | 0.576** | 0.577** | | | |
| 正面评价 | 25.26 | 3.74 | 0.286** | 0.287** | 0.378** | 0.261** | | |
| 负面评价 | 17.21 | 4.59 | −0.030 | 0.046 | −0.093 | −0.017 | −0.170** | |

注：* 表示 $p<0.05$；** 表示 $p<0.01$。

2.线上教学效果影响因素之间相互作用路径分析

通过结构方程模型分析线上教学效果各主要影响因素之间的相互作用，结果显示模型拟合指数良好，CMIN/DF＝1.826，NFI＝0.988，CFI＝0.955，RMSEA＝0.048。如图 8-2-5 所示，各变量之间存在直接和间接的相互作用。设备和教学资源直接预测教师教学影响，也通过教师教学影响间接预测学生学习影响。具体而言，设备和教学资源显著正向预测教师教学影响（$\beta=0.31,p<0.001$）。技术和政策支持显著正向预测设备和教学资源（$\beta=0.58,p<0.001$）、教师教学影响（$\beta=0.84,p<0.001$）。教师教学影响显著正向预测学生学习影响（$\beta=1.00,p<0.001$）。学生学习影响显著负向预测教师教学影响（$\beta=-0.82,p<0.001$）。线上教学正面评价显著正面预测设备和教学资源（$\beta=0.12,p<0.005$）、技术和政策支持（$\beta=0.30,p<0.001$）、教师教学影响（$\beta=0.26,p<0.001$），负向预测学生学习影响（$\beta=-0.12,p<0.005$）。线上教学负面评价负向预测正面评价（$\beta=-0.17,p<0.005$）、技术和政策支持（$\beta=-0.12,p<0.001$）。

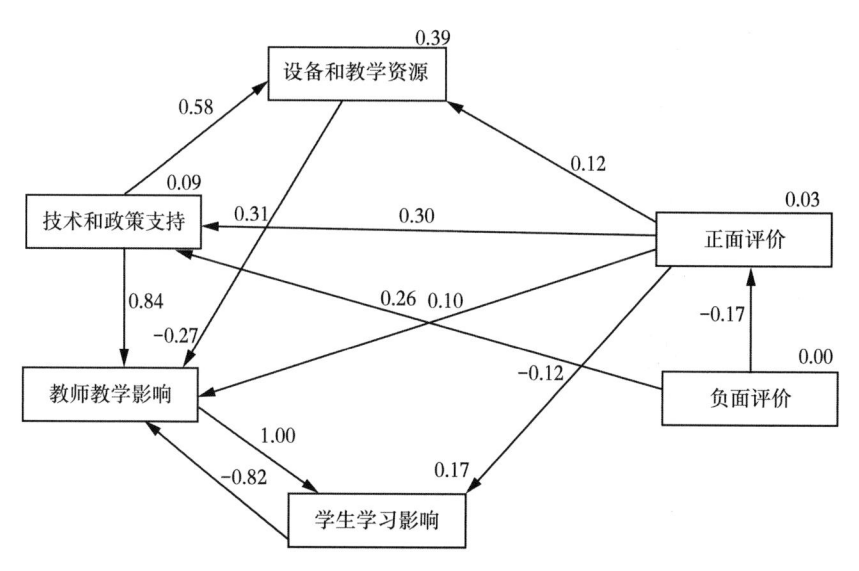

图 8-2-5 线上教学效果影响因素路径分析结果

进一步使用 Bootstrap 方法(抽样的次数设定为 2000 次)对设备和教学资源、技术和政策支持、教师教学影响的中介效应进行检验。设备和教学资源在正面评价和教师教学影响之间的中介效应为 0.12,其 95% 的置信区间为 0.15~0.29,不包含 0。因此,设备和教学资源在正面评价和教师教学影响之间具有显著的部分中介效应。此外,技术和政策支持在正面评价和教师教学影响之间具有显著的部分中介效应(中介效应为 0.1,95% 的置信区间为 0.27~0.49),教师教学影响在设备和教学资源与学生学习影响之间具有显著的完全中介效应(中介效应为 0.17,95% 的置信区间为 0.03~0.14),教师教学影响在技术和政策支持与学生学习影响之间具有显著的完全中介效应(中介效应为 0.56,95% 的置信区间为 0.21~0.33)。

模型中的变量解释了技术和政策支持 9.2% 的变异量,设备和教学资源 38.8% 的变异量,学生学习影响 17.1% 的变异量,教师教学影响 27.1% 的变异量。

## 六、结果讨论

### (一)主要研究发现

**1.线上教学模式选择**

在选择频率上,"线上互动研讨(包括答疑、辅导等)""直播""提供材料供学生自学"三种模式是疫情防控期间最经常使用到的。

在选择类型上，"录播"和"MOOC"被广泛运用于理论课（含课内实践、实验教学）、独立设置实验课和其他教学环节（含军训、见习、实习、毕业设计、毕业论文、社会调查等）以及上课学生数偏多的课程中。

在选择对象上，"线上互动研讨（包括答疑、辅导等）"和"提供材料供学生自学"这两种模式更容易被一流建设高校和青年教师接受和采纳，而年龄越大的教师更倾向于"MOOC"或"录播"模式。

2.线上教学模式评价

线上教学模式的正面评价要高于负面评价。其中，在优点方面，高校教学管理人员对于"可以让名师名课充分共享""可以反复回放，便于知识复习巩固""突破时空限制，可以随时随地学习"这三项的认可度更高一些；在缺点方面，高校教学管理人员对于"教师无法即时了解学生的学习状态"和"缺乏教师现场指导和督促，课堂纪律松弛"这两项的认可度更高；总体评价上，传统线下教学评价与线上教学评价相差无几，但一定程度上高校教学管理人员对于"比传统线下学习效果差，质量没有保障"的认可度略高一点。

对线上教学模式的评价在不同层级、职务的教学管理者及不同性质课程、参与课程学生数量上存在显著性差异，尤其是正面评价方面。具体而言，学校层级部门或质量保障部门的教学管理者对线上教学的正面评价越高，在独立设置实验课和其他教学环节（含军训、见习、实习、毕业设计、毕业论文、社会调查等）中对于线上教学模式的正面评价越高，以及参与课程学生数越多，对线上教学的正面评价越高。

3.线上教学效果影响因素看法

影响线上教学效果的主要因素中，最重要的是关于设备和教学资源、教师教学方面的影响，紧接着才是技术和政策支持、学生学习方面的影响。

不同性别和层级教学管理人员对教学效果影响因素看法也存在显著性差异，不同类型和性质的课程效果会受到不同因素的影响。女性管理者更认同"设备和教学资源"因素，学校级别管理人员更认同"教师教学影响"因素；各类课程教学均易受学生学习主体影响，但值得注意的是，专业必修课和公共选修课也会受教师教学主体影响，理论课也会受"设备和教学资源"影响，理论课（含课内实践、实验教学）也会受"技术和政策支持"影响。

（二）结果讨论

研究主要探究了线上教学不同模式的选择和评价及教学效果的影响因素，结合上文主要研究发现，研究试图对如下几个方面进行讨论。

1.线上互动研讨、直播和提供材料供学生自学是疫情防控期间线上教学的主要模式。无疑"互联网＋教育"开启了个性化的教育，但由于课程本身性质和现有条件制约,比如,含实践和实验教学的理论课程、实验操作课程或是毕业相关课程安排等更倾向于采用"录播"或"MOOC"等既定教学视频的形式。另外,参与课程的学生数越大,对课堂纪律、网络设备和教师注意力等方面有更高要求,非面对面的限制会加大大规模课堂教学效果潜在因素的影响程度,因此这类课程也倾向于使用该模式。最后,教师越年轻,其自身的信息素养和技能越能与日新月异的信息技术和需求相融合,因此,年龄越大的教师越可能选择提前录入教学内容供学生自学,避免因难以应对意外情况而影响课程进度和质量。基于这些方面,尽管线上教学使教师成了新晋主播,但高校和教师仍然要注意打破屏幕隔阂,加强与学生的互动和交流,调动学生学习积极性,培养和锻炼学生的自主学习能力、勇于探索和创新的能力。

2."名师名课共享""反复回放""突破时空限制"受到了正面评价。无疑,线上教学从现实中拉开了师生双方距离,无论现有信息技术有多高超,也无法监测到屏幕后学生学习的真实状态。这些变化一方面对学生个人自我健康发展、综合素质和能力的提升产生重大影响,另一方面对教师教学方法的改进带来了巨大挑战。从调查结果看,虽然线上教学的正面评价高于负面评价,但总体上认可"其教学效果低于传统教学"的人数要多一些,因此,线上教学效果还有待时间和实践的进一步考察。另外,受不同评价主体的主观感受影响,不同类型高校的教学管理者、不同性质和类型课程及教学对象规模的不同,都会对线上教学的正面评价有明显差别。因此,不同级别和职务的管理者对线上教学相关的技术支持、教学引导和教学管理部门就很可能会降低正面评价,类似实验课或毕业安排等实践课程要求,会因为短暂条件限制而降低对学生的考核要求,相应的正面评价会偏高一些。

3.对线上教学效果影响因素上,影响程度从高到低依次是"设备和教学资源""教师教学影响""技术和政策支持""学生学习影响"。疫情初期,师生在没有任何全面准备的情况下被迫面对新的教学方式和教学环境,因此对设备的稳定性和平台的熟悉程度都是最初线上教学的主要因素,但随着线上教学实践的发展和疫情渐趋结束,教师教学主体和学生学习主体反而成为影响当前和未来线上教学重要的两大因素,我们必须用发展的眼光看待事物,也要注意抓住教师和学生这两大关键要素。

4.设备和教学资源、技术和政策支持、教师教学影响和学生学习影响四大因素间存在不同程度和方向的相互关系。其中,技术和政策支持是主动的"影响元",高校或上级发布的政策保障以及为线上教学提供充分的技术服务,一定程度优化了网络教学和学习设备,通过设备和教学资源条件的改善间接促进教与学的相互协调,或者也可以直接为教师教学和学生学习提供便利,因此它在影响因素中起到保障、协调和促进的重要作用,但是需要注意,研究模型中的变量只解释了技术和政策支持9.2%的方差,还存在其他重要的影响因素变量有待未来做进一步的研究;相对而言,教师教学则是被动一方,各方面的外界因素及教师个人的态度和看法都会影响到教师的精力投入和相应教学方法、教学过程、教学评价的与时俱进,与此同时,教育过程中的教师和学生是共同体,教师教学必然直接影响教育对象——学生,而学生学习影响却与教师教学影响呈负相关,即学生学习习惯和自主能力越好,教师所耗费的精力就相应减少,对线上教学新方式做出的改变也会减少。最后,对线上教学的相应评价也会反过来促进学校、教师和社会等主体积极做出相应的反应。尤其注意的是,教学效果的负面评价也成为技术和政策支持进一步改进的重要依据。

(三)研究主要启示

1.不定期开展线上教研工作,努力提升教学效率和质量

线上教学的实践表明,师生之间的互动是线上教学的难点和关注点,教师之间的经验总结和交流不仅能普遍提高高校教师的线上教学能力,避免走弯路耽误教学进程,同时也能改善学生对教师的传统看法和刻板印象,拉近师生之间的距离。因此,教学管理者可以按单位或教学范围等组织设立教研小组,建立教研群,不定时进行线上教研,不仅能帮助教师理解并掌握规范的线上教学流程,还能够及时在某些意外情况下相互协调、答疑解惑,维持正常的线上教学秩序与教学进度。此外,教学管理者随时参与到线上教研和课堂教学中去,监督并检测教研、教学状况和效果,实时对教学主体进行培训,有针对性地提出改进和完善意见,加强师生政治纪律教育,提高师生对数字化、信息化教育的接受能力和总体素质,营造良好的线上教学环境。

2.实行分类教学管理,建立全面、灵活的线上教学机制

教学有法,而无定法。线上教学实践的说明,线上教学必须分类考量,尽量坚持做到"一校一策""一班一策""一生一策"。学校、学院和各系要实行联动应对举措,定期或不定期多次发放网络线上调查问卷或调查表,及时了解教师的教学需求和学生的学习状态,比如课后广泛征集学生对该课的相关学习感受和意见,再有针对地反馈给任课教师,并且注意每日的跟进追踪,对处于不同区域、不同环境和状况下的师生进行分类,及时处理线上教学相关问题;此外,针对不同的课程,有的课程适合用直播,而有的课程更适合录播,必须利用好每种网络学习平台的特点,不拘泥于某一个平台或某一种教学方式,根据实际需求有效综合多种形式的线上课堂;而对于大规模学生教学可以分批或互相监督管理,根据实际课堂管理需求,为教师维持良好课堂秩序提供相应的教学助理或教学辅助。尤其需要引起各个高校关注的是,各高校应当建立公

共卫生安全预警和应对机制，引入并更新现代化信息技术，并注意其在高校教育领域的广泛推广和运用，提高高校信息化教学能力和教学管理的效率，实现优秀教学课件和资源的共建共享，避免产生教学资源的浪费，同时线上线下教学优势互补，实现教学效果最大化。

3.提高学生自主学习能力，引导学生自主学习和小组合作学习

线上教学最大的缺点便是少了人文相处和关怀，师生之间隔着一层屏幕，双方的实时互动性相对减弱了不少，教师没办法根据学生的表情和状态及时调整教学方向，学生也无法得到疑难问题的单独指导和解决，很难缓解改善教师对着屏幕干巴讲解和学生对着屏幕提不起精神的情况。因此，要注意改变形式别样的"满堂灌"教学，广泛征集不同学科、不同类型教师的教学意见，科学选择和构建网络学习平台，鼓励线上教学形式的积极探索和创新，并大胆在实践中获得检验；采用线上互动研讨或提供材料供学生自学的方式，恰当安排线上教学内容，合理组织授课、答疑和讨论等环节，使得教学内容更丰富，教学时间更紧凑，教学满意度更高；还可以充分利用现代化技术，对学生的学习和自我管理过程进行监督。另外，教学管理者还可以鼓励组织学生开展线上合作学习小组，同学之间互相交流学习，不仅能产生思想碰撞，进行相互评价与指正，而且还能增进同学间的情感交流，提高学生群体的学习积极性和凝聚力，也减缓因长期居家学习产生的心理不适。

4.转变传统教学管理思维，使之与线上教学管理模式相匹配

本次调查研究中讨论四大因素对线上教学效果的重要影响，不难看出，除了四大因素之间存在明显的相互作用关系之外，关于线上教学评价状况也会对四种因素产生作用，尤其是线上教学的正面评价对四种因素均存在正相关关系，而线上教学的负面评价也与"技术和政策支持"因素存在正相关关系。这些方面一定程度上也成为此次线上教学调整策略和实施改革的依据之一。因此，线上教学管理必须在教与学跨越时空的现状下注重对教学效果的诊断，实时对学生的学情、教师教学效果进行追踪记录，以此作为教学管理改进的重要依据。在此基础上，教学管理人员应加强教学监督和指导，构建线上教学质量评估体系，综合教师教学质量评价、学生学习质量评价、教学设计质量评价、教学管理质量评价等多方面评价，强化线上教学质量保障体系，为线上教学提供良好的保障。此外，在这场线上教育改革的实战中，教学管理人员作为引导者和维护者，也必须转变传统教学管理思维，在教学工作、教务指导、学生管理、课程设计、成绩管理等方面，树立全面和灵活的线上教学管理理念，使之能与线上教学新模式相匹配。

## 第三节 线上教学面临的问题、挑战与应对

### 一、问题提出

本节研究选择从高校教学管理层面切入,基于高校教学管理人员视角探讨当前线上教学存在的问题,了解高校线上教学管理面临的挑战,提出相应的应对策略以提升高校教学管理效率和水平,以期为保障线上教学提供切实可靠的实施路径。

### 二、样本来源

本节样本同本章首节。根据本节研究需要,选取有效问卷 353 份。具体样本特征见表 8-3-1。

表 8-3-1 被试基本情况($n=353$)

| 项目 | 水平 | 数量(人) | 占比(%) |
|---|---|---|---|
| 性别 | 男 | 159 | 45.04 |
|  | 女 | 194 | 54.96 |
| 年龄 | 30 岁以下 | 26 | 7.37 |
|  | 30~35 岁 | 55 | 15.58 |
|  | 36~40 岁 | 83 | 23.51 |
|  | 41~45 岁 | 67 | 18.98 |
|  | 46~50 岁 | 53 | 15.01 |
|  | 51~55 岁 | 38 | 10.76 |
|  | 56 岁及以上 | 31 | 8.78 |
| 管理层级 | 学校管理人员 | 195 | 55.24 |
|  | 学院管理人员 | 158 | 44.76 |

续表

| 项目 | 水平 | 数量（人） | 占比（%） |
|---|---|---|---|
| 高校类型 | 新建本科院校 | 130 | 36.83 |
|  | 普通老本科院校 | 123 | 34.84 |
|  | 一流大学建设高校 | 30 | 8.50 |
|  | 一流学科建设高校 | 70 | 19.83 |
| 所在学校本学期使用线上的课程门数 | 100 门以内 | 146 | 41.36 |
|  | 101～500 门 | 53 | 15.01 |
|  | 501～2000 门 | 78 | 22.10 |
|  | 2000 人以上 | 76 | 21.53 |
| 所在学校本学期开展线上学习的学生数 | 2000 人以内 | 145 | 41.08 |
|  | 2001～20000 人 | 146 | 41.36 |
|  | 20000 人以上 | 62 | 17.56 |
| 所在学校本学期开展线上教学的教师数 | 500 人以内 | 227 | 64.31 |
|  | 501～1000 人 | 64 | 18.13 |
|  | 1000 人以上 | 62 | 17.56 |
| 疫情前所在学校有无教学平台 | 有 | 302 | 85.55 |
|  | 无 | 51 | 14.45 |
| 疫情前所在学校线上教学的使用频率 | 没有或较少使用 | 176 | 49.86 |
|  | 部分使用 | 133 | 37.68 |
|  | 大规模使用 | 44 | 12.46 |
| 疫情前所在学校线上教学培训和服务频率 | 较少或不开展 | 218 | 61.76 |
|  | 经常开展 | 135 | 38.24 |

## 三、研究方法

研究主要使用分析软件 SPSS 对数据进行描述性统计、独立样本 $t$ 检验、单因素方差分析，并以 $p<0.05$ 为主研究讨论意义，其间也会辅之以 Excel。

基于研究目的，研究选取"基本信息""您认为目前线上教学存在的最主要问题是""您认为线上教学对学校最大的挑战是""疫情过后，您对继续采用线上教学的态度是"及"如继续采用线上教学,您认为最需要加强(或改进)的是"五方面数据作为分析材料,这五方面共 55 个项目数据的 α 系数为 0.938,超过 0.9,信度理想。KMO 值为 0.913,大于 0.9,Bartlett 球形检验对应的 $p$ 值为 0.000,结构效度理想。

在关于"您认为目前线上教学存在的最主要问题是什么"的题项下设"网络平台与技术服务支持""教师因素""学生因素""线上教学的学校政策支持"四个维度 18 个项目,采用 5 级计分,1＝"不赞成",2＝"不太赞成",3＝"一般",4＝"赞成",5＝"非常赞成",教学管理人员的评价分值越高,代表在其看来线上教学的该方面问题越突出。这 18 个项目的 α 系数为 0.944,说明内部一致性高,信度理想。再对 18 个项目进行因子分析,得到结果为 KMO 值 0.936,高于 0.9,并且 Bartlett 球形检验对应的 $p$ 值为 0.000,共提取出四个因子(自行设置抽取因子数量为 4 个),累计方差解释率为 71.850%,且每个因子旋转后的方差解释率均在 15% 以上,具有较好解释率,整个部分效度很好。

在关于"您认为线上教学对学校最大的挑战是什么"的题项下设"网络平台与技术服务""教师管理""学生管理""学校线上教学管理水平与能力"四个维度共 12 个项目,亦采用 5 级计分,从 1＝"不赞成"到 5＝"非常赞成",项目评价分值越高代表教学管理人员对大规模线上教学面临的挑战与冲击越大。此 12 个项目的 α 系数为 0.954,信度颇高。再对 12 个项目进行因子分析,得到结果为 KMO 值 0.923,大于 0.9,并且 Bartlett 球形检验对应的 $p$ 值为 0.000,共提取出四个因子(自行设置抽取因子数量为 4 个),累计方差解释率为 86.269%,且每个因子旋转后的方差解释率均在 18% 以上,具有较好的解释率,整个部分效度理想。

"疫情过后,您对继续采用线上教学的态度如何"设置了"采用线上教学""采用'线上＋线下'混合式教学""采用线下教学"三种教学模式的态度调查。采用五级计分,从 1 到 5 分别代表"不使用""少部分使用""一般""部分使用""大规模使用"。对这三个项目做信度分析,得到的 α 系数为 0.234,信度水平低。但是考虑到这部分所设的三个项目是为了解高校教学管理人员对三种不同的教学模式的倾向性和态度,所以三个项目之间难以聚合度或者说显示出低的内部一致性反而是符合问题逻辑的。

对"如继续采用线上教学,您认为最需要加强(或改进)的是什么"的调查下设"网络平台与技术服务支持""教师管理""学生管理""学校线上教学管理水平与能力"四个维度 14 个项目,采用 5 级计分,评价分值越高代表教学管理人员越赞成加强或改进。该部分 14 个项目的 α 系数为 0.945,信度水平颇高。再对 14 个项目进行因子分析,得到结果为 KMO 值 0.925,Bartlett 球形检验

对应的 $p$ 值为 0.000,共提取出四个因子(自行设置抽取因子数量为 4 个),累计方差解释率为 79.212%,且每个因子旋转后的方差解释率均在 15% 以上,具有较好的解释率,该部分整体效度理想。

## 四、研究结果

(一)高校线上教学存在的问题

1.描述性统计分析

(1)总体存在问题分析

在高校教学管理人员看来,疫情防控期间高校线上教学存在的主要问题有哪些呢?由图 8-3-1 显示的 18 个调查项目的均值排序可知,"部分教学内容不适合线上教学""网络速度及稳定性差""教学平台功能不完善及稳定性差""学生未养成线上学习的良好习惯(如按时上课、学习自律能力等)""学生自主学习能力弱"等问题位居前列。

| 项目 | 均值 |
|---|---|
| 没有课程助教或数量不足 | 3.28 |
| 学校对线上教学的政策支持不足 | 3.29 |
| 学生对教学平台和工具的不熟练 | 3.33 |
| 教师对教学的态度及精力投入不够 | 3.37 |
| 教师对教学平台和工具的不熟练 | 3.44 |
| 教师的教学空间环境及设备支持不足 | 3.49 |
| 教育评价方式方法不适合网上教学 | 3.50 |
| 学生的学习空间环境及终端设备支持不够 | 3.53 |
| 教学策略及教学方法不适应线上教学 | 3.58 |
| 线上技术服务支持跟不上 | 3.59 |
| 整体平均值 | 3.62 |
| 学生参与度不够 | 3.65 |
| 提供课程配套电子教学资源不足 | 3.67 |
| 课堂教学秩序不好把控 | 3.77 |
| 学生自主学习能力弱 | 3.82 |
| 学生未养成线上学习的良好习惯(如按时上课、学习自律能力等) | 3.84 |
| 教学平台功能不完善及稳定性差 | 3.95 |
| 网络速度及稳定性差 | 4.01 |
| 部分教学内容不适合线上教学 | 4.02 |

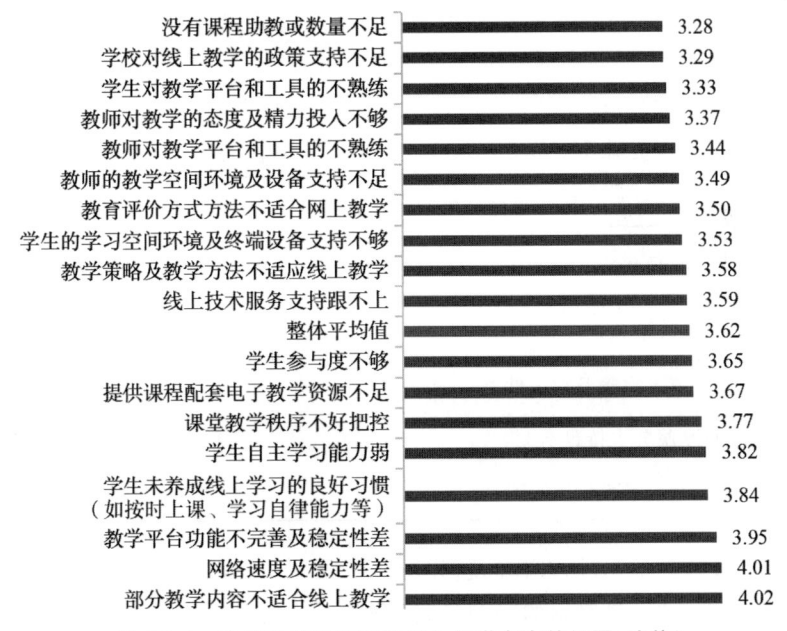

图 8-3-1 疫情防控期间高校线上教学存在的问题(均值)

这 18 个项目分属"网络平台与技术服务支持""教师因素""学生因素""线上教学的学校政策支持"等四个维度。从高校教学管理人员对现阶段线上教学存在问题的评价可以看出,"网络平台与技术服务支持"方面的问题最为突出,其平均分(3.81±0.82)超过理论中值,即超过3分。对"网络平台与技术服务支持"评价高于理论中值的调查对象有278人,占总调查人数的78.75%。其后是"学生学习"(3.63±0.87)、"教师教学"(3.56±0.78)、"学校对线上教学的政策支持"(3.29±1.11),平均分均超过3分(见表8-3-2)。

表8-3-2 疫情防控期间高校线上教学存在的问题($n=353$)

| 项目 | 均值 | 标准差 | 评价超过3分的人数(占比) |
| --- | --- | --- | --- |
| 网络平台与技术服务支持 | 3.81 | 0.82 | 278(78.75%) |
| 教师教学 | 3.56 | 0.78 | 271(76.77%) |
| 学生学习 | 3.63 | 0.87 | 261(73.94%) |
| 学校对线上教学的政策支持 | 3.29 | 1.11 | 149(42.21%) |

(2)网络平台与技术服务支持存在问题分析

"网络平台与技术服务支持"中最突出的问题是"网络速度及稳定性差"(4.01±0.91)。该问题的评价均值在整个高校线上教学问题调查中居于第二,是高校线上教学问题调查中评价均值超过4分的一个问题。除"网络速度及稳定性差"以外,"教学平台功能不完善及稳定性差"(3.95±0.97)、"提供课程配套电子教学资源不足"(3.67±0.97)等问题也较为突出(见表8-3-3)。

表8-3-3 "网络平台与技术服务支持"存在的问题($n=353$)

| 项目 | 均值 | 标准差 | 评价超过3分的人数(占比) |
| --- | --- | --- | --- |
| 网络速度及稳定性差 | 4.01 | 0.91 | 255(72.24%) |
| 教学平台功能不完善及稳定性差 | 3.95 | 0.97 | 254(71.95%) |
| 线上技术服务支持跟不上 | 3.59 | 1.02 | 203(57.51%) |
| 提供课程配套电子教学资源不足 | 3.67 | 0.97 | 214(60.62%) |

(3)"教师教学"方面存在问题分析

"教师教学"中最突出的问题是"部分教学内容不适合线上教学"(4.02±0.89),这也是从教学管理人员视角认为高校线上教学最突出的问题。其次,比较突出的问题还有"课堂教学秩序不好把控"(3.77±0.99)、"教学策略及教学方法不适应线上教学"(3.58±1.05)、"教育评价方式方法不适合网上教学"(3.50±1.06)等(见表8-3-4)。

表 8-3-4 "教师教学"存在的问题($n=353$)

| 项目 | 均值 | 标准差 | 评价超过 3 分的人数(占比) |
| --- | --- | --- | --- |
| 部分教学内容不适合线上教学 | 4.02 | 0.89 | 276(78.19%) |
| 教师对教学的态度及精力投入不够 | 3.37 | 1.15 | 178(50.42%) |
| 教学策略及教学方法不适应线上教学 | 3.58 | 1.05 | 202(57.22%) |
| 教育评价方式方法不适合网上教学 | 3.50 | 1.06 | 189(53.54%) |
| 课堂教学秩序不好把控 | 3.77 | 0.99 | 243(68.84%) |
| 没有课程助教或数量不足 | 3.28 | 1.06 | 148(41.93%) |
| 教师对教学平台和工具的不熟练 | 3.44 | 1.05 | 190(53.82%) |
| 教师的教学空间环境及设备支持不足 | 3.49 | 1.04 | 192(54.39%) |

(4)"学生学习"方面存在问题分析

"学生未养成线上学习的良好习惯(如按时上课、学习自律能力等)"($3.84\pm1.00$)和"学生自主学习能力弱"($3.82\pm1.00$)是"学生学习"中最突出的两个问题。其次是"学生参与度不够"($3.65\pm1.09$)、"学生的学习空间及终端设备支持不够"($3.53\pm0.96$)等问题(见表 8-3-5)。

表 8-3-5 "学生学习"存在的问题($n=353$)

| 项目 | 均值 | 标准差 | 评价超过 3 分的人数(占比) |
| --- | --- | --- | --- |
| 学生对教学平台和工具的不熟练 | 3.33 | 1.03 | 156(44.19%) |
| 学生参与度不够 | 3.65 | 1.09 | 217(61.47%) |
| 学生自主学习能力弱 | 3.82 | 1.00 | 243(68.84%) |
| 学生未养成线上学习的良好习惯(如按时上课、学习自律能力等) | 3.84 | 1.00 | 249(70.54%) |
| 学生的学习空间及终端设备支持不够 | 3.53 | 0.96 | 181(51.27%) |

(5)"学校对线上教学的政策支持"方面存在问题分析

"学校对线上教学的政策支持"方面只涵盖一个项目,即"学校对线上教学的政策支持不足"。该项目评价均值($3.29\pm1.11$),超过 3 分,对该项目评价超过 3 分的人数为 149 人,人数相对来说较少(见表 8-3-6)。

表 8-3-6 "学校对线上教学的政策支持"存在的问题($n=353$)

| 项目 | 均值 | 标准差 | 评价超过 3 分的人数(占比) |
| --- | --- | --- | --- |
| 学校对线上教学的政策支持不足 | 3.29 | 1.11 | 149(42.21%) |

### 2.差异性分析

(1)不同类型高校的教学管理人员对线上教学存在问题的评价比较

采用单因素方差分析对新建本科院校、普通老本科院校、一流大学建设高校、一流学科建设高校等四类高校教学管理人员受访者线上教学存在问题的评价进行比较。结果发现,不同高校管理人员对线上教学存在问题的总体评价、四个维度评价及具体项目评价上均不存在明显差异。

(2)不同层级教学管理人员对线上教学存在问题的评价比较

采用独立样本 $t$ 检验对学校和学院两个层级教学管理人员对线上教学存在问题的评价进行差异分析。结果发现,不同层级教学管理人员对线上教学存在问题的总体评价无明显差异。但在教师教学维度及部分具体项目上显示出差异性,具体是"教学平台功能不完善及稳定性差"($p<0.05$)、"教师对教学的态度及精力投入不够"($p<0.05$)、"教学策略及教学方法不适应线上教学"($p<0.01$)、"教育评价方式方法不适合网上教学"($p<0.05$)、"教师对教学平台和工具的不熟练"($p<0.05$)五个项目,并且都是学校管理人员的评价高于学院管理人员(见表 8-3-7)。

表 8-3-7 不同层级教学管理人员对线上教学存在问题评价差异分析($n=353$)

| 项目 | 学校管理人员<br>($n=195$)<br>$M\pm SD$ | 学院管理人员<br>($n=158$)<br>$M\pm SD$ | $t$ | $p$ |
| --- | --- | --- | --- | --- |
| 教师教学 | 3.63±0.77 | 3.47±0.79 | 1.895 | 0.059 |
| 教学平台功能不完善及稳定性差 | 4.07±0.90 | 3.80±1.03 | 2.526 | 0.012 |
| 教师对教学的态度及精力投入不够 | 3.49±1.19 | 3.23±1.08 | 2.071 | 0.039 |
| 教学策略及教学方法不适应线上教学 | 3.74±1.01 | 3.39±1.06 | 3.176 | 0.002 |
| 教育评价方式方法不适合网上教学 | 3.62±1.05 | 3.35±1.05 | 2.370 | 0.018 |
| 教师对教学平台和工具的不熟练 | 3.55±1.03 | 3.30±1.06 | 2.240 | 0.026 |

(3)服务不同课程规模的教学管理人员对线上教学存在问题的评价比较

①服务不同线上课程门数的教学管理人员对线上教学的评价比较

采用单因素方差分析对不同线上教学课程门数分组的教学管理人员对线上教学存在问题的评价进行差异性分析,发现不同线上教学课程门数规模分组的教学管理人员在总体评价、四个维度的评价无明显差异。但在部分具体项目评价显示出差异性,如在"教学策略及教学方法不适应线上教学"($p<0.10$)项

目上呈现出边缘性显著,具体表现为线上课程门数越多,评价越高;在"学生的学习空间及终端设备支持不够"($p<0.05$)项目评价存在显著性差异,表现为线上课程门数越少评价越高(见表8-3-8)。

表8-3-8 不同线上课程门数分组的教学管理人员对线上教学评价差异分析($n=353$)

| 项目 | 100门以内 ($n=146$) M±SD | 101~500门 ($n=53$) M±SD | 501~2000门 ($n=78$) M±SD | 2000门以上 ($n=76$) M±SD | F | p |
|---|---|---|---|---|---|---|
| 教学策略及教学方法不适应线上教学 | 3.41±1.04 | 3.68±0.96 | 3.69±0.98 | 3.72±1.17 | 2.214 | 0.086 |
| 学生的学习空间及终端设备支持不够 | 3.71±0.90 | 3.43±1.01 | 3.40±0.93 | 3.38±1.03 | 2.955 | 0.033 |

②服务教师数量不同的教学管理人员分组对线上教学的评价比较

采用单因素方差分析对服务不同教师数量的教学管理人员线上教学存在问题的评价进行差异性分析,发现在总体评价、四个维度的评价没有显示出明显差异,但在具体的"网络速度及稳定性差"($p<0.10$)、"学生的学习空间及终端设备支持不够"($p<0.10$)两个项目评价存在边缘性显著差异(见表8-3-9)。

表8-3-9 服务教师数量不同的教学管理人员对线上教学存在问题评价差异的分析($n=353$)

| 项目 | 500人以内 ($n=227$) M±SD | 501~1000人 ($n=64$) M±SD | 1000人以上 ($n=62$) M±SD | F | p |
|---|---|---|---|---|---|
| 网络速度及稳定性差 | 4.01±0.89 | 4.19±0.81 | 3.81±1.07 | 2.783 | 0.063 |
| 学生的学习空间及终端设备支持不够 | 3.61±0.94 | 3.42±0.92 | 3.34±1.04 | 2.405 | 0.092 |

③服务学生数量不同的教学管理人员对线上教学的评价比较

采用单因素方差分析对服务学生数量不同的教学管理人员线上教学存在

问题的评价进行差异性分析,发现在总体评价上没有显示出明显差异,但在"学校对线上教学的政策支持"($p<0.10$)维度呈现边缘性显著。18个项目中,"教学策略及教学方法不适应线上教学"($p<0.05$)、"教育评价方式方法不适网上教学"($p<0.10$)、"学校对线上教学的政策支持不足"($p<0.10$)三个项目存在不同水平的差异性(见表 8-3-10)。

表 8-3-10　服务学生数量的不同教学管理人员对线上教学评价差异的分析($n=353$)

| 项目 | 2000 人以内 ($n=145$) $M\pm SD$ | 2001~20000 人 ($n=146$) $M\pm SD$ | 20000 人以上 ($n=62$) $M\pm SD$ | F | p |
|---|---|---|---|---|---|
| 学校对线上教学的政策支持 | 3.34±1.10 | 3.36±1.07 | 3.00±1.21 | 2.558 | 0.079 |
| 教学策略及教学方法不适应线上教学 | 3.42±1.04 | 3.73±1.03 | 3.60±1.08 | 3.267 | 0.039 |
| 教育评价方式方法不适合网上教学 | 3.34±1.04 | 3.60±1.03 | 3.65±1.10 | 3.021 | 0.050 |
| 学校对线上教学的政策支持不足 | 3.34±1.095 | 3.36±1.075 | 3.00±1.215 | 2.558 | 0.079 |

(4)疫情之前线上教学不同准备高校的教学管理人员对线上教学评价比较

①疫情之前其所在学校有无教学平台(或教学资源库)的教学管理人员对线上教学存在问题的评价比较

采用独立样本 $t$ 检验对疫情之前其所在学校有无教学平台(或教学资源库)的教学管理人员对线上教学存在问题上的评价进行差异性分析发现,总体评价、四个维度评价均无明显差异。但在"课堂教学秩序不好把控"($p<0.10$)、"没有课程助教或数量不足"($p<0.10$)、"学生对教学平台和工具的不熟练"($p<0.10$)、"学生参与度不够"($p<0.10$)、"学生自主学习能力弱"($p<0.10$)等五个项目呈现边缘性显著差异。这五个项目的评价均是无教学平台组高于有教学平台组(见表 8-3-11)。

表 8-3-11　疫情之前其所在学校有无教学平台(或教学资源库)的教学管理人员对线上教学存在问题评价的差异分析($n=353$)

| 项目 | 有教学平台组<br>($n=302$)<br>$M\pm SD$ | 无教学平台组<br>($n=51$)<br>$M\pm SD$ | $t$ | $p$ |
| --- | --- | --- | --- | --- |
| 课堂教学秩序不好把控 | 3.74±1.01 | 3.96±0.85 | −1.707 | 0.092 |
| 没有课程助教或数量不足 | 3.24±1.06 | 3.55±0.99 | −1.948 | 0.052 |
| 学生对教学平台和工具的不熟练 | 3.42±1.07 | 3.55±0.92 | −1.682 | 0.093 |
| 学生参与度不够 | 3.61±1.09 | 3.88±1.07 | −1.678 | 0.094 |
| 学生自主学习能力弱 | 3.78±1.00 | 4.04±0.96 | −1.686 | 0.093 |

②疫情之前其所在学校线上教学使用频率不同的教学管理人员对线上教学的评价比较

根据教学管理人员反馈的疫情之前其所在学校线上教学使用频率,将其分为没有或较少使用组、部分使用组和大规模使用组。采用单因素方差分析对三组教学管理人员线上教学存在问题上的评价进行差异性分析,发现在总体评价、四个维度、具体项目上均无明显差异。

③疫情之前其所在学校开展线上教学培训和服务频率不同的教学管理人员对线上教学存在问题的评价比较

根据管理人员反馈,将其分为"疫情之前较少或不开展线上教学培训和服务"和"疫情前经常开展线上教学培训和服务"两个组。采用独立样本 $t$ 检验对两组教学管理人员线上教学存在问题的评价进行差异性分析,发现在总体评价、四个维度上无显著性差异,在"提供课程配套电子教学资源不足""教师对教学的态度及精力投入不够"两个项目上呈现 0.10 水平的边缘性显著差异(见表 8-3-12)。

表 8-3-12　疫情之前其所在学校开展线上教学培训和服务频率不同的教学管理人员对线上教学存在问题评价差异的分析($n=353$)

| 项目 | 较少或不开展<br>线上教学培训<br>($n=218$)<br>$M\pm SD$ | 经常开展线上<br>教学培训和服务<br>($n=135$)<br>$M\pm SD$ | $t$ | $p$ |
| --- | --- | --- | --- | --- |
| 提供课程配套电子教学资源不足 | 3.75±0.91 | 3.55±1.05 | 1.866 | 0.063 |
| 教师对教学的态度及精力投入不够 | 3.28±1.12 | 3.53±1.18 | −1.968 | 0.050 |

## (二)线上教学管理面临的挑战

### 1.描述性统计分析

**(1)总体教学管理面临的挑战**

疫情之下,高校线上教学管理面临着怎样的挑战呢?由图 8-3-2 显示的 12 个调查项目的均值排序可知,"学生自律能力,线上学习行为和习惯的养成""学生自主学习能力""教师教学方法和教学习惯的改变""教师教育理念的转变""教师线上教学的组织管理能力"等面临的挑战分别排前五。

| 项目 | 均值 |
|---|---|
| 技术队伍的服务保障能力 | 4.11 |
| 网络设备平台等条件支撑 | 4.17 |
| 学校教学管理组织结构、流程的重组和优化 | 4.19 |
| 线上课程教学资源的引进或开发 | 4.22 |
| 学校线上教学的组织管理能力 | 4.23 |
| 线上教学的政策保障 | 4.24 |
| 学校线上教学质量监控能力和监控体系建设 | 4.26 |
| 整体平均值 | 4.29 |
| 教师线上教学的组织管理能力 | 4.34 |
| 教师教育理念的转变 | 4.40 |
| 教师教学方法和教学习惯的改变 | 4.43 |
| 学生自主学习能力 | 4.46 |
| 学生自律能力,线上学习行为和习惯的养成 | 4.47 |

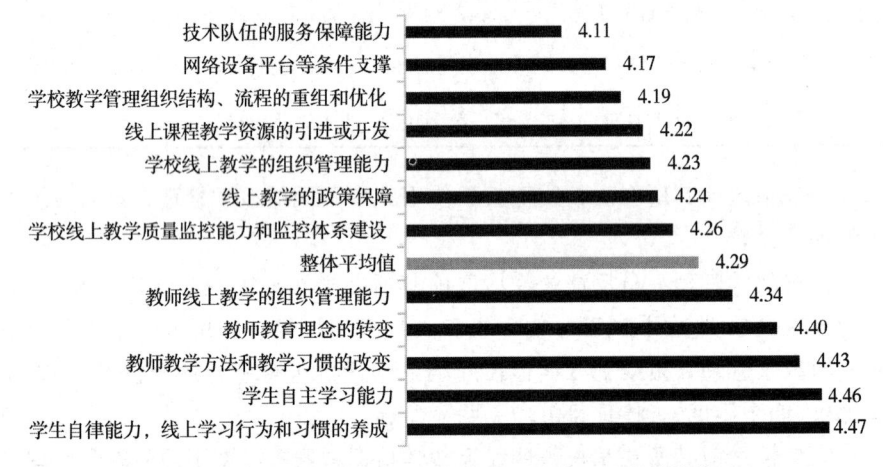

**图 8-3-2  疫情防控期间高校线上教学管理面临的挑战**

这 12 个调查项目可划归为"网络平台与技术服务""教师管理""学生管理""学校线上教学管理水平与能力"四个维度。从高校教学管理人员的评价来看,"学生管理"方面受线上教学的冲击最大,其评价均值为 4.47±0.69,评价超过 3 分的人数有 332 人,占总体调查对象的 94.05%。其后依次是:"教师管理"(4.39±0.71)、"学校线上教学管理能力"(4.23±0.73)、"网络平台与技术服务支持"(4.17±0.81),见表 8-3-13。可以看见,"学生管理"等以上四个方面的均值均超过 4 分,一定程度上说明疫情"倒逼"而来的教学改革使高校教学管理部门面临着来自方方面面的挑战。

**表 8-3-13  疫情防控期间高校线上教学管理面临的挑战($n=353$)**

| 项目 | 均值 | 标准差 | 评价超过 3 分的人数(占比) |
|---|---|---|---|
| 网络平台与技术服务支持 | 4.17 | 0.81 | 313(88.67%) |
| 教师管理 | 4.39 | 0.71 | 329(93.20%) |
| 学生管理 | 4.47 | 0.69 | 332(94.05%) |
| 学校线上教学管理能力 | 4.23 | 0.73 | 325(92.07%) |

(2)"网络平台与技术服务支持"方面面临的挑战

基于高校教学管理人员的认知感受,"网络平台与技术服务支持"方面面临的最大挑战是"线上课程教学资源的引进或开发"(4.22±0.89),其次是"网络设备平台等条件支撑"(4.17±0.89)等(见表8-3-14)。

表8-3-14 "网络平台与技术服务支持"面临的挑战($n=353$)

| 项目 | 均值 | 标准差 | 评价超过3分的人数(占比) |
| --- | --- | --- | --- |
| 网络设备平台等条件支撑 | 4.17 | 0.89 | 285(80.74%) |
| 技术队伍的服务保障能力 | 4.11 | 0.88 | 280(79.32%) |
| 线上课程教学资源的引进或开发 | 4.22 | 0.89 | 298(84.42%) |

(3)"教师管理"方面面临的挑战

"教师管理"方面面临的最大挑战来自"教师教学方法和教学习惯的改变"(4.43±0.72)。"教师教育理念的转变"(4.40±0.77)、"教师线上教学的组织管理能力"(4.34±0.78)等也直面挑战(见表8-3-15)。

表8-3-15 "教师管理"面临的挑战($n=353$)

| 项目 | 均值 | 标准差 | 评价超过3分的人数(占比) |
| --- | --- | --- | --- |
| 教师教育理念的转变 | 4.40 | 0.77 | 317(89.80%) |
| 教师教学方法和教学习惯的改变 | 4.43 | 0.72 | 326(92.35%) |
| 教师线上教学的组织管理能力 | 4.34 | 0.78 | 314(88.95%) |

(4)"学生管理"方面面临的挑战

高校教学管理人员对"学生自律能力,线上学习行为和习惯的养成""学生自主学习能力"的评价均值分别为(4.47±0.71)、(4.46±0.72),居于整个"疫情防控期间高校线上教学管理面临的挑战"调查的12个项目的前两位,对两者评价高于3分的人数均超过总人数的90%(见表8-3-16)。

表8-3-16 "学生管理"面临的挑战($n=353$)

| 项目 | 均值 | 标准差 | 评价超过3分的人数(占比) |
| --- | --- | --- | --- |
| 学生自主学习能力 | 4.46 | 0.72 | 329(93.20%) |
| 学生自律能力,线上学习行为和习惯的养成 | 4.47 | 0.71 | 327(92.63%) |

### (5)"学校线上教学管理能力"方面面临的挑战

大规模线上教学对"学校线上教学质量监控能力和监控体系建设"(4.26±0.81)带来了不小的冲击,与之相关的"线上教学的政策保障"(4.24±0.81)、"学校线上教学的组织管理能力"(4.23±0.82)、"学校教学管理组织结构、流程的重组和优化"(4.19±0.80)等多方面亦是如此(见表8-3-17)。

表8-3-17 "学校线上教学管理能力"面临的挑战($n=353$)

| 项目 | 均值 | 标准差 | 评价超过3分的人数(占比) |
| --- | --- | --- | --- |
| 学校线上教学的组织管理能力 | 4.23 | 0.82 | 302(85.55%) |
| 学校线上教学质量监控能力和监控体系建设 | 4.26 | 0.81 | 305(86.40%) |
| 学校教学管理组织结构、流程的重组和优化 | 4.19 | 0.80 | 292(82.72%) |
| 线上教学的政策保障 | 4.24 | 0.81 | 293(83.00%) |

### 2.差异性分析

(1)不同类型高校的教学管理人员对线上教学管理面临挑战的评价比较

采用单因素方差分析对不同高校教学管理人员在线上教学管理面临挑战的评价差异进行比较。结果发现,不同高校管理人员对线上教学管理所面临的挑战在总体评价、四个维度评价及具体项目评价均不存在明显差异。

(2)不同管理层级的教学管理人员对线上教学管理面临挑战的评价比较

采用独立样本$t$检验对学校教学管理人员、学院教学管理人员对线上教学管理面临挑战的评价进行差异性分析。结果发现,不同管理层级教学管理人员对线上教学管理面临挑战的总体评价上无明显差异。但在"教师管理"($p<0.05$)及"教师教育理念的转变"($p<0.05$)、"教师教学方法和教学习惯的改变"($p<0.10$)、"教师线上教学的组织管理能力"($p<0.01$)三个具体项目呈现不同水平的差异,并且都是学校管理人员的评价高于学院管理人员(见表8-3-18)。

表8-3-18 不同层级教学管理人员对线上教学管理面临挑战评价的差异分析($n=353$)

| 项目 | 学校管理人员<br>($n=195$)<br>$M\pm SD$ | 学院管理人员<br>($n=158$)<br>$M\pm SD$ | $t$ | $p$ |
| --- | --- | --- | --- | --- |
| 教师管理 | 4.47±0.73 | 4.30±0.66 | 2.198 | 0.029 |
| 教师教育理念的转变 | 4.49±0.78 | 4.28±0.75 | 2.537 | 0.012 |
| 教师教学方法和教学习惯的改变 | 4.49±0.78 | 4.36±0.63 | 1.711 | 0.088 |
| 教师线上教学的组织管理能力 | 4.41±0.79 | 4.25±0.75 | 1.902 | 0.058 |

(3)不同线上教学管理规模的教学管理人员对线上教学管理面临挑战的评价比较

①服务不同线上课程门数的教学管理人员对线上教学管理面临挑战的评价比较

采用单因素方差分析对不同线上课程门数分组的教学管理人员对线上教学管理面临挑战的评价进行差异性分析,发现不同线上课程门数分组的教学管理人员在总体评价无明显差异。但在"教师管理"($p<0.05$),"教师教育理念的转变"($p<0.01$)、"教师教学方法和教学习惯的改变"($p<0.05$)、"学校线上教学质量监控能力和监控体系建设"($p<0.10$)三个具体项目存在不同程度的差异性(见表 8-3-19)。

表 8-3-19　不同线上课程门数分组的教学管理人员对线上教学管理面临的挑战评价的差异分析($n=353$)

| 项目 | 100 门以内 ($n=146$) $M\pm SD$ | 101~500 门 ($n=53$) $M\pm SD$ | 501~2000 门 ($n=78$) $M\pm SD$ | 2000 门以上 ($n=76$) $M\pm SD$ | F | p |
|---|---|---|---|---|---|---|
| 教师管理 | 4.26±0.72 | 4.45±0.60 | 4.55±0.53 | 4.43±0.86 | 3.161 | 0.025 |
| 教师教育理念的转变 | 4.23±0.81 | 4.49±0.61 | 4.62±0.54 | 4.43±0.93 | 4.770 | 0.003 |
| 教师教学方法和教学习惯的改变 | 4.32±0.72 | 4.45±0.64 | 4.59±0.57 | 4.49±0.87 | 2.729 | 0.044 |
| 学校线上教学质量监控能力和监控体系建设 | 4.13±0.85 | 4.34±0.73 | 4.37±0.67 | 4.36±0.91 | 2.275 | 0.080 |

②服务不同教师数量的教学管理人员对线上教学管理面临挑战的评价比较

采用单因素方差分析对服务不同教师数量的教学管理人员对线上教学管理面临挑战的评价进行差异性分析,发现在总体评价、四个维度评价、具体项目评价均没有显示出明显差异。

③服务学生数量不同的教学管理人员对线上教学管理面临挑战的评价比较

由表 8-3-20 可知,服务不同学生数量的教学管理人员对线上教学管理面临挑战的评价存在多处差异,具体表现为总体上($p<0.10$)存在边缘性显著差异,在"教师管理"($p<0.05$)、"学校线上教学管理水平与能力"($p<0.10$)、"教

师教育理念的转变"($p<0.001$)、"教师教学方法和教学习惯的改变"($p<0.01$)、"教师线上教学的组织管理能力"($p<0.05$)、"学校线上教学质量监控能力和监控体系建设"($p<0.05$)存在不同程度的差异。

表8-3-20 服务学生数量不同的教学管理人员对线上教学管理面临挑战评价的差异分析($n=353$)

| 项目 | 2000人以内<br>($n=145$)<br>$M\pm SD$ | 2001~20000人<br>($n=146$)<br>$M\pm SD$ | 20000人以上<br>($n=62$)<br>$M\pm SD$ | F | p |
| --- | --- | --- | --- | --- | --- |
| 总体评价 | 4.23±0.64 | 4.39±0.57 | 4.24±0.83 | 2.457 | 0.087 |
| 教师管理 | 4.26±0.70 | 4.54±0.60 | 4.35±0.88 | 6.163 | 0.002 |
| 学校线上教学管理水平与能力 | 4.15±0.73 | 4.33±0.66 | 4.18±0.87 | 2.392 | 0.093 |
| 教师教育理念的转变 | 4.23±0.77 | 4.59±0.66 | 4.34±0.90 | 8.276 | 0.000 |
| 教师教学方法和教学习惯的改变 | 4.31±0.71 | 4.57±0.62 | 4.40±0.90 | 4.840 | 0.008 |
| 教师线上教学的组织管理能力 | 4.23±0.79 | 4.47±0.67 | 4.31±0.93 | 3.560 | 0.029 |
| 学校线上教学质量监控能力和监控体系建设 | 4.12±0.83 | 4.40±0.72 | 4.27±0.93 | 4.632 | 0.010 |

(4)疫情之前所在学校线上教学准备程度不同的教学管理者对线上教学管理面临挑战的评价比较

①疫情之前其所在学校有无教学平台(或教学资源库)的教学管理人员对线上教学管理面临挑战的评价比较

采用独立样本$t$检验对疫情之前其所在学校有无教学平台的教学管理人员对线上教学管理面临挑战时的评价进行差异性分析发现,在总体评价、四个维度及各项目评价均无明显差异。

②疫情之前其所在学校线上教学使用频率不同的教学管理人员对线上教学管理面临挑战的评价比较

采用单因素方差分析对没有或较少使用组、部分使用组和大规模使用组教学管理人员线上教学管理面临挑战上的评价进行差异性分析,发现在总体评价、四个维度评价无显著性差异,但在"教师教学方法和教学习惯的改变"($p<0.10$)、"学生自主学习能力"($p<0.05$)评价表现为没有或较少使用组评价高于部分使用组高于大规模使用组(见表8-3-21)。

表 8-3-21 疫情之前其所在学校线上教学使用频率不同的教学管理人员对线上教学管理面临挑战评价的差异分析($n=353$)

| 项目 | 没有或较少使用组($n=176$) $M\pm SD$ | 部分使用组($n=133$) $M\pm SD$ | 大规模使用组($n=44$) $M\pm SD$ | $F$ | $p$ |
| --- | --- | --- | --- | --- | --- |
| 教师教学方法和教学习惯的改变 | $4.47\pm0.71$ | $4.46\pm0.69$ | $4.20\pm0.82$ | 2.572 | 0.078 |
| 学生自主学习能力 | $4.51\pm0.68$ | $4.50\pm0.67$ | $4.20\pm0.93$ | 3.341 | 0.037 |

③疫情之前其所在学校开展线上教学培训和服务频率不同的教学管理人员对线上教学管理面临挑战的评价比较

采用独立样本 $t$ 检验对疫情之前较少或不开展线上教学培训和服务组和疫情前经常开展线上教学培训和服务组线上教学管理面临挑战时的评价进行比较，发现在总体、四个维度、具体项目上均无明显差异。

(三)对线上教学的态度及改进意见

1.高校教学管理人员对继续实施线上教学的态度

(1)描述性统计分析

如图 8-3-3、表 8-3-22 显示，疫情过后，教学管理者表示"采用线下教学"的态度均值最高(4.28)，且持明显支持态度的人数占总人数的 94.62%；"采用'线上+线下'混合式教学"的态度均值次之(4.20)；而继续"采用线上教学"的态度均值最低(3.61)。

| | |
| --- | --- |
| 采用线下教学 | 4.28 |
| 采用"线上+线下"混合式教学 | 4.20 |
| 采用线上教学 | 3.61 |

图 8-3-3 高校教学管理人员对继续实施线上教学的态度(均值)

表 8-3-22 高校教学管理人员对继续实施线上教学的态度($n=353$)

| 项目 | 均值 | 标准差 | 评价超过3分的人数(占比) |
| --- | --- | --- | --- |
| 采用线上教学 | 3.61 | 0.86 | 292(82.72%) |
| 采用"线上+线下"混合式教学 | 4.20 | 0.83 | 330(93.48%) |
| 采用线下教学 | 4.28 | 0.86 | 334(94.62%) |

(2)差异性分析

①不同类型高校的教学管理人员对继续实施线上教学态度评价的比较

采用单因素方差分析对不同高校教学管理人员对继续实施线上教学的态度进行比较。结果发现,不同类型高校管理人员在"采用线上教学""采用'线上+线下'混合式教学""采用线下教学"均不存在显著差异。进一步对比数据还可以发现,四类高校均是"采用线下教学"的意愿强于"采用'线上+线下'混合式教学"强于继续"采用线上教学"。在继续"采用线上教学"的态度上,来自普通老本科高校教学管理人员的支持度稍高于其他类型院校,而一流学科建设高校教学管理人员支持意愿最低;在"采用'线上+线下'混合式教学"和"采用线下教学"上,一流学科建设高校的教学管理人员意愿则相对比较高(见表8-3-23)。

表8-3-23 不同类型高校教学管理人员对继续实施线上教学态度的差异分析($n=353$)

| 项目 | 新建本科院校<br>($n=130$)<br>$M\pm SD$ | 普通老本科院校<br>($n=123$)<br>$M\pm SD$ | 一流大学建设高校<br>($n=30$)<br>$M\pm SD$ | 一流学科建设高校<br>($n=70$)<br>$M\pm SD$ | $F$ | $p$ |
|---|---|---|---|---|---|---|
| 采用线上教学 | 3.57±0.84 | 3.74±0.77 | 3.60±0.89 | 3.47±1.02 | 1.651 | 0.177 |
| 采用"线上+线下"混合式教学 | 4.16±0.85 | 4.21±0.83 | 4.20±0.81 | 4.27±0.78 | 0.273 | 0.845 |
| 采用线下教学 | 4.26±0.88 | 4.28±0.78 | 4.30±0.88 | 4.33±0.97 | 0.098 | 0.961 |

②不同管理层级的教学管理人员对继续实施线上教学态度的评价比较

采用独立样本$t$检验对校级教学管理人员、院级教学管理人员对继续实施线上教学的态度差异进行比较发现,在疫情之后继续"采用线上教学"的态度存在差异($p<0.10$),具体表现为校级管理人员的支持态度高于院级管理人员。此外,两个管理层级的教学管理人员均是继续"采用线下教学"的意愿高于"采用'线上+线下'混合式教学""采用线上教学"(见表8-3-24)。

表8-3-24 不同管理层级教学管理人员对继续实施线上教学态度的差异分析($n=353$)

| 项目 | 学校管理人员<br>($n=195$)<br>$M\pm SD$ | 学院管理人员<br>($n=158$)<br>$M\pm SD$ | $t$ | $p$ |
|---|---|---|---|---|
| 采用线上教学 | 3.69±0.81 | 3.52±0.91 | 1.814 | 0.071 |
| 采用"线上+线下"混合式教学 | 4.24±0.81 | 4.16±0.84 | 0.938 | 0.349 |
| 采用线下教学 | 4.33±0.84 | 4.22±0.89 | 1.212 | 0.226 |

②管理不同线上课程门数的教学管理人员对继续实施线上教学态度的评价比较

采用单因素方差分析对不同线上课程门数分组的教学管理人员对继续实施线上教学的态度差异进行比较发现,四类主体在"采用'线上+线下'混合式教学"的态度上具有差异($p<0.10$),具体表现为开设线上课程101门以上的教学管理者意愿高于开设线上课程100门以内的教学管理者(见表8-3-25)。

表8-3-25 不同线上课程门数分组的教学管理人员对继续实施线上教学态度的差异分析($n=353$)

| 项目 | 100门以内<br>($n=146$)<br>$M\pm SD$ | 101~500门<br>($n=53$)<br>$M\pm SD$ | 501~2000门<br>($n=78$)<br>$M\pm SD$ | 2000门以上<br>($n=76$)<br>$M\pm SD$ | $F$ | $p$ |
|---|---|---|---|---|---|---|
| 采用线上教学 | 3.58±0.89 | 3.47±0.97 | 3.71±0.74 | 3.68±0.82 | 1.045 | 0.373 |
| 采用"线上+线下"混合式教学 | 4.06±0.90 | 4.34±0.81 | 4.27±0.83 | 4.32±0.64 | 2.592 | 0.053 |
| 采用线下教学 | 4.21±0.92 | 4.32±0.78 | 4.33±0.75 | 4.36±0.92 | 0.692 | 0.557 |

④服务教师数量不同的教学管理人员对继续实施线上教学态度的评价比较

服务教师数量不同的教学管理人员在"采用'线上+线下'混合式教学"的态度上存在着差异($p<0.10$),具体表现为服务500人以上线上教学教师的教学管理者的支持态度高于服务500位以内的(见表8-3-26)。

表8-3-26 服务教师数量不同的教学管理人员对继续实施线上教学态度的差异分析($n=353$)

| 项目 | 500人以内<br>($n=227$)<br>$M\pm SD$ | 501~1000人<br>($n=64$)<br>$M\pm SD$ | 1000人以上<br>($n=62$)<br>$M\pm SD$ | $F$ | $p$ |
|---|---|---|---|---|---|
| 采用线上教学 | 3.57±0.89 | 3.73±0.78 | 3.65±0.83 | 0.989 | 0.373 |
| 采用"线上+线下"混合式教学 | 4.14±0.85 | 4.41±0.75 | 4.24±0.76 | 2.778 | 0.064 |
| 采用线下教学 | 4.25±0.88 | 4.38±0.70 | 4.32±0.95 | 0.630 | 0.533 |

⑤服务学生数量不同的教学管理人员对继续实施线上教学态度比较

采用单因素方差分析对服务学生数量不同的教学管理者继续实施线上教

学的态度进行比较发现,四类主体在"采用线上教学""采用'线上＋线下'混合式教学""采用线下教学"的态度上均不存在明显差异(见表8-3-27)。

表8-3-27　服务学生数量不同的教学管理人员对继续实施线上教学态度的差异分析($n=353$)

| 项目 | 2000人以内<br>($n=145$)<br>$M\pm SD$ | 2001～20000人<br>($n=146$)<br>$M\pm SD$ | 20000人以上<br>($n=62$)<br>$M\pm SD$ | $F$ | $p$ |
| --- | --- | --- | --- | --- | --- |
| 采用线上教学 | 3.56±0.87 | 3.63±0.86 | 3.69±0.82 | 0.590 | 0.555 |
| 采用"线上＋线下"混合式教学 | 4.10±0.88 | 4.28±0.79 | 4.27±0.77 | 2.103 | 0.124 |
| 采用线下教学 | 4.26±0.90 | 4.29±0.79 | 4.31±0.95 | 0.078 | 0.925 |

⑥疫情之前其所在学校有无教学平台(或教学资源库)的教学管理人员对继续实施线上教学态度比较

采用独立样本 $t$ 检验比较发现,疫情之前其所在学校有无教学平台(或教学资源库)在继续"采用线上教学"的态度上存在边缘性显著差异,具体表现为无教学平台教学管理人员组评价高于有教学平台教学管理人员组(见表8-3-28)。

表8-3-28　疫情之前其所在学校有无教学平台的教学管理人员对继续实施线上教学态度的差异分析($n=353$)

| 项目 | 有教学平台组<br>($n=302$)<br>$M\pm SD$ | 无教学平台组<br>($n=51$)<br>$M\pm SD$ | $t$ | $p$ |
| --- | --- | --- | --- | --- |
| 采用线上教学 | 3.58±0.88 | 3.78±0.73 | −1.768 | 0.081 |
| 采用"线上＋线下"混合式教学 | 4.19±0.83 | 4.27±0.83 | −0.660 | 0.510 |
| 采用线下教学 | 4.29±0.86 | 4.25±0.89 | 0.254 | 0.800 |

⑦疫情之前其所在学校线上教学使用频率不同的教学管理人员对继续实施线上教学态度的比较

采用单因素方差分析对没有或较少使用组、部分使用组和大规模使用组教学管理人员在对继续实施线上教学态度上的评价进行差异性分析,发现在继续"采用线上教学"上呈现出显著性差异,具体表现为大规模使用组评价高于部分使用组高于没有或较少使用组。此外,在"采用'线上＋线下'混合式教学"上亦存在差异,部分使用组的评价最高,没有或较少使用组最低(见表8-3-29)。

表 8-3-29　疫情之前其所在学校线上教学使用频率不同的教学管理人员对继续实施线上教学的态度差异分析($n=353$)

| 项目 | 没有或较少使用组($n=176$)<br>$M\pm SD$ | 部分使用组($n=133$)<br>$M\pm SD$ | 大规模使用组($n=44$)<br>$M\pm SD$ | F | p |
| --- | --- | --- | --- | --- | --- |
| 采用线上教学 | 3.41±0.95 | 3.79±0.73 | 3.86±0.63 | 9.832 | 0.000 |
| 采用"线上+线下"混合式教学 | 4.09±0.86 | 4.37±0.72 | 4.16±0.89 | 4.451 | 0.012 |
| 采用线下教学 | 4.30±0.90 | 4.27±0.82 | 4.27±0.87 | 0.035 | 0.966 |

⑧疫情之前其所在学校开展线上教学培训和服务频率不同的教学管理人员对继续实施线上教学态度的评价比较

采用独立样本 $t$ 检验对疫情之前较少或不开展线上教学培训和服务组和疫情前经常开展线上教学培训和服务组在对继续实施线上教学态度的评价进行比较,发现在继续"采用线上教学"存在明显差异,具体表现为经常开展线上教学培训和服务组评价明显高于较少或不开展线上教学培训组(见表8-3-30)。

表 8-3-30　疫情之前其所在学校开展线上教学培训和服务频率不同的教学管理人员对继续实施线上教学态度差异的分析($n=353$)

| 项目 | 较少或不开展线上教学培训($n=218$)<br>$M\pm SD$ | 经常开展线上教学培训和服务($n=135$)<br>$M\pm SD$ | t | p |
| --- | --- | --- | --- | --- |
| 采用线上教学 | 3.50±0.90 | 3.79±0.76 | −3.269 | 0.001 |
| 采用"线上+线下"混合式教学 | 4.17±0.84 | 4.26±0.79 | −0.991 | 0.322 |
| 采用线下教学 | 4.33±0.87 | 4.21±0.84 | 1.175 | 0.241 |

2.高校教学管理人员对线上教学的改进意见

(1)描述性分析

①从总体来看

如图 8-3-4 显示,"如继续采用线上教学,您认为最需要加强(或改进)的是什么"的 14 个调查项目的均值均高于 4,由此可见,高校教学管理人员对当前线上教学的改进意愿强烈。教学管理人员认为,"加强学生自律教育,引导学生养成线上学习的良好习惯(如按时上课、学习自律能力等)""推动教师转变观念,改变教学策略和方法""加快学校教学管理信息化建设""探索线上教学的质量保障与监控体系""完善线上教学的政策支持"等方面亟待完善和加强。

## 高校教学管理人员对线上教学的改进意见

| 项目 | 数值 |
|---|---|
| 加强线上教学的课程助教配备 | 4.16 |
| 改善的提升教师教学空间环境及设备 | 4.33 |
| 改造学校网络设备等硬件实施 | 4.37 |
| 加强技术队伍建设,提高线上服务水平 | 4.39 |
| 加大各类教学平台建设或引进 | 4.40 |
| 加强学生对线上学习的培训和引导 | 4.40 |
| 整体平均值 | 4.43 |
| 加强教师使用教学平台的技术培训 | 4.43 |
| 加大各类电子教学资源建设或引进 | 4.44 |
| 加强教师现代教育技术和方法培训 | 4.46 |
| 完善线上教学的政策支持 | 4.47 |
| 探索线上教学的质量保障与监控体系 | 4.51 |
| 加快学校教学管理信息化建设 | 4.52 |
| 推动教师转变观念,改变教学策略和方法 | 4.54 |
| 加强学生自律教育,引导学生养成线上学习的良好习惯 | 4.56 |

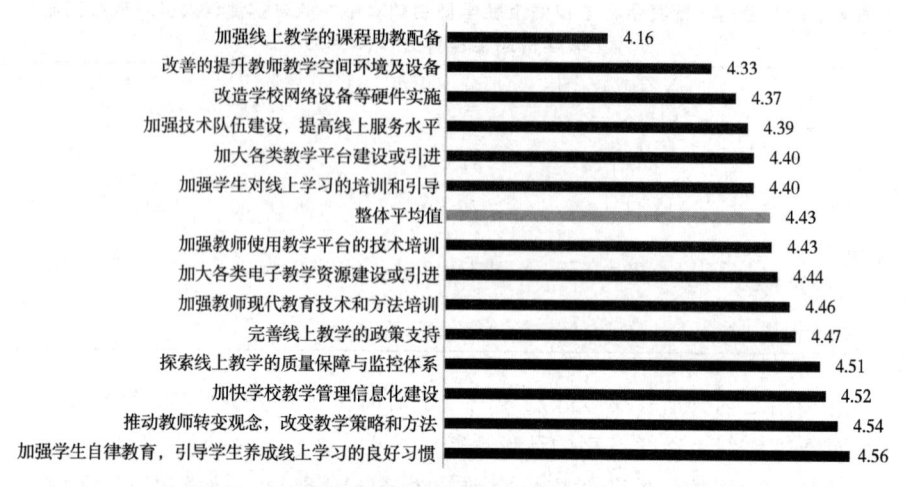

图 8-3-4  高校教学管理人员对线上教学的改进意见

图 8-3-4 的 14 个项目分为"网络平台与技术服务支持""教师管理""学生管理""学校线上教学管理水平与能力"四个维度。在"学校线上教学管理能力"方面,教学管理人员对其改进的最低期望均值为 2 分,最高均值为 5 分,平均期望值为 $(4.50±0.57)$ 分,评价均值超过 3 分的人数占总的 353 名调查对象的 96.32%;在"学生管理"方面,希望改进的最低分值为 1 分,最高为 5 分,均分为 $(4.48±0.58)$,评价均值超过 3 分的人数占调查对象的 97.45%;在"网络平台与技术服务支持"方面期望改进最低为 2 分,最高为 5 分,平均 $(4.40±0.62)$ 分评价均值高于理论中值 (3 分) 的人数占 96.60%;在"教师管理"方面,期望改进最低均值为 1.2 分,最高为 5 分,平均值 $(4.38±0.57)$ 在高达 98.02% 的调查对象对此改进意见超过 3 分(见表 8-3-31)。

表 8-3-31  高校教学管理人员对线上教学的改进意见($n=353$)

| 项目 | 均值 | 标准差 | 评价均值超过3分的人数(占比) |
|---|---|---|---|
| 网络平台与技术服务支持 | 4.40 | 0.62 | 341(96.60%) |
| 教师管理 | 4.38 | 0.57 | 346(98.02%) |
| 学生管理 | 4.48 | 0.58 | 344(97.45%) |
| 学校线上教学管理能力 | 4.50 | 0.57 | 340(96.32%) |

②对"网络平台与技术服务支持"的改进意见

从高校教学管理人员的评价均值来看,"加大各类电子教学资源建设或引进"$(4.40±0.75)$是"网络平台与技术服务支持"中最需要加强与改进之处,紧随其后的是"加大各类教学平台建设或引进"(4.40±0.75)、"加强技术队伍建设,提高线上服务水平"(4.39±0.70)等(见表8-3-32)。

表8-3-32 "网络平台与技术服务支持"改进意见($n=353$)

| 项目 | 均值 | 标准差 | 评价均值超过3分的人数(占比) |
| --- | --- | --- | --- |
| 改造学校网络设备等硬件设施 | 4.37 | 0.75 | 312(88.39%) |
| 加大各类教学平台建设或引进 | 4.40 | 0.75 | 321(90.93%) |
| 加大各类电子教学资源建设或引进 | 4.44 | 0.66 | 326(92.35%) |
| 加强技术队伍建设,提高线上服务水平 | 4.39 | 0.70 | 324(91.78%) |

③对"教师管理"的改进意见

"教师管理"方面的改进首推"推动教师转变观念,改变教学策略和方法"(4.54±0.63)。其次是"加强教师现代教育技术和方法培训"(4.46±0.63)、"加强教师使用教学平台的技术培训"(4.43±0.68)(见表8-3-33)。

表8-3-33 "教师管理"改进意见($n=353$)

| 项目 | 均值 | 标准差 | 评价均值超过3分的人数(占比) |
| --- | --- | --- | --- |
| 加强教师使用教学平台的技术培训 | 4.43 | 0.68 | 326(92.35%) |
| 加强教师现代教育技术和方法培训 | 4.46 | 0.63 | 334(94.62%) |
| 加强线上教学的课程助教配备 | 4.16 | 0.82 | 279(79.04%) |
| 推动教师转变观念,改变教学策略和方法 | 4.54 | 0.63 | 336(95.18%) |
| 改善提升教师教学空间环境及设备 | 4.33 | 0.71 | 320(90.65%) |

④对"学生管理"的改进意见

教学管理人员对"加强对学生线上学习的培训和引导"(4.40±0.67)、"加强学生自律教育,引导学生养成线上学习的良好习惯(如按时上课、学习自律能力等)"(4.56±0.60)两方面的改进都有着较高的期待(见表8-3-34)。

表8-3-34 "学生管理"改进意见($n=353$)

| 项目 | 均值 | 标准差 | 评价均值超过3分的人数(占比) |
| --- | --- | --- | --- |
| 加强对学生线上学习的培训和引导 | 4.40 | 0.67 | 326(92.35%) |
| 加强学生自律教育,引导学生养成线上学习的良好习惯(如按时上课,学习自律能力等) | 4.56 | 0.60 | 341(96.60%) |

⑤ 对"学校线上教学管理能力"的改进意见

前已述及,高校教学管理人员对"学校线上教学管理能力"方面的改进诉求最高。整个"学校线上教学管理能力"中又以"加快学校教学管理信息化建设"改进呼声最大,对其评价均值(4.52±0.61)超过3的人数有336人,占总人数的95.18%。"探索线上教学的质量保障与监控体系""完善线上教学的政策支持"的评价均分分别为4.51±0.66、4.47±0.65,改进需求同样处于高水平(见表8-3-35)。

表8-3-35 "学校线上教学管理能力"改进($n=353$)

| 项目 | 均值 | 标准差 | 评价超过3分的人数(占比) |
| --- | --- | --- | --- |
| 加快学校教学管理信息化建设 | 4.52 | 0.61 | 336(95.18%) |
| 探索线上教学的质量保障与监控体系 | 4.51 | 0.66 | 333(94.33%) |
| 完善线上教学的政策支持 | 4.47 | 0.65 | 334(94.62%) |

(2)差异性分析

① 不同类型高校的教学管理人员对线上教学改进的评价比较

采用单因素方差分析对不同高校教学管理人员线上教学改进评价进行差异性分析发现,不同高校管理人员在"学生管理"($p<0.10$)和"加强对学生线上学习的培训和引导"($p<0.10$)两个维度有边缘性显著差异,其他方面无明显差异(见表8-3-36)。

表8-3-36 不同类型高校教学管理人员对线上教学改进评价的差异分析($n=353$)

| 项目 | 新建本科院校($n=130$) $M\pm SD$ | 普通老本科院校($n=123$) $M\pm SD$ | 一流大学建设高校($n=30$) $M\pm SD$ | 一流学科建设高校($n=70$) $M\pm SD$ | F | p |
| --- | --- | --- | --- | --- | --- | --- |
| 学生管理 | 4.58±0.50 | 4.39±0.60 | 4.48±0.56 | 4.46±0.66 | 2.270 | 0.080 |
| 加强对学生线上学习的培训和引导 | 4.52±0.56 | 4.31±0.69 | 4.40±0.72 | 4.34±0.76 | 2.435 | 0.065 |

② 不同管理层级的教学管理人员对线上教学改进的评价比较

采用独立样本 $t$ 检验对不同管理层级教学管理人员的线上教学改进评价进行差异性分析发现,不同管理层级教学管理人员对线上教学改进的总体评价无明显差异。但在"学校线上教学管理水平与能力"($p<0.05$),"加强教师使用教学平台的技术培训"($p<0.10$)、"加强教师现代教育技术和方法培训"

($p<0.05$)、"推动教师转变观念,改变教学策略和方法"($p<0.01$)、"探索线上教学的质量保障与监控体系"($p<0.01$)、"完善线上教学的政策支持"($p<0.05$)等五个项目呈现出不同显著水平的差异(见 8-3-37)。

表 8-3-37 不同管理层级教学管理人员对线上教学改进评价的差异分析($n=353$)

| 项目 | 学校管理人员<br>($n=195$)<br>$M\pm SD$ | 学院管理人员<br>($n=158$)<br>$M\pm SD$ | $t$ | $p$ |
| --- | --- | --- | --- | --- |
| 学校线上教学管理水平与能力 | 4.56±0.54 | 4.42±0.61 | 2.207 | 0.028 |
| 加强教师使用教学平台的技术培训 | 4.50±0.64 | 4.35±0.73 | 1.961 | 0.051 |
| 加强教师现代教育技术和方法培训 | 4.53±0.59 | 4.39±0.67 | 2.133 | 0.034 |
| 推动教师转变观念,改变教学策略和方法 | 4.63±0.57 | 4.44±0.68 | 2.685 | 0.008 |
| 探索线上教学的质量保障与监控体系 | 4.61±0.63 | 4.39±0.68 | 3.058 | 0.002 |
| 完善线上教学的政策支持 | 4.53±0.58 | 4.39±0.73 | 1.977 | 0.049 |

③管理不同线上课程门数的教学管理人员对线上教学改进的评价比较

采用单因素方差分析对管理不同线上课程门数的教学管理人员对线上教学改进评价进行差异性分析,发现不同线上课程门数分组的教学管理人员在总体评价无明显差异。但在"学校线上教学管理水平与能力"($p<0.10$)、"推动教师转变观念,改变教学策略和方法"($p<0.01$)、"探索线上教学的质量保障与监控体系"($p<0.05$)存在不同程度的显著差异(见表 8-3-38)。

表 8-3-38 管理不同线上课程门数的教学管理人员对线上教学改进评价的差异分析($n=353$)

| 项目 | 100门以内<br>($n=146$)<br>$M\pm SD$ | 101~500门<br>($n=53$)<br>$M\pm SD$ | 501~2000门<br>($n=78$)<br>$M\pm SD$ | 2000门以上<br>($n=76$)<br>$M\pm SD$ | $F$ | $p$ |
| --- | --- | --- | --- | --- | --- | --- |
| 学校线上教学管理水平与能力 | 4.41±0.65 | 4.50±0.59 | 4.57±0.49 | 4.59±0.47 | 2.198 | 0.088 |
| 推动教师转变观念,改变教学策略和方法 | 4.40±0.74 | 4.60±0.57 | 4.65±0.51 | 4.67±0.50 | 4.773 | 0.003 |

续表

| 项目 | 100门以内<br>($n=146$)<br>$M\pm SD$ | 101～500门<br>($n=53$)<br>$M\pm SD$ | 501～2000门<br>($n=78$)<br>$M\pm SD$ | 2000门以上<br>($n=76$)<br>$M\pm SD$ | $F$ | $p$ |
|---|---|---|---|---|---|---|
| 探索线上教学的质量保障与监控体系 | 4.40±0.74 | 4.51±0.67 | 4.58±0.59 | 4.66±0.51 | 3.033 | 0.029 |

④服务不同教师数量的教学管理人员对线上教学改进的评价比较

采用单因素方差分析对服务不同教师数量的教学管理人员对线上教学改进评价进行差异性分析,发现在总体评价、四个维度的评价上没有显示出明显差异,但在"推动教师转变观念,改变教学策略和方法"($p<0.10$)、"探索线上教学的质量保障与监控体系"($p<0.05$)两个项目上有所差异(见表8-3-39)。

表 8-3-39　服务不同教师数量的教学管理人员对线上教学改进评价的差异分析($n=353$)

| 项目 | 500人以内<br>($n=227$)<br>$M\pm SD$ | 501～1000人<br>($n=64$)<br>$M\pm SD$ | 1000人以上<br>($n=62$)<br>$M\pm SD$ | $F$ | $p$ |
|---|---|---|---|---|---|
| 推动教师转变观念,改变教学策略和方法 | 4.48±0.68 | 4.67±0.51 | 4.63±0.52 | 2.927 | 0.055 |
| 探索线上教学的质量保障与监控体系 | 4.46±0.71 | 4.52±0.59 | 4.69±0.50 | 3.161 | 0.044 |

⑤服务不同学生数量的教学管理人员对线上教学改进的评价比较

由表8-3-40可知,服务不同学生数量的教学管理人员对线上教学改进评价在总体上无明显差异,但在"学校线上教学管理水平与能力"($p<0.05$)、"加强教师使用教学平台的技术培训"($p<0.10$)、"加强教师现代教育技术和方法培训"($p<0.10$)、"推动教师转变观念,改变教学策略和方法"($p<0.01$)、"探索线上教学的质量保障与监控体系"($p<0.01$)、"完善线上教学的政策支持"($p<0.05$)等五个项目上存在不同显著水平的差异。

**8-3-40　服务学生数量不同的教学管理人员对线上教学改进评价差异的分析（$n=353$）**

| 项目 | 2000人以内<br>（$n=145$）<br>$M\pm SD$ | 2001～20000人<br>（$n=146$）<br>$M\pm SD$ | 20000人以上<br>（$n=62$）<br>$M\pm SD$ | F | p |
|---|---|---|---|---|---|
| 学校线上教学管理水平与能力 | 4.40±0.63 | 4.58±0.56 | 4.55±0.45 | 4.189 | 0.016 |
| 加强教师使用教学平台的技术培训 | 4.34±0.78 | 4.50±0.64 | 4.50±0.50 | 2.418 | 0.091 |
| 加强教师现代教育技术和方法培训 | 4.37±0.70 | 4.55±0.58 | 4.48±0.54 | 2.930 | 0.055 |
| 推动教师转变观念，改变教学策略和方法 | 4.41±0.73 | 4.66±0.53 | 4.56±0.53 | 5.965 | 0.003 |
| 探索线上教学的质量保障与监控体系 | 4.37±0.74 | 4.59±0.62 | 4.65±0.48 | 5.685 | 0.004 |
| 完善线上教学的政策支持 | 4.36±0.75 | 4.56±0.59 | 4.52±0.50 | 3.764 | 0.024 |

⑥疫情之前其所在学校有无教学平台（或教学资源库）的教学管理人员对线上教学改进的评价比较

采用独立样本 $t$ 检验对疫情之前其所在学校有无教学平台（或教学资源库）的两类教学管理人员的线上教学改进评价进行差异性分析发现，总体评价、四个维度评价及各项目评价上均无明显差异。

⑦疫情之前其所在学校线上教学使用频率不同的教学管理人员对线上教学改进的评价比较

采用单因素方差分析对没有或较少使用组、部分使用组和大规模使用组教学管理人员对继续实施线上教学态度评价进行差异性分析，发现在总体评价、四个维度评价及各项目评价上均无明显差异。

⑧疫情之前其所在学校开展线上教学培训和服务频率不同的教学管理人员对线上教学改进的评价比较

采用独立样本 $t$ 检验对疫情之前较少或不开展线上教学培训和服务组、疫情前经常开展线上教学培训和服务组对继续实施线上教学改进评价进行比较，发现在总体评价及四个维度评价上无显著差异，但在"加大各类教学平台建设或引进"（$p<0.05$）方面，较少或不开展线上教学培训组评价显著高于经常开展线上教学培训和服务组（见表8-3-41）。

表 8-3-41 疫情之前其所在学校开展线上教学培训和服务频率不同的教学管理人员对线上教学改进评价的差异分析（$n=353$）

| 项目 | 较少或不开展线上教学培训（$n=218$）$M\pm SD$ | 经常开展线上教学培训和服务（$n=135$）$M\pm SD$ | $t$ | $p$ |
|---|---|---|---|---|
| 加大各类教学平台建设或引进 | 4.46±0.73 | 4.30±0.77 | 1.993 | 0.47 |

## 五、结果讨论

### （一）高校线上教学存在问题及差异讨论

疫情"倒逼"之下，高校信息化建设面临"大考"。首先暴露出来的不足是硬件建设的薄弱及教育主体的不适应。研究描述性分析结果显示，高校教学管理人员认为当前线上教学存在的最主要问题有"部分教学内容不适合线上教学""网络速度及稳定性差""教学平台功能不完善及稳定性差""学生未养成线上学习的良好习惯（如按时上课、学习自律能力等）""学生自主学习能力弱"等。在"网络平台与技术服务支持""教师教学""学生学习""线上教学的学校政策支持"四个维度中，"网络平台与技术服务支持"方面的问题最为突出，其后是"学生学习""教师教学"，最后是"学校对线上教学的政策支持"方面的问题。

差异性分析表明，不同层级管理教学管理人员对"教学平台功能不完善及稳定性差""教师对教学的态度及精力投入不够""教学策略及教学方法不适应线上教学""教育评价方式方法不适合网上教学""教师对教学平台和工具的不熟练"问题的感知存在差异，表现为学校管理人员在这些问题上所感知到的严重性高于学院管理人员。这可能是因为学校管理人员肩负着全校线上教学的统筹规划，因此他们线上教学情况更全面，对线上教学开展初期出现的各种问题感受更多、更深。不同线上课程门数分组的教学管理人员在"学生的学习空间及终端设备支持不够"上表现出显著性差异，所在学校开设线上课程门数越少，教学管理者越认同"存在此问题"。可能原因在于学习空间及终端设备支持越不够，学校开设线上课程门数较少。服务学生数量不同的教学管理人员在"教学策略及教学方法不适应线上教学"也存在差异显著，具体表现为服务2001～20000名学生的对此问题最为认同，服务20000人以上的次之，2000人以内的最低。可能的解释是当参与线上学习的学生人数较少时，一些诸如教学策略及教学方法不适应线上教学等问题还未上升为突出的矛盾，而当参与线上学习的学生人数突破两万时,往往是线上教学管理效率和能力已发展到相对成熟的阶段。

(二)高校线上教学面临挑战及差异讨论

教学管理部门职责是服务于教师教学、学生学习,如何帮助本校师生快速走出线上教学初期困境是教学管理部门目前必须考虑的第一要务。从描述性统计结果来看,高校教学管理人员认为线上教学对学校的挑战有"学生自律能力、线上学习行为和习惯的养成""学生自主学习能力""教师教学方法和教学习惯的改变""教师教育理念的转变""教师线上教学的组织管理能力"等。在"网络平台与技术服务""教师管理""学生管理""学校线上教学管理水平与能力"四个维度中,"学生管理"方面受线上教学的冲击最大,紧跟其后的是"教师管理",而后是"学校线上教学管理水平与能力"及"网络平台与技术服务支持"。

从差异性分析结果来看,不管是新建本科院校、普通老本科院校,还是一流学科建设高校、一流大学建设高校,面对大规模线上教学的突起风潮,其所受到的冲击都相当大(评分均值均超过 4 分),但无明显的学校类型差异。相反,校级、院级教学管理人员在"教师教育理念的转变""教师教学方法和教学习惯的改变""教师线上教学的组织管理能力"受到多大程度的冲击上存在差异,且校级教学管理人员的评分均高于学院管理人员。究其原因在于校级教学管理者管理范围更大,肩负责任更大,感受到的挑战更大。不同线上课程门数分组的教学管理人员在"教师管理""教师教育理念的转变""教师教学方法和教学习惯的改变"两个具体项目上显现出差异,基本表现是"中间高,两头低"——所在学校开设 101~2000 门线上课程门数的教学管理者感受到的挑战更大,2000 门以上的次之,100 门以内的最少。原因可能在于当全校开设线上课程少于 100 门时,教学管理者所承受的压力较小,当开设多于 2000 门线上课程时,往往又是在教学管理部门已经积累相当多线上教学管理经验时。服务学生数量不同的教学管理人员在"教师管理""教师教育理念的转变""教师教学方法和教学习惯的改变""教师线上教学的组织管理能力"等三个项目面临的挑战上存在不同程度的差异,服务学生数量为 2001~20000 人的教学管理人员评分高于 20000 人以上的高于 2000 人以内的。可能的原因还是归结于当服务的学生数少时所感知的压力较小,而服务的学生数多于 20000 人时,往往又是在积累了丰富管理经验的阶段。疫情之前其所在学校线上教学使用频率不同的教学管理人员在"学生自主学习能力"项目面临挑战的评价上表现为没有或较少使用组评分高于部分使用组高于大规模使用组。由此可见,开展线上教学培训对缓解线上教学带来的压力大有裨益。

### (三)对继续实施线上教学的态度及差异讨论

描述性统计分析结果显示,疫情过后,教学管理者表示"不采用线上教学"的态度均值最高,"采用'线上+线下'混合式教学"的态度均值次之,继续"采用线上教学"的态度均值最低。可见,教学管理人员对继续较大规模采用线上教学意愿不高。

由差异性分析可知,不同类型高校、不同管理层级、不同线上教学管理规模、疫情之前其所在学校有无教学平台(或教学资源库)的教学管理人员在对继续实施线上教学的态度上均无显著性差异。而疫情之前其所在学校线上教学使用频率不同的教学管理人员对继续实施线上教学态度则有较大的差异,具体表现为所在学校疫情前越大规模使用教学平台的教学管理人员越倾向于支持线上教学。原因可能在于此前已较大规模实施线上教学的高校,其教学管理人员已积累了一定的线上教学管理经验,这使得教学管理人员在面对线上教学管理时较少有畏惧感而较多有胜任感,这些使教学管理人员自然选择继续支持线上教学。疫情之前其所在学校开展线上教学培训和服务频率不同的教学管理人员对继续实施线上教学的态度亦有显著的差异,具体表现为经常开展线上教学培训和服务组的评分,明显高于较少或不开展线上教学培训和服务组。由此,增加对教育主体的培训和服务,提升其开展线上教学(管理)能力,有助于增强其对线上教学模式的认同。

### (四)对线上教学的改进意见及差异讨论

从总体上看高校教学管理人员对当前线上教学及其管理的改进意愿较强烈,所有改进项目的评价均值均超过4分。其中,"加强学生自律教育,引导学生养成线上学习的良好习惯(如按时上课、学习自律能力等)""推动教师转变观念,改变教学策略和方法""加快学校教学管理信息化建设""探索线上教学的质量保障与监控体系""完善线上教学的政策支持"等方面较突出。在"网络平台与技术服务支持""教师管理""学生管理""学校线上教学管理水平与能力"四个维度中,教学管理人员认为最需要加强的是"学校线上教学管理能力",这既是线上教学给教学管理部门带来现实挑战的结果,也是教学管理人员对自我提升与寻求突破的期待。紧跟其后的是"学生管理""以学生为中心",最后是"网络平台与技术服务支持"和"教师管理"。

由差异性分析可知,校、院两级教学管理人员在"学校线上教学管理水平与能力""加强教师现代教育技术和方法培训""推动教师转变观念,改变教学策略和方法""探索线上教学的质量保障与监控体系""完善线上教学的政策支持"等四个具体项目上,表现为校级人员的改进意愿高于院级人员。个中原因可能在于校级管理人员对当前线上教学的问题感受更多更深,自身感受到的挑战也更大,进而更加期待线上教学的完善与改进。不同线上课程门数分组的教学管理人员在"推动教师转变观念,改变教学策略和方法""探索线上教学的质量保障与监控体系"两个项目上存在不同程度的差异,具体表现为所在学校开展线上课程门数越多的教学管理人员越赞成对这两方面的改进。服务教师、学生数量不同的教学管理人员在"探索线上教学的质量保障与监控体系"项目上亦表现为服务教师和学生的数量越多其改进意愿越强烈。随着线上课程"量"的铺展,教学管理者对"质"的保障与提升有了更高的要求。此外,服务学生数量不同的教学管理人员在"学校线上教学管理水平与能力"维度上及"推动教师转变观念,改变教学策略和方法""完善线上教学的政策支持"等两个项目上也有差异表现,具体是服务学生数 2001～20000 人的评分稍高于 20000 人以上的,明显高于 2000 人以内的。原因可能在于当服务的学生数较少时,以上问题矛盾尚不突出,所感知的压力也较小,因此改进的意愿相对没那么迫切,而当服务的学生为 2001～20000 人时,原本潜在的矛盾开始显露,改进的呼声逐渐增大,对教师观念的转变、学校政策的支持有了更多的要求,而当超过 20000 人时,往往是教师观念已有转变、学校政策逐步完善之时,此前的矛盾有了缓和的趋势。疫情之前其所在学校开展线上教学培训和服务频率不同的教学管理人员在"加大各类教学平台建设或引进"上表现为较少或不开展线上教学培训和服务组评分显著高于经常开展线上教学培训和服务组。教学平台较少在一定程度上反映出该校信息化建设较为薄弱,这可能是导致所在学校较少或不开展线上教学培训的原因之一。

## 六、研究启示

### (一)转变教学管理理念

理念先行,有什么样的教学管理理念就会有什么样的教学管理实践。首先,应树立起信息技术倒逼教学改革的意识,面对当前线上教学管理实践的需要,教学管理部门应自觉更新教学管理理念,反思教学管理与技术支撑之间的关系,树立"信息技术+"意识,加快推进信息技术与教育教学管理深度融合,以信息化建设赋能教学管理创新,推进教学管理方式的变革与创新。其次,高校教学管理应真正树立起为教师教学服务、为学生学习服务的理念。一方面,高校管理部门应深入教学一线,全面了解师生线上教学中的难点与需求,提供教学平台、技术培训、经验交流平台等方面的支持,帮助师生快速适应线上教学环境。另一方面,高校应以师生需求为驱动,尽可能从人性化视角减少技术层面所带来的阻碍,让师生从繁杂的技术使用解放出来,将主要精力集中在教学设计或课程学习上。

(二)改进教学管理制度

教学管理制度是实施教学管理工作的重要保障,教学管理制度的合理与否、完善与否直接影响着线上教学管理工作的效率与水平。针对当前教育实际,高校教学管理部门应当做好顶层设计,灵活调整自身教学管理制度,建立一套科学、规范的线上教学管理制度,并配备与之相适应的评价机制、激励机制和质量监督机制,以保证线上教学的有序开展,最终达成线上学习与线下课堂教学的质量实质等效。此外,在不断健全线上教学管理制度的过程中,还应建立相应的反馈机制。好的反馈机制可以使教学管理者能够及时了解到师生的真实需求,帮助提升教学管理工作的针对性和准确性。不仅如此,高校在优化完善管理制度过程中还应充分考虑技术开发对制度的影响,并与软件开发者协同合作,以流程再造推进制度重构。

(三)打造高水平的管理团队

教学管理队伍是教学管理工作的执行者,其素质能力直接影响教学管理的工作效能,也影响着高校教学活动的效果。面对线上教学的大规模来袭,高校教学管理部门应更加注重自身职业成长,将教学管理队伍的建设自觉纳入整个高校人才队伍建设。首先,高校应预先做好整体顶层设计,制定与线上教学发展相配套的教学管理人员发展规划,有计划地组织高质量技术培训,提高教学管理人员服务线上教学的能力。其次,学校应当着手谋划疫情之后的线上教学管理,认真研究线上教学管理与以往的教学管理的不同,组建专门的线上教学管理团队开展线上、"线上+线下"混合式教学管理研究,并提出切实可行的方案与对策。最后,高校应加强校院两级教学管理的联动,特别是借助于线上管理的优势与特点,加强校院上下联动、分工协作、齐抓共管,为线上教学开展提供强有力的组织保障。

# 附 录

自疫情以来,为了贯彻落实教育部关于疫情防控期间"停课不停教、停课不停学"要求,全国高校战线在极短时间内组织了有史以来规模最大、上线课程最多、覆盖人数最广的线上教学。这既是疫情倒逼的应急之举,也是对前一阶段高校"互联网+教育"改革的一次集中展示和检验。

为了深入了解各高校线上教学情况,全国高等学校质量保障机构联盟秘书处委托厦门大学教师发展中心开展线上教学情况调查。为了完成本次调研任务,厦门大学邬大光教授组成了由厦门大学教师发展中心谢作栩教授,教育研究院刘振天教授、陈武元教授,时任教务处处长计国君教授、黄艳萍副处长,教师发展中心薛成龙副主任以及甘雅娟、郭瀛霞、刁琳琳、严欢等老师和学生组成的问卷调研小组,从2020年3月13日开始,利用线上平台开展线上教学调查。自调研活动开展以来,在联盟秘书处李亚东研究员、黄文祥副教授的协助下,得到了国内兄弟高校的广泛参与和支持,截至2020年3月31日,累计有334所高校13997名教师、256504名学生参加调研。

按照原计划,调研小组拟于2020年4月底形成研究报告。但鉴于当时部分参与高校对在线教学情况迫切了解的需要,调研小组先以2020年3月17日上午调查数据为节点,先行整理该时间节点的187所高校师生调查数据(教师问卷5433份,学生问卷118191份),分别于2020年4月5日和4月7日形成并发布"教师线上教学调查报告"和"大学生线上学习调查报告"两个报告,尔后,课题组基于451名高校教学管理的调查,又于2020年4月16日再次发布《线上教学教务管理人员调查报告》。严格说来,这三份调查报告只是在线教学情况的阶段性数据调查报告,其研究方法也主要是一般描述性统计,并且在样本取样方面与前面各章节还有一定差别。但作为调查过程的一个阶段性成果,这三份报告还是从一个侧面反映了疫情防控期间的高校线上教学、学习和管理的实际情况,因此,在编撰本书时,也将三份调查报告收录进来以反映调查过程原貌。

限于时间和水平,调查报告不足之处在所难免,敬请高校各位同行批评指正。

# 附录1 疫情防控期间高校教师线上教学调查报告

## 一、基本信息

1.性别比例

参与调查教师中,男性教师为2208人,占40.57%;女性教师为3235人,占59.43%(见附图1-1)。

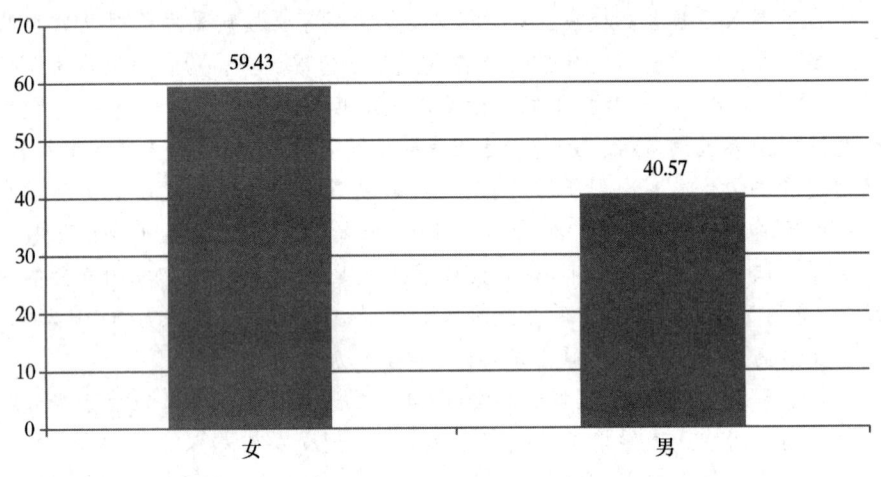

附图1-1 教师性别比例(%)

2.年龄分布

参与调查教师中,35岁以下青年教师1586人,占29.14%。36～45岁中青年教师2607人,占47.89%。46～55岁中年教师983人,占18.06%。55岁以上教师267人,占4.91%。可见,中青年教师更易于接受线上教学,是未来线上教学的主体力量(见附图1-2)。

附图 1-2 教师年龄分布(%)

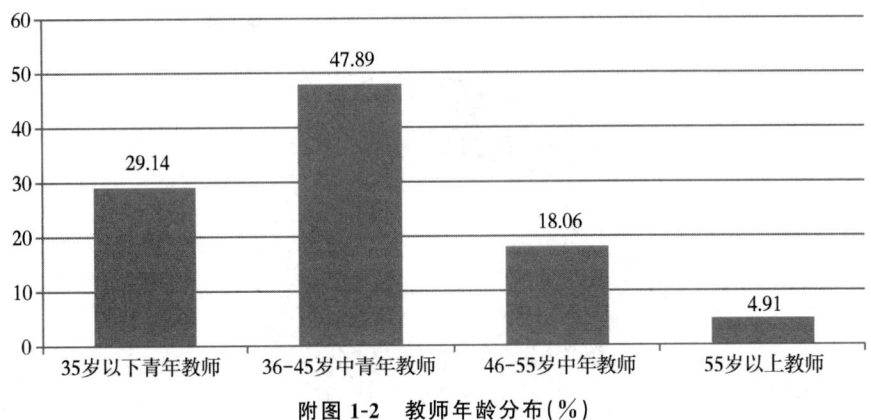

3. 教龄分布

从调查结果看,参与线上教学教师的教龄分布总体比较均匀,调查对象覆盖面较为广泛,涉及不同教龄段的教师。其中,教师具有 11～15 年教龄 1181 人,占 21.7%。3 年以下教龄 928 人,占 17.05%。4～5 年教龄 491 人,占 9.02%。6～10 年教龄有 904 人,占 16.61%。16～20 年教龄 897 人,占 16.48%。21 年及以上教龄 1042 人,占 19.14%(见附图 1-3)。

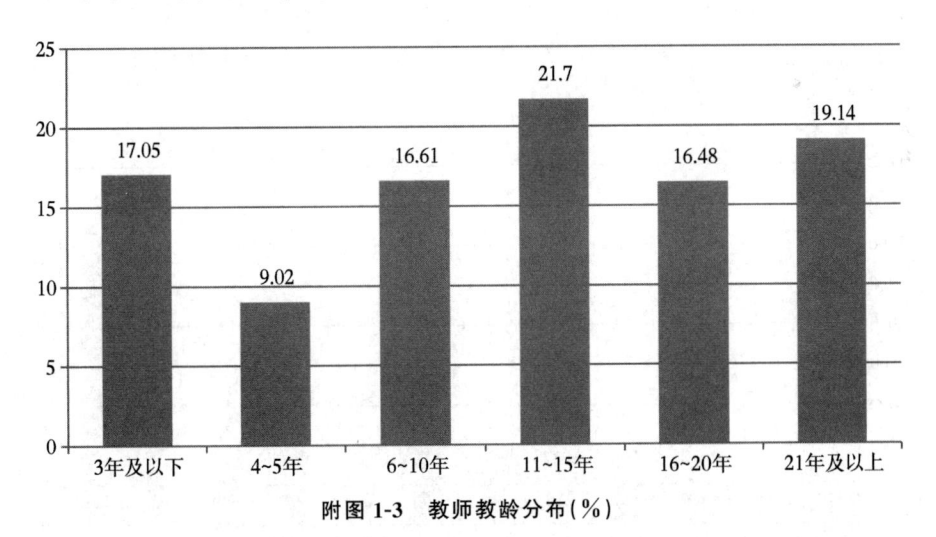

附图 1-3 教师教龄分布(%)

4. 职称分布

参与调查教师中,以中级和副高职称为主体。其中:具有初级职称 481 人,占 8.84%。中级职称 2412 人,占 44.31%。副高职称 1832 人,占 33.66%。正高职称 507 人,占 9.31%(见附图 1-4)。

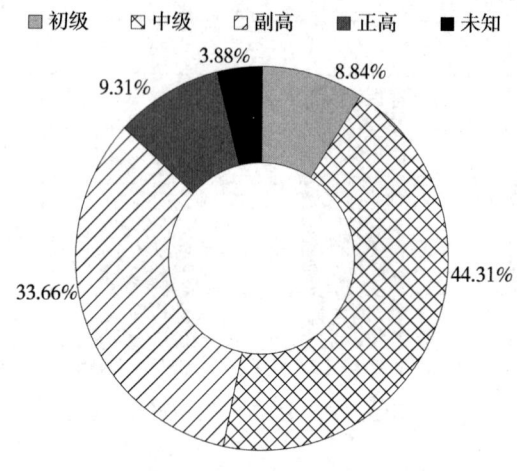

附图 1-4 教师职称分布(%)

### 5.学科分布

参与调查教师中,工学教师所占比例近 1/3,文史哲、教育和艺术学科教师所占比例超过 1/3,经管法学等教师所占比例略超 1/5,理学农科和医学教师所占比例 15.9%。其中:工学学科教师 1577 人,占 28.97%。管理学和文学学科的教师分别有 640 人,各占 11.76%。教育学学科教师 537 人,占 9.87%。理学学科教师 510 人,占 9.37%。艺术学学科教师 499 人,占 9.17%(见附图 1-5)。

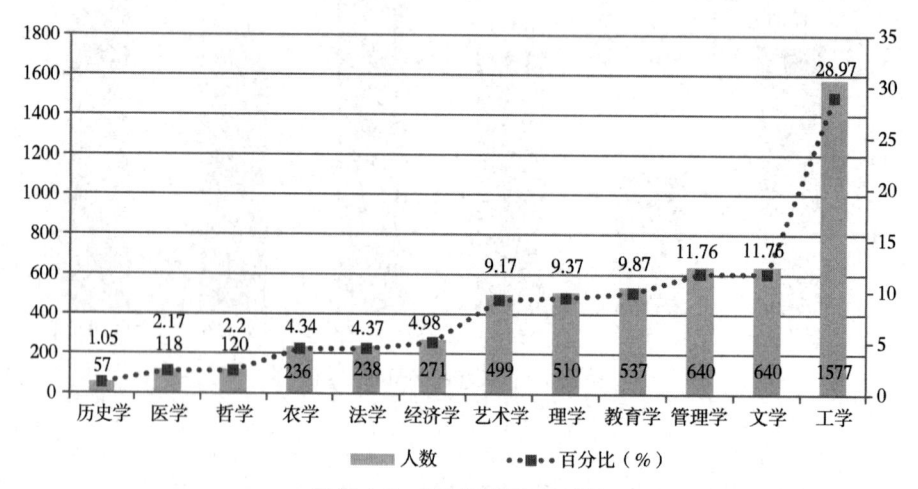

附图 1-5 教师学科分布(%)

6.疫情之前开展过线上教学的教师比例

参与调查教师中,八成教师在疫情之前未开展线上教学。其中,在疫情之前开展过线上教学教师1112人,占20.43%。疫情之前未开展过线上教学教师4331人,占79.57%(见附图1-6)。

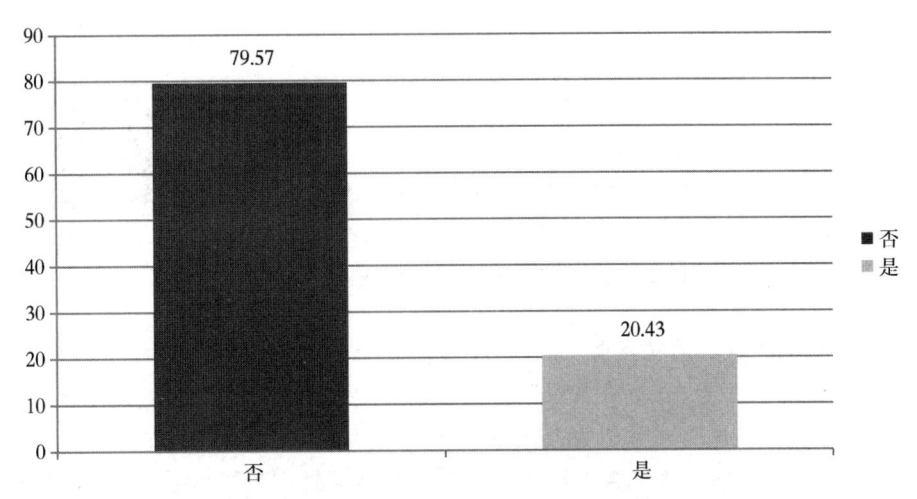

附图1-6 疫情之前开展线上教学的教师人数比例(%)

7.疫情防控期间开展线上教学的教师比例

参与调查教师中,在疫情防控期间开展线上教学的教师5290人,占97.19%。疫情防控期间未开展线上教学的教师153人,占2.81%(见附图1-7)。

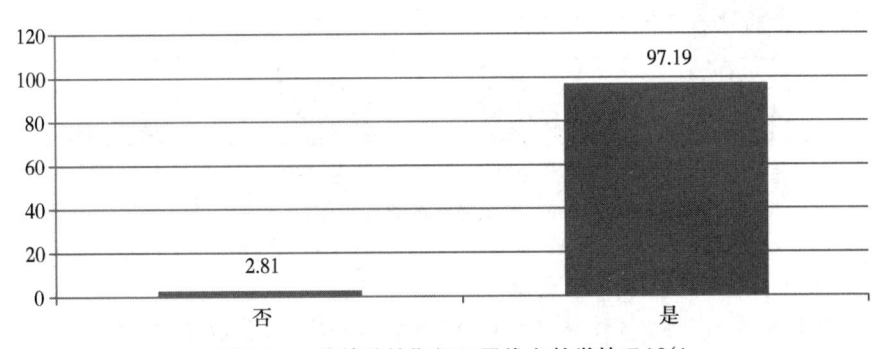

附图1-7 疫情防控期间开展线上教学情况(%)

8.教师线上教学的课程门次数

参与调查教师中,近85%的教师采用线上教学的课程门次数为1门或2门。其中:至少有1门课程开展线上教学的教师有2815人,占51.72%;有2门课程采用线上教学的教师有1788人,占32.85%;有3门课程采用线上教学的教师有588人，占10.8%；其他有4门及以上课程采用线上的教师有252人，占4.63%（见附图1-8）。

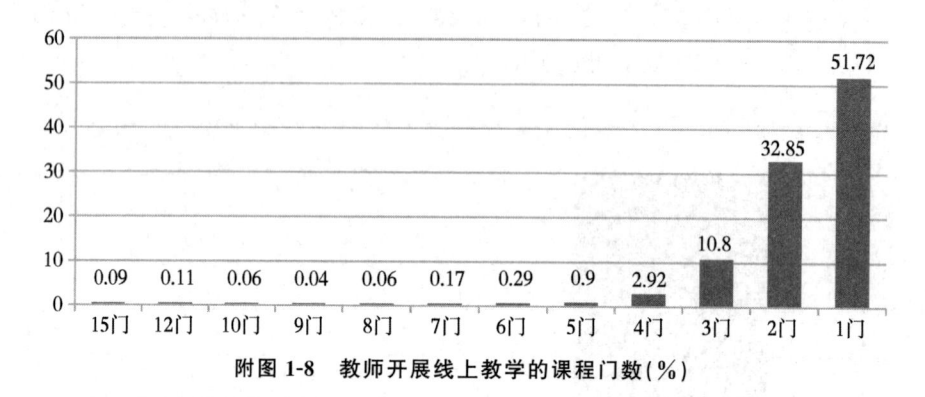

附图1-8 教师开展线上教学的课程门数(%)

### 9.线上教学的课程类型

调查课程分为"专业必修课""专业选修课""公共必修课""公共选修课"四类，教师可以多选。参与调查教师中，教师开设"专业必修课"为3820人次，占54.89%；开设"专业选修课"为1368人次，占19.66%；开设"公共必修课"为1404人次，占20.17%；开设"公共选修课"为368人次，占5.29%（见附图1-9）。

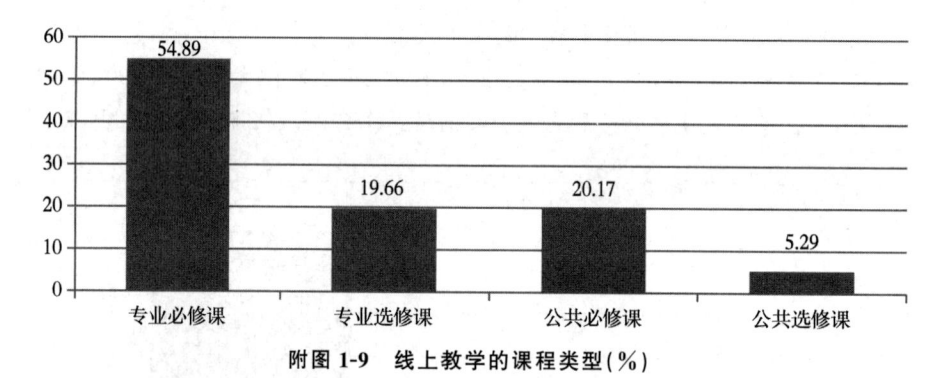

附图1-9 线上教学的课程类型(%)

### 10.线上教学的课程性质分布

调查将课程分为"理论课""理论课(含课内实践、实验教学)""独立设置实验课""术科课"和"其他教学环节"五种类型，教师可以多选。从调查结果看，理论课在线上教学占有主导性地位。其中：理论课采用线上教学的为3516人次，占53.02%；理论课(含课内实践、实验教学)采用线上教学的为2159人次，占32.56%；独立设置实验课采用线上教学的为127人次，占1.92%；术科课采用线上教学的为333人次，占5.02%；其他教学环节采用线上教学为496人次，占7.48%（见附图1-10）。

附图 1-10　线上教学课程性质分布(%)

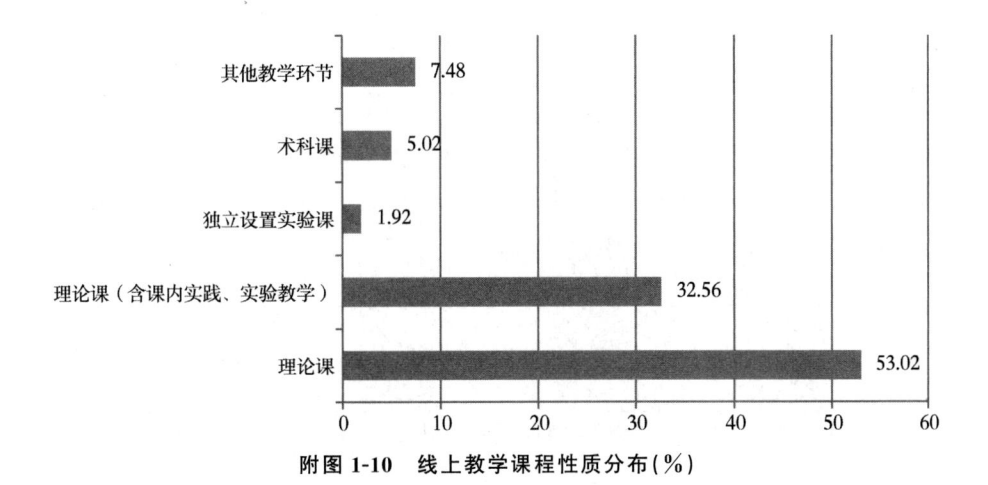

## 二、线上教学环境及支持

疫情防控期间,大多数高校教师使用了哪些校内外网络教学平台?这些网络教学平台及其技术、服务保障系统?对此,高校教师作出了如下的回答和评价。

1.教师使用的教学平台类型分布

参与调查教师中,近一半教师完全使用校外平台,近 40% 的教师混合使用校内外平台。其中,使用学校自建平台为 600 人次,占 10.6%,使用校外教学平台为 2961 人次,占 49.6%,混合使用校内外平台为 2318 人次,占 38.86%,未使用平台的 86 人次,占 1.44%(见附图 1-11)。

2.一门课程,您使用的教学平台最多时有几个

参与调查教师中,每门课使用教学平台数量分布在 1~10 个之间不等,平均数为 2.16 个。其中使用 2 个教学平台的教师 2939 人,占 54%;使用 3 个教学平台的教师 1344 人,占 24.69%;使用 1 个教学平台教师 948 人,占 17.42%;使用 4 个教学平台教师 165 人,占 3.03%(见附图 1-12)。

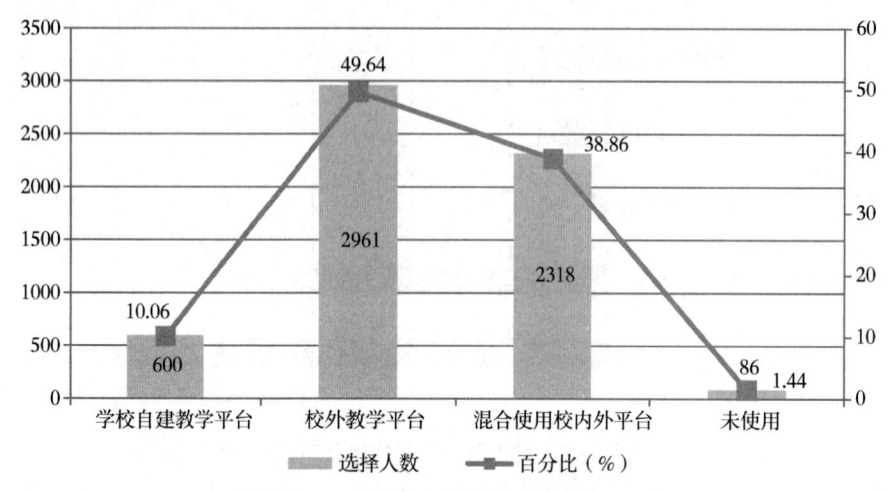

附图 1-11　教学平台使用类型分布情况(%)

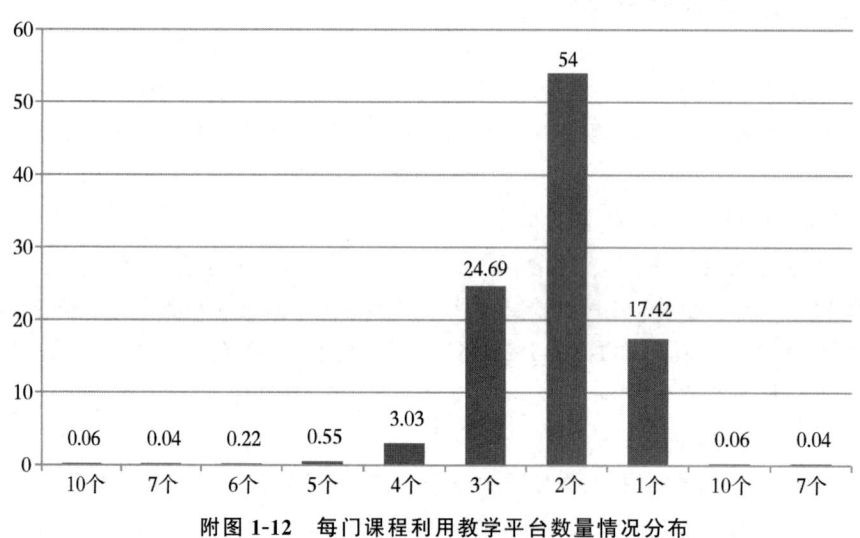

附图 1-12　每门课程利用教学平台数量情况分布

3.教师经常使用的平台

问卷列举了 19 个教学平台,教师最多可列出使用频率最高的三个平台。从调查结果看,教师使用教学平台非常多样,呈分散状态。19 个被使用教学平台中,按照使用频率从高到低排序依次是:学习通/超星尔雅(10.84%)、中国 MOOC 平台/爱课程(9.28%)、微信或企业微信(8.36%)、腾讯课堂(7.72%)、QQ 直播(7.43%)、腾讯会议(7.33%)、钉钉(6.36%)、雨课堂/学堂在线(4.41%)、zoom(3.05%)、智慧树(2.97%)、畅课(1.88%)、国家虚拟仿真实验教学综合平台(0.18%)。除此之外,包括网教通在内及"其他教学平台"占30.18%(见附图1-13)。

其他教学平台由教师自行填写或不填。从教师填写平台看,平台包括但不局限于如下:高校邦、高校教学一体化平台、华夏大地教育网、随行课堂We-learn平台、问卷星、速课、跃客平台、QQ群、课堂派、优酷视频、掌上高校、蓝墨云班课、Bilibili哔哩哔哩、职教云、教师助手、网校通、经世优学、知识圈、瞩目、教育云平台、百度网盘、清华大学优慕课、浙江省在线开放平台、泛雅平台、梦课、智慧职教、智园畅课、斗鱼直播、掌上高校、抖音直播、批改网、慕课堂、快手、微赞直播、微赞互动课堂、微知库、微师、微助教、微信、微信平台美篇、微信小程序、每日交作业、微信对分易、得实e学、建筑云课堂、小打卡、大娱、国家开放大学出版社学习网、喜鹊儿、厦门网中网、军职在线、传智高校教辅平台、传智播客、优慕课、优学院、人大云窗、云课堂智慧职教、云课堂、云班课、讯飞口语平台、中国移动云视讯、中华会计网校、中北大学教学管理平台、东软、一起练琴、Zjooc、WPS会议通、U校园平台、清华在线、Fif口语训练、Unipus、U+智慧云平台、TronClass、QQ课堂、QQ语音、QQ视频、QQ电话、QQ屏幕分享、Mentimeter、电邮、Moodle、Google Docs、I学、E Du Coder、COOC平台、Classin等。

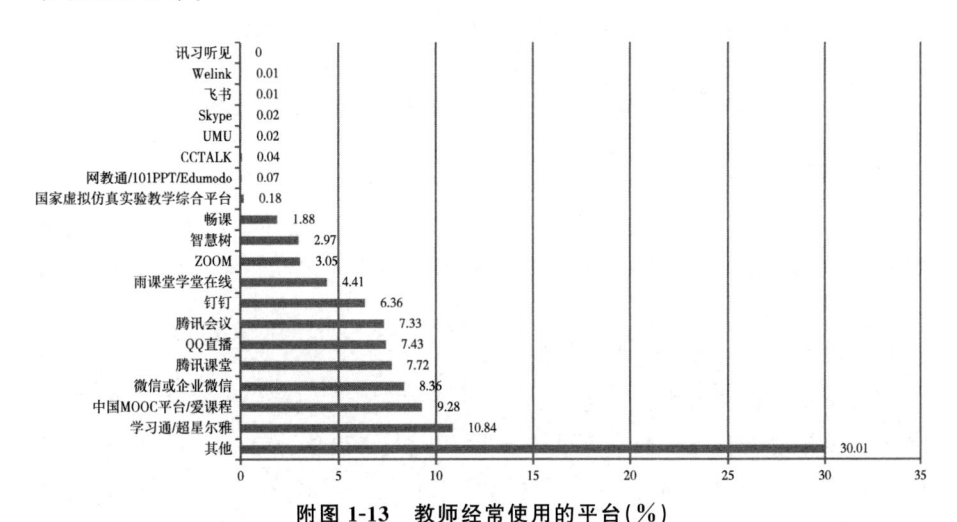

| 平台 | 百分比 |
| --- | --- |
| 讯习听见 | 0 |
| Welink | 0.01 |
| 飞书 | 0.01 |
| Skype | 0.02 |
| UMU | 0.02 |
| CCTALK | 0.04 |
| 网教通/101PPT/Edumodo | 0.07 |
| 国家虚拟仿真实验教学综合平台 | 0.18 |
| 畅课 | 1.88 |
| 智慧树 | 2.97 |
| ZOOM | 3.05 |
| 雨课堂学堂在线 | 4.41 |
| 钉钉 | 6.36 |
| 腾讯会议 | 7.33 |
| QQ直播 | 7.43 |
| 腾讯课堂 | 7.72 |
| 微信或企业微信 | 8.36 |
| 中国MOOC平台/爱课程 | 9.28 |
| 学习通/超星尔雅 | 10.84 |
| 其他 | 30.01 |

附图1-13　教师经常使用的平台(%)

4.教学平台功能是否满足教学需求

调查将教学活动分为"在线备课""课堂考勤管理""课堂讲授""在线课堂讨论""在线实验演示""在线教育测试及评分""在线布置批改作业""在线课后辅导答疑""提交或传输课程资料""通过电子数据分析学生学习行为"等10项

活动,评价分为"完全满足""满足""一般""不能满足"和"完全不能满足"五个等级。

从调查结果看,除实验教学演示外,各类教学平台对各种教学活动的支持满足度均在3.0以上。按照满足高低程度,依次为"提交或传输课程资料"(均值4.01)、"课堂考勤管理"(均值3.97)、"课堂讲授"(均值3.84)、"在线布置批改作业"(均值3.83)、"在线课后辅导答疑"(均值3.81)、"在线备课"(均值3.70)、"通过电子数据分析学生学习行为"(均值3.59)、"在线教育测试及评分"(均值3.55)、"在线课堂讨论"(均值3.49)、"在线实验演示"(均值2.47)(见附图1-14)。

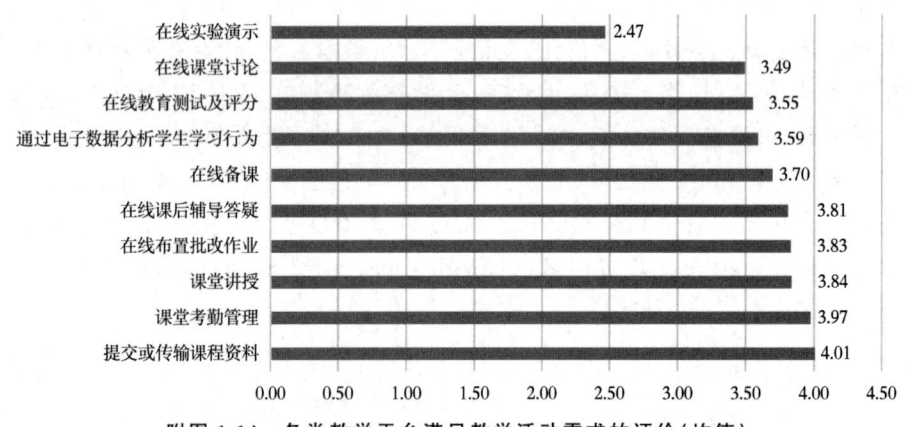

| 教学活动 | 均值 |
| --- | --- |
| 在线实验演示 | 2.47 |
| 在线课堂讨论 | 3.49 |
| 在线教育测试及评分 | 3.55 |
| 通过电子数据分析学生学习行为 | 3.59 |
| 在线备课 | 3.70 |
| 在线课后辅导答疑 | 3.81 |
| 在线布置批改作业 | 3.83 |
| 课堂讲授 | 3.84 |
| 课堂考勤管理 | 3.97 |
| 提交或传输课程资料 | 4.01 |

附图1-14 各类教学平台满足教学活动需求的评价(均值)

参与调查教师中,超过60%认为各类教学平台满足"提交或传输课程资料,包括作业""在线课后辅导答疑""在线布置批改作业""课堂讲授""课堂考勤管理"等活动需求,不到30%的教师认为在线平台满足"在线实验演示"的需求(见附图1-15)。

5.对各种平台技术服务的评价

调查将平台技术服务分为"非常好""好""一般""不好"和"非常不好"五个等级。参与调查教师对各种教学平台"总体评价"均值为3.73,按照评价从高到低排序,依次是"画面音频清晰度"和"工具使用便捷度"的均值最高(均值3.74)、"文件传输顺畅度"(均值3.66)、"平台运行稳定度"(均值3.63)、"网络速度流畅度"(均值3.59)、"师生互动即时度"(均值3.46)(见附图1-16)。

从参与调查教师评价看,近70%参与教师对各种平台技术服务评价为"好"或"非常好"。其中,"画面音频清晰度"和"工具使用便捷度"最高,而对"师生互动即时度"评价最低(见附图1-17)。

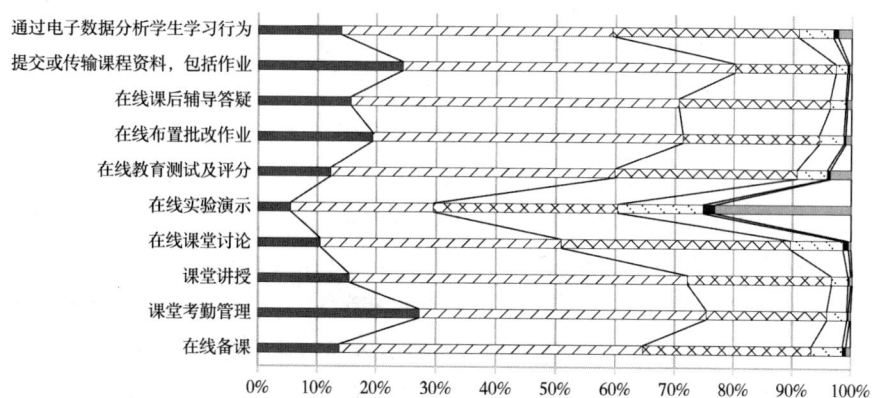

附图 1-15 各类教学平台满足教学活动需求的评价(%)

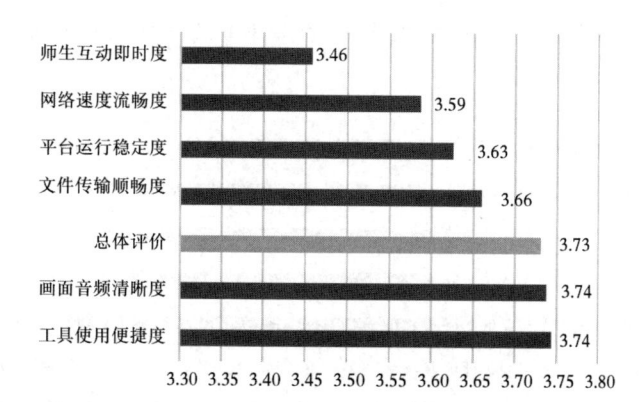

附图 1-16 教师对各平台技术服务的评价(均值)

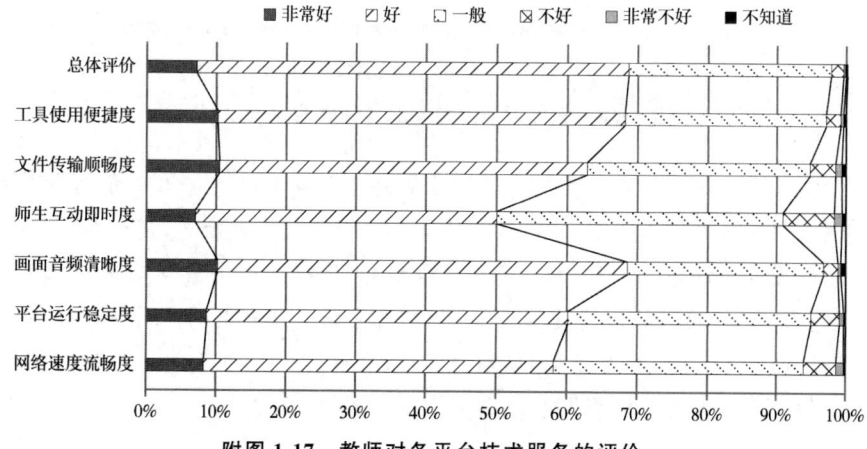

附图 1-17 教师对各平台技术服务的评价

## 6.对线上教学服务保障的评价

调查将线上教学的服务保障从网络条件、教学平台、电子图书资源、技术队伍、技术使用培训、线上教学的教学方法培训、政策和各级领导支持等八个方面,并将评价分为"非常好""好""一般""不好""非常不好"五个等级。

从调查结果看,教师"总体评价"均值为 3.87。按照得分高低排序,"各级领导对线上教学的支持"得分最高(均值 4.01),这充分说明高校各级领导对本次线上教学的重视。其次是"学校对线上教学的技术使用培训支持"和"学校对线上教学的教学方法培训支持"(两项均值各为 3.94),说明在本次线上教学过程中,各高校重点加强了技术使用培训和教学方法培训。再次为"学校技术队伍对线上教学的支持"(均值 3.81),说明各高校技术队伍在本次线上教学服务过程中得到了肯定,得分相对较低的为"电子图书资源对线上教学的支持"(均值 3.43)、"网络条件对线上教学的支持"(均值 3.59)和"学校政策对于线上教学的支持"(均值 3.62)。由此说明,高校对线上教学的软硬件资源还需进一步加强(见附图 1-18)。

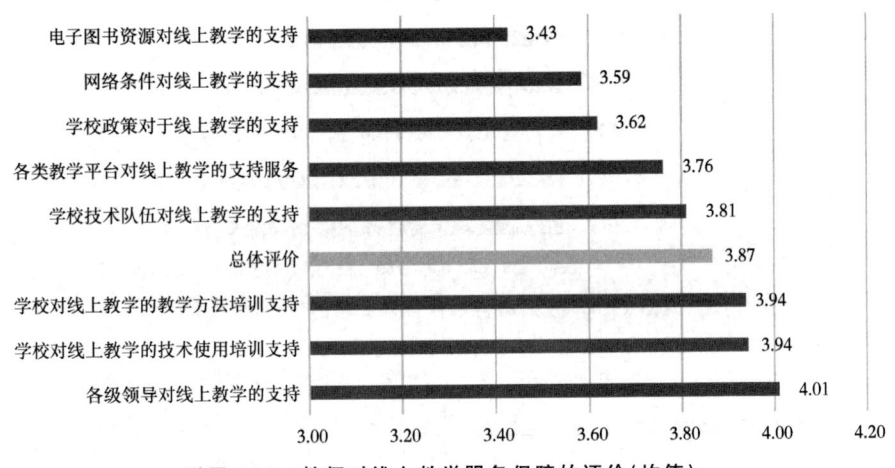

| 项目 | 均值 |
|---|---|
| 电子图书资源对线上教学的支持 | 3.43 |
| 网络条件对线上教学的支持 | 3.59 |
| 学校政策对于线上教学的支持 | 3.62 |
| 各类教学平台对线上教学的支持服务 | 3.76 |
| 学校技术队伍对线上教学的支持 | 3.81 |
| 总体评价 | 3.87 |
| 学校对线上教学的教学方法培训支持 | 3.94 |
| 学校对线上教学的技术使用培训支持 | 3.94 |
| 各级领导对线上教学的支持 | 4.01 |

**附图 1-18 教师对线上教学服务保障的评价(均值)**

从参与教师评价看,超过 75% 的教师对线上教学服务保障评价为"好"和"非常好"。其中,"各级领导对线上教学的支持"认可度最高,超过 80% 的教师认为领导支持是"好"和"非常好"。其次是"学校对线上教学的教学方法培训支持",超过 76% 的教师均认为"好"和"非常好"。而"电子图书资源对线上教学的支持"认可度相对较低,略超过 50%。不到 60% 的教师认为"网络条件对线上教学的支持"为"好"和"非常好"(见附图 1-19)。

附图 1-19　教师对线上教学服务保障的评价(%)

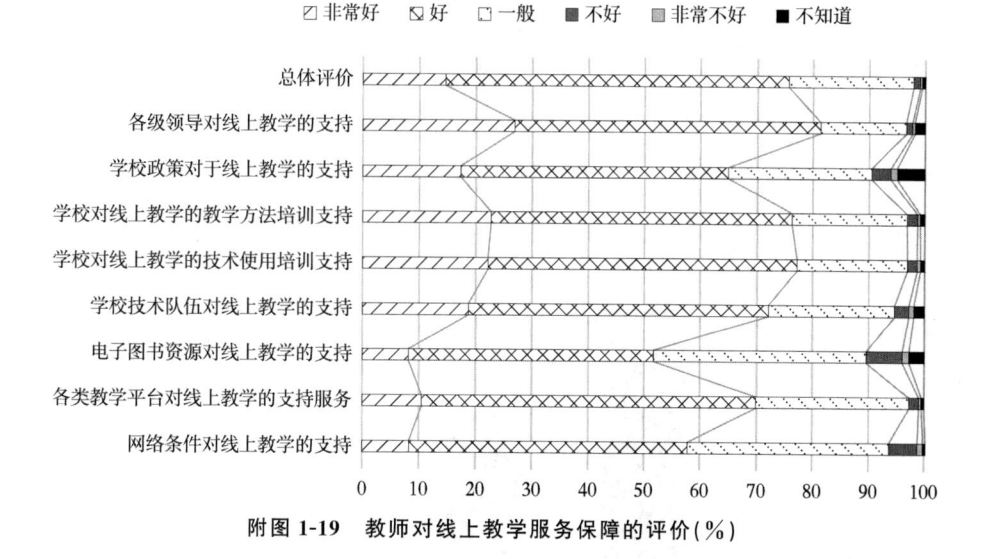

## 三、教师线上教学体验

教师所采用的线上教学模式是什么？与传统的线下教学相比，对自己线上教学能力与效果评价如何？线上教学的影响因素、存在的问题与困难有哪些？

1.是否接受过线上教学相关培训

调查结果显示：参与调查教师中，接受过线上教学培训教师4444人，占81.65%。未接受过线上教学培训的教师有999人，占18.35%。可见超过八成的教师接受过线上教学相关培训（见附图1-20）。

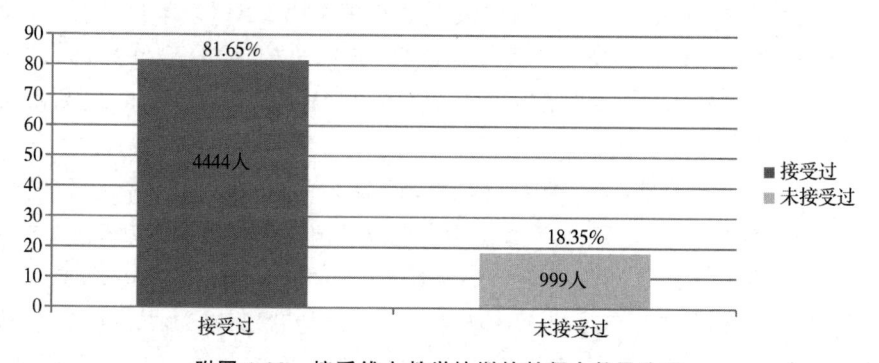

附图 1-20　接受线上教学培训的教师人数及比重

475

### 2.教师对教学平台和工具的熟悉程度

本次调查将熟悉程度分为"很熟练""熟练""一般""不熟练"和"很不熟练"五个等级。从调查结果看,教师选项均值为3.75。可见,教师对线上各种教学平台的熟悉程度介于"一般"和"熟练"之间。其中,"熟练"教师有3027人,占55.61%,"一般"教师有1678人,占30.83%,"很熟练"教师608人,占11.17%。可见,"熟练"和"很熟练"两部分人数占比达到了66.78%(见附图1-21)。

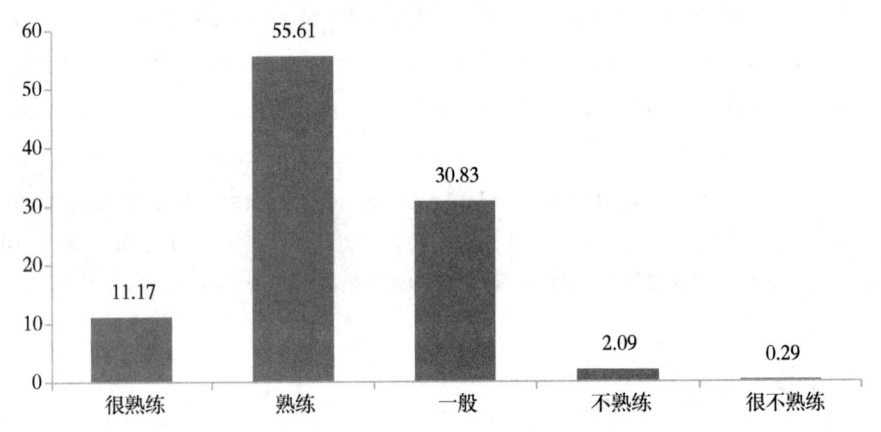

附图1-21 教师对线上教学平台和工具的熟悉程度(%)

### 3.教师采用线上教学模式的状况

调查将线上教学模式分为"直播""录播""MOOC""文字+音频""线上互动研讨(包括答疑、辅导等)""提供材料供学生自学"等六种,并将使用频率分为"非常频繁""频繁""一般""不太经常"和"从不用"五个等级。

从调查结果看,"提供材料供学生自学""线上互动研讨(包括答疑、辅导等)"和"直播"使用相对频繁,而"MOOC"和"录播"则不太经常使用。"线上互动研讨(包括答疑、辅导等)"和"提供材料供学生自学"的均值最高(均值为3.81),说明这种教学模式使用频率最高,其次是"直播"(均值3.70)、"文字+音频"(均值3.42)、"录播"(均值2.71)和"MOOC"(均值2.56)(见附图1-22)。

从附图1-23看出,参与调查教师中,近70%的教师认为经常使用(包括"频繁"和"非常频繁",以下同)"提供材料供学生自学"和"线上互动研讨(包括答疑、辅导等)"。超过60%的教师认为经常使用"直播",超过50%的教师经常使用"文字+音频",不到30%的教师认为经常使用"录播"和"MOOC"。从这一意义上说,线上教学有利于教师引导学生自主学习,但也要防止学生放羊(见附图1-23)。

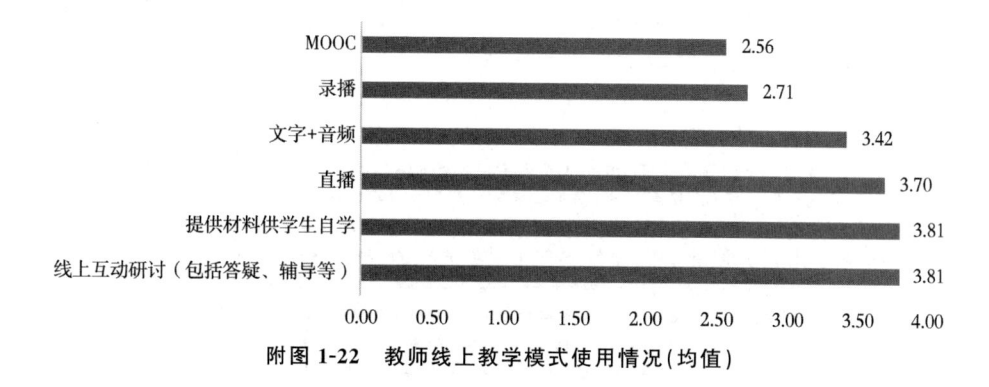

附图 1-22　教师线上教学模式使用情况(均值)

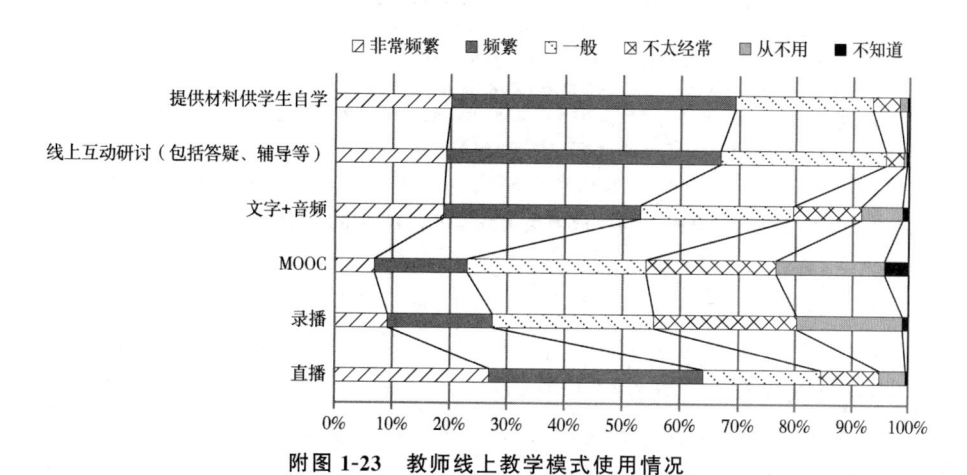

附图 1-23　教师线上教学模式使用情况

4.教师对自己线上教学的评价

调查将教师线上教学活动分为"设计适合线上教学的教学方案""根据线上教学特点有效备课""提交/修改 PPT 等教学材料""推荐学生使用电子教学资源""有效组织线上教学,维持教学秩序""开展课堂直播""利用工具进行录播""在线布置、批改和反馈作业""通过各种平台与学生互动""课程测试或评价""控制教学节奏,避免学生过度疲劳""采用适当教学策略,提高学生注意力""使用各种工具进行课程测试或评价""利用数据分析和跟踪学生学习行为"13 个维度和一个"总体自我评价"。将评价分为"非常好""好""一般""不好""非常不好"五个等级。

从调查结果看,教师"总体自我评价"均值为 3.88,说明教师对自我评价总体比较满意。按照各项得分高低排序看,对"提交/修改 PPT 等教学材料"自我评价最高(均值 4.18),然后依次是"在线布置、批改和反馈作业"(均值 4.10)、"推荐学生使用各种电子教学资源"(均值 4.05)、"有效组织线上教学,

477

维持教学秩序"（均值4.01）、"通过各种平台与学生互动"（均值4.00），"利用工具进行录播"和"利用数据分析跟踪学生学习行为"，均值均低于3.7（见附图1-24）。

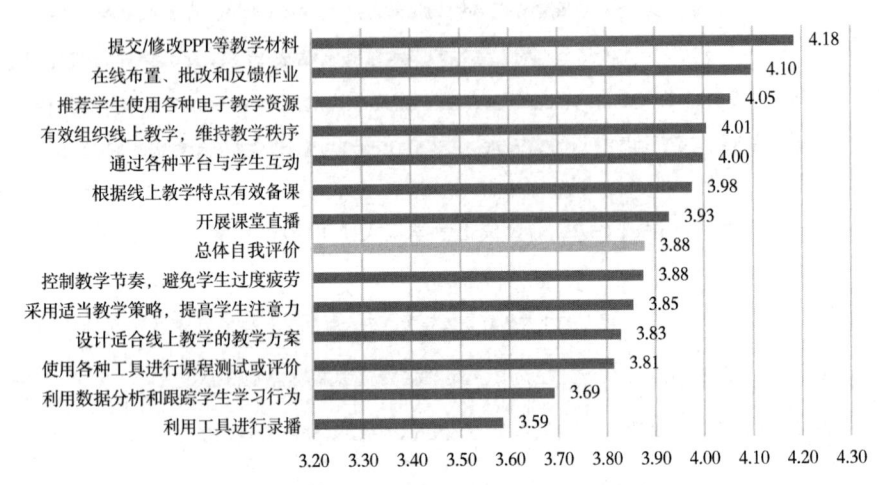

| 项目 | 均值 |
| --- | --- |
| 提交/修改PPT等教学材料 | 4.18 |
| 在线布置、批改和反馈作业 | 4.10 |
| 推荐学生使用各种电子教学资源 | 4.05 |
| 有效组织线上教学，维持教学秩序 | 4.01 |
| 通过各种平台与学生互动 | 4.00 |
| 根据线上教学特点有效备课 | 3.98 |
| 开展课堂直播 | 3.93 |
| 总体自我评价 | 3.88 |
| 控制教学节奏，避免学生过度疲劳 | 3.88 |
| 采用适当教学策略，提高学生注意力 | 3.85 |
| 设计适合线上教学的教学方案 | 3.83 |
| 使用各种工具进行课程测试或评价 | 3.81 |
| 利用数据分析和跟踪学生学习行为 | 3.69 |
| 利用工具进行录播 | 3.59 |

附图1-24 教师线上教学的自我评价（均值）

从参与调查教师看，76％的教师对自己线上教学表示满意（"好"和"非常好"）。其中，超过80％的教师对"在线布置、批改和反馈作业""有效组织线上教学，维持教学秩序""推荐学生使用电子教学资源""提交/修改PPT等教学材料""根据线上教学特点有效备课"六个方面表示满意。超过70％的教师对自己在"采用适当教学策略，提高学生注意力""控制教学节奏，避免学生过度疲劳""使用各种工具进行课程测试或评价""开展课堂直播""设计适合线上教学的教学方案"等五个方面表示满意。而在"利用数据进行跟踪学生学习行为"和"利用工具进行录播"，教师表示满意的比率不到70％（见附图1-25）。

5.和传统线下教学效果的比较

与传统线下教学效果相比，线上教学效果如何？调查分为"比传统线下教学效果好，质量有保障""比传统线下教学效果差，质量没有保障""没有变化"三种，并将评价分为"非常赞成""赞成""一般""不太赞成""不赞成"和"不知道"五个等级。从调查结果看，以上三项均值分别为3.00、3.00和2.35（见附图1-26）。

再从附图1-27可以看出，在"比传统线下教学效果差，质量没有保障"和"比传统教学效果好，质量有保障"的两种看法中，选择"赞成"和"非常赞成"的人数比例相差不大，前者略高于后者。可见，线上教学效果如何，还有待于时间进一步检验（见附图1-27）。

478

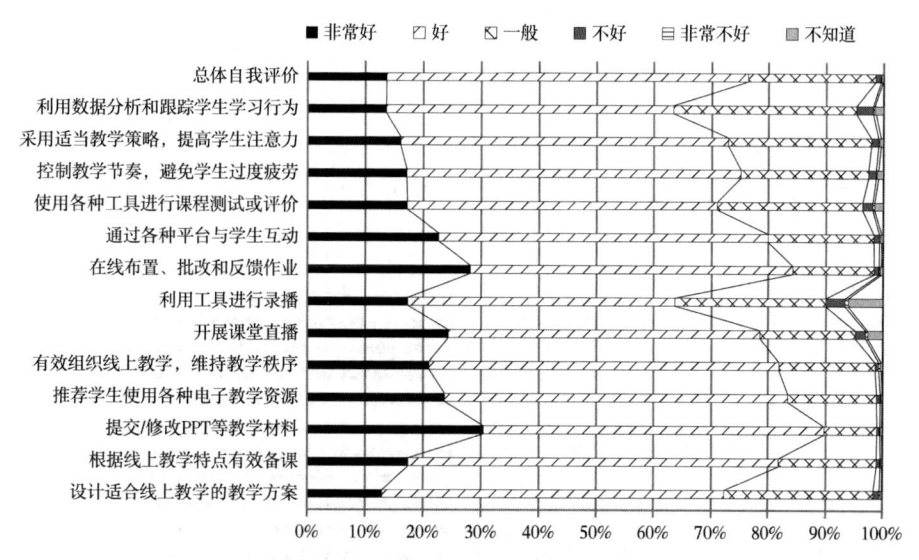

附图 1-25 教师线上教学的自我评价

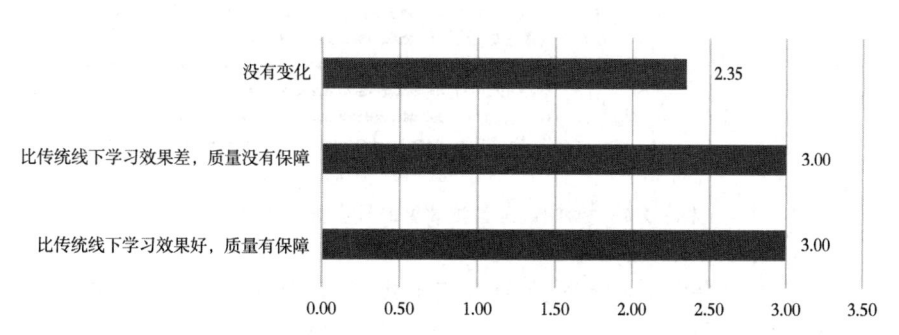

附图 1-26 对线上教学和线下教学的效果比较评价(均值)

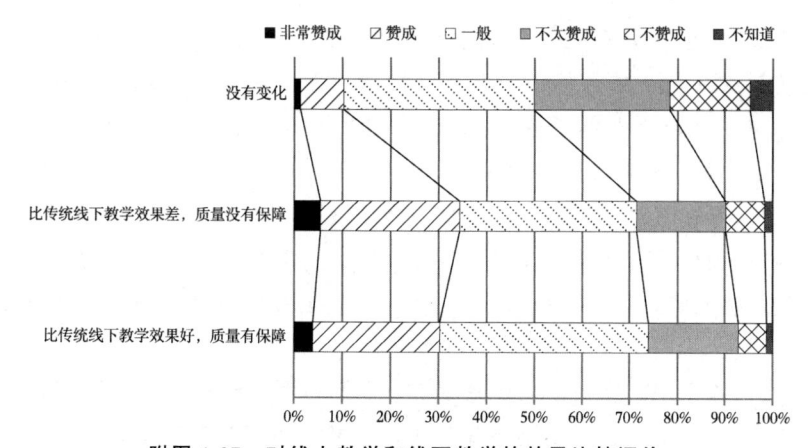

附图 1-27 对线上教学和线下教学的效果比较评价

479

### 6.影响线上教学效果的最主要因素

调查将线上教学可能影响因素列出"网络速度及稳定性"等18个因素,并将重要程度分为"非常重要""重要""一般""不太重要"和"不重要"五个等级。从各项因素重要性程度而言,大部分教师普遍认为这些因素都是"重要"或"非常重要"。根据参与教师对各项因素重要性高低进行划分,大致可以分为五个方面(见附图1-28):

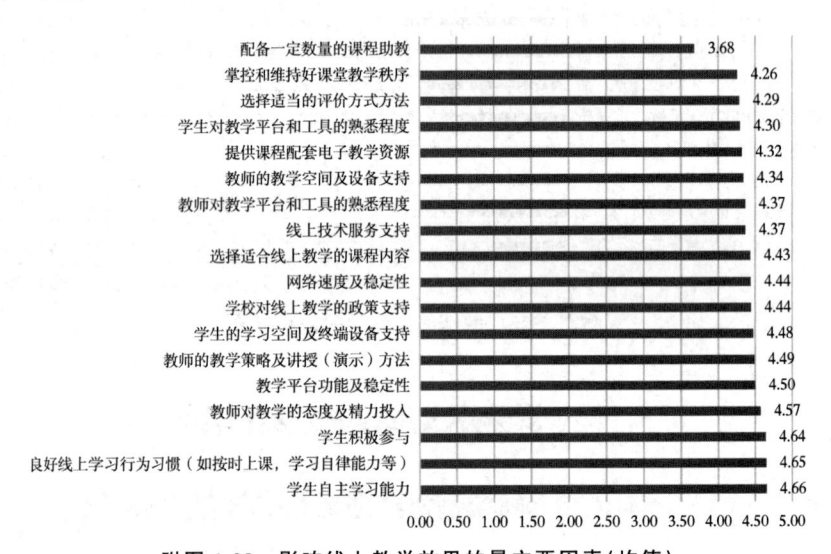

| 因素 | 均值 |
| --- | --- |
| 配备一定数量的课程助教 | 3.68 |
| 掌控和维持好课堂教学秩序 | 4.26 |
| 选择适当的评价方式方法 | 4.29 |
| 学生对教学平台和工具的熟悉程度 | 4.30 |
| 提供课程配套电子教学资源 | 4.32 |
| 教师的教学空间及设备支持 | 4.34 |
| 教师对教学平台和工具的熟悉程度 | 4.37 |
| 线上技术服务支持 | 4.37 |
| 选择适合线上教学的课程内容 | 4.43 |
| 网络速度及稳定性 | 4.44 |
| 学校对线上教学的政策支持 | 4.44 |
| 学生的学习空间及终端设备支持 | 4.48 |
| 教师的教学策略及讲授(演示)方法 | 4.49 |
| 教学平台功能及稳定性 | 4.50 |
| 教师对教学的态度及精力投入 | 4.57 |
| 学生积极参与 | 4.64 |
| 良好线上学习行为习惯(如按时上课,学习自律能力等) | 4.65 |
| 学生自主学习能力 | 4.66 |

**附图1-28 影响线上教学效果的最主要因素(均值)**

第一,学生自主学习能力、学习习惯养成。从高到低次是:"学生自主学习能力"(均值4.66)、"良好线上学习行为习惯(如按时上课,学习自律能力等)"(均值4.65)、"学生积极参与"(均值4.64)。

第二,教师教学投入、平台功能稳定性以及教学策略方法因素。其中,"教师对教学的态度及精力投入"(均值4.57)、"教学平台功能及稳定性"(均值4.50)、"教师的教学策略及讲授(演示)方法"(均值4.49),"学生的学习空间及终端设备支持"(均值4.48)。

第三,学校政策、软件及硬件支持。依次为:"学校对线上教学的政策支持"(均值4.44)、"网络速度及稳定性(均值4.44)"、"选择适合线上教学的课程内容"(均值4.43)、"线上技术服务支持"(均值4.37)、"教师的教学空间及设备支持"(均值4.34)。

第四,教学平台技术工具的培训等。具体包括"教师对教学平台和工具的熟悉程度"(均值4.37)、"提供课程配套电子教学资源"(均值4.32)、"学生对教学平台和工具的熟悉程度"(均值4.30)。

第五,教育评价及课堂程序维护等。依次是"选择适当的评价方式方法"(均值4.29)、"掌控和维持好课堂教学秩序"(均值4.26)、"配备一定数量的课程助教"(均值3.68)。

从"非常重要"因素看,参与调查教师中,70%左右的教师认为"学生自主学习能力""学习行为习惯""学生积极参与"三个因素是"非常重要";60%左右的教师认为"教师对教学的态度及精力投入""教学平台功能及稳定性""网络速度及稳定性"和"教师的教学策略及讲授(演示)方法"是"非常重要"。超过50%的教师认为"学生的学习空间及终端设备支持""学校政策支持""选择适合课程内容"以及"线上技术服务支持"是"非常重要"(见附图1-29)。

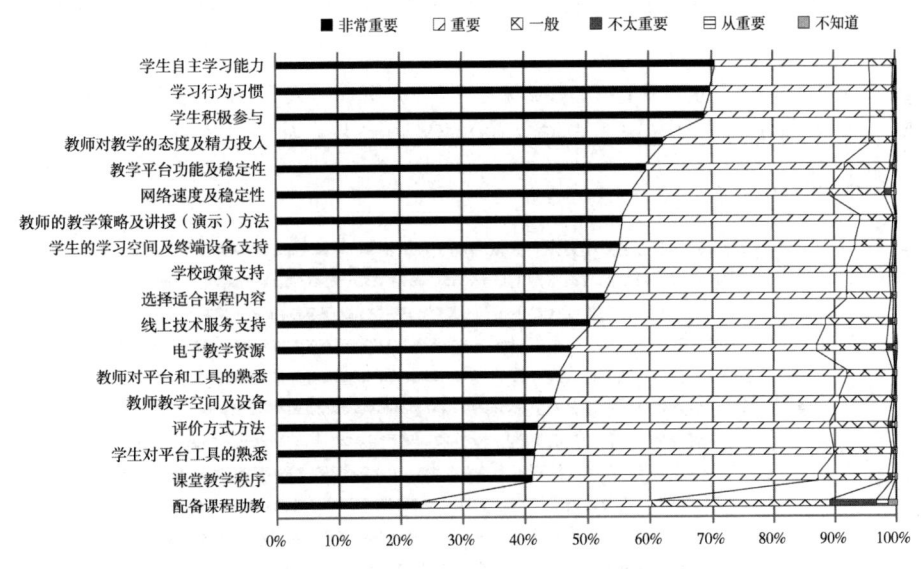

附图1-29 影响线上教学效果的最主要因素

7.线上教学存在的主要问题

调查将线上教学可能存在问题列为18个方面,并将教师态度分为"非常赞成""赞成""一般""不太赞成"和"不赞成"五个等级。从调查结果看,线上教学相对比较突出的是"部分教学内容不合适线上教学""学生自主学习能力弱""学生未养成线上学习的良好习惯",以及"网络速度及稳定性差""课堂教学秩序不好把控""学生参与度不够"。按照问题赞成度(均值),从高到低依次为(见附图1-30):

第一梯度(均值≥3.8):"部分教学内容不适合线上教学"(均值3.97)、"学生自主学习能力弱"(均值3.89)、"学生未养成线上学习的良好习惯(如按时上课、学习自律能力等)"(均值3.84)。

第二梯度(3.7≤均值<3.8)："网络速度及稳定性差"(均值3.79)、"教学平台功能不完善及稳定性差"(均值3.72)、"课堂教学秩序不好把控"(均值3.70)。

第三梯度(3.5≤均值<3.7)："学生参与度不够"(均值3.69)、"提供课程配套电子教学资源不足"(均值3.60)、"学生的学习空间环境及终端设备支持不够"(均值3.58)。

第四梯度(3.2≤均值<3.5)："教师的教学空间环境及设备支持不足"(均值3.48)、"线上技术服务支持跟不上"(均值3.46)、"学生对教学平台和工具的不熟练"(均值3.28)、"教育评价方式方法不适合网上教学"(均值3.26)、"教学策略及教学方法不适应线上教学"(均值3.23)、"教师对教学平台和工具的不熟练"(均值3.20)。

第五梯度(均值<3.2)："没有课程助教或数量不足"(均值3.11)、"学校对线上教学的政策支持不足"(均值3.08)、"教师对教学的态度及精力投入不够"(均值2.94)。

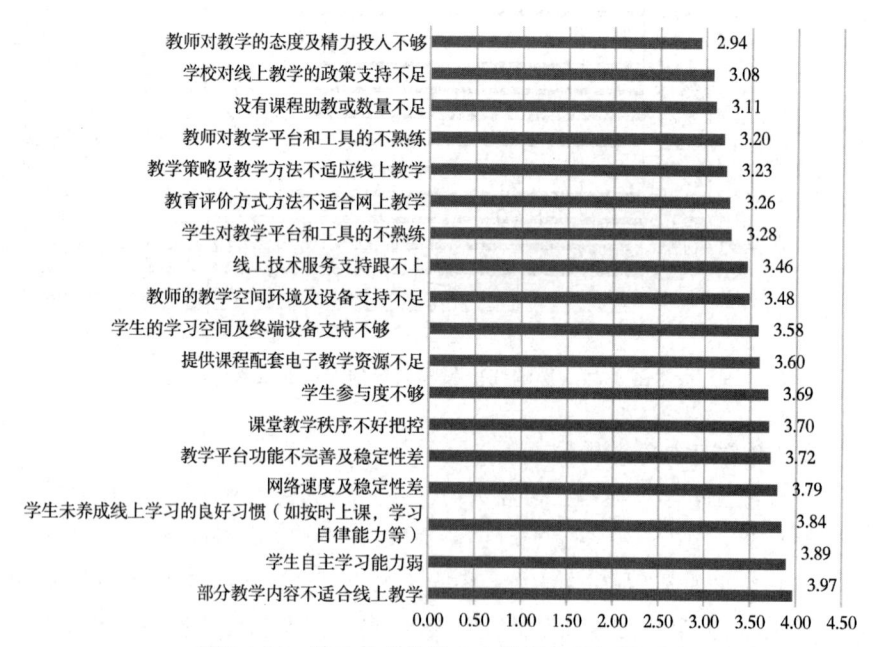

| 问题 | 均值 |
| --- | --- |
| 教师对教学的态度及精力投入不够 | 2.94 |
| 学校对线上教学的政策支持不足 | 3.08 |
| 没有课程助教或数量不足 | 3.11 |
| 教师对教学平台和工具的不熟练 | 3.20 |
| 教学策略及教学方法不适应线上教学 | 3.23 |
| 教育评价方式方法不适合网上教学 | 3.26 |
| 学生对教学平台和工具的不熟练 | 3.28 |
| 线上技术服务支持跟不上 | 3.46 |
| 教师的教学空间环境及设备支持不足 | 3.48 |
| 学生的学习空间及终端设备支持不够 | 3.58 |
| 提供课程配套电子教学资源不足 | 3.60 |
| 学生参与度不够 | 3.69 |
| 课堂教学秩序不好把控 | 3.70 |
| 教学平台功能不完善及稳定性差 | 3.72 |
| 网络速度及稳定性差 | 3.79 |
| 学生未养成线上学习的良好习惯(如按时上课、学习自律能力等) | 3.84 |
| 学生自主学习能力弱 | 3.89 |
| 部分教学内容不适合线上教学 | 3.97 |

附图1-30 目前线上教学存在的最主要问题(均值)

从参与教师态度看,超过70%的教师赞成"部分教学内容不适合线上课程"。70%左右的教师赞成"学生自主学习能力弱"和"未养成线上学习的良好习惯";60%~70%的教师赞成"网络速度及稳定性差""教学平台功能不完善及稳定性差""学生参与度不够"以及"课堂教学秩序不好把控"。50%以上但不超过60%的教师赞成"提供课程配套电子教学资源不足""学生的学习空间及终端设备支持不够""线上技术支持服务跟不上""教师的教学空间及设备环境支持不足"以及"学校对线上教学政策支持不足"。

除以上11个方面之外,超过40%但不到50%的教师赞成"评价方式方法不适线上教学""教学策略及教学方法不适应线上教学""学生和教师对于教学平台和工具不熟练"。对于"教师对教学的态度及精力投入不够",只有不到40%的教师赞成有问题(见附图1-31)。

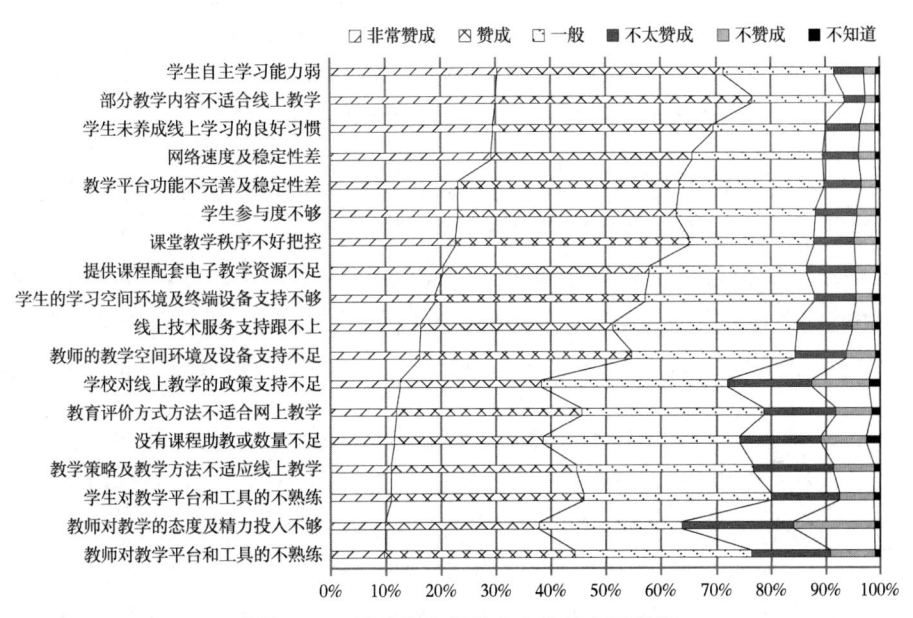

附图1-31 目前线上教学存在的最主要问题

### 8.教师线上教学过程中遇到的最大困难

调查将线上教学可能遇到最大困难列出10个方面,并将教师态度分为"非常赞成""赞成""一般""不太赞成"和"不赞成"五个等级,从调查结果看,教师感到相对比较困难的是如何调动学生学习注意力,维持课堂秩序、组织课堂讨论以及线上交流反馈及讨论。按照困难程度均值高低排序,依次为"线上保持学生学习注意力"(均值3.91)、"线上维持课堂教学秩序"(均值3.57)、"线上组织课堂讨论"(均值3.55)、"课后线上交流反馈及讨论"(均值3.52)、"对各种平台和教学工具的熟悉和掌握"(均值3.37)、"线上备课"(均值3.29)、"线上直播"(均值3.25)、"线上开展测验或考试"(均值3.25)、"线上布置、批改作业及反馈"(均值3.22)、"线上录播"(均值3.01)(见附图1-32)。

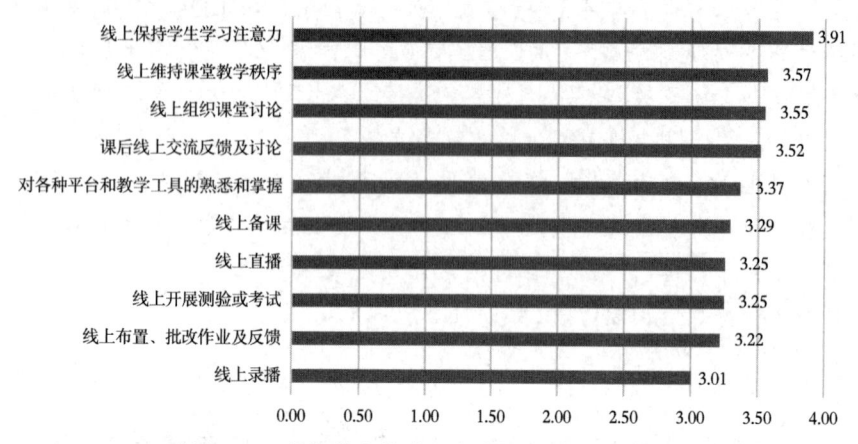

附图 1-32　教师线上教学遇到的最主要困难(均值)

从附图 1-33 看出，对于"线上保持学生学习注意力""线上维持课堂教学秩序""线上组织课堂讨论"及"课后线上交流反馈及讨论"四个方面，超过 50% 参与教师"赞成"(含"非常赞成"，以下同)还存在困难。而对"对各种平台和教学工具的熟悉和掌握""线上直播""线上开展测验或考试""线上备课""线上布置、批改作业及反馈"，只有 40% 但不到 50% 的教师"赞成"还存在着困难。

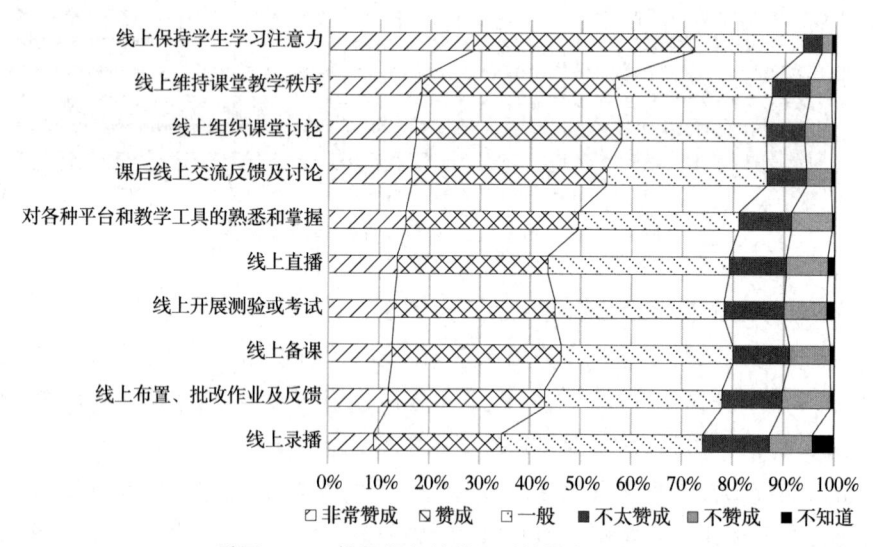

附图 1-33　教师线上教学遇到的最主要困难

### 9.教师线上教学面临的最大挑战

调查问卷将线上教学教师可能面临的最大挑战描述 7 个方面，并将教师态度分为"非常赞成""赞成""一般""不太赞成"和"不赞成"五个等级，从调查结果看,教师从线下教学走上线上教学,还是面临着相当压力,从各项得分均值看,均高于3.5以上。从挑战度高低排序看,依次为"需要改变教学策略和教学方法"(均值4.01)、"需要改变以往的教学习惯"(均值3.96)、"需要转变教学观念"(均值3.96)、"课内课外时空界限变模糊"(均值3.92)、"需要重新学习各种教育技术"(均值3.95)、"增加教学工作量负担"(均值3.88)、"增加心理压力"(均值3.56)(见附图1-34)。

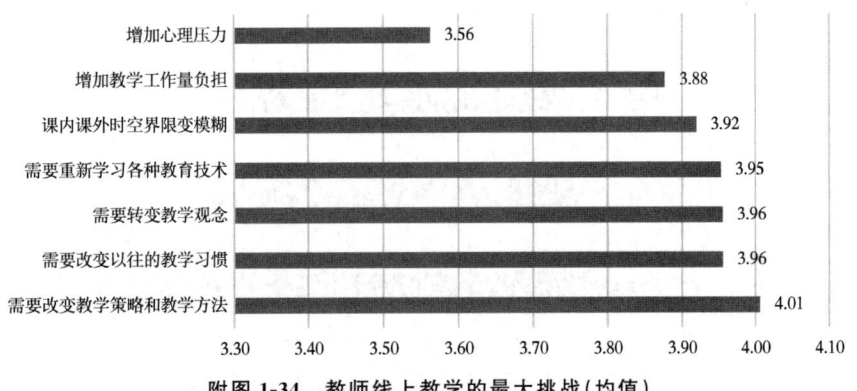

附图1-34 教师线上教学的最大挑战(均值)

从附图1-35可以看出,除了增加心理压力之外,超过30%的教师对以上六个方面带来的挑战与压力持"赞成"态度;超过50%的教师对以上七个方面带来的压力持"赞成"态度;近70%的教师"赞成"线上教学"增加工作量负担";超过70%的教师"赞成"以下五个方面带来的压力和挑战,包括"课内课外时空界限变模糊""需要重新学习各种教育技术""需要转变教学观念""需要改变以往的教学习惯""需要改变教学策略和教学方法"。其中超过70%的教师"赞成""改变教学策略和教学方法"给自己带来的挑战。

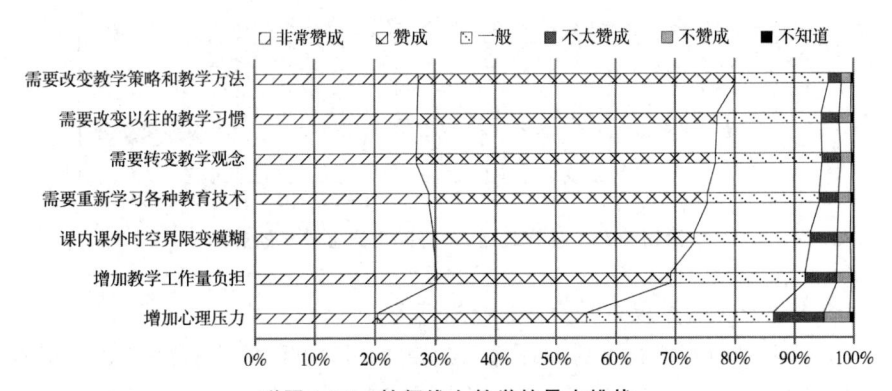

附图1-35 教师线上教学的最大挑战

485

### 四、教师对线上教学的改进意见

1.疫情之后是否继续采用线上教学

调查将教师态度分为"继续采用线上教学"、"采用'线上＋线下'混合式教学"和"不采用线上教学",并将接受程度分为"非常愿意""愿意""一般""不太愿意"和"不愿意"五种等级。从调查结果看,教师对"继续采用线上教学"态度的均值为 3.24,持"采用'线上＋线下'混合式教学"态度的均值为 3.98,持"不采用线上教学"的均值为 2.75(见附图 1-36)。

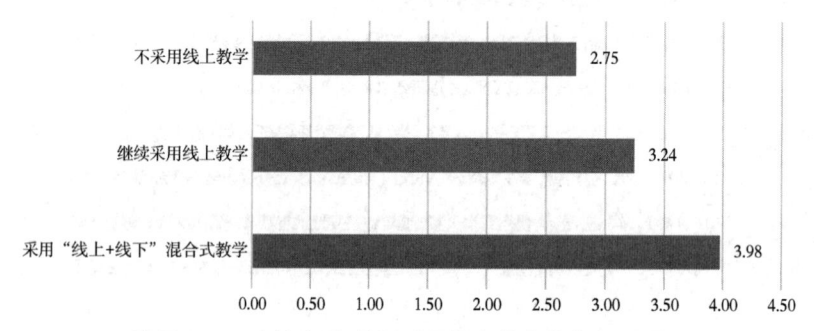

附图 1-36 疫情之后,是否采用线上教学的态度(均值)

从附图 1-37 看出,超过 70％的教师表示"愿意"(含"非常愿意",以下同)"采用'线上＋线下'混合式教学",45％多的教师表示"继续采用线上教学",只有 20％略多的教师表示"不采用线上教学"。

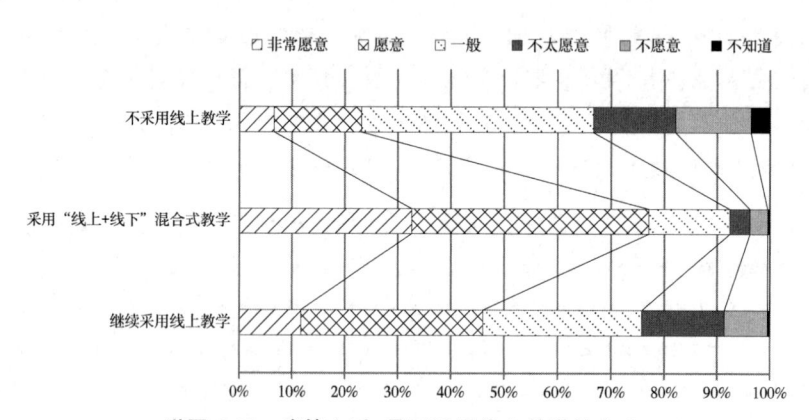

附图 1-37 疫情之后,是否采用线上教学的态度

2.采用线上教学最需要加强(改进)意见

调查将教师可能提出的改进意见列为 18 个方面,并将教师态度分为"非常赞成""赞成""一般""不太赞成"和"不赞成"五个等级。从调查结果看,教师认为首先是加强对学生学习引导,其次,完善教学内容以及教学资源建设,提

高现有教学平台的稳定性,再次是加强硬件设施建设,加大政策支持。最后是加强教师和学生的培训。根据教师加强改进的迫切性,将意见分成四个梯度(见附图1-38):

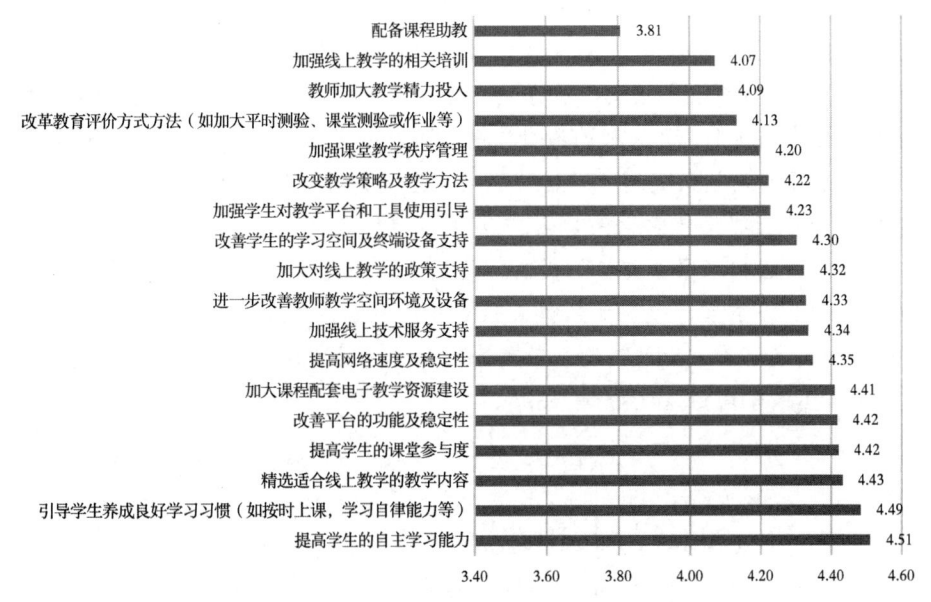

| 项目 | 均值 |
|---|---|
| 配备课程助教 | 3.81 |
| 加强线上教学的相关培训 | 4.07 |
| 教师加大教学精力投入 | 4.09 |
| 改革教育评价方式方法(如加大平时测验、课堂测验或作业等) | 4.13 |
| 加强课堂教学秩序管理 | 4.20 |
| 改变教学策略及教学方法 | 4.22 |
| 加强学生对教学平台和工具使用引导 | 4.23 |
| 改善学生的学习空间及终端设备支持 | 4.30 |
| 加大对线上教学的政策支持 | 4.32 |
| 进一步改善教师教学空间环境及设备 | 4.33 |
| 加强线上技术服务支持 | 4.34 |
| 提高网络速度及稳定性 | 4.35 |
| 加大课程配套电子教学资源建设 | 4.41 |
| 改善平台的功能及稳定性 | 4.42 |
| 提高学生的课堂参与度 | 4.42 |
| 精选适合线上教学的教学内容 | 4.43 |
| 引导学生养成良好学习习惯(如按时上课,学习自律能力等) | 4.49 |
| 提高学生的自主学习能力 | 4.51 |

附图1-38 教师对线上教学的改进意见(均值)

第一梯度(均值≥4.49):提高学生自主学习能力,引导学生养成良好学习习惯。从高到低依次是"提高学生的自主学习能力"(均值4.51)、"引导学生养成良好学习习惯(如按时上课,学习自律能力等)"(均值4.49)。

第二梯度(4.40≤均值<4.49):加强教学内容整合,加大课程配套资源建设,提高学生课堂参与度。从高到低依次为:"精选适合线上教学的教学内容"(均值4.43)、"改善平台的功能及稳定性"(均值4.42)、"提高学生的课堂参与度"(均值4.42)、"加大课程配套教学资源建设"(均值4.41)。

第三梯度(4.30≤均值<4.40):重点加强软硬件建设,提高网络速度及硬件支持,改善师生的学习空间及设备支持。按照均值从高到低依次是:"提高网络速度及稳定性"(均值4.35)、"改善学生的学习空间及终端设备支持"(均值4.30)、"加强线上技术服务支持"(均值4.34)、"进一步改善教师教学空间环境及设备"(均值4.33)、"加大对线上教学的政策支持"(均值4.32)。

第四梯度(4.00≤均值<4.30):重点是加强学生对平台和工具使用引导,改变教师的教学策略管理、改革教育评价方式并加强教师相关的教学培训等。按照均值高低依次是:"加强学生对教学平台和工具使用引导"(均值4.23)、"改

变教学策略及教学方法"(均值4.22)、"加强课堂教学秩序管理"(均值4.20)、"改革教育评价方式方法(如加大平时测验、课堂测验或作业等)"(均值4.13)、"教师加大教学精力投入"(均值4.09)、"加强线上教学的相关培训"(均值4.07)。

第五梯度(均值＜4.00):"配备一定数量的课程助教"(均值3.81)。

从附图1-39可以看出,超过90%的教师"赞成"(含"非常赞成",以下同)需要加强"提高学生自主学习能力""引导学生养成良好学习习惯"和"提高学生的课堂参与度"。近90%的教师"赞成""进一步加大对线上教学的政策支持""改善平台功能及稳定性""加强课程电子资源建设""进一步改善教师教学空间及设备"和"改善学生的学习空间及终端设备支持"。85%左右教师"赞成""加强线上技术服务支持""提高网络速度及稳定性""改变教学策略及教学方法"和"加强学生对教学平台和工具使用引导"。另外,80%左右教师"赞成""教师加大教学精力投入""改革教育评价方式方法""加强课堂教学秩序管理""加强线上教学培训"(见附图1-39)。

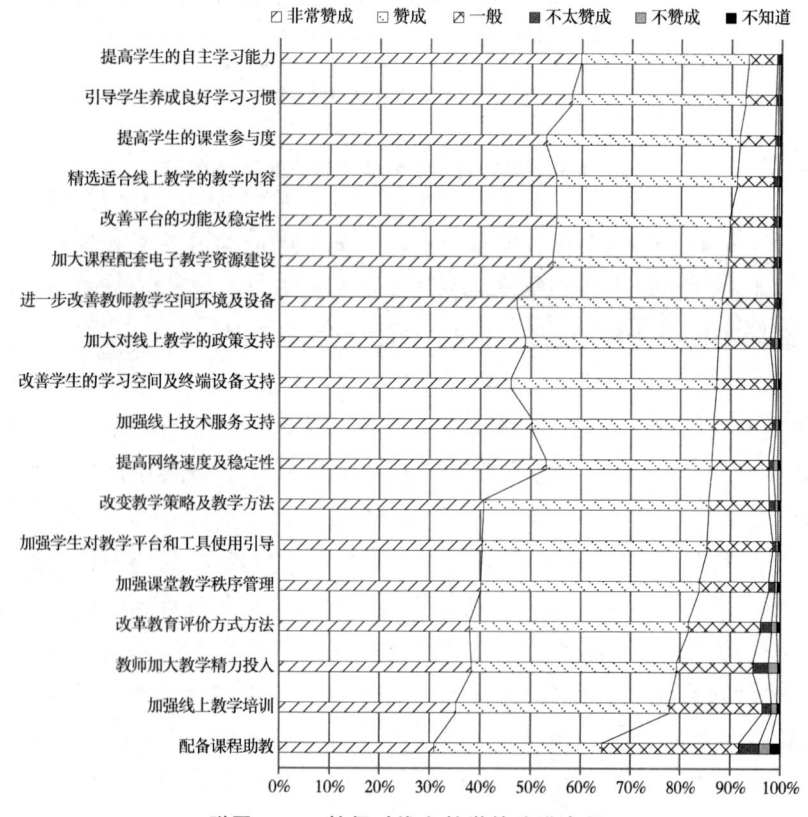

附图1-39 教师对线上教学的改进意见

以上是本次调研主要结果,限于时间和篇幅,报告仅对封闭性题目调查数据作汇总。再次感谢所有参与调研的老师、同学及教学管理部门同仁!

(报告撰写:谢作栩、薛成龙、邬大光、郭瀛霞;数据统计:刁琳琳、严欢、甘雅娟)

# 附录2 疫情防控期间大学生线上学习调查报告

## 一、基本信息

1.性别分布

参与调查学生中,男生49392人,占41.8%;女生68799人,占58.2%(见附图2-1)。

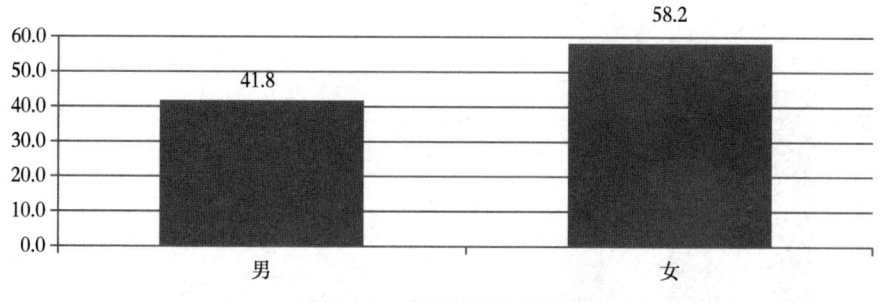

附图2-1 学生性别分布(%)

2.出生年份分布

参与调查学生中,出生年份分布于1980—2005年之间不等,其中主要集中在1996—2002年之间,约占总学生人数98.24%。按照各年龄段参与调查学生人数由高到低排序,依次为:2000年出生的35267人,占29.84%,1999年出生的28048人,占23.73%;2001年出生学生的23577人,占19.95%;1998年出生的17482人,占14.79%;1997年出生的7026人,占5.94%;2002年出生的2475人,占2.09%(见附图2-2)。

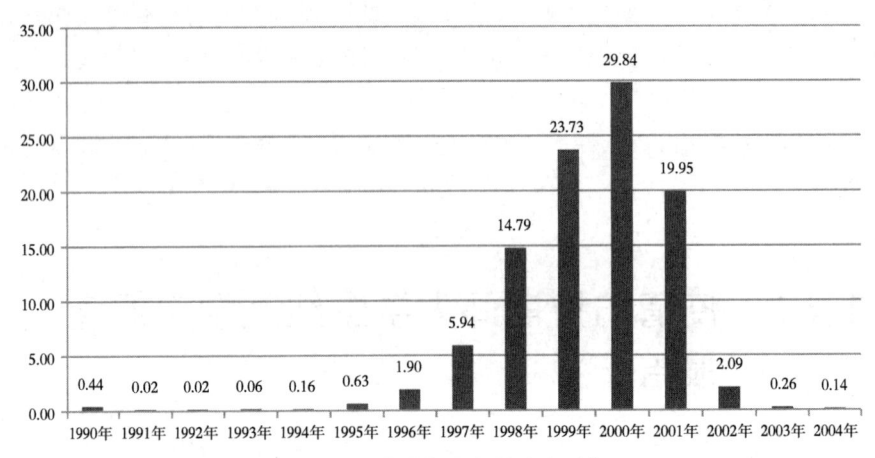

附图 2-2　学生出生年份分布(%)

3.年级分布

参与调查学生中,"大一"年级学生 46219 人,占 39.11%;"大二"年级学生 35205 人,占 29.79%;"大三"年级学生 27216 人,占 23.03%;"大四"年级学生 6773 人,占 5.73%;"大五(五年制)"年级学生 366 人,占 0.31%;"研究生"学生 32 人,占 0.03%;"专科生"学生 1294 人,占 1.09%(见附图 2-3)。

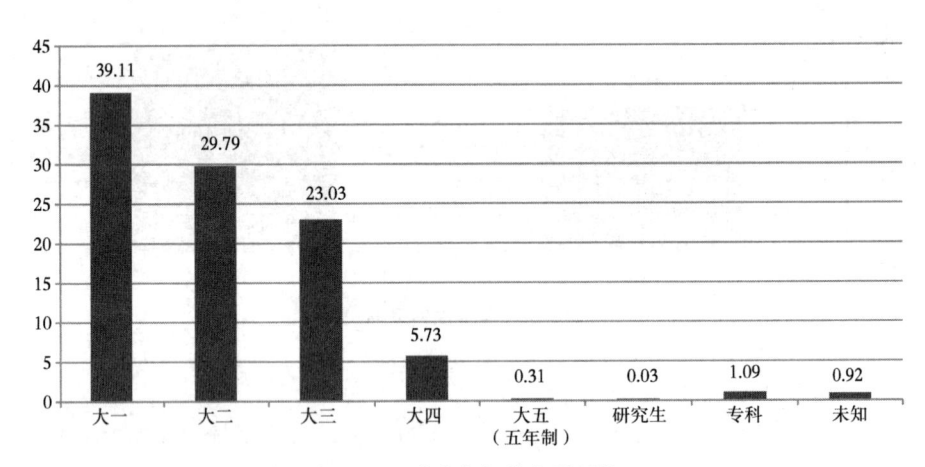

附图 2-3　学生年级分布图(%)

4.学科分布

参与调查学生中,工学学生所占比例近 1/3,文史哲、教育和艺术学学生所占比例超过 1/3,经管法学学生所占比例略超 1/4,理学、农学和医学学科学生所占比例不足 1/5。具体如下:工学 30861 人,占 26.11%;管理学 16829 人,占 14.24%;理学 12888 人,占 10.90%;艺术学 12484 人,占 10.56%;文学

490

12054人,占10.20%;教育学10187人,占8.62%;经济学10114人,占8.56%;医学4867人,占4.12%;农学3795人,占3.21%;法学3054人,占2.58%;历史学558人,占0.47%;哲学500人,占0.42%(见附图2-4)。

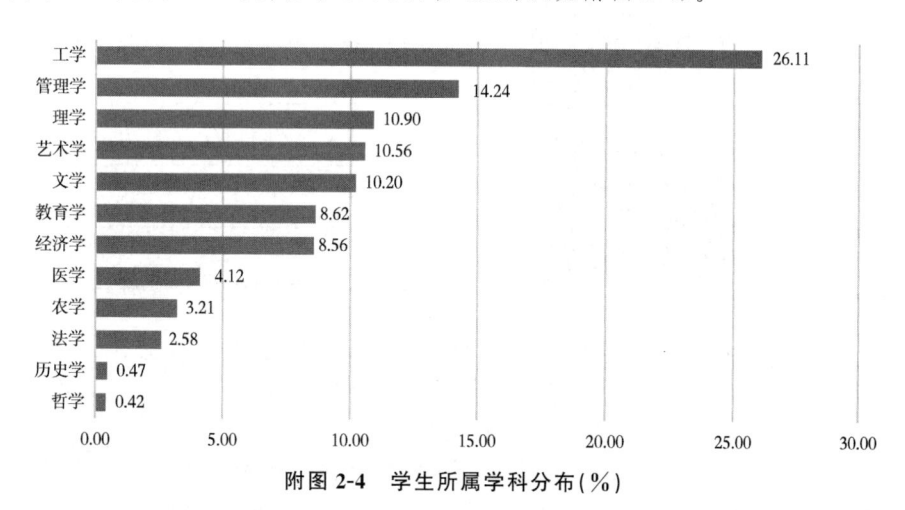

附图2-4 学生所属学科分布(%)

5.疫情前学生参加线上教学比例

调查结果显示,参与调查学生中,近六成学生在疫情之前未参加过线上教学。其中,在疫情之前参加过线上教学的学生有51674人,占44%;在疫情之前没有参与过线上教学的学生有66517人,占56%(见附图2-5)。

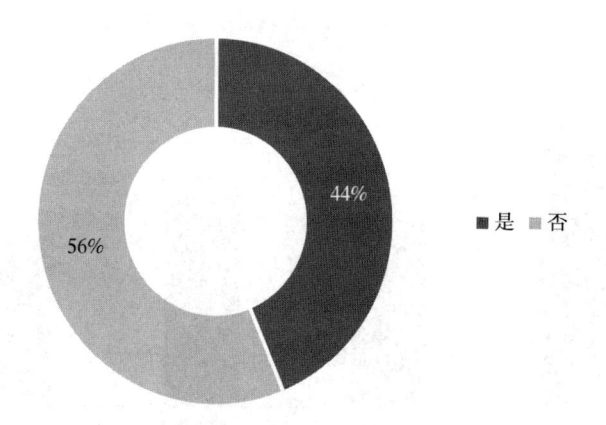

附图2-5 疫情之前学生参加线上教学情况(%)

6.疫情防控期间学生参加线上教学比例

参与调查的学生中,在疫情防控期间使用线上教学的学生有114738人,占97.1%;在疫情防控期间没有使用过线上教学的学生有3453人,占2.9%(见附图2-6)。

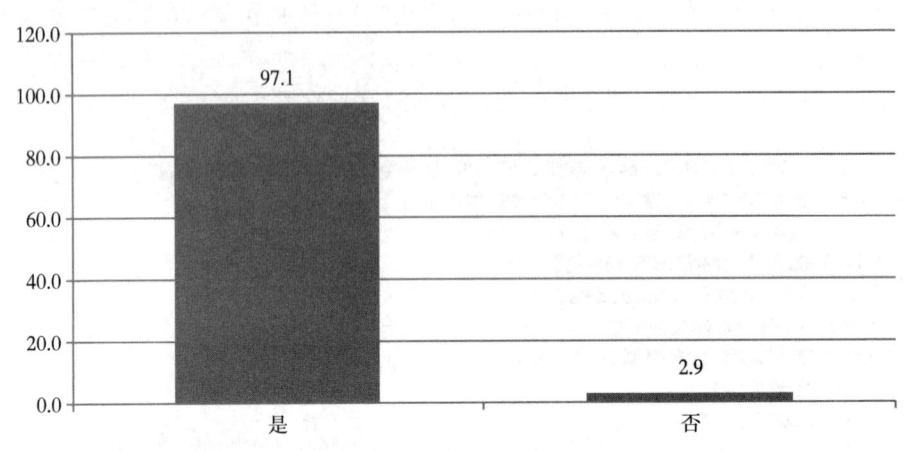

附图 2-6　疫情防控期间参加线上教学的学生比例(%)

7.学生参加线上教学的课程类型分布

调查将线上教学课程分为"专业必修课""专业选修课""公共必修课""公共选修课"四种类型,学生可多选。从调查结果看,学生所上的线上课程中,55.70%的课程为专业课,44.3%的课程为公共课,58.5%的课程为必修课,41.5%的课程为选修课。其中:

选择"专业必修课"的学生为110989人次,占33.88%;选择"专业选修课"的学生为71454人次,占21.81%;选择"公共必修课"的学生为80643人次,占24.62%;选择"公共选修课"的学生为64474人次,占19.68%(见附图2-7)。

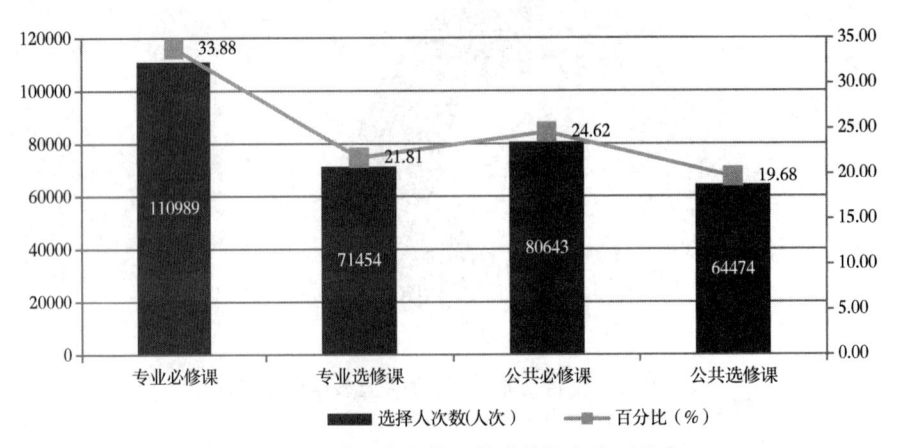

附图 2-7　学生参加线上教学的课程类型分布

8.学生参加线上教学的课程性质分布

调查将线上教学课程分为"理论课""理论课(含课内实践、实验教学)""独立设置实验课""术科课"和"其他教学环节"五种类别,学生可以多选。从调查结果看,参与调查学生中,选择"理论课"的学生为 103868 人次,占 50.39%;选择"理论课(含课内实践、实验教学)"的学生为 58715 人次,占 28.49%;选择"独立设置实验课"的学生为 11333 人次,占 5.50%;选择"术科课"的学生为 19843 人次,占 9.63%;选择"其他教学环节"的学生为 12363 人次,占 6.00%(见附图 2-8)。

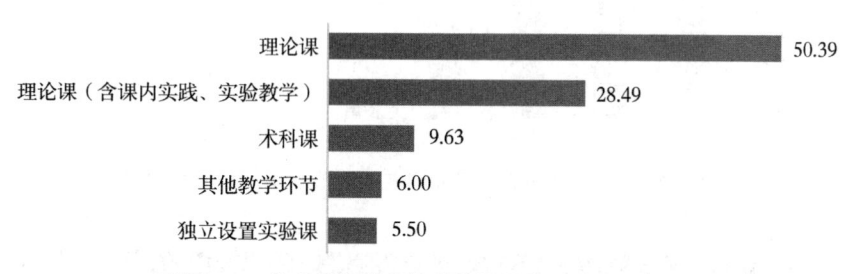

| 课程类型 | 占比(%) |
| --- | --- |
| 理论课 | 50.39 |
| 理论课(含课内实践、实验教学) | 28.49 |
| 术科课 | 9.63 |
| 其他教学环节 | 6.00 |
| 独立设置实验课 | 5.50 |

附图 2-8 学生参加线上教学的课程类型分布(%)

## 二、线上教学环境及支持

疫情防控期间,大学生使用了哪些校内外网络教学平台?这些网络教学平台、技术服务保障是否支撑了线上各项教学活动?对线上学习的服务保障如何?对此,大学生作出了如下的回答和评价。

1. 一门课程,学生使用教学平台数量

参与调查学生中,每门课使用教学平台的数量分布在 1～10 个之间不等,平均数为 3 个。其中使用 1 个平台的学生有 12122 人,占 10.26%;使用 2 个平台的学生有 39472 人,占 33.40%;使用 3 个平台的学生有 34167 人,占 28.91%;使用 4 个平台的学生有 15917 人,占 13.47%,使用 5 个及以上平台的学生有 16513,占 13.97%(见附图 2-9)。

2. 学生对平台技术服务的评价

调查将平台技术服务分为"非常好""好""一般""不好"和"非常不好"五个等级。从调查结果看,参与调查学生对各种教学平台"总体评价"均值为 3.54。按照评价从高到低排序,依次是"文件传输顺畅度"(均值 3.66)、"师生互动即时度"(均值 3.63)、"画面音频清晰度"(均值 3.53)和"工具使用便捷度"(均值 3.52)、"网络速度流畅度"(均值 3.42)、"平台运行稳定度"(均值 3.36)(见附图 2-10)。

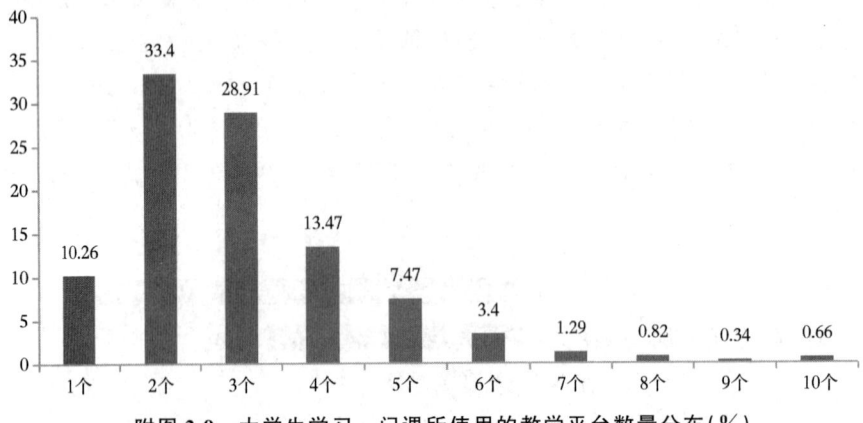

附图 2-9 大学生学习一门课所使用的教学平台数量分布(%)

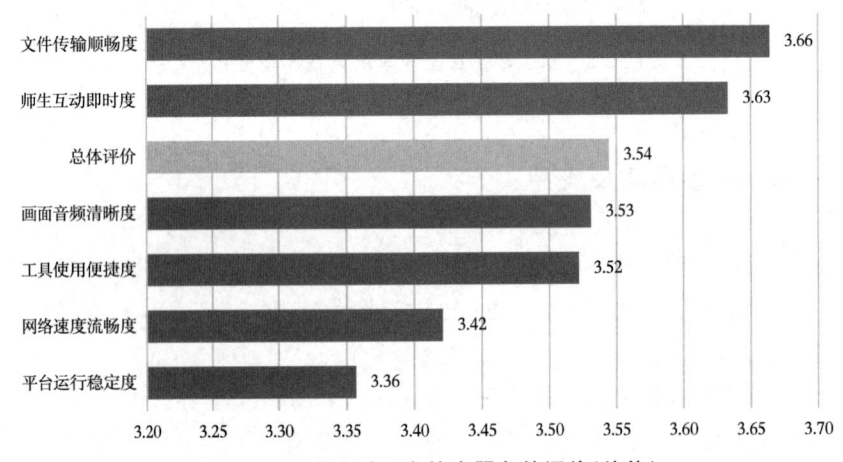

附图 2-10：大学生对平台技术服务的评价(均值)

从学生总体评价看，超过 50% 的学生对各种教学平台技术服务评价为"好"(含"非常好"，下同)。其中，超过 60% 学生对"文件传输顺畅度"评价为"好"，近 60% 的学生对"师生互动即时度"被评价为"好"。50% 左右的学生对"工具使用便捷度""画面音频清晰度"评价为"好"。40% 左右的学生对"网络速度流畅度"和"平台运行稳定度"评价为"好"(见附图 2-11)。

3.学生对线上学习服务保障的评价

调查将学生线上学习服务保障分为"网络条件对线上学习的支持""各类教学平台对线上学习的支持""电子图书资源对线上学习的支持""为学生提供教学平台使用培训""为学生提供线上学习方法培训""学校政策对于线上学习的支持(如学分认定、学业评价标准等)"6 个方面，并将评价分为"非常好""好""一般""不好"和"非常不好"五个等级。

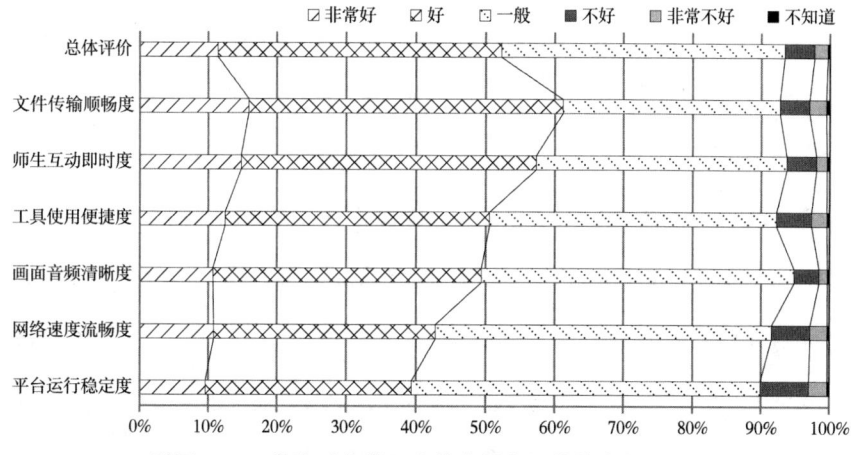

附图 2-11 学生对各类平台技术服务评价的人数比例

按照得分高低排序,"各类教学平台对线上学习的支持"得分最高(均值3.67),这充分说明各类教学平台对本次线上教学的高度关注。其次是"学校政策对于线上学习的支持"(均值3.66),说明高校各级领导对线上学习的重视。再次是"为学生提供线上学习方法培训"(均值3.59),说明在本次线上教学过程中,各高校重点加强这一方面工作。得分相对较低为"网络条件对线上学习的支持"(均值3.56),由此说明,高校对线上教学的软硬件资源还需进一步加强(见附图2-12)。

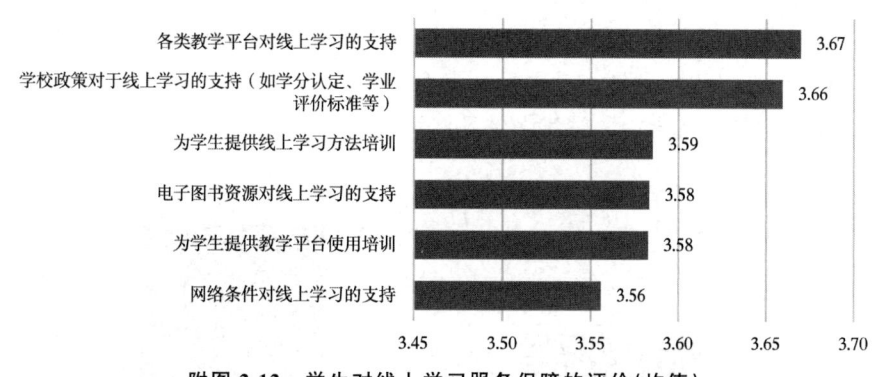

附图 2-12 学生对线上学习服务保障的评价(均值)

从学生评价看,50%~60%的学生对于线上学习服务保障的评价为"好"(含"非常好",下同),其中,60%左右的学生对"学校政策对于线上学习的支持(如学分认定、学业评价标准等)"和"各类教学平台对线上学习的支持"评价为"好";55%左右的学生对电子图书资源、线上学习方法培训和教学平台使用培训认为"好"。略超过50%的学生对"网络条件对线上学习的支持"为"好"(见附图2-13)。

495

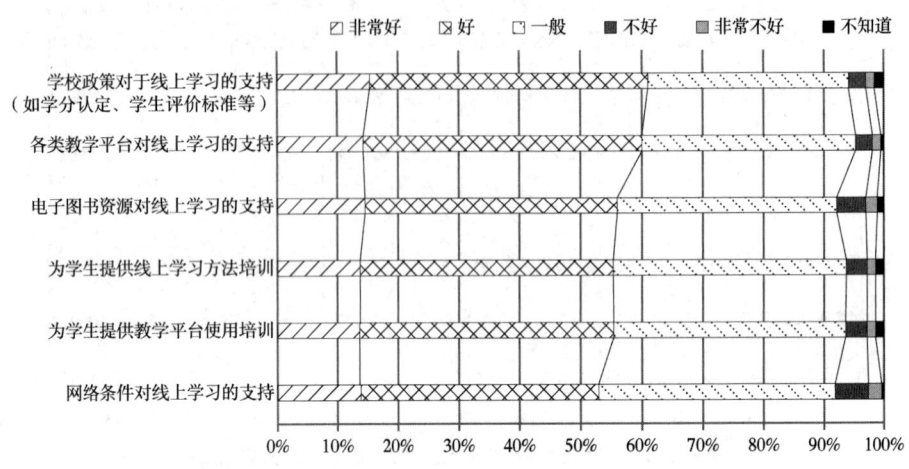

附图 2-13 学生对线上学习服务保障评价的人数比例

## 三、学生线上学习体验

学生对线上各种教学平台技术的熟悉程度如何？对教师线上教学的教学方式是否适应？对线上教学效果又如何评价？以及线上教学影响因素、存在的问题与挑战有哪些？

1.是否接受过线上学习相关培训

调查结果显示：参与调查学生中，接受过线上学习培训的学生有45283人，占38.3%。未接受过线上学习培训的学生有72908人，占61.7%，可见超过六成在疫情之前未接受过线上学习培训(见附图2-14)。

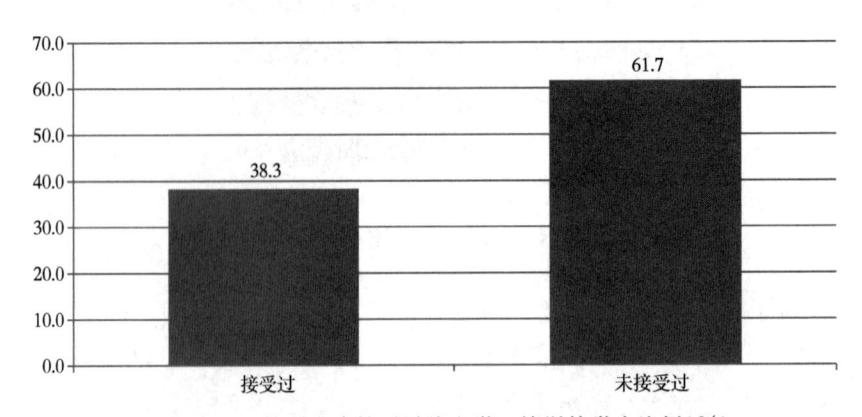

附图 2-14 接受和未接受过线上学习培训的学生比例(%)

2.对各种教学平台的熟悉程度

调查将学生对平台的熟悉程度分为"很熟练""熟练""一般""不熟练""很不熟练"五个等级。从调查结果看,学生对教学平台的熟悉程度的均值为3.67。其中,认为"熟练"的学生有50103人,占42.4%。认为"一般"的学生46290人,占39.2%,认为"很熟练"的学生有17431人,占14.7%。认为"熟练"和"很熟练"两部分人数占比达到了57.1%(见附图2-15)。

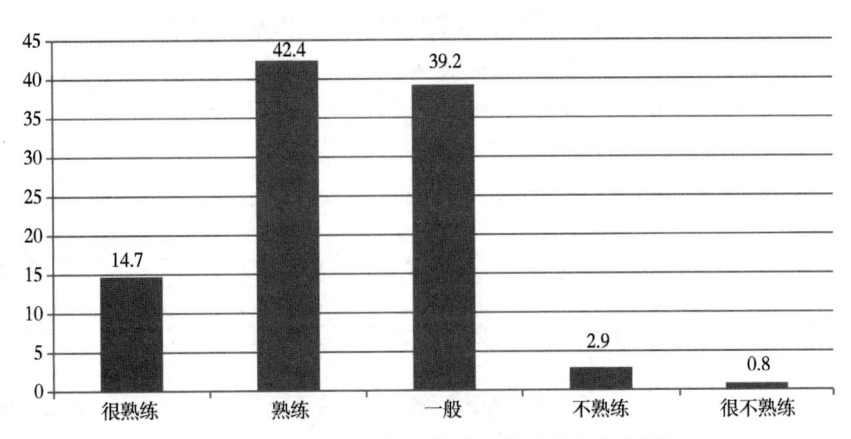

附图2-15 学生使用线上教学的熟悉程度分布(%)

3.对教师使用线上教学方式的评价

调查将线上教学模式分为"直播""录播""MOOC""文字+音频""线上互动研讨(包括答疑、辅导等)"和"提供材料供学生自学"等六种方式,并将使用频率分为"非常频繁""频繁""一般""不太经常"和"从不用"五个等级。

从调查结果看,教师"直播"占较大分量,而"MOOC"和"录播"则不太经常使用。"直播"的均值最高(均值3.64),其次是"线上互动研讨(包括答疑、辅导等)"(均值3.62)、"文字+音频"(均值3.36)、"提供材料供学生自学"(均值3.30)、"录播"(均值3.02)和"MOOC"(均值2.87)(见附图2-16)。

从学生感受看,近60%的学生认为"直播"和"线上互动研讨(包括答疑、辅导等)"为频繁使用(含"非常频繁",下同)。不到40%的学生认为"录播"和"MOOC"为频繁使用。可见,"直播+线上互动"是本次线上教学的主打模式(见附图2-17)。

4.对教师线上教学主要环节的评价

调查将线上教学分为八个基本环节,包括"课堂讲授""实验演示""课堂研讨""课堂提问""课堂小测验""布置作业""课后答疑辅导""提供材料供学生自学"。将评价分为"非常频繁""频繁""一般""不太经常"和"从不用"五个等级。

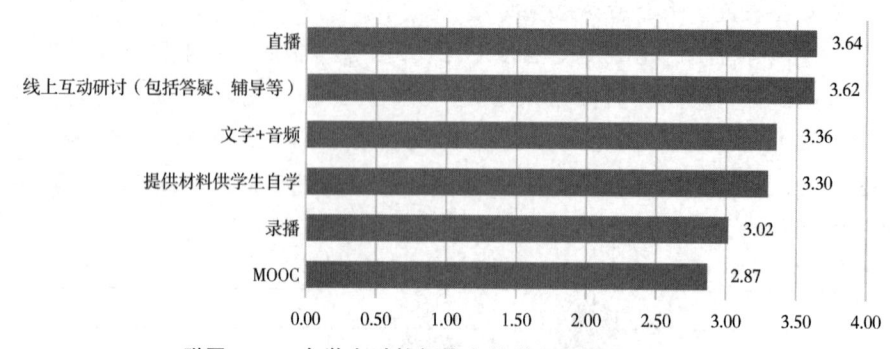

附图 2-16　大学生对教师线上教学方式的评价(均值)

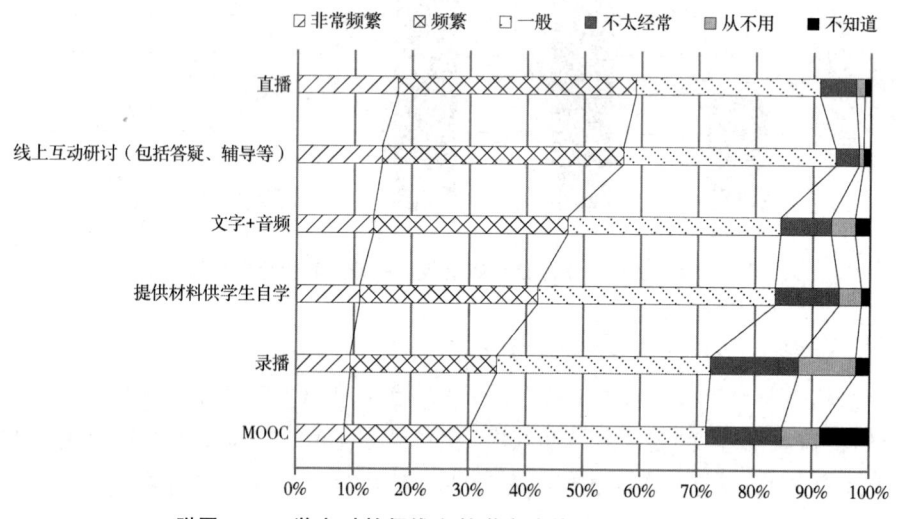

附图 2-17　学生对教师线上教学方式的评价人数比例

按照调查结果,将以上各项均值得分按高低排序,最高为"布置作业"(均值 3.92),然后依次是"课堂讲授"(均值 3.78)、"课堂提问"(均值 3.57)、"提供材料供学生自学"(均值 3.55)、"课堂小测验"(均值 3.52)、"课后答疑辅导"(均值 3.50)、"课堂研讨"(均值 3.50)、"实验演示"(均值 2.90)(见附图 2-18)。

再从学生感受看,近 70% 的学生认为"布置作业"较为频繁(含"非常频繁",下同),超过 60% 的学生认为课堂讲授较为频繁;50% 左右学生认为"课堂提问""提供材料供学生自学""课堂小测验""课堂研讨""课后答疑辅导"这四个环节较为频繁,而"实验演示"受条件场地限制,只有 28.7% 的学生认为较为频繁。可见,在本次线上教学活动,"布置作业"让学习自学是重要的活动(见附图 2-19)。

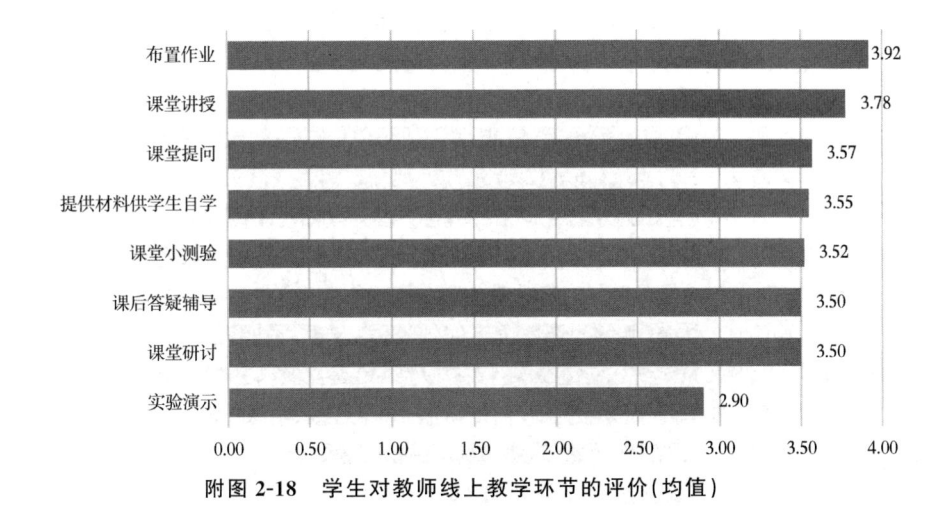

附图 2-18 学生对教师线上教学环节的评价(均值)

附图 2-19 学生对教师线上教学环节评价的人数比例(%)

5.对线上教学效果的总体评价

调查将课堂教学效果细分为"课堂直播效果""课堂录播效果""文字音频效果""与老师课内外的交流""课程配套电子教学资源""网络提交作业""教师反馈作业""同学间互助讨论"和"使用网上各种学习工具"10个维度进行考察,将评价分为"非常好""好""一般""不好"和"非常不好"五个等级。

从调查结果看,学生对"线上教学总体满意度"均值为 3.53。按照各项得分高低排序,对"教师反馈作业"评价最高(均值 3.62),然后依次是"网络提交作业"(均值 3.59),"与老师课内外的交流互动"(均值 3.58),"使用网上各种学习工具"(均值 3.57),"课堂直播效果""课程配套电子教学资源""同学间互助

499

讨论"（均值均为3.53），而学生对"文字音频效果"（均值3.43）和"课堂录播效果"（均值3.34）认可度相对较低（见附图2-20）。

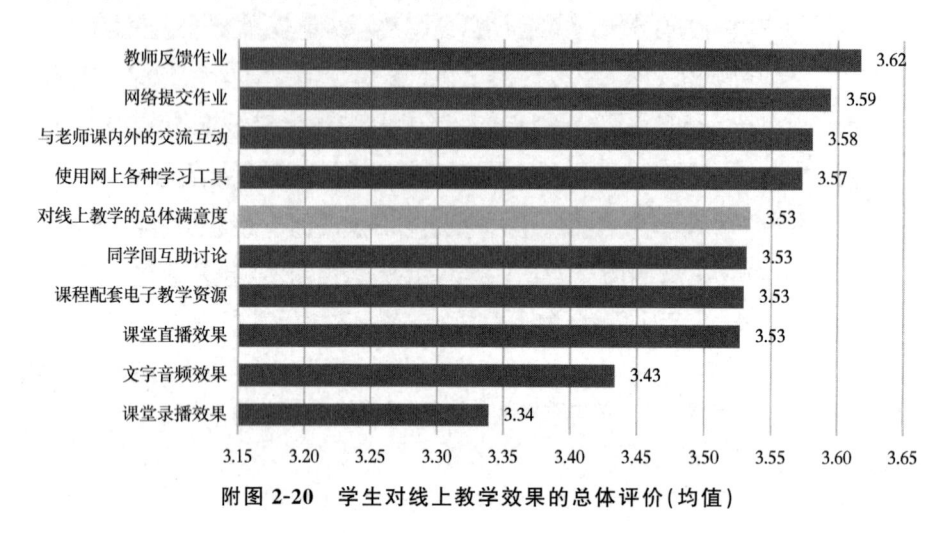

附图 2-20　学生对线上教学效果的总体评价（均值）

从学生感受看，略超过50%的学生对线上教学总体表示"好"（含"非常好"，下同），但也有40%左右的学生对线上教学表示"一般"。从学生对各项评价看，差别不是特别显著。其中，超过55%的学生对"教师反馈作业"和"网络提交作业"表示较为"好"。在"与老师课内外的交流互动""使用网上各种学习工具""课堂直播效果""同学间互助讨论""提供课程配套电子教学资源""课堂录播效果"等六个方面，学生认为"好"的比例介于48%～53.9%之间。可见，线上教学质量还有进一步提升的空间（见附图2-21）。

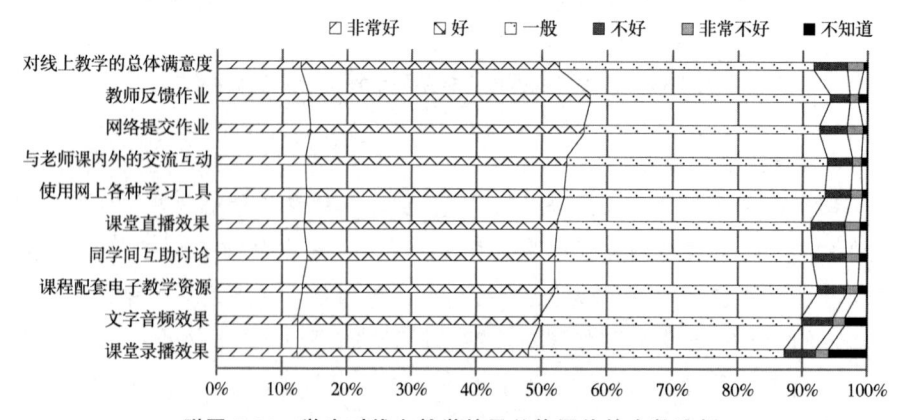

附图 2-21　学生对线上教学效果总体评价的人数比例

6.对线上教学优缺点的评价

调查将线上教学可能的优缺点分为13个维度,将评价分为"非常赞成""赞成""一般""不太赞成"和"不赞成"五个等级。从调查结果看,学生对于各项评价均值都在3.00以上,其中,优点评价各项均值都在3.4以上,缺点评价各项均值低于3.41(含3.41),可见,学生对优点评价略高于缺点的关注。

从优点评价看,按照各项均值从高到低排序,依次为"可以反复回放,便于知识复习巩固"(均值3.83)、"可以让名师名课充分共享"(均值3.80)、"有助于学生自主学习能力培养"(均值3.68)、"突破时空限制,可以随时随地学习"(均值3.66)、"学生可以按需选择学习内容,提高学习效率"(均值3.62)、"可以让学生充分表达关注的问题"(均值3.60)、"方便学生之间交流与协作"(均值3.49)。

从缺点评价看,按照各项均值从高到低排序,依次为"教师无法即时了解学生的学习状态"(均值3.41)、"教师无法及时了解学生知识掌握情况"(均值3.41)、"教师无法第一时间反馈学生关注的问题"(均值3.29)、"缺乏老师现场指导和督促,课堂纪律松弛"(均值3.29)、"学生过分依赖回放功能,认为听不明白还可以重学,课堂学习效率下降"(均值3.15)、"网络交流不如线下交流直接,浪费时间"(均值3.13)。

可见,学生对于线上教学的正面积极评价高于负面消极评价。其中,"可以反复回放,便于知识复习巩固"和"可以让名师名课充分共享"两项学生认可度最高。而"教师无法即时了解学生的学习状态"和"教师无法及时了解学生知识掌握情况"是线上教学最为关注的话题(见附图2-22)。

从参与学生对线上教学评价比例看,"可以反复回放,便于知识复习巩固"和"可以让名师名课充分共享"这两个优点得到近70%的学生认可("非常赞成"+"赞成",下同)。60%的学生对"突破时空限制,可以随时随地学习"表示认可。超过50%的学生对"学生可以按需选择学习内容,提高学习效率""可以让学生充分表达关注的问题""有助于学生自主学习能力培养""方便学生之间交流与协作"表示认可。

从学生对缺点评价比例看,"教师无法即时学生的学习状态"和"教师无法及时了解学生知识掌握情况"两项相对比较突出,近50%学生表示认可这两个不足。"缺乏教师现场指导和督促,课堂纪律检验""教师无法第一时间反馈学生关注的问题"也是相对突出,超过40%学生对这两个不足表示赞成。而对"网络交流不如线下交流直接,浪费时间"和"学生过分依赖回放功能,认为听不明白还可以重学,课堂学习效率下降"这两个不足,不到40%学生表示认可(见附图2-23)。

| 评价项目 | 均值 |
|---|---|
| 可以反复回放，便于知识复习巩固 | 3.83 |
| 可以让名师名课充分共享 | 3.80 |
| 有助于学生自主学习能力培养 | 3.68 |
| 突破时空限制，可以随时随地学习 | 3.66 |
| 学生可以按需选择学习内容，提高学习效率 | 3.62 |
| 可以让学生充分表达关注的问题 | 3.60 |
| 方便学生之间交流与协作 | 3.49 |
| 教师无法即时了解学生的学习状态 | 3.41 |
| 教师无法及时了解学生知识掌握情况 | 3.41 |
| 缺乏老师现场指导和督促，课堂纪律松弛 | 3.29 |
| 教师无法第一时间反馈学生关注的问题 | 3.29 |
| 学生过分依赖回放功能，认为听不明白还可以重学，课堂学习效率下降 | 3.15 |
| 网络交流不如线下交流直接，浪费时间 | 3.13 |

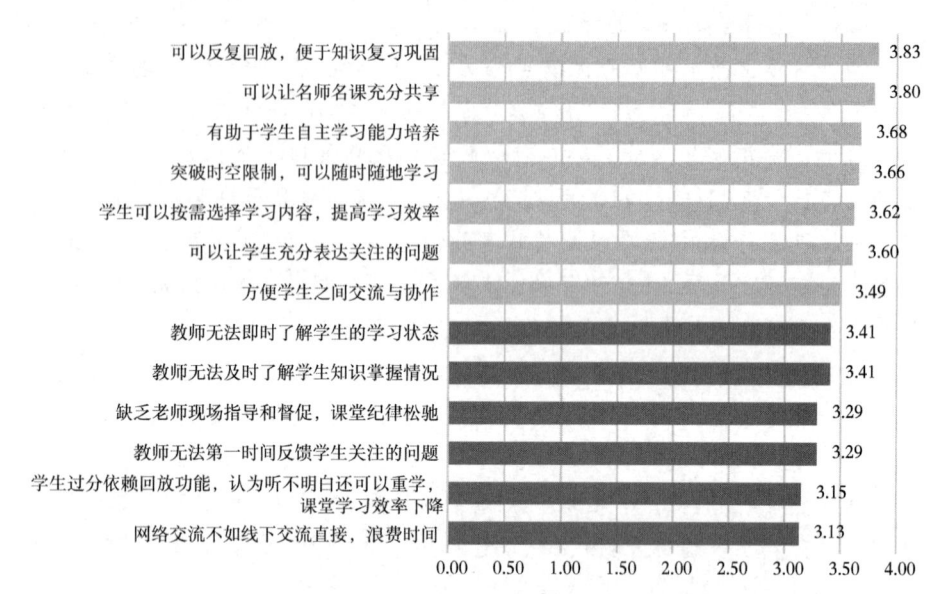

附图 2-22　学生对线上教学优缺点的评价（均值）

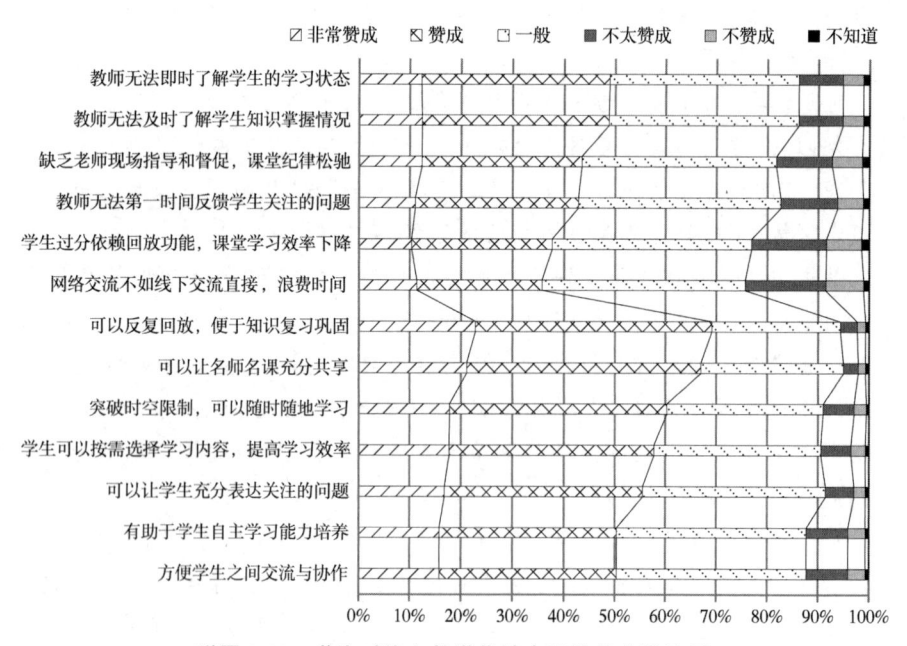

附图 2-23　学生对线上教学优缺点评价的人数比例

**7. 线上与线下学习效果的比较**

与传统线下学习相比，线上教学效果如何？调查将线上教学效果分为"比传统线下学习效果好""比传统线下学习效果差"和"没有变化"三个维度,并将效果评价分为"非常赞成""赞成""一般""不太赞成"和"不赞成"五个等级,并赋予 5,4,3,2,1 不同值。从调查结果看,三项均值分别为 3.01、3.18、2.75(见附图 2-24)。

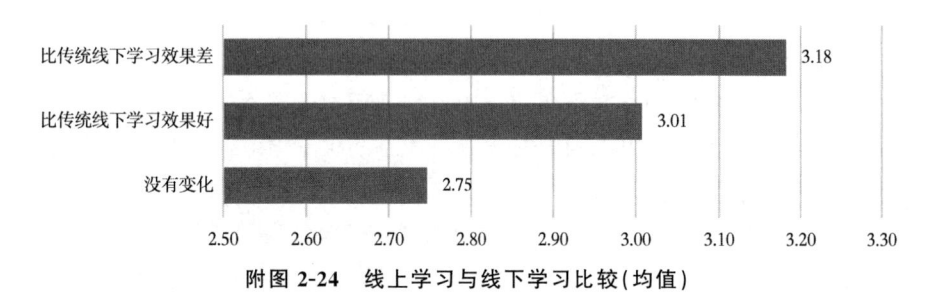

附图 2-24 线上学习与线下学习比较(均值)

从参与学生评价比例看,关于"比传统线下学习效果差"的选项,36.3%的学生表示"赞成"(含"非常赞成",下同),超过 44.3%的学生表示"一般";关于"比传统线下学习效果好"的选项,28.6%学生表示"赞成",44.3%的学生评价"一般"。二者选择"一般"学生比例差别不大,选择赞成的比例,前者略高于后者。再看"没有变化"的选项,18.4%的学生表示非常"赞成";51.1%的学生表示"一般"。由此说明,从习惯于线下教学全面"切入"线上教学,师生需要一段时间适应,教学效果有待实践进一步检验(见附图 2-25)。

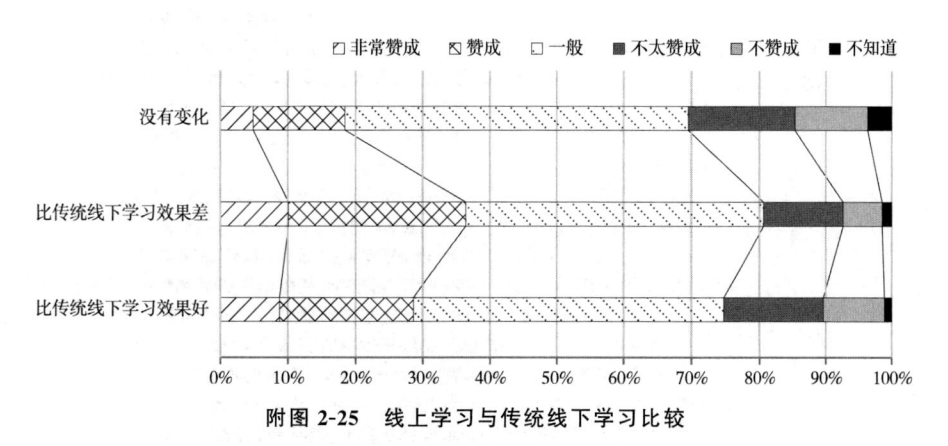

附图 2-25 线上学习与传统线下学习比较

8.影响线上学习效果的最主要因素

调查将影响线上学习的可能因素列举了 18 个方面,并按重要性程度分为"非常重要""重要""一般""不太重要"和"不重要"五个等级。从调查结果看,除了"配备一定数量的课程助教"因素外,其余因素重要性均值都在 3.9 以上。

根据学生对这些因素重要性认识进行适当分类,大致分成如下几个方面(见附图 2-26)。

一是学生自主学习能力、学习行为习惯养成等因素。从高到低依次为"良好线上学习行为习惯(如按时上课,学习自律能力等)"(均值 4.13)、"学生自主学习能力"(均值 4.13)、"学生积极参与"(均值 4.06)。

二是教学策略方法以及教师教学投入等因素。从高到低依次为"教师的教学策略及讲授(演示)方法"(均值 4.05)、"教师对教学的态度及精力投入"(均值 4.04)、"学生的学习空间及终端设备支持"(均值 4.04)、"选择适合线上教学的课程内容"(均值 4.02)。

三是学校政策支持、平台功能及技术服务等因素。从高到低依次为"学校对线上教学的政策支持"(均值 4.01)、"线上技术服务支持"(均值 4.01)、"教学平台及功能稳定性"(均值 4.01)、"网络速度及稳定性"(均值 4.00)、"提供课程配套电子教学资源"(均值 3.98)。

四是教育评价、课堂程序以及平台技术工具支持等因素。从高到低依次为"教师对教学平台和工具的熟悉程度"(均值 3.95)、"选择适当的评价方式方法"(均值 3.95)、"教师的教学空间及设备支持"(均值 3.94)、"掌控和维持好课堂教学秩序"(均值 3.91)、"学生对教学平台和工具的熟悉程度"(均值 3.93)。最低为"配备一定数量的课程助教"(均值 3.64)。

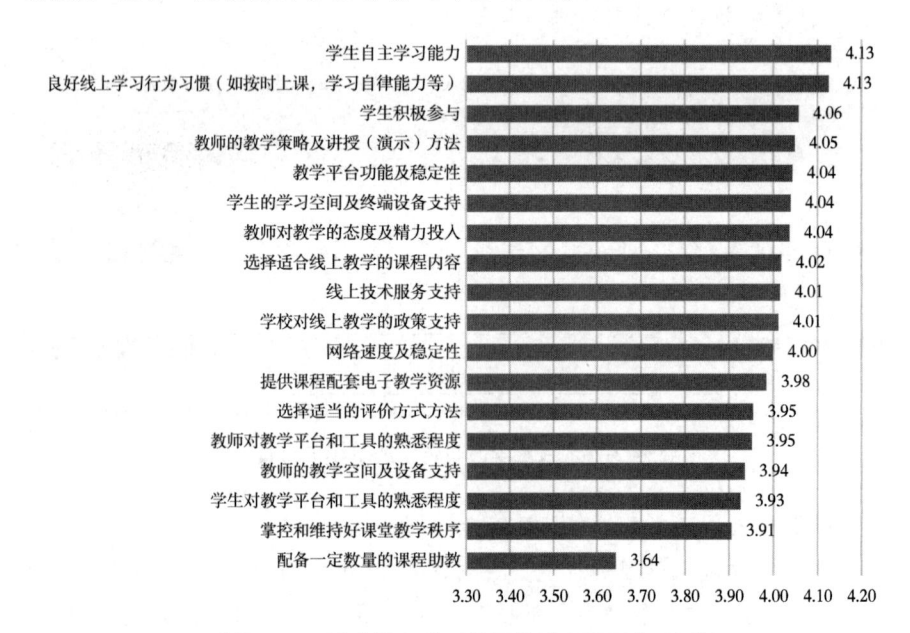

| 因素 | 均值 |
| --- | --- |
| 学生自主学习能力 | 4.13 |
| 良好线上学习行为习惯(如按时上课,学习自律能力等) | 4.13 |
| 学生积极参与 | 4.06 |
| 教师的教学策略及讲授(演示)方法 | 4.05 |
| 教学平台功能及稳定性 | 4.04 |
| 学生的学习空间及终端设备支持 | 4.04 |
| 教师对教学的态度及精力投入 | 4.04 |
| 选择适合线上教学的课程内容 | 4.02 |
| 线上技术服务支持 | 4.01 |
| 学校对线上教学的政策支持 | 4.01 |
| 网络速度及稳定性 | 4.00 |
| 提供课程配套电子教学资源 | 3.98 |
| 选择适当的评价方式方法 | 3.95 |
| 教师对教学平台和工具的熟悉程度 | 3.95 |
| 教师的教学空间及设备支持 | 3.94 |
| 学生对教学平台和工具的熟悉程度 | 3.93 |
| 掌控和维持好课堂教学秩序 | 3.91 |
| 配备一定数量的课程助教 | 3.64 |

附图 2-26　影响线上学习效果的最主要因素(均值)

从学生认识看,"学生自主学习能力"和"良好线上学习行为习惯(如按时上课,学习自律能力等)"两个因素重要性相对比较突出,80%左右的学生认为是"重要"(含"非常重要",下同)。"配备一定数量的课程助教"的重要性相对为较弱因素,不到60%的学生认为是"重要"的。除此之外,对于其他因素重要性的认识,介于70%~75%的学生认为是"重要"的。可见,从学生对重要性认识而言,除个别相对"高峰"或"低谷"因素外,以上这些因素可以说是影响线上教学效果的"高原"因素。

同样,从"非常重要"这一评价学生比例看,相对其他因素,"学生自主学习能力"和"良好线上学习行为习惯(如按时上课、学习自律能力等)"两项,近40%学生认为"非常重要"。其次是"教学平台功能及稳定性""网络速度及稳定性""学生积极参与""线上技术服务支持",超过35%但不到40%的学生认为是"非常重要"。再次是"教师的教学策略及讲授(演示)方法""学生的学习空间及终端设备支持""选择适合线上教学的课程内容""教师对教学的态度及精力投入""提供课程配套电子资源""学校对线上教学的政策支持""选择适当的评价方式方法""教师对教学平台和工具的熟悉程度""教师的教学空间及设备支持""掌控和维持好课堂教学秩序""学生对教学平台和工具的熟悉程度"等因素,对于这些项目重要性评价,28%~34.6%的学生认为"非常重要"(见附图2-27)。

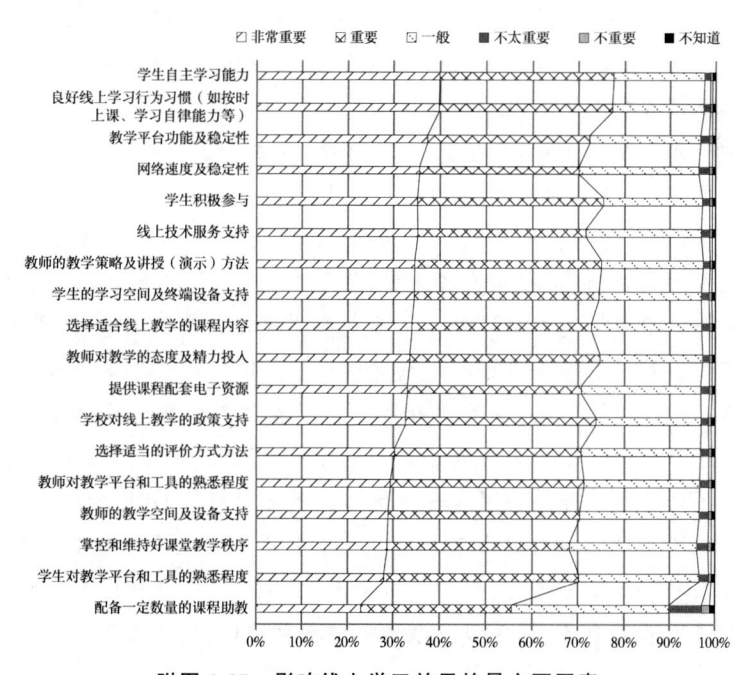

附图2-27 影响线上学习效果的最主要因素

9.线上学习存在的最主要问题

调查将线上学习可能存在问题分为 18 方面,并将评价分为"非常赞成""赞成""一般""不太赞成"和"不赞成"五个等级。从调查结果看,各项均值都在 4.00 以下。按照学生对各项评价(均值),大致可以将问题如下四档(见附图 2-28)。

第一档(均值≥3.5):"网络速度及稳定性差"(均值 3.64)、"教学平台功能不完善及稳定性差"(均值 3.58)、"部分教学内容不适合线上教学"(均值 3.56)。

第二档(3.2≤均值<3.5):"线上技术服务支持跟不上"(均值 3.46)、"提供课程配套电子教学资源不足"(均值 3.36)、"学生自主学习能力弱"(均值 3.27)、"学生未养成线上学习的良好习惯(如按时上课,学习自律能力等)"(均值 3.24)。

第三档(3.0≤均值<3.2):"学生的学习空间及终端设备支持不够"(均值 3.19)、"教学策略及教学方法不适应线上教学"(均值 3.17)、"教育评价方式方法不适合网上教学"(均值 3.14)、"学生参与度不够"(均值 3.12)、"学生对教学平台和工具的不熟练"(均值 3.04)、"教师的教学空间环境及设备支持不足"(均值 3.03)、"教师对教学平台和工具的不熟练"(均值 3.02)、"学校对线上教学的政策支持不足"(均值 3.02)、"课堂教学秩序不好把控"(均值 3.02);

第四档(均值<3.0):"没有课程助教或数量不足"(均值 2.94)、"教师对教学的态度及精力投入不够"(均值 2.93)。

从学生对问题认识看,超过 50%的学生"赞成"(含"非常赞成",下同)线上教学主要问题是"网络速度及稳定性差""部分教学内容不适合线上教学""教学平台功能不完善及稳定性差"。超过 40%但不到 50%的学生"赞成"线上教学主要问题是"线上技术服务支持跟不上""提供课程配套电子教学资源不足""学生自主学习能力弱""学生未养成线上学习的良好习惯(如按时上课、学习自律能力等)"等四个方面。超过 30 但不到 40%的学生认为线上教学主要问题是"学生的学习空间及终端设备支持不够""教学策略及教学方法不适应线上教学""教育评价方式方法不适合网上教学";近 30%的学生认为"课堂教学秩序不好把控""学生对教学平台和工具的不熟练""教师的教学空间环境及设备支持不足""学校对线上教学的政策支持不足""教师对教学平台和工具的不熟练";只有少部分学生认为"教师对教学的态度及精力投入不足""没有课程助教或助教数量不足"是线上教学的主要问题(见附图 2-29)。

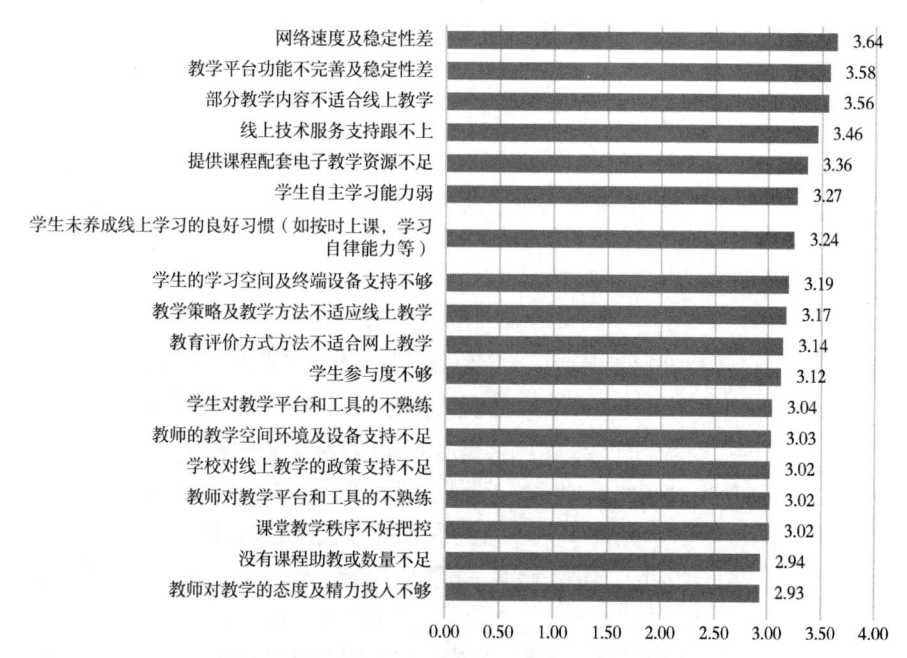

附图 2-28 线上学习存在的最主要问题(均值)

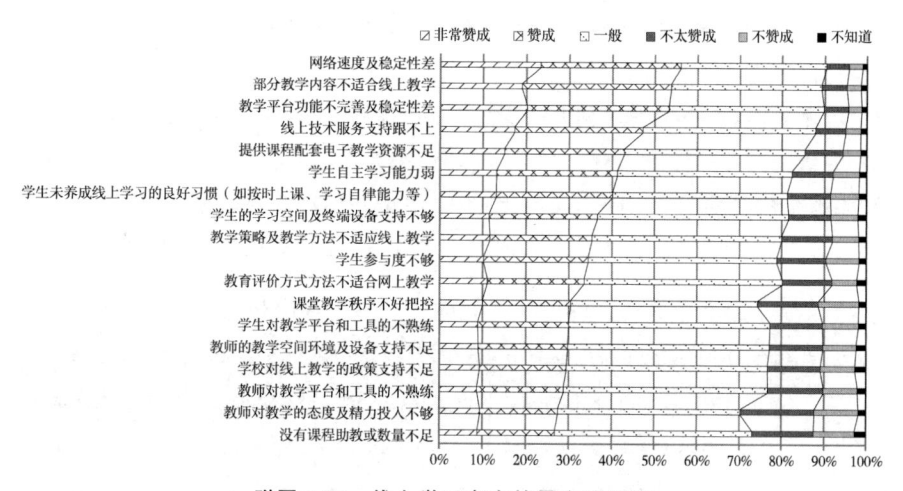

| 问题 | 均值 |
|---|---|
| 网络速度及稳定性差 | 3.64 |
| 教学平台功能不完善及稳定性差 | 3.58 |
| 部分教学内容不适合线上教学 | 3.56 |
| 线上技术服务支持跟不上 | 3.46 |
| 提供课程配套电子教学资源不足 | 3.36 |
| 学生自主学习能力弱 | 3.27 |
| 学生未养成线上学习的良好习惯（如按时上课，学习自律能力等） | 3.24 |
| 学生的学习空间及终端设备支持不够 | 3.19 |
| 教学策略及教学方法不适应线上教学 | 3.17 |
| 教育评价方式方法不适合网上教学 | 3.14 |
| 学生参与度不够 | 3.12 |
| 学生对教学平台和工具的不熟练 | 3.04 |
| 教师的教学空间环境及设备支持不足 | 3.03 |
| 学校对线上教学的政策支持不足 | 3.02 |
| 教师对教学平台和工具的不熟练 | 3.02 |
| 课堂教学秩序不好把控 | 3.02 |
| 没有课程助教或数量不足 | 2.94 |
| 教师对教学的态度及精力投入不够 | 2.93 |

附图 2-29 线上学习存在的最主要问题

10.线上学习对学生的最大挑战

调查将线上学习可能存在的挑战列为 7 个方面,并将学生态度分为"非常赞成""赞成""一般""不太赞成"和"不赞成"五个等级。从调查结果看,所有项目均值都低于 4.00。按照挑战度均值得分从高到低排序,依次是"需要更强自律性,养成良好的线上学习行为和习惯"(均值 3.81)、"对自主学习能力提出更高要求"(均值3.76)、"提高课堂听课效率,避免浪费时间"(均值3.73)、"学习任务量、挑战度增加"(均值3.66)、"网络资源广泛,需要批判性、研究性学习"(均值3.66)、"需要加强与同学之间的互助协作"(均值3.61)、"对各种平台和学习工具的熟悉和掌握"(均值3.37)。由此可见,线上教学对学生最大的挑战主要是学生自律教育、提高学习自主学习能力以及提高课堂听课效率三个方面(见附图2-30)。

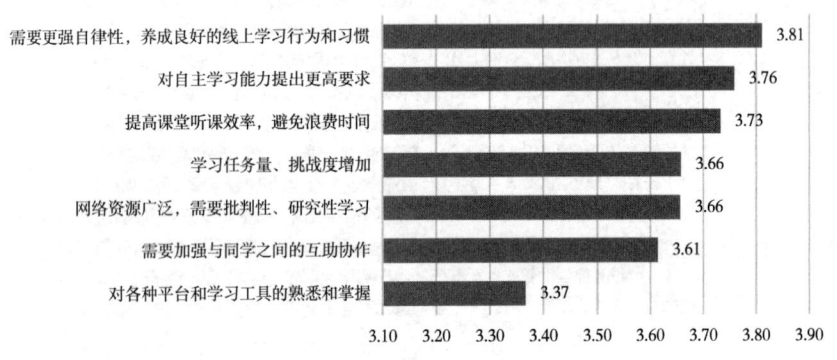

附图2-30 线上学习对学生的最大挑战(均值)

从学生评价看,超过60%的学生赞成(含"非常赞成",下同)"对自主学习能力提出更高要求""需要更强自律性,养成良好的线上学习行为和习惯""提高课堂听课效率,避免浪费时间"等三个方面的挑战。而对"需要更强自律性,养成良好的线上学习行为和习惯""学习任务量、挑战度增加""网络资源广泛,需要批判性、研究性学习"三个方面,不到60%的学生"赞成"存在着挑战,40%左右的学生认为"对各种平台和学习工具的熟悉和掌握"还存在挑战(见附图2-31)。

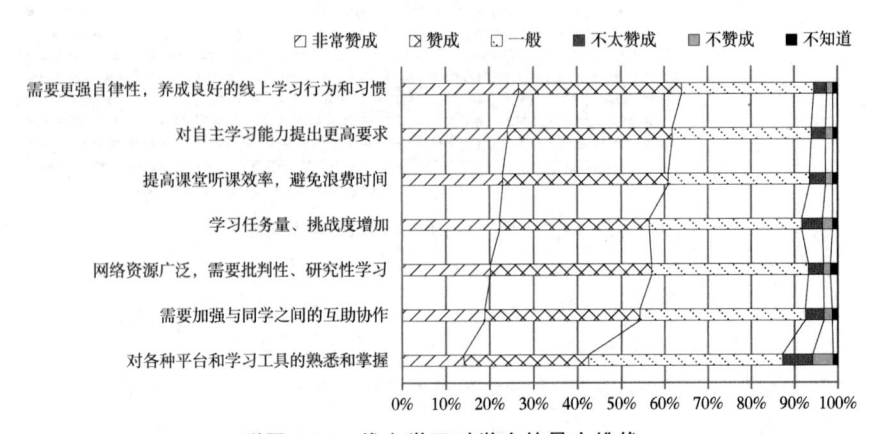

附图2-31 线上学习对学生的最大挑战

## 四、对线上教学的改进意见

1.对疫情之后继续采用线上教学的态度

疫情过后,学生是否愿意继续接受线上教学,调查将接受程度分为"非常接受""接受""一般""不太接受""不接受"五个等级。调查结果显示:参与学生表示"继续采用线上教学"的均值为3.05,"采用'线上+线下'混合式教学"的均值为3.43,"不采用线上教学"的均值为3.14(见附图2-32)。

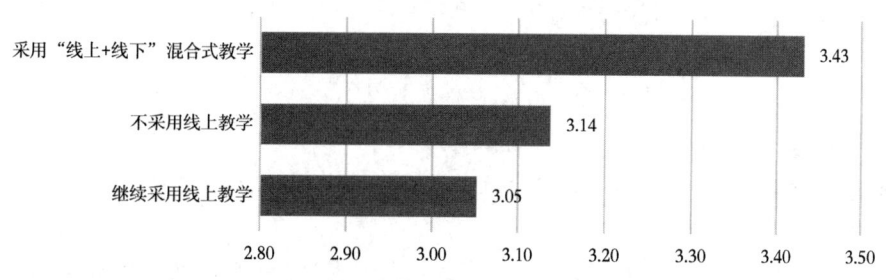

附图2-32 对疫情之后学生对采用线上教学的态度(均值)

从学生评价看,超过50%的学生表示"接受"(含"非常接受",下同)"采用'线上+线下'混合式教学",认可度高于其他两种态度的认可。由此可见,学生更希望"采用'线上+线下'混合式教学模式"。近40%的学生表示"接受""继续采用线上教学"。但也有30%略多的学生"接受""不采用线上教学"(见附图2-33)。

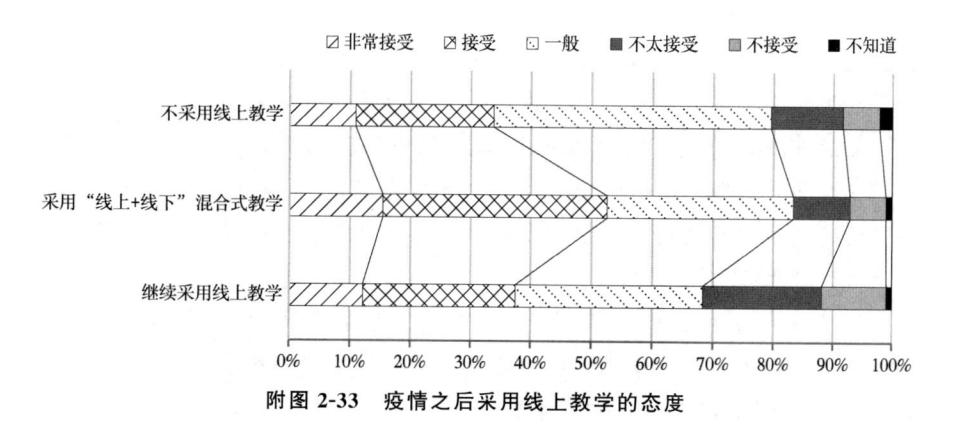

附图2-33 疫情之后采用线上教学的态度

## 2.对疫情之后继续采用线上教学的改进意见

调查将改进意见列为18个方面,并将学生态度分为"非常赞成""赞成""一般""不太赞成""不赞成"五个等级。从调查结果看,参与学生对所有项目回答均值在3.50～4.00之间。根据学生加强(改进)意见的强烈程度,将学生意见分成四个方面:

第一档(3.90≤均值):从高到低依次是"提高网络速度及稳定性"(均值3.99)、"改善平台的功能及稳定性"(均值3.99)、"加强线上技术服务支持"(均值3.97)、"精选适合线上教学的教学内容"(均值3.97)、"加大课程配套教学资源建设"(均值3.94)、"引导学生养成良好学习习惯(如按时上课,学习自律能力等)"(均值3.91)、"提高学生的自主学习能力"(均值3.90)。

第二档(3.80≤均值＜3.90):从高到低依次是"改变教学策略及教学方法"(均值3.86)、"教师加大教学精力投入"(均值3.85)、"改善学生的学习空间及终端设备支持"(均值3.84)、"加大对线上教学的政策支持"(均值3.81)、"提高学生的课堂参与度"(均值3.80)。

第三档(3.70≤均值＜3.80):从高到低依次是"进一步改善教师教学空间环境及设备"(均值3.78)、"加强学生对教学平台和工具使用引导"(均值3.76)、"加强课堂教学秩序管理"(均值3.76)、"加强线上教学的相关培训"(均值3.71)。

第四档(均值＜3.70):从高到低依次是"改革教育评价方式方法(如加大平时测验、课堂测验或作业等)"(均值3.58)、"配备课程助教"(均值3.58)(见附图2-34)。

从学生意见看,超过70%的学生"赞成"(含"非常赞成",下同)需要"精选适合线上教学的教学内容""提高网络速度及稳定性""改善平台的功能及稳定性""加强线上技术服务支持""精选适合线上教学的教学内容"。

超过65%的学生"赞成"进一步"加大课程配套教学资源建设""引导学生养成良好学习习惯(如按时上课,学习自律能力等)""提高学生的自主学习能力""改变教学策略及教学方法""改善学生的学习空间及终端设备支持""教师加大教学精力投入"。

超过60%左右的学生"赞成""加大对线上教学的政策支持""提高学生的课堂参与度""进一步改善教师教学空间环境及设备""加强学生对教学平台和工具使用引导",并"加强课堂教学秩序管理"(见附图2-35)。

以上是本次调研主要结果,限于时间和篇幅,报告仅对封闭性题目作简要汇总。后续课题组将做进一步分析研究。

再次感谢所有参与调研的老师、同学及教学管理部门同人!

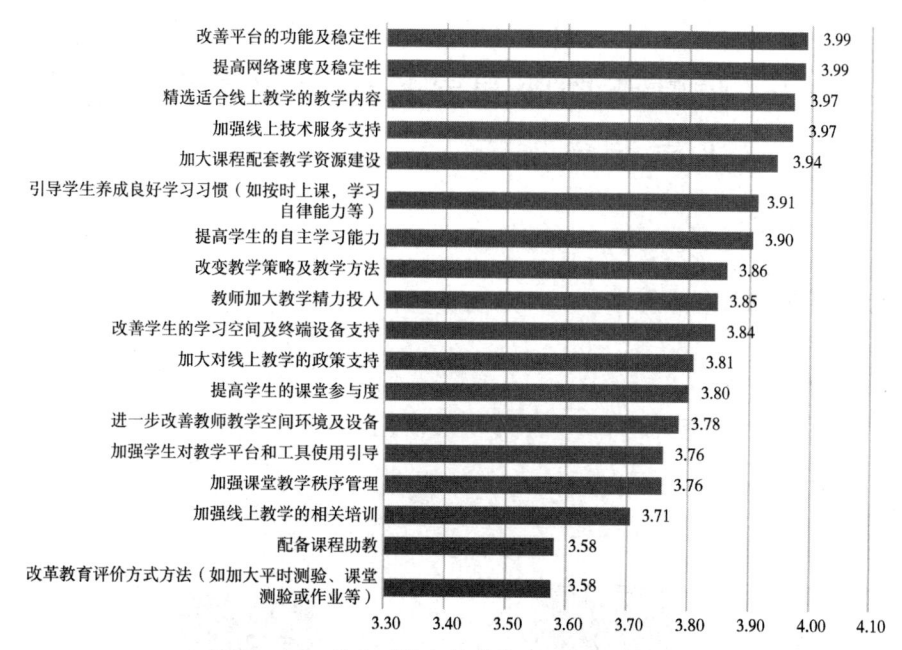

附图 2-34　学生对线上教学的改进意见(均值)

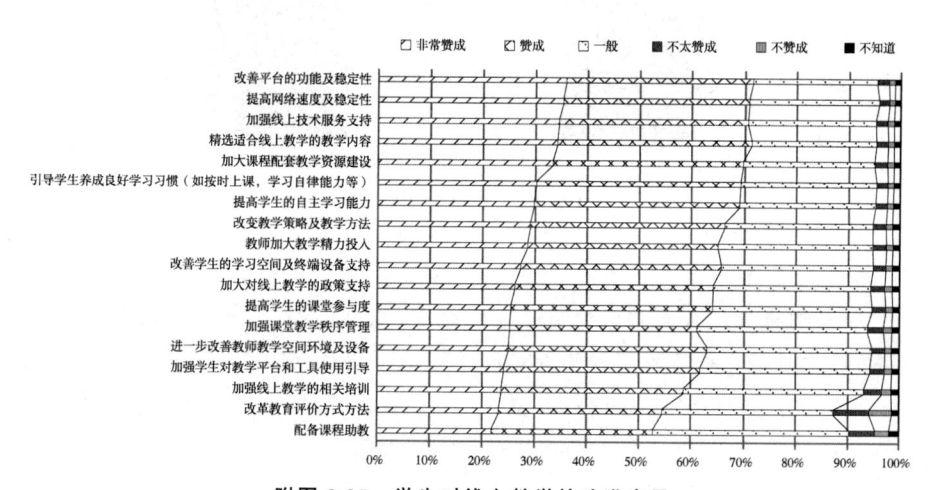

| 改进意见 | 均值 |
|---|---|
| 改善平台的功能及稳定性 | 3.99 |
| 提高网络速度及稳定性 | 3.99 |
| 精选适合线上教学的教学内容 | 3.97 |
| 加强线上技术服务支持 | 3.97 |
| 加大课程配套教学资源建设 | 3.94 |
| 引导学生养成良好学习习惯（如按时上课，学习自律能力等） | 3.91 |
| 提高学生的自主学习能力 | 3.90 |
| 改变教学策略及教学方法 | 3.86 |
| 教师加大教学精力投入 | 3.85 |
| 改善学生的学习空间及终端设备支持 | 3.84 |
| 加大对线上教学的政策支持 | 3.81 |
| 提高学生的课堂参与度 | 3.80 |
| 进一步改善教师教学空间环境及设备 | 3.78 |
| 加强学生对教学平台和工具使用引导 | 3.76 |
| 加强课堂教学秩序管理 | 3.76 |
| 加强线上教学的相关培训 | 3.71 |
| 配备课程助教 | 3.58 |
| 改革教育评价方式方法（如加大平时测验、课堂测验或作业等） | 3.58 |

附图 2-35　学生对线上教学的改进意见

（报告撰写：薛成龙、谢作栩、邬大光、刁琳琳、郭瀛霞；数据统计：刁琳琳、严欢、甘雅娟）

511

# 附录3 疫情防控期间高校线上教学教务管理人员调查报告

## 一、基本信息

1.性别分布

参与调查管理人员中,男性231人,占51.2%;女性220人,占48.8%(见附图3-1)。

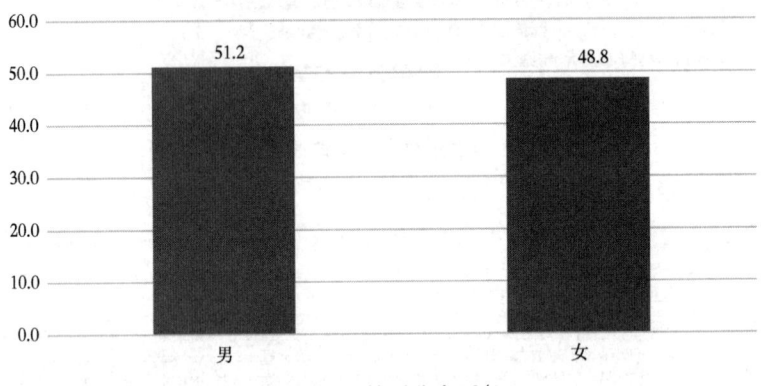

附图3-1 性别分布(%)

2.年龄分布

参与调查管理人员中年龄分布于各个年龄段。按照各年龄段人数分布及比例,依次是:31岁以下127人,占28.16%;31~35岁46人,占10.20%;36~40岁84人,占18.63%;41~45岁71人,占15.74%;46~50岁53人,占11.75%;51~55岁39人,占8.65%;55岁以上31人,占6.87%(见附图3-2)。

3.管理层级分布

参与调查管理人员中,校级管理人员215人,占47.7%,基层学院(系)管理人员236人,占52.3%(见附图3-3)。

4.学校类型分布

参与调查管理人员中,新建本科院校137人,占30.4%;普通老本科院校210人,占46.6%,一流大学建设高校31人,占6.9%;一流学科建设高校71人,占15.7%,高职院校2人,占0.4%(见附图3-4)。

附图 3-2 年龄分布

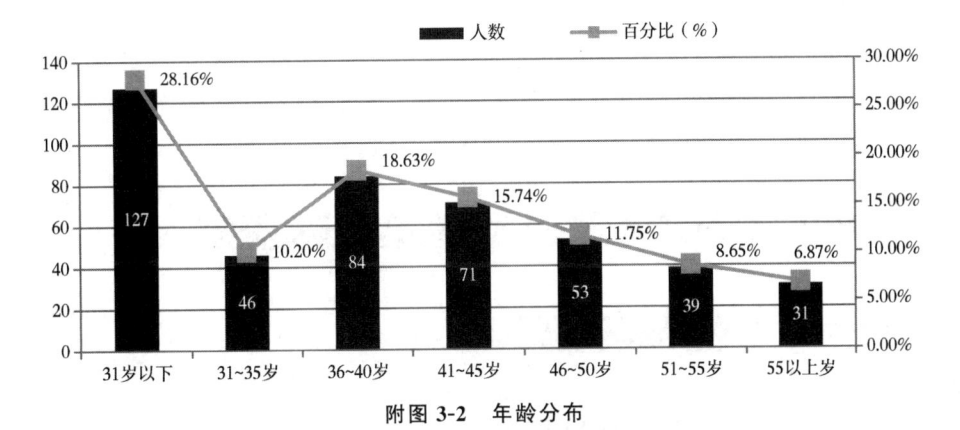

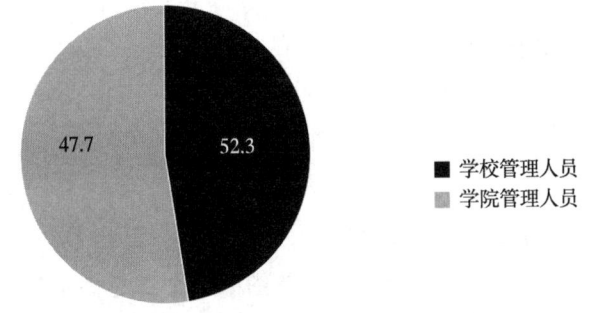

附图 3-3 管理员层级分布(%)

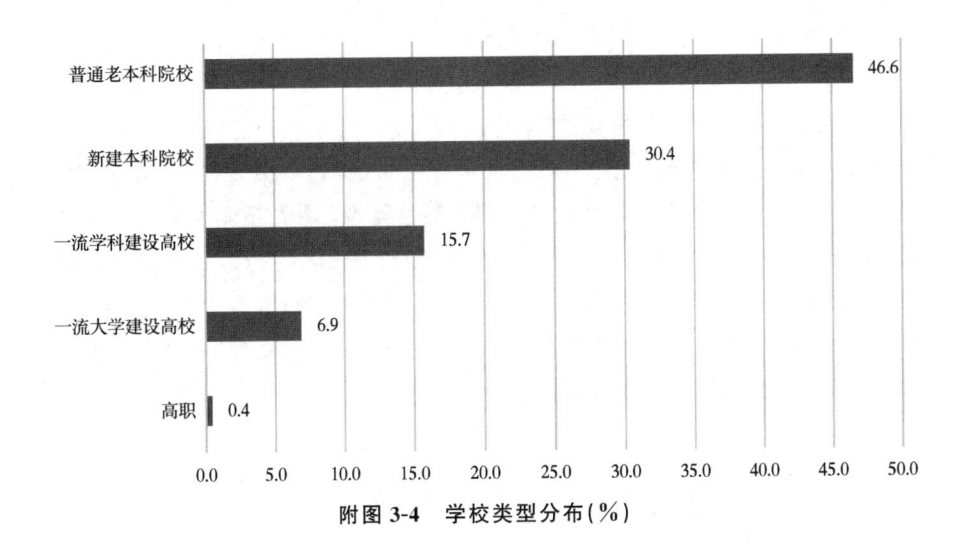

附图 3-4 学校类型分布(%)

513

### 5. 管理部门分布

参与调查管理人员,选择教务管理部门 211 人次,占 48.5%;选择质量保障管理部门 111 人次,占 25.5%,选择技术服务管理部门 16 人次,占 3.7%;选择学生管理部门 97 人次,占 22.3%(见附图 3-5)。

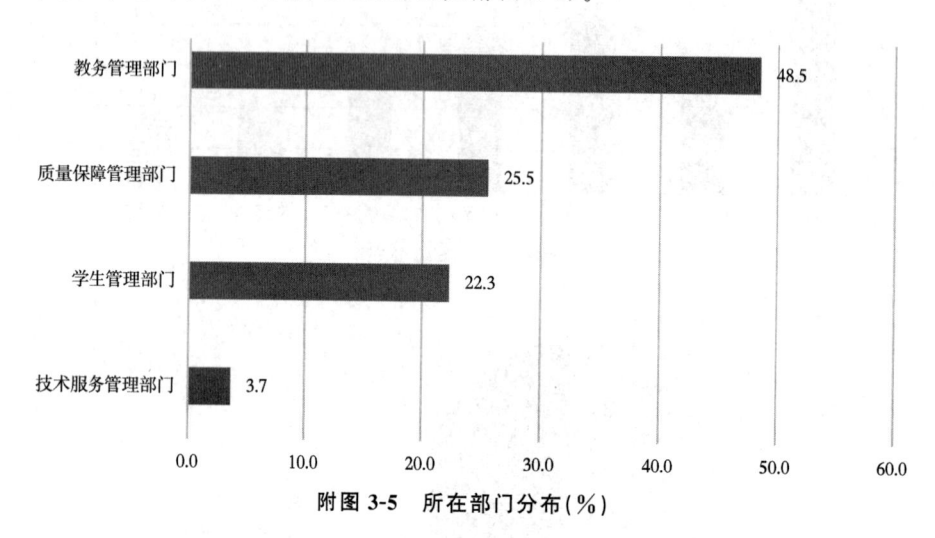

附图 3-5 所在部门分布(%)

### 6. 使用线上教学的课程类型

调查将线上教学课程分为"专业必修课""专业选修课""公共必修课""公共选修课"四类,教学管理人员可多选。调查结果显示,选择"专业必修课"的管理员为 414 人次,占 29.53%;选择"专业选修课"的管理员为 348 人次,占 24.82%;选择"公共必修课"的管理员为 360 人次,占 25.68%;选择"公共选修课"的管理员为 280 人次,占 19.97%(见附图 3-6)。

### 7. 使用线上教学的课程性质

调查将线上教学课程分为"理论课""理论课(含课内实践、实验教学)""独立设置实验课""术科课""其他教学环节"五种类型,教学管理人员可以多选。调查结果显示,参与调查管理人员中,选择"理论课"389 人次,占 39.3%;选择"理论课(含课内实践、实验教学)"292 人次,占 29.5%;选择"独立设置实验课"77 人次,占 7.8%;选择"术科课"114 人次,占 11.5%;选择"其他教学环节"118 人次,占 11.9%(见附图 3-7)。

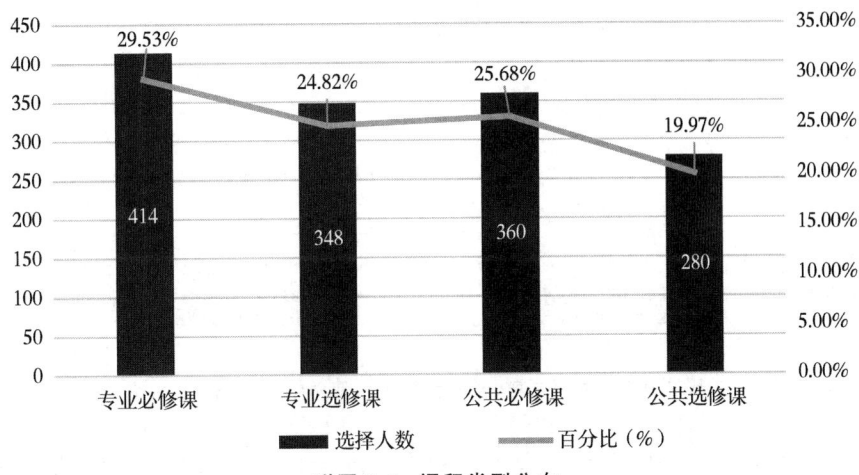

附图 3-6　课程类型分布

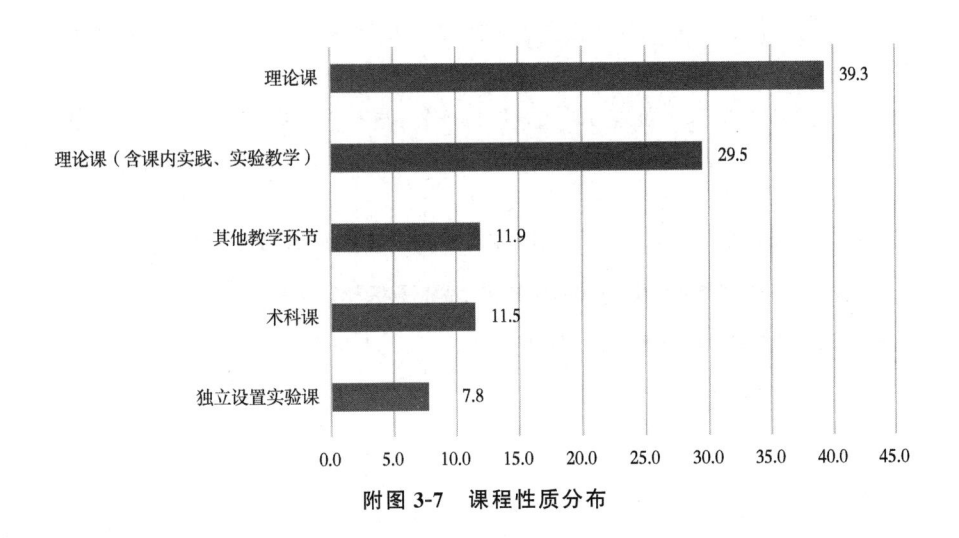

附图 3-7　课程性质分布

## 二、线上教学的环境与支持

1.在疫情之前,学校是否有教学平台(或教学资源库)

调查结果显示,参与调查的管理人员中,认为在疫情之前,学校已有教学平台(或教学资源库)的管理人员有 396 人,占 87.8%;在疫情之前,学校没有教学平台(或教学资源库)的有 55 人,占 12.2%。(见附图 3-8)

2.在疫情之前,学校使用线上教学的情况

调查将高校使用线上教学的情况分为"大规模使用""部分使用""少部分

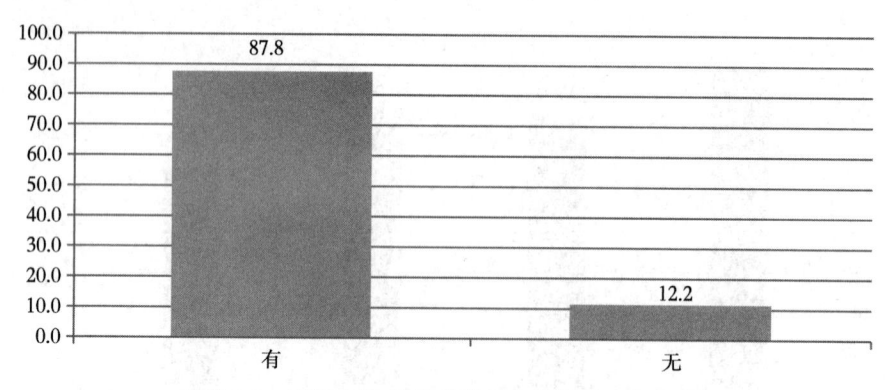

附图3-8 疫情之前,学校教学平台使用情况分布(%)

使用""零星使用""从未使用"五个等级,并相应赋值5、4、3、2、1。调查结果显示,使用线上教学的均值为3.59,可见,疫情之前,高校对线上教学的使用情况是介于"少部分使用"和"部分使用"之间。其中,选择"部分使用"的管理人员有174人,占38.6%;选择"少部分使用"的管理人员有146人,占32.4%;选择"大规模使用"的管理人员有79人,占17.5%;选择"零星使用"的管理人员有42人,占9.3%;选择"从未使用"的管理人员有6人,占1.3%(见附图3-9)。

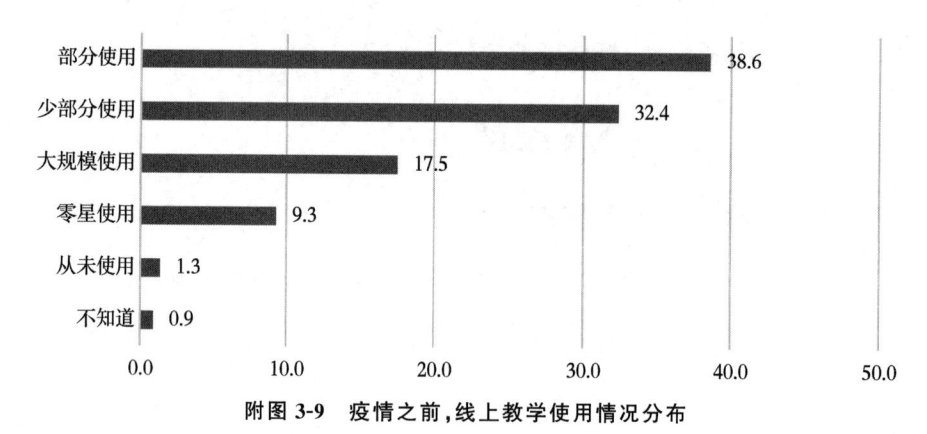

附图3-9 疫情之前,线上教学使用情况分布

3.在疫情之前,学校是否开展线上教学培训和服务

调查将高校开展线上教学的培训和服务的频率分为"非常频繁""经常开展""一般""偶尔开展""从未开展"五个等级,并相应赋值5、4、3、2、1。调查结果显示:高校线上教学培训和服务的均值为3.19。可见,高校对线上教学的使用情况介于"一般"和"经常开展"之间。从学校开展培训和服务的频率看,选择"一般"的管理人员有176人,占39.0%;选择"经常开展"的管理人员有146人,占32.4%;选择"偶尔开展"的管理人员有73人,占16.2%;选择"非常频

繁"的管理人员有34人,占7.5%;选择"从未开展"的管理人员有10人,占2.2%(见附图3-10)。

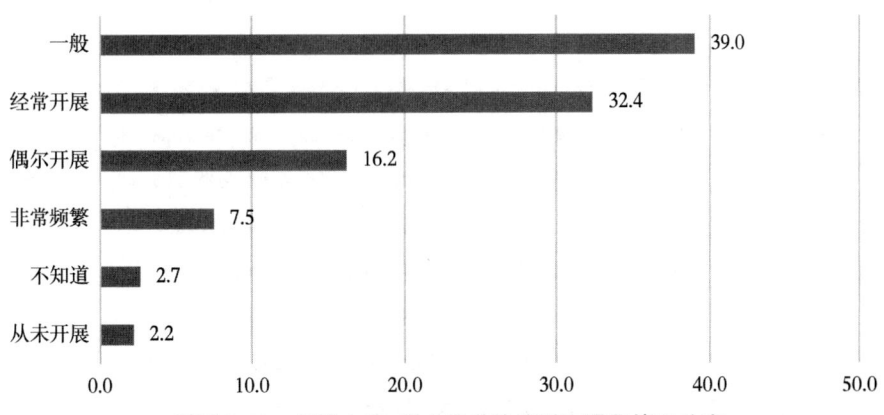

| 类别 | 百分比 |
|---|---|
| 一般 | 39.0 |
| 经常开展 | 32.4 |
| 偶尔开展 | 16.2 |
| 非常频繁 | 7.5 |
| 不知道 | 2.7 |
| 从未开展 | 2.2 |

附图3-10　疫情之前,线上教学的培训和服务情况分布

4.疫情防控期间,学校提供线上教学的服务保障

调查将学校提供线上教学的服务保障分为"学校网络等硬件环境支持"等11个方面,并将评价分为"非常好""较好""一般""较差""非常差"五个等级,并分别赋值为5、4、3、2、1不同等级。

根据调查结果,按照得分高低排序,"开展线上教学情况调查"得分最高(均值4.10)、然后依次是"开展线上教学效果监测"(均值4.08)、"学校网络等硬件环境支持"(均值4.07)、"提供线上教学的技术使用培训"(均值4.04)、"提供实时的线上教学技术保障"(均值4.03)、"提供线上教学的教学方法培训"(均值4.02)、"为学生提供各种教学平台的学习指南"(均值4.01)、"为师生提供电子图书资源支持"(均值3.95)、"各种平台和工具的集成整合"(均值3.92)、"为学生定期开展线上学习的教育和引导"(均值3.87)、"出台鼓励线上教学的政策(如工作量认定及奖励、学生学分认定、教育评价标准、知识产权保护等等)"(均值3.77)。由此可见,各高校教学管理部门在疫情防控期间,总体自我评价为"较好"。其中尤为重视通过线上了解教学情况、关注课程线上教学效果,同时尽最大可能改善软硬件环境建设(见附图3-11)。

从参与调查管理人员自我评价看,除了"出台鼓励线上教学政策(如工作量认定及奖励、学生学分认定、教育评价标准、知识产权保护等等)"这一选项外,对其余各个选项,超过70%的管理人员自我评价为"较好"(含"非常好",下同)。其中,80%左右的管理人员认为在"开展教学效果监测""开展线上教学调查""学校网络等硬件环境支持""为学生提供各种教学平台的学习指南""提供线上教学的技术使用培训""提供线上教学的教学方法培训""提供实时

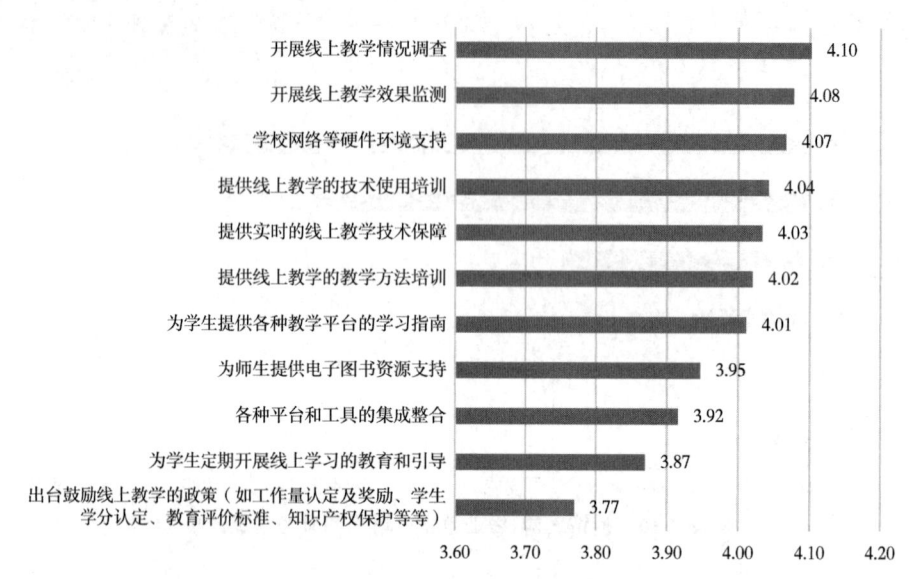

| 项目 | 均值 |
|---|---|
| 开展线上教学情况调查 | 4.10 |
| 开展线上教学效果监测 | 4.08 |
| 学校网络等硬件环境支持 | 4.07 |
| 提供线上教学的技术使用培训 | 4.04 |
| 提供实时的线上教学技术保障 | 4.03 |
| 提供线上教学的教学方法培训 | 4.02 |
| 为学生提供各种教学平台的学习指南 | 4.01 |
| 为师生提供电子图书资源支持 | 3.95 |
| 各种平台和工具的集成整合 | 3.92 |
| 为学生定期开展线上学习的教育和引导 | 3.87 |
| 出台鼓励线上教学的政策(如工作量认定及奖励、学生学分认定、教育评价标准、知识产权保护等等) | 3.77 |

附图 3-11　疫情防控期间,线上教学的服务保障情况(均值)

的线上教学技术保障"等方面自我评价为"较好"。但在"为师生提供电子图书资源支撑""为学生定期开展线上教育与引导""各种平台和工具的集成整合""出台鼓励线上教学的政策(如教学工作量及奖励、学生学分认定、教育评价标准、知识产权保护等)"等方面,在"较好"的自我评价,选择人数比例相对略低(见附图 3-12)。

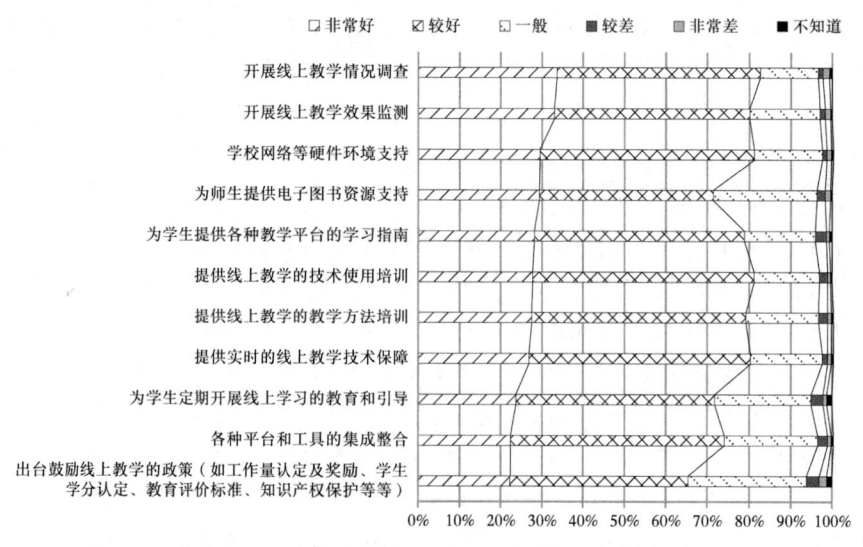

附图 3-12　疫情防控期间,线上教学的服务保障情况

## 三、线上教学的使用情况

1.对学校教师线上教学模式的评价

调查将线上教学模式分为"直播""录播""MOOC""文字+音频""线上互动研讨(包括答疑、辅导等)"和"提供材料供学生自学"等六种类型,并将使用频率分为"非常频繁""频繁""一般""不太经常"和"从不用"五个等级。调查结果显示,"线上互动研讨(包括答疑、辅导等)"的评价均值最高(均值3.90),然后依次是"提供材料供学生自学"(均值3.82)、"直播"(均值3.75)、"文字+音频"(均值3.71)、"录播"(均值3.46)、"MOOC"(均值3.43)(见附图3-13)。

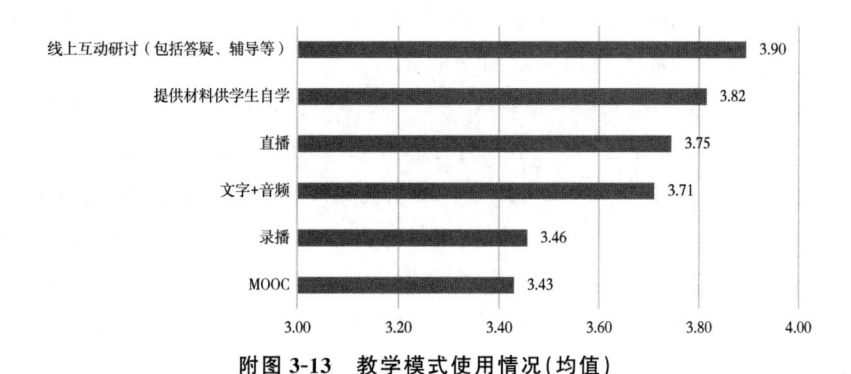

附图 3-13  教学模式使用情况(均值)

从各种模式使用频繁程度看,近70%的管理人员认为"线上互动研讨(包括答疑、辅导等)"模式为频繁使用(含"非常频繁",下同),超过60%的管理人员认为"提供材料供学生自学""直播""文字+音频"为频繁使用。不到50%左右的管理人员认为"录播"和"MOOC"为频繁使用(见附图3-14)。

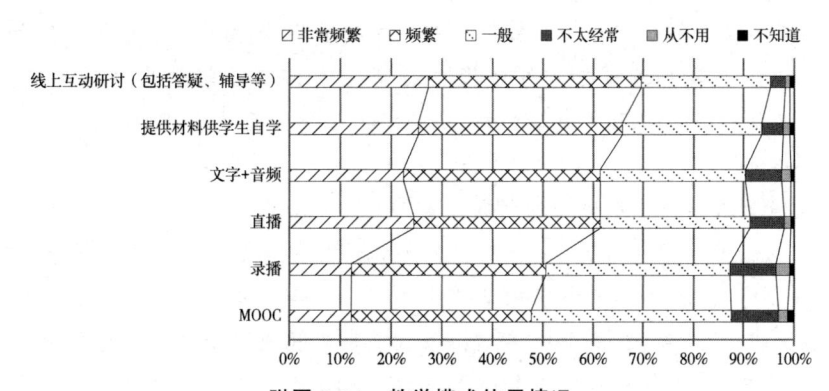

附图 3-14  教学模式使用情况

### 2.对线上教学优缺点的评价

调查将线上教学优缺点分为13个观测点,将评价分为"非常赞成""赞成""一般""不太赞成""不赞成"五个等级。调查结果显示,管理人员对各项评价均值都在3.00以上。从优点评价看,各项均值都在3.72以上,从缺点评价看,各项均值低于3.55(含3.55)。

从优点评价看,按照高低排序依次为"可以让名师名课充分共享"(均值4.30)、"可以反复回放,便于知识复习巩固"(均值4.23)、"突破时空限制,可以随时随地学习"(均值4.12)、"有助于学生自主学习能力培养"(均值3.95)、"可以让学生充分表达关注的问题"(均值3.91)、"学生可以按需选择学习内容,提高学习效率"(均值3.84)、"方便学生之间交流与协作"(均值3.72)。

从缺点评价看,按照高低排序依次为"教师无法即时了解学生的学习状态"(均值3.55)、"缺乏老师现场指导和督促,课堂纪律松弛"(均值3.54)、"教师无法及时了解学生知识掌握情况"(均值3.39)、"教师无法第一时间反馈学生关注的问题"(均值3.22)、"学生过分依赖回放功能,认为听不明白还可以重学,课堂学习效率下降"(均值3.17)、"网络交流不如线下交流直接,浪费时间"(均值3.09)。

由此可见,管理人员对于线上教学的优缺点总体感受是正面评价高于消极评价。其中,"可以让名师名课充分共享"和"可以反复回放,便于知识复习巩固"两项管理人员认可度最高。而在缺点评价中,"教师无法即时了解学生学习状态"和"缺乏老师现场指导和督促,课堂纪律松弛"两项评价,评价均值相对低于其他选项(见附图3-15)。

从对各种优缺点评价的人数比例看,近70%的管理人员对"可以反复回放,便于知识复习巩固""可以让名师名课充分共享""突破时空限制,可以随时随地学习""可以让学生充分表达关注的问题""有助于学生自主学习能力培养"等五个方面优点表示"赞成"(含"非常赞成",下同)。60%左右的管理人员对"方便学生之间交流与协作""教师无法即时了解学生的学习状态""缺乏老师现场指导和督促,课堂纪律松弛"三个方面缺点持"赞成"态度(见附图3-16)。

### 3.线上教学与传统线下教学效果比较

与传统线下学习相比,线上教学效果如何?调查将线上教学效果分为"比传统线下学习效果好,质量有保障""比传统线下学习效果差,质量没有保障""没有变化"三个维度,并将效果评价分为"非常赞成""赞成""一般""不太赞成""不赞成"五个等级。调查结果显示,三项均值分别为2.98、3.09、2.51(见附图3-17)。

| 项目 | 均值 |
|---|---|
| 可以让名师名课充分共享 | 4.30 |
| 可以反复回放，便于知识复习巩固 | 4.23 |
| 突破时空限制，可以随时随地学习 | 4.12 |
| 有助于学生自主学习能力培养 | 3.95 |
| 可以让学生充分表达关注的问题 | 3.91 |
| 学生可以按需选择学习内容，提高学习效率 | 3.84 |
| 方便学生之间交流与协作 | 3.72 |
| 教师无法即时了解学生的学习状态 | 3.55 |
| 缺乏老师现场指导和督促，课堂纪律松弛 | 3.54 |
| 教师无法及时了解学生知识掌握情况 | 3.39 |
| 教师无法第一时间反馈学生关注的问题 | 3.22 |
| 学生过分依赖回放功能，认为听不明白还可以重学，课堂学习效率下降 | 3.17 |
| 网络交流不如线下交流直接，浪费时间 | 3.09 |

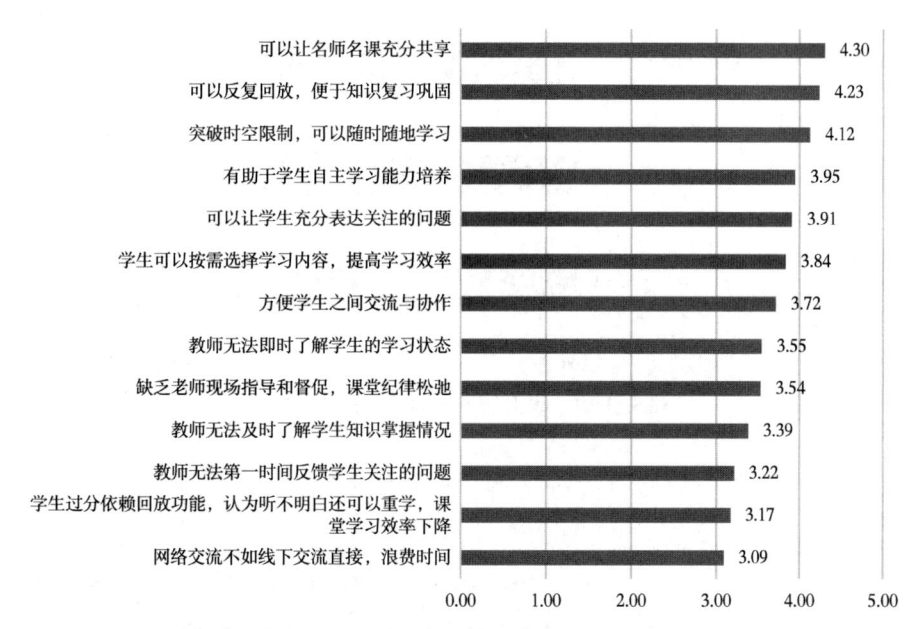

附图 3-15　线上教学优缺点评价（均值）

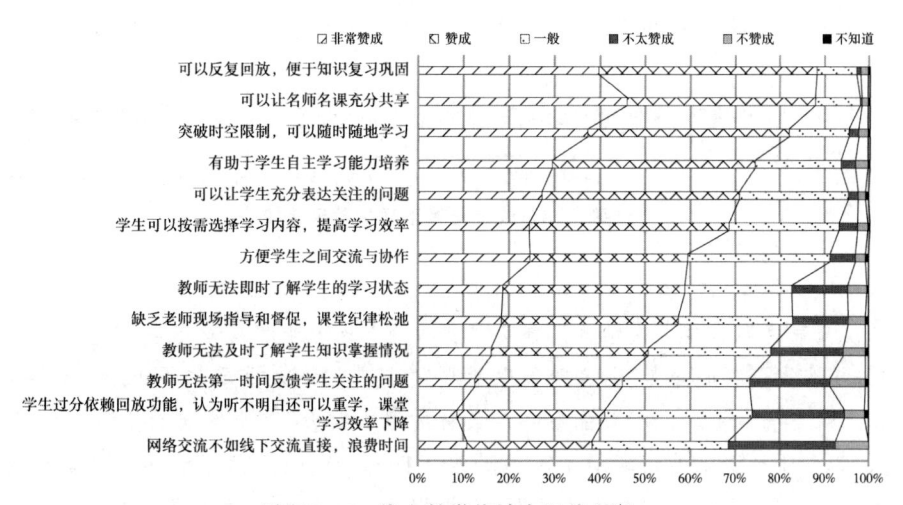

附图 3-16　线上教学优缺点评价（%）

再从对教学效果评价的人数比例看，参与调查的管理人员中，在"比传统教学效果差，质量没有保障"，选择"赞成"（含"非常赞成"，下同）比例达36.4%；在"比传统线下学习效果好，质量有保障"选项中，选择"赞成"的比例达27.5%；在"没有变化"的选项中，选择"赞成"的比例达到13.5%。而在"一般"选项，三者选择的比例分别是37.7%、46.8%和40.8%。由此可见，从管理

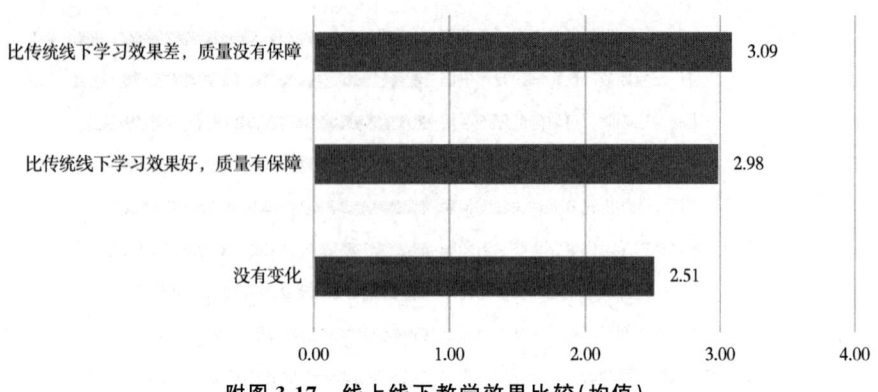

附图 3-17　线上线下教学效果比较(均值)

者的视角看,线上与线下教学效果差异还不太明显,线上教学效果还有待时间和实践进一步检验(见附图 3-18)。

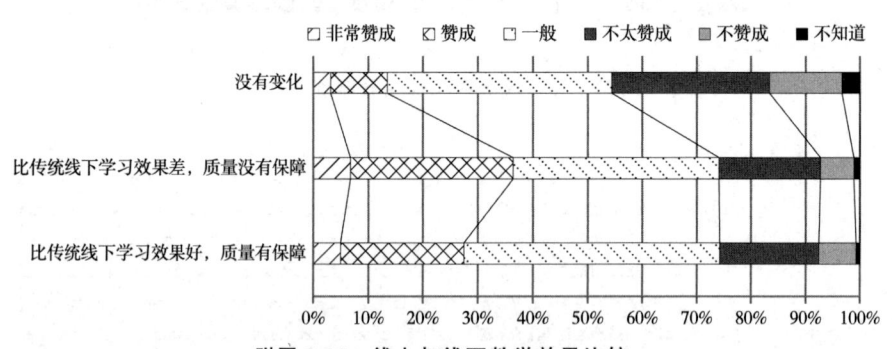

附图 3-18　线上与线下教学效果比较

**4.影响线上教学效果的最主要因素**

调查将影响线上教学的可能因素列举了"网络速度及稳定性"等 18 个因素,并按重要程度分为"非常重要""重要""一般""不太重要""不重要"五个等级。调查结果显示,除了"配备一定数量的课程助教"重要性低于 4.0 之外,其他 17 个项目重要性均高于 4.0(见附图 3-19)。可见,大部分管理人员认为这些因素都是"重要"或"非常重要"的。根据管理人员对各项因素重要性高低评价进行相对划分,大致可分成如下几个方面:

第一重要(均值≥4.7):教师的教学投入和学习投入、学生线上学习行为和学习习惯,以及教师的教学策略与方法。从高到低依次为"教师对教学的态度及精力投入"(均值 4.56)、"学生积极参与"(均值 4.55)、"学生自主学习能力"(均值 4.54)、"良好线上学习行为习惯(如按时上课,学习自律能力等)"(均值 4.54);"教师的教学策略及讲授(演示)方法"(均值 4.47)。

第二重要(4.3≤均值<4.47)：平台及教学资源、课程教学内容、网络服务、师生对工具熟悉程度以及学校的政策支持等。从高到低依次为"教学平台功能及稳定性"(均值4.42)、"提供课程配套教学资源"(均值4.39)、"选择适合线上教学的课程内容"(均值4.39)、"学校对线上教学的政策支持"(均值4.36)、"网络速度及稳定性"(均值4.36)、"线上技术服务支持"(均值4.35)、"教师对教学平台和工具的熟悉程度"(均值4.34)、"学生的学习空间及终端设备支持"(均值4.32)。

第三重要(均值<4.3)：教育评价、课堂程序维护以及教学平台技术工具的支持等。从高到低依次为"选择适当的评价方式方法"(均值4.30)、"教师的教学空间及设备支持"(均值4.25)、"学生对教学平台和工具的熟悉程度"(均值4.24)、"掌控和维持好课堂教学秩序"(均值4.18)、"配备一定数量的课程助教"(均值3.83)。

可见，从管理人员总体感受看，影响线上教学效果首先是教师和学生方面的因素，其次是硬件及教学资源、技术服务支持保障及政策因素。

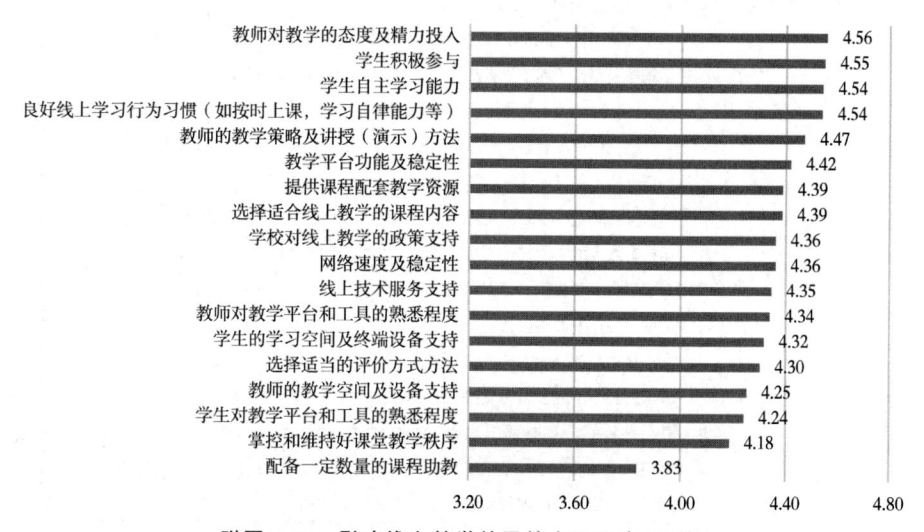

| 因素 | 均值 |
| --- | --- |
| 教师对教学的态度及精力投入 | 4.56 |
| 学生积极参与 | 4.55 |
| 学生自主学习能力 | 4.54 |
| 良好线上学习行为习惯(如按时上课，学习自律能力等) | 4.54 |
| 教师的教学策略及讲授(演示)方法 | 4.47 |
| 教学平台功能及稳定性 | 4.42 |
| 提供课程配套教学资源 | 4.39 |
| 选择适合线上教学的课程内容 | 4.39 |
| 学校对线上教学的政策支持 | 4.36 |
| 网络速度及稳定性 | 4.36 |
| 线上技术服务支持 | 4.35 |
| 教师对教学平台和工具的熟悉程度 | 4.34 |
| 学生的学习空间及终端设备支持 | 4.32 |
| 选择适当的评价方式方法 | 4.30 |
| 教师的教学空间及设备支持 | 4.25 |
| 学生对教学平台和工具的熟悉程度 | 4.24 |
| 掌控和维持好课堂教学秩序 | 4.18 |
| 配备一定数量的课程助教 | 3.83 |

附图3-19 影响线上教学效果的主要因素(均值)

从对各项因素重要性评价的人数比例看，除了"配备一定数量的课程助教"这一因素外，其余17个因素，超过80%的管理人员认为"重要"(含"非常重要"，下同)。其中"教师对教学的态度及精力投入""学生积极参与""学生自主学习能力""良好线上学习行为习惯(如按时上课、学习自律能力等)""教师的教学策略及讲授(演示)方法"等五个因素，超过90%的管理人员认为"重要"，超过60%的管理人员认为"非常重要"(见附图3-20)。

从"非常重要"这一选择的人数比例看,超过50%的管理人员认为"网络速度及稳定性""教学平台功能及稳定性""线上技术服务支持""提供课程配套教学资源""选择适合线上教学的课程内容"和"教师的教学策略及讲授(演示)方法"6个因素是"非常重要"。

超过40%的管理人员认为"选择适当的评价方式方法""教师对教学平台和工具的熟悉程度""教师的教学空间及设备支持""学生对教学平台和工具的熟悉程度""学生的学习空间及终端设备支持"和"学校对线上教学的政策支持"6个因素是"非常重要"。

不足40%的教学管理员认为"掌控和维持好课堂教学秩序"和"配备一定数量的课程助教"是"非常重要"。

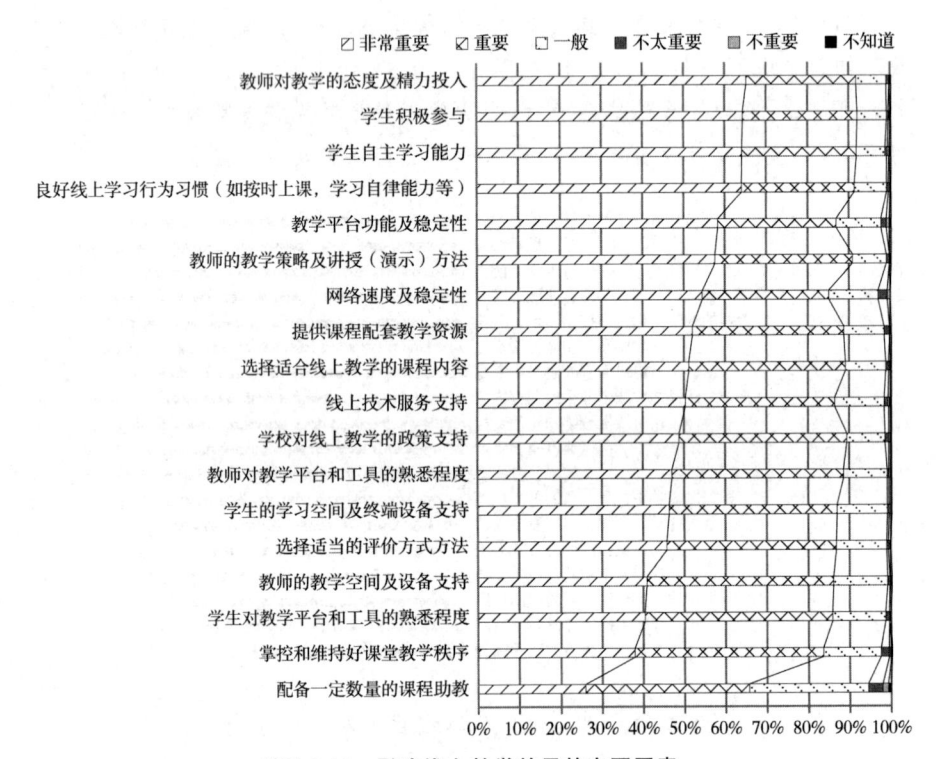

附图3-20 影响线上教学效果的主要因素

5.目前线上教学存在的最主要问题

调查将线上教学可能存在的最主要问题分为18个方面,并将评价分为"非常赞成""赞成""一般""不太赞成""不赞成"五个等级。调查结果显示,各道题的评价均值都在4.00以下。如按照管理人员对问题感受程度(评价均值)适当进行划分,从高到低依次为:

第一梯度(3.8≤均值):从高到低依次是"网络速度及稳定性差"(均值 3.94)、"部分教学内容不适合线上教学"(均值 3.93)、"教学平台功能不完善及稳定性差"(均值 3.86)。

第二梯度(3.7≤均值<3.8):"学生自主学习能力弱"(均值 3.75)、"学生未养成线上学习的良好习惯(如按时上课,学习自律能力等)"(均值 3.74)。

第三梯度(3.6≤均值<3.7):"课堂教学秩序不好把控"(均值 3.69)、"提供课程配套电子教学资源不足"(均值 3.62)、"学生参与度不够"(均值 3.60)。

第四梯度(3.5≤均值<3.6):"线上技术服务支持跟不上"(均值 3.55)、"教学策略及教学方法不适应线上教学"(均值 3.53)。

第五梯度(3.4≤均值<3.5):"学生的学习空间及终端设备支持不够"(均值 3.48)、"教育评价方式方法不适合网上教学"(均值 3.47)、"教师的教学空间环境及设备支持不足"(均值 3.44)。

第六梯度(均值<3.4):"教师对教学平台和工具的不熟练"(均值 3.39)、"教师对教学的态度及精力投入不够"(均值 3.36)、"学生对教学平台和工具的不熟练"(均值 3.32)、"学校对线上教学的政策支持不足"(均值 3.29)、"没有课程助教或数量不足"(均值 3.28)(见附图 3-21)。

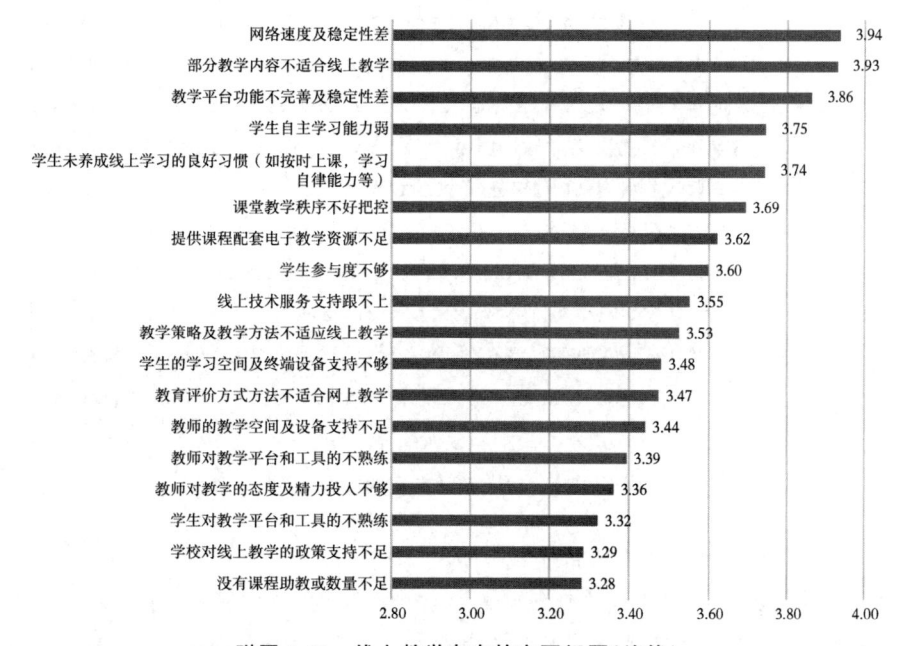

附图 3-21 线上教学存在的主要问题(均值)

从对各种问题选择的人数比例看,超过 60% 的管理人员"赞成"(含"非常赞成",下同)线上教学存在的主要问题是"部分教学内容不适合线上教学""网络速度及稳定性差""教学平台功能不完善及稳定性差""学生自主学习能力弱""学生未养成线上学习的良好习惯(如按时上课,学习自律能力等)""课堂教学秩序不好把控"。略超过40%的管理人员"赞成""学生对教学平台和工具的不熟练""学校对线上教学的政策支持不足""没有课程助教或数量不足"。而其余关于线上教学的问题,管理人员选择"赞成"的比例在50%～60%(见附图3-22)。

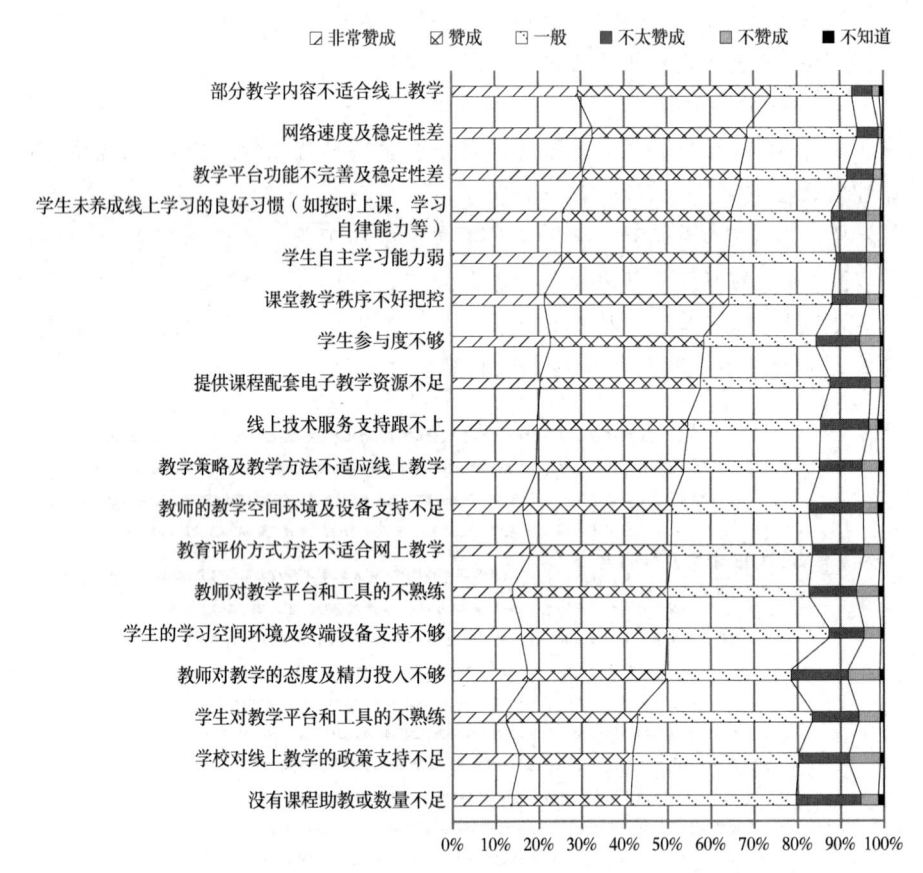

附图3-22 线上教学存在的主要问题

### 6.线上教学对学校最大的挑战

调查将线上教学给学校可能带来的挑战列为12个方面,并将管理人员态度分为"非常赞成""赞成""一般""不太赞成""不赞成"五个等级。调查结果显示,所有项目均值均高于4.00。

根据管理人员的感受评价,按照挑战度从高到低排序依次是"学生自律能力,线上学习行为和习惯的养成"(均值 4.34)、"学生自主学习能力"(均值 4.32)、"教师教学方法和教学习惯的改变"(均值 4.30)、"教师教育理念的转变"(均值 4.28)、"教师线上教学的组织管理能力"(均值 4.22)、"学校线上教学质量监控能力和监控体系建设"(均值 4.16)、"线上教学的政策保障"(均值 4.14)、"线上课程教学资源的引进或开发"(均值 4.13)、"学校线上教学的组织管理能力"(均值 4.12)、"学校教学管理组织结构、流程的重组和优化"(均值 4.10)、"网络设备平台等条件支撑"(均值 4.10)、"技术队伍的服务保障能力"(均值 4.04)(见附图 3-23)。

由此说明,从管理人员视角而言,线上教学给学校可能带来挑战:一是学生自律能力和自主学习能力的培养。二是教师的教学方法和教学习惯、教育理念的转变,以及教师线上教学的组织管理能力。三是线上教学的质量监控能力和监控体系建设、线上教学政策以及教学资源的建设。四是学校线上教学的组织管理能力、学校组织结构、流程的重组和优化,以及网络设备平台等条件支撑。五是技术队伍的服务保障能力。

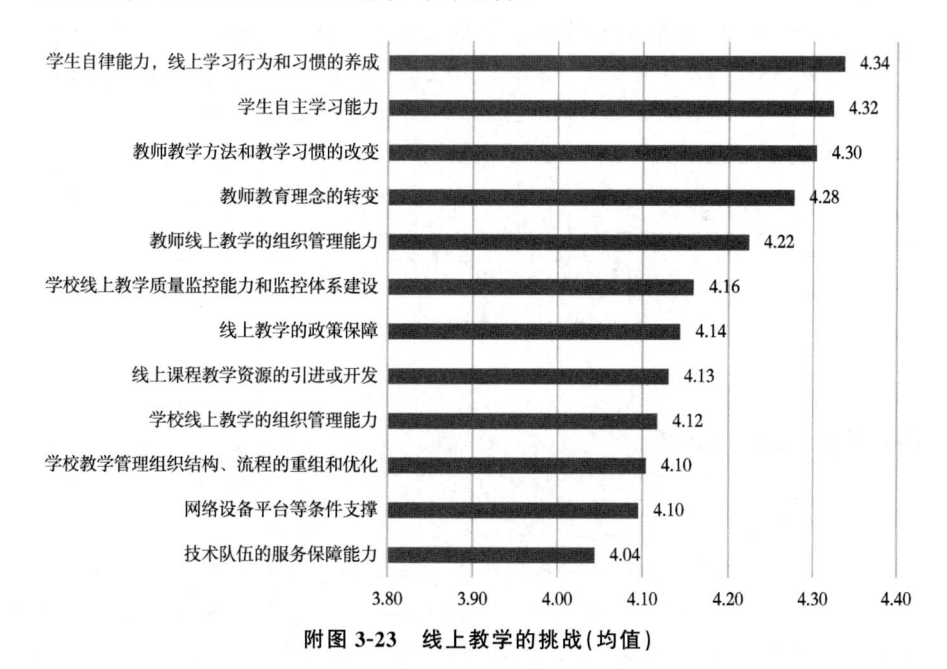

| 项目 | 均值 |
| --- | --- |
| 学生自律能力,线上学习行为和习惯的养成 | 4.34 |
| 学生自主学习能力 | 4.32 |
| 教师教学方法和教学习惯的改变 | 4.30 |
| 教师教育理念的转变 | 4.28 |
| 教师线上教学的组织管理能力 | 4.22 |
| 学校线上教学质量监控能力和监控体系建设 | 4.16 |
| 线上教学的政策保障 | 4.14 |
| 线上课程教学资源的引进或开发 | 4.13 |
| 学校线上教学的组织管理能力 | 4.12 |
| 学校教学管理组织结构、流程的重组和优化 | 4.10 |
| 网络设备平台等条件支撑 | 4.10 |
| 技术队伍的服务保障能力 | 4.04 |

附图 3-23 线上教学的挑战(均值)

从对各项挑战选择的人数比例看,超过 70% 的管理人员赞成以上 12 个方面的挑战。并且,在所有的挑战项目中,"学生自律能力、线上学习行为和习惯的养成、学生自主学习能力""教师教学方法和教学习惯的改变"等挑战首当其冲,超过 85% 的管理人员对这些挑战表示"赞成"(含"非常赞成",下同)。

其次是"教师教育理念的转变""教师线上教学的组织管理能力",以及"学校线上教学质量监控能力和监控体系建设""学校线上教学的组织管理能力""线上教学资源的引进或开发""线上教学的政策保障"等六个方面,80%左右的管理人员对这些挑战持"赞成"态度。再次是学校教学管理组织结构、流程的重组和优化、网络设备平台等条件保障等方面,超过75%的管理人员对这些挑战持"赞成"态度。最后是技术队伍的服务保障,超过70%的管理人员持"赞成"态度(见附图3-24)。

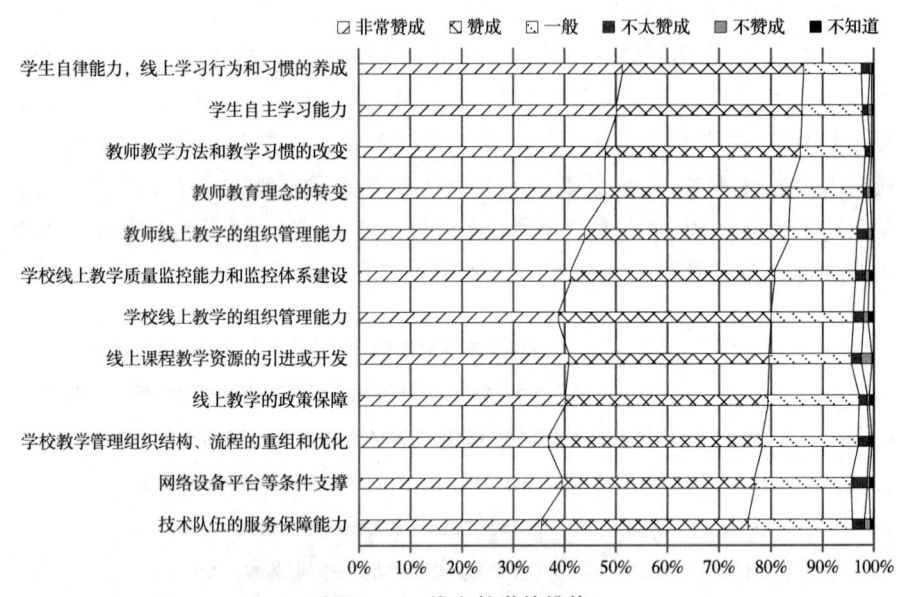

附图 3-24 线上教学的挑战

## 四、线上教学的改进

1. 疫情过后,对采用线上教学的态度

疫情过后,管理人员对继续采用线上教学的态度是什么?问卷调查将采用线上教学态度区分为"大规模使用""部分使用""一般""少部分使用"和"不使用"五个等级。调查结果显示:疫情过后,教学管理表示"继续采用线上教学"的均值为3.59,"采用'线上+线下'混合式教学"的均值为4.10,"采用线下教学"的均值为4.18(见附图3-25)。

从对不同态度选择的人数比例看,关于"继续采用线上教学"的选项,超过80.2%的管理人员表示"部分使用"(包含"大规模使用",下同);在"采用'线上+线下'混合式教学"选项中,84.7%的管理人员表示部分使用;而在采用"线

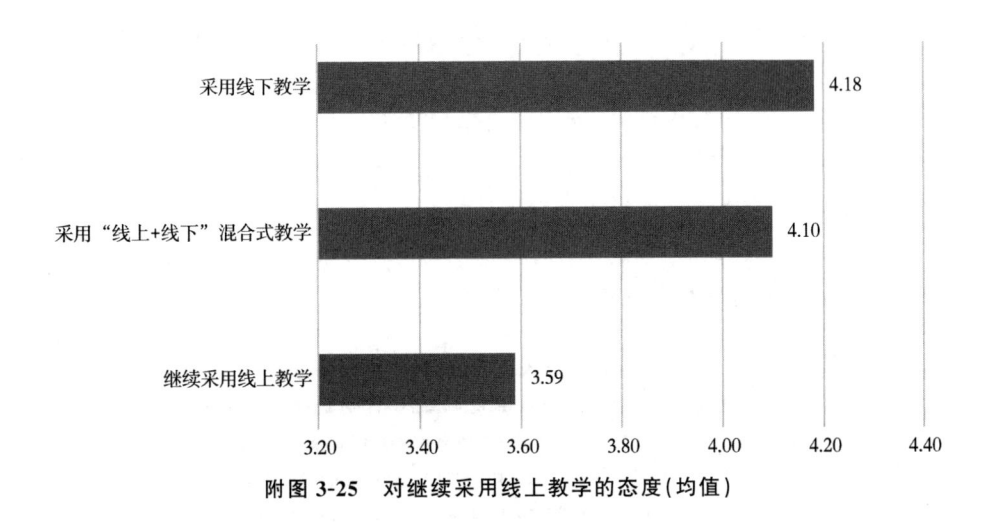

附图 3-25 对继续采用线上教学的态度(均值)

下教学"的选项中,依然有86.1%的管理人员表示部分使用(见附图3-26)。

由此可见,管理人员对于今后是否采用线上教学的态度,拟"采用线下教学"略高于其他二者,但没有明显区别。

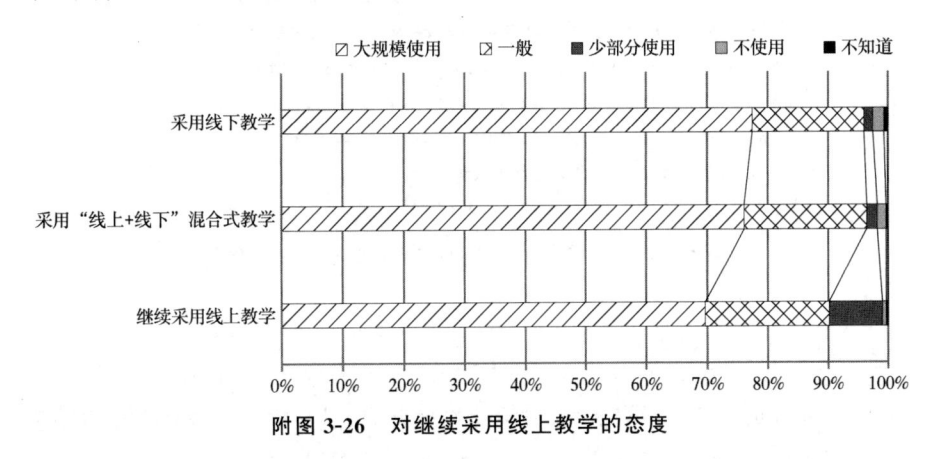

附图 3-26 对继续采用线上教学的态度

2.继续采用线上教学,最需要加强(或改进)意见

调查将可能提出改进意见列为18个方面,并将管理人员态度分为"非常赞成""赞成""一般""不太赞成""不赞成"五个等级。从调查结果看,所有项目回答均值在4.00~4.40之间(见附图3-27)。

按照管理人员赞成度的高低排序,均值最高是"加强学生自律教育,引导学生养成线上学习的良好习惯(如按时上课、学习自律能力等)"(均值4.40),然后依次是"推动教师转变观念,改变教学策略和方法"(均值4.38)、"加快学校教学管理信息化建设"(均值4.38)、"探索线上教学的质量保障与监控体系"

(均值4.34)、"完善线上教学的政策支持"(均值4.33)、"加强教师现代教育技术和方法培训"(均值4.33)、"加大各类电子教学资源建设或引进"(均值4.31)、"加强教师使用教学平台的技术培训"(均值4.31)、"改造学校网络设备等硬件设施"(均值4.30)、"加大各类教学平台建设或引进"(均值4.29)、"加强技术队伍建设,提高线上服务水平"(均值4.27)、"加强学生对线上学习的培训和引导"(均值4.26)、"改善提升教师教学空间环境及设备"(均值4.22)、"加强线上教学的课程助教配备"(均值4.09)。

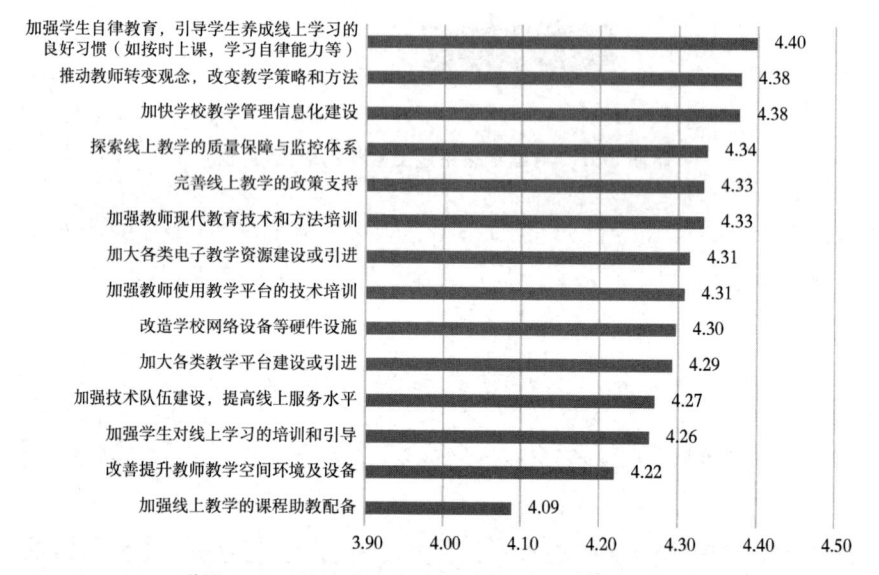

| 项目 | 均值 |
| --- | --- |
| 加强学生自律教育,引导学生养成线上学习的良好习惯(如按时上课,学习自律能力等) | 4.40 |
| 推动教师转变观念,改变教学策略和方法 | 4.38 |
| 加快学校教学管理信息化建设 | 4.38 |
| 探索线上教学的质量保障与监控体系 | 4.34 |
| 完善线上教学的政策支持 | 4.33 |
| 加强教师现代教育技术和方法培训 | 4.33 |
| 加大各类电子教学资源建设或引进 | 4.31 |
| 加强教师使用教学平台的技术培训 | 4.31 |
| 改造学校网络设备等硬件设施 | 4.30 |
| 加大各类教学平台建设或引进 | 4.29 |
| 加强技术队伍建设,提高线上服务水平 | 4.27 |
| 加强学生对线上学习的培训和引导 | 4.26 |
| 改善提升教师教学空间环境及设备 | 4.22 |
| 加强线上教学的课程助教配备 | 4.09 |

附图3-27 继续采用线上教学需加强的地方(均值)

从对各种意见选择的人数比例看,除了"加强线上教学课程助教配备"这一意见外,超过80%的管理人员"赞成"(含"非常赞成",下同)以上改进意见。其中,近90%的管理人员赞成"加强学生自律教育,引导学生养成线上学习的良好习惯(如按时上课,学习自律能力等)"和"加快学校教学管理信息化建设"。

从选择"非常赞成"的人数比例看,超过50%的管理人员在"加强学生自律教育,引导学生养成线上学习的良好习惯(如按时上课、学习自律能力等)""加快学校教学管理信息化建设""推动教师转变教育观念,改变教学策略与方法""探索线上教学的质量保障与监控体系"等5个方面意见表示"非常赞成"。近50%的管理人员对"加强教师现代教育技术和方法培训""完善线上教学的政策支持""加大各类电子教学资源建设或引进""加强教师使用教学平台的技术培训""加大各类教学平台建设或引进""改造学校网络设备等硬件设施"等6个方面意见表示"非常赞成"(见附图3-28)。

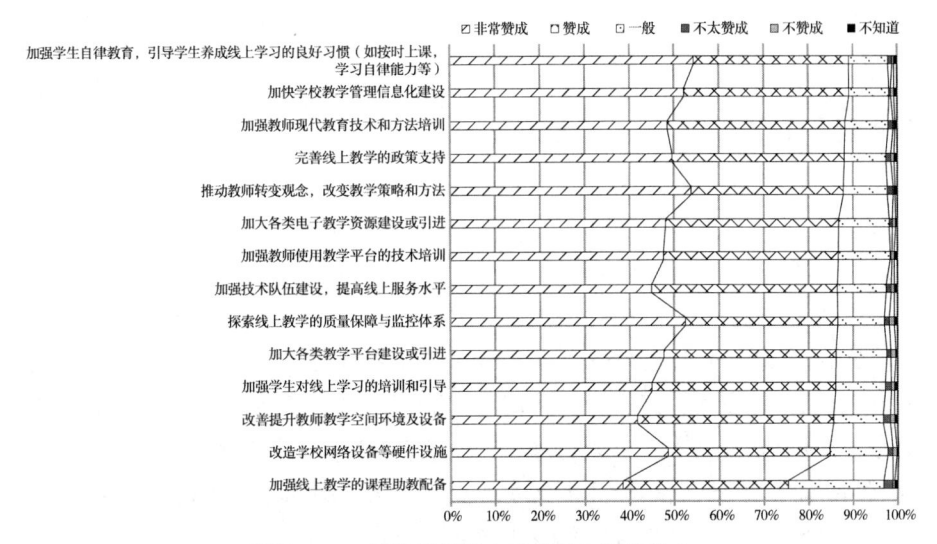

附图 3-28　继续采用线上教学需加强的地方

以上是本次调研主要结果,限于时间和篇幅,报告仅对封闭性题目作简要汇总。后续课题组将做进一步分析研究。

再次感谢所有参与调研的老师、同学及教学管理部门同仁!

(报告撰写:薛成龙、谢作栩、邬大光、刁琳琳、郭瀛霞;数据统计:刁琳琳、严欢、甘雅娟)

# 编后记

2020年发生的新冠疫情给世界各国的各行各业都产生了深远影响。在教育领域，给人留下最深刻印象的还是"网课"。特别是在具有超大教育规模的中国，自新冠疫情暴发以来，为了落实教育部关于疫情防控期间"停课不停学、停课不停教"的要求，全国各高校在极短时间内组织了有史以来规模最大、上线课程最多、覆盖人数最广的线上教学。

为了深入了解各高校线上教学情况，在"全国高等学校质量保障机构联盟"秘书处的支持下，厦门大学教师发展中心迅速投入，组建由邬大光教授领衔、包括由厦门大学教师发展中心谢作栩教授、教育研究院刘振天教授、陈武元教授，时任教务处处长计国君教授、黄艳萍副处长、教师发展中心薛成龙副主任，以及甘雅娟、郭瀛霞、刁琳琳、严欢等师生和管理人员组成的课题调查小组，从2020年3月13日至31日，通过电子问卷形式向全国高校发出邀请，累计334所高校13997名教师、256504名学生以及451教学管理人员参与了问卷调查。

在以上调查基础上，为了满足包括质量保障机构联盟成员在内的国内高校同行迫切了解在线教学实施情况的需要，课题组以2020年3月17日上午为截点，先行整理该时间节点的187所高校师生调查数据，分别于2020年4月5日和4月7日发布了《疫情期间高校教师线上教学调查报告》和《疫情期间高校大学生线上学习调查报告》两个报告。尔后，又在2020年4月16日发布《疫情期间高校教学管理人员线上教学调查报告》。此后，课题组成员对调查数据进一步进行整理和挖掘，先后在《中国高教研究》《教育研究》《高等教育研究》《教育发展研究》《华东师范大学学报（教育科学版）》等多家期刊发表40余篇学术论文。这些调查研究成果，为各兄弟院校了解疫情防控期间在线教学情况和改进在线教学提供了第一手参考资料。

新冠疫情已经过去，但是疫情防控期留下的"网课"体验和经历却是一笔宝贵的实践财富。基于留住历史记忆的朴素想法，课题组在完成上述研究成果后，试图以疫情防控期间师生对在线教学的感知体验为主线，系统地研究疫情防控期间各高校教师、学生、教学管理人员对在线教学优缺点、存在问题、遇到困难与面临挑战的感知评价,分析他们对未来实施在线教学的态度,并从不同区域、不同类型学校、不同学科、不同年龄(教龄)、不同职称等不同个体特征,分析不同群体产生的不同感知评价、态度差异的潜在原因,希冀为疫情后高校在线教学改进和信息化建设提供参考。

基于以上想法,课题组在邬大光教授的组织下,由谢作栩教授负责本书总体框架设计,并由以下老师和同学负责各章节的撰写任务,具体如下:第一章第一、二、三节:谢作栩、刁琳琳;第二章第一节:贾文军、郭瀛霞、陈武元、李广平、黄玉珍;第二节:张宝蓉、陈泽光、柳小琴;第三章第一节:陈涛、蒲岳;第二节:李文;第四章第一、二节:赵泽宁、胡小平;第五章第一、二、三节:鄢晓、苟斐斐;第六章第一节:郭玉婷、第二、三节:吴薇、姚蕊;第七章第一、二、三:江艳;第四节:郑宏、谢作栩、王婧;第八章第一节:林敏;第二节:汪婉霞;第三节:阮慷。

全书由薛成龙博士统稿,邬大光教授审定,教师发展中心林钰青参与了校对工作。对以上付出辛勤劳动的各位老师和同学,课题组对他们表示衷心感谢。在本书编辑出版过程中,厦门大学出版社编校老师为本书出版付出了大量时间和心血,在此特别表示感谢!

限于时间和水平,本书不足之处在所难免,敬请各位同仁批评指正。

**线上教学调查课题组**
**2024 年 8 月 30 日**